民事訴訟法の現代的課題

民事手続法研究 I

山本和彦

有斐閣

はしがき

本書は，前著『倒産法制の現代的課題』に次ぐ論文集である。前著が「民事手続法研究Ⅱ」と題されていたため，当然，「Ⅰ」があるはずと，多くの方から質問を受けた。「Ⅱ」だけで終わり，世を混乱させるという事態を避けることができ，少しホッとしている。

本書は，前著が倒産・執行法に関する論文を集めたのに対し，狭義の民事訴訟法に関する論文を集めている（ただ最後の章では，弁護士報酬や法律扶助など司法制度に関する論稿も収録している）。民事訴訟法に関する著者の論文集としては，『民事訴訟審理構造論』（信山社出版，1995年）及び『民事訴訟法の基本問題』（判例タイムズ社，2002年）に次ぐ，第3論文集ということになる。

収録された論文は，時期的には，1996年から2014年まで約20年間という長期にわたって発表されたものを含んでいる。これは，まさに現行民事訴訟法が制定され，施行されてきた時期に重なり合う（第3章は「民事訴訟法10年」と題するものであるが，本書所収のまさに中間点の論稿であったということになる）。この時代の前半は，民事訴訟法にとって，平成13年改正（公務文書提出制度の創設）及び平成15年改正（専門訴訟等への対応）など激動の時代であり，後半はその運用の定着を見守る時代であった。私にとっても，その前半は改正作業に関与しながら考え，後半は最高裁判所の『裁判の迅速化に係る検証に関する検討会』等で運用について多くの方々からお話を伺いながら考える日々であった。前著に続き「現代的課題」と題したのは，そのような思索の中でも，2016年の現在なお「課題」たりうると考える問題を集めようとした趣旨である。

本書は，前著と比べても，そこに通底する問題意識には鮮明なものがあるように思う。すなわち，「公的サービスとしての民事訴訟」及び「法的利益の保護を目的とする民事訴訟」という基本的な考え方の下，民事訴訟における真実発見及び手続保障を重視しながら，当事者及び裁判所の合意をもとに裁判所の手続裁量を統制する仕組みを目指すというものである。また，公的サービスとしての民事訴訟は，民事司法全体の実効性を要請するものであり，集団的利益の保護（本書Ⅳ）や司法アクセスの充実（本書Ⅴ）という問題意識に繋がっている。その意味で，『民事訴訟審理構造論』の基本的な問題意識を継承しながら，『民事訴訟法の基本問題』の具体的解釈論の背後にある私の基本的考え方を示すものといえる。

収録した論文は合計23篇になったが，それらを選択した基準は，前著と基本的に同じである。

第1に，刊行から時間が経っていたとしても，現在的な価値をそれなりに有するものであることである。立法解説などは当然であるが，執筆時にはそれなりの意味があったが，その後の立法や判例の展開の中で意義を失ったと思われる論稿は割愛した。なお初出後に法律改正があった場合は括弧書で現行法を示したり，新たな判例等が出たものは補注を付したりして，現時点でなるべく読みやすいものになるよう努めている。さらに，原論稿公表後の議論動向等については，各章末尾の補論でまとめて説明した。

第2に，記念論文集や必ずしも一般向けではない雑誌に掲載され，読者にとってアクセスが困難であるものを優先した。ただ，個人的に思い入れの深いものは，主要雑誌に掲載されていても，収録したものがある。

第3に，固有の民事訴訟法（判決手続）に関するものが中心であるが，前述のように，著者の「公的サービスとしての民事訴訟」という考え方と密接に関連する研究として，集団的利益の保護（Ⅳ）及び弁護士報酬・司法アクセス（Ⅴ）に関するものも併せて収録している。

前著に続き，本書は私の研究者としての集大成と呼べるようなものではない。それでも，研究者としての30年余のうち，約20年の間自分なりに考えてきたことを読み返し，来し方行く末を思う契機となった。その間多くの方々の学恩を受け，支えを得てきたことを改めて痛感し，感謝の思いで一杯である。

何よりも，私が研究者としての道をここまで歩んでくることができたのは，恩師である新堂幸司先生のおかげである。今なお現役として，私の論稿にまで批判を頂ける新堂先生は，私の変わらぬ目標である。竹下守夫先生には，現在も様々なところでご指導を頂いている。民事訴訟目的論及び司法制度論における竹下説は，常に私の議論の支えであった。伊藤眞先生と高橋宏志先生は，いつも私の学問の先達であった。両先生の堅固な理論と取り組むことは，私の変わらぬ喜びである。また，様々な場で私の拙い議論にお付き合いいただき，今も貴重な示唆をいただき続けている，山本克己教授，三木浩一教授及び松下淳一教授にも心からの感謝を申し上げる。

本書の作成にあたっては，前著同様，有斐閣書籍編集第１部の佐藤文子さんにお世話になった。いつもながらの適切な助言や丁寧な校正など佐藤さんの献身的な作業によって，本書の元となった論稿に含まれていた多くの誤りが修正され，より完全に近い形で本書を世に出すことができた。心からの感謝を申し上げたい。

最後に，研究者にとって最も重要な要素である安定した研究環境（勝手気ままな生活？）を許してくれた妻聡子，娘青葉及び夏葉にも感謝したい。

2016年２月

山 本 和 彦

目　　次

著者紹介

山本和彦（やまもと　かずひこ）

1961年生まれ
1984年　東京大学法学部卒業
現　在　一橋大学大学院法学研究科教授

〈主要著書〉

『フランスの司法』（有斐閣，1995年）
『民事訴訟審理構造論』（信山社出版，1995年）
『民事訴訟法の基本問題』（判例タイムズ社，2002年）
『国際倒産法制』（商事法務，2002年）
『菊井＝村松原著　コンメンタール民事訴訟法Ⅰ～Ⅶ』（共著，Ⅰ（第2版追補版）2014年，Ⅱ（第2版）2006年，Ⅲ 2008年，Ⅳ 2010年，Ⅴ 2012年，Ⅵ 2014年，Ⅶ 2016年）
『Q＆A民事再生法（第2版）』（共編著，有斐閣，2006年）
『民事訴訟法の論争』（共著，有斐閣，2007年）
『よくわかる民事裁判（第2版補訂）――平凡吉訴訟日記』（有斐閣，2008年）
『ブリッジブック民事訴訟法入門』（信山社出版，2011年）
『民事訴訟法（第6版補訂）』（共著，有斐閣，2012年）
『倒産処理法入門（第4版）』（有斐閣，2012年）
『現代の裁判（第6版）』（共著，有斐閣，2013年）
『民事執行・保全法（第4版）』（共著，有斐閣，2014年）
『倒産法制の現代的課題』（有斐閣，2014年）
『担保，執行，倒産の現在』（共編著，有斐閣，2014年）
『解説消費者裁判手続特例法』（弘文堂，2015年）
『ADR仲裁法（第2版）』（共著，日本評論社，2015年）

I　民事訴訟法総論

第1章

民事訴訟の位置づけ

1　公的サービスとしての民事訴訟の位置づけ
——本章の目的意識

本章は，民事訴訟について，それを公的サービスの1つとして位置づけることによって，その果たすべき役割及び他の制度（裁判以外の紛争解決制度〔ADR〕やルール設定の方法としての立法制度等）との関係を明らかにするとともに，公的サービスとしての質の評価の視点を導入することを目的とするものである[1)]。その意味で，本章は，民事訴訟を社会全体の中で位置づけるグランドデザインを提示し，今後の民事訴訟の在り方を考える一助にしたいという目的意識に基づくものである。

民事訴訟という制度は，理論的にみると，国家権力の行使の一形態であることは確かである。特に被告との関係でいえば，後述のように，制度の特色である強制性の観点がクローズアップされ，権力性が際立つことになる。しかるに，この制度は，私人である原告の申立て（利用行為）があって初めて発動されるものであり，あくまでも私人の利益のために創設された制度といえよう。すなわち，民事訴訟とは，その利用者（便益を享受する者）のために税金を原資とし

1）同様の目的を有する著者の論稿として，山本和彦『民事訴訟審理構造論』（信山社出版，1995年）1頁以下（以下『審理構造論』という），同『民事訴訟法の基本問題』（判例タイムズ社，2002年）1頁以下（以下『基本問題』という），同『ブリッジブック民事訴訟法入門』（信山社出版，2011年）3頁以下がある。

て国が運用している制度であり，その意味では，外交，防衛，公教育等と同じ性質を有する公的サービスとして位置づけられることになる。原告（利用者）側からみれば，私人が事前に納税負担をしておき，必要な場合にそれを利用できる地位を取得するという一種の公的保険ともいえよう。その意味で，本章は，民事訴訟制度を公的サービスとして把握し，そのサービスの内容ないし性質として強制力（権力性）を認識することになる[2)]。

著者が民事訴訟を公的サービスとして位置づけようとする実践的な狙いとしては，以下の点がある。第１に，民事訴訟制度をより利用しやすいものとする目的意識である。従来のように，公権力の行使として民事訴訟を理解する考え方は，自ずから権力の濫用を防止・制御する方向性が議論の中心となりやすく，その結果として，裁判所等の「手足を縛る」方向の議論になりがちである。しかるに，裁判所については，むしろサービス機関として，利用の促進を図るための様々な創意工夫や実効性確保の議論があるべきではないかというのが著者の問題意識である。そのような方向を強調するには，民事訴訟を公的サービスとして位置づける観点が適合的ではないかと思われる。

第２に，サービスの「質」に対する注意を喚起すべきとの問題意識がある。民事訴訟が権力の行使であるとすれば，どうしても権力行使の目的が達成されたかどうかだけに目が行き，その質に関する発想は生じにくい。しかし，著者は，民事訴訟についても「質保証」の考え方を導入することが重要であると考えている。そこでは，どのような質を保証すべきかの議論，更に質保証の方法論（サービスの定期的なチェック，利用者のニーズ〔利用者満足度〕の把握等）などについても，意識的に議論の対象とすべきことになる。民事訴訟の在り方を考える上で，そのような議論の喚起が望ましいと思われる[3)]。

さて，民事訴訟をサービスとして位置づけたとき，サービスはまさにその利用に意味がある。そのような観点から，日本の民事訴訟の利用の状況はどうかと考えたとき，従来はその事件数の少なさが際立っていた[4)]。近時は利用状況

---

2)　強制性については，サービスの質との関係で，*5*(5)参照。

3)　この点は特に利用者の納得との関係で，*5*(6)参照。

4)　例えば，先進国の中では相対的に事件数が少ないフランスでも，基本的な裁判所である大審裁判所の事件数は約 83 万件，それ以外の例外裁判所を合わせた件数は約 192 万

に大きな変化が見られるが，それはいわゆる過払金返還請求の急増と急減によってもたらされたものであり，それ以外の事件類型については必ずしも顕著な変化は認められない状況にある[5)]。その意味で，近時顕著である弁護士数の増加[6)] の影響は，当面は過払金事件のニーズが吸収してきた面がある。過払金事件の収束が日本の民事訴訟の在り方にどのような変化をもたらすかは軽々に断言できる状況にはないが，一般的にいえば，将来的には様々な事件類型で訴訟サービスに対するニーズが表面化する可能性が高い[7)]。そのような事態になってもなお適切なサービスの水準が維持できるように，今からその対応を考えておく必要があろう。

また，民事訴訟サービスを「公的」サービスとして位置づけることによって，サービスの公的性格への注意が喚起される。「公的性格」とはすなわち，当該サービスが公的資金によって支えられているということを意味する。その意味で，訴訟サービスを拡充していくためには，当然予算上の制約があることになる。現に日本の司法予算は，国家予算の窮乏の中で長期低落傾向にある。しかも，その低落は絶対額としての低落に止まらず，相対額（比率）としての低落でもある[8)]。このような状況は，法律扶助の予算の拡大[9)] にみられるような重

件に上っている（2011年の数字。これについては，司法研修所編『本人訴訟に関する実証的研究』司法研究報告書64輯3号（2013年）73頁参照)。これに対し，日本は同年で地方裁判所約20万件，簡易裁判所約52万件で，合計約72万件に止まっている（家庭裁判所の家事事件等を加えても，約135万件で，人口比で日本が倍以上となるフランスよりも少ないことは明白である)。

5)　地方裁判所の事件数は1992年から2006年まで15年間は13万件から16万件のレンジに入っており，その間で増減を繰り返していた。その後，急増して，2009年には23万件を超えたが，かなりの部分は過払金請求であるとみられる。近時は急減しているが，その結果として，前記の16万件を下回る水準まで下がるかどうかが注目されたが，2014年は，約14万2,000件まで減少した。

6)　2012年の弁護士人口は32,134人であり，10年前の2002年の18,851人に比べて約70%増，20年前の1992年の14,706人に比べて約2.2倍となっている。

7)　この点について，様々な社会的要因の分析に基づき説得的な論証を行うものとして，最高裁判所事務総局「裁判の迅速化に係る検証に関する報告書（平成25年7月)」社会的要因編17頁以下がある。そこでは，紛争の量的拡大及び質的複雑化等の予測がされており，裁判外の紛争解決の仕組み（ADR，保険等）を含む総合的な施策の必要性が説かれている。

8)　司法予算は，1965年には国家予算の0.76%を占めていたが，1975年には0.58%となり，1985年には0.42%と低落し，その後は概ね0.4%前後に止まっている状況にある。

要な意義を有する例外はあるものの，司法制度改革の後も基本的に変わっていない。本来，司法制度改革が日本という「国のかたち」を再構築するものであり[10)]，行政改革・規制緩和の中で司法制度改革を敢行して，従来行政が負担していた責任の一部を司法に負担させるという政策判断があったのだとすれば，それに伴って，資源配分においてもそれに見合った措置，すなわち行政から司法に対する大胆な予算の振り向けが必要であったはずである。しかるに，現状ではそのような措置が十分であるとは言い難いことは明らかである。民事訴訟を公的サービスとして位置づけ，それが果たすべきサービスの内容，更に求められる質を明らかにすることは，そのような国家予算の構造の転換という目的意識に基づくものでもある。

2 民事訴訟の本質的任務
——法的利益の保護

民事訴訟が公的サービスとして位置づけられるとして，そのサービスの本質は何かがまず問題となる。このような民事訴訟の本質的任務いかんについては，従来，いわゆる民事訴訟の目的論として議論されてきたところである。周知のように，これについては，権利保護説，法秩序維持説，紛争解決説などが提唱され，近時は更に，多元説，手続保障説，新権利保護説なども主張されているところである[11)]。このような説で提唱されている目的・任務はいずれも民事

2014年度の裁判所予算は3,110億円で，全体の0.32%である。

9) これについては，長らく1億円程度に止めおかれていた国庫補助金が，1995年に約6億円，民事法律扶助法が制定された2000年には22億円に達し，その後，2004年に40億円となった。そして，法テラス創設後は，運営費交付金として，2007年度に102億円，そして2011年度には166億円に達しており，その顕著な増加は明らかである。

10) 司法制度改革審議会の意見書（2011年6月）によれば，「我が国は，直面する困難な状況の中にあって，政治改革，行政改革，地方分権推進，規制緩和等の経済構造改革等の諸々の改革に取り組んできた」ところ，「今般の司法制度改革は，これら諸々の改革を憲法のよって立つ基本理念の1つである『法の支配』の下に有機的に結び合わせようとするものであり，まさに『この国のかたち』の再構築に関わる一連の諸改革の『最後のかなめ』として位置づけられるべきものである」とされる（同意見書3頁参照）。

11) 民事訴訟の目的論の概観については，青山善充「民事訴訟の目的と機能」伊藤眞＝山本和彦編『民事訴訟法の争点』（ジュリスト増刊，2009年）4頁以下など参照。

訴訟が現実に果たしており，また果たすべきものであることは間違いないように思われる。ここでは，どの点に，公的サービスとしての民事訴訟の本質的任務があるのか，換言すれば民事訴訟以外の公的サービス（あるいは民間のサービス）と比較して，民事訴訟制度が第一義的に引き受けるべき任務は何かという問題として考えてみる。

以上のように問題を設定したとすれば，そのような本質的任務は法的利益の保護ではないかと考えられる[12)]。まず，法秩序の維持は，民事訴訟がそのような任務を担っていることが事実であるとしても[13)]，それ自体が中核的な目的でないことは明らかと思われる。少なくとも，これをサービスとして利用する当事者の立場からみれば，法秩序の維持自体を求めて訴えを提起する者はいないであろう。

次に，民事訴訟で保護されるべきものは「権利」という形で事前に確定している必要は必ずしもない。不法行為の場合などに典型的に見られるように，権利に至らない法的利益も当然訴訟における保護の対象になるとみられる[14)]。仮にここでいう権利を訴訟で問題となる訴訟物とみるとしても（そうすれば不法行為の場合も損害賠償請求権という「権利」の保護を目的にすると言うことができる），民事訴訟の目的をそのような法技術的な意味での請求権の保護と理解することはやや本質にそぐわないように思われる。民事訴訟はむしろ，そのような技術的な「権利」の背後に存在する，法的にみて保護に値する利益を保護する点に，その本質的任務を有するのではなかろうか[15)]。そのような理解によれば，権利に未だ還元できないような法的利益を含めて訴訟手続の俎上に上らせることが容易になるように思われる。

以上のように理解すると，そのような意味での法的利益の保護は，（法的な）

12）　このような著者の理解については，山本『審理構造論』7頁以下，山本『基本問題』9頁以下など参照。

13）　この点が付随的には重要な任務であることについては，***4***参照。

14）　むしろ訴訟手続の積み重ねの中で，権利が生成されていく契機が生じることも多い。例えば，日照権や人格権，パブリシティ権などにそのような実例が見出されよう。

15）　このような理解を実質権という概念で説得的に説明する見解として，竹下守夫「民事訴訟の目的と機能」青山善充＝伊藤眞編『民事訴訟法の争点〔第3版〕』（ジュリスト増刊，1998年）6頁以下参照。

紛争の解決とほぼ同義であるといえる。その意味では，紛争解決を民事訴訟の本質的目的と理解することに大きな違和感はない。しかし，物事の見方として，前述のように，民事訴訟をサービスとして捉え，サービス利用者としての原告の観点を重視するとすれば，あくまで保護を求める当事者（原告）のニーズに応える制度として把握することが民事訴訟の本質の理解として重要ではないかと思われる。仮にサービスの本質的内容が紛争解決であるとすれば，サービス提供の相手方は（被告を含む）両当事者になるように思われるが，それが民事訴訟という公的サービスの理解として妥当であるか，なお疑問を否めない。

以上のような観点から，公的サービスとしての民事訴訟の本質的内容は，法的利益の保護であると位置づけられるべきである。そして，そのように理解すると，そのようなサービスを民間レベルで部分的に実現することも不可能ではない（この点は，ADR に関して *3* 参照）。しかし，民間レベルによるサービスの最大の問題は，利益保護のためには最終的に両当事者の合意が常に必要となる点である。自己の同意しない事柄を強制されないという近代法の大原則，すなわち私的自治の原則を前提にすれば，一方当事者が利益保護のための措置に同意しないときは，当該利益は保護されない結果になってしまう。したがって，当事者間で合意ができない場合には，利益保護のために国家権力の行使が不可欠となる[16)]。もちろん民事訴訟が法的利益の保護を独占するものではく，現実の世界ではむしろ大半の利益保護は裁判所の外で行われている。しかし，それであっても，法的利益の保護を，当事者の同意がない場合も含めて，完結させるためには，民事訴訟という制度の存在が不可欠の要請となる。その意味で，民事訴訟の本質的な目的・任務は私人の法的利益の保護にあると言ってよく，そのようなサービス内容は，他において代替できないような不可欠性を社会において有するものと解することができよう。

以下では，他の制度（ADR ないし立法）との関係で，上記のような基本的な考え方を踏まえて，民事訴訟の位置づけを更に明確化してみたい。

16）国家の中でも，行政権の役割は，個々人の利益に分解されない「公益」の保護であるのに対し，ここで問題となる個々的な私人の法的利益の保護はまさに民事司法，すなわち司法権の役割ということになる。

3　ADRとの役割分担
――基準の形成とその適用

今後21世紀における民事紛争の動向を予測すると，その量的な増加及び質的な多様化・複雑化はほぼ間違いのないところと思われる[17)]。量的な観点からいえば，いわゆる過払金請求事件は今後急減するものの，個人・企業双方のレベルで，多数の潜在的紛争の存在（多数の法律相談案件，紛争の潜在化を示唆する事情等）及び紛争の顕在化を促す要因（法意識の変化，法的アクセスの改善・容易化，弁護士の増加等）が認められるし，質的な観点からいえば，社会全体の多様化・国際化，専門性の増大等が進んでいくであろう。その結果，そのような紛争をどのような手続で解決するかは，今後の日本社会全体に突き付けられた大きな課題ということになる。もちろん，どのような手続を用いて自己の紛争をどのように解決するかは，最終的には各当事者が決めるべき問題である。ただ，仮に各手続の間に適切な役割分担というものがあるとすれば，政策的に一定の方向に紛争解決の在り方を一定の範囲で誘導していくことは不可能ではないし，それが当事者にとっても社会全体にとっても望ましいという場合があろう。

言うまでもないことであるが，社会に生起するすべての紛争を民事訴訟により解決し，あらゆる法的利益を民事訴訟により救済することは，そもそも不可能であるし，相当でもない。むしろ当事者間で合意による解決が可能であれば，それが望ましいことは明らかであろう。紛争解決・法的利益救済のラスト・リゾートともいうべき訴訟の役割としては，以下の2点が指摘できるように思われる。第1に，訴訟外で当事者間において紛争を解決する場合の解決基準（法的ルール）の具体化・明確化を図ることである。もちろん社会において妥当するルールの設定の第1次的責任は立法府にあるが，ルール設定における立法の限界を補うものとして訴訟の役割は大きい[18)]。第2に，当事者間ではどうし

17)　これについては，最高裁判所事務総局・前掲注7）17頁以下参照。
18)　その詳細については，*4*参照。

ても解決できないような紛争の最終的解決を図ることである。裁判所という資源（とりわけ裁判官・書記官等の人的資源）は日本社会にとって極めて貴重なものであり，社会的にみればそのような資源をそれが有用に機能する場面に集中して投下する必要があると考えられる。その意味では，前述のように，法的利益の救済というサービス自体は民間でも提供できる性質のものであり，「民間でできることは民間に」という発想が有効であろう。ここに，ADRに対する期待が大きくなることになる。

しかるに，現在の日本においては，ADRの機能が必ずしも十分なものとは言い難い点に争いはないであろう。そして，ADRの活動領域・機能がなお十分ではない結果として，第1に訴訟による解決に過剰な負担がかかっている可能性があり，第2に訴訟を何としても回避したいと考えるような当事者は紛争解決を断念している（泣き寝入りしている）おそれがある。その意味で，訴訟の過剰な負担を軽減するとともに，当事者の法的利益の適切な救済を図っていくためには，やはり社会における訴訟の役割を明確化し，訴訟とADRの適切な役割分担を構想していく必要があるものと解される。ここでは，そのような検討の手掛かりとして，紛争の類型による考察を1つの試論として提示したい[19)]。

まず，ある時点の社会において徐々に増加していくような紛争類型におけるADRによる対応である。これについては，参考となる過去の例として，交通事故や公害の紛争解決があると思われる。このような紛争は，当初は新奇な紛争解決として，裁判所＝訴訟に対する期待が大きくなる。そして，裁判所における判決によってその処理方針が徐々に確立するとともに，処理すべき件数が増大する中で，裁判所内において，確立しつつある方針に基づく訴訟上の和解による対応が図られていくことになる。更に，処理方針の確立と事件数の増大が進むとともに，裁判所の外での紛争解決を図るためにADR機関の設置が進められることになる。交通事故については交通事故紛争処理センターであり，公害については公害等調整委員会や都道府県公害審査会である。これによって，

19）　このような役割分担については，既に小島武司教授や井上治典教授などによる有用な分析がある。これらに関する概観として，山本和彦＝山田文『ADR仲裁法〔第2版〕』（日本評論社，2015年）82頁以下参照。

ルーティンな紛争の解決はADRへの移行が進み，裁判所は上記のような役割（ルールの追加的設定に重要な事件や当事者間での解決が困難な事件の解決）に専心していくことになる。このような形で，徐々に紛争解決の適切な役割分担が成熟化していくことは，望ましい展開であるということができよう[20]。

これに対し，ある時点の社会において（予測できずに）急増するような紛争類型におけるADRによる対応には，より困難な問題がある。このような紛争の急増は訴訟制度＝民事司法の機能を著しく妨げるおそれがあり，そのような事態の防止のためには，ADRのより戦略的な活用の必要があると考えられる。ここでは，過去の2つの例を挙げて考えてみたい。第1に，過払金返還請求の問題である。周知のように，このような紛争類型は，平成18年ころの最高裁判所による判例等を契機として事件数が急増したものである[21]。しかるに，このような紛争との関係では，適切なADRの枠組みが設定されておらず[22]，すべての事件を訴訟制度がまともに受け止める結果になった。その結果として訴訟事件数は急増し，10年近くにわたって裁判所の資源を圧迫し続け，他の事件処理にもしわ寄せを与えるような事態が生じてしまった[23]。このような経過は，社会全体の観点からみて，上記のような紛争類型の処理の失敗例と評価できるように思われる。

同様の例として第2に，最近のものとして，原子力損害賠償請求がある。こ

---

20)　その過程においては，当該ADRを利用しやすい仕掛けづくりによって政策的にADRへの誘導を図ることも考えられる。例えば，交通事故紛争の場合には，上記ADR機関の解決結果について，片面的拘束力（保険会社のみに対する拘束力）を認めることによって，利用者にとって実効的な紛争解決を可能にした点が制度の普及にとって大きな意味があったように見受けられる。この手続については，山本＝山田・前掲注19）252頁参照。

21)　その正確な統計的分析については，過払金返還請求訴訟が司法統計上分離特定されていない関係で困難な点がある。そのような中で，過払金返還請求訴訟が多く含まれる事件類型（「金銭のその他」等）を除外して統計分析がされる場合がある。これについては，最高裁判所事務総局「裁判の迅速化に係る検証に関する報告書（平成21年7月）」概況・資料編24頁など参照。

22)　考えられるADRとして，消費者金融業界の設置する金融ADRなどがあったが，実際にはほとんど利用されなかった。

23)　例えば，訴訟利用者調査の結果として，近時，裁判官評価の面で「傾聴」や「背景知識」の評価が低下しているとされるが，その背景には，事件数増加による裁判官の余裕の喪失がある可能性が指摘される。これについては，**5**(6)参照。

れは，2011年3月の福島第1原子力発電所の事故に基づく大量の損害賠償請求に対する対応である。このような紛争については，同年9月に行政型のADR，すなわち原子力損害賠償紛争解決センターが立ち上げられた。同センターでは，その後，2014年12月までの間に1万4,371件の申立てを受け，1万1,583件について解決している（和解成立は9,568件）[24]。この間，裁判所に提起された訴訟は，それに比べて遥かに少ないと見られる。このような例は，前述の過払金返還請求の事例と比較して，相対的な成功例として評価できるように思われる。このケースでは，もともと原子力損害賠償法の中に一定の枠組み（原子力損害賠償紛争審査会の制度）が存在し，以前の比較的小規模な事故に際して一定の処理実績があったこともあり[25]，大規模事故の発生に際して迅速な対応が可能になったものと考えられる。このような例に鑑みれば，大量紛争の発生に際して可及的に迅速なADRの立ち上げを可能とするような平時の用意が重要であるものと解される。

以上のような観点から，近時のADRの動向をみると，いくつかの点を指摘することができよう[26]。まず，ADR法の制定を契機として，認証ADR機関が増加し，とりわけニッチな分野における専門的な紛争解決機関が生じている点が指摘できる。そこで処理される件数は僅かではあるが，それでも裁判所にとって解決困難な事件を少なくする効果は見られよう。ただ，この側面ではむしろ，従来裁判所に提起されなかったような紛争類型を解決し，法へのアクセスを改善させるという点にADRのより大きな意味があるかもしれない[27]。次に，金融ADRの活用の動向に窺われるように，比較的大きな紛争分野につい

24）　同センターの活動の詳細については，原子力損害賠償紛争解決センター「原子力損害賠償紛争解決センター活動状況報告書～平成26年における状況について～」（2015年2月）（http://www.mext.go.jp/a_menu/genshi_baisho/jiko_baisho/detail/pdf/adr_011.pdf）参照。

25）　1999年の東海村JCO臨界事故（作業員2名死亡，レベル4）では，賠償対象が約7,000件，被害額が約154億円であったが，紛争審査会への申立ては2件，いずれも納豆会社の風評被害であり，和解打ち切りで終了している。なお，この事件による訴訟は全部で11件であったとされる。

26）　以下については，山本和彦「ADRの意義，沿革，展望」別冊仲裁とADR『ADRの実際と展望』（商事法務，2014年）4頁以下も参照。

27）　例えば，日本スポーツ仲裁機構の活動は，従来，法（ルール）に対する意識が希薄であったスポーツの世界における法の支配の確立に寄与しているように見える。

て，ADR による解決が本格化していく動向が見受けられる。このようなものは，今後更に，医療紛争や建築紛争，消費者紛争の分野にも拡大していく可能性がある。そのような動きが進んでいけば，本章で指摘したような訴訟と ADR の望ましい役割分担の方向も現実的な視野に入ってくる可能性があろう。

いずれにしても，ADR の位置づけが変容・拡大すれば，相対的に民事訴訟の位置づけも変容していく可能性が大きい。現在の方向性としては，前述のような両者の間の適切な役割分担が徐々に可能になっていく，その基盤が整備されつつあるように見られる。現在，ADR 法の見直しも議論されているところであり[28)][補注1]，様々なツールを活用してそのような方向性を更に進めていく必要があるものと解される。

4　立法との役割分担
――社会におけるルール形成の在り方

社会におけるルールの設定における伝統的な役割分担の考え方は，言うまでもないことであるが，それは基本的には立法府の役割であり，法律により設定されたルールを適用するのが司法府の役割であるというものである。このような考え方は現代においても基本的には妥当するものであるが，現代社会においては，そのような役割分担を純粋な形で維持することに困難を生じている。それは，社会・経済活動の進展のスピードと立法のスピードとの齟齬の問題であり，司法がその間を繋ぐ役割を果たさざるをえない点である。また，立法の側でも，そのような事態を所与の前提にして，一定の範囲で司法による規範の補充を予め前提とした形でルールの設定をする場面が増えている。すなわち，広

28)　2013 年 2 月，法務省に「ADR 法に関する検討会」（座長：伊藤眞教授）が設置され，ADR 法附則 2 条に基づく見直しの要否について検討がされている。

［補注 1］　前注の ADR 法に関する検討会は，2014 年 3 月に報告書を提出した（報告書については，法務省のサイト http://www.moj.go.jp/content/000121361.pdf 参照）。結局，今回は ADR 法自体の改正はされず，運用の改善等によって ADR の更なる活性化を図っていくこととされた。ただ，今後も引き続き制度改正の議論の必要性は認められており，同報告書の末尾では「政府においては，今後開催される各種協議会等の様々な枠組みへの関与や実施等を通じ，認証 ADR 事業者や利用者の意見を十分聴取しながら，今後も検討を続けられたい」としている。

い意味での一般条項の多用である。更に司法の役割に対する社会の期待の変化もこの点に関係する可能性がある。すなわち，非訟事件ないし決定手続への期待の増大であり，いわゆる「訴訟の非訟化」という現象である[29]。それは，非訟事件手続における迅速性，簡易性，秘密保護性，柔軟性など，訴訟手続によっては実現することが難しい様々なニーズに対して司法が応えるために求められるものであるが，そこでは必然的に裁判所の裁量が前提とならざるをえず，具体的な事件において一種の「立法」の作用が不可欠になってくる。そのような要請の中には，たとえそのような形で伝統的な司法の在り方から外れることがあるとしても，裁判所という透明な場で問題が解決されることがなお望ましいという，社会の司法に対する暗黙の期待が伏在するものと考えられる[30]。

以上のような司法の新たな役割については，21 世紀の司法の中では，正面から位置づけていく必要性があるものと考えられる[31]。すなわち，法の継続発展のための活動を民事訴訟の役割としても正面から位置づけていく発想が必要となっているように思われる。これは，前述の訴訟目的論の議論からすれば，かつての私法秩序維持説の現代的な復活・展開とも理解されるものである[32]。そして，前述のように，この点は民事訴訟と ADR 等他の紛争解決手続との役割分担の観点からも正統化できるものである。すなわち，ルーティンな紛争解決を可及的に ADR に委ねながら，そのような裁判外の解決ないし紛争予防の前提となるルールセッティングを裁判所＝民事訴訟の 1 つの中核的な役割として捉えて ADR との役割分担の在り方を規定する考え方である。そこでは，ADR と区別された司法の機能の 1 つが法の生成発展にあることになろう。

---

29)　訴訟の非訟化については，近時の理論状況も含めて，高田裕成「訴訟と非訟」伊藤＝山本編・前掲注 11）12 頁以下参照。

30)　このような期待は，例えば，C 型肝炎感染事故をめぐる損害賠償請求に関する制度構成などに表れている（「特定フィブリノゲン製剤及び特定血液凝固第Ⅸ因子製剤によるC型肝炎感染被害者を救済するための給付金の支給に関する特別措置法」）。そこでは，行政庁の認定によって被害救済を認めることも考えられたが，結局，裁判所の所見を前提とした訴訟上の和解による因果関係等の認定を被害救済の前提とすることによって，その客観性・透明性を担保しようとしたとみることができよう。

31)　以下については，山本『基本問題』17 頁以下も参照。

32)　ドイツ民事訴訟法の目的論において法の継続発展を目的の少なくとも 1 つとして掲げる見解が有力である。これについては，山本『審理構造論』14 頁注 22 参照。

以上のように，著者は，社会におけるルール形成という観点も民事訴訟の役割の中に織り込んで民事訴訟手続の在り方を考えていく必要があると考えている。ただ，そのような観点からすれば，現在の民事訴訟手続にはなおいくつかの問題点があるように思われる。それは，従来はそのような規範設定は裁判所の役割の外のものと理解され，「裁判官は法を知る」という制度的な大前提が存在したことに由来するのではないかと思われる。しかし，その点を正面から見直していくとすれば，訴訟手続に対する反省も生じざるをえないことになろう。

第１に，最高裁判所の役割である。上記のような点も司法の役割として把握するとき，言うまでもなく，ルール設定において中核的な役割を担うのは最高裁判所ということになる。この点で，平成８年改正によって上告受理制度及び許可抗告制度が導入されたことは，そのような司法の役割を意識したものであったことは明らかであろう[33]。ただ，運用において，その徹底は未だ十分とは言い難い面もあり，なお検討の余地があろう[34]。

第２に，法律問題に関する手続保障の在り方である。裁判所によるルールの設定・補充を正面から制度に位置づけるとすれば，その点についての当事者の手続保障が不可欠の前提となると思われる。もはや「裁判官は法を知る」という建前の下で，法的観点に関する当事者の手続保障を無視することは許されないことになる。この点で，近時の判例による法的観点指摘義務の明確化[35]はそのような方向性に合致するものと考えられるし，また非訟事件における当事者の手続保障の強化も同様に重要な意義を有すると解される[36]。更に，上告審を含めた十分な法的討論の機会の確保が期待されよう[37]。

第３に，裁判所による法形成の基礎情報の収集の問題である。裁判所が適切

33）　同改正の趣旨を踏まえた最高裁判所（上告審）の役割については，山本和彦「上訴制度の目的」青山＝伊藤編・前掲注 15）286 頁以下参照。

34）　正しい事件の解決とのバランシングをどのように図るかという問題がある。この点については，山本・前掲注 33）288 頁以下参照。

35）　最判平成 22・10・14 判時 2098 号 55 頁など参照。

36）　この点に関する著者の見方については，山本和彦「非訟事件手続法・家事事件手続法の制定の理念と課題」法時 83 巻 11 号（2011 年）4 頁以下参照。

37）　このような観点からすれば，上告審における口頭弁論を経ない破棄判決の運用について，拡大しすぎの傾向が見られはしないか，やや気になるところでもある。

なルールを設定するに際しては，ルール制定に必要となる背景情報（立法事実等）の探知を制度化する必要があろう。この点についてはもちろん双方当事者から一定の情報の提供が期待できるが，いずれの当事者にも偏しない中立的な立場の者からの情報も重要な意義を有する。そこで，裁判所のイニシアティブによる情報収集の制度が有用になるものと解される[38]。このような仕組みは民事訴訟の新たな位置づけの下では不可欠な制度的前提になってこよう[39][補注2]。

5　公的サービスの質保証の在り方

前述のように，民事訴訟を公的サービスとして位置づける1つの意義は，そのサービスの質を正面から論議し，その保証措置を展開する契機となる点にある。その意味で，民事訴訟のあるべき位置づけを論じるに当たっては，そこで

38）このような制度は既に，最高裁判所事務総局「裁判の迅速化に係る検証に関する報告書（平成23年7月）」施策編41頁（裁判所による行政庁等に対する照会制度の創設）や，三木浩一＝山本和彦編『民事訴訟法の改正課題』（有斐閣，2012年）192頁以下（第三者情報提供制度）などにおいて提言されているところである。

39）更に，第三者の側がイニシアティブをもって情報を提供する制度（米国のamicus curiae的な制度）についても検討の余地があることについては，三木＝山本編・前掲注38）192頁以下参照。

［補注2］前注のamicus curiaeに相当するような実務運用として，近時の知的財産高等裁判所が三星電子対アップルの訴訟事件（平成25年㈷第10043号事件）において実施した一般意見照会手続が注目される。これは，「標準規格必須特許についてFRAND宣言がされた場合の当該特許による差止請求権及び損害賠償請求権の行使に何らかの制限があるか」という論点に関するものであり，当該事件の判決（知財高判平成26・5・16判時2224号146頁）によれば，「本件並びに本件仮処分の申立て及び別件仮処分の申立てにおいては，標準規格に必須となる特許についてFRAND宣言がされた場合における効力が主要な争点となった。当裁判所は，同争点が，我が国のみならず国際的な観点から捉えるべき重要な論点であり，かつ，当裁判所における法的判断が，技術開発や技術の活用の在り方，企業活動，社会生活等に与える影響が大きいことに鑑み，当事者の協力を得た上で，国内，国外を問わず広く意見を募集する試みを，現行法の枠内で実施することとした」とされ，「意見の中には，諸外国での状況を整理したもの，詳細な経済学的分析により望ましい解決を論証するもの，結論を導くに当たり重視すべき法的論点を整理するもの，従前ほとんど議論されていなかった新たな視点を提供するものがあった。これらの意見は，裁判所が広い視野に立って適正な判断を示すための貴重かつ有益な資料であり，意見を提出するために多大な労を執った各位に対し，深甚なる敬意を表する次第である」と高く評価された。今後，このような運用の積み重ねの中で，その制度化を図っていくことも課題になってこよう。

求められる質の保証を考慮する必要があると思われる。著者のみたところ，民事訴訟制度に求められる質として，迅速性，廉価性，公正性，適正性，強制性，納得性といった質があると考えられるが，以下では，それぞれの質保証について，その現状を評価し，将来の方向性について考えてみたい。そのような作業によって，民事訴訟の位置づけがより明確になることが期待されよう。

(1)　迅速性――スピードと弱者保護

民事訴訟のサービスの質として求められる要素として，まず迅速性がある。訴訟制度の利用者調査によれば，制度利用者は必ずしも迅速性を期待していないとの結果が出ているという[40]。そこから，利用者は迅速性を望んでおらず，民事訴訟サービスの質としてもその点は求められない（あるいは優先順位が低い）という意見もありうる。確かにいったん訴訟提起を決断した者は，時間をかけても，自らの言い分をできるだけじっくりと聴取・判断してほしいという期待を持つことはありえよう。しかし，ここではむしろ潜在的な制度利用者の期待をも十分に考慮する必要がある。すなわち，訴訟に時間がかかるために自己の利益の救済を諦めているような当事者のニーズに着目する必要があろう。訴訟を現在利用している者（利用者調査の対象になっている者）は既にハードルを越えることができた者であるが，多くの者は実際にはハードルを越えることができず，訴訟の場に出てきていない可能性があるという問題である[41]。

これまで迅速性の議論は，往々にして公正性・適正性の議論と対立的に捉えられ，訴訟に迅速を求めることに対する否定的な意見が有力になりがちであった。しかしながら，注意すべき重要な観点として，訴訟に時間がかかることは経済的弱者にとってより大きな負担となり，そのような弱者の訴訟アクセスに

40）　前述のように，訴訟の迅速化という点では相当の成果が上がっているものの，訴訟利用者調査によれば，その満足度（制度の利用しやすさ）に対する評価は必ずしも上がっていない。この点については，山本和彦ほか「2011年民事訴訟利用者調査の分析」論究ジュリスト4号（2013年）182頁以下参照。

41）　利用者調査の結果でも，利用者の躊躇要因の分析としては，費用とともに時間の要素は重要な意味を持っている（民事訴訟制度研究会編『2011年民事訴訟利用者調査』（商事法務，2012年）70頁以下参照）。そうであるとすれば，訴訟を利用できなかった要因も，時間の点が大きな比重を占めるのではないかと推測されよう。

対する障害となっているおそれがあることが認識されるべきである。けだし，訴訟に要する時間は弁護士費用等のコストにも反映される可能性が高いし，経済力があれば時間のかかる訴訟にも耐えられる余地があるが，経済的弱者はそのような耐性を欠く可能性も大きいからである。また，訴訟に慣れていない自然人にとっては，訴訟が係属していること自体の心理的負担には多大なものがあり，結局，訴訟が長くなる場合の心理的負担を慮り，訴訟が利用できていないおそれも大きい。そのような意味で，迅速な訴訟を求めることは優れて弱者保護の観点に由来し，弱者も訴訟を現実に利用できる大前提となる点を認識する必要があるものと解される。

以上のような意味で，迅速性の確保が民事訴訟サービスの質保証の観点からやはり重要であるが，近時の民事訴訟において迅速化の進展は著しい。そして，一般的にいえば，これ以上の迅速化は困難であるとの認識が（特に実務界において）強いように思われる[42]。しかし，なお解決すべき課題が全くないわけではない。手続の進め方に無駄な部分が残っているとすれば，そのような無駄を取り除いていく努力は（たとえそれが微調整にすぎず大幅な期間短縮は難しいとしても）なお必要なものであろう。以下では，最高裁判所の迅速化検証検討会が提言する改革案の内容について簡単に紹介する[43]。

まず，争点整理の過程については，集中証拠調べが進展した現在の訴訟手続において最も時間を要しているのはこの部分であり，なお無駄が生じているのではないかという指摘はある。そこで，この点については主として運用上の努力として，争点整理のステップの明確化，集中的に口頭議論を行う期日の実施，計画審理の再検討，準備書面の分量制限など様々な提言がされているが，更に制度的にも，失権効の強化，弁護士強制の導入等を含めた提案がある。加えて，

42）現在の審理期間の大部分を占める争点整理においてこれ以上の迅速化を図る１つの方法は，期日の入れ方を早める（現在の１ヵ月ごとの期日間隔を２週間にするなど）ことにあると考えられるが，それは必然的に弁護士や裁判官の仕事の仕方を抜本的に変えるしかなく，そのような方途は必ずしも望ましくないという見方が有力といえよう。

43）網羅的に検討する余裕はないが，詳細については，最高裁判所事務総局・前掲注38）参照。また，そのような提言を研究者，裁判官，弁護士それぞれの立場から検討するものとして，山本和彦ほか「民事裁判の一層の充実・迅速化に向けて⑴～⑷・完）」ジュリ1432号～1435号（2011年）参照。

訴訟類型ごとの対応も重要である。特に時間がかかる訴訟類型として，専門訴訟がある。医療，建築，労働等の事件であるが，これらについてはそれぞれの事件類型に応じた対応の可能性が指摘されている。例えば，医療訴訟については，医療 ADR の拡充，弁護士のサポート態勢の整備，鑑定人推薦ネットワークの拡充などであり，建築訴訟については，損害額の算定基準の検討，早期に概括的判断を行う手続の検討などである。同様のものとして，当事者多数ないし争点多数の事件がある。これらについては，合議体の積極的活用等の方向が論じられている。更に，事件類型を限定したり，当事者のニーズに基づいたりする形で，個別に迅速トラックの手続を設けていく方向性も検討に値しよう[44]。すなわち，少額訴訟の延長線上で迅速訴訟手続を設けたり，労働審判等の延長線上で非訟事件や ADR との連携も含めた対応を行ったりする可能性が検討されてよいと思われる。このような形で迅速性の質が更に高められることによって，訴訟制度の社会的意義が拡大し，変容していく可能性があろう。

(2)　廉価性――訴訟制度のファイナンス

公的サービスとしては，利用者がその費用を負担することによって，それが利用できなくなるとすれば，問題である。その意味で，サービスの質として，訴訟制度利用のファイナンスの在り方を検討する必要がある。訴訟制度を利用する当事者が現在負担する可能性のある訴訟費用としては，大きく裁判費用と弁護士費用がある。前者については，司法制度改革による一般的な引下げがあったし，資力が十分でない者に対しては訴訟救助制度がある。後者については，弁護士会の報酬規程の廃止によって個別契約による自由な設定が可能とされ，また資力が十分でない者に対しては法律扶助制度がある。以下では，この両者について質評価の基本的な考え方を見ておきたい。

まず，裁判費用については，基本的には公的サービスとして，税金によるファイナンスが相当であるといえよう。換言すれば，税金を支払っていることによって，国民はいざとなれば訴訟制度のサービスを受けられることが担保されている。その意味では，利用時の負担をゼロとすることも考えられるが[45]，

---

44)　このような迅速手続の方向性については，本書第3章 ***4***(5)(d)，本書第4章 ***4***(5) など参照。

その場合には，制度の利用度合いの差異による不公平をどのように考えるかが問題となろう。訴訟サービスは，人によって受給の頻度に著しい差があるサービスである。多くの国民は一生に一度もそのサービスを利用しないと考えられるが，他方では毎年何十回，何百回と利用している人もある。法人と自然人を比べれば一般に法人の利用度合いが大きいであろうし，業種としては特に消費者信用業者などの利用の多いことが推測される。そうであるとすれば，結局，税金によって全額ファイナンスをする（利用を無償化する）ということは，訴訟の利用が少ない納税者から利用が多い納税者に所得移転が生じることを意味し，納税者一般の理解を得ることは困難であるように思われる。その意味で，一定の利用者負担は不可欠と思われる。その場合，負担の考え方としては，公平な負担という観点から，（受益者負担というよりも）損失者負担の原則が前提とされてよいと解される[46]。つまり，制度に負荷をかけた者がその分のコストを負担するという考え方であり，その意味では，現行制度における敗訴当事者の訴訟費用負担が原則としては相当なものと解される。

次に，弁護士費用については，現在は自己負担が原則であるが，訴訟費用と同様に，敗訴者負担（無過失責任）の考え方もありうるところである。この点は足掛け3世紀にわたって議論が続いている困難な問題であるが，著者は以下のように考えている[47]。弁護士が（仮に強制されないまでも[48]）訴訟サービスを受ける前提として不可欠なものと位置づけられるとすれば，裁判費用と同様の

45） フランスにおいては，裁判を受ける権利を重視して現にそのような制度が採用されている。

46） この点については，高橋宏志ほか「座談会・民訴費用・弁護士報酬をめぐって」ジュリ1112号（1997年）8頁以下〔山本和彦〕参照。

47） 以下のような議論の詳細については，本書第21章参照。

48） なお，著者は弁護士強制についても更に検討の余地があると考えている（本書第4章*4*(3)では，当面の課題として弁護士付添命令の実効化を指摘し，将来の課題として弁護士強制の検討を論じる。弁護士強制の一部導入に係る近時の提言としては，最高裁判所事務総局・前掲注38）87頁以下も参照）。これは，公的サービスを受ける前提的なサービスとして民間の弁護士のサービスを受ける機会が付与されるべきものと考えるとすれば，弁護士代理を（部分的であれ）強制する可能性があるということである。このような強制は，司法制度の負担の軽減の面もあるが，現在の本人訴訟の実情を前提にすれば，むしろ当事者の利益保護のためにこの点の議論の必要があろう（本人訴訟において，弁護士を付けることによって（特に和解等との関係で）当事者の利益がより保護される可能性を示す実証研究として，司法研修所編・前掲注4）参照）。

考え方が成立する余地がある。すなわち，損失者負担として，敗訴者が無過失であっても相手方の弁護士費用を負担するという考え方である。この点は司法制度改革の中でも議論され，例外的に除外される訴訟類型を検討しながら，原則的な敗訴者負担制度の採用が提案されたところであるが，弁護士会等の反対で実現しなかった[49)]。しかし，（弁護士会においても異論はないとみられる）弁護士サービスの不可欠性を前提にすれば，勝訴者の権利の目減りを認めることは訴訟制度の在り方として疑問であり，なお例外の範囲の設定を含めて検討の必要があるものと解される[50)]。

以上のような一般的な費用負担の在り方に加えて，十分な資力のない当事者に対する対応の必要がある。民事訴訟を「公的」サービスとして位置づけるとすれば，そのサービスが資力に関係なく誰でも享受できることは，そのレゾンデトルであると考えられるからである。その意味では，（特に利用者にとって負担が大きい）弁護士費用の関係では，低所得者層に対する法律扶助の充実と中所得者層に対する権利保護保険の充実とが車の両輪であり，ともに積極的に進めていく必要があろう。前者の法律扶助については，現行は償還制によっているが，それでは将来の返済の負担を懸念して利用に躊躇が生じやすいことは否定できず，弁護士もその活用を依頼者に積極的に勧められない状況があろう。その活用を促進するためには，やはり給付制＝負担金制度の採用が最大の課題といえよう[51)]。また，後者の権利保護保険については，中所得者層であっても費用負担が弁護士利用の最大の障害になっていると思われる現状の中で，保険によって負担を分散する必要が大きい。既に自動車保険の関係などでは一定の普及が図られているところであり，今後は火災保険などその他の保険分野においても普及が進み，可及的に網羅的な紛争類型が保険によってカバーされる

49)　国会に提出された法案の概要については，小林久起＝近藤昌昭『司法制度改革概説⑧民訴費用法・仲裁法』（商事法務，2005年）64頁以下参照。

50)　法律扶助との関連も含めて弁護士費用敗訴者負担制度に起因する提訴抑制効の緩和の可能性を論じるものとして，山本和彦「弁護士費用敗訴者負担制度と法律扶助制度」財団法人法律扶助協会編『日本の法律扶助――50年の歴史と課題』（法律扶助協会，2002年）288頁以下も参照。

51)　ただ，その前提条件として，著者は弁護士費用一般について敗訴者負担制度を採用することが国民に理解を得るため必要になると考えている。この点については，本書第22章 ***4***(2)参照。

必要があろう。そのような形で，どのような所得層であっても費用負担の懸念なく訴訟制度を利用することができる社会になれば，民事訴訟制度の位置づけは大きく変わり，著者の理想とする前述したような機能を果たしていく可能性が現実のものとなりえよう。

(3) 公正性――手続保障の在り方

公的サービスとしての民事訴訟においては，そのサービスが公正な形で提供されなければならない。この点は，以下で述べる強制性（(5)参照）と密接な関係を有するところである。すなわち民事訴訟が権力の行使であり，それによって自らの意思に反してある結果が強制されるものである以上[52)]，意思に反した強制を受ける当事者にとって十分な手続保障の必要性があることになろう。以下では，まず手続保障の意義について敷衍し，その後に求められる手続保障の種類について考えてみる。

まず，手続保障が求められる意義である。この点については自明のこととして正面から論じられることは少ないようにも思われるが，概ね以下の2点に整理できるのではないかと思われる[53)]。第1に，正しい解決，つまり正しい事実認定と正しい法適用のために，利害関係人の手続への参加によって，あり得べき裁判所の誤りを正す手段として，手続保障の重要性が認められよう。当該裁判結果が自らの利益に反すると考える当事者は，そのような裁判を防止するために全力を尽くして資料を収集提出することが期待でき，その結果，誤った事実認定や法適用を抑止できると考えられる。これは，当事者の手続保障を正しい裁判という目的達成のための手段として理解するものといえ，「手段的手続保障観」と名付けうるものである。第2に，当事者の主体的な地位それ自体を尊重することを根拠として，手続保障の重要性が認められよう。当事者の法

52） 権力行使に至らない場合（調停その他のADRなど）においてなお手続保障が必要であるかどうかについては議論のありうるところである。著者はその場合でもなお一定の範囲で手続保障は必要であると考えているが，この問題については，訴訟上の和解との関係で，本書第13章*2*(2)参照。

53） このほか，実際的な観点から重要な機能として，当事者の納得調達機能も否定できない。これによって，当事者が不利益な裁判に現実に従うことを可能とし，長期的にみた裁判制度の正統性を維持できるものであろう。

的地位を強制的に変容させる以上，その者を客体的に扱うことは許されず，主体的な地位を手続で認める必要があり，そのために様々な手続保障が認められるというわけである。ドイツの審尋請求権の議論においても「人間（個人）の尊厳」がその根拠とされ，「法的審尋を拒絶することによって，人間を手続の単なる客体にしてしまうことを禁止する」ものという説明がされているという[54]。一種の哲学的な（カント的ともいえる）問題として手続保障を理解するものといえ，「根源的手続保障観」と名付けうるものである。

以上のような観点から手続保障の必要性が認められるとして，次に，手続保障の種類について考えてみる。この点について，かつて著者は，枠組的手続保障と内容的手続保障の区別あるいは形式的手続保障と実質的手続保障の区別を論じたことがある[55]。前者の考え方は，手続全体の枠組的規制としての手続保障（対審の保障，公開の保障，証拠法則，手続の記録化等）と内容面での手続保障（法律面での情報供与，事実面での情報供与等）を分けて論じるものであり，後者の考え方は，形式的な機会の保障としての手続保障（主張や証拠の提出を妨げられない権利等）と実質的な機会の保障としての手続保障（情報の取得，証拠の取得，討論の機会等）を分けて論じるものである。そして，民事訴訟が進むべき全体的な方向性として，枠組的・形式的手続保障から内容的・実質的手続保障の充実を主眼と位置づけるべきことを論述していた[56]。以下では，公正性という質評価において現代的重要性を有する実質的手続保障の在り方について簡単に述べる。

この点において重要であると考えられるのは，十分な情報が裁判の場に提出され，かつ，その内容が裁判所・当事者の間で共有されることであろう[57]。

54）高田裕成「家事審判手続における手続保障論の輪郭」判タ1237号（2007年）36頁注19参照。

55）前者については，本書第13章*2*(4)，後者については，本書第5章*2*(2)参照。

56）これは，民事訴訟においては前者のような手続保障がほぼ完成されているとの認識を前提とする。これに対し，非訟事件においては，枠組的・形式的手続保障の第1次的重要性は否定し難いものがある（この点につき，高田・前掲注54）45頁は「手続が一定の方式に従っていることが有する価値を大切にする視点」を強調される）。非訟事件手続法及び家事事件手続法においてこのような点は大きく前進し，これらの手続においても内容的・実質的手続保障を考える基盤が形成されつつあるものと解されよう。この点については，本書第14章*4*(2)参照。

まず，情報（証拠）の取得手続の重要性であり，そもそも当事者に情報が十分に与えられないのであれば，いかに主張・立証の機会が与えられたとしても，その意味が少ないことは明らかであろう。この点は，現行法において，当事者照会制度の導入や文書提出義務の強化などによって一定の改善が図られているが，更なる実質化が必要である点においておそらく異論は少ないであろう。その方途としては，当事者照会の制裁強化，文書提出義務の更なる拡大，陳述録取制度の導入等が各所で論じられ提言されているところである[58]。また，情報の共有の手続も重要であり，裁判所の判断に係る情報が当事者にも共有されてこそ，それに対する実質的な反論や反証が可能となることは言うまでもない。いわば攻撃防御に関する informed decision の保障である。この点は，釈明義務，法的観点指摘義務等に関連する問題であり，実体的正義と手続的正義の慎重なバランシングが必要になると考えられる[59]。これらの実質的手続保障が進展することは，民事訴訟の位置づけにも大きな変化をもたらしていく可能性があろう。

(4) 適正性——真実解明の在り方

以上のように，民事訴訟サービスには，手続的な公正性が必要であるが，それとともに実体的な適正性も求められる。公的サービスとしての国民からの信頼を得るためには，手続過程の公正さも重要であるが，やはり結果としての判決の適正さが何よりも重要であると考えられるからである。そして，判決の適正さは，事実認定の正しさ（すなわち真実発見）と法適用の適正さ（すなわち正当な法の解釈適用）に基づくのであり，これらがいかに制度的に担保されているかがサービスの質を左右することになる。

まず，真実発見の重要性である。民事訴訟において真実の発見に努めること

57) 以下の分析につき，山本和彦「民事訴訟における手続保障」伊藤＝山本編・前掲注11) 54 頁参照。

58) 最高裁判所事務総局・前掲注 38) 27 頁以下，三木＝山本編・前掲注 38) 99 頁以下など参照（また日本弁護士連合会もこの点について一定の提言をされている。「民事司法改革グランドデザインシンポジウム」NBL 982 号〜984 号（2012 年）参照）。著者の見解としては，本書第 4 章 ***4***(1) 参照。

59) これらに関する制度提言として，三木＝山本編・前掲注 38) 73 頁以下など参照。

は，何ら弁論主義と矛盾するものでないことは言うまでもない[60]。弁論主義における「形式的真実」とは，当事者間で争いがない場合にあえて裁判所は真実を探求する必要がない（換言すれば当事者はその合意により真実発見を拒絶できる）という意味に過ぎないのであり[61]，当事者間に事実について争いがある場合には，裁判所は可及的に真実を発見し，それに基づいて判決をする必要があることは当然であろう。

そこで，重要となるのは，真実発見の方途である。真実を発見するためには，①訴訟に至る前にできるだけ多くの証拠が保存されていることと，②保存されている証拠ができるだけ多く訴訟手続に顕出されることが重要である。まず，第1点の証拠を可及的に多く残すという点については，司法制度によってコントロールできる部分は少ないと思われる。この点に関しては，証拠の重要性を一般国民に広く認識させる法教育や書証に関する商慣行・ルール化[62]などが重要性をもつ。法制度としては，証明責任の分配によって，証明責任を負担する者に対して証拠の作成・保存に係る動機づけをすることが考えられよう。つまり，証拠を残しやすい当事者に証明責任を分配し，証拠の量を増やすように予め規律づけをするものである[63]。第2に，存在する証拠を可及的に多く裁判所に提出させる方法であるが，この点に関しては，当該証拠を裁判所に提出することにインセンティブをもつ当事者に対して当該証拠を手に入れる機会を付与することが重要性をもつ。この点は，前述した実質的手続保障の観点（(3)参照）からも求められることであるが，証拠所在情報の収集をも含む証拠収集方法の拡張等であり，当事者照会（証拠所在情報の照会）の実質化，文書提出義務の拡大，証人に対する秘密尋問[64]の可能性等が検討に上る。

60）　この点については，本書第15章 ***1*** (4)参照。

61）　このような弁論主義の理解につき，山本『基本問題』127頁以下参照。

62）　例えば，書証の不存在によって裁判所がしばしば困難な事実認定を強いられる紛争類型として建築瑕疵関係の訴訟があるが，これについては合意内容の書面化に向けた業界慣行の改善が大きな課題としてある。この点については，最高裁判所事務総局・前掲注38）51頁参照。

63）　ただ，裁判所が証明責任による判決を避けるときには，このような規律づけは実効性を有しないことになる。個々の事件において証人尋問等をできるだけ行って可及的に真実発見を志向する（そのために証明責任判決を避ける）ことが，大局的にみれば，当事者の証拠保存の動機を薄める結果になることは制度の皮肉である。

以上のような真実発見方法の充実は，訴訟サービスの適正性の質を向上させるものであるが，ここで注意すべきは，他の質とのバランシングの問題である。けだし，真実発見は他の価値との抵触が起こりやすいものであり，そこではいずれの価値をより重視するのかという比較衡量の問題が発生することになるからである。まず，迅速性（(1)参照）の価値との対立がある。真実の発見には自ずから一定の時間を要する場合が多い。証拠が存在することは分かっているが，それを発見収集し，裁判所に提出するためには，相当の時間を要するような場面である。これは，どの程度で真実解明への努力を打ち切るかという問題であり，迅速性と適正性とのバランスが問題となる。具体的な制度としては，解明度[65]や時機に後れた攻撃防御方法の却下，失権効[66]などの位置づけが問題となる。第2に，公正性（(3)参照）の価値との対立である。これは，真実を発見するための手法が当事者間の公正（手続保障）を害するような場合である。そのような対立が生じた場面では，真実発見を優先するか，それを諦めて当事者の手続権を尊重するかという問題が生じてくる。具体的には，違法収集証拠や反対尋問を経ない証言等の問題である。

以上のような事実における真実の解明とともに，正当な法の解釈適用も最終結果としての正しい裁判の担保という観点では，同等の重要性をもつ。裁判官が正しく法を解釈し適用することは自明の制度的前提である。しかし，法情報の複雑さ，一般条項の多用，外国法の適用機会の増大等から，現実にはそれは必ずしも自明のものではなく，正しく法が解釈適用される前提条件を制度的に調えていく必要がある。第1に，法の解釈適用に係る基礎的情報の収集手段の確立である。法の解釈適用の基礎となる情報（立法事実等）について，公的機関等に対する情報収集の機会を裁判所に付与する制度が考えられよう[67]。第2

64） 公開法廷における尋問では真実発見が期待できなくなるおそれに対応する制度である。既に，人事訴訟（人訴22条）や特許関係訴訟（特許105条の7）において公開制限に基づく真実発見の制度が存在する。

65） この概念については，太田勝造「『訴訟ガ裁判ニ熟スルトキ』について」新堂幸司編著『特別講義民事訴訟法』（有斐閣，1988年）429頁以下など参照。

66） この点を強化すべきものとする提案として，最高裁判所事務総局・前掲注38）23頁，三木＝山本編・前掲注38）87頁以下など参照。

67） これについては，前述*4*も参照。

に，法的討論の保障である。争いがありうる法の解釈適用について，当事者に対して十分な攻撃防御の機会を付与する必要があろう。そこでは，「裁判官は法を知る」の原則[68]を無限定に適用するのではなく，裁判所の法的見解を率直に提示して十分な議論を経る必要があろう[69]。第3に，外国法の適用に固有の問題である。言うまでもなく，日本の裁判官は外国法について専門的な能力をもたず訓練も受けていないのであるから，外国法を正しく解釈適用するためには，外国の法情報について裁判所が十分な収集の機会を保障される必要がある。それによって初めて外国法の適用が必要となる事件においても適正性が担保されよう[70]。以上のように，正しい事実認定及び正しい法適用に向けた訴訟サービスの質の向上が図られることによって，民事訴訟の社会における位置づけは大きく変わってくるであろう。

(5)　強制性——実効的な利益保護

次に，訴訟という公的サービスの質の中でも，本質的なものとして認められる強制性である（以下の点はADRとの対比で，***3***も参照）。公的サービスとしての裁判の特質は，相手方に拒否権が認められないことである。相手方が紛争解決に同意する場合には，前述のように，多様な法的保護・紛争解決のサービスを観念することができ，民間レベルでもサービスの提供は可能である。その意味で，裁判を公的サービスとして構成する根拠は，まさにこの強制性の特質に由来するものといえる。したがって，民事裁判手続の各局面において常に強制性の要素が問題になりうるが，それらが実効的に機能することがサービスの質の改善をもたらすことになる[71]。

したがって，訴訟の相手方が裁判の存在を無視し，裁判所への出頭を拒否し

---

68)　この原則の歴史的発展の経緯については，山本『審理構造論』96頁以下参照。

69)　法的観点指摘義務については，山本『審理構造論』169頁以下参照。近時の立法提案として，三木＝山本編・前掲注38）73頁以下参照。

70)　外国法の情報を適切に探知する制度整備の必要性を含めた外国法の適用全般の問題については，山本和彦「外国法の適用」櫻田嘉章＝道垣内正人編『注釈国際私法(2)』（有斐閣，2011年）350頁以下など参照。

71)　他方で，強制性は必然的にサービスの権力行使の側面を際立たせることとなり，様々な形でその統制が問題となる。前述のような公正性や適正性も，強制性を有するサービスの統制という側面をもっている。

たとしても，なお裁判を利用できる担保が必要である。これは，例えば，送達の強制力であり，期日の不出頭に対する対処，すなわち擬制自白の制度であり，これらが実効的に機能して初めて被告の対応にかかわらず原告の法的利益の保護というサービスの達成が可能となる。その意味で，送達制度の実効性確保は，公的サービスの質保証の観点からも重要な課題であり，特に被告が文書を受領しない場合の差置送達や所在不明の場合の付郵便送達や公示送達が適切に機能していることの意味は大きい[72)]。

そして，強制性の質保証という観点からは，最終的に裁判結果が実現できることが何にも増して重要である。その意味で，執行制度の機能は，民事裁判全体の質保証という観点からも大きな意味を持つ。しかし，この点において，現在の日本の状況は必ずしも十分とは言い難い面があるように思われる[73)]。

まず，金銭執行の実効性の確保の問題である[74)]。この点についてはまず，取得した判決を実現することは，裁判を受ける権利に由来する重要な債権者の権利であるところ，債務者財産の不透明化が進む状況の中では，債務者の責任財産情報の確知の必要が生じる。このような財産情報の取得の制度として，現在は財産開示制度（民執196条以下）があるが，これが十分に機能しているとは言い難く，その制度の強化（債務名義の限定の廃止〔執行証書等の対象化〕，執行不奏功等要件の廃止，開示義務の範囲の拡大〔過去の財産譲渡への対象拡大〕，強制手段の強化〔監置処分の導入〕等）に加え，第三者から情報を取得する第三者照会制

72） もちろん被告の立場からみれば，これらの制度は被告の裁判を受ける権利を損なうおそれのあるものであり，それが濫用されるときは公正性・適正性の価値を害する懸念がある。その意味で，これらの要請を調整する再審制度（例えば，最決平成19・3・20民集61巻2号586頁〔送達受領者である同居人と名宛人との間に事実上の利害関係の対立がある場合に再審事由となる可能性を認めた事例〕など参照）の要件設定は，サービスの質の在り方を直接左右しうるものである。

73） なお，これとは逆に，苛酷執行に対する制御という面でも現在の制度は弱い面をもつ。今後は，後述のように，執行手続における債権者の権利を強化すると同時に，債務者保護のための強力な一線，すなわち苛酷執行の禁止を明確化していく必要があると解される。現在の執行制度は，債権者の権利保護が十分ではないため，債務者の権利保護を意識しなくとも問題が余り生じないような状況にあるが，今後はよりメリハリの効いた執行制度が必要になろう。このような著者の問題意識については，山本和彦「強制執行手続における債権者の保護と債務者の保護」同『倒産法制の現代的課題』（有斐閣，2014年）406頁以下参照。

74） これについては，三木浩一編『金銭執行の実務と課題』（青林書院，2013年）参照。

度の創設が大きな課題となろう[75]。ただ，債権者が財産情報を収集できても，強制執行を申し立てること自体に様々なコストがかかり，権利救済の限界がある。そのような観点からは，むしろ債務者に「任意」に弁済させるような間接的履行強制方法の多様化が求められる[76]。現在の間接強制を金銭債務にも拡大していくことは考えられるが，扶養料債務に関する間接強制の実効性に限界がみられるとすれば，別の観点からの間接強制，例えば債務を弁済しない債務者の氏名を公表するような制度（いわゆる債務不履行者名簿制度）の導入[77]など，個人情報保護との均衡を図りながら制度的な工夫が求められよう。

また，金銭執行以外の強制執行の実効性確保の問題も重要である。直接強制である建物明渡執行の実効性確保については，平成15年改正によって明渡猶予制度等の導入による任意履行の実効化の試みがされているが，福祉との連携，費用の問題等なお解決すべき課題も多いように思われる。更に，扶養料債権の強制執行の実効性確保については，やはり平成15年・16年改正によって，間接強制（民執167条の15）や予備差押え（民執167条の16）などが導入されたが，未だ十分なものではなく，抜本的解決策としては，諸外国にみられるような行政による立替払及び強制徴収の選択肢が真剣に検討されるべき時期に来ているように思われる。最後に，子の引渡執行の実効性確保については，ハーグ条約担保法の中で同条約上の義務の強制履行について子の返還（代替）執行における執行官の役割が明確化されたが，これについては今後国内手続にも波及させ，実効的な子の引渡執行の実現が期待される[補注3]。

75）　これについて，フランスの制度を参考に論じるものとして，山本和彦「フランス法からみた金銭執行の実効性確保」判タ1379号（2012年）44頁以下（三木編・前掲注74）124頁以下所収）参照。

76）　この点で興味深いのは，行政上の義務履行方法における様々な試みである。戦後の行政執行法の廃止に伴い，行政代執行のみを基本とする執行制度の不十分さに対する苦慮の中から，行政法では結果としてこの点の様々な工夫がされている。特に，義務履行方法としての公表制度の在り方には興味深いものがある。

77）　これに関する立法提案として，三木編・前掲注74）364頁以下参照。

［補注3］　2015年10月，民事執行制度の一層の適正化及び機能強化に向けて，「民事執行手続に関する研究会」が設置された（座長は著者が務める）。同研究会の取り上げる予定のテーマは多様なものであるが，ここで検討課題として示した財産開示制度の充実，第三者照会制度の創設，扶養料債権の強制執行の実効性確保，子の引渡執行の実効性確保なども議論の対象になるものと予想される。

いずれにしても，公的サービスの質の確保という観点から，強制性の強化とその範囲の明確化に向けた見直しが不可欠であることは明らかであり，それによって民事訴訟の社会における位置づけも拡大・変容していく可能性があろう[78)]。

(6) 納得性――当事者のニーズの反映

最後に，納得性という質である。民事訴訟サービスは，前述のように，強制的なサービスであり，すべての当事者がその結果に納得することは論理的にありえない。極端にいえば，半数の当事者が敗訴する以上，裁判に不満を抱く当事者は50% いてもおかしくないといえよう。しかし，裁判の手続や結果に対して納得する者，少なくともその結果を認容する者の割合を高めていくことは，司法制度の正統性を維持し，その永続性を担保する観点から極めて重要なことである。その意味で，納得性を高めることがサービスの質保証に繋がることは明らかである。ただ，一般的にはこれまでに述べてきたような各要素の質を高めることは同時に納得性を高めることにも連動するといえる。しかし，上記のような質には必ずしも還元できない側面もあると考えられ，ここではそのような問題を概観したい。

民事訴訟制度に対する信頼は，必ずしも勝敗（結果）によって直接左右されない面があるという事実はよく知られている[79)]。訴訟に勝った者が常に裁判制度を信頼するわけではないし，逆に訴訟に負けた者が裁判制度を信用しないわけでもないということである。その意味では，制度の設営・運用の両面において，そのような制度に対する納得確保の要因に配慮していく必要があるところ，その前提として重要であるのが利用者ニーズの把握という問題である。訴

---

78) 現在の民事裁判の強制力が十分ではない点が当事者間の和解による話合いを促進している可能性がある（特に訴訟上の和解においては判決を取得した場合の強制執行が困難であることが和解成立の契機になっている可能性がある。この点につき，三木編・前掲注 74) 303 頁〔古賀政治〕など参照)。そうであるとすれば，強制力の強化は結果として和解から判決への紛争解決方法のシフトを促す可能性があろう。

79) この点については，今在慶一朗「訴訟経験は制度への信頼につながるのか」菅原郁夫ほか編『利用者が求める民事訴訟の実践』（日本評論社，2010 年）251 頁以下など参照。

訟制度をサービスと捉える以上，サービスのユーザーが現在のサービスをどのように評価しており，それに何を求めているのかという，いわばマーケッティング調査が不可欠になることは当然である。訴訟の利用者に対する調査の必要性は，司法制度改革の議論の中でも明らかにされてきた。すなわち，司法制度改革審議会においてはその改革論を展開する前提として，2000年に訴訟利用者のアンケート調査を行ったが，同審議会意見書の結びにおいては，「何より重要なことは，司法制度の利用者の意見・意識を十分汲み取り，それを制度の改革・改善に適切に反映させていくことであり，利用者の意見を実証的に検証していくために必要な調査等を定期的・継続的に実施し，国民の期待に応える制度等の改革・改善を行っていくべきである」とされた[80)]。これを受けて，2006年第2回・2011年第3回の利用者調査が民事訴訟制度研究会によって行われたものである[81)]。

以上のような利用者調査の結果，現在の制度利用者が裁判制度あるいは裁判所に何を求めているのかが徐々に明らかになりつつある。その分析については多様な要素があり，それを制度の改善に結び付けるについては慎重な検討が不可欠である。また，制度の在り方としても，利用者の満足・納得のみを高めればそれでよいというものではない。仮に利用者が制度に対して「不当な」不満を抱いているのであれば，むしろ利用者に対する情報提供や丁寧な説明によってその誤解を解いていく努力も肝要であろう。しかし，そのような作業の前提としても，利用者が制度に対してどのような期待や不満をもっているのかを把握しておく必要があろう。例えば，利用者の制度利用の躊躇要因として，訴訟に要する時間や費用の問題が指摘されている[82)]。近時はそのような点の予測可能性が高まる傾向にはあるものの[83)]，なお努力の余地はあるように見受けられる。弁護士による報酬の説明の強化や裁判所による計画審理の励行[84)]等

80)　司法制度改革審議会意見書117頁参照。

81)　第1回調査の分析については，佐藤岩夫ほか編『利用者からみた民事訴訟』（日本評論社，2006年），第2回調査の結果・分析については，民事訴訟制度研究会『2006年民事訴訟利用者調査』（商事法務，2007年），菅原ほか編・前掲注79），第3回調査の結果については，民事訴訟制度研究会編・前掲注41）参照。

82)　これについては，民事訴訟制度研究会編・前掲注41）70頁参照。

83)　山本ほか・前掲注40）168頁以下参照。

である。また，裁判官の評価においては，利用者は，自己の話をよく聴いてもらうこと（傾聴）や事件の背景を理解してもらうこと（背景理解）を重視しているように見える[85]。これは，裁判官が事件の内容について十分に理解し，かつ，自らが理解している旨を利用者に分かるように行動することの重要性を示しているように見える。そして，そのような作業をするためには，裁判官の時間的余裕を確保することの重要性も指摘できよう。

いずれにしても，利用者の民事訴訟に対するニーズを把握し，それに基づいて訴訟サービスに対する納得度を高めていくことは，民事訴訟の位置づけに大きく影響していく営為であると評価できよう。

（初出：新堂幸司監修『実務民事訴訟講座〔第3期〕第1巻』（日本評論社，2014年）257頁以下）

［補論］ 本章は，公的サービスとして民事訴訟を位置づけ，それに基づき，民事訴訟の任務及びその質の評価について論じるものであり，著者の基本的な民事訴訟観を示したものである。その意味で，本章において，著者の民事訴訟法に関する先行論文集（『民事訴訟審理構造論』，『民事訴訟法の基本問題』）が引用され，また本書中の多くの章を引用していることは，本章が従前の著者の研究と現在までの研究とを架橋するものであり，著者の民事訴訟法研究の見取り図を示すものであることを示している。なお，本章で示したADRに関する著者の位置づけを更に展開したその後の論稿として，山本和彦「ADRの将来」法の支配178号（2015年）40頁以下がある。

84） 最高裁判所事務総局・前掲注38）20頁は「その利用が有効な事件類型における計画審理の再検討」を提言する。

85） 山本ほか・前掲注40）177頁〔菅原郁夫〕によると，裁判官に対する満足度を決するについて当事者が重視する点は，第1に中立性であるが，第2に傾聴，第3に背景理解という要素であるとされる。

第2章

民事訴訟における法的利益の保護

――法的利益を中心とした民事訴訟法理論の再構成に向けた覚書

1 はじめに

民事訴訟の目的について憲法上司法権に与えられた役割に立ち返り，その目的を「権利（実質権）の保障」とする注目すべき見解が，近時，竹下守夫教授によって提唱されている[1)]。竹下教授は「民事訴訟との関係における司法の核心的役割は，実体法規範により認められた権利に，必要とされる救済を与えることによって，これを司法的に保障（保護）することにあ」り，「民事訴訟制度の目的も，このような『権利の保障』にあると」解される。そして，ここでの権利は実質権と呼ばれ，「法的に保護すべき利益・価値の決定とその各人への割当の機能を」もつ。「われわれの社会関係上のさまざまな利益・価値のうち，何を『権利』＝実質権として保護するか（中略）は，立憲民主制の下では，憲法の枠内において，国民代表＝立法府が決定すべきであり，司法府＝裁判所は，この決定に拘束され」る。「従って，民事訴訟制度の立法的・解釈的設計に当たっては，『権利』は既存であり，その内容は確定的なものと観念される」。しかし，「実質権についても，新たに法的保護に値いする利益・価値が生じれば，立法の即時の対応を期待しえない限り，裁判所がこれを『権利』と認めることが許される」とされる[2)]。

1) 竹下守夫「民事訴訟の目的と司法の役割」民訴40号（1994年）1頁以下。
2) 竹下・前掲注1）33頁以下。

以上の竹下説の最も注目すべき点は，一方では保護の対象を「実質権」として目的論の中に定式化した点にあり，他方ではその救済を権利侵害の確定とは分離して目的化した点にあると思われる。このうち，後者の検討は専ら別稿に譲り[3]，ここでは前者の問題を取り扱うことにする。すなわち，本章は竹下説を基本的に支持する立場[4]から民事訴訟法理論の再構成を図っていく手掛かりを見出そうとの趣旨に出たものである。従来の目的論を権利保護説と紛争解決説を中心に概観すると[5]，権利保護説は権利（請求権）を中心に置く点で法的制度である民事訴訟をよく説明しうるが，請求権競合の場合を典型にして保護対象となるべき請求権が紛争実態にそぐわない面があるという問題があった。他方，紛争解決説は訴訟の対象となる紛争をそのまま保護目的とする点で実態に合致するが，他方では過度に事実的な概念である「紛争」をもちだすことで法制度としての訴訟の説明にそぐわない面もあった。このような中で，竹下説が実質権（保護すべき法的利益）を訴訟制度の保護目的と解することは，制度の実情との適合と制度の法的な説明とを同時に達成できる適切な観点を提供するものと評価できる。

以上のように民事訴訟の目的を措定するとき，そのような目的論は民事訴訟制度の構築（立法及び解釈）に重要な意味をもちうる。確かに目的論が具体的な制度構築と直結しない場合もあるが，目的論と具体的制度との「結び付き方の合理性・整合性・説得性には程度の差があるのであり，法律論としてはこの

3）本書第 6 章参照。

4）民事訴訟制度の目的につき，著者は民事訴訟を公的サービスと理解する立場（本書第 1 章 *1* 参照）から，その目的の中心（サービス内容）は私人の利益保護にあるが，サービスの質の引上げも目的論の枠内の問題であり（同章 *5* 参照），サービスの質として「法による裁判」の要請から合法性が不可欠であるため，そこで保護されるべき利益はまさに「法的保護に値する利益」であることを前提としている（本書第 6 章 *2*(1) 参照）。他方，竹下説は，実質権につき「権利の実質的内容である利益・価値」と表現されるが，「さまざまな利益・価値のうち，何を『権利』＝実質権として保護するか」，「新たに法的保護に値いする利益・価値が生じれば（中略）これを『権利』と認めることが許される」といった叙述から，むしろ「法的に保護すべき利益・価値」自体を「権利」と理解されているものと見られる。したがって，著者の立場は竹下教授の目的論の定式と基本的に一致していると思われる。

5）著者の観点からの目的論の整理については，山本和彦『民事訴訟審理構造論』（信山社出版，1995 年）1 頁以下参照。

ような整合性・説得性は決して軽視できず，その意味ではなお目的論の有用性は否定しえない」[6] と解される。その意味で，現行民事訴訟法が成立した今，「法的に保護に値する利益の保護」が民事訴訟制度の根幹にあることを明示的に意識し，民事訴訟法理論を考え直してみることにも意味があると考える。それは，竹下教授も指摘されるように，実質権（法的利益）の側から，より包括的・実体的な視点を民事訴訟法理論に導入することを結果しよう。このような作業は膨大なものであり，本章のよくするところではないが，ここでは，将来のそのような作業の手掛かりとすべく，基礎的な問題点を探っておきたい。

以下では，まず民事訴訟において保護の対象となるべき法的利益の内容を簡単に検討した後（*2*），民事訴訟法理論の前述のような再構成の可能性を，訴訟物及び訴えの利益という基礎理論を例として，概括的に見ておくことにしたい（*3*）。

2　民事訴訟において保護の対象となる法的利益

(1)　権利と利益

民事訴訟の目的が法的利益の保護にあるとして，それでは保護に値する利益とはどのようなもので，それはどのように決定されるのであろうか。この問題は主に実体法の課題ではあるが，*1* のような視点からの整理を簡単に行っておきたい。まず，実体法が物権又は債権の形で保護しているような利益がここでの法的利益に該当することは言うまでもない。その意味で「権利」は当然に保護の対象となる[7][8]。しかし，権利という形で定式化されていないような利益が法的に一切保護されないわけではない。不法行為（民709条）について，かつては「権利侵害」が要件とされていたのが，現在は「違法性」で足りるとさ

---

6)　山本・前掲注5) 7頁。なお，竹下・前掲注1) 4頁以下も参照。

7)　もちろん権利といってもその保護態様は様々で，所有権など差止めという強力な救済形式で保護されるものもあれば，損害賠償など間接的な原状回復は認められても，侵害前に差止め等によることは認められない権利もありうる（権利であれば差止めが認められることが多かろうが，なお受忍限度等違法性の観点から制約を受ける場合も多い）。

8)　むしろそのように当然に保護される利益を「権利」と呼ぶと言った方が正確であろう。

れていることは周知のとおりである。つまり「権利」として定式化されていなくとも，法的な利益が違法に侵害された場合には救済の余地が認められるのである。その意味で，「保護に値する法的利益」は「権利」よりも広い概念と言える。それでは，不法行為に基づく損害賠償訴訟において保護されるのは，損害賠償請求権か，それとも不法行為により侵害された利益自体か。これを後者とするのがここでの前提である（この点は竹下説も同様と思われる）。例えば，ある人が所有物を盗まれた場合，民事訴訟で保護される実質権はその物の所有権自体であり，それに基づく返還請求権や損害賠償請求権は手段的権利に止まる。そうだとすれば，権利に至らない法的利益の侵害の場合も，民事訴訟の保護対象と見るべきは（損害賠償請求権ではなく）被侵害利益それ自体ということになるはずである。ただ，「利益」は本来は法的な概念ではなく，様々な内包をもちうるものであるところ，民事訴訟において保護されるのは，「法的利益」に限定される。そこで，いかなる利益がいかなる場合に法的利益と認められるかが重要となる。次に，この問題を扱う。

(2)　法的保護に値する利益

前述のように，権利として定式化されている法的利益は当然に保護対象となる。他方，権利のほかにも法的に保護されるべき利益が存在することについて，民法 709 条の「権利侵害」の要件を違法性に読み替える契機となった最初の判例として名高い大判大正 14 年 11 月 28 日（民集 4 巻 670 頁）は，老舗の売却により得べかりし利益について，我々の法律観念上，その侵害に対し不法行為に基づく救済を与えることが必要と思われる利益と解した。つまり，いかなる利益を法的利益として民事訴訟で保護するかは「我々の法律観念」によることになるが，以下ではこの点につき若干の検討を加えることにしたい[9)]。

9)　なお，「法的利益」に該当するためには，そのほか，その利益が具体的なものであり，かつ，その利益に関する紛争が法令の適用により終局的に解決可能な態様のものでなければならない。このような要素を欠くような利益に関する訴訟は，法律上の争訟に当たらず，裁判所は審判の対象となしえない（裁 3 条 1 項）。したがって，憲法違反の法令が存在しないことに係る利益は具体的利益とは言えず，法令の違憲無効確認請求が法律上の争訟に当たらないのはもちろん，その違憲法令の単なる存在により精神的損害を受けたとする慰謝料請求（国家賠償）もやはり法律上の争訟には当たらない。同じことは

この問題を最近の判例に表れた事例から考察すると，最も注目すべき判決として，最判平成3年4月26日（民集45巻4号653頁）がある[10)]。これは，いわゆる水俣病待たせ賃訴訟に関し，公害健康被害補償法等に基づき水俣病患者認定申請をした者が相当の期間内に行政庁の応答処分がなかったとして，処分の遅延による精神的苦痛に係る慰謝料の支払を国家賠償として請求した事件である。判決は，このような「認定申請者としての，早期の処分により水俣病にかかっている疑いのままの不安定な地位から早期に解放されたいという期待，その期待の背後にある申請者の焦燥，不安の気持ちを抱かされないという利益は，内心の静穏な感情を害されない利益として，これが不法行為上の保護の対象になり得る」と解した。その際，注目すべき一般論として，「各人の価値観が多様化し，精神的な摩擦が様々な形で現れている現代社会においては，各人が自己の行動について他者の社会的活動との調和を充分に図る必要があるから，人が社会生活において他者から内心の静穏な感情を害され精神的苦痛を受けることがあっても，一定の限度では甘受すべきものというべきではあるが，社会通念上その限度を超えるものについては人格的な利益として法的に保護すべき場合があり，それに対する侵害があれば，その侵害の態様，程度いかんによっては，不法行為が成立する余地がある」と述べる。他方，同判決には，香川保一

法令の適用による審判可能性についても言え，誤った教義に従ってお布施をしない利益は教義の当否の判断を要し，それは法令の適用により終局的に解決可能なものとは言えず，法的利益ではない。したがって，そのお布施相当額の支払を不法行為又は不当利得を根拠に請求する場合も，その訴訟は法律上の争訟ではなく，却下を免れない。

10)　最近の判例としてそのほか，「氏名は……個人の人格の象徴であつて，人格権の一内容を構成するものというべきであるから，人は，他人からその氏名を正確に呼称されることについて，不法行為法上の保護を受けうる人格的な利益を有する」とする最判昭和63・2・16民集42巻2号27頁（但し，氏名を正確に呼称される利益は，その性質上不法行為法上の利益として必ずしも十分に強固なものとはいえないから，不正確な呼称は直ちに不法行為を成立させるものではないとする），「みだりに……前科等にかかわる事実を公表されないことにつき，法的保護に値する利益」とし，「前科等にかかわる事実の公表によって，新しく形成している社会生活の平穏を害されその更生を妨げられない利益」を法的保護に値する場合があるとする最判平成6・2・8民集48巻2号149頁，「静謐な宗教的環境の下で信仰生活を送るべき利益なるものは，これを直ちに法的利益として認めることができない」とする最判昭和63・6・1民集42巻5号277頁，「〔公職選挙法の〕規定に違反する〔政見放送の〕言動がそのまま放送される利益は，法的に保護された利益とはいえ〔ない〕」とする最判平成2・4・17民集44巻3号547頁などがある。

裁判官の詳細な反対意見が付されており，多数意見と異なり，このような「内心の静穏な感情を害されない利益」の法的利益性を一般に否定するものとして，やはり注目に値する。香川反対意見は，民法710条・711条を援用して精神的損害の賠償は例外とされ，これらの規定の「法意は，およそ主観的な精神的苦痛ないし損害なるものは，その発生，内容，程度等において人により千差万別であるから，そのすべてを賠償すべきものとすることは，社会軌範として到底容認されるものではなく，社会通念上その侵害があれば当然に精神的損害が生ずるものと観念される法的利益すなわち社会軌範としてその侵害に対し法的に保護すべきものとして当然肯認される法的利益を『身体，自由又ハ名誉』に限定し，しかも最も重大な生命の侵害の場合も，加害者の精神的損害賠償の負担を社会通念上相当とする範囲に抑制しようとする立法政策による」とされる。多数意見と少数意見は，ともに「社会通念」を法的利益性のメルクマールとする点で差異はないが，多数意見が個々の利益について具体的判断を加えていくという前提に立つのに対し，少数意見は法的保護が「当然」に観念される利益のみを問題とし，民法の法意もふまえてその範囲を限定する点に結論の違いが生じていると言える。

また，やはり注目すべき議論の展開として，医療過誤等における期待権侵害に基づく損害賠償の問題がある[11]。これは，医療事故において医師の過失と結果発生との因果関係が認められない場合にも（末期癌の患者で事故がなくとも同じ時期に死亡していた場合など），適切な医療を受けられなかったこと自体に患者の期待権の侵害があるとして，慰謝料の賠償を求めるものである。積極・消極の裁判例が対立しているが[12]，積極説をとる裁判例は，「疾病の早期発見，早期治療の機会を得ることを期待していたというべきであり，右期待は法的保護に値する」（東京地判平成4・10・26判時1469号98頁）とか，「その期待は，本件のような重い後遺障害を残す場合にあっては，直接身体そのものの侵害では

11） また，雇用差別に関する事件でも，昇進等との因果関係否定＝請求棄却（神戸地判平成4・2・4判時1439号3頁）から，因果関係不存在を前提にした慰謝料認容（大阪地判平成4・9・22判時1442号3頁），更に割合的認定（千葉地判平成6・5・23判時1507号53頁）の方向に展開しているのが注目される。

12） 裁判例につき詳しくは，加藤新太郎「医療過誤訴訟の現状と展望」判タ884号（1995年）15頁以下など参照。

ないとしてもその外縁にある人格的な利益として，十分法的保護に値する」（大阪地判平成元・6・26判タ716号196頁）と述べる。他方，消極裁判例は「適正な病名ないし病状を早期に知ることが患者やその家族にどのような意味をもつかは，各人ごとに様々であり，第一審原告らのいう利益〔期待権という利益〕は極めて主観的なものであって，万人に共通したものとはいいがたく，法によって保護するに値する利益には当らないというべき」とする（東京高判昭和58・3・15判時1072号105頁）。法的に保護されるべき期待の限界ラインの設定については困難な問題があるが，加害者に課された債務の特性に応じた把握（手段債務等について期待権を認めるアプローチ）などが注目されよう[13)]。このような事例は，慰謝料の機能が，従来の実体的利益の補完から，訴訟上の不利益，すなわち因果関係や損害額の証明困難の回避・救済の機能へと拡大していることを示すものとして注目に値する。もちろん，これは証明困難救済のための他の理論，とりわけ証明度軽減理論との相補性・役割分担を考える必要があり，期待権法理の安易な利用は，慰謝料の認容による中途半端な解決（「足して2で割る」式解決）への途を開くおそれもあり，慎重な検討を要しよう。ただ，訴訟で保護されるべき法的利益の限界事例として，これらの分析が重要な意味を持つことは確かであろう[補注1]。

以上のような判例の展開から抽出できるとりあえずの視点として，まず利益を保護する「法」の完結性は既に神話であり，いかなる利益が「法的」なものかについて実定法規範は十分な基準となりえない点が確認される[14)]。その意味で，行政訴訟において熾烈に争われている「法的に保護された利益」説か「保護に値する利益」説かの論争は，民事においては余り意味がないと言えよ

---

13)　定塚誠「因果関係」『民事弁護と裁判実務第6巻』（ぎょうせい，1996年）など参照。

［補注1］　医療訴訟については，その後，最高裁判所の判例の展開があった。最判平成12・9・22民集54巻7号2574頁は，医療過誤（過失）がなかった場合に患者が「生存していた相当程度の可能性の存在」を法的保護に値する利益として，その侵害に対する損害の賠償を認めるに至っている（「重大な後遺症が残らなかった相当程度の可能性」についても同旨の判断をするものとして，最判平成15・11・11民集57巻10号1466頁参照）。これは，「期待権」が余りに主観的なものであるとする消極裁判例等からの批判も反映して，被侵害利益の客観化を図ったものと評価することもできよう。

14)　この点につき，井上治典ほか編『現代民事救済法入門』（法律文化社，1992年）8頁〔井上〕参照。

う。民事訴訟では，ある利益が侵害された場合，その回復（損害賠償）がまず不法行為に基づき求められる。そして，その法的利益性が確立していくに従い，今度はその具体的侵害の予防が差止めにより認められ，更に抽象的予防措置として確認訴訟が承認され，当該利益が権利として確立していくものと見られる。

次に，法的利益の性質によっては，以上のような結果無価値的な考慮だけでは十分でない場合もある。すなわち，法的利益が必ずしも当然に保護されるわけではなく，その侵害態様等が問題となる局面がある。これが「違法性」の要件の中でなされる行為無価値的考察である15)。そして，このような意味での違法性は被侵害利益との相関性を有するという点も重要である。例えば，生活利益の侵害では侵害行為の違法性が強くなければ保護が認められないし16)，債権侵害や不当訴訟等でも同様に重い違法性が必要とされる17)。つまり，被侵害利益が弱い場合や逆に侵害側の利益が強い場合（競争の自由，裁判を受ける権利等）には，保護の当否を決するについて侵害態様が重要な要素となる。また，救済方法との相関性も指摘でき，損害賠償であれば賠償の対象となるような侵害態様でも，差止めの場合にはより強い態様が要求されることがある18)。

最後に，訴訟で保護されるべき利益（及びそれに対する対抗利益）がどの範囲でカウントされるかという点も問題となる。換言すれば，当該利益侵害行為に係る外部経済及び外部不経済をどの程度審理の中に取り込みうるかという問題である。例えば，原子力発電所の建設差止めを求める訴訟において，その建設による第三者の利益侵害（外部不経済）（原告以外の住民の利益侵害に加え，生態系など利益主体が存しない利益や将来の子孫の利益など）やその建設による第三者の利益の進展（外部経済）（電力供給が増加し安価になることによる電力利用者の利便や経済発展の利益など）が問題になってこよう。相対的解決を旨とする民事訴訟にあっては，原則として問題となるのは原告・被告の二当事者間の利害関係であるが，実体法の趣旨が求める限りで，これら第三者の利害も訴訟の中で顧慮さ

15) 周知のとおり，刑事における違法性の理解について結果無価値説と行為無価値説との対立があるが，民事との関係でも示唆が得られよう。

16) 注 10）掲記の判例も参照。

17) 後者につき，最判昭和 63・1・26 民集 42 巻 1 号 1 頁参照。

18) 最判平成 7・7・7 民集 49 巻 7 号 2599 頁は，公共性との関係で，このような別個の考察を認める。

れ，保護される可能性が認められよう[19]。

(3)　訴訟類型に応じた具体的な法的利益

(a)　債権の履行

最も単純な場合として，債権（貸金債権など）の履行を請求する場合には，保護されるべき法的利益は，当該債権により取得されるべき利益と同一となる。仮に同一内容の給付を複数の契約（債権）等が保護している場合にも，保護されるべき法的利益としては1つのものだけがあることになろう。

(b)　損害賠償

侵害された利益につき，(2)で述べた考察が基本的に妥当する。また，法的利益がどの範囲で一体のものと考えられるかについては（例えば，本が2冊盗まれた場合に利益は1個か2個か），所有権の及ぶ「物」の個数によることも考えられるが，それに拘束される必然性はなく，「社会通念」に従い単一性が認められる範囲で1個の利益と考えることができよう（刑事における公訴事実の単一性に関する議論が参照される）。

(c)　返還請求・登記請求

不動産の返還請求を念頭に置くと，この場合に侵害された利益は当該不動産についての占有利益であると考えられる。登記訴訟については，例えば移転登記請求であれば，第三者に登記が移転された場合に自らが所有者として権利を主張できなくなるおそれが保護の対象利益として観念できるものと思われる。

(d)　差止め

差止請求によって保護される利益は将来の利益である。その意味では，後述の確認請求と同じく「侵害のおそれのある利益」は抽象化せざるをえないが，差止めの場合は確認の場合よりも，一般に保護利益がより具体的な形になっていると見られる。騒音，悪臭，振動，大気汚染などは，それらなしに自己の生

---

19)　伊藤眞「紛争管理権再論」竜嵜喜助先生還暦『紛争処理と正義』（有斐閣，1988年）203頁以下において提唱された新紛争管理権論は，このような利益顧慮の枠組みとして利益主体の当事者としての取込みを重視する。当事者としなければその利益がカウントされないものではないと解されるが，それをより適切に手続に反映させるためには，攻防主体性を認めるのが相当であることは確かであろう。

活領域を構成できる利益となるが，いわゆる生活利益が問題となる場合には具体的な保護法益が必ずしも判然としない場合も考えられよう[20]。

(e) 確認訴訟

所有権確認の場合は，現に侵害されているものが占有利益など具体的な利益であっても，訴訟で保護されるのは所有権利益（所有権の概念に含まれると見られるすべての法的利益）であると考えられる。けだし，原告としては，現在の侵害への対処に加え，将来の侵害の予防をも含む趣旨で確認訴訟を提起するのであり（確認訴訟の予防的機能），侵害のおそれのある利益としては所有権利益全体が問題となるからである。

(f) 形成訴訟

離婚の場合は，婚姻の義務から解放される利益（再婚できる利益など）が保護される。また，行政処分取消訴訟なども取消しによって得られる法的地位（新たな許可申請ができる利益，従来の活動が継続できる利益など）が保護の対象と観念できよう。他方，株主総会決議取消訴訟などは株主等個人の具体的利益との関連性が薄く，一種の客観訴訟の側面を有し，会社運営の適法性の確保などが法的利益として問題となる余地があろう。

3 保護されるべき法的利益と民事訴訟法

以上に述べてきたような「法的利益」の侵害に対する救済こそが民事訴訟の目的であるとすれば，民事訴訟審理の核心部分はそのような法的利益の存否及びそれに対する侵害の有無にあることになり，それを直視した法理論の形成が不可欠になると思われる。このような観点から民事訴訟法理論全般を再検討することが有用であると考えるが，より網羅的な展開は著者の将来の課題とし[21]，ここでは最も重要な論点と思われる訴訟物論（(1)）と訴えの利益論（(2)）

20） ただ，判例・学説はこのような場合の差止認容には慎重であろう。

21） このほか，法的利益を中核に民事訴訟法理論の再構築を目指す場合に問題となりうる領域として，訴訟承継論（法的利益の承継を基準とする再構成の可能性），判決効の範囲（客観的範囲につき訴訟物及び法的構成の確定の組入れ，主観的範囲につき実質的利益帰属主体に基づく統一的説明の可能性など），文書提出義務（利益文書及び法律関係文書の保護対象利益からの再構成の可能性），訴額（法的利益の金銭的評価の問題）

に限って，試論的な検討を加えることとしたい。

(1)　訴訟物論

以上のように，一般論として「保護されるべき法的利益」を民事訴訟法理論の中核に据えるとして，その具体的な解釈問題への影響の試金石となるのは訴訟物の問題であろう。訴訟物については，いわゆる旧訴訟物論と新訴訟物論（更には新実体法説）の間で論争があることは周知のとおりであるが，この論争には民事訴訟の目的に関する論者の見解が通底していることも既に指摘されている。権利保護説は実体権（請求権）を訴訟物とする方向に傾くのに対し，紛争解決説は紛争自体を訴訟対象として捉えるべく新訴訟物論に赴くのはある意味では必然的と言える。そして，法的利益保護を民事訴訟の目的と見る立場からは，まさに「保護されるべき法的利益」を訴訟物と捉えることになろう[22]。訴訟物論争で実際に問題とされた例に即して検討してみると，まず請求権競合の典型として所有権に基づく返還請求権と占有権に基づく返還請求権を考えると，そこで保護されるべき利益はいずれにしろ侵奪された物の占有利益であり，それが１個である以上，訴訟物も１つとなる。また，医療過誤など不法行為に基づく損害賠償と債務不履行に基づく損害賠償との請求権競合も，保護されるべき利益は医療事故によって侵害された患者の生命・健康等の利益であり，これが１個である以上，保護の根拠法規が異なっても訴訟物の差異をもたらすものではないと解される。また，債権の実現の場合である原因債権と手形債権との競合についても，そこでの法的利益は一定額の金員の給付を受ける利益であり，実体法上それが二重に受領できない限り，法的利益としては１個のものと見てよく，訴訟物も１個と解される。更に，形成訴訟も同様であり，そこで保護されるのが形成結果に関する利益で，それが１個である限り，訴訟物も１個となる（離婚訴訟で，離婚により消滅する婚姻が１個である以上，異なる離婚原因でも訴訟物は１個となる）。他方，確認訴訟では，例えば被告が現に原告の土地を侵奪して利用しているとき，直接に保護されるべき利益は原告の占有利益である

などの論点が当面思いつくが，これらの検討は挙げて将来の課題としたい。

22)　ただ，竹下教授はこの点を留保される。竹下・前掲注 1) 35 頁参照。

が，原告があえて占有の保護ではなく，所有権確認を求める趣旨は所有権全般への被告の将来の侵害防止にあると見られるので，訴訟物は所有権全体となろう。

以上のように，法的利益を中心に訴訟物を理解すると，利益の法的構成自体は原則として（確認訴訟の場合を除き）訴訟物からオミットされることになる。ただ，訴訟の審理は当該利益が「法的に」保護されるべきかをめぐって行われるので，法的構成は当然審理の中心課題となる。そして，そのことは訴訟を回顧的に見る判決効の場面では重要な意味をもってくると思われる。すなわち，ある法的構成に基づく審理の結果，法的利益が認められずに請求が斥けられたが，異なる法的構成が可能であるような場合は，前訴裁判所の法律問題指摘義務違反を観念でき，義務違反の効果として判決効が訴訟物よりも縮小し，異なる法的構成に基づく再訴も既判力により遮断されない場合があると解される[23)]。したがって，このような評価規範面ではなお法的構成のもつ意味は大きい[24)]。また，訴訟物の単一性も被侵害利益で判別すべきことになり，生命など保護法益が同一である限り，積極損害であれ，慰謝料であれ，逸失利益であれ，訴訟物としては単一となる[補注 2]。他方，保護法益が異なれば，訴訟物も異なる[25)]。

最後に，法的利益と救済形式の関係では，行為規範面（特に処分権主義）については救済形式も重要性をもつと思われる。仮に法的利益が同一であっても，当事者がAという救済方法を求めているときに，裁判所が勝手にBという救済方法を与えることは明らかに私的自治の原則に背馳しよう。したがって，名誉毀損の場合に損害賠償のみが求められているのに，謝罪命令を命じるようなことはもちろん許されない[26)]。他方，評価規範面，すなわち既判力との関係

23） 詳しくは，山本・前掲注 5）326 頁，329 頁補注 15 参照。また，本書第 12 章も参照。

24） 他方，行為規範面（二重起訴等の場面）では法的構成は基本的に無視され，法的利益の同一性のみを基準とすれば足りよう。

［補注 2］ このような理解は，侵害行為と被侵害利益とで訴訟物の単一性を規律しようとする判例法理（最判昭和 48・4・5 民集 27 巻 3 号 419 頁，最判昭和 61・5・30 民集 40 巻 4 号 725 頁など）と基本的に同旨と評価できよう。

25） どの程度法益の抽象化が可能であるか（品目ごとに観念するか，物損という形まで抽象化できるか等）は，社会通念と訴訟技術的考慮に支配されよう。

26） ただ，訴訟物としてはこの両者は同一と解すべきである。

では救済方式は重要性をもたず，法的利益のみが鍵となろう。前記の例で，名誉毀損による損害賠償が斥けられたときは，原状回復の後訴も既判力により遮断される27)。なお，継続的な利益侵害が問題となる場合は，前訴基準時前の利益は問題となる余地はないが，その後の利益侵害を後訴で新たに取り上げる余地はある。この観点から，基準時後の形成権行使の問題を捉えると，意思表示の瑕疵が問題になるケース（取消し）では過去の一回的意思表示が問題なのに対し，継続する事実状態が形成権行使の根拠である解除（債務不履行という事実状態）や相殺（相殺適状という事実状態）では，基準時後の事実状態を根拠として既判力による遮断を受けずに後訴で形成権を行使できると解する余地があろう[補注3]。

(2)　訴えの利益

民事訴訟を「保護されるべき法的利益」を中核に再構成しようとするとき，訴えの利益の問題も重要となろう。訴えの利益については，以前から他の訴訟要件とは異なり，実体的なものとする意識が強かった（「手続と実体の架橋」とも言われる）。既に，山木戸博士は，訴えの利益の主体に関する探究から，「原告の主張する実体的利益が直面している危険・不安を除去しうべき法的手段としての訴訟を追行し本案判決を求める利益・必要」を訴訟追行利益とし，これを訴えの利益の中核とされた28)。また，福永教授は，山木戸説の手続追行権というやや不明確な概念を更に分析し，「訴訟の結果にかかる利益」を訴えの利益の基礎と見られる29)。これは，本章で言う「保護されるべき法的利益」

27)　他方，損害賠償認容後の原状回復の再訴は救済方法の追加変更申立てであり，既判力の問題とはならずに認められる余地があろう。

[補注3]　このような考え方を更に展開したものとして，山本和彦『民事訴訟法の基本問題』（判例タイムズ社，2002年）202頁以下の議論がある。そこでは，本文の総論的見解を基本的に維持しながら，例えば，解除権については，解除原因に応じて状態型の解除権と事実型の解除権とに区分し，前者については基準時後の状態に基づく解除権の行使は既判力によって遮断されないとしながら，後者は既判力による遮断を認める。

28)　山木戸克己「訴えの利益の法的構造」吉川大二郎博士追悼『手続法の理論と実践下巻』（法律文化社，1981年）51頁以下。

29)　福永有利「訴えの利益(2)」法セ335号（1983年）138頁。なお，福永教授が当事者適格についても同様の把握をされることは，同『民事訴訟当事者論』（有斐閣，2004年）145頁以下参照。

を訴えの利益の基礎とする考え方に近いものと見られる。ただ，その後の学説は必ずしも福永説を十分フォローしているように見えないが，最近は訴えの利益として権利保護の資格と権利保護の利益・必要とを分説して論じる見解が再び現れていることは注目に値する[30]。

しかるに，このように実体的利益を中心に訴えの利益を把握する立場に対しては，最近，手続的利益をより重視する方向が示唆されている。いわゆる応訴義務論の展開である[31]。この見解によると，実体的に保護すべき利益が認められたとしても，訴訟開始前に十分な交渉などが行われていない限り，被告には応訴義務が発生しない余地があろう[32]。そこでは，交渉の機会といった手続的利益が訴えの利益の有無を決定づけるのであり，実体的利益の侵害（のおそれ）といったものは，原則として意味を失うことになろう[33]。

このような見解は，それが主に念頭に置かれる適用場面においては一定の妥当性を有しよう。特に債務不存在確認の訴えの利益については，応訴義務を観念する余地が十分にあろう。しかし，それを超えて一般的に，前述のような実体的利益を中心とする枠組みが妥当性を失ったとは思われない[34]。著者は，

30）伊藤眞『民事訴訟法 I』（有斐閣，1995 年）130 頁以下。但し，同説が権利保護の資格の問題として論じられるのは，法律上の争訟の問題に限られる。近時の伊藤説については，伊藤眞『民事訴訟法〔第 4 版〕』（有斐閣，2011 年）170 頁以下参照。

31）松尾卓憲「民事訴訟における被告の応訴義務」九大法学61号・62号（1991年）参照。

32）これは更に，訴えの利益を従来の本案判決要件から訴訟維持要件に発展させる作用も有しよう。この点で，刑事の訴訟条件論から起訴条件論への展開も注目される。

33）また，当事者適格の領域でも同様に手続的利益を重視する議論として，いわゆる紛争管理権論が展開されている（伊藤眞『民事訴訟の当事者』（弘文堂，1978 年）90 頁以下。注 19）も参照)。これによると，実体上の管理処分権とは別個に「紛争管理権」というものが存在し，それは訴訟前に当該紛争について積極的な交渉等の行為をした者に帰属すると解される。ここでも，交渉の主導という訴訟外・訴訟前の手続的利益が当事者適格の有無を決するものとなり，実体上の管理処分権というメルクマールは決定的でなくなろう。

34）当事者適格についても，訴えの利益同様，法的利益を基礎にしたアプローチが正当であり，法的利益の管理・処分の権限を有する者に当事者適格があると解される。ここでも，請求権自体ではなく，保護されるべき利益が基準となろう。問題となる環境的利益の侵害の場合，環境権という実体権の成否はともかく，当該利益が実在し，かつ，法的保護に値するものであるならば，司法にはそれを保護（救済）すべき義務があり，その場合は，環境的利益が誰に帰属するか，また管理させるのが適当かという視点が重要となる。つまり，「紛争」管理というのとは異なる観点から，「法的利益」の管理主体と

現在も実体的利益を中心とした訴えの利益の構成はなお原則としては十分維持できるし，また近年の新たな議論もこの枠組みの中に位置づけていくことは可能と考えている。すなわち，訴えの利益は，保護されるべき法的利益の存在とその利益の侵害のおそれ（及び訴えによりそれを保護する必要）とをもって構成されると解される[35)]。このうち，侵害のおそれは侵害が未だ現実化していない段階の訴訟に限って要件となるので，侵害が現実化している損害賠償等の場面では問題とならない一方，現実の侵害が未だない確認訴訟や差止訴訟では重要な要件となる[36)]。そして，前述の応訴義務論については，債務不存在確認（消極的確認）訴訟の場合に限れば，事前交渉の不存在などを利益侵害のおそれの判断の中に組み入れて顧慮していく余地はあると思われる[37)]。この場合，法的利益の存在はすべての訴訟類型に共通の要件であり，給付訴訟でも問題となろう[38)]。この点は，最近の形成訴訟の訴えの利益をめぐる議論にも表れている。株主総会決議取消訴訟でも，決議取消しに何らかの「利益」がなければ，訴えの利益を否定するのが判例[39)]の傾向であり（いわゆる「実益論」），これは上記のような統一的視点から支持できるものと思われる。最後に，このような枠組みは補助参加の利益について考察する際にも有益な視点を与えうる。最近提唱されている参加の利益についての有力説[40)]は，当該訴訟によって侵害される利益の重大さとその侵害の可能性とを問題にされるもので，上記のような枠組みとの類比からも正当化できよう[補注4]。

して環境保護団体等に当事者適格を承認する余地はあるのではなかろうか。なお，集団的利益の保護の在り方に関する著者の近時の認識については，第20章参照。

35)　確認の利益について権利保護の資格とその必要とに分説される見解は（伊藤・前掲注30)『民事訴訟法Ⅰ』），本文のような枠組みからも相当と考えられる。

36)　なお，差止訴訟では侵害のおそれは実体法上の差止請求権の要件とされているが，確認の利益などと同様に理解する余地があろう。

37)　給付訴訟でもそのような可能性があるかについては留保したい。

38)　例えば，谷口安平「権利概念の生成と訴えの利益」新堂幸司＝谷口安平編『講座民事訴訟2巻』（弘文堂，1984年）164頁の挙げられる月面の土地の引渡しの例は，法的利益の不存在により却下されよう。

39)　最判平成4・10・29民集46巻7号2580頁など参照。

40)　伊藤眞「補助参加の利益再考」民訴41号（1995年）1頁以下。

［補注4］　その後，本文のような観点から，補助参加の利益についての判断枠組みを再検討した著者の論稿として，山本和彦「補助参加の利益」青山善充＝伊藤眞編『民事訴訟法の争点〔第3版〕』（有斐閣，1998年）102頁以下，同「補助参加の利益」長谷部由起

4 おわりに

本章は法的利益の保護・救済を民事訴訟制度の目的とする立場に立ち，まず保護の対象となる法的利益についての具体的なイメージを明らかにした。いかなる利益を法的保護の対象とするかは最終的には実体法マターであり，訴訟法は実体法が保護を求める利益を実効的に保護する枠組みを定めれば足りると一応は言える。しかし，保護の対象利益いかんによって救済の在り方が変わってくることも確かであり，いかなる利益を訴訟が取り上げるかは民事訴訟制度全体の構成に影響を与えるものとして，訴訟法研究者も拱手傍観は許されない課題であろう。次に，法的利益を基礎とした民事訴訟法理論の再構築の手掛かりとして，訴訟物論と訴えの利益論を例に若干の考察を加えた。これらはもとより全く不十分な試論にすぎないが，道具理論としても説明理論としても，一応この議論スキームの有用性は示しえたのではないかと期待している。今後はより包括的な形でその展開を試みていきたい。

（初出：一橋論叢117巻1号（1997年）64頁以下）

［補論］ 本章は，第1章*2*において示したように，民事訴訟の本質的任務が原告の法的利益の保護であることを前提に，民事訴訟制度で保護されるべき「法的利益」の内実について，より詳細な展開を図ったものである。そして，法的利益の保護を民事訴訟制度の目的とする考え方が民事訴訟法の伝統的な解釈論に及ぼす影響について，訴訟物論と訴えの利益論を例として論じている（ただ，本章で約束した，それ以外の分野に対する展開は，残念ながら，未だ果たせていない）。

本章の元となった論稿は，竹下守夫教授に対する一橋大学名誉教授号授与をお祝いする特集に寄稿されたものである。ここでは，竹下説の問題意識を共有する観点から，著者なりにその方向性を展開してみた。本論稿に対する竹下教授の見解として，竹下守夫「民事訴訟の目的と機能」青山善充＝伊藤眞編『民事訴訟法の争点〔第3版〕』（有斐閣，1998年）4頁以下において，従来，「権利保障説」と呼ばれていた竹下説に著者の見解を加えて，「新権利保護説」と呼

子ほか編『基礎演習民事訴訟法〔第2版〕』（弘文堂，2013年）257頁以下参照。

称され（同4頁），そのような見解を支持・推進する立場を再確認される（同6頁）。そして，そのような目的論は，立法論・解釈論にも影響しうるとされ，特に解釈論との関係で本論稿を引用され，「伝統的な基礎理論の領域においても，例えば，訴訟物につき新権利保護説の立場から，新たな解釈論の試みがなされている」と評されている（同7頁参照）。

第3章

民事訴訟法10年
――その成果と課題

1　民事訴訟法改正の目的

現行民事訴訟法は，平成10年（1998年）1月に施行されたものであり，平成20年（2008年）には施行後10年の節目を迎えることになる。そこで，本章では，この10年間における民事訴訟法改正の成果を概観し，残されている課題について考えてみたい。

そのような検討を行う前提として，まず平成8年改正（現行民事訴訟法）の目的について確認しておきたい。この点について，立案担当者は以下のように述べている。すなわち，「新しい民事訴訟法は，社会経済の変化および発展に伴う民事紛争の複雑化，多様化等の状況に鑑み，民事訴訟に関する手続を現在の社会の要請にかなった適切なものとするとともに，民事訴訟を国民に利用しやすく，分かりやすいものとし，もって適正かつ迅速な裁判の実現を図るため，民事訴訟に関する手続の基本法を新たに定め（中略）ることを目的とするもの」とされた[1]（傍点著者）。このように，大きくは，①民事訴訟手続の現代化と，②民事訴訟の利用しやすさ・分かりやすさ（それによる民事裁判の適正・迅速化）が改正の主要目的とされたものである。このような目的を達成するための具体的な改正点としては，①争点及び証拠の整理手続の整備，②証拠収集手続の拡充，③少額訴訟手続の創設，④最高裁判所に対する上訴制度の整備が主

1)　法務省民事局参事官室編『一問一答新民事訴訟法』（商事法務，1996年）5頁参照。

要な点として挙げられていた[2)]。

現行民事訴訟法は，現在に至るまで何回か改正されているが，そのうち最も大きなものは，平成15年（2003年）の改正であった。この改正は，司法制度改革審議会の意見を受けてのものであったが，同意見書では，「国民の期待に応える司法制度」を構築する必要性が説かれ，その中で民事司法制度についても改革の必要が指摘され，民事裁判の充実・迅速化を始めとしたいくつかの提言がされたところである。これを受ける形で民事訴訟法の改正がされたが，その際の目的として，立案担当者は，「民事司法をより国民に利用しやすくするという観点から民事裁判の一層の充実及び迅速化を図る」という点を指摘している[3)]（傍点著者）。ここからも明らかなように，平成15年改正は，現行法の基本的な目的を変容したものではなく，平成8年改正の目指した方向をより前に進めるという志向性を有したものと評価できよう。とりわけ，「国民に利用しやすくする」という点がいずれの改正においても強調されていることに留意したい。平成15年改正は，このような目的を達成するため，具体的には，①計画審理，②提訴前の証拠収集制度，③専門委員制度等の導入を改正の主要な点としたものであった。

以上から，現行民事訴訟法の目的としては，民事訴訟の利用しやすさ・分かりやすさ，民事訴訟手続の充実・適正・迅速という点が一貫して挙げられているものといえよう。そこで，民事訴訟法10年の成果を検討するについては，これらの目的が十分に達成されているかどうかを検証すべきものということになる。

2　民事訴訟法の成果
――総論

(1)　客観的検証の必要とその基礎

民事訴訟法が前記のような目的を十全に達成しているかどうかは，本来様々

2)　法務省民事局参事官室編・前掲注1）5頁参照。

3)　小野瀬厚＝武智克典編著『一問一答平成15年改正民事訴訟法』（商事法務，2004年）6頁参照。

な客観的データにより検証されるべき課題である。諸外国においては，（訴訟法に限らず）法改正・制度改正がされた場合には，その前後の制度状況について客観的なデータをもって改革の成果を検証し，更に措置が必要であれば対処するという作業が意識的に行われていることが多い。これはある意味では立法者の当然の態度というべきであるが，日本では従来このような作業が十分に行われてこなかった憾みがある。その結果，ある改革が所期の成果を挙げたかどうかについても，主観的な印象や感覚で語られ，時には相反する評価が関係者から示され，多大なリソースを投下してされた改革が意味のあるものであったのか否かが客観的に評価できないというような事態も稀ではない。しかし，そのような事情は，様々な関係者の努力で，近時ようやく改善しつつある。民事訴訟法の分野でも，立法の客観的評価を可能にするようないくつかの注目すべき実態調査の動きがある[4]。

第1に，民事訴訟実態調査研究会〔代表：竹下守夫教授〕による事件記録調査研究がある（以下「記録調査」ともいう）。これは「これまでわが国においては，基本法の分野で大規模な改正が行われても，その成果を客観的な資料に基づいて測定し，評価するという作業はほとんど行われてこなかった。そのため，その法の改正によって果たして立法者の意図がどの程度実現されたのか，実現されなかったのはどの限度であり，その原因はどこにあったのかを実証的に明らかにすることは不可能であった」[5] という問題意識の下で，平成8年改正の前後の手続の状況を事件記録から明らかにし，その両調査の結果を比較検討することにより改正の成果を検証することを目的としたものであった。具体的には，1995年の改正前調査では，平成3年（1991年）の新受事件（東京・大阪地裁各350件，その他高裁所在地の地裁各200件）を調査し，2005年の改正後調査では，平成13年（2001年）の新受事件（東京・大阪地裁各400件，その他高裁所在地の地裁各200件）の事件記録を調査したものである[6]。これは，訴訟事件記録から

4）以下のものは，いずれも著者が直接・間接に関与しているものであるが，実際には更に別の動きもあるかもしれない。

5）民事訴訟実態調査研究会編『民事訴訟の計量分析』（商事法務，2000年）1頁参照。

6）その成果として，改正前調査につき民事訴訟実態調査研究会編・前掲注5），改正後調査につき民事訴訟実態調査研究会編『民事訴訟の計量分析（続）』（商事法務，2008年）参照。また，後者の成果の主要部分につき，上原敏夫ほか「座談会・民事訴訟の計

ほぼ網羅的にデータを収集し[7]，専門研究者が詳細な分析を加えたものであり，平成8年改正の成果を最も全般的に検証しうる実証研究と評価することができよう。

第2に，最高裁判所による裁判迅速化法に基づく調査がある（以下「迅速化調査」ともいう）。裁判の迅速化に関する法律8条1項は「最高裁判所は，裁判の迅速化を推進するため必要な事項を明らかにするため，裁判所における手続に要した期間の状況，その長期化の原因その他必要な事項についての調査及び分析を通じて，裁判の迅速化に係る総合的，客観的かつ多角的な検証を行い，その結果を，2年ごとに，国民に明らかにするため公表するものとする」と規定する。そして，この結果は裁判の迅速化を推進するため必要な施策の策定・実施に活用することが予定されている（同法8条2項）。この検証結果の最初の公表は，法律の施行の日（平成15年〔2003年〕7月16日）から2年以内に行うものとされ（同法附則2項），少なくとも10年間の継続が予定されているので（同法附則3項参照），結局合計5回の結果公表が想定されている。そして，これまでに，平成17年（2005年）及び平成19年（2007年）の2回にわたり，『裁判の迅速化に係る検証に関する報告書』が公表されている（以下それぞれ「平成17年報告書」及び「平成19年報告書」という）。「平成17年報告書」は事件票を中心とした統計分析，「平成19年報告書」はそれに裁判官のインタビュー調査結果なども加えて，事件類型ごとの長期化原因の分析などに踏み込んだものである[8]。最高裁判所が責任をもって訴訟手続の客観的データを収集・分析するという画期的な事業であり，民事訴訟法改正の成果を検討するについても不可欠の資料と言うことができる[補注1]。

量分析――平成8年改正をはさんでの訴訟実務の変化」判タ1223号（2007年）4頁以下参照。

7）　その調査項目については，民事訴訟実態調査研究会編・前掲注5）12頁参照。

8）　これについては，笠井正俊ほか「座談会・民事司法と司法アクセスの課題」法時80巻2号（2008年）13頁以下〔山本和彦〕も参照。

［補注1］「迅速化調査」は，その後回を重ね，平成21年（2009年）に第3回，平成23年（2011年）に第4回，平成25年（2013年）に第5回の報告書が公表された。そして，このような検証の有用性は社会的にも高く評価され，当初に法が予定していた10年間の期間を超えて継続され，平成27年（2015年）には第6回報告書が公表されるに至っている。

第3に，訴訟制度利用者のアンケート調査がある（以下「利用者調査」ともいう）。これは，2000年に，司法制度改革審議会によって同審議会の審議の参考に供するために実施された「民事訴訟利用者調査」が最初のものである。その調査結果は同審議会から公表されるとともに[9)]，そのデータを用いた法社会学者等による2次分析の結果もまとめられている[10)]。その後，更にその継続的な意味をもつ調査として，2006年に民事訴訟制度研究会による「民事訴訟利用者調査」が行われている[11)]。この両者は若干調査手法を異にするものの（前者は訪問調査，後者は郵送調査であり，地域的範囲も後者の方が広範であるなど），訴訟制度の利用者の意識を問う，やはり画期的な調査である[補注2]。司法が公的サービスであるとすれば，そのサービスの顧客に対する「司法マーケティング調査」とも位置づけられるものといえる。また，「記録調査」や「迅速化調査」が事件記録や事件票を中心とした客観的なデータの分析であったのに対し，「利用者調査」は利用者の意識という主観面の分析であり，その意味でこれらは相互に補完的な関係にあると位置づけることができよう。

⑵ 民事訴訟法改正の総合的評価

以上のようなデータを参考にしながら，民事訴訟法改正の成果に関する総合的な評価を行いたい。

⒜ 全般的成果

まず，改正の全般的な成果であるが，これはそのような評価をまさに目的とした「記録調査」の結果が参考となる。そこでは，一般的には概ね肯定的な評

9） 司法制度改革審議会「『民事訴訟利用者調査』報告書」ジュリ1208号（2001年）付録CD-ROM参照。

10） 佐藤岩夫ほか編『利用者からみた民事訴訟』（日本評論社，2006年）参照。

11） その結果につき，民事訴訟制度研究会編『2006年民事訴訟利用者調査』（商事法務，2007年），山本和彦ほか「座談会・2006年民事訴訟利用者調査の分析」ジュリ1348号（2008年）190頁以下参照。

［補注2］「利用者調査」も，その後継続され，2011年に再び調査が行われている。その結果については，民事訴訟制度研究会編『2011年民事訴訟利用者調査』（商事法務，2012年）参照。また，その成果を踏まえた座談会も開催されている（山本和彦ほか「座談会・2011年民事訴訟利用者調査の分析」論究ジュリスト4号（2013年）160頁以下参照）。

価が可能であるように思われる。平成8年改正の中心的なポイントであった争点整理手続や集中証拠調べについて，争点整理手続の実施の増加や証拠調べの集中化の実現等の成果は，統計的分析からも間違いなく言えるようである。そして，その結果として，期日回数は減少し，審理期間も短縮化している。人証実施割合が減少していることは，争点整理が充実している可能性を示しており，他方で実施がされた場合の人証数が増加している点は審理の充実の可能性を示している。また，証拠調べの集中化は顕著に進み，それを陳述書の多用が支えている実情も明らかになっている。

ただ，このような改正の成果は，全国的に，またすべての事件について，一律のものとは必ずしも言えず，改正の成果は地域ごとにバラつきが残っている可能性があるようである。すなわち，争点整理実施率は各地区で相当に相違するし[12]，東京と大阪で人証実施の割合が相当に異なるとの興味深いデータも出ている。また，改正成果は事件類型別に差異がある可能性も指摘されている。大まかに言えば，簡易な事件類型では成果が顕著であるのに対し，複雑困難な事件では成果にやや疑問が残るというものである[13]。

(b)　手続の迅速化

以上が全般的な成果の評価であるが，平成8年改正（更にその後の平成15年改正）が直接の目的とした点として，訴訟手続の迅速化がある。この点は，改革目的の中で最も客観的データによる検証に馴染みやすい部分であると評価できよう。この観点では，「迅速化調査」が直接この点の検証を目的とするものである。同調査によると，民事訴訟の迅速化は急速に進んでいるものと評価してよいであろう。平成8年改正の前提となった審理改革の様々な運動が未だ十分でなかった平成元年，改正直前の平成8年，そして改正後約10年の平成18年を比較してみると，平均審理期間では，12.4月（平成元年）→10.2月（平成8年）→7.8月（平成18年），対席判決の審理期間では，20.1月（平成元年）→16.4月（平成8年）→12.6月（平成18年）と迅速化が進み，また審理期間が

12)　なお，この点は「迅速化調査」でも示されている。「平成19年報告書」368頁の表によると，争点整理実施率は地裁ごとに，最低19.6%から最高46.5%までの差異がある。

13)　ただ，この点は，改正後調査が，専門訴訟に対応した平成15年改正を反映する前の段階のものであった点にも注意を要する。

2年を超える事件の割合も，23.2%（平成元年）→17.2%（平成8年）→7.1%（平成18年）と急減している。

「平成17年報告書」は，前述のように，事件票のデータの統計的分析による客観状況の叙述が中心であるが，そこでは上記のような迅速化の進行の原因について分析がされている。審理期間は，「期日回数×期日間隔」によって算出されるが，この間の迅速化において，期日数は大きく変わらないが，期日間隔が大幅に短縮する傾向が看取されるという。その意味で，これまでの迅速化は期日間隔を短縮することで達成されてきたといえるが，それは現状では限界状態にあり，今後更に迅速化を進めるとすれば，主に影響を与えるのは期日回数であると評価される。また，人証数・当事者数・代理人の有無等による分析もされ，人証数が多ければ審理期間が長くなる，当事者数，とりわけ原告数が多ければ審理期間が長くなる，代理人の選任がある事件ほど審理期間が長くなるといった結果が示される。また，事件類型別にも専門訴訟等の分析がされている。

続く「平成19年報告書」では，審理の長期化の問題に，より的を絞った検討がされている。そこでは，事件票の統計分析に加え，各地の裁判官のインタビュー調査も行われた。そして，遅延が生じやすい事件類型，具体的には，相続関係訴訟，境界確定訴訟，多数の事実主張のある損害賠償訴訟，医事関係訴訟，建築関係訴訟，知的財産関係訴訟，労働関係訴訟，行政訴訟，その他専門的知見を要する訴訟のそれぞれについて，審理の長期化に影響を及ぼす要因と背景事情等に関する考察を展開している。特にいわゆる専門訴訟のほか，統計上は「その他」あるいは「その他損害賠償」という位置づけとなり，特定的な分析が困難なものの中で，相続関係，境界確定や多数の事実主張のある損害賠償という形で取り上げて個別的な分析が加えられている点は，大きな意味があると考えられる。そして，具体的な長期化要因としては，①審理対象の量や訴訟の規模に関する要因（争点多数，当事者多数），②専門性に関する要因，③証拠に関する要因（証拠の不足，収集困難），④関係者に関する要因（当事者等の態度・考え方，訴訟活動の在り方，執務態勢）等の要素を析出している。今後，第3回以降の検証に向けて個々の要因を更に深めていくとともに，当事者側の要因も検討する必要があるとされる[14)][補注3]。

以上を総合すれば，将来的に更なる検証を受けた形で，民事訴訟法についても踏み込んだ検討を要する可能性はあるが，現状では迅速化という目的は概ね達成されてきているものと評価することは許されよう[補注4]。

(c)　制度の利用しやすさ

平成8年・平成15年改正がやはり共通に目的とした大きな課題として，民事訴訟を国民に利用しやすくすることがあった。しかし，この点の成果を客観的に，データに基づき検証することは極めて困難な作業である。そもそも何をもって利用しやすい制度と評価するかについては意見が分かれるであろうし，それを（個々の主観的な印象を超えて）客観的にデータ化するということも至難の業である。ただ，この点の分析の手掛かりとなりうるのは，訴訟制度の利用者による制度評価であると考えられる。実際にその制度を利用した国民がそれを利用しやすいものと感じたかどうかは，制度の「利用しやすさ」を評価する重要な指標となりえよう。もちろん利用者の評価には常に一定の留保が必要であり，それはあくまでも「指標」の1つに止まる点を忘れてはならないが，それでも数少ない客観的な評価の根拠として，利用者国民自身の感覚を知る貴重な資料として，「利用者調査」の意義は強調されるべきであろう。

そこで，「利用者調査」の結果であるが（以下は主に2006年調査の結果に基づく），まず訴訟手続の時間評価について，長いとする評価が41.5%，合理的な範囲とする評価が31.0% ある（原告の場合及び代理人ありの場合に，長すぎるとの

14)　弁護士のインタビュー等も検討されているようである。

[補注3]　第3回調査以降，弁護士会のヒアリング調査も行われるようになっている。そのような成果に基づき，第3回調査では長期化要因の分析，第4回調査では裁判の適正・充実・迅速を推進するために必要な施策等の提言，第5回調査では訴訟の在り方に影響を及ぼす社会的要因の分析などが行われている。その議論については，第4回調査につき山本和彦ほか「座談会・民事裁判の一層の充実・迅速化に向けて――最高裁迅速化検証報告書を受けて(1)～(4・完)」ジュリ1432号～1435号（2011年），第5回調査につき高橋宏志ほか「座談会・社会の中における司法の在り方を見据えて（上）（下）――最高裁迅速化検証報告書の公表を受けて」論究ジュリスト7号・8号（2013～14年）参照。

[補注4]　訴訟の審理期間は，その後，過払金訴訟の影響を受け，一時期は極端に短縮化したが（最短となったのは，2008年・2009年の6.5月），その後，そのような訴訟事件の減少に伴い，長期化し，2014年には8.5月となっている。ただ，これも現行法施行時（2008年）の9.3月と比較すれば，依然として迅速化が進んでいる状況にあることは間違いない。

評価が多い）ことに驚かされる。これは，前述のような客観的データによる迅速化の進展が利用者の意識に必ずしも十分反映されていないことを示している。更に，時間予測については，60％の当事者が裁判に要する時間について「全く予想がつかない」と回答していること[15)]も極めて大きな問題と思われる[16)]。上記のように，訴訟に要する時間を長すぎるとする利用者が多いことには，この点が影響している可能性がある。時間が予測できなければ，客観的にはともかく主観的にはそれを長く感じるのは自然だからである。平成15年改正の計画審理は，そのような事態の解消を目指したものであったが，それが未だ十分浸透していない様子が看取される。

また，制度評価の点においては，裁判制度の公正さの評価には高いものがある（肯定38.7％，否定26.0％）一方，裁判制度の満足度（肯定24.1％，否定36.8％）や利用しやすさ（肯定23.6％，否定48.4％）の点では評価が低いことに注目される。特に制度の利用しやすさは，平成8年以降民事訴訟法改正の主要目的とされてきた点であるにもかかわらず，利用者の意識のレベルでは評価が低い点はやはり問題であろう[17)]。この点は，まさに改正の成果を左右する最も重要なポイントであり，今後の二次分析において，どのような当事者がどのような点において訴訟手続を利用しにくいと感じているのかの原因の究明が必要であろう[18)][補注5]。

以上のように，利用者の意識を踏まえれば，民事訴訟制度にはなお改善を要

15）法人はある程度予測できているが，自然人は原告64.2％，被告74.6％が全く予想できないとする。また，代理人が付いても予測できる割合に差異はない。

16）司法制度改革審議会の調査では，全く予想がつかななった当事者は54.7％であり，直接の比較はできないが，予見不能がむしろ拡大している点も問題が大きいように思われる。

17）この点は，司法制度改革審議会の調査（肯定22.4％，否定56.6％）と比較すると，直接の比較は困難であるが，一応改善しているように見えるものの，なお否定的評価優位の傾向は維持されている。

18）当事者の属性としては，法人が低く，また，代理人がある場合も低くなっており，裁判所の規模別では，超大規模庁（東京・大阪）の利用しやすさの評価が低い（17.3％）一方，小規模庁は相対的に利用しやすいとされている（30.1％）点なども興味深い。

［補注5］二次分析については，菅原郁夫ほか編『利用者が求める民事訴訟の実践』（日本評論社，2010年）参照。そこでは，今在慶一朗「当事者からみた使いやすい制度とは」同書264頁以下において，当事者は訴訟の何に利用しやすさや利用しにくさを感じているか等について詳細な分析がされている。

する点が存することはおそらく否定できず，今後の継続的な調査を含めて，その問題点が更に明らかにされていくことが期待されよう。

3　民事訴訟法の成果
―各論

以上が民事訴訟法改正に関する総論的な評価であるが，次に各論的に改正課題ごとにその成果を評価してみたい[19]。

(1)　平成8年改正

まず，平成8年改正の中心的な課題とされたのが争点整理手続の整備であったが，この点は，前記「記録調査」によっても，またその他の調査においても，成果があったことは間違いのないところと見られる。全件調査を行った「迅速化調査」において，争点整理実施率は36.2％となっているが，事件の相当数が欠席判決や訴え取下げなど実質的に争いのない事件であること，争点整理手続のみならず口頭弁論で争点整理を行う裁判官も存すること[20]などを勘案すれば，争点整理を要する事件では一般に争点整理が行われていると言ってもよいであろう。争点整理手続の中で，立案時の予測どおり，弁論準備手続が大多数を占め[21]，概ね当時の予測や期待に沿った運用がされているといえる。また，「記録調査」によれば，弁論準備手続を実施した事件では和解率が一般的に高く（特に人証調べに至らなかった場合は顕著に高いとされる），十分な争点整理とそれに基づく事件の見通しに従って和解の機運が高められているとすれば，それは望ましいことといえよう。ただ，このようなデータでは，争点整理期日で行われている内容の評価までは困難であり，一部では，弁論準備期日の形骸

---

19)　この点は既に多くの文献で分析されているところであるので（例えば，ジュリ1317号（2006年）の「新しい時代の民事訴訟法」特集記事など参照），それらの認識の整理に加えて上記調査結果などを踏まえた，ごく簡単な叙述に止める。

20)　この点につき例えば，瀬木比呂志『民事訴訟実務と制度の焦点』（判例タイムズ社，2006年）181頁以下の口頭弁論充実型訴訟運営の項目を参照。

21)「迅速化調査」によれば，争点整理期日中，99.2％は弁論準備手続期日である。「平成17年報告書」24頁表15参照。

化の指摘もされているようであり，今後はそのような質的な検証も更に必要になろう[補注6]。

次に，平成8年改正のもう1つの柱であった集中証拠調べについても，同様に大きな成果が上がっているように見受けられる。集中証拠調べは，争点整理とは異なり，改正前に十分な実務運用の積み重ねがなかった分野であり，その意味でその実現を危ぶむ声もあったが，実際には集中証拠調べは瞬く間に全国に普及したとされる。「記録調査」によれば，集中審理事件（答弁あり事件で，人証実施が1期日で終了しているもの，又は2期日以上にわたるものでも2週間以内に終了しているもの）の率は67.0%に及んでいる[22]。その意味で，効率的な証拠調べが実現したことは画期的である。他方，人証実施事件が減少していることも確かであり，「記録調査」によれば，改正前に40%を超えていた実施率は，改正後は30%程度に減少している[23]。この点についての評価は様々なものがありうるが，「記録調査」では実施率は下がっても採用率はむしろ上がっていること[24]，また人証を実施した事件における人証数には大きな変動はないこと[25]も実証されており，充実した審理の観点からの評価にはなお更なる検証を要するところであろう。

次に，証拠収集手続の整備も平成8年改正の大きな課題であった。この点では，文書提出の一般義務化及び当事者照会制度の創設が重要なものである[26]。この点については実証的なデータは必ずしもないが，前者と後者ではかなり改正の成果が異なるように見受けられる。まず，前者の文書提出命令については，改正後最高裁判所により積極的な準則の定立がされているところであり[27]，

［補注6］ この点は，第6回の「迅速化調査」において分析の対象となっている。最高裁判所事務総局「裁判の迅速化に係る検証に関する報告書（平成27年7月）」92頁以下参照（そこでは，口頭での議論の活性化，争点整理に有効な書面作成の促進，書面の提出期限遵守のための方策等について，実情調査及び検討がされている）。

22） また，菅野雅之「訴訟の促進と審理の充実」ジュリ1317号（2006年）66頁表7によれば，2003年には81.6%の事件で集中証拠調べが実施されたとされる。

23） また，「迅速化調査」でも人証数ゼロの事件は一貫して増加している。「平成17年報告書」56頁図56参照。

24） 上原ほか・前掲注6）10頁〔山田文〕参照。

25） 「迅速化調査」でも平成6年から16年まで概ね2.7人で一定である。「平成17年報告書」55頁参照。

26） 平成15年改正による提訴予告通知の制度については，⑵参照。

一般的に評価すれば提出義務の範囲は広く認められ[28)]，提出命令が積極的に発令されているようである。そして，実務においては，提出命令の発令件数自体はそれほど多いわけではないが，上記のような準則を踏まえて，実際には提出命令発令前に所持者から任意的な提出がされるという。その意味で，文書提出命令制度の改正は大きな成果を収めたといってよいであろう[補注7]。これに対し，後者の当事者照会については，その実情は必ずしも明らかではないものの，一般にその利用は低調とされている[29)]。その理由には様々な点が考えられるであろうが，情報収集の一般的制度としては当面失敗したものと言わざるをえないであろう。

最後に，その他の改正点として，まず少額訴訟手続については予想以上の成果があったものと言ってよいであろう。これについては，司法制度改革の過程で利用者のアンケート調査が行われ，その評判もよく，司法制度改革によって手続の対象が拡大された（従来の訴額30万円以下から60万円以下に拡大された）。「記録調査」においても，簡裁通常事件と少額事件の異質さが実証され（少額事件では「その他金銭請求事件」が多く，その具体的内容も豊富であるとされる），従来は裁判所に来ずに埋もれていた多くの事件が少額訴訟制度の創設によって掘り起こされた可能性が指摘されうる。また，最高裁判所に対する上訴制度について，上告受理及び許可抗告制度の創設がある。この点が，制度の目的とされた最高裁判所裁判官の負担の軽減に寄与しているかにはやや疑問もあるが，少なくとも最高裁判所の判断の迅速化や決定手続における判例の統一に大きな成果を上げていることは間違いがないように思われる。例えば，最高裁判所の新受事件は，平成8年2,621件から平成18年4,247件に70％近く増加している

27）　最近でも，最決平成19・8・23判時1985号63頁，最決平成19・11・30民集61巻8号3186頁，最決平成19・12・11民集61巻9号3364頁，最決平成19・12・12民集61巻9号3400頁など，各除外事由等について重要な決定が相次いでいる。

28）　特に自己利用文書については，法律の文言を超えた拡大解釈（除外事由の限定解釈）がされている。

［補注7］　文書提出命令をめぐる判例・裁判例の網羅的な分析については，山本和彦ほか編『文書提出命令の理論と実務』（民事法研究会，2010年）参照。

29）　高橋宏志ほか「座談会・民事訴訟法改正10年，そして新たな時代へ」ジュリ1317号（2006年）27頁〔秋山幹男〕によれば，日弁連のアンケート調査で28％の弁護士が使ったことがあるとの回答を寄せたに止まる。

のに対し，未済事件は1,709件から809件に半減以下になっていることはこのような成果をよく表しているであろう[補注8]。また，民集登載の決定事件は，平成14年から18年までの5年間で23件に上っており，許可抗告により様々な点で画期的な判例統一が果たされている。

⑵　平成15年改正

次に，平成15年改正について，まず計画審理である。これは，通常事件に関する計画的な審理と困難事件に関する審理計画の2点がある。この点も実証的なデータがあるわけではないが，審理計画は余り用いられていないが，準計画審理ないし計画的審理は実際にも遂行されているという評価が一般的ではないかと思われる[30)]。確かに，改革の究極的な目標は手続の透明化であり，明確な形で審理計画が立てられなくても，審理が計画的に進められればその目的は達していると言える。しかし，この点は，「利用者調査」の結果を見ると，必ずしも楽観を許さないように見受けられる。すなわち，そこでは，当事者本人が十分に審理期間の予測ができていない現実が表れているように見えるからである。しかも，そのような傾向は（直接の比較はできないものの）平成15年改正を跨いだ2000年から2006年にかけて，むしろより悪化しているようにすら思われる[31)]。実務上，プロセスカードなど計画的な審理を当事者本人にも還元する動きはあるものの[32)]，なお十分な成果は上がっていないのかもしれない。

次いで，提訴予告通知であるが，これは通知に基づく照会と証拠収集手続が

［補注8］　最高裁判所における審理期間の分析については，第5回「迅速化調査」（最高裁判所事務総局「裁判の迅速化に係る検証に関する報告書（平成25年7月）」215頁以下）参照。そこでは，最高裁判所の民事上告事件及び上告受理事件の平均審理期間について，現行法制定前の1997年には9.8月であったのが，2008年には2.6月まで短縮したことが示されている（その後，若干延びて，2012年には5.3月となっている）。

30）　例えば，東京地方裁判所民事部4委員会共同報告「改正民事訴訟法500日の歩み（4・完）」判時1914号（2006年）3頁以下参照。

31）　審理期間を全く予測できなかったとした当事者の割合は，2000年調査の54.4％から2006年調査では60.0％と増加している。

32）　これについては，山本和彦編『民事訴訟の過去・現在・未来』（日本評論社，2005年）35頁以下〔福田剛久〕参照。

ある。前者は事柄の性質上その利用の実態は明らかではないが，後者については，ほとんど裁判所に対する申立て自体がないとされる。その原因についてはやはり様々な指摘がありうるところであるが，結果的にはここでも情報収集方法の整備はやはり失敗したものと評価せざるをえないのが現状であろう。

最後に，専門委員である。専門訴訟に対応する専門的知見の導入を図ったものであるが，医療訴訟・建築訴訟等専門訴訟において実際に活用されており，改正による成果はあったものといえるであろう。例えば，「迅速化調査」によれば，平成18年における専門委員の関与は全国で343件あったとされる。建築請負代金で80件，建築瑕疵損害賠償で54件，医療損害賠償で41件あるが，そのほか，その他損害賠償事件で59件，その他金銭事件で39件利用されるなど，かなり多様な方面で活用されている実態が窺えるところであり，興味深い。いずれにせよ専門訴訟でも迅速化が進んでいる実態は実証されており[33]，その意味で，専門訴訟の迅速化という平成15年改正の目的は，未だ道半ばではあるが，一定の成果を上げつつあることは間違いない。

4　民事訴訟法の課題

(1)　具体的日程に上っている改正課題

以上が民事訴訟法改正の成果の検討であるが，最後に，そのような成果を踏まえて今後の民事訴訟法の課題について著者の考えるところを示してみたい。

民事訴訟法の立法という観点から言えば，昭和54年の民事執行法の制定以降，ほぼ一貫して立法の時代であったと評価できる。平成元年の民事保全法は民事訴訟法の改正のいわば先駆けとなるものであったが，その制定後に民事訴訟法本体の改正作業が行われたわけである。そして，その制定後余り日をおかずに司法制度改革の議論が出来し，その中でも「利用しやすい民事訴訟」という観点から民事訴訟法の改正に繋がるような議論・提言がされ，平成15年改正に至った。その後も法制審議会では更に引き続き，文書提出義務などをめぐ

33)　知的財産関係事件において急速な迅速化が進んでいるのは周知のことであるが，医療訴訟の平均審理期間も平成12年の35.6月から平成18年には25.5月と30% 近く短縮しているし，建築関係事件も平成15年の17.7月から平成18年の16.2月に短縮している。

って議論が続けられ，最終的には訴訟手続のIT化を中心とした平成16年改正も行われた。しかし，現在は，四半世紀に及ぶそのような作業は一段落し，民事訴訟法の立法作業は具体的な日程には上っていない。民事訴訟法と関係する具体的な立法課題としては，研究会レベルで，国際裁判管轄の法整備についての議論がされ，また国家の主権（裁判権）免除の条約批准に伴う立法の検討がされている[34)][補注9]。しかし，これらは国際関係の極めて限定された領域の改正課題に止まり（特に前者は平成8年改正の積み残しの性格をもつ），民事訴訟手続全体に関するものではない。このほかの民事手続法関係の立法マターも民事訴訟に直接関係するものではない[35)][補注10]。

以上のようなところから，近々数年内に民事訴訟手続の全般に関係するような法改正がされることは予想できないように思われる。実際，高橋宏志教授は，「今後の10年は，判決手続に関して言えば地道な過程に変わっていく」と評されている[36)]。ただ，それは決して現在の民事訴訟手続に何ら問題はなく，改革を要しないということを意味するわけではないように思われる。以下では，アドホックなものに止まるが，著者の視点から見た現在の民事訴訟手続の残された課題について，問題提起の趣旨としていくつかの点を取り上げてみたい。

(2) 平成8年改正の問題点——証拠・情報収集制度

まず，平成8年改正後の最大の問題点として残されているものとして，証拠・情報の収集制度の点があるように思われる。前述のように，文書提出の一

---

34) 佐藤達文「民事訴訟法等の動向」NBL 872号（2008年）53頁参照。

［補注9］ これらはその後現実の立法に繋がり，前者は2011年の民事訴訟法改正による民訴法3条の2以下（第1編第2章第1節）の条文の追加となり，後者は2009年の「外国等に対する我が国の民事裁判権に関する法律」の制定となった。

35) 非訟事件手続法の改正や民間競売の導入といった議論がやはり研究会レベルでされているに止まる。

［補注10］ その後，2011年の非訟事件手続法・家事事件手続法の制定に引き続き，2013年にはいわゆるハーグ条約実施法（「国際的な子の奪取の民事上の側面に関する条約の実施に関する法律」）の制定が行われ，更に法制審議会国際裁判管轄法制（人事訴訟事件及び家事事件関係）部会において人事訴訟・家事事件に係る国際裁判管轄法制の整備に向けた検討が進められている。ただ，民事訴訟法本体の改正に向けた現実的な動きは存在しない状況に変化はない。

36) 高橋ほか・前掲注29）41頁〔高橋宏志〕参照。

般義務化は一定の成果を収めたものの，当事者照会や提訴予告通知の制度創設は基本的に失敗に終わったものと言ってよかろう。しかし，適正迅速な手続を保障するためには，この点の充実は不可欠である。実質的な手続保障の鍵となるのは，当事者が十分な情報・証拠を実際に手中にできることである。いかに形式的な手続保障を充実させても，またいかに当事者に主張立証の機会を十分に与えても，当事者が適切な主張内容を形成でき，証拠を提出できる基盤を整備しなければ，真にその手続権が保障されたとは言えないであろう[37]。また，後述のように（(4)参照），当事者主導の民事訴訟手続への移行が望ましいとする場合には，やはりこの点への対処がその前提条件として不可欠になると考えられる。十分な武器を与えずに訴訟追行の主導権を裁判所から当事者に移行することはできないからである。以上の点から，平成8年・15年改正の趣旨を徹底する形で，証拠・情報収集のための制度を更に整備していく作業が遠からず必要になるものと考えられる。

そのような改革の方向であるが，思いつくままにいくつか挙げてみると，まず書証関係では，文書提出義務の更なる強化（例えば，自己利用文書に関する判例準則の定式化と強化等）に加え，文書提出命令における文書特定の更なる緩和が1つのポイントになるように思われる。この点は，平成8年改正でも問題意識が持たれ，222条による文書特定の手続が設けられた。しかし，書証の収集の実効化を図るためには，所持者の利益を著しく害しない範囲で，カテゴリーによる特定の容認などもう一段の特定緩和が検討されてもよいであろう。また，人証情報の事前取得については，証言録取書（deposition）についても導入の可能性がある。この点は平成8年改正，更に平成15年改正時にも議論され，またかねてから伊藤眞教授の主張されているところであるが[38]，後述の当事者中心の審理への移行の必要性が高まっているとすれば，その前提条件をなすものとして真剣な検討を要しよう。ただ，米国での濫用がしばしば指摘され，経済界等に警戒感が強い現状を前提にすれば，当面現実的な方策としては，実務で活用されている陳述書を制度化していくような方法も考えられるのではな

37）　このような実質的手続保障という考え方とそのためには証拠・情報収集制度が鍵となるとの考え方については，本書第5章 *2* 参照。

38）　伊藤眞「専門訴訟の行方」判タ1124号（2003年）8頁以下など参照。

かろうか。陳述書の情報開示機能については夙に指摘され，現状では「陳述書なくして集中証拠調べなし」と言われるほど実務に定着しているとすれば，その情報開示の側面を強化し，定式化していく方向性である。具体的には，相手方の陳述書を求める権利の規定や陳述事項の指定の権利，更にその時期的な前倒し等を定めていく中で，「日本型デポジション」の模索が考えられる[39)]。

以上のような改正を実効化するためには，更に義務違反の場合の制裁の強化も考える必要があろう。従来の日本の訴訟法の立法は，争点整理の効果や当事者照会に代表されるように，いわゆる「非制裁型スキーム」が多用されてきたが[40)]，弁護士が著増する中で義務の範囲を拡大する方向を考えるとすれば，もはやこれを維持していくことは困難であると考えられる。その意味で，日本も「制裁型スキーム」に移行していくことは歴史的必然とも言え，裁判所侮辱の制裁導入なども視野に入れた制裁の強化も1つの課題となろう。他方で，情報開示義務の範囲拡大の代償として，実質的な保護に価する秘密を適正に保護していく仕組みの必要が大きくなる[41)]。秘密保護手続の強化である。この点では，証言拒絶事由とパラレルな形での「文書提出拒絶事由」の整備，プライバシー情報の正当な位置づけ，知的財産関係訴訟で導入された秘密保持命令（特許105条の4）の一般法化などの可能性を検討していく必要があろう[42)]。

(3)　平成15年改正の問題点——審理計画・専門訴訟

次に，平成15年改正において残された問題点について検討する。上記のように，平成15年改正は一定の成果を上げているが，私見によれば，1つの問題点は計画的審理にあるように思われる。前述のとおり，現在は，正式の審理計画（民訴147条の3）はほぼ死文化しているものの，計画的審理（民訴147条の

39)　陳述書に関するルール整備の必要については，第二東京弁護士会民事訴訟改善研究委員会「陳述書に関する提言」判タ1181号（2005年）31頁以下，川端基彦ほか「陳述書の運用に関するシンポジウム」判タ1200号（2006年）51頁以下も参照。

40)　この点は用語法も含めて，三木浩一「日本の民事訴訟における裁判官および弁護士の役割と非制裁型スキーム」民訴50号（2004年）90頁以下（同『民事訴訟における手続運営の理論』（有斐閣，2013年）2頁以下所収）参照。

41)　このような理解につき，山本和彦「証拠法の新たな展開」ジュリ1317号（2006年）85頁以下参照。

42)　この点につき，本書第16章***3***・***4***参照。

2）ないし準計画審理は必要に応じて実施されているとの評価が一般的である。しかし，前述のように，「利用者調査」の結果では，利用者の多くは依然として審理期間の予測ができない状態にあるとすれば，それは問題であろう。この点がもし事実であるとすれば，その責任の多くは代理人にあると思われる。すなわち，代理人の依頼者に対する説明不足という問題である。しかし，司法制度改革の当初の理念に遡れば，基本的にすべての事件について審理計画を立てるという考え方が提唱されていたのであり[43]，その背景には当事者本人から見た透明性という観点があったように思われる。民事訴訟の審理期間が客観的には迅速化しているにもかかわらず，なお長すぎると感じている当事者が多いとすれば（*2*⑵⒝参照），それには「主観的審理期間」とも言うべき要素があるのではなかろうか。信号待ちをしていて，いつ青に変わるか，分からないで待つ時間は長く感じるものである。最近の信号機にみられるように，あとどの位待てば青に変わるかが表示されれば，同じ待ち時間でも主観的には短く感じるものであろう。民事訴訟でも同様の工夫がもっとされてよいのではなかろうか。その意味で，プロセスカードなど貴重な実務的努力があるものの，この審理計画の制度はもう少し積極的に活用されてもよいのではないかと思われる。ここであえて審理計画「再び（again）」と問題提起をしたい所以である。

また，平成15年改正のもう1つの課題であった専門訴訟への対応は，一般的に言って大きな成果を上げているように見受けられる。特に医療訴訟の審理期間の短縮は大きいが，それには専門委員制度の導入が寄与していることは間違いないであろう。また鑑定制度の運用においても，カンファレンス鑑定その他地域ごとの工夫がされているようであり，鑑定人選任の困難もかなりの程度緩和されていると見られる。ただ，このような成果は，医療・建築・知財等定型的な専門訴訟に妥当するが，やや気になるのは，それら以外の分野ではどうかという点である。その意味で，今後はPL訴訟，コンピュータソフトウェア取引等の「非定型的専門訴訟」の問題が重要になってくるのではなかろうか。そのような分野でも，専門家の発掘を図り，専門委員や鑑定人名簿の充実など

43）　司法制度改革審議会意見書は「原則として全事件について審理計画を定めるための協議をすることを義務付け，（中略）計画審理を一層推進すべきである」と提言していた。

を更に進めていくとともに，将来的にはADR機関との連携なども課題になっていくのではないかと思われる。

(4) 現在の民事訴訟実務の問題点――当事者と裁判所の役割分担

更に，従来の改正課題をやや離れて，現在の，そして近未来の民事訴訟手続の大きな課題となりうると思われる点として，当事者と裁判所の役割分担の問題を挙げておきたい。具体的に言えば，釈明や争点整理の在り方をめぐる問題である。この点についての現状評価としては，裁判所が余りに主導しすぎているのではないかという問題意識があり，当事者主導を軸とした訴訟運営へ転換していく必要があるのではないかと考えられる[補注11]。現在は，争点整理の場でも，裁判所が積極的に釈明を行い，当事者はやや受動的にそれに応えているような面が見受けられる。また場合によっては，裁判所の側で争点整理表を作成するなど積極的な活動を行っているようである。そして，判例による釈明義務の強化[44]は，それを背後から支える役割を果たしているようにも見える。ただ，民事訴訟は本来当事者主義により，当事者が主導して主張立証をしていく建前になっていることは言うまでもない。加えて，今後予想される弁護士数の増加，それに伴う事件数の増大や弁護士間の競争の激化という事態を前提にすると，裁判官主導の訴訟運営はやがて限界を迎えるのではなかろうか。また，裁判官主導によって「勝つべき当事者が勝つ」ということは結局，弁護士の技量は訴訟の結果に余り影響しないということを意味し，弁護士間の競争環境の整備という観点からも望ましくないのではなかろうか（「悪貨が良貨を駆逐する」という事態にもなりかねない）。その意味で，当事者に情報収集のツールが十分に与えられること（(2)参照）等が前提条件となるが，当事者主導で争点整理を行うのが基本になるべきではないかと思われる。

ただ，このことは，当事者が弁護士の選択を誤ると，勝てたかもしれない訴訟に敗れる場合があることを正面から認めることになる。また，弁護士を付けない本人訴訟では，裁判所が本人に対する援助を続けるとすると，一種の逆差

［補注11］ 本節（(4)）の論点に関する詳細な検討として，第4章参照。

44) 最近の例として，最判平成17・7・14判時1911号102頁，最判平成22・10・14判時2098号55頁参照。

別が生じることになりかねない。最悪の場合，司法が今まで培ってきた国民からの信用を失う事態も生じるおそれがある。そこで，上記のような手続の在り方の転換を図っていくとすれば，戦略的に様々な前提要件を整備する必要があろう。弁護士情報の充実，弁護士倫理等その質の維持などが考えられるが，重要な前提条件として，弁護士強制の方向があると思われる。本人訴訟が相当数を占め，現実的な選択肢として残っている中で，当事者主導の手続運営を図ることの限界は否定できないからである。そして，弁護士強制に踏み切るためには，やはりそのための基盤の整備が不可欠である。法曹人口の増加，弁護士過疎問題の解消，弁護過誤に対する強制保険の導入等である。ただ，このような基盤整備は，近時の司法制度改革の中で徐々に進展していると見られる。法曹人口の増大はその最も大きな基礎となるし[45]，法曹人口の増大は長期的には司法過疎の解消に繋がることは間違いがないものと思われる。ただ，現状でそれが十分であるかといえば疑問であり，弁護士強制の実施には各支部に少なくとも弁護士3，4人の配置は必要ではないかと思われ，それが現実の課題となるにはまだもう少し時間が必要であろう。

また，当事者主導の訴訟手続の実現には，訴訟手続のコストの点もその前提要件の1つになると思われる。弁護士強制主義の実施にも，法律扶助の充実は必要不可欠であり，それなくして弁護士強制を行うのは国民の裁判を受ける権利を直接侵害することになるのは明らかである。現在の本人訴訟は一般に利用者の評判が良いが，それは裁判官の後見的な訴訟指揮が背景にあると考えられ，そこではいわば「隠れた法律扶助」が展開されているのが実情ではなかろうか[46]。そして，法律扶助を真に実効的なものとするためには，償還制から給付制への転換が不可欠であろう。現在は，生活保護及びそれに準じる世帯については免除がある程度予測できるであろうが，その手前の経済状態の世帯については，将来の償還を考えると法律扶助の申請が困難になっているのではないかと思われる。そして，いわゆる「格差問題」の中でそのような世帯が増大し

45)　ただ，逆にそれが弁護士の質の低下を招く場合，逆の方向のベクトルにもなりうることに注意を要する。法科大学院を始めとする法曹養成制度の充実が重要性を有する所以である。

46)　本人訴訟の問題点については，瀬木・前掲注20）680頁以下参照。

ているとすれば，実質的に裁判を受ける権利が保障されない状況が生じているように見られる。その意味で，給付制の採用は大きな課題と見られるが，更にその前提として弁護士費用敗訴者負担の問題を解決する必要があると考えられよう。仮に扶助受給者が勝訴した場合に，その費用を敗訴者から償還できず，税金で負担しなければならないとすれば，給付制に対する国民的理解を得ることは困難であろうと思われるからである[47]。

以上のように，当事者主導の民事訴訟への転換は，司法制度の様々な論点を含んだ幅広い問題を前提として検討する必要があり，今後本格的な議論が期待されるところである。

(5) その他の課題

最後に，以上に述べた問題以外の点で，残された課題と思われる問題について，ややランダムになるが簡単に問題提起をしておきたい。

(a) 現代型訴訟への対応

まず，いわゆる現代型訴訟に対する対応という点である。平成8年改正が通常訴訟を対象にし，平成15年改正が主に専門訴訟を対象にしたものであったが，多数の当事者が巻き込まれた被害の回復やその防止に関する訴訟の利用という点はなお残された課題であろう。多数少額被害の回復や差止訴訟等の問題である。平成8年改正は，従来からあった選定当事者制度を改正し，提訴後の追加選定手続などを設けたが，その結果は失敗であったと評さざるをえない。その後，司法制度改革の中でもこの点は議論されたが，最終的には平成18年の消費者契約法改正による消費者団体訴訟制度の導入という形で一定の対処が図られた。おそらく将来的には，この枠組みを活用していく方向が主流になろう[48][補注12]。将来的には，環境関係の団体訴訟や被害回復の団体訴訟の可能性も視野に入れるべきであろう。後者については様々な工夫を要すると見られるが[49]，日本型団体訴訟（クラス・アクション）の可能性は近い将来真剣に検討さ

---

47)　この点について詳しくは，本書第22章*4*(2)参照。

48)　既に景品表示法や不正競争防止法において団体訴訟が導入される予定とされる。

［補注12］　消費者団体訴訟のスキームは更に拡大され，現在は，前注の景品表示法や特定商取引法のほか，食品表示法にも適用されている。詳しくは，本書第20章*3*(2)参照。

れることになろう[補注13]。

また，現代型訴訟で広い範囲の利害関係に影響の及ぶような法的判断がされる場合に，裁判所の法適用に対する助言の制度も考えられてよかろう。アメリカの「法廷の友（amicus curiae）」と呼ばれるような制度の導入の可能性である。現状では，両当事者から私的鑑定といった形で専門家の法的意見が提出されることはあるようであるが，よりシステマティックな形で，行政機関や専門家団体などから法解釈や立法事実等に関する意見を裁判所が収集できるような制度があってもよい[50]。行政改革・規制緩和の進む中で，今後の裁判所の役割として適時・適切に法的なルールを闡明するという点が重要なものになっていくと予想されるとすれば[51]，そのために必要な資源を可及的に動員していくことのできる制度基盤を整備する必要があると考えられるからである[補注14]。

(b)　訴訟上の和解の在り方

訴訟上の和解については，平成8年・15年改正ともに余り大きな課題としては扱っていない。しかし，これは和解について何ら問題がないことを意味するものではないと思われる。訴訟上の和解については，裁判所の運用も，旧来の消極的なものから積極的なものへと転換してきた。そして，和解技術論や和

49）　少額のものに限定することや原因関係のみを団体訴訟で確定することなどが考えられる。この点については，ブラジルの制度（三木浩一「消費者団体訴訟の立法的課題——手続法の観点から」NBL 790号（2004年）56頁参照）や，成立には至らなかったが2007年に提案されたフランスの改正法案などは参考となろう。

［補注13］　被害回復の団体訴訟については，最終的に2013年「消費者の財産的被害の集団的な回復のための民事の裁判手続の特例に関する法律」が制定され，2016年から施行される。この制度の理論的検討については，本書第19章参照。また，この制度の創設理由，立法の経緯，国際的な制度比較を含めた詳細な内容については，山本和彦『解説消費者裁判手続特例法』（弘文堂，2015年）参照。

50）　この点については，竹下守夫「新民事訴訟法の制定の意義と将来の課題」竹下守夫＝今井功編『講座新民事訴訟法Ｉ』（弘文堂，1998年）18頁（「新法の制定にあたり，法創造に必要な情報を裁判官に提供するとともに，またその法創造が適切に行われるよう法創造過程を手続的に統御する手段を講ずることが望ましかったと思われる。『検討事項』で，この問題の所在は意識されていたのであるが，有効・適切な手段を見出しえなかったのは，自分を含め，遺憾であった」と評される）参照。また，原竹裕『裁判による法創造と事実審理』（弘文堂，2000年）も参照。

51）　山本和彦『民事訴訟法の基本問題』（判例タイムズ社，2002年）17頁以下参照。

［補注14］　このような問題意識については，本書第1章***4***参照。

解手続論なども展開され，訴訟上の和解に対する実務的・理論的な検討も深まってきたことは確かである[52]。この段階で改めて考えてみる必要があると考えられるのは，後述のADRと裁判の役割分担（(c)参照）を踏まえて，訴訟上の和解の位置づけをどのように捉えるかという点ではないかと思われる。ここで注目されるのは，近時提唱されている「新謙抑的和解論」とも言うべき考え方である[53]。これは，訴訟上の和解における裁判所の役割は，心証の開示による当事者間の交渉基盤の定立という点にあり，和解案を提示し，それを受け入れるように当事者を説得すること自体は裁判所の役割ではなく，当事者及びその代理人が主体的に交渉すべきであるとの考え方である。いわゆる謙抑的和解論は，もともと那須弘平弁護士（後に最高裁判所判事）の提唱に係るものであり[54]，裁判所が和解に拘泥することが判決手続を弛緩させるなどの悪影響を与える点を問題とされるものであったが，この新たな見解は和解手続自体の問題点を取り上げるものといえよう。この点は，訴訟手続とADRの役割分担をどのように考えるか（(c)参照），また司法の役割をどのように捉えるかという奥深い問題に関連するが[55]，1つの魅力的な考え方であり，21世紀の民事司法を考えるについて真剣な検討に値するのではないかと思われる。

(c) ADRとの役割分担の方向

上記でも出てきたように，21世紀の民事訴訟の在り方を考えるについては，裁判とADRの役割分担を考える必要があると思われる。著者は，この点について概ね以下のように考えている。すなわち，訴訟は，当事者間で紛争解決について合意ができない場合の「最後の砦」としての機能を有し，また法の適用に関する情報を提供する公共財としての判例を形成する役割をもつ。特に，行政改革や規制緩和が進んでいく社会情勢を前提にすれば，後者のような役割は

52） 例えば，草野芳郎「和解技術論と和解手続論」新堂幸司先生古稀『民事訴訟法理論の新たな構築（上）』（有斐閣，2001年）491頁以下参照。

53） 以下につき，大江忠ほか編『手続裁量とその規律』（有斐閣，2005年）362頁以下〔伊藤眞〕，伊藤眞ほか『民事訴訟法の論点』（有斐閣，2007年）207頁以下〔伊藤〕参照。

54） 那須弘平『民事訴訟と弁護士』（信山社出版，2001年）193頁以下参照。

55） 近時のいわゆる肝炎訴訟における和解の在り方なども1つの検討課題となろう。この点については，第1章注30）も参照。

裁判の機能として今後重要性を更に増していくように思われる（(a)参照）。そこでは，ADRで解決可能な紛争は可及的にADRに解決を委ねていき，司法は訴訟によるほかないような紛争の解決に専念していくという役割分担の確立が望ましいのではないかと思われる。勿論このような役割分担を図るためには，受け皿となるべきADRについての基盤整備が不可欠である。ただ，この点は司法制度改革の結果，仲裁法及びいわゆるADR法が施行され，仲裁制度の近代化や認証制度の導入などが実現した[56]。そして，実際にも，これに伴う新たな動向として，金融オンブズマンの構想や医療ADRの展開等が生じており[補注15]，なおその成果を慎重に確認し，必要な施策を検討する必要はあるものの，このような新たな状況を受けて，司法制度の側でも，ADRとの役割分担を積極的に考えていくべきであろう[補注16]。

(d)　権利救済手続の多様化

最後に，権利救済手続の多様化という点も今後の課題として指摘しておきたい。現在の民事裁判の手続は，一般的に言ってかなり硬直的なものになっているように思われる。勿論，訴訟手続の中でも，手形・小切手訴訟や少額訴訟のような特別訴訟の類型があるし，訴訟以外の紛争解決手続として督促手続のような類型がある。更に，近時は，労働審判や損害賠償命令（犯罪被害者の権利救済の特別手続）など新たな特別手続の類型も増加している。ただ，これらの特別手続が認められるのはかなり特殊な事件類型に限定されており，より一般的な形で手続の多様化を模索してみる必要があるように思われる。

著者は，この点について従来，個別の訴訟手続の中で当事者と裁判所の合意によって手続の多様化を図る構想を示してきた。審理契約による手続の規律という考え方である[57]。このような方向性は依然として有用なものと考えてい

---

56)　これらについては，山本和彦＝山田文『ADR仲裁法〔第2版〕』（日本評論社，2015年）96頁以下参照。

［補注15］　金融関係のADRについては，いわゆる金融ADRの制度が2010年から運用されている。これについては，山本和彦＝井上聡編『金融ADRの法理と実務』（金融財政事情研究会，2012年）参照。医療ADRについては，厚生労働省において各ADR機関等の連絡会議が設けられているが，未だ発展の途上というべきである。

［補注16］　以上のような裁判とADRの役割分担に関する詳細については，本書第1章***3***参照。

57)　山本和彦『民事訴訟審理構造論』（信山社出版，1995年）399頁以下，本書第8章参

るが，そのように純粋なオーダーメイドの手続構成とは別に，更にレディーメイドの手続メニューについても多様化を図ることで，次のような個別のニーズに即した手続の多様化を現実的に図っていく方向性が考えられよう[58]。

①　訴訟手続のトラック方式――迅速訴訟手続の可能性　　まず，訴訟手続について，より一般的な形で特別訴訟の可能性を認めてもよいのではなかろうか。例えば，当事者の側がある程度ラフな手続でも良いから，迅速に紛争を解決してほしいという意向を持っているとすれば，それに従った手続を構成していくのが望ましいのではないか。すべての事件について重装備なサービスを提供する必要はないのであり，また上記のようなニーズは（少額訴訟でまかなわれるような）訴額の小さな事件の場合に限られるものではないと思われるからである。利用者のニーズに即した訴訟手続の構成という観点からは，例えば期日3〜4回で原則として判決に至り，上訴制限を前提にするような訴訟手続を，原告の申立て及び被告の異議の不存在等を前提に認めることは検討してよいように思われる。

②　紛争ごとのニーズに即した解決手続　　また，訴訟手続に限らず，多様な裁判手続の模索も考えうる途であろう。労働審判は相当の成功を収めているようであるし[補注17]，犯罪被害者保護のための損害賠償命令の制度も整備された[補注18]（犯罪被害保護23条以下参照)。これらは，第一次的には迅速な簡易手続（決定手続）を用意して，そこで異議がある場合に初めて本格的な（訴訟手続による）手続保障を付与するという制度構成によるものであり[59]，実際には異議が出されることは多くないという予測を前提にして，簡易迅速に紛争解決が図られることを期待するものといえる。非訟と訴訟を相対化ないし連携させるものともいうことができ，近時の仮の地位を定める仮処分の活性化[60]などを

照。

58)　以下については，本書第5章***3***参照。

［補注17］　労働審判の成果については，その利用者調査に基づく分析として，菅野和夫ほか編著『労働審判制度の利用者調査』（有斐閣，2013年）参照。

［補注18］　犯罪被害者保護制度の創設の経緯や手続の内容の概略については，山本和彦「犯罪被害者の保護」伊藤眞＝山本和彦編『民事訴訟法の争点』（ジュリスト増刊，2009年）36頁以下参照。

59)　古くから督促手続はそのような制度によっているし，倒産法上の諸制度（否認の請求，役員責任査定手続，倒産債権査定手続など）もそのような系統にある。

も包含する方向性といえよう[61]。

5 おわりに

十年一昔といわれる。既に学生や司法修習生は勿論，若い判事補や弁護士にも「新民訴」という言葉は怪訝な顔で迎えられる状況にあり，ついに判事の中にも「旧民訴」を実務で知らない世代が出てくることになる。それは一方では「新民訴」の定着を意味するが，他方ではその真の意義，改革運動を行った実務家などの熱気と改正の動機を実感し，発展させていくことの困難さを意味する。かつて大正改正においても，改正当初は画期的な「準備手続前置主義」が成果を収めていたが，その後形骸化していった歴史が教えるように，改革を持続定着させる作業は容易なものではない。改正10年を経た現在こそ，民事訴訟法のこれからを占うまさに分岐点に我々は立っているとも言えよう。裁判所は，裁判員制度の導入を控えて刑事手続に大きく重点を傾斜する状況にあるようであるが，なお民事訴訟にも問題があることを示すために愚見を示してみた。今後の議論の一材料としていただければ幸甚である。

（初出：判例タイムズ1261号（2008年）90頁以下）

［補論］　本章は，2007年11月22日に行われた東京地方裁判所民事裁判実務研究会における著者の講演に加筆修正を加えたものである。現行民事訴訟法の施行10年を経て，その成果と将来の課題について整理している。

それから更に10年近い歳月を経て見直してみると，本章で残された課題として指摘した問題の多くは，（消費者の少額被害の救済制度や一部のADR等を除き）未だ十分に解決されていないことに気づかされる。加えて，改正の成果として指摘した点の中でも，例えば，争点整理の定着などについては，やや評価が甘かったとの印象を否定できない（口頭審理の充実や心証開示の活用など近時の様々な実務提言は，旧法下の実務改善運動から民事訴訟を見続けてきた者にとっ

60）　いわゆる仮の地位を定める仮処分の特別訴訟化論が参考となる。瀬木比呂志『民事裁判実務と理論の架橋』（判例タイムズ社，2007年）21頁以下参照。

61）　この点についての著者の見方については，山本和彦「仮の地位を定める仮処分の特別訴訟化について」判タ1172号（2005年）22頁以下参照。

てデジャビュー感を否めない)。いずれにせよ，現行民事訴訟法施行 20 年の際には，本章を含めて，民事訴訟の課題を再び総括する機会をもちたい。

第4章

当事者主義的訴訟運営の在り方とその基盤整備について

1 問題意識
——当事者主義的な民事訴訟の実現に向けて

本章は，当事者主義的な民事訴訟運営の在り方についての著者のイメージを提示し，そのような運営の基盤を整備するためにはどのような点を考えていかなければならないかを論じるものである。民事訴訟においては当事者主義が適用されるということは，従来，当然の大前提となる命題として受容されてきたように思われる。典型的には，職権主義によるとされる刑事訴訟との対比で，民事訴訟は当事者主義によるということが争いなく認められてきたといえる。それでは，そこでいう「当事者主義」とは何か，ということになるが，そこには必ずしも厳密なコンセンサスは存在しなかったようにも見受けられる。以下では，ややアバウトなものではあるが，当事者[1]のイニシアティブによって訴訟手続が追行されるべきものとする考え方を，職権主義に対置するものとして，広く当事者主義と呼ぶことにしたい[2]。

---

1) ここでの当事者には，当事者本人とともに，代理人である弁護士をも含んで考える。

2) したがって，より技術的な意味で用いられる弁論主義や処分権主義といった概念（それに対置される職権探知主義等）よりも広い，一般的な意味をもったものとして捉えている。その意味で，英米法の特徴とされる adversary system の概念が類似したものかもしれない。アドバーサリー・システムの視点からの日本法の分析について特に，*See* Yasuhei Taniguchi, *Between Verhandlungsmaxime and Adversary System: in Search for Place of Japanese Civil Procedure*, Festschrift für Karl Heinz Schwab

従来から，このような意味での当事者主義は，主に訴訟手続の中身に関わる部分（結論に影響を及ぼす部分）について妥当するものとされ，訴訟手続の進行に関する部分（原則として結論に影響しない部分）については職権主義（職権進行主義）が妥当するものとされてきた。その意味で，当事者主義が問題となる局面としては，当該訴訟における争点を明確にしていく争点整理の手続，争点について証拠によりその真否を判断する証拠調べの手続，そして当事者間で合意による解決を試みる和解の手続があったのではないかと考えられる。しかし，これらの手続において，現在の民事訴訟の運用が真に当事者主義によっているといえるのか，については疑問もなくはないように思われる。すなわち，争点整理手続については現実には裁判所が実質的に主導して争点を整理していく運用がされているのではないか，和解手続についても裁判所が和解案を積極的に提示して当事者を説得していくような運用が一般的ではないか，といった印象があり，むしろ職権主義的な運用によっているのではないか，という認識である3)（これらの詳細については後述 *2*(1)(a)・(2)(a)参照）。

そこで，以上のような認識を前提にしながら，民事訴訟運営の在り方について，より当事者主義的な（当事者主義を重視した）方向に軸足を移していく必要があるのではないか，というのが本章の問題意識である。

以上のような問題意識を有するに至るに当たっては，おおむね以下のような3つの理由がある4)。第1に，民事訴訟法理論上の理由である。民事訴訟にお

(1990), p. 487.

3)　このような認識が正しいものであるかどうかを実証することはできず，もしそれが誤っているとすれば本章の問題設定自体に意味はないことになろう。ただ，著者が多くの実務家から話を伺ったところや，また裁判の迅速化に関する検証検討会（最高裁判所）のヒアリング等の結果からも，そのような認識に大きな誤りはないのではないかと考えている。また，近時の文献でそのような認識を実務家の側から示すものとして，林道晴ほか「研究会・改正民事訴訟法の10年とこれから(2)」ジュリ1367号（2008年）98頁〔林〕参照（司法研修所における研究会に参加した裁判官へのアンケートにおいて「当事者の主体的な関与による訴訟運営というものを考えていくべきではないかという指摘をかなり多数いただきました」とする）。更に，三木浩一「日本の民事訴訟における裁判官および弁護士の役割と非制裁型スキーム」民訴50号（2004年）100頁（同『民事訴訟における手続運営の理論』（有斐閣，2013年）16頁所収）も既に「当事者や弁護士が主体的に争点整理を行うことが望ましいが，現実には，裁判官が中心的な役割を担って手続をリードしていくことが珍しくない」と評している。

4)　この点について，三木・前掲注3）109頁（同・前掲注3）書29頁以下所収）は，パ

ける当事者主義の理念は，上記のような意味で，従来から一般に受容されてきたものと思われる。その根拠については必ずしも明確ではなかったように思われるが，一方では職権主義による裁判所の負担の軽減があったと考えられる（この点は，次の第2点の理由と同旨に帰着しよう）。ただ，他方では，より理念的な意味での当事者主義の望ましさも念頭に置かれていたのではないかと思われる。すなわち，訴訟における最終的な産出物である判決や和解の質の問題はともかく，当事者が手続過程に積極的に関与することに係る独自の意義（当事者の納得・満足等）や，それに基づく手続に対する当事者の責任感の醸成などが考慮されていたのではないかと思われる[5)]。この点については，なお検討の余地はあるものの，当事者主義の方向に軸足を移していく1つの根拠にはなりうるのではないかと考える[6)]。

第2に，民事訴訟実務上の理由である。すなわち，裁判所の負担の問題である。近時の司法制度改革による弁護士数の増大は，（その程度について議論はあるものの）必然的に将来の訴訟事件数の増大をもたらすことになろう。加えて，社会全体の高度化・複雑化によって訴訟事件の内容の高度化・複雑化がもたらされ，その解決困難性による裁判所の負担も増大しよう（弁護士の専門化に比例する形で，裁判官の専門化を図ることは実際上困難であろう）。このような量的側面及び質的側面の両面での裁判所の負担の増大[補注1]は，現在のようなきめ細か

ターナリズムを批判する見解の根拠として，①自己責任の原理に裏打ちされた社会の基礎構造との抵触，②弁護士間の健全な自由競争の阻害，③司法資源の浪費，④実体的正義の発見のための弁護士・当事者の活動の必要，⑤手続的正義の独自の価値を挙げる。このうち，⑤が本文の第1の理由，②・③が第2の理由，①が第3の理由に近いと言えよう。

5）　様々な面での国民の自律性を強調した司法制度改革の理念においても，このような認識が看取されるところである。なお，前掲注4）の④の議論のように，当事者の自主的活動の活発化は，判決や和解の質の向上それ自体につながる可能性も高いと思われる。

6）　但し，このような理念の根拠について必ずしも学説に一致があるわけではない。例えば，垣内教授は，「そもそも当事者主義はなぜ望ましいのか，というさらにメタレベルの議論になりますと，必ずしも理解の一致があるわけでもなく，十分に積極的な論拠が示されてきているというわけでもない」と評価している（山本和彦ほか「争点整理をめぐって（下）」判タ1268号（2008年）11頁〔垣内秀介〕参照。

［補注1］　最高裁判所事務総局「裁判の迅速化に係る検証に関する報告書（平成25年7月）」社会的要因編10頁は，社会的要因を踏まえた法的紛争一般の動向について，「今後，紛争の量的側面に着目すれば，法的紛争の顕在化・増加が見込まれ，裁判事件の動

い裁判所の関与による職権主義的な審理判決の手続を早晩困難にする可能性が高い。他方で，法曹人口の増大に伴い，弁護士の質の格差も大きくなるとすれば，裁判所の介入に歯止めがかからなくなるおそれもあり，当事者間の不公平感の増大を招くおそれもあろう。そうであるとすれば，現段階から，そのような事態になっても，審理判決の質を落とさないように，当事者主義に軸足を置いた民事訴訟の在り方を検討しておく必要があるように思われる[7]。

第3に，より大きな視点であるが，国家の役割に対する考え方がある。言うまでもなく民事訴訟も国家の権力行使の一環であり，国家の役割論の影響を免れないものであろう。現在，日本社会の向かっている方向は，できるだけ国による規制を緩和し，公的セクターを減量化し，民間で可能なものは可及的に民間に委ね，その活力を活用していこうとするものであろう。司法制度改革もこのような考え方の延長線上にあるものと考えられる[8]。これを民事訴訟に引き直して考えれば，公的セクターである裁判所の果たす役割を限定し，弁護士等の私的セクターの活力を活用していく方向ということになる。弁護士の数の増加や質の高まりを背景として，このような方向は（どこまでいくかはともかくとして），その方向性としては正しい側面をもつのではなかろうか。

以上のような点を考慮すれば，当事者主義的な訴訟運営が可能である限りにおいて，弁護士代理人の役割に期待しつつ，その方向性を追求する価値はあるように思われる。ただ，以上はあくまで一般論であり，仮に「当事者主義的訴訟運営」というものに追求すべき価値があるとしても，「当事者主義」という概念は，前述のように，抽象的なものであり，そもそも人によって頭の中に描

向にも影響を及ぼす可能性があるものと評価でき，紛争の質的側面に着目すれば，法的紛争がより複雑化・多様化し，事案によっては先鋭化する可能性があるものと評価できよう」と総括し，本文と同様の見方を示す。

7）もちろん仮に理念的にも現在の民事訴訟の運営が望ましいものであるのだとすれば，むしろ裁判官の質を維持しながらその人数を増やして負担増に対応することが政策的に正しいという見方も十分成立しうる。その意味で，この点は第1点の認識とも関わるが，以下では，日本社会の現実からそのような選択肢の採用は実際には困難である（増加する事件数に応じた司法予算の増大は難しい）という判断の下に，（次善の策かもしれないが）本文掲記のような実務上の理由をも前提に検討する。

8）司法制度改革審議会意見書においても，司法制度改革は，先行して進められてきた政治改革，行政改革，地方分権推進，規制緩和等の経済構造改革等の一連の改革と有機的に関連するものであることが前提とされている。

くイメージが異なっているおそれがある。そこで，まずその具体的な審理のイメージを提示して，議論の対象を明確にする必要があるように思われる。すなわち，「当事者主義」を前提にすると，実際の訴訟手続がどのようになるかという手続の在り方に関するイメージの問題である。そして，そのようなイメージを実現していくためには，訴訟制度や司法制度が現状のままでは困難があることは明らかである。そのため，当事者主義的訴訟運営の基盤整備の問題を論じることが不可欠であるが，これも抽象的な議論には余り意味がないと思われるので，より具体的なレベルで検討してみたい。

そこで，以下では，まず著者の抱く当事者主義的な訴訟運営の具体的なイメージについて示し（*2* 参照），次いでそのような訴訟運営を実現するために必要な訴訟制度・司法制度に係る基盤の整備の在り方について論じ（*3* 参照），最後に具体的な立法論・制度論についても簡単にふれることとしたい[9]。

2　当事者主義的訴訟運営の在り方

以下では，まず議論の前提として，当事者主義的な訴訟運営に関する著者の具体的なイメージを提起してみたい。そこでは，まず争点整理（⑴参照）及び和解（⑵参照）の手続はどのような形になるのかを検討する。これらが現在の民事訴訟の審理における中核的な場面であり，そこで当事者主義がどのように具体化するかが中心的な問題となると考えるからである。なお，訴訟審理のもう1つの中核的な場面である証拠調べ＝人証調べについては，ここでは論じない。この局面では，現在も交互尋問によってかなりの程度当事者主義的な運営がされているとの認識を有するからである[10]。それに加えて，一般的に手続進行＝訴訟指揮の局面では職権進行主義という形でそもそも職権主義が妥当す

9）　以下の叙述は，同様の問題関心に基づく著者の以下の論稿と重複する部分がある。本書第3章，山本和彦「コメント・当事者主義の訴訟運営に向けて」ジュリ1368号（2008年）102頁以下参照。

10）　ただ，期日での尋問のやり方を超えて，尋問の対象や時間の配分については裁判所の判断が相当程度入りうるが，その部分まで当事者主義的なものにするかは1つの論点たりうる。この問題については，争点整理との関係で後述したい（⑴(b)，後掲注14）参照）。

るところとされてきたが，著者はかねてからこの局面でも審理契約等の形で当事者主義的な運営が考えられるのではないかという問題意識をもってきており，最後にこの点についてもふれてみたい（(3)参照）。

(1) 争点整理・釈明の在り方

(a) 争点整理の現状のイメージ

当事者主義的訴訟運営の下での争点整理や釈明の在り方を検討する前提として，まず争点整理手続の現状についての著者の認識を提示しておきたい。すなわち，そこでは当事者が訴状，答弁書，準備書面や証拠を自発的に提出することが前提とされ，一応当事者主義が妥当している。しかし，実際には，当事者の書面や証拠の提出が当初に予定されていた時期にされないこと（例えば，期日の１週間前に提出する約束になっていたのにもかかわらず，期日直前に提出されるなど），そのような時期の遵守に関して裁判所が積極的に関与すること（例えば，約束の期限に書面等が提出されない場合には裁判所書記官等がその提出を催告するなど）も依然として多くあるとされる。そして，その後に，争点整理の段階では，裁判所の側から足りないと考えられる事実の主張や証拠についての指摘がされ，それに対して当事者が受動的な形で対応していくことも少なくないとされる。つまり，弁論準備等の期日では，裁判所の方からそのような釈明がされ，当事者はその場で応答や反論をすることは少なく，次回の期日で書面により対応し，またそれに対する裁判所の釈明がされるといった形で争点整理が進められる。そして，当事者からの材料が出揃う中で，当事者間に認識のズレがある事実等（すなわち争点）について，裁判所がそれを確認する作業を主導する（場合によっては，裁判所の側で争点整理案を作成する）。また，裁判所が争点とする必要がないと考える問題については，裁判所が当事者を説得して争点から落とす作業を積極的に行う。そして，どの争点についてどの人証で立証し，それについてどの程度の時間を費やすかについて，当事者の意見を聴きながら裁判所が決めていく。

以上のような状況が，争点整理のかなり一般的な方法ではないかというのが著者の認識である（前掲注 3）の諸見解も同旨の見方をされている[補注 2]）。そして，著者の評価としては，このような争点整理や釈明のやり方は，裁判所の職権の行使が強いもの，職権主義的な運営ではなかろうかという問題意識をもっているわけである[11)]。

(b)　当事者主義的な争点整理のイメージ

以上のような認識・評価を前提に，著者の考える当事者主義的な争点整理手続のイメージとは，おおむね以下のようなものである。すなわち，第一次的には，当事者間で両当事者の提出した事実の主張や証拠を踏まえて，十分な争点の詰めの作業があってしかるべきではないかということである。各当事者は自己の有する情報をできるだけ早期に出し合い，法的問題についても当事者が主導して検討して，問題とならないような事実は積極的に取り下げていく。また事実認定についても，およそ立証困難とみられるような事実は当事者の側から積極的に落としていく。それによって，どの点が争点であるかについての共通認識を当事者間で形成していくというものである。裁判所は，このような作業を基本的には当事者に委ね，適宜自ら気づいた点について助言するに止まる[12)]。そして，第二次的には，そのようにして整理された争点について，どのような証拠で立証するかが問題となるが，この場面では，裁判所のその段階での心証による判断作用が行われる。つまり，当事者が申請している人証によって当該争点に関する心証が変動する余地がおよそないと考える場合には，その旨を示してその点については人証調べをしないとの決定をする[13)]。また，やはりそのような暫定的心証に応じて，裁判所が証拠調べの範囲や時間を定めていくことになる。

このように，ここでの争点整理のイメージは，争点の決定の段階と人証調べ

［補注2］　外部からみるとブラックボックスである争点整理の手続について，練達の実務家が参加して，その実情の一端を示すものとして，林道晴＝太田秀哉編『ライブ争点整理』（有斐閣，2014年）参照。

11)　もちろん，実際の事件数でいえば，相当の割合の簡易な事件では，特に問題なく争点整理が行われていると考えられる。ここで問題としているのは，合議事件や困難な部類に属する単独事件などを中心とするものである。

12)　その意味で，当事者主義的な争点整理の局面での裁判所の役割は，中立的・助言者的なものに止まることになる。

13)　このような決定をしても，その点をあえて当事者が提示している争点から落とす必要はないと考えられる。その意味で，争点の整理と証拠調べの範囲（証拠の整理）とは分離して考えることができよう。

の範囲の決定の段階とを区分し，前者については基本的に当事者に委ねる一方，後者についてはむしろ裁判所が主体的に判断していくというものである。前者の問題が当該訴訟事件の判断の土俵を作る作業であり，基本的に当事者主義に委ねられるべき性質の事柄であるのに対し，後者の問題は裁判所の心証形成に直結する作業であり，判断作用について最終的に責任をもつ裁判所の関与すべき場面と考えられるからである[14)]。これは，大まかに言えば，争点整理と証拠整理の手続を区分し，前者を当事者の責任としながら，後者を裁判所の責任とする方法ということができる。換言すれば，主張や書証の提出については当事者が責任をもち，自ら情報・証拠を積極的に収集し，必要と考える資料を早期に提出し，当事者にとって別のアプローチがありうるかどうかを裁判所が積極的に検証することは基本的にしないとするものである。もちろん，裁判所が異なる法律構成やそれに基づく事実主張の可能性等に気付いている場合にはその点を釈明することはありうるが，逆に言えばそのような場合に対応すれば裁判所としては十分であると考え，それ以上の釈明義務等を負わせることはしない。そして，当事者の事実主張がどの点で食い違うかは当事者間のやり取りの中で基本的に整理され，もし争点整理案といったまとめが必要となる場合には，両当事者の責任でそれを作成するものとする。この際に重要となるのは，当事者の言い分がずれている場合に，どの点にずれがあるのかを十分深めずに放置されてしまうときはどうするのか，という問題である。もしこれを放置したままにすれば，結果として争点整理は深まらず，人証調べの対象も明確にならず，結局旧法時代の運用に戻ってしまうおそれが懸念されるからである。したがって，このような当事者主導で争点整理を図る場合には，それでも適切に争点が整理される仕組みを作っていく必要があると考えられる。

14)　しかし，後者の局面も含めて当事者に委ねるべきであるという立場もありえないものではない。人証調べにおけるいわゆる総時間指定方式は，当該事件の人証調べに費やすべき総時間のみを裁判所が定め，それを半分にして原告・被告がその範囲内で自由に誰をどの程度主尋問し，反対尋問するかを決めていくようなやり方である（これは純粋型であるが，様々な亜型も考えられよう）。その結果，ある事実についての一方当事者の立証が不十分に止まれば，その者の自己責任で証明責任を負う側が敗訴すると割り切るわけである。このように，証拠調べの範囲の部分も当事者主義に委ねてしまう運用も十分にありうる1つの考え方ではある。しかし，本文の考え方はそこまでは行かず，真実の解明について裁判所にも一定の責任を残す立場を採用するものである。

そこで，考えられるのは，一方で十分な争点整理に協力しない当事者にサンクションを科す仕組みと，他方で十分な争点整理に協力する当事者にインセンティブを与える仕組みである。まず，当事者に対するサンクションの仕組みとしては，当事者の主張過程の規制をきめ細やかに行うことが考えられよう[15)]。既に現行法は，相手方の主張に対する否認について，原則として単純否認を禁止し，否認の理由付義務を課しているが（民訴規79条3項），これを運用上徹底するとともに，その違反に厳しい制裁を科すようなことも考えられる。更には，より一般的な形で，自己が主張責任を負わない事実についても，一定の範囲で陳述義務を課すような方向も考えられるかもしれない。他方で，当事者が自ら争点整理を行うについてインセンティブの付与の仕組みを設けることも重要であろう。例えば，そのように当事者が主体的に争点整理を行う事件については，当事者間で争点整理案が適切に作成された事件において優先的に証拠調べを行うなど迅速な審理判決を保障したり，その点を訴訟費用に反映したりすることも考えられよう。いずれにしても「飴と鞭」「北風と太陽」の組み合わせによって当事者のインセンティブ構造を変える何らかの工夫が不可欠となるところであり，それが困難な作業であることは否定できないが，当事者主義的な争点整理の途を考えるとき，この点の更なる工夫の余地はないかが大きな検討課題となろう。

(c)　釈明の在り方

さて，以上のような方向で争点整理手続を考える場合に問題となるのは，既に言及したが，裁判所の釈明の範囲の問題である。以下では，この点について，釈明の対象となりうる事項を類型化し，(i)法的観点についての釈明，(ii)心証についての釈明，(iii)実質的平等を図るための釈明に分けて論じる[16)]。

---

15)　当事者の主張過程の規律に関する研究としては，畑瑞穂「民事訴訟における主張過程の規律」法協112巻4号（1995年）488頁以下，同114巻1号（1997年）1頁以下，伊東俊明「不知の陳述の規制(1)（2・完）」民商117巻4＝5号622頁以下，同6号（1998年）841頁以下など参照。

16)　このような釈明の区分については，山本和彦「釈明義務」三ケ月章＝青山善充編『民事訴訟法の争点〔新版〕』（ジュリスト増刊，1988年）232頁以下，同「基本的な考え方――研究者の視点」大江忠ほか編『手続裁量とその規律』（有斐閣，2005年）20頁以下参照。なお，以下の論述については，著者の従来の主張（例えば，大江ほか編・同書21頁以下〔山本〕参照）とは若干異なる部分もある。これは，本章が民事訴訟の1

(i)　法的観点についての釈明　　まず，当事者Xが見落としている法的観点について裁判所が釈明する形態である。これは，①そのまま事実が認定されると当該観点に基づきX主張の法的効果が実現される場合には相手方Yに対して釈明の必要が，②そのまま事実が認定されると当該観点の要件事実が不足しX主張の法的効果が実現しない場合にはXに対して釈明の必要が問題となる。ここでの問題意識は，いずれにしても，このような法的観点の認識を当事者の自己責任と考えることはできないか，という点である。換言すれば，このような法的観点を指摘する義務は，一定の範囲で裁判所の行為規範としては認められるとしても[17]，評価規範として（釈明義務違反の問題として）原判決を破棄するのは相当ではないのではないか，という問題意識による。ただ，このような議論が正当化される前提としては，当事者が法的情報に適切にアクセスできることがある。これは，後述のように，原則として弁護士代理による法情報の確保を前提にすることになり，基盤整備との関係で重要な課題となる（*3*(2)参照）。また，特に専門的で困難な法律問題については，たとえ弁護士代理を前提にするとしても当事者側で十分な対応を期待できない場面がありえ，そのような場面ではなお裁判所の役割が残る可能性も否定できない[18]（(iii)も参照）。

(ii)　心証についての釈明　　次に，心証についての釈明である。これは，裁判所の心証に応じて，必要と思われる証明がされていない当事者に対して，証拠提出の釈明などをする場合が妥当する。このような類型の釈明については，当事者主義的争点整理を構想する場合，その義務を否定することは十分考えられるのではなかろうか。確かに当事者からみて裁判所の心証はブラックボック

つの在り方を踏まえた仮説的なものであることにも起因するが，著者自身の民事訴訟の将来のあるべき姿に対する評価の変遷を受けたものでもある。

17)　ただ，これも当事者が主張している事実から当該法的観点が現実に認識される場合又はそれが容易に認識可能な場合に限定されることになろう。

18)　法的判断によって当事者の主張すべき事実が異なりながら，裁判所の判断が明確でないような場合には，裁判所に対して法的判断の開示を求める権利を当事者に認めることも1つの制度としてありうる。ただ，その場合も，当事者が本来すべての可能性を慮って対応しなければならないとすれば，あえてその開示を認める必要はないのかもしれない。この点は政策判断の問題と思われるが，法的判断の不明のために無駄な攻撃防御が展開される可能性があり，それを防止する必要があるということであれば，裁判所の（暫定的な）法的判断の開示義務を認めてもよいかもしれない。

スではあるが，事実認定については（法的判断以上に）当事者もその責任を共有し，裁判所のありうる心証を常に念頭に置いて，その時点で可能な立証を尽くすように当事者に求めてもあながち不当ではないとも考えられるからである。つまり，当事者としては，自分で裁判所の心証について早合点し，これで大丈夫と判断して手持ちの証拠を提出しないでおくという態度を本来とるべきではなく，心証の予測は完全でないことを常に前提として，ともかく自己に有利な証拠を提出しておく責務を課しても特に問題はないとも考えられるのではないか，ということである[19)][補注3]。

(iii)　実質的平等を図るための釈明　　最後に，当事者の実質的平等を図るための釈明である。弁論主義が基本的に対等の当事者による民事訴訟の理念型を念頭に置くのに対し，現実の社会では当事者の力に格差があることも多く，そのような場合には裁判所が力の劣る当事者に釈明をして，実質的な平等を確保すべきであるという考え方も成立しうる。この点については，司法の機能に対する認識によって，考え方が分かれうるところであろう。ここでは，弁護士を付けることができない当事者を何らかの形で救済しなければならない点に争いはないと思われるが，その点を措くとしても，弁護士が付いていれば問題はなく，また弁護士を付ける機会さえ付与していれば，それ以上に裁判所が介入する必要はないという考え方と，弁護士の力量に差異があることは現実には否定できず，その相違が当事者の社会的な力の相違（とりわけ経済力の格差）を反映するとすれば，裁判の場では国が介入して実質的平等を図る必要があるとの考え方がなお分かれよう[20)]。医療の場では（少なくとも保険医療については）報酬

---

19)　法的問題と同様に（注18）参照），当事者が不安であれば裁判所の心証の開示を求めて，その場合にはその段階の裁判所の心証を開示すべき義務を認めることも考えられる。本文記載のように，あらゆる心証の可能性を考慮して当事者が証拠を提出すれば足りるとも言えるが，無駄な証拠の提出を防止するという政策判断を前提とするのであれば，このような義務の設定も制度的には考えうるところであろう。

[補注3]　争点整理の過程で裁判所の心証の開示が望ましい旨の指摘がされることは多いが，それが実務において必ずしも励行されているわけではないことを示唆するのは，最高裁判所事務総局「裁判の迅速化に係る検証に関する報告書（平成27年7月）」92頁以下参照。

20)　他の市場サービスにおいても同様のことは生じうる。例えば，金融市場で，廉価な報酬では優秀な証券投資助言が得られないが，専門的助言を得られる機会が付与されればそれでやむをえないと考えられているとすれば，それと同様の考え方が法的サービス

の国家統制によってこのような事態が生じないのが原則とされるが，弁護士報酬を国家が統制しない以上，この問題は避け難いものとして存在しよう。困難な問題ではあるが，平均的な法律家を念頭に置いて，そのような法律家が対応できるような問題との関係では前者の考え方により，平均的な法律家では対応が困難な専門的事項を含む問題との関係では，後者の考え方によって裁判所に一定の役割を残すべきではないか，というのが著者の現在の直観的な結論である（そのような役割を残すとすれば，一層他の部分での裁判所の役割の限定を考える必要があろう。(i)も参照)。

以上からすると，特に専門的な法律問題等との関係では，裁判所の役割はなお一定程度残らざるをえないとしても，それ以外の部分については，裁判所の役割を後退させ，当事者主義的な訴訟運営に委ねていくという方式は，1つの立場として成立しうるように思われる。

(2)　和解手続の在り方

(a)　和解手続の現状のイメージ

和解についてもまず，その現状に関する著者のイメージを提示してみる。現在の和解手続の実務では，裁判所から和解を勧試し，又は当事者からの和解勧試の要望を受けて，和解手続が開始する。そこではまず，裁判所が両当事者からの個別の要望聴取等を行う。それを踏まえて，多くの場合，裁判所によって和解案が提示され，それに基づいて個別当事者の説得が行われ，当事者からの修正提案等を踏まえて更に修正和解案の提示と説得という過程が繰り返されるのが一般的ではなかろうか。その結果として，和解の手続も，当事者間の直接の話合いを前提とする対席方式ではなく，裁判官の個別の事情聴取及び説得を前提とする交互面接方式が一般的とされているように見られる[21)]。このような和解の方式は，当事者間の交渉を調整仲介するというよりは，裁判所が和解手続の中心として主導的に活動する職権主義的な運営になっているように思わ

でもとられるべきか，少なくとも裁判の場面ではそれとは異なる考え方がとられるべきか，という見解の相違はありうる。

21)　一部では対席方式も一定程度浸透してきているようであるが，その中核部分はなお交互面接方式が一般的ではなかろうか。

れる。

(b)　当事者主義的な和解手続のイメージ

次に，そのような現状認識を前提に，著者が当事者主義的な和解手続のイメージとして，どのような方式のものを想定しているかを示してみる。そこではまず基本的な認識として，和解は当事者の実体権を処分する過程であるので，やはり両当事者が対席して相互に主体的に話合いをしていく姿が基本となるはずである，という点がある。すなわち，当事者がそれぞれの要求を相手方に提示し，互いに譲り合いながら妥協案を模索する過程が和解の手続であり，訴訟上の和解ではそこに裁判所が関与するわけであるが，裁判所はあくまで中立的な第三者として話合いの仲介をするに止まるということになろう。もちろん，当事者間の相対の話合いでは合意に到達することができないが，中立公平な第三者が話合いを仲介することによって合意に達することはありえ，その意味でこのような第三者としての役割は重要なものである。

ただ，この点については，裁判外の話合いの手続（いわゆるADR）と訴訟上の和解との役割分担をも視野に入れる必要があるように思われる[補注4]。すなわち，現在，ADRの充実・活性化は国の施策として推進されているところである[22]。そのような状況を前提にすれば，裁判所が民事訴訟の中で和解の仲介をするとしても，それは原則として裁判所（国）にしかできないような範囲の作用に限定されるべきではなかろうか。換言すれば，それ以外の部分（裁判所以外の主体でも行うことができる部分）については，むしろ裁判所以外の民間等の営為に委ねるべきではなかろうか。以上のような認識を前提とすれば，和解の仲介として裁判所にしかできない点はどこにあるか，が訴訟上の和解の機能を決するについて重要な問題となる。著者は，それは心証に基づく和解，すなわち心証開示の部分ではないかと考える[23]。裁判外の話合い（ADR）であって

［補注4］　この点については，訴訟制度自体とADRの役割分担が議論の前提にあるが，この問題については，本書第1章***3***参照。

22)　司法制度改革審議会の意見書は，「ADRが，国民にとって裁判と並ぶ魅力的な選択肢となるよう，その拡充，活性化を図るべきである」とする。このような認識に基づき，「裁判外紛争解決手続の利用の促進に関する法律」（いわゆるADR法）が制定され，2007年から施行されている。

23)　心証に基づく和解の可能性を訴訟上の和解のADRとしての特性であるとの認識を

も，交渉促進的な和解の仲介は十分に可能である。他方，当事者が法的判断ないし心証を前提とした評価型の和解を希望する場合には，ADR の手続実施者が自己の心証を開示することはもちろん可能であるが，それは裁判所の開示する心証とは質が異なると考えられる。すなわち，法的な正確性という面に加えて，ADR の実施者が仮に高名な法律家であったとしても，その事件を自ら判断するわけではなく，当該事件に関する心証（言い換えれば判決に繋がる心証）という意味では，受訴裁判所と同等の質のサービス提供者は他には原理的にありえないと考えられよう。そうだとすれば，そのような他の代替サービスが観念できない部分については，（その点のニーズがある限り）裁判所が担当することが考えられてよいが，それ以外の部分は，基本的には ADR に委ねれば足りるものと考えられよう。

以上の検討を前提に，当事者主義的和解の望ましい手続を考えてみると，一応以下のようなことが言えるのではないかと思われる。すなわち，訴訟手続の過程で当事者が話合いを希望する場合又は裁判所が話合いによる解決を望ましいと考える場合には，裁判所から両当事者に対して相対交渉又は ADR での話合いを提案することになる。その際に，裁判所の心証に基づく話合いの希望が当事者から示され，現段階の裁判所の心証の開示が求められた場合には，裁判所が暫定的心証の開示をする義務を負う[24)]。そのような心証開示を受けて，当事者はそれを前提に相対交渉又は ADR での話合いを行う（この間，訴訟手続を中止しておく）[25)]。そして，話合いが成立すればそれによって訴訟手続は終了し[26)]，話合いが成立しなかった場合には，（訴訟手続の中止の状態を解消し）手続

示したものとして，大江ほか編・前掲注 16）25 頁以下〔山本〕参照。

24） このような和解に際する暫定的心証の開示義務については，垣内秀介「裁判官による和解勧試の法的性質」民訴 49 号（2003 年）237 頁，本書第 13 章 ***2***(4) など参照。和解に関する心証開示の在り方については特に，加藤新太郎「心証開示」大江ほか編・前掲注 16）254 頁以下参照。

25） このような和解手続の在り方については，大江忠ほか「座談会・民事訴訟審理における裁量の意義とその規律」大江ほか編・前掲注 16）362 頁以下〔伊藤眞〕に示された伊藤教授の示唆に多くを負うものである。伊藤教授の和解論をめぐっては更に，伊藤眞ほか『民事訴訟法の論争』（有斐閣，2007 年）201 頁以下も参照。

26） その際に，ADR 和解に執行力が認められれば裁判所が和解調書を作成する必要はないと考えられるが，それが認められない現状では，一種の即決和解として和解調書作成のサービスを裁判所が担う余地はあろうか。ADR 和解の執行力については，***4***(4)も

を続行して判決に至るというものである。このように，和解の仲介について裁判所が積極的に関与しない（和解案を示さず，またその成立に向けた説得もしない）という考え方は極めてラジカルに思われるかもしれないが，著者は，司法資源の選択と集中という観点から十分に検討に値するものではないかと考えている。

(3)　手続進行の在り方

最後に手続の進行についても，簡単に検討しておきたい。手続の進行については，職権進行主義が原則とされる。その意味で，この点は民事訴訟法自体がもともと職権主義を前提としている分野である。しかし，現行法では，この点についても当事者の意向を重視する規定，すなわち当事者の意見を聴いたり，その同意を得たりして手続の選択を決めるような規定が多く設けられている。その結果，現在は単なる職権進行主義というよりも，協同進行主義とも呼ばれる状況にある[27]。実際，手続進行の局面でも，当事者主義的運用の余地はあり，またそれが望ましい場面もあると考えられる[28]。

この場面においての望ましい手続のイメージとしては，以下のようなものが考えられる[29]。すなわち，第一次的には両当事者・裁判所の間で審理契約を結ぶために協議し，当該事件における具体的な進行の在り方を合意する（それに違反した場合には一定の制裁が科される）。審理契約の締結ができない場合には，裁判所の手続裁量によって審理を進めるが，ここでの裁量も自由裁量ではなく，裁量の統制について要因規範によって定められる。要因規範の設定については，

参照。

27）　この用語については，竹下守夫ほか編『研究会・新民事訴訟法』（ジュリスト増刊，1999年）224頁〔竹下〕参照。

28）　進行の場面は当事者の処分に委ねると，引延ばし等により定型的・経験的に裁判所＝納税者に負担を与える場合が多いので，デフォルトを職権主義にしているのではないかと考えられる。しかし，全面的に当事者の処分に委ねなくても当事者の関与を可能にする柔軟なアプローチはありえ，それによって当事者主義のメリットが得られる可能性はあろう。

29）　以下については，かねてから著者が述べてきたものである。山本和彦『民事訴訟審理構造論』（信山社出版，1995年）335頁以下，本書第8章，第9章など参照。なお，近時当事者主義の観点から，このような著者の審理モデルに言及する見解として，上田正志「当事者主義的個別手続形成における動態性の問題」井上治典先生追悼『民事紛争と手続理論の現在』（法律文化社，2008年）20頁以下参照。

あるべき合意（審理契約）の姿を可及的に実現できるような規範を設計していくものとする。このような形で，デフォルトは裁判所が握って，当事者によるモラルリスクを回避しながら，手続進行についても審理契約や要因規範を通じて当事者の関与の度合いを高めることは可能ではないかと思われる。

さて，以上のような形で当事者の参加・協同関係を前提にするとすれば，それに協力しない当事者に対しては厳格なサンクションが必要となろう。そして，厳格な制裁の賦課は決して当事者主義と矛盾するものではない。当事者主義は当事者の放埓を許す手続ではなく，当然当事者の自己責任がその権限に伴っている必要があるからである。また，一方当事者が手続進行に協力するのに，協力しない他方当事者に対して制裁が加えられないのでは不公平であり，信義則にも反する。その意味で，むしろサンクションの実効性の確保が，よりよい当事者主義的運用の前提となる点には注意を要すると思われる[30)]。

サンクションの在り方としては，いくつかのものが考えられる（以下については，*4*(2)も参照）。まず，自己に有利な行為をしない当事者については，それを最後までしない場合には，弁論主義や証明責任によってその点が判決で斟酌されないという形での「制裁」が科される。他方，時機に後れて自己に有利な行為をした場合には，時機に後れた攻撃防御方法の却下の活用が問題となる[31)]。他方，自己に不利な行為をしない当事者については，いくつかのパターンがありうるが，訴訟の結果と関連させる制裁として，証明妨害法理の規律の活用等が考えられる（真実擬制，証明責任の転換，相手方の証明度の軽減等が制裁としてありうる）。他方で，訴訟結果と関連させない制裁については，義務の履行の新たな仕組みの創設が問題となるが，法廷侮辱（contempt of court）の制度のような手続の可能性も検討に値しよう[32)]。

30）　このような認識については，林ほか・前掲注 3）104 頁〔山本克己〕参照。

31）　この点では，特に上訴審におけるその適用が大きな課題となろう。そこでは，特別の理由のない限り，新たな攻撃防御方法の提出を否定するといった厳格な態度が必要になると考えられる。

32）　法廷侮辱の制度の導入の必要性については，既に，三木・前掲注 3）114 頁（同・前掲注 3）書 36 頁所収）参照。アメリカの制度については，花村良一「米国民事事件における裁判所侮辱の実情」NBL 711 号～715 号（2001 年）参照。

3　当事者主義的訴訟運営の基盤整備

以上において，争点整理及び和解の手続を中心に，当事者主義的な訴訟運営として著者がイメージする具体的な手続の在り方を提示してみた。ただ，現在の手続法や司法制度を前提にしながら，直ちに*2*のような訴訟運営をすることは困難であると思われるし，また相当でもないと考えられる。なぜなら，現行の訴訟法や司法制度は必ずしもそのような運用を前提にしていないため，それを十分に受け止めることができず，それにもかかわらず，そのような運用を強行すると，裁判の充実，適正，迅速を大きく害するおそれがあるからである。その意味で，必要な法的・制度的な基盤を整備しながら，そのような方向に向けて徐々に移行していく必要があるのではないかと考える[33)]。しかし，抽象的にそのように論じているだけではいつまで経ってもそのような方向には向かわないと思われるので，どのような点についてどのような基盤整備が必要であるかを具体的に論じていく必要がある。以下では，著者の観点から中心的な課題と思われる3点について検討することにする[34)]。

(1)　情報・証拠収集に関する基盤整備

まず，訴訟法固有の問題に関して言えば，情報収集・証拠収集の手続を充実させる必要があると考えられる。当事者が十分な情報・証拠を入手し，事件の真相をある程度把握できる（適正な情報状態を確保する）ことができて初めて，当事者主導の争点整理や和解の活動（それに基づく事件の適正な解決）が可能になるとみられるからである[35)]。この点について，現行民事訴訟法は，文書提

33)　当事者主義的な訴訟運営を望ましいとする基調の林ほか・前掲注3）でも，「できる範囲で」「徐々に見直していく」とする見解が大勢である。

34)　他に，争点整理との関係では，前述のように（*2*(1)参照），主張段階の規制が重要な課題となるように思われる。そこでも述べたように，現在の理由付否認義務などだけでは十分ではない可能性があり，特に制裁の問題，また争点整理に積極的なインセンティブを付与する工夫等については十分な検討を要しよう。

35)　より根源的には，情報・証拠収集手段の整備は，当事者の実質的な手続保障のための不可欠な前提であると解され，当事者主義的訴訟運営の基盤整備という観点を超えても，十分な検討が不可欠であろう。本書第5章*2*(3)(4)参照。

出義務の拡充や当事者照会制度の新設を行い，更に平成15年改正では提訴予告通知に基づく照会や証拠収集手続の整備を行うなど様々な手段を整備してきている。しかし，文書提出命令については改正の成果が一定程度上がっているものの，それ以外の手続は現段階では余り機能していないように見える。その意味では，情報・証拠収集という観点からは，当事者主義的な訴訟運営に転換していくための十分な基盤は未だ整っていないと言わざるをえないように思われる。

そこで，情報・証拠収集については，更に基盤整備を図っていく必要があると考えられる。すなわち，当事者が相手方又は第三者の保有する情報・証拠を適切に収集できる仕組みの形成である。これについては，そのモデルとして，アメリカの証拠開示（discovery）の制度があることは言うまでもない。アメリカの訴訟手続は当事者主義的訴訟運営の1つのモデルであることは間違いなく，ディスカバリ制度はそれを支える中核的手続であるとすれば，日本でもそれを一つの参考にしながら基盤整備を進めていくことは十分に考えられるところである。詳細については後述するが（*4*(1)参照），以下では基本的な考え方のみを示しておきたい。

まず，相手方当事者の有する情報については，ディスカバリにおいては，いわゆる質問書（interrogatory）の制度があるが，日本法もこの点について当事者照会の制度（民訴163条）を有する[36]。そこで，このような制度を充実させていくことが考慮に値する。その際には，制度導入時に断念された制裁の賦課をも視野に入れる必要があろう。次に，第三者（又は当事者）の有する書面化された情報の収集については，文書提出命令の更なる改革が考えられる。その際の焦点となるのは，文書の特定の問題ではないかと思われる[37]。明確な特定が可能である文書については，現行法の一般義務化とその後の判例の展開[38]によって既に相当程度対応が可能となっているように思われるが，重要

36） 更に，平成15年改正によって，提訴予告通知に基づく提訴前の照会の制度（民訴132条の2以下）も導入されている。

37） そもそも制度の位置づけとしては，現在は証拠調べの手続とされている文書提出命令を証拠収集の手続として純化していくことが考えられてよい。証拠調べとすることで，対象文書や要証事実の特定の緩和等において限界があるとすれば，率直に証拠収集という制度の機能を正面に出すべきではなかろうか。

な点は厳格な特定の困難な文書に対する対応であり，特定の緩和が1つの論点になりうるのではないかと思われる。更に，第三者（又は当事者）の有する書面化されない情報の収集については，ディスカバリは陳述録取（deposition）の制度を有しており，この点についても整備していく必要がないかが議論の対象となりえよう。これも従来の改正では見送られてきた点であるが[39]，当事者主義的訴訟運営の基盤整備という観点からは避けて通れない課題となろう。

⑵　訴訟代理に関する基盤整備

次に，基盤整備の大きな論点と考えられるのは，訴訟代理の問題である。当事者主義的訴訟運営にあたっては，両当事者に法律専門家である弁護士の訴訟代理人が付いていることが前提になると考えられる。なぜなら，当事者主義的運営の前提としては当事者の自己責任の考え方があるが，民事訴訟の専門性を考えると，弁護士を代理人として委任できない可能性を残しながら，当事者の自己責任を問うことはできないからである。そのような制度構成は実質的手続保障に反し，裁判を受ける権利の否定，つまり憲法違反のおそれすらあるものと言わざるをえない。したがって，当事者主義的な訴訟運営を図っていくについては，すべての当事者に対して弁護士代理の可能性を保障することが不可欠の要請になると見られる。

ただし，このような認識は弁護士強制主義の採用に直結するものではない。重要な点は，弁護士を付けられる可能性を当事者に保障することである。したがって，ありうる制度としては，当事者が付けようと思えば訴訟代理人を付けられるような可能性を保障しながら，あとは当事者が自己のリスクで代理人を付けないという選択をすることも認めるという制度構成も十分ありえよう。そのような場合には，本人訴訟の可能性を認めることになるが，本人訴訟の場合にも，弁護士代理がある場合と同等の自己責任を問うていくことは可能と考えられる。重要な点は，当事者の資力や居住地等にかかわらず，適切な代理人弁護士を付することが実際にできる基盤の整備ということである[40]。

---

38)　判例の展開に関する著者の整理については，本書第18章参照。

39)　その導入を主張する見解として例えば，伊藤眞「専門訴訟の行方」判タ1124号（2003年）8頁以下参照。

これはまさに司法アクセスの問題である。著者は，司法アクセスの課題としては，司法過疎の解消による地理的バリアの打破，法律扶助の拡充による費用的経済的バリアの打破，弁護士情報の流布による情報的バリアの打破，更には法教育等による心理的バリアの打破など様々な局面でのアクセスバリアの除去を図っていく基盤整備が必要であると考えている[41]。また，仮に弁護士を付けることができたとしても，その弁護士の能力が十分ではない場合には当事者に不当な敗訴のおそれが残ることになる[42]。そうだとすれば，弁護士の選択についても，当事者の自己責任を問える仕組みが必要ということになる。それは，例えば，過誤を犯した弁護士に対する責任追及の可能性を的確に保障し，また適切な弁護士を選択できるための情報等を流布するなどの基盤整備が必要になってこよう。

(3)　司法制度に関する基盤整備

最後に，より大きな問題として，司法制度全体についての基盤整備の問題がある。当事者主義的訴訟運営を行えば，裁判所の負担は一定程度軽減される可能性があるが，訴訟に要する時間はむしろ今よりもかかる可能性がある。むしろ裁判所が主導する職権的手続の方が効率的な審理を可能にすると考えられるからである。他方で，現在は訴訟手続の迅速化が強く社会から求められている[43]。そのような点を考えれば，現在の訴訟手続の中に存在するかもしれな

---

40)　また，代理人を付ける必要性を十分に認識できない当事者があるとすれば，（実際に代理人を付ける機会を保障するため）一種の啓蒙措置（例えば付添命令の活用等）が必要になるかもしれない。

41)　著者のこのような認識については，山本和彦「総合法律支援の理念」ジュリ 1305 号（2006 年）8 頁以下参照。また法テラス設置後の評価については，同「民事司法における法テラスの役割」ジュリ 1360 号（2008 年）60 頁以下，本書第 23 章参照。

42)　実質的平等の確保を裁判所がどの程度図っていくかは 1 つの問題であるが（*2*(1)(c)参照），当事者主義的訴訟運営を図るとすれば，弁護士の能力が十分ではない場合に，それが原因となって当事者が敗訴する余地を容認する必要性自体は否定できない。

43)　裁判迅速化法において，第 1 審訴訟手続を原則として 2 年以内に終了するように関係人が努力義務を負うとされていること（同法 2 条）などに典型的に表れている。但し，当事者に審理の主導権を付与し，それが遅延するのであれば，当事者の自己責任に帰するという考え方も（引延しに対する厳しい制裁は当然の前提としても）ありえない政策判断ではなかろう。

い無駄を徹底的に省いていく必要があることは否定できないが[44)]，より究極的には，訴訟において対応する事件数を減らしていく努力も必要となろう。どうしても訴訟によらなければならないものを厳選していく方向性であり，裁判外で対処可能な事件はなるべく裁判外で解決されるような基盤を整備していくことを意味する。

このような方向性は，決して消極的な対応策のみを意味するものではない。大きく言えば，司法の分野でも国（裁判所）の果たすべき役割を厳選し，それ以外の任務は国（裁判所）以外のアクター（とりわけ民間）の機能に委ねながら，国の本来果たすべき役割をより実効的に果たしていくという趣旨をも伴う。いわば「選択と集中」という発想を司法の分野にも導入すべきではないかという考え方になる。裁判所は，裁判によってしか実現できないような機能（非代替的機能）を果たしていくべきこととなり，それは具体的には，当事者間でどうしても合意による紛争解決が図りえなかったような紛争の解決（究極的な私的利益の保護）とともに，司法によるルール形成が期待される分野での判決によるルール形成や専門的事件・大規模事件などその解決の社会的要請が大きい問題の解決等ということになるのではないかと考えられる[45)]。訴訟によるべき紛争を厳選することによって，このような非代替的な司法機能をよりよく実現できる可能性があるという積極的側面も，このような考え方には存在すると思われる[補注5]。

そして，以上のような考え方を採用する前提としては，裁判外の紛争解決手続（ADR）を拡充・活性化していくことが必要不可欠となる。それは，合意による紛争解決が可能なものであれば，また（ルーティンの紛争解決として）そこでルールの形成が特に求められていなければ，裁判所以外の紛争解決方法によ

---

44)　また著者は，そのような客観的な審理期間の短縮の可能性とともに，当事者の「主観的な審理期間」の短縮も大きな意味をもつと考えている。それには，審理計画等の工夫によって審理過程を透明化し，当事者の「待ち時間」の感覚を短くする努力が必要ではないかと思われる（この点につき信号待ちの例とともに，本書第3章 ***4***(3)参照）。

45)　このような民事訴訟制度の目的の理解については，山本和彦『民事訴訟法の基本問題』（判例タイムズ社，2002年）14頁以下参照。

［補注5］　民事訴訟によるルール形成機能を重視する考え方については，本書第1章 ***4*** 参照。

ることが原則として望ましいと考えることになる。その場合，その解決の受け皿として，ADRの拡充・活性化が重要な課題となるが，そこでは特に現実に機能するADRをいかに整備していくかということが大きな課題となり，分野ごとにきめ細かな施策が必要になるとともに，国民の意識や企業の意識の問題，更に法律家の意識の問題の解決も重要となってこよう。

4 若干の立法論・制度論

以上のような基盤整備の必要性を受けて，最後に，当事者主義的訴訟運営を目指す場合における若干の具体的な立法論・制度論を示しておきたい。もちろんこれらの点はいずれも試論の域を出ないものであるが，議論の具体化を図るため，参考のために提示しておく趣旨である。

(1) 情報・証拠収集手続の改革

まず，情報・証拠の収集手続の拡大である。この点は，前述のとおり，訴訟法の観点からすれば最も喫緊の改正課題になるのではないかと思われる。第1に，文書提出命令制度については，前述のとおり，文書の特定の在り方が重要な問題となろう[46)]。この点については，平成8年改正の際にも問題とされ，文書の特定のため手続（民訴222条）が導入されたところである。そこで，これをより緩和する方向として，例えば，文書提出命令の申立人が文書の表示を明らかにすることが困難であるときは，文書の所持者がその申立てに係る文書を識別することができる事項を明らかにすれば足り，それに基づき提出命令を発令できるとすることなどが考えられよう。このように考えれば，ある程度概括的な形で文書提出命令の利用が可能になる[47)][補注6]。また，そのほかにも提

46) また，この制度を証拠収集のための制度として純化することが考えられる（注37）も参照）。その場合，提訴前については証拠収集処分の一環として（民訴132条の4以下），提訴後は当事者照会と並びで（民訴163条），規定することが考えられてよい。

47) 更に，要証事実の緩和という観点からは，模索的証明をどの範囲で認めるかという点についても明文規定を設けることが考えられてよい。

[補注6] 研究者グループによる民訴法222条の具体的な改正案としては，三木浩一＝山本和彦編『民事訴訟法の改正課題』（ジュリスト増刊，2012年）126頁以下参照。

出義務の再構成として，秘密保護との関係が重要な問題であり，その点の検討も必要になると思われる[48)]。

次に，当事者照会制度との関係では，やはり制裁の創設が重要な課題となろう。照会の対象が通常は照会者に有利な情報で，かつ，当事者の主張立証を準備するための情報であるとすれば，義務違反を訴訟の結果に関係させる証拠妨害的な対応は通常困難ではないかと思われる。アメリカ法に見られるように，義務違反があった一事を捉えて当事者を敗訴させるというのは余りにラジカルであり，真実発見を重視する日本では受け入れられ難いであろう。そこで，むしろ訴訟の結論に関係させない形での制裁を工夫していくほかはないのではないかと思われる。つまり，照会に応じない場合に，裁判所が命令を発令し，その命令の違反に対する制裁を科すという裁判所侮辱的な仕組みの可能性である。なお，その効果を強化する場合には，当然要件についても再検討は不可避であろう（提訴前照会の場合のように，要件を更に限定するかどうかが検討の対象となろう）[補注7]。

最後に，当事者又は第三者の陳述に関する情報・証拠の収集については，2つの方向性がありうるように思われる。第1は，アメリカの陳述録取書と同様の制度を採用することである。これは，当事者に対し，相手方ないし証人予定者等に予め尋問する機会を与えるもので，徹底した情報の取得を可能にするものである。第2は，現在の陳述書の運用を拡大し，証人予定者等に対し予め書面で質問を提示する機会を当事者に与えるものである。具体的には，陳述書について，争点整理の段階でもその提出を求めることができるとするとともに，相手方に質問事項の設定権や更に再質問等も可能にし，陳述書の証拠開示機能[49)]を徹底して明確化する考え方である。いずれの方向が相当であるか，著

---

48)　この点はここで詳論する余裕はないが，著者のとりあえずの立法論的検討については，本書第16章***3・4***参照。

［補注7］　当事者照会の制裁強化に関する研究者グループによる具体的な提案としては，三木＝山本編・前掲［補注6］99頁以下参照。また，当事者主義的訴訟運営への移行のための条件として，当事者照会の制裁型スキーム化を検討するものとして，酒井博行「当事者主義的民事訴訟運営と当事者照会の制裁型スキーム化に関する一考察」民訴61号（2015年）150頁以下も参照。

49)　このような機能を重視しながら運用の改善を求める試みとして，川端基彦ほか「陳述書の運用に関するシンポジウム」判タ1200号（2006年）51頁以下参照。

者には現段階で定見はないが，第1の方向がより抜本的なものであることは明らかである。証人予定者等の陳述に即応して新たな質問を提示することができ，取得できる情報量が飛躍的に増大することになるからである。ただ，それは同時に，証人等に大きな負担をかけ，また濫用のおそれも否定できないところであり，そのような欠点を抑制できるような制度構成が可能であれば，第1の方向の採用も考えられるが，この点について著者には名案はなく[50)]，それが困難であり，そのような方向が社会的に受け入れられないのであれば，第2の方向が穏当かもしれない[補注8]。

(2)　手続上の義務に関する制裁の規律

次に，当事者が手続上の義務に違反した場合の制裁について考えておく必要があろう。本格的な当事者主導型の訴訟手続に移行しようとする場合には，もはや「非制裁型スキーム」[51)]を維持することはできず，制裁型スキームへの転換を考えざるをえない。そして，その場合には，その制裁は「張子の虎」であってはならず，必要な場合には現実に実効的に行使できるものである必要がある。

まず，当事者に有利な情報との関係では，時機に後れた攻撃防御方法の却下の強化が問題となろう。前述のように，十分な情報・証拠収集の手続を整備し，当事者に武器を与える代わりに，それが十分行使されなかった場合には，時機に後れた攻撃防御方法の提出を強く制約する必要があることになろう。この点で，少なくとも，現行民事訴訟法157条の規定に代えて，一般的に，審理計画のある場合の規律（民訴157条の2）と同様の規定にすることが考えられてよい。

---

50)　アメリカの近時の改革のように，証言録取の時間を限定する（1人当たり7時間等とする）ことで本文の懸念に対応できるか，疑問はあろう。

［補注8］　証言録取制度の導入に関する研究者グループによる具体的な提案としては，三木＝山本編・前掲［補注6］133頁以下参照。また，最高裁判所事務総局「裁判の迅速化に係る検証に関する報告書（平成23年7月）」施策編29頁も，証言録取制度（デポジション）について「我が国の法文化や法体系に馴染むかという点のほか，証言録取の対象となる者の負担等といった課題があるので，制度導入の可否も含めて検討を進める」ものとする。

51)　この概念については，三木・前掲注3）90頁以下（同・前掲注3）書1頁以下所収）参照。

また，特に控訴審における新たな主張の制限が重要である。この点が第1審における失権規定の活用を妨げていることが多く指摘されているからである[52)]。その意味で，157条の規定とは別の形で，控訴審における時機に後れた攻撃防御方法の概念を再構成し，むしろ控訴審においては，特段の事情のない限り，新たな攻撃防御方法の提出を認めない方向の規定を用意していくことが検討に値しよう[補注9]。

次に，当事者に不利な情報との関係では，証明（＝事件の勝敗）に関係する制裁とそれに関係しない制裁が考えられる。前者については，証明妨害等の仕組みの強化がある。裁判所の命令に反して情報・証拠の提出がされなかった場合には，当該情報等が提出されれば（その内容が明らかでない場合にはそれが相手方に最も有利な内容であったものと仮定して[53)]），申立人の主張が立証されるのであれば，その点を認定してよいものとすることが考えられてよい。他方，後者については，裁判所侮辱のような制度を考慮してもよかろう。つまり，当事者の一次的な義務違反に基づき裁判所による行為命令が発せられ，行為命令違反に対する制裁を裁判所が科する権限を認める方向である。制裁の中身は困難な問題であり，それぞれ一長一短があるが，刑事罰や過料のほか，一種の間接強制金決定のようなスキームも考慮されようか[54)][補注10]。

52)　この点に関する最近のものとして例えば，山本和彦ほか「争点整理をめぐって（上）」判タ1266号（2008年）32頁以下参照。

［補注9］　失権効の強化に関する研究者グループによる具体的な提案としては，三木＝山本編・前掲［補注6］87頁以下（争点整理手続終了後の失権効）及び147頁以下（控訴審の規律）参照。また，最高裁判所事務総局・前掲［補注8］23頁も，「迅速な手続進行に協力しない当事者に対し，失権効の制度ないしは何らかの制裁型スキームを導入することについて，制度の導入に伴う実務上の問題点を踏まえながら，その必要性も含めて検討を進める」ものとする。

53)　証明妨害の効果に関連して，山本和彦「証明妨害」伊藤眞＝加藤新太郎編『〈判例から学ぶ〉民事事実認定』（ジュリスト増刊，2006年）25頁参照。

54)　刑事罰は強力であるが，検察が積極的に起訴はしないおそれがあり，その場合には実効性を欠く。むしろ裁判所がその場で発令できるためには，過料の構成は魅力的であるが，実効的な金額とすることができるかは（他の過料規定とのバランス上）疑問である。最後の間接強制的なものにして，ある程度の金額の支払命令を裁判所が適宜発することができるとすれば，そのような方向もありえようか。

［補注10］　研究者グループによる提案では，これを「司法妨害に対する制裁」と位置づけ，訴訟指揮に関して当事者等が正当な理由なくこと更に従わない場合に，履行確保の

(3) 弁護士代理に関する制度構成

弁護士代理の可能性が当事者主義的訴訟運営を行っていくための必要条件になることは前述のとおりである（3(2)参照）。その意味で，まず弁護士付添命令（民訴155条2項）を強化・実効化し[補注11]，本人訴訟では命令を原則化することが考えられよう（但し，費用負担能力のある当事者は自己負担とする）。そして，当該命令において，それに反して当事者が代理人を付けない場合には，付けたものと同等に扱うことを確認しておくのが望ましいであろう。代理人を付けることのできる当事者本人を裁判所がなお後見的に保護することは，自己のコストで代理人を付けた当事者との関係でも，裁判所のコストを負担する納税者との関係でも，正当化はできないであろう。重要な問題は，当事者が付けようと思えば必ず弁護士を付けられるような前提の確保である。それには，資力がない場合には[55] 法律扶助によって対応する必要があり，法テラスとの連携が必要不可欠なものとなろう[56]。

そのために，弁護士制度に関する基盤整備として，法律扶助制度の充実が不可欠となろう。資力の不十分な当事者にも弁護士代理を保障するためには，現在の償還制度では不十分な面があることは否定できない。たとえ一定の場合には償還免除の余地があるとしても，その予見が困難であれば，弁護士代理の十分な可能性を保障したとは言い難いように思われるからである。その意味で，給付制[57] への移行が前提条件として必要になると思われる。ただ，給付制の

ために相当と認める範囲内で，裁判所が過料又は監置の処分を科す可能性を認めている（三木＝山本編・前掲［補注6］184頁以下参照）。また，最高裁判所事務総局・前掲［補注8］30頁も，法廷侮辱に対する制裁の導入の検討を進めるべきとする。

［補注11］ 最高裁判所事務総局・前掲［補注8］88頁は，「本人訴訟における審理の適正・迅速化を図る観点から，（中略）弁護士にアクセスできるにもかかわらず自ら訴訟を追行する当事者の割合が増加している現状をも踏まえ，弁護士強制制度の導入について，部分的導入の可能性を含め，検討を進める」ものとする。また，司法研修所編『本人訴訟に関する実証的研究』司法研究報告書64輯3号（2013年）83頁も，弁護士を選任していれば勝訴の可能性があった事件や弁護士の説得等により有利な和解が成立した可能性があった事件が一定割合存在するという実証研究に基づき，「裁判官が本人に対して弁護士選任を勧告又は示唆する場合が一定の割合で存在する」とする。

55） 十分な資力があるにもかかわらず，本人訴訟を選んだ当事者にはそのリスクを取ってもらうことを前提にしてよかろう。

56） 弁護士強制制度の将来的な導入はなお1つの課題であり，その場合にどの程度の弁護士数や地域的な分散が必要かについては，なお検討を要しよう。

採用については，弁護士費用一般について敗訴者負担制度の採用がやはり前提条件として必要になると考えられる[58]。給付を受けた当事者が勝訴した場合にも，当該当事者の弁護士費用を敗訴者ではなく国民（納税者）が負担することを正当化することは困難と思われるからである[59]。

以上に加えて，単に弁護士を付けられるだけではなく，十分な能力のある弁護士を付けられることの保障も必要であると考えられる。したがって，専門訴訟については，専門弁護士の認定制度などが望まれ，また弁護士の「格付け」のシステムの発展が期待される[補注12]。様々な形で弁護士情報が流通することによって初めて，当事者による弁護士選択の実効性が保障されることになろう。更に，法曹養成過程でも弁護士の倫理責任を繰り返し喚起していく必要がある。また，弁護士の能力の不十分によって敗訴した当事者には，その責任の追及が保障される必要がある。その意味で，弁護士責任の強制保険制度を採用することによって，そのような当事者の十分な救済の可能性を保障しておくことが考えられよう[60]。

(4)　ADRとの連携の仕組み

訴訟とADRの連携の拡充も考えられるべきである。現在は司法型ADRとの関係では，付調停の制度があるが，それに加えて，民間型ADRとの間での

---

57)　これは一定の資力がある当事者については一部費用の負担を求めることを前提とするものである。その意味で，正確には一部負担制である。このような法律扶助の考え方については民事法律扶助法当時のものであるが，山本和彦「民事法律扶助法について」判タ1039号（2000年）28頁参照。

58)　この点で，（特に中所得者層との関係で）弁護士保険（権利保護保険）を拡充して対応する可能性もある。ただ，これを強制保険とすることは困難であろう。医療の場合とは異なり，制度利用率の著しい不均衡が想定されるとともに，意図的操作の可能性も否定できないし，医療と法律では社会基盤の相違が大きいからである。結局，任意保険とせざるをえないと考えられるが，様々な普及への努力（例えば，税制上の優遇等）は考えられてしかるべきであろう。

59)　この点の詳細については，本書第22章 ***4***(2)参照。

［補注12］　最高裁判所事務総局・前掲［補注8］87頁は，「弁護士に関する適切な情報開示等」という面から，「専門認定制度の創設の可否や相当性も含めて検討を進める」ものとする。

60)　フランスではこのような強制保険の仕組みが採用されていることは，山本和彦『フランスの司法』（有斐閣，1995年）45頁参照。

より有効な連携も視野に入れるべきである。例えば，この点については，既にいわゆるADR法においてADR係属中の訴訟手続の中止の制度がある（同法26条）ので，その活用を検討することが考えられるし，更にADR法立法時には実現しなかったが[61)]，いわゆる付ADRの制度化も再度検討することが考えられよう。そして，このような連携を図っていくためには，受け皿としてのADRの充実が必要不可欠の前提となることは言うまでもない。ADR法はまさにそのような試みであったわけであるが，制度的な仕組みとしては，ADR和解に対する執行力制度の整備が再度考えられてよいし[62)]，現実の問題として，訴訟事件の質や量との関係に鑑みて重要な分野において実際に機能するADRが創設されていく必要がある。最近では，金融，医療，消費者等の重要な分野においてADRの充実が図られており[63)][補注13]，そのような試みが今後も継続され，実効的なADRが多数・多様に機能することが期待される[64)][補注14]。このような連携の整備の中で，ADRではどうしても解決できな

61）司法制度改革推進本部のADR検討会では「裁判所によるADRを利用した和解交渉の勧奨」といった項目で検討されたものである。このような構想については，小林徹『裁判外紛争解決促進法』（商事法務，2005年）357頁以下参照。

62）ADR和解の執行力に関する私見については，山本和彦「ADR和解の執行力」NBL 867号9頁以下，同868号24頁以下（2007年）（小島武司先生古稀『民事司法の法理と政策下巻』（商事法務，2008年）603頁以下所収）参照。

63）例えば，金融分野では，金融トラブル連絡調整協議会の延長線上で，金融ADR法といった法律の制定の可能性も議論されているし，医療分野では，弁護士会が中心となった医療専門ADRの創設などその充実の動きがある（厚生労働省においても，事故原因の究明を行う医療安全調査委員会の設置とADRの連携を図る動きがある）。更に，消費者分野では，国民生活センターへのADR機能の付与や，消費生活センターの位置づけの明確化など行政型ADRの充実の動きが顕著である。

［補注13］その後も，このような重要分野におけるADR整備の作業は進展している。前注にふれた金融ADRは2009年に制度化されたし，同じく消費者ADRは2008年に国民生活センターの重要消費者紛争に係る紛争解決委員会の制度として実現した。このような近時のADRの動向及びそれに関する著者の見方については，山本和彦「ADRの今日と将来」ひろば67巻6号（2014年）4頁以下，同「ADRの将来」法の支配178号（2015年）40頁以下など参照。

64）このような動きの背景にはADR法の制定による認証制度の創設があることは確かであろう。2009年1月現在，26の事業者が認証を取得しており，その対象領域も多様なものに及んでいる。認証制度の充実等により，裁判所が連携相手となりうるADRを適切に判断できるようになることが望まれる。

［補注14］法務省による認証ADRも，その後質量ともに充実しており，2015年12月現

い紛争だけが訴訟になる仕組みを側面から援助していく必要があるといえよう[65)]。

(5) 当事者の選択による迅速訴訟手続の可能性

以上のように，当事者主義的な訴訟運営を図っていくためには，様々な手続的・制度的な基盤整備を図っていく必要があると考えられるが，そのような整備が達成される前においても，段階的にそのような方向に訴訟手続を向けるための１つの試みとして，当事者の選択による特別の訴訟手続を創設して，その中で当事者主義的な運営を試みるということができないであろうか。「迅速訴訟手続」といった特別手続を設けるという構想である[66)]。

具体的には，この迅速訴訟手続では，裁判官の釈明や和解の説得等の訴訟関与を制限し，当事者が予め定められたスケジュールに基づき主導的に訴訟手続を進行させ，期日3〜4回で迅速に終結し，また判決も迅速に言い渡すというものである。つまり，１つの新たな訴訟手続のメニュー（トラック）を付加するものであるが，裁判所の迅速な判断機能のみを期待する当事者の需要を前提として，それに応えようとするものである[67)]。例えば，企業同士の専門的な訴訟等において，両当事者の代理人が当事者間で争点をセットし，また自発的に証拠も出し合って，それを前提に裁判所の判断のみを求めてくる場合には，裁判所もそれに迅速に応じて予め計画された時点で判決の言渡しにまで至ることができるようにする手続である[68)]。つまり，この迅速訴訟手続を，当事者

在，138事業者が認証を受け，その対象分野も，スポーツ，製造物責任，土地境界，労働，下請取引，マンション，ソフトウェア，知的財産，夫婦関係，自転車事故，ブランド品，相続，観光，事業承継，送配電など多様な紛争類型に及んでいる。

65) また，ADRとの連携による訴訟手続の充実という側面も考えられる。例えば，専門委員や鑑定人の供給源としてADRにおける専門家の手続実施者を活用したり，ADRとの紛争情報の相互交換によって紛争実態についての裁判官の理解を深めたりして，訴訟手続の充実を図ることも考えられてよかろう。

66) このような構想については，本書第3章 ***4*** (5)(d) も参照。

67) その意味では，少額訴訟と同様の構想ということになるが，少額訴訟は，裁判所が非常に手をかけることによって迅速な訴訟を可能にしていると考えられるのに対し，迅速訴訟手続はそれとは正反対のイメージによるものである。労働審判がそうであったように，一定のニーズに相応したトラックを当事者の選択に委ねることにより，当事者の効用を相対的に高めることが期待できよう。

主義的訴訟運営のいわば「実験室」として機能させることを目指すものである。そして，専門的で困難な事件についても迅速な判断を保障することで，当事者主導のメリットを当事者に還元し，更に提訴手数料も通常より低額にする可能性があるのではないかと考えるものである。

5 おわりに

以上において，当事者主義的な訴訟運営の具体的なイメージ及びその前提となる基盤整備の在り方，更に必要と考えられる訴訟手続・裁判制度の改正にも一部踏み込んで，検討を試みた。いずれも十分に練れたものではなく，多くは全くの試論に止まり，様々なご批判を受けるものと考えている[69]。ただ，著者は，現在の民事訴訟制度は大きな転換点にあり，新たな舵取りを必要とする岐路に立っているのではないかと考えている。世上どちらかといえば裁判員制度の施行を控えて激変しつつある刑事訴訟に目が行きがちであるが，民事訴訟についてもなお根本的に検討すべき問題点があるのではないかと考え，不十分なものとは自覚しながら，問題提起の意味を込めて筆を執ったものである。今後，多く頂戴するであろうご批判を受けて更に考えてみたい。本章が民事訴訟をめぐる抜本的な議論の手がかりとなることができれば幸いである。

（初出：民事訴訟雑誌 55 号（2009 年）60 頁以下）

［補論］　本章は，第 3 章において示した今後の民事訴訟手続のあるべき姿の一環として，当事者主義的訴訟運営の在り方とその基盤整備について論じるものである。

本章は，当事者主義が望ましい理由として，理念的な根拠と実際的な根拠とを挙げたが，このうち，実際的根拠とした法曹人口の増大による訴訟事件数の増加（それによる裁判所の負担の増大）という予測は，現段階では未だ現実化

---

68)　当事者間で和解の機運が生じた場合には，裁判所に心証の開示を求めることができるものとし，その心証を前提にして相対交渉又は ADR による解決を当事者が図ることになる（この点は，*2*(2)(b) も参照）。

69)　本章では十分に論じられなかったが，国民の法意識（例えば契約書の在り方等）の問題も更に考えていく必要があろう。

していない。弁護士数の増加にもかかわらず，（過払金訴訟という一時的な現象を除いて）何ゆえに訴訟事件数が増加しないのか，その理由は必ずしも明らかではない。その意味で，本章の問題意識は，残念ながら未だ必ずしも一般に共有されているとは言い難いものに止まっている。ただ，著者は，遠からず本章で述べた課題が日本の民事訴訟手続において現実的な課題になるものと依然として確信している。

なお，当事者主義による民事訴訟が望ましいことについては，研究者の間では相当に広いコンセンサスがあるものと思われる。著者の問題意識を受けて，当事者主義的な民事訴訟の運営の在り方を考える若手研究者の研究として，例えば，酒井博行「当事者主義的民事訴訟運営と制裁型スキームに関する一考察(1)～(8・完)」北海学園大法学研究45巻4号～51巻3号（2010～2015年），同「当事者主義的民事訴訟運営と当事者照会の制裁型スキーム化に関する一考察」民訴61号（2015年）147頁以下などがある。

第5章

手続保障再考
――実質的手続保障と迅速訴訟手続

1 問題意識

かつて伊藤眞教授が「手続保障あるいは訴訟当事者の手続権という概念（以下，手続保障と呼ぶ）が，民事訴訟法学の中でしばしば用いられるようになったのは，比較的最近のことである」と論じられたのは，今から約四半世紀前のことである[1]。その後の民事訴訟法学においては「手続保障」の概念は完全に定着し，今や法科大学院の学生の答案においてすらそれは半ば濫用的に用いられるまでに至っている[2]。

著者は従来，情報の流通と当事者の合意（主体性）を基礎とした民事訴訟法理論を追究し[3]，手続保障の中核は，当事者が可及的に完全な情報を有している中で，訴訟の審理について当事者の意向を十分に反映させる形で行われることであると考えてきた。これは，従来の手続保障論の流れの中での自己の議論の位置づけを明確に意識することなく，半ば本能的に手続保障の理想的な在り方を検討してきたものである。しかし，最近，著者が行ってきた研究の中で，この点に関していくつかの新たな刺激を受け，再び手続保障の意義について自

1）伊藤眞「学説史からみた手続保障」新堂幸司編著『特別講義民事訴訟法』（有斐閣，1988年）51頁（初出は，法教21号（1982年）27頁）参照。

2）このような手続保障概念のマジックワード化に対する警告として，後掲注12）の新堂教授の指摘を参照。

3）これについては，山本和彦『民事訴訟審理構造論』（信山社出版，1995年）はしがき参照。

覚的に検討してみる必要があると感じたものである。

第1に，伊藤眞教授の問題提起として，手続保障の中核は当事者の証拠収集の権利であるとの指摘に接したことである。すなわち，伊藤教授は，「結局，手続保障の中心となるのは，当事者にとっての証拠の確保ではないかと思うのです。確かに主張も大事で，自らの請求を維持するために十分な主張をする機会を与えられ，裁判所がそれに対して適切に対応してくれることは大切ですね。しかし，主張は，証拠さえ準備できれば，しかるべき構成は可能ですし，仮に不適切なものであっても，裁判所の釈明によって修正が可能です。しかし，証拠に関しては，それが手元になければどうしようもないわけで，いくら立派な主張でも，証拠によって裏付けられないようなものは意味がないわけです。そうすると，訴訟手続における手続保障とは，結局のところ，当事者がその主張を支えるための証拠を確保できる手段を訴訟法として用意できるか，というところに集約されるのではないかと思っているのです」と論じられる4)。これは，手続保障について，どちらかというと主張の十分な定立の問題をまさに中心に置いて考えてきた著者には衝撃的であり，また眼から鱗が落ちる思いのする指摘であった。このような考え方を著者自身の議論の中にどのように位置づけていくかが大きな課題と感じられたところである5)。

第2に，実務家と研究者の共同研究として，著者も関与した手続裁量論と審理契約論をめぐる議論の中で6)，実務家・研究者のある程度の共通了解となっていったのは，訴訟における手続保障の中核は，当事者が十分な情報を付与された状態（informed situation）の形成にあるという点であった。例えば，加藤新太郎判事は，釈明について論じられる中で，「実質的手続保障の内実は，インフォームド・シチュエーションを形成し，不意打ち防止又は実質的当事者平等を確保することであり」，「裁判官としては，訴訟関係者のインフォームド・

4)　伊藤眞ほか『民事訴訟法の論争』（有斐閣，2007年）182頁〔伊藤〕参照。

5)　また，既に新堂幸司教授も「当事者が相手方に対しまたは第三者に対して，事実や証拠を収集する手段をどれだけ保障されているかは，当事者の手続保障という観点からも，真実の裁判の要請からいっても，訴訟法上の重要な課題である」と論じられていた（新堂幸司『民事訴訟法〔第3版補正版〕』（弘文堂，2005年）526頁参照）。

6)　この共同研究の成果として，大江忠ほか編『手続裁量とその規律』（有斐閣，2005年）がある。

シチュエーション形成支援のための効果的な釈明がこれからの日常的な実践的課題になるということである。手続保障の内実となる，その状況に最適な釈明こそが求められるのである」とされる[7]。また，同じく加藤判事は，争点整理についても「争点整理一般にどのような考え方で行われるべきかについては，この研究会では裁判所と当事者双方との間で情報交換と情報の整序をして，インフォームド・シチュエーションを形成するという作用であるととらえました」と評されている[8]。このような議論は，従来著者が主張してきた認識と親近性を有するものであるが，これが実務家の間でも共通認識となりつつあるという状況は重要なものであると感じられた。

最後に，瀬木比呂志判事の問題提起がある。それは，仮の地位を定める仮処分が事実上，通常民事訴訟の特別訴訟としての機能を果たしていることを示し，そのような機能が理論的にも正当化されうることを論証されたものである[9]。著者自身は，この瀬木判事の議論が手続保障論に対する根本的な問い掛けを孕んだものであるという認識を有している[10]。すなわち，「このような構想の中核には，仮の地位を定める仮処分（決定手続）における審理の密度が実際上は訴訟手続を上回るか，少なくともそれと同等のものであ」るという認識があり，「重要であるのは，形式的な手続保障ではなく，実質的な意味での手続保障であるという理解」がある。そのような実質的手続保障が担保される限り，口頭弁論のような形式・建前を遵守する必要はないという見方も十分成立する。「このような問題提起はまさに手続保障の本質を問うものであり，手続保障を中核に展開されてきた近時の民事訴訟法理論の喉元に突き付けられた匕首ともいうべきものであろう」。このような議論にどのような方向から応答していくべきかについて，著者は重大な課題であると受け止めている。

7）加藤新太郎「釈明」大江ほか編・前掲注 6）135 頁参照。

8）大江ほか編・前掲注 6）352 頁〔加藤新太郎〕参照。

9）これについては，瀬木比呂志『民事裁判実務と理論の架橋』（判例タイムズ社，2007 年）21 頁以下に所収の 3 本の論稿（「仮の地位を定める仮処分の本案代替化現象」「仮の地位を定める仮処分の特別訴訟化再論」「仮の地位を定める仮処分の特別訴訟化論の新たな展開」）を参照（同書全体に関する著者の評論として，山本和彦・ブックレビュー・判タ 1242 号（2007 年）94 頁以下参照）。

10）以下についてより詳細には，山本和彦「仮の地位を定める仮処分の特別訴訟化について――手続保障論に対する根本的な問いかけ」判タ 1172 号（2005 年）22 頁以下参照。

以上のような，著者が近時身近に体験したいくつかの議論を受けて，今再び手続保障の在り方について再考することが必要であると考えたものである[11]。それは，近時ややマジックワード的に濫用されている嫌いもないとはいえない「手続保障」の意義を再画定する作業という意味合いもある[12]。以下では，まず「形式的手続保障」に代わるものとして「実質的手続保障」という鍵概念を定立し，手続保障論の意義及び実質的手続保障の内実を明らかにして，今求められている手続保障の意義を再考してみたい（*2* 参照）。そこでは，手続保障論を民事訴訟手続・制度の構築や解釈運用の際にその正統性を担保するものと位置づけ，攻撃防御方法の提出の必要性を認識するための情報の取得や証拠提出の可能性を確保するための証拠の取得などをも内包したものとして実質的手続保障を観念していく。そして，そのような手続保障の在り方には，個別の手続に応じた段階的なものが観念でき，仮処分や少額訴訟，あるいは非訟事件，労働審判，損害賠償命令手続[13]など様々な特別手続を位置づけていくということが観念できる。その中で，瀬木判事の問題提起に応じた形で，通常の訴訟手続よりも迅速な解決を可能にするような，新たな特別手続（迅速訴訟手続）を試論として構想してみる（*3* 参照）。

以上のように，本章は，著者の最近の問題意識をナマの形で叙述するものであり，十分な論文の体裁をなしていない。本来は，手続保障や当事者権，更には審問（審尋）請求権等をめぐる従来の議論を十分に咀嚼・検討して論を進めていくべきではあるが，残念ながらそのような準備作業をもつことができなかった。その点については，先行する優れた業績[14]に委ね，以下では，著者の

11）　このような問題意識自体は，伊藤ほか・前掲注4）171頁以下〔山本和彦〕にも既に表れているものである。

12）　新堂・前掲注5）38頁も「最近では，これら憲法の保障する手続原則を，一括して，『手続保障』とか『手続権保障』と呼び（中略），立法論・解釈論の指導原理として多用しているが，本来他の原則，他の価値との調整を要する原則であることに鑑みれば，マジックワードとして濫用することは慎まなければならない」と警告している。

13）　平成19年の改正によって「犯罪被害者等の権利利益の保護を図るための刑事手続に付随する措置に関する法律」の第5章〔現第7章〕で新設された手続である。

14）　周知のように，当事者権の概念は，山木戸教授の提唱に係るものである（山木戸克己「訴訟における当事者権」同『民事訴訟理論の基礎的研究』（有斐閣，1961年）61頁以下参照）。当事者権論の近時の分析として最も注目すべき業績として，山本克己「当事者権——弁論権を中心に」鈴木正裕先生古稀『民事訴訟法の史的展開』（有斐閣，

問題意識を提示して読者のご批判をいただければと考えるものである[15]。

2　実質的手続保障論

(1)　手続保障論の位置づけ

以下では，著者の手続保障に関する問題意識を示してみたいが，その前提として，まず手続保障について議論をする意味について著者の考えるところを明らかにしておく。従来の手続保障をめぐる議論は，その実践的な目的として様々なものを有していたように思われる。ここでは，単なる理論的な位置づけに止まらず，規範的な位置づけを含むものを取り上げてみたい。その点では，従来は，憲法上の裁判を受ける権利，つまりそれが満たされない場合には個別の裁判が憲法違反＝上告理由となるものとしての手続保障や，判決効を基礎づける根拠，つまりそれが満たされないと当該判決の効力が当事者に及ばなくなる＝一種の無効判決となるものとしての手続保障等が論じられてきたように思われる。これらは，すなわち個別の裁判手続の中で活用される法的規範として手続保障論を位置づけるものということができよう。しかし，著者がここで考えているのは，立法論であれ解釈論であれ，そのような個別裁判手続の中での規範の形成を目指すものではない。また，制度論的なものであっても，やはり敗訴当事者を判決に拘束するために必要な条件として，手続保障を観念する理

2002年）61頁以下参照。

15)　手続保障論において近時最も重要な展開をもたらした，井上治典教授の見解（いわゆる「手続保障の第三の波」論）についての検討も，十分には行えていない。ただ，一言だけしておくと，対論規範に基づく対論（換言すれば，手続保障に即した議論が行われることで当事者間の対論を復活させ，当事者の自律的な紛争解決能力を回復させること）に民事訴訟の目的をおくのが仮に井上理論であるとすれば（著者は，その意味で，手続保障説よりは，私的自治回復説又は自治的紛争解決促進説といったネーミングを適切と考える。山本・前掲注3）5頁注16参照），そのような見解には現段階で賛成することはできない。著者は，法的な次元での最終的な利益保護が民事訴訟の目的であり，当事者間の対論の復活等は，それが可能であれば望ましい付随的成果に止まるものと理解するからである。しかし，井上教授の手続保障論の位置づけ，すなわち解釈論・運用論の基礎等を超えて，民事訴訟手続の中核をなす概念として，その制度構成の基本に据えられるべきものである旨を明らかにした点には強い共鳴を覚えるものである（この点は，*2*(1)参照）。

解も有力であるが，そのような見解によるものでもない。

仮にそのような形で問題を設定するとすれば，そこで要求される手続保障の内容・水準は必然的に必要最小限度のものに限定されることにならざるをえない。けだし，個別の裁判の効果に直接影響するような位置づけの下に余りに広範な手続保障を求めることになると，必然的に個別訴訟における不服申立て等を誘発することになり，それを防止しようとすれば，これだけは絶対に譲れないという一線をもって要求される手続保障の水準を措定せざるをえないからである。また，敗訴判決に当事者を拘束することは民事訴訟制度の大前提であるところ，手続保障の付与が制度的に判決効を支えるものであるとしながら，必要な手続保障として高度のものを要求することになると，そのような前提が制度として確保できなくなるおそれがあるからである。勿論，当該手続保障が付与されなければ具体的な裁判が憲法違反となる場合や取り消される場合，あるいは制度的に敗訴当事者を拘束できないと考えられる場合があること自体は間違いがないが[16]，ここで論じたいのは，より高度の水準の手続保障の在り方である。

すなわち，以下で観念される手続保障とは，民事訴訟法や民事司法制度を整備していく際の基本原理（目標）として位置づけられるものを想定している。すなわち，民事訴訟において当事者の主体性の発揮を最も重要な価値として位置づけるとすれば，民事訴訟法・制度の中では（対抗する何らかの価値に抵触しない限り）その価値が最もよく達成できるような法・制度を構成すべきであるという考え方に基づく。その意味で，それは，立法論や制度論，更には運用論や解釈論の全体的な基礎となりうるものであるが，いわばそのような議論を展開する際の「導きの星」となるような基本的原理として，手続保障というものを位置づけたいとする趣旨である[17]。換言すれば，民事裁判制度が国家制度

16）　例えば，著者はかつていわゆる法律問題指摘義務の関係で，義務違反が憲法違反となる場合や法律違反となる場合について論じたことがある（山本・前掲注3）297頁以下参照）。しかし，本章で論じたいのは，そのような個別の立法論・解釈論を超えた次元の議論である。

17）　伊藤教授が「両当事者に公平に主張・立証の機会を与えられるべきであるという手続保障の理念は，訴訟法規の解釈および訴訟手続の運用にあたって，常に念頭におかれるべき指導理念である」（伊藤眞『民事訴訟法〔第3版補訂版〕』（有斐閣，2005年）21

として正統性を有する根拠として手続保障を位置づけていくことを目指すべきものと考えている。それは勿論，個別訴訟においてあるいは制度として敗訴当事者をその結果に拘束する根拠となるものでもあるが，それを超えて制度・手続の全体に対する国民の信頼を取得・確保するための根拠としても位置づけられるものである。著者は，民事訴訟を公的なサービスと捉えるが[18]，手続保障は民事訴訟の目的としてのそのサービスの質（公正性）の保障の重要な部分として位置づけられることになる[19][補注1]。

以上のような観点からは，手続保障論の射程は，単に必要最小限度の手続保障（後述する形式的手続保障）の付与に満足すべきものではなく[20]，更に民事訴訟手続・制度の正統性を可能な限り高めていくために，より高度の手続保障（後述する実質的手続保障）が当事者に付与されるよう，制度や手続を構築・運用していく必要があるものと考えられる。

(2) 実質的手続保障の意義

以上のように考えるとき，そこで問題とされる手続保障の中身はどのようなものになるべきであろうか。従来，手続保障ないし当事者の手続権の内容としては，様々なものが挙げられてきたが，その中核には，事実を陳述し，あるいは証拠を申し立てることができる権利である狭義の弁論権と，それを十分に保障するためのものとして審理手続への立会権及び記録閲覧権等が挙げられてきた[21]。これに上訴権を加えることができるかもしれないが，このような権利は民事訴訟において当事者に付与されるべき手続保障の中核であることに異論は少ないであろう。しかし，ここで注意すべきは，このように手続保障の中核として観念されてきたものは，あくまで形式的な機会の保障に止まっていた点

頁参照）とされるのも（立法論・制度論にまではふれておられないものの）基本的には同旨ではないかと考えられる。

18） 山本和彦『民事訴訟法の基本問題』（判例タイムズ社，2002年）9頁以下参照。

19） このような手続保障論の位置づけは，井上治典教授のそれと親近性を有するものと理解されよう。この点については，注15）参照。

［補注1］ 本文のような位置づけについては更に，本書第1章 *5*(3)も参照。

20） 敗訴当事者を拘束するという観点からは，通常このような手続保障がされていれば十分と理解される可能性が高い。

21） 山木戸・前掲注14）61頁以下参照。

である。すなわち，弁論権という場合，そこでは主張立証を妨害し[22]，又は裁判所がそれを受領しないような行為の禁止が問題とされていたものと考えられる。確かにそのような形式的な機会の保障は重要であり，その根幹部分は更に，山木戸教授などの指摘されるように，非訟事件手続においても同様に保障されるべきものであろう[補注2]。しかし，民事訴訟手続が制度として正統性を標榜するためには，そのような保障で十分かと言えば，（少なくとも現代においては）疑問を否めないところである。

現在の手続保障論として重視されるべきであるのは，以上のような形式的な手続保障よりも（あるいはそれとともに）より実質的な権利の保障ではなかろうか。当事者が実際に攻撃防御を展開する際に，それが積極的・消極的に禁止・妨害されないということは確かに必要不可欠であるが，それは少なくとも訴訟手続においては，今やことさら論じるまでもない当然の前提であり，むしろより重要であるのは，十分な主張立証を展開することが現実に，実質的にみても可能となるような環境の整備を図っていくことではなかろうか。例えば，ある主張・立証をする必要があると認識できていない当事者に対して，「それを出す機会は十分にあったのだから（誰からも妨害されなかったのだから），必要な手続保障は尽くされている」と述べることは，民事訴訟手続の正統性を確保する所以ではないと思われる。また，ある証拠を手中にできず結果として訴訟に提出できなかった当事者に対して，同様に「その証拠を出す機会は十分にあったのだから（誰からも妨害されなかったのだから），手続保障は十分に図られている」と論じることも，その当事者は勿論のこと国民一般から見ても，民事訴訟が正統性を有する公的サービスであることを疑わせる結果になるものではなかろうか。以上のような点を考慮すると，従来の形式的手続保障論は，前述のような（(1) 参照）手続保障論の新たな位置づけの下では必ずしも十分なものとは言い難く，より実質的な手続保障論が必要になっていると思料される。

以上のような点は，期日における手続保障の在り方についても同様に妥当す

---

22)　これには，期日が通知されない等の形での消極的な態様で主張立証が妨害されるような場合も含まれる。

［補注2］　非訟事件に係る手続保障の在り方について，家事事件との関係で，本書第14章 ***4*** 参照。

るように思われる。従来必要とされてきた手続保障は，例えば公開の法廷における当事者の弁論の機会を確保するということであったと考えられ，この公開性の点が訴訟手続を決定手続と区分する（その意味で，手続保障の段階に決定的な差を付ける）指標として捉えられていた。しかし，そのような形式的なメルクマールは果たして決定的なものであろうか。より重要であるのは，むしろ「公開」や「法廷」といった形式的な装置ではなく，所定の場で裁判所と両当事者が実質的な観点からみて十分に議論を尽くすことができるかどうかという点であり，そのような環境を整備することではなかろうか。瀬木判事の論証される仮の地位を定める仮処分の特別訴訟的機能の存在は，そのような実質的手続保障が確保された手続においては，たとえ決定手続であっても訴訟手続と同等又はそれを上回る正統性が確保される可能性を示唆しているように思われる[23]。その意味で，ここでも「形式的手続保障から実質的手続保障へ」という流れが認められるように思われる。

以上のように，民事訴訟手続の正統性を支える実質的手続保障は，単に当事者に期日立会権を付与して主張立証の機会（不服があれば上訴権）を与えれば十分というものではなく，また公開の法廷での弁論といった形式的メルクマールで区分されるものでもないと考えられる。その中身については以下で詳述したいが，いずれにしても個別訴訟ごとに相当に相対的な性質を有するものであることは否定し難い。その点を考慮すれば，すべての訴訟事件に対して一律のルールに基づき規律するという手法には，実質的手続保障の付与という観点からも限界があることは否定し難い。その意味では，むしろ個別の訴訟事件に適合的な「小文字のルール」の余地を広げていくことが相当であろう。著者は，そのような観点から，審理過程の規整として，可及的な当事者意思の反映を図る手法として審理契約に基づく規律を，そのような合意が得られない場合においては必然的に裁判所の裁量による規律の余地が認められることを前提にそれを

23） そこでは，攻撃防御方法を提出するための時間が長ければ長いほど手続保障が図られているという常識的通念に対して，むしろある時点までに提出しなければ裁判がされてしまうという当事者の緊張感が濃密な討議を支える側面も示唆されているように思われる。その意味では，審理の計画化や失権効の存在がむしろ実質的手続保障に資するという逆説の成立可能性も真剣に検討すべきように思われることは興味深い。

統制・限定するルールとして要因規範に基づく規律を提唱した[24]。これは，当事者の意向が審理過程に反映されることによって，個々の訴訟事件の中で具体的な当事者のニーズに即した手続保障が実質的な意味で担保されることを期待するとともに，裁判所の手続裁量による場合においても，個別事件に適合的なルールを抽出して当事者の実質的手続保障を確保する途を開こうとしたものと位置づけることができよう。

(3)　実質的手続保障の中身――情報の取得

前記のように，「形式的手続保障から実質的手続保障へ」という方向性が認められるとして，そこでの「実質的手続保障」の内実とはどのようなものであろうか。それは，まず第1に，攻撃防御方法を提出する形式的な機会の保障に止まらず，それを提出する実質的な機会を保障すべき必要があるということである。そして，「実質的な機会」としてまず考えられるのは，そのような主張・証拠を当事者が提出する必要性を認識できなければ，手続保障としての意味がないということである。当事者がその主張や証拠の当該訴訟における重要性を認識できない等の理由によってそれを提出しなかった場合に，提出する機会は十分に与えられたのであるから，手続保障は完全であったと論じるのは，形式的手続保障の観点からは正当かもしれないが，実質的手続保障が付与されたとは言い難いであろう。

以上のように考えれば，訴訟手続に顕れている情報にアクセスする権利を確保するための記録閲覧権や期日立会権等は勿論重要なものであるが，それだけでは足りず，訴訟手続に未だ顕出されていないが，当事者の攻撃防御の在り方を決定するような情報に対してもアクセスしていく機会が確保されなければ，実質的な手続保障が付与されているとは言えないであろう。具体的には，情報の種類としては法に関する情報と事実に関する情報があり，情報の所持者として裁判所の情報，相手方当事者の情報，更に第三者の所持する情報が観念できよう。これらについて，その組み合わせに応じ，そのような情報がなければ当

24)　このような著者の一連の構想については，山本・前掲注3）335頁以下，山本「基本的な考え方――研究者の視点」大江ほか編・前掲注6）15頁以下など参照。また，本書第8章及び第9章も参照。

事者は自らの主張立証の必要性を認識できず，かつ，その情報を取得する他の代替的手段が存しないような場合には，当該情報を取得することができるような手続・制度が整備されなければ実質的手続保障があったとは言えないことになろう。

このうち，裁判所が有する法的情報として，ある事件について裁判所が一定の法律問題を認識している場合に，その情報を付与しなければ，当事者はある事実の主張や立証の必要性に気づかないとすれば，その情報を提供する手段として裁判所の法律問題指摘義務を観念する必要があろう。また，ある事件について裁判所が一定の事実に関する心証の情報を付与しなければ，当事者はある証拠の提出の必要性に気づかないとすれば，その情報を提供する手段として裁判所の心証開示義務を観念する必要があろう。ただ，このような釈明義務の規範化[25)]については，代替的な方法による情報提供ルートの構築の可能性も模索すべきである。例えば，当事者に弁護士を付ける機会を与え[26)]，その弁護士の手で法的情報等を取得する可能性を付与できれば，その方が望ましい場合もありえ[補注3]，実質的手続保障の付与の水準と方法については政策的な選択肢がありうることには注意を要する[27)][補注4]。

また，相手方当事者や第三者の保有する事実に関する情報を知らないために必要な主張や立証を展開できないという場面も想定できる。この点は，次に述べる（⑷参照）証拠の取得の場合と問題が重なる場面があるが，それよりも射程の広い問題である[28)]。このような当事者による情報取得の手段として，現

25）この点に関する私見の詳細については，山本・前掲注24）（基本的な考え方）20頁以下参照。

26）実質的手続保障の考え方からは，このような機会も実質的なものである必要がある。したがって，当事者がアクセスできる十分な数の弁護士の存在に加えて，弁護士の偏在の解消，必要な弁護士情報の提供や法テラス等の情報提供によるアクセスの改善，資力の乏しい当事者に対する法律扶助制度の充実などが実質的手続保障の観点からも重要な課題となろう。

[補注3] このような前提を支える法律扶助制度については更に，本書第23章参照。

27）当事者主義に基づく訴訟制度の構築という観点からは，釈明義務の強調から弁護士による訴訟追行の充実という方向への転換が必要であるということになる。このような問題意識については，山本和彦編『民事訴訟の過去・現在・未来』（日本評論社，2005年）57頁以下など参照。

[補注4] 当事者主義的訴訟運営については更に，本書第4章参照。

行法は期日立会権・記録閲覧権等のほか，当事者照会や文書提出命令などの手続を有しているが，必ずしも十分なものとは言い難い。アメリカの pre-trial discovery に相当する制度の導入を日本でも真剣に議論すべき必要性は，実質的手続保障の観点からも正当化できよう。証拠の取得の局面との論述の重複を避ければ，当事者照会制度の強化と証言録取制度の導入は喫緊の検討課題であると思われる。すなわち，当事者照会において相手方に対する質問という形態で必要な情報を実効的に取得し[29]，証言録取において第三者の保有する必要な情報を取得する機会が与えられ[30]，訴訟における攻撃防御方法の提出の範囲を自己の判断で過不足なく決定できる権能が当事者に付与されて初めて，実質的な手続保障が確保されるものと考えられよう[31][補注5]。

(4) 実質的手続保障の中身――証拠の取得

以上のように，保有・取得している情報に基づき，仮に当事者がある証拠をその訴訟に提出する必要性を認識できたとしても，それを実際に提出することができなければ意味がない。すなわち，実質的手続保障を付与し，証拠を提出

28）つとに証拠の収集の問題を超えて情報の収集の問題として，問題をより広く位置づける必要性があることを説いたものとして，高橋宏志「米国ディスカバリー法序説」法学協会編『法学協会百周年記念論文集3巻』（有斐閣，1983年）527頁以下参照。

29）そのためには，現状に鑑みれば，適法な当事者照会への回答義務の違反に対して制裁を科していくことは不可欠であるように思われる。当事者照会に代表される，制裁を付さない緩やかな義務化の限界を正当に指摘するものとして，三木浩一「日本の民事訴訟における裁判官および弁護士の役割と非制裁型スキーム」民訴50号（2004年）90頁以下（同『民事訴訟における手続運営の理論』（有斐閣，2013年）2頁以下所収）参照。

30）アメリカの証言録取手続（deposition）に相当する制度の導入を必要とする見解として，伊藤眞「専門訴訟の行方」判タ1124号（2003年）8頁以下参照。なお，日本の現状からすれば，この制度は陳述書による情報開示という実務運用の延長線上に位置づけていくのが望ましいかもしれない。

31）なお，このような制度を実効的に機能させるためには，制裁の仕組みとして，アメリカの裁判所侮辱制度の採用の可能性が議論される余地があろう。アメリカの制度については，花村良一「米国民事事件における裁判所侮辱の実情」NBL 711号～715号（2001年）参照。

［補注5］　当事者照会制度の強化，証言録取制度の導入，裁判所侮辱制度の導入など，本文で述べた実質的手続保障のための制度は，同時に，当事者主義的訴訟運営の基盤ともなるものであり，将来の民事訴訟法の課題とも言える。この点については，本書第3章 ***4*** 及び第4章 ***3・4*** 参照。

する機会を保障するためには，当事者に必要な証拠を取得させる制度的な担保が求められるということになる。この点は，前述のように（*1* 参照），近時伊藤眞教授が強く主張されているとおりであると思われる。事実の認定のために必要な証拠が必ず提出されるようなスキームを構築するということは，真実の発見という民事訴訟の目的[32)]にも適ったものであるが，それは同時に当該証拠を自己の有利に援用したいとする当事者の実質的手続保障に資するものと位置づけられるのである[補注 6]。

以上のように考えれば，まず当事者がどのような証拠が存在するのかを十分に認識できるような情報を取得することができる必要がある（そのために裁判所の釈明や当事者照会・証言録取等の制度の充実が必要となりうる。この点は，(3) 参照）ことに加え，その存在が確認されたが，それを取得するための代替的な方法が存しない証拠の取得のための手段を当事者に付与する必要があることになろう。そのような手段として最も重要なものは，相手方当事者又は第三者の所持する書証の確保のための手続，すなわち文書提出命令の制度であろう[33)]。周知のように，文書提出義務について，現行法は一般義務化を図り，それを受けた判例は積極的に提出義務の範囲を拡大してきたといってよいと思われる[34)][補注 7]。今後の課題としては，現在の提出除外事由を提出拒絶事由として再構成し，真の意味での一般義務化を図るなど更なる提出義務の充実を図るとともに[35)]，より抜本的には，対象文書の特定の程度を緩和するなどの措置が考えられよう。

---

32) 著者は，これもやはり公的サービスとしての民事訴訟の質の問題（適正性）として把握している。山本・前掲注 18）24 頁参照。

［補注 6］ 前注のような位置づけについては更に，本書第 1 章 *5* (4) も参照。

33) その他の証拠方法については，最終的には強制的に法廷に提出させる途が現行制度上も認められている。証人は証言拒絶権がない限り証言義務を負うし，検証についても正当な理由がない限り受忍義務がある。鑑定等についても同様であり，証拠提出権という観点からは実質的手続保障を確保する仕組みが既に多くの場面で存在しよう。

34) このような認識につき，本書第 18 章，山本和彦「証拠法の新たな動向」ジュリ 1317 号（2006 年）85 頁以下参照。

［補注 7］ 前注掲記の文献以降の文書提出義務の判例の展開については，山本和彦ほか編『文書提出命令の理論と実務』（民事法研究会，2010 年）2 頁以下〔山本和彦〕参照。

35) 文書提出義務と提出拒絶事由の構成に関する立法論的な検討としては，本書第 16 章 ***3・4*** 参照。そこでは特に，提出義務と対立する秘密保護の利益とのバランシングの問題を中心に検討している。

前述の証拠所在情報の開示の問題とも関連する点であるが，アメリカのディスカバリー制度が現実に強力な作用を果たしている背景にはこのような点があることは間違いがない。日本でも現行法222条による文書特定の制度が導入されたが，実質的手続保障の観点から必要な書証を適切に取得できるようなスキームの更なる充実に向けた検討が必要となろう[補注8]。

(5)　実質的手続保障の中身――討論の保障

最後に，訴訟の場に提出された情報について，当事者が十分に実質的な討論をする機会が保障される必要がある。この点は，期日立会権・弁論権や証人に対する尋問権に内在するものとして従来から意識されてきたことではあるが，そのような討論をする機会を実質的に確保することが実質的手続保障の重要な中身として再認識される必要があろう。前述のように（(2)参照），公開の法廷や宣誓に基づく証言など形式的な手続よりも，口頭で相手方の主張に適時に反論し，また証人の証言に実効的な反対尋問をする機会を付与されることが重要であると考えられる。このような実質的な意味での討論による手続保障が確保されることがより重要であり，そのためには，そのような討論について必要な時間を確保するとともに，そのような時間が有効に活用されるように十分な準備が尽くされるような手続的工夫が必要ということになろう。また，十分な反論や反対尋問の保障という観点からは，充実した情報・証拠の開示（(3)(4)参照）もこの点に関係するところである。

3　手続保障の段階化
――新たな簡易手続の可能性

(1)　多様な手続における段階的手続保障

以上のように，民事訴訟において実質的な手続保障の確保が重要な意義を有するとして，通常訴訟以外の特殊な手続においても，それぞれ独自の実質的手

[補注8]　文書特定制度の改革の方向については，三木浩一＝山本和彦編『民事訴訟法の改正課題』（ジュリスト増刊，2012年）126頁以下など参照。

続保障が求められる。例えば，少額訴訟・手形小切手訴訟・保全処分・非訟事件・労働審判・損害賠償命令等の手続において，それぞれ民事通常訴訟手続とは異なるが，それぞれの手続の正統性を確保するための独自の実質的手続保障の在り方が模索されるべきことになる。これらの手続は，通常訴訟における形式的手続保障を決定的なメルクマールとすれば，それとは異質な手続，つまり手続保障がそもそも担保されない手続ということになろうが，実質的手続保障の観点からは，そのような次元を異にするような決定的区分は存在せず，なだらかに段階的に，その手続の目的に適合的な実質的手続保障の要請が妥当する多様な手続として観念されるべきことになろう[36)]。

実質的手続保障の観点から見ると，どこまでを訴訟と呼び，どこからを非訟と呼ぶかは相対的な問題であり，各手続に必要とされる迅速性・簡易性等との兼ね合いから，当該手続に固有必要的な手続保障の範囲を実質的に定めていく機能的なアプローチをとるべきことになろう。そのような観点からは，通常民事訴訟についても，一義的な手続保障が図られるべきものとして構成される必然性はなく[37)]，少額訴訟において既に実現されているように，実質的手続保障を確保しながら，より簡易迅速な手続を構築していくことは考えられてよかろう。例えば，仮の地位を定める仮処分など保全処分が現在果たしている機能をも取り込んだ形で，訴訟の中に一種のトラック制を採用していく可能性もありえよう（逆に，複雑・大規模な事件については，通常訴訟とは異なる，よりしっかりとした手続保障の確保される手続トラックを設けることも考えられてよい)。そこで必要とされる手続保障のグレードは，訴訟と非訟の二分的な発想法ではなく，求められる迅速性・簡易性，その後の補充的な手続保障（通常訴訟の機会）の有無，省略される手続保障の実質的な重要性[38)] 等に鑑み，機能的に定められていく必要があることになろう[補注9]。

36) 非訟手続の構成の相対性を説く見解として，新堂幸司「訴訟と非訟」三ケ月章＝青山善充編『民事訴訟法の争点〔新版〕』（ジュリスト増刊，1988年）16頁以下（特に18頁の図）など参照。

37) 前述のように，審理契約や手続裁量・要因規範などによって，個別事件ごとに手続保障の水準が確定されていく余地も認められる。

38) その意味で，中核とされる実質的な手続保障と周辺的手続保障を区分していく作業は重要であろう。

(2) 新たな簡易手続の可能性――迅速訴訟手続

以上のような一般的認識を前提に，具体的な問題として，瀬木比呂志判事が示された特別訴訟の構想について検討してみたい[39]。瀬木判事の見解は，まず仮の地位を定める仮処分の特別訴訟化について，双方対席審尋の原則的保障，参考人等の審尋の際の実質的な反対尋問権の保障，特例判事補以上の裁判官による担当の保障など追加的な制度的保障を図ることを前提に，現在の実務による特別訴訟化の方向性を正当化するとともに，不動産明渡断行の仮処分や金員仮払の仮処分などにもその適用対象を拡張しようと企図するものである[40]。また，原告本人訴訟に関する特別訴訟については，裁判所書記官等を活用した期日前の事前準備を前提に，争点整理1回，証人尋問・当事者尋問1回[41]の2期日程度で審理を終え，判決に対しては，原則として控訴のみを認めるという特別の手続が提案される[42]。これらの提案は，既存の民事訴訟における手続保障の枠組みに過度に拘束されることなく，具体的な事件の類型や当事者の属性に応じて柔軟な審理手続を構築しながら，当事者の実質的手続保障を損なわないように随所で工夫をされているものであり，立法論として真剣な検討に値するものであると言うことができよう[43]。

そこで，以下では，瀬木判事の提案に触発されながら，思い付きの域を出ないものであるが，新たな手続の可能性を試論的に提示してみたい[44]。これは，少額訴訟，労働審判，損害賠償命令等の手続を参考にしたものであり，一定数(3～4回）の期日における終結を原則とし，裁判官は和解による解決を模索しながら，和解ができない場合には判決を行い，不服がある当事者に対しては当

［補注9］　迅速トラックや民事審判など多様な手続の在り方については，本書第3章*4*(5)(d)・第4章*4*(5)参照。

39)　以下の叙述については，山本・前掲注10）22頁以下と重複する部分がある。

40)　これについては，瀬木・前掲注9）119頁以下参照。

41)　証拠調べは，原則として即時に取り調べることができる証拠に限られるとされる。

42)　これについては，瀬木比呂志『民事訴訟実務と制度の焦点』（判例タイムズ社，2006年）701頁以下参照。

43)　これらの提案に関する著者の感想として，前者との関係で，山本・前掲注10）22頁以下，後者との関係で，瀬木・前掲注42）706頁以下（瀬木判事による私見の紹介）がある。

44)　これについては，山本・前掲注10）23頁も参照。

該判決に対する異議申立てを認め，異議がなければ判決は確定するというような仕組みの手続である[45]。このような手続によるかどうかは第一次的に原告が選択するが，裁判所は一定数の期日内で判断することが困難であるなどこの手続によることが相当でないと認める事件は通常訴訟に移行することができる。これを迅速訴訟手続と名づけるとすれば，このような手続を構成することによって，仮の地位を定める仮処分（特別訴訟化したもの）や本人訴訟，更には両当事者が迅速な解決を望む事件や実質的に争いのない事件の相当部分をこれに吸収していこうとする構想である。最終的には異議に基づき形式的手続保障（通常訴訟手続）を担保する必要があることは憲法上の要請であるが，実質的手続保障に配慮した形でこのような迅速訴訟手続を構成することができれば，現在の仮の地位を定める仮処分がそうであるように[46]，実際には当事者からの不服申立ては少なくなり，ある程度ラフではあるが迅速な法的利益の保護のシステムとなりうるのではないかと考えるものである[47]。

4 おわりに

以上，甚だ雑駁ではあるが，民事訴訟の手続保障の在り方として実質的手続保障の観点を重視していく必要性を論じ，そのような手続保障の必要性を段階化させてニーズに応じた多様な手続を構成していく可能性について述べてきた。法曹人口の増大その他民事訴訟制度を取り巻く外的状況は急激に変化しつつある。著者の見るところ，このままでは，裁判所が過度の負担を負って民事訴訟

45) 仮に非公開でこのような審理を行うとすれば，それは非訟事件として位置づけられることになる。そのような手続の構想（迅速審判構想）も可能であり，本文記載の特別訴訟手続の構想といずれが妥当であるかは（場合によっては両方の手続を用意する可能性もある），なお十分な検討を必要としよう。

46) 満足的仮処分に対する不服申立ての率が低いことについては例えば，瀬木比呂志ほか「仮の地位を定める仮処分の特別訴訟化」判タ 1172 号（2005 年）10 頁以下〔瀬木〕など参照。

47) 著者がこのような手続を必要と考える1つの理由として，現状の民事訴訟は，裁判官が過度にコミットした負担の大きな手続であるとの認識がある。審理契約によってラフで迅速な手続を実現する可能性もあるが，制度としてそのような選択肢（デフォルトの形態）を設けておくことは実際上大きな意味があるように思われる。

を支えている現状のようなやり方はそう長く続かないのではないかと思われる。そのような中でも，民事訴訟制度が国民の信頼を得るものとして生き延びていくためには，真の当事者主義への変容の方向は避け難いものであるように思われる[補注10]。その中で，手続保障の持つ意味合いはますます大きなものとなっていくとともに，「手続保障のマジックワード化」が指摘される中，その再定義が必要不可欠な状況にあると考えられる。本章が，拙いものではあるが，そのような議論の呼び水となることができれば望外の幸いである。

（初出：井上治典先生追悼論文集『民事紛争と手続理論の現在』
（法律文化社，2008年）146頁以下）

〔補論〕　本章は，民事裁判手続における手続保障の在り方について，従来一般に論じられることの多かった手続保障を「形式的手続保障」とし，それに対置して「実質的手続保障」という概念を新たに提示し，民事訴訟の将来向かうべき方向として，このような実質的手続保障を確保した手続を制度論・立法論・運用論の次元で模索していくべき旨を述べたものである。このような手続保障を段階化して論じる方向は，既に本書第13章*2*でも訴訟上の和解との関係で示唆していたところであるが，それを展開したものともいえる（更に，これを家事事件〔非訟事件〕との関係で位置づけたものとして，本書第14章*4*がある）。なお，本章の議論を学生向けに概説したものとして，山本和彦「民事訴訟における手続保障」伊藤眞＝山本和彦編『民事訴訟法の争点』（ジュリスト増刊，2009年）54頁以下，同「手続保障」法教415号（2015年）35頁以下がある。また，新堂幸司『新民事訴訟法〔第5版〕』（弘文堂，2011年）44頁は，手続保障につき，「いわば最低限度の保障（手続参加の機会の手続保障）を考察する視点とともに，さらに，その参加が実質的になるような制度的保障（たとえば，前記の武器対等原則の実質的保障など）を考察する視点が必要である」という本章と同様の方向性を示し，本章の元となった論稿を引用して「示唆に富む」と評されている。

なお，本章の元となった論稿は，井上治典教授の追悼論文集に献呈されたものである。井上教授は，言うまでもなく，いわゆる「手続保障の第三の波」論の旗手として，常に手続保障の議論を引っ張ってこられた。本章は，そのよう

〔補注10〕　本文で掲げたような当事者主義的訴訟運営に向けた問題意識については，本書第4章*1*も参照。

な井上教授の議論を一歩でも前に進めたいという思いで書かれたものである。

原論稿には，以下のような井上教授に捧げる献呈の言葉を記している。

「上記のような急速な状況変化の中で，まさに今こそ井上治典教授の理論が必要とされる時代が到来しつつあるように思われる。その意味で，井上理論は時代に若干先んじすぎた面があったのかもしれないが，今時代の方が井上理論に追い付きつつあるようにも見受けられる。著者自身，研究者の道に進んで以来，井上説の影響を常に受け続けてきた。著者がこれまでに研究し提案してきた法律問題指摘義務論，審理契約・要因規範論，和解における手続保障論などはすべて井上説を念頭に置きながら考えてきたものであった。ただ，井上教授の見解は，そのご生前においては，著者にとって『蜃気楼』のような存在であった。まさに目睫の間にその存在が見えるような気がして，いざ近づいていこうとすればどんどんと遠ざかっていく，ついにはそこに到達することは不可能であると思い知る，という繰り返しであったように思われる。しかし，教授が亡くなられた今，もはや井上説に近づくことすら許されなくなった。今後はただ『北極星』として仰ぎ見る存在として，自分の中での一つの座標軸として，常に井上教授と心の中で討論を繰り返しながら，著者の学問を少しでも前に進めて行きたい。本稿は，学恩多大なる井上治典先生のご霊前に捧げるには，全くのエッセイに止まり申し訳のない思いで一杯であるが，ただ著者の追悼の思いのみをお受け入れいただければ幸甚である。」

第6章

民事救済システム

1 救済の意義

救済とは「保護されるべき法的利益を保護する方法」と理解されるが[1]，本章は必ずしも独自の分野としての「救済法」の定立にコミットするものではないので，救済概念の厳密な定義には固執しない。しかるに，本章が独立に救済システムを論じるのは，以下のような考慮に基づく。まず，民事裁判の目的・役割の理解にも関わるが，救済を中心に置くことは，民事裁判制度の実際上の機能の側面，つまりより事実（実際の事件）に近い視野からシステム全体を見直す手掛かりとなりうると思われる。民事訴訟の目的については様々な説があるが，著者は法的利益の保護こそがその目的であると考えている[2]。そして，「法的利益の保護」こそが救済であるとすれば，まさに民事訴訟は救済をその目的としていると言ってよい。もちろん法的利益が現実に救済されるには一定の要件が必要であるし，与えられる救済方法も多様であろう。しかし，救済はまさに民事裁判システムの基盤にあり，そのすべてを支える要素と言っても過言ではないと思われる。また，この点は狭義の民事訴訟に限った話ではなく，

1） 救済法の領域に関しては，谷口安平「権利概念の生成と訴えの利益」新堂幸司＝谷口安平編『講座民事訴訟2巻』（弘文堂，1984年）163頁以下参照。

2） 法的利益の保護を目的とする私見（山本和彦『民事訴訟審理構造論』（信山社出版，1995年）1頁以下，本書第1章*1*参照）と「実質権の救済」を民事訴訟の目的とされる竹下説（竹下守夫「民事訴訟の目的と司法の役割」民訴40号（1994年）1頁以下）とが実質的に重なり合うことにつき，本書第2章*1*参照。

民事保全や民事執行についても同様の機能が妥当すると見られる[3]。すなわち，付随的な利点として，救済の視角を設定することにより，その視点から民事手続の全体的かつ総合的な把握の可能性が開かれるように思われるのである。そのような点からも，救済システムという形で包括的に論じることの意義は大きいであろう。

本章の具体的な構成としては，まず救済の要件について論じる（*2*）。そこでは，民事訴訟を主とした司法的救済がいかなる要件の下に与えられるかについて，保護されるべき利益の存在及びその利益の侵害という一般的な要件につき論じた後，保全処分に潜む特殊な問題を取り上げ，保全処分のもつ救済方法としての特殊性・貴重性をあぶり出す。次に，具体的に付与される救済の内容につき検討する（*3*）。そこでは，まず具体的な救済方法として，損害賠償を中心とした事後的救済と差止めを中心とした事前的救済について，その具体的態様に関するトピックを取り上げた後，複数の救済方法が観念できる場合の方法選択における裁量及びその統制を論じる。そして最後に，救済が真に実効的なものであるために，いかなる事項が問題とされるかという救済の実効性の論点について，訴訟手続の実効性に関わる諸問題（*4*）と執行手続の実効性に関わる諸問題（*5*）とを逐次概観する[4][5]。

2 救済の要件

(1) 保護されるべき法的利益の存在

救済が付与されるには，まず救済を求められている利益が訴訟による保護に値するものでなければならない。民事訴訟が法的利益の救済を目的にするのならば，保護に値する法的利益がないところでは，救済発動の余地はおよそない

---

3) なお，倒産手続も同様の側面を有すると考えられるが，本章の対象からは除く（債権者の救済の最大化という観点から倒産制度の存在意義を説明するものとして，山本和彦『倒産処理法入門〔第4版〕』（有斐閣，2012年）1頁以下参照）。

4) なお，ここで論じる問題の多くは既に，竹下守夫「救済の方法」岩波講座『基本法学(8) 紛争』（岩波書店，1983年）183頁以下において論じられているので，本章はそれを前提としながら，同論文以降の新たな問題点や文献を中心に検討することにしたい。

5) なお，本章の性質上，引用文献は最小限に止めたことをお断りする。

からである。この点で，民事訴訟においては，行政訴訟で争われている「法律上保護された利益説」と「法的保護に値する利益説」との区別は意義に乏しい。なぜなら，民事訴訟で保護される法的利益は，不法行為の要件が「権利侵害」から「違法性」に転換したように，実定法所定の利益に限定されないからである。また，保護される利益は，法の適用により解決が可能なものでなければならず，その意味でそれは「法律上の争訟」である必要がある。この点は，近時の宗教問題をめぐる累次の最高裁判決などにより明確にされてきたところであり，保護利益がそのような意味で法律上の争訟性を欠くときは，救済形態が法的な外観をまとっていても（例えば，お布施の不当利得返還請求など），やはり司法的救済の要件を欠くと言ってよい。

法的利益の存在について最大の問題となるのが，いかなる利益を法的に保護すべきかである。この点は，広く社会の「法律観念」ないし「社会通念」に係っていると言える。特に医療過誤訴訟などで発展してきた期待権に基づく慰謝料の構成が一般化すれば，目に見える現実的な損害が発生していなくとも，すべての問題が損害賠償として訴訟に持ち込まれかねず，法的保護相当性の適切な線引きが今後の大きな課題となろう。更に，法的利益の法的位置づけの問題として，訴えの利益論との関係に注意を要する。かつては，法的利益性の問題（の少なくとも一部）を「権利保護の資格」として，「権利保護の必要」とは別個に訴えの利益の一要素と把握していたが，訴えの利益の一元化が権利保護の必要に焦点を当てた形で進行する中，このような側面が等閑視される懸念が生じている[6]。ただ，他方で，このような要素を訴えの利益論に再度組み込んでいこうとする見解があることも見過ごせない。例えば山木戸説は「訴訟追行利益」という概念で原告の実体的利益を構成し[7]，福永説はより明確に「法的に保護に値する原告の利益」を訴えの利益の内容とされており[8]，救済の視角からはこのような方向が相当と言えよう[9]。

6)　このように，訴えの利益から実体的要素を捨象する傾向を鋭く批判されるのは，山本弘「権利保護の利益概念の研究⑴」法協106巻2号（1989年）169頁参照。

7)　山木戸克己『民事訴訟法論集』（有斐閣，1990年）130頁以下参照。

8)　福永有利「訴えの利益⑵」法セ335号（1983年）138頁以下参照。

(2)　利益の「侵害」

法的利益の存在が肯定されるとしても，実際に救済の対象となるには，そのような利益が現実に侵害されているか又は侵害のおそれが認められ，かつその侵害が訴訟により防止・回復されることが必要になる。これが狭義の訴えの利益，すなわち権利保護の必要の問題である。そこでは，過去の状態>侵害後の状態（侵害が既にあるとき），又は現在の状態>予想される侵害後の状態（侵害のおそれがあるとき），及び判決後の状態>現在の状態をともに満たす場合に初めて救済対象として認められることになる。ただ，侵害等の存在の点は，例えば，名誉毀損に基づく損害賠償請求でその名誉が既に毀損され，当該行為の後も状況の悪化がなかったとされる場合など実体法の要件の問題となるし，差止請求では請求権の発生要件としてやはり実体法的に把えるのが一般であるが，これも救済要件という視点からは訴えの利益と共通の基盤を有する。判決による改善可能性の問題は，確認の利益や将来給付の訴えの議論の中核であるが，通常の給付訴訟で被告の資力が十分でないときや形成訴訟でも問題になる余地はある。前者は債務名義の取得（被告の資力回復時に即時執行できる利益）を改善と見る余地がある一方，後者につき，株主総会決議取消訴訟などでは判例は実益を問題にするが[10]，会社の適法な運営を保護対象利益と見れば，判決による改善が広く認められることになるし，行政処分取消訴訟では事情判決制度の存在が特に上記のような実益を要しないとしているとも見られる[11]。

ただ，この意味での訴えの利益の救済法上の意味は必ずしも大きくないと考えられる。新たな権利を訴訟において創造する触媒として訴えの利益に大きな意義を認める見解があるが[12]，このような理論の現実性には疑問がある。すなわち，救済の切実さを内包している保護対象利益に関しては，過去の問題では損害賠償請求，将来の問題では差止請求という形で，ほとんど常に給付訴訟

---

9)　他方では，より手続的な利益を柱に訴えの利益を説明しようとする応訴義務論の展開もあるが（松尾卓憲「民事訴訟における被告の応訴義務」九大法学 61 号 1 頁以下・62 号 73 頁以下（1991 年）参照），これを実体的利益に組み込んでいく可能性はあろう（以上の議論の詳細については，本書第 2 章 ***2*** も参照）。

10)　最判平成 4・10・29 民集 46 巻 7 号 2580 頁など参照。

11)　最判平成 4・1・24 民集 46 巻 1 号 54 頁など参照。

12)　谷口・前掲注 1）参照。

の提起が可能であろう。そして，現在の理論によれば，給付訴訟についてはほぼ常に訴えの利益が認められるので，訴えの利益がフォーラム創造の機能を積極的に果たすという局面は考えにくいように思われる。確かに将来請求である差止請求における訴えの利益は１つの問題であるが，その場合の「侵害のおそれ」は現在は実体要件として扱われ，訴えの利益の問題とはされていないうえ，保護利益自体の存否は一般に問題とならない。このような観点からすれば，本案訴訟においては訴えの利益のいわゆる権利創造機能には疑問がある。ただ，後述のように，その特殊な表れである保全処分における保全の必要については確かにそのような機能が見られるのは事実と思われる。

⑶　保全処分の特殊性

保全処分発令については，被保全権利と保全の必要の存在が要件とされる。これは，通常訴訟における法的利益の存在とその侵害に一応対比しうるが，保全処分が既判力を有しない暫定的救済であるという救済効果の弱さに照応して，救済要件の立証が（証明ではなく）疎明に緩和されている。そして，被保全権利と保全の必要は相互に補い合うものと見られ，一方の疎明が十分でなくとも，他方の疎明が強ければ，保全処分の発令を認める見解が有力に存在する。このような理解をとれば，強い保全の必要が疎明されれば，被保全権利の事実的基礎又は法的基礎が不十分であっても，保全処分が認められる可能性があるし，他方で，被保全権利の疎明が強くなされれば，保全の必要は余り問わずに保全処分を発令する余地もありえよう。

救済の視点から見たとき，特に注目に値するのが保全処分において法的基礎が緩和される可能性である。これが可能であれば，訴訟で保護されるには法的基礎が十分でない法的利益も保全処分の中では保護対象となる余地があり，その結果，保全処分が新たな権利創造の契機となる可能性が開かれるからである。法的問題の審理緩和の可否について議論は多いが[13]，以下の観点からこのような緩和の可能性を支持できよう。民事保全において争いなく認められる事実

13）　特に，長谷部由起子「仮の救済における審理の構造⑵」法協102巻4号（1985年）695頁以下参照。

の疎明（証明度の軽減）の意味は，仮にαの法律効果を発生させるのに，実体法がA，B，Cの3要件を要求していると仮定すると，疎明を承認することは，実体法上要求される証明度に満たない場合にもαの効果の発生を容認しうることを意味するから，A，B，C→αとともに，A，B，nonC→αの可能性も認めることになる。他方，法律問題における審理の緩和の意味が，仮にA，B→αないしA，B，D→αの余地を認めることにあるとすれば，これは既に認められているA，B，nonC→αの承認と論理的に等価値と解されるので，そのような余地も承認されてよかろう[14]。また，実際にも法律問題の判断が決して自明でないことは，法律問題のみを審理する最高裁の審理が一般に長期間を要していることからも明らかであり，時間性の考慮の必要はここでも否定できない。いかなる場合に緩和が認められるかについては，より軽減された要件の実体的経過規定として，現状凍結型（紛争解決志向型）や情報請求型の権利が挙げられる[15]。

以上のような議論は，新権利生成の場としての保全処分の重要性を明らかにするものであり，強い保全の必要が認められるときは，実体法に十分な根拠のないような内容の仮処分もでき，いわゆる手段的権利が保全の必要に媒介されて生成する[16]。このような法律問題の審理緩和の可能性を前提とすれば，「保全の必要」の権利生成機能を認めることが可能となり，この点で実体権の審理緩和がアプリオリに否定される訴えの利益とは本質的な差異があろう。

14）　なお，この点で，正義それ自体による正当化，すなわち衡平による裁判を保全処分において肯定する見解があるが（奥博司「民事手続における実体権に関する若干の考察」ジュリ1021号（1993年）128頁），前記のような審理の緩和は，法による裁判という基本原則の全面的否定までは必ずしも含意しえないように思われる。

15）　長谷部由起子「仮の救済における審理の構造(3)」法協102巻9号（1985年）1768頁参照。

16）　この点は，谷口安平「手続法からみた北方ジャーナル事件」ジュリ867号（1986年）38頁参照。

3　救済の内容

(1)　利益の事後的救済（広義の原状回復）

(a)　狭義の原状回復

利益が現に侵害されてしまった場合に，それを完全な形で救済することは原則としてもはや不可能である。法制度に可能なことは，それを可能な限りで完全に侵害のなかった状態に復元することに止まる。そのような広義の原状回復の方法として一般的なのは損害賠償である。金銭が普遍的価値を体現する財であるならば，被侵害利益が財産価値を有する（少なくとも金銭に換算できる）限りで，当該利益に相当する額の金銭を加害者から被害者に賠償させることで，原状を回復できることになろう[17]。ただ，例外的に，金銭賠償に比べ，より過不足のない適切な原状回復方法が観念できる場合がある。その場合は，損害賠償以外の他の原状回復（狭義の原状回復）方法がとられることになる。典型的には，物の占有が侵害された場合の返還請求である。この場合は特定物が問題となり，その物自体は市場で購入できないので，金銭給付よりも物自体の回復を認める方が適切な救済となろう。また，実定法が容認している例として名誉回復措置があり（民723条），名誉が侵害された場合は慰謝料を精神的損害のはけ口とするより，名誉回復のため謝罪広告を新聞等に掲載するほうが救済としてより実効的と言えよう。このような例として，ほかにも知的財産権の回復措置（特許106条等）や義務違反の結果除去措置（民414条3項）などがある。そして，救済の方法として，直接的な原状回復の方法が可能である場合には，損害賠償による間接的な利益保護を認めず，直接的な救済を原則とするのが民法の前提である。また，具体的な救済方法も最も直接的なものが優先して適用されるのが原則である。したがって，金銭債権は，給付判決等の債務名義を取得して金銭執行により救済され，特定物の引渡請求権は，直接強制により当該物の占有を債務者から債権者に直接移転する方法によって救済されることになる。

17）　被害者が現実に利益を回復したければ，当該金銭により市場で当該財を購入すればよい。

ただ，このような救済方法の在り方には最近疑問も呈されている。

(b) 間接強制の補充性に対する疑問

直接救済の原則は，歴史的な進展の結果であり，基本的には妥当なものとされる。ただ，執行方法についてまで最も直接的なものから択一的に選択するという発想（一請求権一執行方法の原則）には疑問が呈されている[補注 1]。特に間接強制を最後の救済手段とする間接強制の補充性のドグマに対しては痛烈な批判が提起される[18]。間接強制の補充性理論は，古く立法者（ボアソナード）の理解に遡るとされ，判例上は大判昭和 5 年 10 月 23 日（民集 9 巻 982 頁）により確認された。その根拠は，間接強制という執行方法は債務者の自由意思に対して最も介入的な，その意味では自由主義の下では最も望ましくない執行方法である点にあるという。しかし，このような理解の相当性には，近時，厳しい批判がある。

まず，森田修教授は，歴史的観点からの批判に加え，債権内容の効率的実現を考えた場合の望ましい執行制度という観点からも，債務者の自発的履行を安価に引き出すために債務者の協力をいかに調達するかという一種の和解的執行の考え方を打ち出し，むしろ間接強制は望ましい執行方法であり，その補充性を疑問とされる[19][20]。この点を執行法の観点からより包括的に展開されるのが，中野教授の見解である[21]。同教授は，間接強制の貶斥は立法論的には当を得ないとし，その理由として以下の 4 点を列挙される。まず，①直接強制の方が人格の尊重となるとするのは全くの形式論であり，実際にはむしろ間接強制の方が債務者の意思の自由を保障する。また，②間接強制は運用次第で迅速

［補注 1］ 履行強制の方法について規定している民法 414 条は，今回の民法改正において大幅に改正される予定であり，執行方法を定める部分は民事執行法に移され，執行方法は手続法（民事執行法）において定める旨が明らかにされている。

18） なお，実定法が間接強制の補充制を排除している例として，扶養料等の金銭債権の執行方法として一種の間接強制を導入した家事審判の履行確保制度がある（家事 289 条・290 条）。

19） 森田修『強制履行の法学的構造』（東京大学出版会，1995 年）350 頁以下参照。

20） これに対し，債務者との協力はむしろ第三の波の理論と整合的であり，必ずしも間接強制には繋がらないとする観点からの批判として，潮見佳男「書評」法時 67 巻 1 号（1995 年）110 頁参照。

21） 中野貞一郎『民事執行法〔第 2 版〕』（青林書院，1991 年）9 頁以下参照。

かつ効果的でありえ，動産執行など金銭執行も実際的機能としては間接強制機能により重きを置いている。更に，③代替的作為義務の場合も履行内容に幅があれば，債権者の側で一定の作為を特定するよりも，債務者側に自己の事情を勘案して最も実効的な措置を選択させれば足り，それには間接強制が有効である（(2)参照）。最後に，④直接強制が必ずしも実効性を有さず，間接強制の方が適当な事案も存在するので，間接強制を併用する余地を認める方が事案の多様性により柔軟に対応できる。このような理由から，立法論としては間接強制の補充性は排除されるべきであるが，民事執行法172条の解釈としては補充性はやむをえないとされる[22)][〔補注2〕]。

(c)　損害賠償（金銭的救済）

法的利益に対する侵害が現に加えられた場合に最も普遍的な救済の方法は，侵害された法的利益を金銭に換算し，被告に対してその賠償を命じる損害賠償の手法である。すなわち，そのような侵害によって生じている外部不経済を被告に負担させることで内部化し，「市場の失敗」を正すことにより，市場原理の健全な機能を回復させるものである。その意味で，差止めなどとは異なり（(2)参照），この救済方法は経済的効率の側面からも当然に正当化できるものと言える。具体的な損害賠償の額を定めるについては，賠償の対象となる損害の範囲の決定の問題とその金銭的評価の問題とを区別すべき旨が指摘されている。ここでも，それに従って，いくつかのトピカルな問題を取り上げてみる。

まず，損害の範囲については，現実に発生した損害を上回る賠償を命じる懲罰的損害賠償の問題がある。このような賠償に差止請求との互換性が認められ

22)　また，平井宜雄『債権総論〔第2版〕』（弘文堂，1994年）185頁も，民事執行法の解釈としてはこの順序はやむをえないが，民法の解釈としては，間接強制は性質の許す限り，いかなる債務についても用いることができ，引渡債務にも間接強制を可能とされるのは注目される。

〔補注2〕　この点については，その後の立法の中で，間接強制の補充性は相当程度に緩和された。すなわち，平成15年の民事執行法改正により，代替執行及び引渡・明渡執行との関係で補充性は否定され（民執173条），平成16年の同法改正により，金銭執行との関係でも，扶養義務等の強制執行についてやはり補充性は否定されるに至った（民執167条の15・167条の16参照）。なお，このような改正を契機として，著者も加わり，間接強制の機能等に関して検討する座談会として，加藤新太郎ほか「間接強制の現在と将来」判タ1168号（2005年）23頁以下参照。

うることは後述するが（注 34）参照），損害賠償は現実の損害に限定されるという強いテーゼの下で，判例は一貫してその可能性を否定しており，その否定的な方向は堅いものと言える[23)][補注 3]。ただ，もちろんそれは個別立法による導入の可能性まで閉ざすものではなく，既に労働法などで一部その採用例はあり，原告の損害の立証が困難でありながら，差止請求が容易でないような個別領域において採用されることは今後もありえよう[補注 4]。また，損害の範囲を慰謝料等に一本化して請求する包括的一律賠償の問題がある。これについては，懲罰的賠償の場合と対照的に，判例は比較的寛容に容認する[24)]。これを慰謝料的に把握して逸失利益等を放棄するものと構成するのが伝統的立場であったが，現在ではむしろ総体としての損害をこのような形で把握したものと解する見解が増加し，その抽象的な可否よりも具体的場面での適用のメルクマールをめぐる議論に移行していると言ってよい。そのようなメルクマールとしては，全損害の把握が可能なこと（再訴の防止可能性），被告の防御が可能なこと，判断の客観性が保てることが挙げられる。本章の立場からこの問題を整理すれば，まず請求の包括性に関しては，保護される法的利益が健康利益のレベルや「快適な生活の利益」のレベルなどで把握できるとすれば，それらが包括的に請求されることは当然であり，むしろそれを分断することは適当でないことになる。他方，請求の一律性については，それは一種の一部請求として，各グループの一番下の請求レベルに自己の請求を合わせるに過ぎないとすれば，やはり当然に適法と言えよう[25)][補注 5]。いずれにせよ，このような請求＝救済方法が公害

23)　最近の議論の中で注目されるのは，懲罰的賠償自体の許否というよりも，それを認めた外国判決の承認に関する裁判例・学説の議論であり，有力な見解が懲罰的賠償判決を公序に反するとして承認の拒否を論じていることが注目される。

[補注 3]　その後，判例も，アメリカの懲罰的損害賠償判決を日本において承認することは，日本の公序に反すると判示するに至っている（最判平成 9・7・11 民集 51 巻 6 号 2573 頁参照）。

[補注 4]　懲罰的損害賠償の導入を求める近時の弁護士会の提言及びそれをめぐる議論について，例えば，「（日本弁護士連合会第 3 回民事裁判シンポジウム）パネルディスカッション⑵ 証言録取（デポジション），損害賠償制度」NBL 903 号（2009 年）74 頁以下など参照。

24)　スモン訴訟から西淀川公害訴訟まで最近の例も含めて，加藤新太郎＝手嶋あさみ「現代型訴訟における損害論の回顧と展望」判タ 889 号（1995 年）19 頁以下参照。

25)　一部請求とすれば，後訴は原則として遮断される。

訴訟ないし集団訴訟で原告の救済にとって不可欠な場合があるとすれば，その積極的容認の方向にある実務の動きは正当と評価できよう。

また，損害額の算定については，その裁量性が問題となっていたが（(3)も参照），現行民事訴訟法248条がこの点を正面から認めたことが注目される。それによると，損害の性質上その額の立証が極めて困難であるときは，裁判所は，弁論の全趣旨及び証拠調べの結果に基づき，相当な損害額を認定できる。既に同様の趣旨は慰謝料額の算定等について判例上認められてきたところであり，本条はその追認の意味を有することは確かであるが，なおそこには救済の観点から重要な意義があると思われる。特に損害の立証が困難な事件類型について，この規定により救済の可能性が相当に高まる余地があろう。例えば独占禁止法違反に係る損害賠償請求事件で，カルテル等に基づく価格上昇の立証は著しく困難であるが[26)]，本条によりこのような場合も一定の証拠を出せば，最終的には裁判所の裁量による算定が期待できることになろう[27)]。また，本条の実質的根拠が立証困難と賠償額算定の非訟性（正確な算定ができないからといって，ゼロにするのはおかしいという考慮）とにあるとすれば，同様の考慮が妥当する他の場合にもその趣旨を類推する解釈論的基盤を提供すると考えられる。例えば，境界確定訴訟について従来は形式的形成訴訟論から説明していたが，問題が立証困難の緩和と実質的非訟性にあるとすれば，本条を類推して裁判所の裁量による境界設定の問題として捉えることもできよう[補注6]。

最後に，賠償の方法に関して，定期金賠償の問題がある。これは古くから議論がされてきたが，結局現行民事訴訟法でもその明定は見送られた。そこには種々の困難な問題があり，多くの原告は一括賠償を望むのは確かであろうが，救済方法として定期金が有効な場合も考えられ（被害者が予想以上に長く生存す

［補注5］　このような請求態様として，「一律一部請求型」と名付け，一部請求の類型論の中で考察するものとして，三木浩一『民事訴訟における手続運営の理論』（有斐閣，2013年）104頁以下参照。

26）　最判平成元・11・8民集43巻11号1259頁参照。

27）　もちろん損害発生の立証自体は必要なので，利益侵害の事実自体の立証の問題は残る。

［補注6］　境界確定訴訟のこのような理解の詳細については，山本和彦『民事訴訟法の基本問題』（判例タイムズ社，2002年）69頁以下参照。

る場合の介護費用など），選択肢としては残してその実効性を高める努力をすべきものと思われる。その関係で，現行法の定めた確定判決変更の訴えの制度（民訴117条）は意味があろう。同条によれば，定期金賠償を命じた確定判決について，弁論終結後に損害額算定の基礎となった事情に著しい変更が生じた場合には，その判決の変更を求める訴えが提起できる。この結果，定期金賠償判決を得ても，長期間経過するうちに物価水準の変動や後遺症の悪化により，判決が無意味化するような事態を防止でき，原告は変更訴訟により判決額を簡易に変更する途が開かれ，定期金賠償の選択が一歩実効化されたと言える。ただ，その他の重要な問題（特に弁済の保証の問題等）が手付かずのまま残っており，定期金賠償の活用には更なるステップを要しよう。

(d) 遅延利息・損害金

法的利益の完全な回復については，時間的な要素も捨象できない。すなわち，原告が仮に損害発生時の利益の額面金額を判決時に回復できたとしても，それは完全な回復とは言えない。仮に損害時にそれだけの価値を原告が有していれば，それを運用して判決時にはより大きな価値を取得していたはずだからである。これが遅延損害金の問題である。民法404条は年5%の法定利息（遅延損害金）を承認し，商法514条は商事債権の特則として6%の利率を定める。しかし，この点に問題がないわけではない。最大の問題は，このような法定利率が，安定成長経済の下で，ほぼ恒常的に平均的利率水準を上回ってしまうと見られる点にある（これでは，原告は直ちに賠償を得るより，訴訟を長引かせて利息を稼いだ方が有利ということになる）。これを制裁的な機能と見ることも不可能ではないが[補注7]，現在の損害賠償に関する通常の理解とは齟齬があり，その意味では，むしろ実際の利率に合わせたきめ細かい調整が必要とされよう28)[補注8]。

(e) 訴訟費用（弁護士報酬）

法的利益の完全な救済は，原告にとって訴訟が全くなかった状態に戻すこと

[補注7] 遅延損害金のこのような制裁的機能を正面から捉え，判決確定後の遅延損害金の高額化の立法論を提案するものとして，三木浩一編『金銭執行の実務と課題』（青林書院，2013年）369頁参照。

28) ドイツ，フランスなどはそのような制度を持つ。

[補注8] 民法（債権関係）改正の中で，このような提言は実現し，法定利率の引下げ及び変動性が導入される予定である。これについては，改正民法案404条2項〜5項参照。

を意味するとすれば，実体的な利益の回復とともに，訴訟に要する費用の回復も必要となる。現行制度では，訴訟費用は，民事訴訟費用法2条に定められている範囲で，原則として完全に回復が可能である[29)]。ただ，現実にはこの訴訟費用回復の手続（費用額確定手続）はほとんど利用されない状況にある。これは当該手続の複雑さが1つの大きな原因とされ，この点は現行民事訴訟法で確定手続が書記官権限とされて簡易化が図られたが，更に民事訴訟費用法2条所定の費用の定額化なども今後の課題となろう。

他方，現に訴訟に要する費用の大部分を占める弁護士報酬は訴訟費用に含まれず，相手方から回収できないのが原則である[30)]。不当訴訟による不法行為としての弁護士費用請求には，相手方の故意・重過失を違法性として求めるのが判例であるが[31)]，不法行為に基づく損害賠償事件では，弁護士報酬の一部（おおむね認容額の1割程度）を相当因果関係に含まれる損害として認容するのが通例である。しかし，このような弁護士費用回復に関する規律は，被告側には原告の故意・重過失の立証を要求しながら，原告側は被告が（争ったことにつき）無過失でも回復を認めることになり，甚だ不公平なものである。したがって，原告にも被告にも認めるか，認めないか，いずれかに統一する必要があるが，救済の完全性を原則とするならば，回復を認める方向で検討すべきであろう[補注9]。そのような規制が提訴行動に与える影響には十分配慮する必要があるが，今の日本では確実な根拠のある請求を裁判所に持って来させる点にウエイトを置くべきように思われる。ただ，法律構成としては，微調整がききにくい訴訟費用よりも，不法行為の特則と解するのが妥当であろうか。

(2)　利益の事前的保護

(a)　侵害の防止——差止めルールの根拠

財産権や人格権に対して将来侵害が加えられるおそれがある場合の救済方法

---

29)　訴訟費用は敗訴者負担が原則であり，例外的に勝訴者に負担させる場合には何らかの帰責事由が前提とされる。

30)　この点も費用額確定手続が利用されない1つの理由である。

31)　最判昭和63・1・26民集42巻1号1頁。

［補注9］　弁護士費用の敗訴者負担制度に係る私見の詳細については，本書第21章参照。

としては，その侵害を当面放置して事後的に損害賠償を中心とした原状回復を図る方策と，より強く，侵害を事前に法的に禁止してしまう方策とが考えられる。前者は財産権侵害に伴う外部不経済の内部化により，市場メカニズム内で調整する手法であるのに対し（(1)参照），後者は市場外の権力的方法により侵害レベルを定め，それを強制するものである。そこで，市場経済を前提とする中で，このような市場外的措置の許される根拠がまず問題となる。

まず，このような措置を効率性の観点から説明することはかなり困難なように思われる。経済的効率の観点からは，外部不経済を内部化すればそれで十分であって，それさえ達成できれば，経済的には効率的と言えるパレート最適状態が実現されるからである。逆に，絶対的侵害防止を定めることは，経済的にはむしろ不効率を生み出す危険が大きいとされる。すなわち，絶対的防止を認め，一方当事者に拒否権を付与することは，当該権利者によるバーゲンの戦略性を生み，発生すべき不利益以上の利得を許す可能性があり，非効率的な分配の帰結をもたらしうるし，このような状態は常に取引を要し，取引コストを発生させる。以上のような議論を前提とすれば，差止請求の容認は効率性に反するのみならず，分配的正義の観点からもむしろ賠償ルールの方が優越する可能性が指摘される[32)][33)]。

以上のような議論からすれば，差止ルールの正当化のためには，効率性でも分配的正義でもない異なる観点が必要になろう。この点を考えると，まず第1に，被侵害利益が市場取引又は強制収用の対象とならない場合が重要である。以上の議論は侵害される財に市場価格が存在するということを暗黙の前提としているように見えるが，生命や精神など人格権と呼ばれるものについては，そのような市場化はおよそ不可能である。その意味で，このような類型の利益侵害が問題となる場合は被害者の分配的正義上の優遇が特に要求される場面と言

32）　なお，このような議論は受忍限度論の正当性を支持するものでもある。けだし，不当なバーゲニングを避けるためには，当初から許容レベルを設定しておく必要があり，そのスキームとして受忍限度論は妥当と見られるからである。ただ，どのレベルに線を引くかについては，加害者の限界的利益と被害者の限界的損失に依存し，個別事件性が強くならざるをえず，事前のレベル設定の実効性にはなお疑問も残ろう。

33）　以上の議論につき，小林公『合理的選択と契約』（弘文堂，1991年）184頁，203頁以下のポリンスキーの議論参照。

えるかもしれない。第2に，仮に被侵害利益が市場取引の対象となる場合であっても，賠償ルールの全面的採用は，権利者の意思によらない権利の売買・設定をもたらす結果となる。例えば，不法占有者の退去を認めず，損害賠償のみを認めるとすれば，それは強制的に賃借権を設定したに等しい。権利帰属秩序が前提とする意思自治は強い要請であり，権利移転秩序と衝突した場合には意思自治の原則を尊重するのが自由主義の帰結であろう。第3に，賠償ルールによる賠償額は現実の価格と必ずしも一致するとは限らない。特に財について現実の市場が存在しない場合，その賠償額も仮想価格とならざるをえず，抽象的には高くも安くもなりうるが，現実の裁判に要請される保守性の下では，損害の過小評価のおそれが強く，加害者の望ましくない戦略的行動を誘発する可能性がある。最後に，外部不経済が現実に及ぶ範囲が賠償可能な範囲よりも広い場合がある。例えば，環境利益などでは侵害行為は周辺住民個々人の人格利益のみならず，それには解消できない（将来の子孫の利益等をも含む）様々な利益を害しているのである。クラスアクション等により賠償可能範囲を広げる努力は必要だとしても，現行ルールを前提とすれば，それには限界がある。このような「カウントされない損害」を有効に防止するには，絶対的防止の措置を取るしかないことになろう[34)]。

以上のように，直接的救済としての差止めが認められる原理的根拠は一応説明可能と思われる。したがって，具体的場面で差止請求が救済方法として重要性を有するのは，特に生命・人格など非市場的利益が問題になる場合や損害賠償では吸収しきれない広範な外部不経済が発生する可能性のある場合などであろう。つまりは公害訴訟・環境訴訟などを中心としたいわゆる現代型訴訟がその典型である。そして，これらの場面における差止めは具体的救済内容の多様性を特色とし，いわゆる抽象的差止命令が議論されるところである。

(b)　差止めによる救済——抽象的差止命令

抽象的差止命令については，まず請求の特定の方法が問題となる。具体的に

34)　この点については，現実の損害を超える賠償を課して行為を抑止するという点で懲罰的賠償によることも考えられる。もちろん懲罰的賠償は過去の行為に関するので，将来の行為については差止め→間接強制という選択で足りるが，一回的行為の抑止のためには，なお懲罰的賠償が有用な場合はあろうか（この点は，前述(1)(c)参照）。

は，「被告は原告の所有家屋に x ppm を超えて二酸化窒素を流入させてはならない」といった流入アプローチにより，原告の保護範囲を基準とする特定方法と，「被告は y ppm を超えて二酸化窒素を発生させてはならない」といった発生アプローチにより，被告の侵害行為を基準とする特定方法とに分けることができよう。民事訴訟を原告の法的利益の救済に求める立場からは，保護利益を基準とする流入アプローチを支持すべきこととなろう。被告の行為態様をできるだけ特定するという観点からは確かに後者の方式が望ましいが，問題の事実は被告側の領域内にあるため，原告のアクセスが一般に困難であるという難点がある。ただ，被告の行動の自由も保障する必要があるので，まず原告が流入値で請求を特定するのを原則とし，仮に暗騒音や暗汚染があるため，それだけでは被告の行為態様が明確にならないような特殊事情がある場合は，被告側に発生アプローチにより，その制限を特定させるのが相当であろうか。

抽象的差止命令については，次にその執行可能性が問題となる[35)]。差止命令の請求の趣旨及び判決主文は，被告に対する不作為命令の形をとり，その意味では間接強制によって執行できるので，問題はないように見える。しかるに，抽象的差止命令を主張する論者は，間接強制のほかに代替執行によることも認められる。典型的には，間接強制が十分な成果を収めない場合に，債権者が特定の作為（防音工事の実施や機械の撤去等）を求めて代替執行を行うことができると主張される。そこで，そのような執行方法の変更が可能か（更には一請求権一執行方法の例外が認められるか）が問題となる。この点については，代替執行における授権決定手続の中で必要な代替執行の態様を決定できるとする見解（竹下説）[36)] と，判決手続において執行方法をめぐる審理を権利侵害の審理とは別に行う2段階審理モデル[37)]（川嶋説）とがある。しかし，そもそもそのよう

35)　なお，発生アプローチをとっても，執行文付与に際して債権者が損害発生を証明するのは不要であり，債務者側が執行文付与異議により損害不発生を主張立証すべきであろう。

36)　竹下守夫「生活妨害の差止と強制執行」立教法学13号（1974年）8頁以下，同「生活妨害の差止と強制執行・再論」判タ428号（1981年）28頁以下など参照。

37)　2段階審理モデルは，執行方法が多様な請求類型において，判決手続の審理を，権利侵害の有無に関する「権利侵害判決」とそれを前提とした具体的救済方法に関する「救済形成判決」の2段階に分けるものである（川嶋四郎「差止請求」ジュリ981号（1991年）74頁）。このような審理方法は，本章の前提とする利益保護モデルにも適合

な具体的差止め（代替執行の可能性）の必要性には疑問もある。間接強制によって一旦執行手続に入ったのならば，最後まで間接強制によって押し切るのがむしろ原則とも思われるからである。もちろん強制金のレベルによっては間接強制が実効を伴わない場合があるのは確かであろうが，その場合も強制金を引き上げていけば，どこかで被告の採算ラインが割れ，操業停止・供用停止等に追い込まれるはずであり，その前段階で債務者が自主的な対処を行うはずである。換言すれば，間接強制によっても防止措置がとられないのは，端的に強制金が安いからであり，一旦債務者に履行方法の選択を任せたのならば，最後までそれを貫き，債務者が適切な措置を講じないのならば，強制金を引き上げて完全な侵害中止に追い込めばよいとの考え方もありえようか[38][補注10]。

(c)　将来の損害賠償

将来の損害賠償は，将来に予想される不法行為又は債務不履行により発生が見込まれる損害について，現段階で原告に債務名義を付与する制度である。その意味で，損害のおそれのある場合になされる間接的救済の制度と一応は言える。しかし，その実際的機能を考えると，将来の損害のおそれに対して差止命令を発し，それを間接強制で執行するのと，現象面では紙一重である。もちろん間接強制においては，強制金額は現実の損害額に拘束されず，この点の差異はなお大きいが，差止請求が実際上認められにくいという状況の中で，将来賠償にそれを（不完全ながら）代替させようとする政策的意見も少なくない[39]。このような方向での将来賠償の活用の議論に際して，最も足かせとなるのが将

的であり，基本的に支持することができるし，救済方法・救済内容が多様な他の類型にも妥当し，例えば損害額算定に裁量性が認められる損害賠償訴訟等でも有用であろう。

38）　ただ，残る問題は，経済的な採算性を無視できる（税金という究極のディープポケットをもつ）公共団体や国が債務者の場合である。現に **5**(5) に挙げた事案では，情報公開を拒否する公共機関が間接強制金の引上げにもかかわらず，公開義務を履行せず，ついに債権者側が住民訴訟による強制金支払の差止めを求めるという異例の展開となったが，結局当該請求は否定されたようである（東京高判平成8・9・8判例集未登載）。このような事例を見れば，一定の措置（代替執行などによる対処）を必要とする場合はなお観念できようか。

［補注10］　債務名義の実効化に向けて，様々な方法による間接強制手段を評価し，日本への導入可能性を検討するものとして，三木編・前掲［補注7］317頁以下参照。

39）　既にそのような方向を示唆している裁判例として，甲府地都留支判昭和63・2・26判時1285号119頁が挙げられ，このような方向を支持する学説も多い。

来の損害賠償に関する判例法理の極めて厳格な適法要件である。この点は大阪空港判決に示され[40]，その後の判例も一貫して追認し，環境訴訟等において将来賠償の訴え却下は（差止請求の棄却とともに）一致した傾向と言える。これは，請求要件が不明確な請求において起訴責任を転換すると，被告の権利保護が不当に困難になることを理由とする。しかし，原告の提訴にもかかわらず現に利益侵害を被告が継続中であり，口頭弁論終結時にも利益侵害行為が進行中である以上，このような価値判断は不当に被告に偏したものであり，侵害が将来防止される可能性を盾にとって，将来請求の不適法を被告が主張するのは信義則に反するようにも思われる。また，一定の期間ごとに原告の訴訟提起を要求することは，永続的訴訟に原告をさらす結果ともなる。このような帰結の不当性は明らかであり，請求に期間制限を付したり，簡易な変更訴訟をこの局面にも適用したりして被告の負担の軽減を図りながら，将来請求の可能性を拡張すべきではなかろうか[補注11]。

(d) その他の直接的救済

他の直接的救済方法として，最も重要なものは確認請求である。確認請求を包括的に分類される見解は[41]，ストールの見解を参考に８類型を挙げる。そのうち，履行請求が不可能な場合にのみ認められる例外的機能である給付訴訟の代替機能（請求権確認）を除くと，波及効，予防的目的，包括的解決，継続的債権の確認はいずれも，表現方法は違うものの，実質的には予防機能に当たるものであるし，例えば株主総会決議関係訴訟の場合に公益はやはり会社の正常な経営という決議無効後の将来の利益に関するので，結局，確認訴訟は広い範囲の権利の確認により将来の紛争を予防し，既存の紛争の再燃に備えるという意味で，一種の直接的救済の方法と位置づけることができよう。その意味で，差止訴訟との間に機能の重複が見られるが，被告による具体的な侵害パターンが予見されるときは差止訴訟により，そのような予見が困難な場合やより包括

40） 最大判昭和56・12・16民集35巻10号1369頁。

[補注11] 将来給付の訴えについて，近時の判例も大阪空港判決の趣旨を確認するが（最判平成19・5・29判時1978号7頁），当該判決における少数意見なども含め，変化の胎動が見られないではない。これにつき，著者の評価も含めて，山本和彦・判批・判時1999号（2008年）164頁以下参照。

41） 伊藤眞「確認訴訟の機能」判タ339号（1976年）28頁以下参照。

的な紛争予防が必要な場合（例えば，現在は占有侵害のみが問題であっても，将来的には登記等他の場面にも紛争が及びそうな場合）には確認請求が選択されることになろう。

次に，その位置づけが困難な救済類型として，権利関係の形成がある。これは，形成訴訟に加え，訴訟によるのでなくとも，救済の前提として形成権が行使される場合も同様の問題を含む（例えば，解除権は日本では訴訟により行使する必要はなく，形成権として構成されている）。このような救済は既存の権利関係の拘束から離脱し，義務（債務，扶養義務等）の負担を回避する一方，権利者の自由な行動範囲の確保を可能にする（他の者との契約締結，婚姻等）法的地位を形成する救済方法と言える。つまり，将来の義務の排除又は将来の権利（行動自由）の確保という，やはり将来に向けた救済方法であり，その意味で直接的な救済方法の一種と位置づけてよいであろう。ただ，上記に見たとおり，形成救済の目的は，究極的には形成後になされる一定の行為であり，形成自体は手段的な方法に止まるので，形成後に何も実益が見込めないときは形成訴訟自体に救済要件が認められないことになろう（*2*(2)参照）。

(3)　救済方法及び救済内容に関する裁判所の裁量

(a)　裁量の根拠

前述のように，救済方法又は救済内容が複数観念される場合があるとすれば，そのときにはその間の選択が問題となる。もちろん法律が一義的な救済方法を定めているときはそれに従うことになるが，この点の明示的な定めがないときは裁判所の裁量を広く認める見解が有力である。最近の見解は，そのような救済方法選択の裁量権が認められる根拠として，「いかなる『救済』を与えるのが『権利』の保護にとって有効適切かは，その『権利』の性質のほか，被害の程度，侵害行為の性質・態様・違法性の程度等，個々の事件の具体的状況によって異なり，立法府が予め一義的に決定しておくことは不可能であって，その具体的形成は，個々の事件を扱う裁判所に委ねるのが，問題の性質に適している」とする[42]。確かに救済の状況依存性は否定できないが，状況に依存する

42）　竹下・前掲注 2）22 頁。

のは救済方法に限られず，保護すべき利益もまたそうであることを考えると[43]，事案の個別性だけでは救済方法に関する裁量を必ずしも正当化しえないと見られる。

そこで，他の補強的根拠として，救済方法の多様性及びその動態性が挙げられよう。前述のように，救済方法として認められる措置は多数に上り，また事態の変動に応じて適切な方法も変化する。その意味で，事前に一律に救済方法を特定することは確かに困難と見られる。更に，法的利益の侵害が一旦認められた以上，それに対して何らかの救済を与えるべきとの素朴な正義観を正当とすれば，その救済方法はむしろ国家の責任で探究すべきであり，立法府に依存する時間的余裕がないとすれば，司法府の裁量は当然に認められることになろう。

(b) 裁量の実態

救済方法に関する裁判所の裁量の実態としては，学説が主に念頭に置く救済方法選択の裁量が現実に問題となる場合はあまり多くない。学説は，公害関係訴訟等において差止め（抽象的差止命令）が認められた場合に，その執行の場面で主に間接強制と代替執行との関係を考えているが（この問題については，(2)参照），判例上，このような抽象的差止請求が実際に認容されるケースは絶無と言ってよいのが現状である。また，英米法などとの関係で救済方法の裁量が議論される類型として選挙区の区割訴訟でも，周知のとおり，判例は一定の場合に区割りの違憲性を認めるものの，判決主文は違憲宣言に止まり，事情判決の類推等により選挙無効を回避し，自ら区割り等の救済措置をとることはない。このため，救済方法選択の場面で裁判所の裁量が現実に顕在化することはほとんどないのが現状である。

他方，救済方法が定まった後に，具体的な救済内容選択の場面では，確かに裁判所の裁量が行使される場面が多くある。最も顕著なのは損害賠償額の算定の場面である。慰謝料の算定について広く裁判所の裁量を認める判例実務が早くから確立していたが，このような古典的な例を超え，交通事故訴訟などをき

43) 特に生活利益などでは「被害の程度，侵害行為の性質・態様・違法性の程度等」が保護の当否に直結する。

っかけにより広い範囲に裁量的算定が及んでいった。逸失利益については平均賃金・平均余命表を根拠に定額化が進み，積極損害についても交通費・付添料・葬式費用などの定額化が図られた（このような流れの立法的総合としての民訴248条につき，(1)参照）。また，そのような傾向とあいまって，過失相殺（及びその類推）による裁量的な賠償額調整が広く見られる点にも注意を要する。過失相殺の適用に際しては厳密な過失割合の認定は困難であり，結果として広く裁判所の裁量が認められるところ，最近は，被害者の素因などにより損害が拡張した場合などにも過失相殺の規定を類推する判例が確立しつつある[44]。このような展開は，一種の「痛み分け」を一般化するものであり，一方では全面的には救済を認めがたいような場面でもなお請求認容の途を開くという救済促進的効果をもつが，他方ではその救済内容が腰だめ的になり，救済が中途半端に終わるという救済抑制的な結果ももたらしかねず，救済システムの観点からも注視が必要であろう。

(c)　裁量の統制

以上のように，理論上救済方法について裁判所の裁量を認めることができ，また実際にも主に救済内容について裁量の行使が現実化しているとすれば，最も重大な課題は裁量権統制の方法にあると思われる。ただ，この点の議論は未だ必ずしも十分ではなく，今後の議論の発展を期待しながら，ここでは議論の手掛かりだけを述べておく[45]。まず，裁量権行使の準則化ないし類型化を図ることは，あらゆる裁量統制の中核にある王道であることは事実である。また，このような議論と同趣旨の考え方として，実体的統制を目指す見解もある。すなわち，救済の背景に存在する「権利」によって具体的な救済内容・方法を枠づけしようとする議論である。ただ，このような統制法には限界があることも否定できない。けだし，個別事件に依存しないそのような一般的・固定的な裁量規制では，裁量が本来必要とされる個別場面での柔軟な処理が阻害されるお

44)　心因的要素を斟酌した例として，最判昭和63・4・21民集42巻4号243頁，体質的要素を斟酌した例として，最判平成4・6・25民集46巻4号400頁など参照。

45)　この点は，川嶋四郎「『救済法』の課題と展望に関する一試論・序説」民訴43号（1997年）200頁以下参照。また，一般条項に関する裁量統制の在り方につき，本書第10章***6***参照。

それが強いからである。その意味では，裁量統制の方法としては，より個別事案に密着した形態によるのが望ましいであろう。

そのような個別的裁量統制の方法としてまず考えられるのが，個別事件の当事者（原告）の意思による統制である。これは民事訴訟の基本である処分権主義，更には私的自治の原則という私法の一般原理に遡るもので，最も基本的な裁量統制手法たるべきものである。当該手続における需要を最もよく知るのは当事者自身にほかならず，原告がある救済方法を求めるのであれば，裁判所はそれに従えば足りるというべきである[46)]。その意味で，裁判所の救済方法・救済内容に関する裁量が認められるのは，当事者の救済要求の法的根拠に疑問がある場合に限られることになろう。この場合には，事前の救済方法・内容のカタログ化による裁判所の拘束では十分でなく，それとは異なる裁量統制手法が求められる。そのような手法として重要なのは手続的統制，つまり救済形成過程の透明化である。そこでは，考えられる救済方法・救済内容に関して裁判所は常に情報をオープンにし，当事者の批判を待ち，その関与の機会を与えながら，新たな方法を大胆に探るのが望ましい。けだし，そこで行われるのが一種の司法的立法であるならば，その民主性の確保のためには，それにより直接影響を受ける当事者の実質的関与が最低限保障される必要があるからである[47)][補注12]。

4 救済の実効性（その1）
――判決手続

以上のように，法的利益を保護するための救済方法が制度上構築されたとしても，更に救済の実効性の問題が残る。法的利益の救済が究極的には裁判制度

46） もちろん裁判所がより適当と考える他の救済方法があり，原告がその点に気づいていないときは，情報提供＝釈明の必要があろう。

47） それが第三者効をもつとすれば，更に関係第三者の手続保障やアミカスキューリエなども問題となろう。

［補注12］ 裁判所による手続裁量の統制に関する議論については，非訟事件との関係で，本書第14章*3*も参照。そこで示される要因規範の考え方は，救済方法の裁量の統制との関係でも示唆が得られよう。

によって行われるならば，その実効性は裁判制度の実効性に懸かっている。以下では，まず救済の当否・方法を確定する判決手続の実効性について論じ，次節ではそれに引き続く具体的救済段階である執行手続の実効性について検討する（*5*参照）。ただ，紙幅の関係で，以下は論点の指摘に止まる。

(1)　裁判外の救済システムの活用

法的利益の究極的救済が裁判制度によるのは当然であるが，利益救済の全体像[48]を考慮するならば，裁判外の紛争解決システム（ADR）も問題にする必要がある。日本では調停を中心とした裁判外紛争解決制度は比較的早くから発展し，また活用されていると評しうる。ただ，そのような繁栄を実質的に支えているのが訴訟制度の機能不全にあるとすれば，それは到底容認しがたいことである。その意味で，救済の実効化という側面から見るとき，訴訟制度の改善を前提として，ADR が訴訟との真の競争により，両者がよりよい方向に発展しながら，事件に応じた適切な救済を付与できるような役割分担を目指すべきであろう。その意味では，ADR の適切な発展のためにも，以下のような訴訟制度の実効化の措置が必要と言える[補注13]。

(2)　提訴段階の障害排除

訴訟による救済を考えるとき，まず訴え提起の段階で救済の実効性を阻害する要因が存在することを指摘せざるをえない。日本は弁護士強制主義を制度上はとっていないが，実際に提訴するためにはほぼ必然的に弁護士に依頼する必要がある。ところが，弁護士へのアクセスに大きな障害があることは否定できない。そもそも弁護士の絶対数が少なく偏在による弁護士過疎地域があるうえ，弁護士会による厳しい広告規制のため，どこにどのような専門の弁護士がいるのか，依頼者には明らかでない。また，費用についても，報酬額が不透明なうえ，弁護士会による規制がされており，一般に高止まりの傾向があるとされる。

48）　小島武司『要論民事訴訟法』（中央大学出版部，1977年）13頁以下などのいわゆる「正義の総量」を意味する。

［補注13］　ADR と訴訟の役割分担に関する原論稿公刊後の著者の考察及びその詳細については，本書第1章*3*も参照。

その意味で，まず弁護士によるギルド的な営業規制をできるだけ排除し，法律市場に競争原理を働かせることが必要であろう。他方，資力に乏しい市民にも弁護士の法的助言・訴訟代理を保障する法律扶助制度の充実もまた必要である。日本の法律扶助の水準は諸外国と比較して極めて不十分であることは明確で，現在検討中の法律扶助制度改革に伴う予算措置により公的セクターが十分な責任を果たすことが期待される。また，このほかの提訴段階の障害として，提訴手数料の問題がある。その高額性はかねてより批判されているところであり，少額請求の出訴を阻んでいる可能性があるが，他方では高額請求の負担過重も指摘されており，むしろ高額部分の引下げ＋低額部分の引上げとともに訴訟救助制度の充実（適用対象の拡大，償還制度から給付制度への移行等）が試みられるべきであろうか[補注14]。

(3) 審理段階の障害排除

訴訟を一旦提起した後も，法的利益の実効的な救済についてなお越えるべきハードルが多く残っている。その最大のものは立証の問題であろう。仮にある法的利益が実体法上保護の対象とされるとしても，それが現実に保護されるにはそのような利益の存在及びその侵害（のおそれ）が証明されなければならない。しかし，その証明は常に容易とは言えない。特に，いわゆる現代型訴訟など当事者間に証拠が偏在し，また現代の科学技術の限界故にそもそも立証に限界がある場合もある。前者の証拠偏在の問題については証拠収集制度が重要となる。この点は，現行民事訴訟法でも重要な主題とされたところで，当事者照会制度を新設するとともに，文書提出命令の一般義務化を図った（但し，行政文書については当面適用除外とされている）[補注15]。このような措置は，実務の運

[補注14] この項目についての状況は，司法制度改革等を含めて，現在では大きく変容している。弁護士業務の広告制限は大幅に緩和されているし，弁護士会の報酬規程も廃止された。また，この当時は検討中であった法律扶助制度の改革は，その後民事法律扶助法の制定（2000年）に至り，更に現在では総合法律支援法の制定（2004年）及びそれに伴う法テラスの設置に至り，飛躍的に拡大している。法律扶助を含む総合法律支援の現状に対する著者の評価については，本書第23章参照。

[補注15] この点については，平成13年（2001年）の民事訴訟法改正（民訴220条4号ロ等の新設）によって，行政文書についても一般義務化の趣旨が拡大されている。これについては，改正の経緯も含めて，本書第17章参照。

用を注視する必要はあるものの，実効的救済の手掛かりを与えたものとして評価できる。また，最近の判例には，証明責任を負わない当事者に一定の説明義務を課すものも出てきている49)。これが事案解明義務を認めたものかは議論があろうが50)，今後の新たな展開の手掛かりとなろう。また，後者の証明困難の問題については，証明度軽減の議論がある。最善の証拠収集にもかかわらず，立証不能という現代の技術水準の限界を一方当事者の負担に帰するというギリギリの判断が求められる場面である。様々なメルクマールが議論されているが51)，最後の価値判断は実体法の趣旨に委ねられようか[補注16]。

(4)　手続結果の実効性

訴訟において原告が勝訴した場合，その結果自体には意味がなく，その結果が現実世界で実現することにこそ意味がある。この点は主に次節の課題であるが，判決手続の問題としてもいくつかの点が指摘できる。まず，判決の効力の問題である。せっかく苦労して取得した勝訴判決も，その効力の及ぶ範囲が狭く，僅かに異なる訴訟物を定立すれば実質的にすぐ潜脱されてしまうのであれば，救済としての訴訟の実効性は地に落ちるであろう。その意味で（もちろん被告の手続保障との調和が常に前提となるが），判決効の拡大は実効的救済に重要なものと言える。また，和解の活用も重要な主題となる。和解は債務者の任意履行を促すとされるし，例外的に判決が十分な解決となりえないときには和解が起死回生の救済となりうることもあろう52)。更に，その延長線上には，和解が成立しなかったときに，執行の便宜などを考慮して一定の弁済猶予等を判決の中でも認める方向が考えられ，民事訴訟法375条は少額訴訟において3年間に限って弁済猶予判決を認めている。

49)　最判平成4・10・29民集46巻7号1174頁など参照。

50)　竹下守夫「伊方原発訴訟最高裁判決と事案解明義務」木川統一郎先生古稀『民事裁判の充実と促進（中）』（判例タイムズ社，1994年）1頁以下参照。

51)　加藤新太郎『手続裁量論』（弘文堂，1996年）124頁以下など参照。

［補注16］　ここで論じた証明の実効化の問題について，実質的手続保障の観点からアプローチするものとして，本書第5章*2*参照。

52)「判決乗り越え型和解」と称される事態である。水俣病訴訟やエイズ薬害訴訟等でこのことは一般に示されたと言えよう。

(5) 保全処分の実効性

最後に，判決・執行をとおしてその救済を実効的なものとするためには，判決前に現状を凍結する保全処分が重要な意味をもつ。保全処分の実効性は，民事保全法の制定により大幅に改善されたことは明らかである。ただ，救済の実効化の観点からなお重要な点として担保の問題があると思われる。訴訟承継主義を採る民事訴訟法の下では，係争物保全処分は原告の救済のために不可欠な制度と言える。けだし，当事者恒定主義ならば，原告は提訴段階で被告を特定すれば後の特定承継人にも判決を対抗できるのに対し，訴訟承継主義では常に被告適格者を原告がモニターしなければならず，その困難を是正する制度がこの保全処分だからである。他方，仮の地位を定める仮処分も必要なものではあるが，係争物保全処分のように，制度上不可欠とまでは言えないであろう。その意味で，この両者を具体的な制度構築に際して分けて考える余地がある。例えば，保全処分が後に覆った場合の損害賠償について無過失責任か過失責任かにつき議論があり，判例は過失責任によりながら，敗訴により過失を推認する立場をとる[53]。しかし，仮の地位仮処分についてはともかく，係争物保全処分については過失の推定には問題があり，制度上訴訟提起と保全処分が一体とならざるをえないことを前提とすると，提訴の不法行為の場合と同様の基準を設定すべきであり，過失推定の枠組みは相当性を欠く。また，担保に対する法律扶助は，申立人の損害賠償義務を公金でまかなう点で問題があるが，係争物保全処分の場合は提訴費用の補完の一環として対象に含む余地があろう。

5 救済の実効性（その2）
——執行手続

(1) 執行妨害の排除

執行手続における救済の問題を考える際には，何よりもまず執行妨害を排除する方策を挙げざるをえない。民事執行法制定（昭和54年）の前後を通して，

53） 最判昭和43・12・24民集22巻13号3428頁，最判平成2・1・22判時1340号100頁など参照。

民事執行（少なくともその中核である不動産執行）の歴史は執行妨害との戦いの歴史であったと評価しうる。民事執行法は旧法下の実務を反省し，多くの執行妨害対策の条項を規定した。一方で，占有屋による占有→売却価額の低落に対しては，引渡命令及び売却のための保全処分を用意し，差押債権者及び買受人が訴訟によらず簡易な手続で占有を回復できるよう配慮がされた。他方，ブローカーによる競売市場の独占・談合→売却価額の低落に対しては，売却場所の秩序維持及び新競売の最低競売価額の当然減額の廃止等に加え，特に期間入札制度の新設により，買受希望者は他の希望者と顔を合わせず入札が可能となり，ブローカーの談合の排除が図られた。

このような改革のうち，特に後者は大きな成果を上げ，談合はほぼ完全に制圧できたようであるが，前者の改革はなお不十分に止まった。それは，国会での修正の結果，第三者に対して売却のための保全処分は発令できず，また債務者との関係で占有権原を有する第三者に対する引渡命令も出せないことになったことが大きい。このため，占有屋による執行妨害は改正後も跡を絶たず，実務界もこれを抑止すべく，執行法外の手段として併用賃借権の活用や抵当権自体による排除の途を探ったが，いずれも判例により拒否された[54)]。そのため，執行実務はやむなく民事執行法55条の拡張解釈（占有補助者理論）による対処を図った[55)]が，その後，住専処理策の一環として，民事執行法の改正が実現し（平成8年法律108号），上記のような問題は抜本的に解決されたところである（改正民執55条及び83条参照）[補注17]。

⑵　競売物件の市場性の回復

⑴とも関連するが，やはり民事執行の永遠の課題とも言うべきは，競売物

54)　前者につき，最判平成元・6・5民集43巻6号355頁，後者につき，最判平成3・3・22民集45巻3号268頁参照。

55)　また，刑事的な対処の活用として，刑法96条の2を建物取壊しに適用するもの（東京地判平成5・10・4金法1381号38頁）や刑法96条の3を適用するもの（東京地判平成5・12・20金法1379号38頁）などが注目される。

［補注17］　執行妨害排除を目指す法改正としては，その後も平成10年改正及び平成15年改正（担保・執行法改正）などが相次いだ。現在においては，相当程度執行妨害は抑圧できているのではないかと考えられる。

件の市場性回復の問題である。法的利益救済の実効性の担保には，その最終的な引当てである債務者財産の換金の際の高価売却が大きな課題となる。しかるに，動産執行においては，いわゆる軒下競売による不透明な換価の実態があり，不動産執行においては，最低売却価額の低廉さ及び不入札による価額低落等の問題がある。そして，それらを規範的にも追認するように，民法には競売につき瑕疵担保責任を排除する明文規定が存在する（民570条但書）。

まず，動産執行の機能回復は古くからの課題とされながら，民事執行法でもほとんど手が付けられず，実務的にも新たな動きは少なく，むしろ最近は差押禁止動産の範囲を拡大する方向すら見受けられる。中古品市場の欠落，更には新品を好む日本人の国民性にすら遡る問題で，即効的な解決策は見出しがたいが，債務者による任意売却の方途を正面から認知することにより，次善の策を模索すべきであろうか。また，不動産競売については，民事執行法は一定の対処をし，成果を上げていることは(1)で述べた。ただ，最低売却価額については，実務は改正直後の正当価額説から卸売価額説に展開したが，近時の著しい資産デフレの中で売却価額の低落化という厳しい試練を被っている。この点は執行手続限りで解決できる問題ではないが，1つの方策として，卸売価額説の採用とともに放棄された最終消費者への売却の再模索が考えられ，その環境整備として横浜ローン方式等住宅ローンとの提携や事前の物件下見の部分的解禁など制度的改革が検討に値しよう[補注18]。その一環として，また1つの象徴として，瑕疵担保責任排除の問題は重要と思われる。担保責任一般は競売でも保障されており（民568条），判例上その拡大方向が示されているとき[56]，瑕疵担保責任についてのみ競売の冒険売買性という観念を維持するのは時代錯誤ではなかろうか[補注19]。

［補注18］ その後，このような提言は立法に取り入れられている。すなわち，前者（住宅ローンとの提携）は平成10年改正による民事執行法82条2項の追加により，後者（内覧制度）は平成15年改正による同法64条の2の追加により，実現した。

56） 借地権の存在しない建物の競売につき，最判平成8・1・26民集50巻1号155頁参照。

［補注19］ この点は，民法（債権関係）改正の議論の中で取り上げられ，立案段階では民法570条但書を削除して，一定の範囲で担保責任を認めるべく具体的な提案がされていたが（「民法（債権関係）の改正に関する中間試案」第35の9参照），裁判所や金融機関などの反対が強く，最終的には採用されなかった（改正民法案568条4項参照）。

(3) 資産の探知システムの必要

民事執行は債権者の申立てによるので，その実効性を語るには申立段階の障害について論じることが不可欠となる。執行申立時の最大のハードルは，いかにして市場価値ある債務者の資産を探知するかという点にあろう。これに失敗すると，結局債務名義は単なる紙切れにすぎないということになりかねない。この点について，諸外国では一定の配慮が加えられている。例えば，ドイツでは，動産執行が空振りに終わった場合に債務者が自己の資産を宣誓により開示すべき義務を課し，これに反したときは拘留等厳しい制裁を加えるし，フランスでは，債権執行において検察官による債務者の預金探知のシステムを有する[57)]。このような措置は，財産の無体化が著しく進展する高度情報化社会では不可欠と言うべきである[補注20]。

しかるに，日本法は僅かに債権差押えの場合の第三債務者の陳述催告の制度を有するに止まる（民執147条）。これは，その内容の不十分さもさることながら，第三債務者のみを相手方とし，差押対象債権以外の資産の探知は全くできない点に致命的な弱点をもつ。現在，住専の借手責任の追及に当たっては強制執行不法免脱罪の適用や住宅金融債権管理機構の強制力によって債務者の財産隠しに対処しようとしているが，ドイツやフランスに倣ってより一般的な財産開示の枠組みを構築していくことが救済の実効化に不可欠であろう[58)][補注21]。

57)　フランスでは税務当局が預金に関する広範なデータベースを構築しており，それへのアクセスによりほぼ確実に債務者名義の預金を把握できるという。

［補注20］　諸外国の資産探知システムの状況については，三木編・前掲［補注7］収録の諸論文参照（フランス法について同125頁以下，アメリカ法について同152頁以下，ドイツ法について同180頁以下，韓国法について同252頁以下など参照）。

58)　なお，それに応じて，執行対象の優先順位を強制すれば（例えば，生活に直結する財産の差押えを後順位に回すなど），それは結果として債務者の保護にもつながるであろう。

［補注21］　日本法においては，その後，平成15年改正により財産開示制度が導入されている（民執196条以下参照。立案段階における著者の主張については，山本和彦『倒産法制の現代的課題』（有斐閣，2014年）第18章参照）。ただ，その制度はなお不十分である旨が指摘されており，法改正の具体的な提言も出されている（三木編・前掲［補注7］353頁以下参照）。

⑷　優先主義の導入

民事執行による救済が実効的であるためには，その申立てに十分な利益が保障される必要もある。仮に資産が高価で換価できるとしても，配当参加者が多数に上り，その間で平等配当がされるのであれば，結果として申立債権者の取り分は少なくなり，執行申立てのインセンティブが下がってしまう。その意味で，債権者のイニシアティブ行使に正当に報いることが制度の活性化のため不可欠と思われる。そこで，優先主義つまり早い者勝ちの原理を一定の範囲で採用することが議論の俎上に上る。この点で，外国法は近時優先主義的方向に大きく傾いていると言える。既に優先主義として著名であるドイツの差押質権等の制度に加えて，平等主義の一方の雄とされてきたフランスも 1991 年執行法改正で優先主義的方向に踏み出した[59)]。日本では，民事執行法の制定により，極端な平等主義は修正され，配当要求の要件が厳格化されたが，特に不動産執行について保全抵当制度を採用するなどなお一層の検討が必要と思われる。差押えに要する費用（特に登録免許税の負担）等を勘案すれば，配当要求債権者との間に何らの区分も設けていないのは問題があると思われるからである[補注 22]。

⑸　間接強制の活用

社会のサービス化・高度化に伴い債務内容がソフト化すれば，債務名義の内容も変化し，単純な金銭給付債務から債務者の具体的行為（作為・不作為）を求める請求の増加が予想される。そのような行為債務について執行法が予定する究極の救済方法が間接強制である（間接強制の補充制論については，*3*⑴参照）。その実効性の面から見ると，特に最近の裁判例における間接強制金額の高額化が注目に値する。暴力団の事務所利用禁止について，いわゆる一力一家事件[60)]が著名だが，そのほかにも，大阪地堺支決平成 3 年 12 月 27 日（判時 1416

59)　不動産について既に存在した保全抵当制度を株式等一部動産に拡張するとともに，債権執行について帰属差押制度をとり，第一差押債権者に債権が全面的に帰属するものとして，極めて強い優先主義を採用した。この改正については，山本和彦「フランス新民事執行手続法について（上）（下）」ジュリ 1040 号・1041 号（1994 年）参照。

［補注 22］　立法論として判決先取特権制度の創設を提案するものとして，三木編・前掲［補注 7］366 頁以下参照。

60)　静岡地浜松支決昭和 62・11・20 判時 1259 号 107 頁参照。1 日 100 万円の強制金を

号120頁）（1日100万円）などがあるし，新種類型として，情報公開を命じる判決に自治体等が応じない場合も間接強制が活用され，注目された例として，東京高決平成7年6月26日（判時1541号100頁）が資料の閲覧・謄写を命じるとともに強制金として1日15万円の支払を命じたが，組合が応じなかったので，東京高決平成7年9月1日（同号同頁）が間接金を30万円に増額した事件などが今後の救済の方向を示唆する[補注23]。

（初出：岩波講座『現代の法5 現代社会と司法システム』
（岩波書店，1997年）209頁以下）

［補論］　本章は，岩波講座という掲載書の性質上，一般の読者向けに，「民事救済システム」の全体像を提示することを主眼としたものである。その中身については，かなり荒削りであるが，大胆な整理や提言をしているところも多い。具体的な提案については，その後の法改正で採用されているものも多く，細かな点はともかく，全体の方向性自体は，20年近く経った現在から振り返ってみても，誤っていないのではないかと考えている。

なお，本章の元となった論稿については，川嶋四郎「『救済の方法』論の展開・概観」新堂幸司監修『実務民事訴訟講座〔第3期〕第1巻』（日本評論社，2014年）317頁において，「山本和彦教授は，民事救済システムの全体構造について論じ，民事手続を通観したかたちで，救済の要件と救済の内容を論じ，実効的な救済のあり方を精緻に探求し，かつ，裁量統制のあり方についても貴重な提言を行った」ものと評価されている。

認める。

［補注23］　間接強制の活用の方向はその後も続いている。近時の著名な事件として，いわゆる諫早湾干拓訴訟における国に対する間接強制決定がある（最高裁の判断として，最決平成27・1・22判時2252号33頁〔国が仮処分決定により排水門を開放してはならない旨の義務及び訴訟の確定判決により上記排水門を開放すべき義務をともに負っている場合であっても，執行裁判所はいずれの義務についても間接強制決定をすることができるものとした〕参照）。この問題を含む間接強制の近時の論点に関する著者の見解については，山本和彦「間接強制の活用と限界」曹時66巻10号（2014年）1頁以下参照。なお，金銭債権の実現との関係では，氏名公表など別途の間接的履行強制制度の検討も必要と解されることにつき，本書第7章*2*(4)参照。

第7章

法の実現と司法手続

1 司法による法の実現

(1) 司法の役割――法的利益の保護

「司法による法の実現」という問題を考えるとき，そこでいう「法の実現」が何を意味するかが問題となる。ここでは，予め設定された法が社会において遵守されている状態を指すものと理解する。そのための司法の役割としては，2つのことがあるように思われる。1つは，法に違反した事態の是正である。「借りた物は返さなければならない」という法があるとして，借りた物を返さない人がいるときに，司法によって強制的にそれを返させることで，法の違反を是正し，法の実現を図るものである。もう1つは，法に違反する事態の予防である。上記のような法違反の是正がされるものと多くの人が予め考えているとすれば，借りた物を返したくなくても返すという行動パターンがとられ，結果として法違反の状態は生じず，法の実現が図られるというものである。以下では，このような司法による法の実現の意義をより敷衍して見ていくことにする。

民事司法の役割については，伝統的にいわゆる民事訴訟の目的論として議論がされてきた。これについては，権利保護説，法秩序維持説，紛争解決説などが提唱され，近時は更に，多元説，手続保障説，新権利保護説なども主張されている[1)]。これらの見解で提唱されている目的・任務はいずれも民事訴訟が現実に果たしており，また果たすべきものであることに異論はない。ただ，以下では，どの点に民事訴訟の本質的任務があるのか，換言すれば民事訴訟以外の制度やサービスと比較して，民事司法が第一義的に引き受けるべき任務は何かという観点から考えてみる。

以上のように問題を設定したとすれば，そのような本質的任務は法的利益の保護ではないかと考えられる[2)]。民事訴訟で保護されるべきものは「権利」という形で事前に確定している必要は必ずしもない。不法行為の場合などに典型的に見られるように，権利に至らない法的利益も当然訴訟における保護の対象になる[3)]。仮にここでいう権利を訴訟で問題となる訴訟物とみるとしても[4)]，民事訴訟の目的をそのような法技術的な意味での請求権の保護と理解することはやや本質にそぐわないように思われる。民事訴訟の任務はむしろ，そのような技術的な「権利」の背後に存在する，法的にみて保護に値する利益を保護する点にあるのではなかろうか[5)]。そのような理解によれば，未だ権利に昇華できないような法的利益を含めて訴訟手続の俎上に載せることが容易になろう。

以上のような意味での法的利益の保護は，法的な紛争の解決とほぼ同義といえる。その意味で，紛争解決を民事訴訟の本質的目的と理解することに大きな違和感はない。しかし，後述のように，民事訴訟をサービスとして捉え，サービス利用者としての原告の観点を重視するとすれば，あくまでも保護を求める当事者（原告）のニーズに応える制度として民事訴訟を把握することがその本質の理解として重要ではないかと思われる。仮にサービスの本質的内容が紛争の解決であるとすれば，サービス提供の相手方は両当事者になろうが，それが

1）民事訴訟の目的論の概観については，青山善充「民事訴訟の目的と機能」伊藤眞＝山本和彦編『民事訴訟法の争点』（ジュリスト増刊，2009年）4頁以下など参照。

2）このような著者の理解については，山本和彦『民事訴訟審理構造論』（信山社出版，1995年）（以下『審理構造論』という）7頁以下，同『民事訴訟法の基本問題』（判例タイムズ社，2002年）（以下『基本問題』という）9頁以下，本書第1章***1***など参照。

3）むしろ訴訟手続の積み重ねの中で，法的利益が権利に「昇華」していく契機が生じることも多い。例えば，日照権や人格権，パブリシティ権などにそのような実例が見出される。

4）そうだとすれば不法行為の場合も，損害賠償請求権という「権利」の保護を目的にしていると言うことができる。

5）このような理解を「実質権」という概念を用いて説得的に展開する見解として，竹下守夫「民事訴訟の目的と機能」青山善充＝伊藤眞編『民事訴訟法の争点〔第3版〕』（ジュリスト増刊，1998年）6頁以下参照。

民事訴訟という公的サービスの理解として妥当であるか，なお疑問を否めない。

以上のような観点から，民事訴訟の本質的内容は法的利益の保護と位置づけるべきである。そして，そのように理解すると，その任務を民間レベルで部分的に実現することも不可能ではない。しかし，民間レベルで法的利益を保護する場合の問題は，そのためには最終的に両当事者の合意が必要となる点にある。私的自治の原則を前提にすれば，一方当事者が利益保護のための措置に同意しないときは，当該利益は保護されない結果になってしまう。当事者間で合意ができない場合，利益保護のために国家権力の行使は不可欠である[6)]。もちろん民事訴訟が法的利益の保護を独占するものではなく，現実の世界ではむしろ大半の利益保護は裁判所の外で行われている。しかし，たとえそうであっても，当事者の同意がない場合をも含めて，法的利益の保護を完結的に実現するためには，民事訴訟という制度の存在が不可欠の前提となる。その意味で，民事訴訟の本質的な目的・任務は，私人の法的利益の保護にあると言ってよく，そのような任務は，他において代替できない不可欠性を社会の中で有するものと解されよう。そして，まさにそれが社会における法の実現の不可欠の前提ということになる。

ただ，言うまでもないことであるが，社会に存在するすべての法的利益を民事訴訟により保護することは，そもそも不可能であるし，相当でもない。むしろ当事者間で合意による解決が可能であれば，それが望ましいことは明らかである。法的利益救済のラスト・リゾートともいうべき訴訟の役割としては，以下の２点が指摘できよう。第１に，訴訟外で当事者間において紛争を解決する場合の解決基準（法的ルール）の具体化・明確化を図ることである。もちろん社会において妥当するルールの設定の第１次的責任は立法府にあるが，ルール設定における立法の限界を補うものとして司法の役割は大きい。第２に，当事者間ではどうしても解決できないような紛争の最終的解決を図ることである。裁判所という資源（とりわけ裁判官・書記官等の人的資源）は日本社会にとって極めて貴重なものであり，社会的にみればそのような資源をそれが有用に機能す

---

6)　国家の中でも，行政権の役割は，個々人の利益に分解されない「公益」の保護であるのに対し，ここで問題となる個々的な私人の法的利益の保護はまさに司法権の役割ということになる。

る場面に集中して投下する必要がある[7]。すなわち，司法の役割は，「法の実現」という観点からみるとき，究極的な紛争解決機関として個別紛争の確実な解決を通じて法の実現を図ること，更に社会における紛争解決のルールを設定して法の実現を図ることにあると考えられる。

(2)　司法の役割——法的ルールの明確化

このうち後者の観点からの「法の実現」を更に敷衍すると，社会におけるルールに関する伝統的な役割分担は，ルール設定は立法府の役割であり，法律により設定されたルールの適用が司法府の役割であるとされる。このような考え方は現代においても基本的には妥当するが，現代社会においてはそのような役割分担を純粋な形で維持することに困難を生じている。それはすなわち，社会・経済活動の進展のスピードと立法のスピードとの齟齬の問題であり，司法がその間隙を繋ぐ役割を果たさざるをえない点にある。また，立法の側でも，そのような事態を予め想定して，一定の範囲で司法による規範補充を前提としてルール設定をする場面が増えている。すなわち，広い意味での一般条項の多用である。更に，司法の役割に対する社会の期待の変化もこの点に関係する。すなわち，非訟事件ないし決定手続への期待の増大であり，いわゆる「訴訟の非訟化」という現象である[8]。それは，非訟事件手続の迅速性，簡易性，秘密保護性，柔軟性など，訴訟手続によっては実現困難である様々なニーズに司法が対応するものであるが，そこでは必然的に裁判所の裁量が前提となり，具体的事件の中で一種の「立法作用」が不可欠になってくる。そのような要請は，たとえ伝統的な司法の在り方から外れることがあるとしても，裁判所という透明な場での問題解決がなお望ましいという，司法に対する社会の暗黙の期待を前提とするものと考えられる[9]。

---

7)　その意味では，前述のように，法的利益の救済自体は民間でも提供できる性質のサービスであり，「民間でできることは民間に」という発想が有効であろう。ここに，ADRに対する期待が大きくなることになる。

8)　訴訟の非訟化については，近時の理論状況も含めて，高田裕成「訴訟と非訟」伊藤＝山本編・前掲注1）12頁以下参照。

9)　このような期待は，例えば，C型肝炎感染事故をめぐる損害賠償請求に関する制度構成などに現れている。「特定フィブリノゲン製剤及び特定血液凝固第Ⅸ因子製剤による

以上のような司法の新たな役割は，21 世紀の司法を考えるとき，正面から位置づけていく必要性があるものと考えられる[10)]。すなわち，法の継続発展の任務を民事訴訟の役割として正面から位置づけていく発想である。これは，前述の訴訟目的論の議論からすれば，かつての私法秩序維持説の現代的展開とも理解されうる[11)]。そして，前述のように，この点は民事訴訟と ADR 等他の紛争解決手続との役割分担の観点からも正当化できるものである。すなわち，ルーティンな紛争解決を可及的に ADR に委ねながら，そのような裁判外の解決ないし紛争予防の前提となるルールセッティングを民事訴訟・司法の 1 つの中核的役割として捉え，ADR との役割分担を規定する考え方である。そこでは，ADR とは区別された司法の 1 つの機能は，法の生成発展にあることになろう。

以上のように，著者は社会におけるルール形成という観点も，民事訴訟の役割の中に織り込んで民事訴訟手続の在り方を考えていく必要があると考えている。ただ，そのような観点からすれば，現在の民事訴訟法にはなおいくつかの問題点がある。それは，従来はそのような規範設定は裁判所の役割の外のものとして理解され，「裁判官は法を知る」という制度的大前提が存在したことに由来するのではないかと思われる。しかし，その点を正面から見直していくとすれば，訴訟手続に対する反省も生じざるをえないことになろう。

第 1 に，最高裁判所の役割である。上記のような点も司法の役割として把握するとき，ルール設定において中核的役割を担うのは，言うまでもなく最高裁判所ということになる。この点で，平成 8 年民事訴訟法改正によって上告受理制度及び許可抗告制度が導入されたことは，そのような司法の役割を意識したものであったことは明らかであろう[12)]。ただ，運用において，その徹底は未

C 型肝炎感染被害者を救済するための給付金の支給に関する特別措置法」では，行政庁の認定によって被害救済を認めることも考えられたが，結局，裁判所の所見を前提とした訴訟上の和解による因果関係等の認定を被害救済の前提とすることによって，その客観性・透明性を担保しようとしたとみることができよう。

10）以下については，山本『基本問題』17 頁以下も参照。

11）ドイツ民事訴訟法の目的論において，法の継続発展を民事訴訟の目的の 1 つとして掲げる見解が有力である。これについては，山本『審理構造論』14 頁注 22 参照。

12）同改正の趣旨を踏まえた最高裁判所（上告審）の役割については，山本和彦「上訴制度の目的」青山 = 伊藤編・前掲注 5）286 頁以下参照。

だ十分とは言い難い面もあり，なお検討の余地があろう[13)]。

第2に，法律問題に関する手続保障の在り方である。裁判所によるルールの設定・補充を正面から位置づけるとすれば，その点に関する当事者の手続保障が不可欠の前提となろう。もはや「裁判官は法を知る」の原則[14)]という建前の下で法的観点に関する当事者の手続保障を無視することは許されない。この点で，近時の判例による法的観点指摘義務の明確化[15)]はそのような方向性に合致すると考えられるし，また非訟事件における当事者の手続保障の強化も同様に重要な意義を有する[16)]。更に，上告審を含めた十分な法的討論の機会の確保が期待されよう[17)]。

第3に，裁判所による法形成の基礎情報の収集の問題である。裁判所が適切なルールを設定するに際しては，ルール制定に必要となる背景情報（立法事実等）の探知を制度化する必要があろう。この点については双方当事者から一定の情報の提供が期待できるが，いずれの当事者にも偏しない中立的立場の者からの情報提供も重要な意義を有する。そこで，裁判所のイニシアティブによる情報収集の制度が有用になると解される[18)]。このような仕組みは，民事訴訟の新たな位置づけの下では不可欠な制度的前提になろう[19)]。

---

13)　正しい事件の解決とのバランシングをどのように図るかという困難な問題がある。この点については，山本・前掲注12）288頁以下参照。

14)　この原則の歴史的発展の経緯については，山本『審理構造論』96頁以下参照。

15)　最判平成22・10・14判時2098号55頁など参照。

16)　この点に関する著者の見方については，山本和彦「非訟事件手続法・家事事件手続法の制定の理念と課題」法時83巻11号（2011年）4頁以下，本書第14章***4***参照。

17)　このような観点からすれば，上告審における口頭弁論を経ない破棄判決について，近時拡大しすぎの傾向が見られはしないか，やや気になるところである。

18)　このような点は既に，最高裁判所事務総局「裁判の迅速化に係る検証に関する報告書（平成23年7月）」施策編41頁（裁判所による行政庁等に対する照会制度の創設），三木浩一＝山本和彦編『民事訴訟法の改正課題』（有斐閣，2012年）192頁以下（第三者情報提供制度）などにおいて提言されている。実際の運用例として，アップル対サムスンの特許権侵害訴訟に関して行われた知財高裁による意見公募の手続がある。これについては，例えばNBL 1018号（2014年）10頁など参照。

19)　更に，第三者の側がイニシアティブをもって情報を提供する制度（アメリカのamicus curiae的な制度）についても検討の余地があることについて，三木＝山本編・前掲注18）192頁以下参照。

⑶　法実現の質（達成度）――実効性と公正性のバランス

以上で，民事司法による「法の実現」に関する役割，とりわけ他の紛争解決手段との関係での特徴について概観してきた。民事訴訟という制度は，国家権力の行使の一形態であることは確かであり，特に被告との関係でいえば，制度の特色である強制性がクローズアップされ，権力性が際立つ。しかし，この制度は，私人である原告の申立て（利用行為）があって初めて発動されるものであり，あくまでも私人の利益のために創設された制度といえよう。その意味で，民事訴訟とは，その利用者（便益を享受する者）のために国が税金を原資として運用している制度であり，外交，防衛，公教育等と同じ性質を有する公的サービスとして位置づけられる。原告（利用者）側からみれば，私人が事前に納税負担をしておき，必要な場合にそれを利用できる地位を取得するという一種の公的保険ともいえよう。本章は，民事訴訟制度をそのような意味での公的サービスとして把握し，そのサービスの内容ないし性質として強制力（権力性）を認識することになる。

著者が民事訴訟を公的サービスとして位置づける実践的狙いとしては，以下の点がある。第１に，民事訴訟制度をより利用しやすいものとする目的意識である。従来のように，公権力の行使として民事訴訟を理解する考え方は，自ずから権力の濫用を防止・制御する方向が議論の中心となり，その結果，裁判所等の「手足を縛る」議論になりがちである。しかるに，裁判所については，むしろサービス機関として，その利用の促進を図るための様々な創意工夫や実効性確保の議論があるべきではないかというのが著者の問題意識である。そのような方向性を強調するためには，民事訴訟を公的サービスとして位置づける観点が適合的ではないかと思われる。

第２に，サービスの「質」に対する注意を喚起する問題意識がある。民事訴訟が権力行使であるとすれば，どうしても権力行使の目的が達成されたかどうかだけに目が行き，質に関する発想は生じにくい。しかし，著者は，民事訴訟についても「質保証」の考え方を導入することが重要であると考えている。そこでは，どのような質を保証すべきかの議論，更に質保証の方法論（サービスの定期的なチェック，利用者のニーズ〔利用者満足度〕の把握等）などについても，意識的に議論の対象とすべきことになる。

以上のように，民事訴訟・司法の質の保証を考えるとき，著者のみたところ，求められる質としては，迅速性，廉価性，公正性，適正性，強制性，納得性といったものがあると考えられるが[20)]，重要なポイントは，その実効性の確保と公正性の確保とをいかにバランスよく両立させるかにある。以下では，民事司法による法の実現という観点から，その実効性（*2*）及び公正性（*3*）について順次検討していきたい。

2　法の実現の実効性

(1)　実効性確保の意義

まず，法の実現の実効性という観点である。法違反に対する是正が実効的に行われなければ法の実現は図られないし，制度がそのような実効性に欠ける場合は法違反への予防的な効果も失われる。前述のように，司法制度を，法的利益を保護する公的サービスとして位置づけるとすれば，そのような保護が実効的に行われることが不可欠の前提となる。原告あるいは債権者からみた利益救済の実効性という観点である。

これを法治国家ないし裁判を受ける権利という観点からみれば，権利の侵害等が行われたときに，それが訴訟手続・執行手続など国の強制的な手続を通して実際に救済されて初めて，法治主義が実現し，裁判を受ける権利の保障があると言える。裁判を受ける権利は，単に裁判所に訴える機会が保障されていれば，それで足りるという形式的なものではない。その意味で，法的利益の救済の実効性は，法治国家や裁判を受ける権利を保障する前提となる。

また，当事者の立場からみても，最終的な法的利益の救済の実効性が確保されることによって初めて制度が利用されることになる。実効性のない制度を，費用や手間をかけて利用する者はいないであろう。そして，司法は利用されることによって初めて，それが目的とする法の実現が可能となるものである。逆に利益保護の実効性が不十分で，その結果として司法制度が利用されないとす

---

20)　このような質に関する議論については，山本『基本問題』21頁以下，本書第1章*5*参照。

れば，社会の法秩序は維持できず，また法の継続形成も困難になる。その意味では，民事司法の実効性の確保は法の実現の実効性に直結するものといえる。

(2) 実効性確保のための課題と解決策

以上のような観点に基づき，従来，日本の司法制度が実効的なものであったかについては，評価が分かれるであろう。ただ，司法制度改革において「頼りがいのある司法」という考え方が登場し，その点が重要な課題として位置づけられたことは，逆に言えば，従来の司法制度は頼りがいのあるものとは言い難く，実効性の確保が十分ではなかった面があるという問題意識を示唆するものであろう。

仮に従来の日本の司法制度において実効性の確保が十分でなかったとすれば，その理由はどこにあるかが問題となるが，著者は，それには実際上の理由と理論上の理由があったのではないかという仮説を有している。まず，実際上の理由としては，そもそも原告や債権者の権利を民事訴訟や民事執行において徹底的に実現することが果たして望ましいことなのかという根本的疑問があったのではないかと推測している。従来の日本の民事司法においては，それを現実に利用する当事者として，消費者金融業者が多数を占めていたという現実があったことは間違いない。一般私人が司法制度を利用して自らの権利を実現することは極めて少なかったし，通常の企業は裁判所の利用を避ける傾向にあった。そうだとすれば，果たして消費者金融業者のような債権者を，国家権力を用いてあえて強く保護する必要性があるのだろうかが問われることになる[21)]。このような実態が司法の実効性をめぐる議論を歪める原因になってきたのではなかろうか。

以上のような実際上の理由に加えて，理論上の理由もこの点を後押ししてきたように思われる。従来，民事訴訟や民事執行においては，それらを公法として捉え，国家権力対債務者・被告（敗訴者）という議論枠組みで問題を把握す

21) 園尾判事の歴史研究によれば，まさにこのような点が考慮され，日本の執行制度（更には倒産制度）は意図的に弱体化が図られてきたとされる。この点につき，優先主義・平等主義の関係を中心に，園尾隆司「近現代法制史からみた優先主義と平等主義（下）」判タ 1339 号（2011 年）13 頁以下参照。

ることが一般的であったように思われる。その結果，そこでは私人を国家権力の濫用からいかに保護するかが制度的課題となった。そのため，必然的に当事者の手続権を強化し，濫用防止の観点から手続（裁判所の権限）に対する制約が増加する傾向を示す。結果として，実効性に欠けるとしても当事者を保護する制度に傾斜しがちになる理論的傾向は否定し難かったように思われる。そこでは，債権者・原告（勝訴者）の視点が（極端に言えば）不在の傾向が看て取れた。

しかし，状況は変化の兆しを示している。司法制度改革審議会意見書では「頼りがいのある司法」が強調され，「国民にとって，より利用しやすく，分かりやすく，頼りがいのある司法とする」という観点が明確に提示された[22)]。従来の民事訴訟法の改革等では，利用しやすさや分かりやすさは強調されていたが，頼りがい（実効性）という観点は必ずしも明示されてこなかった。その意味では，国民的議論として行われた司法制度改革においてこの点がクローズアップされた意義は強調されるべきであろう[23)][補注1]。

以上のような状況の変化が生じてきている原因として，まず実態面については，前述のような司法制度利用の在り方が変容してきている点が指摘できよう。すなわち，一般企業や私人も必要があれば訴訟制度を活用する場面が増えてきている一方[24)]，消費者金融業者の制度利用が，いわゆる過払金問題等の展開

---

22)　園尾隆司「破産者に対する制裁と破産者名簿調製の歴史」判タ1388号（2013年）10頁以下は，実効的な執行制度の創設については国民的議論が必要である旨を繰り返し強調する。その指摘は正当と思われるが，既に国民的議論に基づく司法制度改革審議会の意見書において，上記のような視点が強調されていたことは注目されてよい。

23)　このような観点は，近時の「民事司法を利用しやすくする懇談会」の最終報告書（2013年10月）にも表れている。すなわち，消費者代表・労働者代表・経済界代表などを加えたやはり国民的議論としての同懇談会の中で，裁判を利用しやすくするために，権利義務に関する情報提供，司法アクセスの拡充に加えて，「十分な権利救済」を挙げ，証拠法の改革，実効的な被害救済と再発防止，強制執行の強化などが課題として列挙されている。

［補注1］　前注掲記の懇談会の意見書を契機とするシンポジウムとして，「（第26回司法シンポジウム・プレシンポジウム）いま司法は国民の期待にこたえているか」NBL1038号（2014年）13頁以下など参照。

24)　特に一般市民との関係では，少額訴訟制度の創設は重要であり，司法制度に対する市民の信頼を維持していくためには，少額訴訟において認められた権利が実際に実現されることの重要性が認識されたことは大きな意味をもつ。司法制度改革との関係につい

により後退したことがある。これによって，利用者像がいわば中立化する傾向にあり，結果的に前述のような議論の歪みが是正される契機となっている。また，理論的にみても，原告・債権者の視点の見直しが進められているように思われる[25)]。著者の観点から見れば，公的サービスとしての民事訴訟の捉え直しという理論的契機がそこに見出される。

以上のような認識を前提に，以下では，その具体的な展開として，まず民事訴訟の側面において真実に基づく権利救済を図るという観点から，真実発見のための制度整備について（(3)参照），次いで強制執行手続の側面における法の実現として，金銭執行の問題（(4)参照）とその他の執行の問題（(5)参照）について，順次検討していく。

(3) 具体的展開（その1）――真実に基づく権利救済

民事訴訟における実効性の観点としては，本来保護されるべき法的利益を有する者が結果として適切に救済されることが何よりも重要と考えられる。それによって初めて社会における法の実現が可能となる。法的利益をもたない者が誤って保護されたり，法的利益をもつ者が誤って保護されなかったりすることが増えれば，結果として法に違反した状態は是正されず，法違反への予防的効果も損なわれるからである。そして，判決の適正さは，事実認定の適正さ（すなわち真実発見）と法適用の適正さ（すなわち正しい法の解釈適用）に基づくのであり，これらがいかに制度的に担保されているかがその実効性を左右することになる。

そこで，まず真実発見の重要性である。民事訴訟において真実の発見に努めることは，何ら弁論主義と矛盾するものではない[26)]。弁論主義における「形式的真実」とは，当事者間で争いがない場合にはあえて裁判所は真実を探求する必要がない（換言すれば当事者はその合意により真実発見を拒絶できる）という意味に過ぎないのであり[27)]，当事者間に事実について争いがある場合には，裁

ては，山本和彦『倒産法制の現代的課題』（有斐閣，2014年）407頁参照。

25)　これは，刑事訴訟で従来必ずしも重視されてこなかった被害者の視点の見直しが進められていることと類似した部分があるように思われる。

26)　この点については，本書第15章 *1* (4)参照。

判所は可及的に真実を発見し，それに基づき判決をする必要があることは当然であろう。

そこで，重要となるのは，真実発見の方途である。真実を発見するには，①訴訟に至る前にできるだけ多くの証拠が保存されていることと，②保存されている証拠ができるだけ多く訴訟手続に顕出されることが重要である。まず，①の点については，司法制度によってコントロールできる部分は少ない。この点に関しては，証拠の重要性を一般国民に広く認識させる法教育や書証に関する商慣行・ルール化[28)]などが重要性をもつ。法制度としては，証明責任の分配によって，証明責任を負担する者に対して証拠の作成・保存の動機づけを与えることが考えられよう。つまり，証拠を残しやすい当事者に証明責任を分配することで，証拠の総量を増やすように予め規律付けをするものである[29)]。第2に，存在する証拠を可及的に多く裁判所に提出させる方法であるが，この点に関しては，当該証拠を裁判所に提出することにインセンティブをもつ当事者にそれを手に入れる方途を付与することが重要性をもつ。この点は，後述の手続保障の観点からも求められることであるが，証拠所在情報の収集も含む証拠収集方法の拡大であり，当事者照会（証拠所在情報の照会）の実質化，文書提出義務の拡大，証人に対する秘密尋問の可能性[30)]等が検討課題に上る。

また，真実解明の方途として，それに反する行動をとった者に対する制裁も重要である。従来の日本の訴訟システムは，いわゆる非制裁型モデルであったとされるが，制裁型モデルに向けた方向転換の必要性が指摘される[31)]。すな

27)　このような弁論主義の理解につき，山本『基本問題』127頁以下参照。

28)　例えば，書証の不存在によって裁判所がしばしば困難な事実認定を強いられる紛争類型として建築瑕疵関係訴訟があるが，これについては合意内容の書面化に向けた業界慣行の改善が大きな課題としてある。この点については，最高裁事務総局・前掲注18）51頁参照。

29)　ただ，裁判所が証明責任による判決を避けるときには，このような規律付けは実効性を有しないことになる。個々の事件において証人尋問等をできるだけ行って可及的に真実発見を志向する（そのために証明責任判決を避ける）ことが，大局的にみれば，当事者の証拠保存の動機を薄める結果になりかねないことは制度の皮肉である。

30)　公開法廷における尋問では真実発見ができなくなるおそれに対応する制度である。既に，人事訴訟（人訴22条）や特許関係訴訟（特許105条の7）において公開制限に基づく真実発見の制度が存在する。

31)　これについては，三木浩一『民事訴訟における手続運営の理論』（有斐閣，2013年）

わち，真実解明に向けた手続的要請に対して当事者が応じない場合には，実効的な制裁を科すことで手続上の義務に応じさせる可能性である。そのためには，真実擬制が最も実効的な方法であるが，それは必然的に真実に反した裁判をもたらすおそれがある[32)]。その意味では，結論に中立的な制裁方法として，アメリカ法の司法妨害に対する制裁（contempt of court）のような制度の可能性は，日本でも検討に値しよう[33)]。

以上のような事実面での真実解明とともに，正しい法の解釈適用も最終結果としての正しい法の実現という観点では，同等の重要性をもつ。しかし，法情報の複雑さ，一般条項の多用，外国法の適用機会の増大等から，今日ではそれは必ずしも自明のものではなく，正しく法が解釈適用される前提条件を制度的に調えていく必要がある。第1に，法の解釈適用に係る基礎情報の収集手段の確立である。そのような情報（立法事実等）について，公的機関等に対する情報収集の権限を裁判所に付与する制度などが考えられる（これについては，*1*(2)参照)。第2に，法的討論の保障である。争いがありうる法の解釈適用について，当事者に対して十分な攻撃防御の機会を付与する必要がある。そこでは，「裁判官は法を知る」の原則を無限定に適用するのではなく，裁判所の法的見解を率直に提示して十分な議論を経る必要があろう[34)]。第3に，外国法の適用に固有の問題である。日本の裁判官は外国法について専門的な能力をもたず訓練も受けていないのであるから，外国法を正しく解釈適用するためには，外国の法情報について裁判所が十分な収集の機会を保障される必要がある。それによって初めて外国法の適用が必要となる事件においても，法適用の適正性が担保されよう[35)]。

2頁以下参照。

32)　そのような観点から，真実擬制の規律は人事訴訟・非訟事件手続等においては排除されている（人訴19条，非訟53条など参照)。

33)　そのような立法論の可能性については，最高裁判所事務総局・前掲注18) 30頁，三木＝山本編・前掲注18) 184頁以下など参照。

34)　法的観点指摘義務については，山本『審理構造論』169頁以下参照。近時の立法提案として，三木＝山本編・前掲注18) 73頁以下参照。

35)　外国法の情報を適切に探知する制度整備の必要性を含めた外国法の適用の問題については，山本和彦「外国法の適用」櫻田嘉章＝道垣内正人編『注釈国際私法(2)』（有斐閣，2011年）350頁以下など参照。

以上のように，正しい事実認定及び正しい法適用に向けた訴訟サービスの質の向上が図られることによって，民事訴訟による法の実現がより進展することになろう。

(4) 具体的展開（その2）——金銭債権の実現

次に，司法の実効性という観点からは，最終的に裁判結果が実現できることが何にも増して重要である。その意味で，執行制度の機能は，司法による法の実現という観点から大きな意味をもつ。とりわけ法違反の予防のためには，法違反を犯した場合にそれが司法において是正される旨の予測の信頼性が重要であり，そのためには執行制度が特に重要性をもつ。しかし，この点において，現在の日本の状況は必ずしも十分とは言い難い面があるように思われる[36)]。

まず，金銭執行の実効性の確保の観点である[37)]。取得した勝訴判決を実現することは裁判を受ける権利に由来する重要な債権者の権利であるところ，債務者財産の不透明化・無体化が進む状況の中では債務者の責任財産情報の取得の重要性が増大する。このような財産情報の取得の制度として，現在は財産開示制度（民執196条以下）があるが，これが十分に機能しているとは言い難く，その制度の強化，すなわち債務名義の限定の廃止（執行証書等の対象化），執行不奏功要件の廃止，開示義務の範囲の拡大（過去の財産譲渡への対象拡大），強制手段の強化（監置処分の導入）などに加え，第三者から情報を取得する第三者照会制度の創設も大きな課題となろう[38)]。

ただ，債権者が債務者の財産情報を収集できたとしても，強制執行を申し立

36)　なお，これとは逆に，苛酷執行に対する制御という面でも，諸外国の制度と比較して，現在の日本の制度は弱点をもつ。今後は，後述のように，執行手続における債権者の権利を強化すると同時に，債務者保護のための強力な一線，すなわち苛酷執行の禁止を明確化する必要があると解される。現在の執行制度は，債権者の権利保護が十分ではないため，債務者の権利保護を意識しなくとも問題が余り生じないような状況にあるが，今後はよりメリハリの効いた執行制度が不可欠になろう。このような著者の問題意識については，山本・前掲注24）407頁以下参照。

37)　これについては，三木浩一編『金銭執行の実務と課題』（青林書院，2013年）。特に同書353頁以下の立法提案を参照。

38)　これについて，フランスの制度を参考に論じるものとして，山本和彦「フランス法からみた金銭執行の実効性確保」判タ1379号（2012年）44頁以下（三木編・前掲注37）124頁以下所収）参照。

てること自体に様々なコストがかかるとすれば，権利救済の限界がある。そのような観点からは，むしろ債務者に「任意」に弁済をさせるような間接的履行強制方法の多様化が求められる[39]。現在の間接強制を金銭債務にも拡大していくことは考えられるが，扶養料債務に関する間接強制（民執 167 条の 15）の実効性に限界がみられるとすれば，別の観点からの間接的履行強制制度，例えば債務を弁済しない債務者の氏名を公表するような制度（いわゆる債務者名簿制度）の導入[40]など，個人情報保護との均衡を図りながら，制度的な工夫が求められよう。

⑸ 具体的展開（その3）――家事債権等の実現

また，金銭執行以外の強制執行の実効性確保の問題も重要である。直接強制である建物明渡執行の実効性確保については，平成 15 年改正によって明渡催告制度の導入（民執 168 条の 2）等による任意履行の実効化の試みがされているが，福祉との連携，費用の問題等なお解決すべき課題も多いように思われる。

更に，扶養義務等に係る金銭債権の強制執行の実効性確保については，やはり平成 15 年・16 年民事執行法改正によって，間接強制（民執 167 条の 15）や予備差押え（民執 167 条の 16）などの制度が導入されたが，未だ必ずしも十分なものではない。抜本的な方策としては，諸外国にみられる行政による立替払い及び強制徴収という選択肢が真剣に検討されるべき時期に来ているように思われる。

最後に，子の引渡執行の実効性確保については，ハーグ条約実施法の中で同条約上の返還義務の強制履行について子の返還（代替）執行における執行官の役割が明確化されたが，これについては今後国内手続にも波及させ，実効的な子の引渡執行の実現が期待される[41]。いずれにしても，実効性の確保という

39） この点で興味深いのは，行政上の義務履行確保における様々な試みである。戦前の行政執行法の廃止に伴い，行政代執行のみを基本とする執行制度の不十分さに対する苦慮の中から，行政法では様々な工夫がされている。特に，義務履行方法としての公表制度の在り方等には民事執行の観点からも興味深いものがある。

40） これに関する立法提案として，三木編・前掲注 37）364 頁以下参照。なお，ドイツの制度については，坂田宏「ドイツにおける裁判所がつくるブラックリスト」同書 219 頁以下参照。

観点から，強制執行における強制性の強化とその範囲の明確化に向けた見直しが不可欠であることは明らかであり，それによって民事司法による法の実現が進展していくべきものであろう[42]。

3　法の実現の公正性
――手続保障

(1)　手続保障の意義

以上のように，司法による法の実現の実効性を確保し，充実させることは現在の日本の民事司法にとって重要な課題である。ただ他方で，それが国家権力の行使によって行われる以上，その公正性が不可欠の前提となる。従来は司法の実効性に乏しかったため，その公正性に多少の問題があっても弊害は小さいという中途半端な状態にあったように思われる。今後，その実効性が強化されていけば，必然的に公正性の確保のための措置が重要な意義を有することになる[43]。

そこで以下では，民事司法における公正性すなわち手続保障の在り方について考える前提として，手続保障の目的，すなわちなぜ手続保障が必要であるのかという，やや根源的な問題について，まず若干の検討をしておきたい。

この点について，大きく分ければ，2つの目的がありうると考えられる[44]。

---

41)　同実施法及びその執行手続については，山本和彦「ハーグ条約実施法の概要と子の返還執行手続」新民事執行実務12号（2014年）27頁以下参照。

42)　現在の強制執行の実効性が十分ではない点が当事者間の和解による話合いを促進している可能性がある（特に訴訟上の和解においては判決を取得した場合の強制執行が困難であることが和解成立の契機になっている可能性がある。この点につき，今井和男「債務名義の執行力の強化に向けて」三木編・前掲注37）89頁以下など参照）。そうであるとすれば，強制力の強化は和解から判決への紛争解決方法のシフトを促す余地があろう。

43)　三木・前掲注31）33頁以下は，従来の日本の民事訴訟は，裁判所の権限と当事者の権限についてともに低い「低一低モデル」であったが，「わが国の民事訴訟手続もまた，はるかに『高一高モデル』を見据えて，これからの制度構築を図っていく必要がある」とされるのも，同旨の方向性とみられる。注36）の著者の見解も参照。

44)　以上のほか，考えうる目的として，当事者の納得調達があると考えられる。実践的には重要なものであるが，これは目的というよりは，本文で示した目的から帰結される手続保障の重要な機能として把握されるべきものであろう。

すなわち，第1に，正しい裁判，正しい結果を導くための手段としての手続保障である（手段的手続保障論）。これは，裁判の結果に利害関係を有する当事者を手続に参加させ，十分な攻撃防御を尽くさせることによって，ありうべき裁判の誤りを正すことができ，それによって正しい法適用を実現するために，手続保障を行うという考え方である。これに対し，第2に，そのような裁判結果とは無関係に，当事者の主体的地位それ自体の尊重のために手続保障を行うとする考え方もありうる（根源的手続保障論）。これは，不利益な裁判に従わせる正統性を確保するためには，手続保障が不可欠であると考えるものである。ただ，そのような主体性がどこから導かれるのかというと，まさに根源的な問題となるが，ドイツの審尋請求権の議論では「人間（人格）の尊厳」がその根拠とされているようである[45)]。

両者の議論は，理念的には，当該手続保障の措置をとったとしても結論に影響しないことが確実であるような場合にもなお当該措置をとるべきか，についての答えが違ってくることになる。手段的手続保障論によれば，そのような場合は手続保障は不要ということになるのに対し，根源的手続保障論では，結果への影響の有無にかかわらず，当事者の主体性を確保するために手続保障は必要ということになろう。民事司法というものの機能性を考えたとき，そこでの手続保障の根拠は，多くの場合は手段的手続保障論によることになるが，場合によっては，その措置の結果にかかわらず手続保障を付与すべき場面もありえ，補充的には根源的手続保障論が働くこともあろう。

(2) 手続保障の種類とあるべき手続保障

以上のように，手続保障に関してその根拠について議論はありうるものの，それが司法による法の実現の公正性のための不可欠の前提である点に異論はない。そこで，次にそのような手続保障の種類ないし区分について，やはり前提

---

45) ローゼンベルク＝シュバープの注釈書によれば，「人格の尊厳の尊重は，法的審尋を拒絶することによって，人間を手続の単なる客体にしてしまうことを禁止する」と説明されるとのことである（山本克己「当事者権――弁論権を中心に」鈴木正裕先生古稀『民事訴訟法の史的展開』（有斐閣，2002年）70頁参照）。その意味では，これは優れてカント的，あるいは哲学的な問題ということになる。

問題として考えてみる。著者は，手続保障規定の区分として，かつて，枠組的手続保障と内容的手続保障の区分，また形式的手続保障と実質的手続保障の区分というものを提案したことがある。

すなわち，枠組的手続保障と内容的手続保障は，手続全体の枠組的規制としての手続保障と審理の内容面での手続保障とを区分するものである[46]。すなわち，枠組的手続保障としては，審理における対審（対席）の保障，公開の保障，攻撃防御の開始・終了の時期の明確化，証拠法則，手続の記録化等の規律がある。他方，内容的手続保障としては，法律面での情報供与，事実面での情報供与等釈明義務を中心とした最終的判断に繋がる内容面での情報共有に係る規律が挙げられる。また，形式的手続保障と実質的手続保障は，当事者に対する形式的な攻撃防御の機会の保障に関する規律と実質的な攻撃防御の機会の保障に関する規律とを区分するものである[47]。前者は，当事者が一定の攻撃防御方法を提出しようとするときにその提出を妨げられない権利であり，後者は，当事者が攻撃防御方法を実質的に提出できる環境を整備するため，必要な情報の取得や証拠の取得，討論の機会等を保障するような規定である。

以上のような区分を設けて議論した著者の意図は，民事訴訟における手続保障としては，従来は枠組的手続保障や形式的手続保障が重視されてきたところ，むしろ今後は内容的手続保障や実質的手続保障を重視する必要がある旨を論じる点にあった。そこでは，裁判所の釈明の問題や証拠の収集手続の拡充の問題を民事訴訟における手続保障の中核にある問題として位置づけることに大きな関心があった。他方，非訟事件においては状況が大きく異なり，むしろ民事訴訟においては当然の前提となっている枠組的手続保障・形式的手続保障にこそ第一次的重要性があるといえる[48]。職権主義及び裁量を前提とする非定形的（インフォーマル）な手続の仕組みの中で，いかに手続保障の枠組みないし形式を整備するかという観点である[49]。また，やや異なる局面の問題として，通

46）　本書第13章*2*(4)参照。

47）　本書第5章*2*(2)参照。

48）　高田裕成「家事審判手続における手続保障論の輪郭」判タ1237号（2007年）45頁の指摘する「手続が一定の方式に従っていることが有する価値を大切にする視点」は，まさにこのような側面での手続保障を重視する観点と言うことができよう。

49）　ただ，このような側面において，非訟事件手続法及び家事事件手続法の改正は大き

常は形式的手続保障と実質的手続保障は両立しうるものであるが，集団的な権利保護が問題となるような局面では，両者の間に齟齬が生じうる。すなわち，実質的な意味での手続保障を図ろうとする場合に，他の当事者の形式的な手続保障を害する可能性があるといった問題が生じる。

以下では，特に実質的手続保障の充実の観点とそれが抱える限界について，いくつかの近時の手続を題材に検討したい。すなわち，集団的な権利救済の実効性の拡大とそこにおける手続保障の問題（⑶参照），非訟事件や家事事件における手続保障の拡大と後見的な保護との相克の問題（⑷参照），そして最後に，行政処分と非訟事件とのパラレル性の中からあるべき手続保障の水準の問題（⑸参照）を考えてみる。

⑶　具体的展開（その１）――消費者の集団的権利保護手続における手続保障

近時の民事訴訟手続において，権利救済の実効性の確保と手続保障の相克が生じている１つの現代的問題として，消費者の集団的な権利保護の場面がある[50)]。このような局面においては，個々の消費者等権利者の積極的行動を前提にすると，制度は実効性を欠き，保護されるべき利益が保護されなくなり，社会における法（消費者法）の実現が阻害される（また加害者に不当な利益が残存する）。他方で，権利を集合させる際に個々の権利者の意思を無視することは，伝統的な手続保障の考え方に抵触し，法実現の公正性を損なう可能性がある。例えば，アメリカのクラス・アクションのように，オプト・アウト型の制度（除外の意思を表示しない限り権利行使を一当事者に授権したことになる制度）は，手続保障上疑問が生じる。そこで，日本の新たな制度は，その両者を調和させる手法として，いわゆる２段階型の手続を採用したものである。

2013 年 12 月に公布された「消費者の財産的被害の集団的な回復のための民事の裁判手続の特例に関する法律」（以下「特例法」という）において創設され

な前進を遂げたと評価することができ，枠組的手続保障・形式的手続保障は相当程度実現したといえる。その意味で，両法改正後の手続保障の議論は，大きくその次元を変えていく可能性があり，そこでは民事訴訟と同様に，内容的手続保障・実質的手続保障を考えていく基盤が形成されたものと評価することができよう。この問題については，本書第 14 章 ***4*** 参照。

50)　以下の議論の詳細については，本書第 20 章 ***3***⑷参照。

た集団的被害回復手続は相当に複雑な内容をもったものであり，その全体像をここで紹介することはできないが[51]，その概要は以下のとおりである。この手続は，いわゆる2段階訴訟の構成をとっており，第1段階では，各被害者が有する損害賠償請求権とは切り離す形で，特定適格消費者団体[52]によって違法な行為による金銭返還の共通義務を確認する（これを「共通義務確認訴訟」と呼ぶ）。次いで，第2段階において簡易確定手続が行われ，各被害者が特定適格団体に授権して債権届出が行われる。ここでは，一種の任意的訴訟担当として特定適格団体が権利をまとめて届け出て，簡易な手続で権利の実現が図られる[53]。そして，第1段階の判決（共通義務確認訴訟に係る判決）の個別被害者に対する効力について，敗訴判決（請求棄却判決）の効力は及ばないが，勝訴判決（共通義務確認判決）の効力はそれらの者にも及び，第2段階では（手続に加入した被害者に対して）加害者は共通義務の存在を争えないという，実質的な既判力の片面的拡張の制度が採用されている。

以上のように，この制度は訴訟担当構成とは異なる極めてユニークな法律構成を採用しているが，このような構成がとられた理由として，以下の点が指摘できよう。第1に，ここでは被害者の個別の請求権（金銭債権）が問題となっており，差止請求権の場合のような固有権的構成（適格団体に固有の実体権を付与する法律構成）はそもそも不可能であった点がある。第2に，訴訟担当構成は，①法定訴訟担当とするには，各被害者と特定適格団体との間におよそ法律関係が存在せず，被害者の金銭債権を管理処分する法定の管理処分権を当該団体に認める根拠に欠けること，②任意的訴訟担当とするには，既に選定当事者の制度（民訴30条）で問題となっているとおり，消費者の積極的授権の調達が困難であることがあり[54]，更に，③法定訴訟担当とも任意的訴訟担当とも異なる

51）　その手続の詳細については，本書第19章，山本和彦「集団的消費者被害救済制度の概要」月間監査役617号（2013年）2頁以下など参照。

52）　これは，消費者契約法の適格消費者団体の中で，特に被害回復関係業務を行うための内閣総理大臣の認定（特定認定）を受けた団体である（特例法65条参照）。

53）　債権届出に対しては被告事業者による認否の手続が行われ，否認された債権の確定のために異議申立てによる簡易確定決定及び異議訴訟という手続が用意されている。手続の全体像は，破産手続における債権の届出・調査・確定の手続に類似する。

54）　司法制度改革審議会意見書などでは，民事訴訟法改正後のこの制度の活用に期待が寄せられたが，現実には，消費者紛争等でのこの制度の活用は皆無に近い状況にあるよ

独自の訴訟担当として一種のクラス・アクション的な仕組みを構成することは，濫用のおそれに対する懸念や被害者の手続保障に対する懸念に鑑み，現実的ではなかったこと55) などから，全く独自の仕組みが考案されたものである56)[補注2]。

この制度は，理論的にみれば，請求権の中身を分断し，他の被害者と共通する権利として切り分けられる部分（いわゆる共通義務）を取り出し，その部分については一種の固有権として団体に確認訴権を認めたものといえる。換言すれば，個別請求権に内在する集団利益の側面を承認し，それについて独自の原告適格57) を認めたものといえよう。ただ，そのままであれば，当事者を異にする共通義務確認の勝訴判決の既判力は被害者個々人に対して拡張しないことになるが58)，制度としてその拡張を認める必要があり，そこがこの制度の創設に際して最も腐心した点といえよう。それは結局，拡張の必要性と許容性という両面から政策的理由で説明され，被害者による個別提訴の困難性及びその救済の必要という勝訴判決の効果の拡張の必要性を前提に，被告の手続保障を図

うである。

55) この点については，本書第19章 ***3***(1)参照。

56) 比較法的にみれば，最も近い制度としてフランスの消費者法典改正法案の制度がある（日本の特例法も立案時にこれを1つのモデルとしている）。上記法案（消費者法典の改正法案として，L.423-1条〜18条等を定めるものである）は，2013年5月にフランス議会に提出されており，奇しくも日本の特例法案と全く同時期に議会の審議に付されることになったが，最終的に，2014年3月7日法（2014年法律344号）として成立した)。日本の法案と基本的に類似しながら，興味深い相違点を含むが，その詳細な検討は別稿に委ねる。

[補注2] フランスにおける団体訴訟及び前注の法律の制定経緯・内容等については，山本和彦「フランスにおける消費者団体訴訟」ジュリ1320号（2006年）98頁以下，同「フランスにおける消費者集団訴訟制度の概要（上）（下）」NBL 942号22頁以下・943号19頁以下（2010年），同「フランスにおける消費者グループ訴訟」一橋法学13巻3号（2014年）123頁以下など参照。

57) 正確に言えば，特例法で認められたものは，団体がそのような確認訴訟を提起した場合の適法性であり，確認の利益をも含めた適法性が認められているものといえる（一般にいわれるように，確認訴訟では，当事者適格は確認の利益の問題に吸収される）。

58) あくまでもそのような拡張がないことがデフォルトであり，既判力の拡張を前提にして，敗訴の場合に拡張を否定するという制度構成にはなっていない点に注意を要する（訴訟担当構成を取りえない以上，一般的な既判力拡張はデフォルトルールになりえない)。

る様々な措置に基づく既判力拡張の許容性によって説明される[59]。

以上のように，この新たな制度は，消費者の集団的利益という法の実現の困難な分野において法実現の実効性確保を目的としながら，その公正性（当事者の手続保障）をも可及的に確保しようとした試みとして，実践的に重要な意義を有するとともに，理論的にも注目に値しよう[補注3]。

(4)　具体的展開（その2）――非訟事件・家事事件における手続保障

今般（平成23年）の非訟事件手続法・家事事件手続法の制定の最も重要な目的の1つが当事者の手続保障の強化にあったことについて異論はない[60]。このような手続保障の強化に係る規定には様々なものがあるが，すべての事件類型に妥当する一般規定，別表第2事件（調停が可能である事件）にのみ妥当する規定，上訴（即時抗告）の段階で妥当する規定に分けることができる[61]。

まず，すべての事件類型に適用される一般規定として，期日調書を原則的に作成すべきとする規定（家事46条）や一定の場合には事実の調査を通知すべきとする規定（家事63条）は，当事者が事件記録の閲覧謄写の許可を原則として求めることができることとする規定（家事47条3項・4項）と相俟って，当事者から見た審理の透明性を高め，裁判所の判断資料に関する情報共有を可能にしている。また，当事者には証拠調べの申立権も付与され（家事56条1項），裁判資料の形成に向けた主体性も認められた。

次に，別表第2事件（家事調停をすることができる事項についての家事審判の手続）については，当事者間に対立構造が存することを前提に，より厚い手続保障が図られている。すなわち，家事審判の申立書の写しが原則として相手方に送付され（家事67条），当事者は審問期日における陳述の聴取を求めることが

---

59)　詳細については，本書第19章**3**参照。

［補注3］　この制度の詳細については，山本和彦『解説消費者裁判手続特例法』（弘文堂，2015年）参照。

60)　立案担当者の見解として，金子修編著『一問一答家事事件手続法』（商事法務，2012年）25頁以下参照。私見については，山本・前掲注16）4頁以下参照。以下では，家事事件手続法に限定して論じる。なお，以下についての詳細な議論として，本書第14章**4**参照。

61)　このほか，個別の事件類型にのみ適用される規定（家事事件手続法第2章各節の規定）にも手続保障の観点から重要なものがあるが，本章では検討を省略する。

でき（家事68条），当事者の陳述を聴取する審問期日について相手方の立会権を認め（家事69条），事実の調査の通知を原則化し（家事70条），裁判所は審理の終結日を定めなければならないとされる（家事71条）。これらの規定によって，当事者は相手方の主張を始めとした判断資料にアクセスすることが基本的に保障され，またそれに対する反論等自己の主張立証の機会が付与される仕組みとなっている。

最後に，不服申立ての手続の段階，つまり即時抗告審においても手続保障に独自の配慮がされている。すなわち，抗告状の写しは原則として相手方に送付され（家事88条），原審判の取消決定の場合には必要的な陳述聴取がされる（家事89条）。抗告審は，別表第2事件以外でも通常は当事者対立的な構造になることを踏まえ，手続保障を加重したものである。

以上のような現行法の規律が本章との関係で興味深い点は，そこに非訟事件に特有の後見的保護の要請と手続保障の要請との相克が見られる点である。以上のような手続保障の充実はそれ自体画期的なものであるが，他方でそのような規律の強化は，家庭裁判所の伝統として認められてきた後見性，すなわち家事の分野における法の実現の実効性を阻害する可能性がある。そこで，これらの規定のそれぞれにおいて例外的にそのような保障がされない場合が定められており，原則的な手続保障の確保とともに，事案に応じた柔軟な手続裁量の余地を残して実効性を確保する点において，様々な工夫がされている[62]。例えば，家事審判の申立書の送付は，家事審判の円滑な進行を妨げるおそれがあるときは，申立てがあったことの通知で代えられるし（家事67条1項但書），相手方の立会権は，立会いにより事実の調査に支障を生ずるおそれがあるときは，排除される（家事69条但書）。このような例外の定めによって，実務の運用の中で両者の要請を調整し，最も望ましいバランスの確保を目指したものであり，ここにも，（非訟事件独自の要請の中で）法の実現の実効性と公正性のバランス確保の在り方が示唆されている。

62）　この点については，山本・前掲注16）7頁参照。

(5) 具体的展開（その3）――過料事件における手続保障

最後に，行政処分との均衡を前提とした非訟事件における手続保障の在り方である。現在，非訟事件とされている裁判について，仮に当該裁判を行政処分として構成していればどうなるか，という観点が手続保障のあるべき水準を考える際に有用と思われる。その場合は，不服申立ては行政処分取消訴訟となるはずであり[63]，判決手続における手続保障が担保される。換言すれば，当該事件を非訟事件とすることで，それに対する不服申立ては即時抗告＝決定手続となり，行政処分という構成ではなく非訟事件化を図ることで，かえって当事者の手続保障のレベルが落ちるという問題が存在する[補注4]。

この点で，行政法の中川丈久教授は，この現象を（訴訟の非訟化に類比して）「行政処分の非訟化」と呼ばれ，行政処分の非訟化の限界が観念されるべきとの問題提起をされる[64]。手続保障の強化の観点から（行政ではなく司法が取り扱うものとして）非訟事件化を図っているつもりが[65]，逆に当事者の手続保障を削減しているおそれがある旨の指摘である。例えば，後見開始の審判を厚生労働大臣の行政処分で行う場合と比較すれば，不服申立てまで考えると，むしろ行政処分の方が手続保障に厚くなる可能性を秘めている。極めて興味深い問題提起であり，今後理論的な検討を深めていく必要があろう。少なくとも家事事

63）行政不服審査（審査請求等）の手続の前置等もありうるが，最終的にはすべての処分について行政訴訟によって争う機会が保障される。

［補注4］このような問題意識が，既に，訴訟と非訟の分別に係る判例法理の基礎となったとされる兼子一教授の論稿に見出されることは興味深い。すなわち，「非訟裁判所が裁判の前提として実体的要件を一応審査する場合でも（中略）これによって訴訟裁判権を代行したものと認めることはできない。例えば罹災都市借地借家臨時処理法第15条による裁判は，当事者の協議に代り賃貸借の条件を形成するものであるが，借地権等のそのものの実体的要件は確定されないから，その裁判後でもその前提となる借地権等の存否の確認は別に訴訟で請求できるものと解しなければならない。訴訟か非訟かは単なる立法上の便宜の問題ではなく，当事者の実体的権利の確定はあくまで訴訟手続によるべきで，これを回避するため非訟手続を認めることは，行政処分として更に，訴訟手続による出訴の途を拓かない以上，国民の裁判を受ける権利の剥奪となるものだからである」（傍点著者）とされる（兼子一「行政処分の取消判決の効力」同『民事法研究Ⅱ』（酒井書店，1954年）109頁注2参照）。

64）中川丈久「行政上の義務の強制執行は，お嫌いですか？」論究ジュリスト3号（2012年）62頁以下参照。

65）注9）も参照。

件の抗告審手続における手続保障については，別表第1の事件であっても，（第1審の手続保障への足し算のイメージではなく）むしろ訴訟事件における手続保障からの引き算のイメージが必要であることになろうか[66]。

具体的に1つの問題となるのは過料を賦課する際の手続の問題である。地方自治法等の規律によれば行政処分として過料を賦課することができる場合がある一方（自治255条の3），非訟事件手続法等の過料事件は裁判所が賦課するものとされ，非訟事件として構成されている（非訟119条以下）。その結果，過料の賦課処分に対する不服申立てについては，前者では訴訟手続（行政訴訟）が保障されるが，後者は決定手続（即時抗告）のみによることになる。これが合理的な区別と言えるか，かねてより疑義が呈されている[67]。このような処分は，過料の支払義務を課すという点で，国民の権利義務に直接影響するものであることは明らかであり，本来は行政処分化してそれを争う者に対して判決手続を保障すべき実質があるのではないかと思われる。その意味で，民事裁判等に付随する措置であるため便宜上裁判所が賦課するものとしても，事後的にそれを判決手続で争う機会を付与するか，少なくともそれに類比される手続保障（即時抗告としても判決手続の実態に近い攻撃防御が保障された手続権[68]）を付与することが相当であるように思われる。以上のような観点から，法の実現を支える付随的方法である過料の裁判の在り方に際しても，その公正性を担保する手続の在り方について，今後慎重な検討を要しよう。

（初出：岩波講座『現代法の動態2 法の実現手法』
（岩波書店，2014年）299頁以下）

66）更に，前述のような行政処分との類比を考慮すれば，「引き算」の合理性の検証に当たっては，相当に高いハードルが求められることになろうか。

67）判例（最大決昭和41・12・27民集20巻10号2279頁）はこれを合憲とするが，学説上は，判例に疑問を呈する見解がほとんどとされ，是正策としては，①行政庁に過料を科す権限を与えて，その処分を行政訴訟で争えるようにする提案や，②裁判所が科すとしても，公開対審の手続を非訟事件手続に導入する提案などがあるとされる（佐伯仁志『制裁論』（有斐閣，2009年）22頁，石川明・判批・新堂幸司ほか編『民事訴訟法判例百選Ⅰ〔新法対応補正版〕』（1998年）13頁など参照）。

68）ただ，必ずしも公開の法廷における審判が必要であるかには疑問もある。そのような形式的手続保障よりも，対審その他攻撃防御を実効的に可能とする意味で，より実質的な手続権の保障の枠組みが重要であろう。

［補論］　本章は，法の実現という観点から民事裁判制度を概観するもので，法の実現の実効性と公正性という軸を立て，両者の意義及び関係について論じようとしたものである。前章と同じく，掲載書が岩波講座であるという性質上，比較的一般向けの概説を試みているが，基本的な問題意識は，著者として一貫したものである。すなわち，法的ルールの明確化は民事訴訟の役割として正面から捉えられるべきこと，司法が法の実現という役割を適切に果たすためには民事訴訟・民事執行の両側面において制度の実効性を図ることが不可欠であること，法の実現の実効性はその公正性（当事者に対する手続保障）とのバランスの下に図られるべきこと（近時，様々な具体的問題の中で，その相克が現実化している場面があること）などである。比較的最近の論稿であり，著者の民事司法制度全体に対する近時の問題意識を示している（そのような論稿の性質上，本書所収の他の論稿〔本書第1章や第14章など〕と叙述の重複も見られるところである。上記のような趣旨として，ご了解いただきたい）。

II　審理の在り方

第8章

審理契約再論
――合意に基づく訴訟運営の可能性を求めて

1 問題の設定

民事訴訟を運営する際の関係当事者の行為を規律する方法として，事前に一般的に定立されたルールによる方法と個別の手続場面における個々的な裁判所の裁量判断（手続裁量）による方法とが，一般に考えられている。しかし，前者のような事前のルール化は，訴訟手続の多様性・動態性を考えると相当に困難であり，結局は原則的な規律に止まらざるをえず，細部においては常に個々的な場面でのルール化を前提とせざるをえないものと見られる。ただ，そのようなルール化を全面的に裁判所の手続裁量に委ねることは，（裁量権行使時に当事者の意向を付度するものとしても）民事訴訟が当事者のためのサービスの制度であり，可及的に当事者の意思を中心とすべきものとする理解からは疑問がある。ここに，手続裁量に代わる個々的場面でのルール化の手法として，裁判所と両当事者との合意に基づく審理契約の構成が考えられるのではないかというのが著者の見方である。

民事訴訟の進行等審理方法に関する事項については，いわゆる任意訴訟禁止の原則が妥当し，当事者間の合意によって規律することはできないとするのが伝統的理解である。確かに，任意訴訟の許容によって他の制度利用者の利益[1)]

1）例えば，当事者間で迅速審理のために期日を連日入れるような合意をそのまま認めれば，その分，他の訴訟事件の期日が入りにくくなり，他の制度利用者の利益を害する結果となる。これは，有限の司法資源を一部利用者が独占するという問題である。

や制度設営者＝費用負担者の利益[2)]が害される結果になることは問題である。しかし，逆にそのような具体的利益（以下では，このような利益だけを指して「公益」という）を害しない限りでは，合意による訴訟運営は認められるべきであると解される。そこで，以上のような公益を体現する主体として裁判所を契約当事者に加えた合意，すなわち審理契約によって任意訴訟禁止の原則の趣旨を担保しながら，合意により個々的場面のルール化を図る可能性があると思われる。もちろん裁判所・両当事者間で合意ができない場合に，最終的には裁判所の手続裁量によって決着を付けざるをえない場面が常に残るが[3)]，ここでの議論の趣旨は，可及的に前記のような合意による審理過程の規律を試みるべきではないか，合意の調達に努力すべきではないかという点にある。

このような議論はまた，民事訴訟を公的サービスと捉える観点からも正当化できるように思われる[補注 1]。すなわち，制度のクライエントである当事者によって，既製品（プレタポルテ）の手続では自らの需要を十分に満たせないとしてオーダーメイドの手続が求められたとき，サービス機関としての司法制度は可及的にそれに応じるように努めるべきものであろう[4)]。そして，このような「合意による訴訟運営」の努力は実務的には決して奇異なものではなく，むしろ期日の設定などに代表されるように，裁判官は日常的にそのような合意に向けた努力をしているのではないかと思われる[5)]。その意味で，ここでの議論

2）例えば，当事者間で日曜日にも期日を入れる合意をそのまま認めれば，裁判官等の休日手当や庁舎の休日管理費用など出費が増大することになり，制度費用負担者の利益を害する結果となる。これは，司法資源の絶対量を増大するという問題である。もちろん，著者はこのような資源増大自体を否定するものではなく（むしろ司法予算全体の飛躍的増加が望ましいと考える），それを国民の代表者である国会の議決ではなく，利用者間の合意によって行うことは認められないという趣旨である。

3）したがって，実効的な手続裁量統制規範の必要性も変わりなく存在する。この点に関する著者の見解については，注 16）参照。

[補注 1]　民事訴訟を公的サービスと理解する著者の見解及びその展開については，本書第 1 章参照。

4）実際に，知的財産関係訴訟等企業がメインプレイヤーとなる訴訟などにおいては，そのような需要が顕在化してきているようにも見受けられる。

5）実務家の側にも，合意に基づく訴訟運営を積極的に評価する見解は存在している。一例として，古閑裕二「訴訟上の合意と訴訟運営」判タ 969 号（1998 年）34 頁以下は，訴訟運営は第 1 次的に三者合意に基づく合意形成作用によって進められるべきであり，合意が成立しない場合や成立しても不適法・不相当な場合に初めて，第 2 次的に訴訟指

は裁判官のそのような行為を理論的にサポートするという意味をも有するものである。

著者はかつて「民事訴訟手続の審理に関して，訴訟法上形成の余地の認められている事項について，裁判所と両当事者（訴訟代理人）との間でなされる拘束力のある合意」と定義された審理契約によって民事訴訟を規律する方向を提言した[6)]。著者のこのような提言については，幸い様々な方から様々な形で言及や批判を頂くことができた。そのような提言からちょうど10年の期間が経過し，折しも21世紀に入った現在，司法制度改革も佳境を迎える中で，この問題を再論してみたいと考えたのが本章執筆の動機である。特に実務家の皆様方からのご批判・ご教示を頂けることを期待している。

以下では，まず，この審理契約の議論の概要を紹介し（*2*），審理契約をめぐる議論（特にそれに対する批判）を概観し（*3*），それらの批判に対する著者なりの応答を試みた後（*4*），現行民事訴訟法下及び21世紀の民事訴訟審理における審理契約の意義について，争点整理，審理計画，大規模訴訟等との関係を中心に簡単に検討してみることとしたい（*5*）。

2　審理契約論の概要

以下ではまず，審理契約の定義，意義，対象，要件，効果等について，その概要を示しておきたい[7)]。

(1)　審理契約の定義

まず，審理契約は「民事訴訟手続の審理に関して，訴訟法上形成の余地の認められている事項について，裁判所と両当事者（訴訟代理人）との間でなされる拘束力のある合意」と定義される。訴訟契約とは異なり，裁判所も契約当事

揮権による命令作用の発動があるという訴訟観を示しており，著者の認識に近い。

6)　山本和彦『民事訴訟審理構造論』（信山社出版，1995年）（以下『審理構造論』として引用する）335頁以下参照。

7)　更に詳細については，山本『審理構造論』399頁以下参照。また，加藤新太郎編『民事訴訟審理』（判例タイムズ社，2000年）88頁以下〔山本和彦〕も参照。

者となる点にこの概念の独自性がある。ここでいう「審理」は，訴訟手続において行われる弁論，証拠調べ，判決言渡し等の過程を広く含むものと解される。また，「訴訟法上形成の余地の認められている事項」とは，裁判所の裁量・形成の余地が何らかの形で認められている規範に関する事項を含む趣旨であり，民事訴訟法等により既に強行的に規定されている事項については審理契約は認められない。ただ，当事者間では処分できないとしても，裁判所（裁判官）が処分・形成の権限を有する事項であれば，審理契約の対象となりうる。したがって，期日や期間の指定・裁定なども契約対象となりうる。また，審理契約は「裁判所と両当事者」の間の三面契約であるが，その優れて訴訟技術的な性格から，契約締結が可能であるのは訴訟代理人（弁護士）が両当事者に付いている場合に限られる。

⑵　審理契約の意義

以上のように定義される審理契約による訴訟手続の規律が原則として望ましいと考えられるのは，このような規律方法がまさに民事訴訟における私的自治の原則の発露として理解できる点にある。民事訴訟は私的自治の対象となる権利関係等をその対象とするものであり，その手続自体が可及的に私的自治的に規律されるのが望ましいことは，処分権主義や弁論主義が民事訴訟の基本原則とされているところからも明らかであろう。もちろん訴訟の進行については職権進行主義・任意訴訟禁止の原則が妥当し，私的自治は妥当しないとする理解が一般的である。しかし，任意訴訟による訴訟遅延等のおそれは確かにあるものの，それは個別の合意の効力について，他の制度利用者や制度費用負担者等の利益に基づく規制（具体的には，個別合意に裁判所が加わる形でのチェック）を図れば十分であり，アプリオリに合意による訴訟運営を否定する理由にはなり難い。他方で，公的サービスとして民事訴訟を把握する限り，そこでは利用者の満足（カスタマーズ・サティスファクション）が常に優先的考慮事由となる。その意味で，双方の利用者がある手続を望む場合には，それが第三者の不利益（あるいは後見的配慮による当事者自身の不利益）に基づき実質的に無価値判断をされない限り，その意思を尊重するのが相当であると思われる。そして，合意の尊重により第三者の不利益をもたらさない限り，そのような手続はパレート改善になり制度の効率性を増大させるものでもあり，裁判所も可及的に合意の調達に努力すべきものと言えよう[8)]。

(3)　審理契約の対象

審理契約の対象となる事項は，前述のように，事前に強行的にルール化されている事項を除いた事項であり，極めて広範に及び，具体的な契約内容も，裁判官と訴訟代理人の創意工夫に委ねられている。審理の中核を占める事項に関する重要な審理契約として定型的に想定されるものとしては，訴訟における争点を定める争点決定合意や審理スケジュール及びその内容を定める審理計画がある。それぞれの審理契約類型の現行民事訴訟法下の意義については後述するが（*5*(2)・(3)参照），いずれも当事者との協議・合意を重視する形で規律が図られる方向にあることは注目されてよい。もちろん，審理契約の対象はそれらに限定されるものではなく，前記（(1)参照）のような事項一般について常にオーダーメイドの手続を構成しうる点に審理契約の大きなメリットがあると言えよう。

(4)　審理契約の要件

次に，審理契約の要件であるが，それが「契約」である以上当然ながら，裁判所・両当事者間の契約締結（意思表示の合致）が大前提として必要となる[9)]。そのような意思の合致がある限り，審理契約には特に要式性は求められない。書面による必要はなく，契約は口頭により，必要があれば調書等において記録

8)　ただ，手続問題に関する合意調達に過度にこだわるのが適切でないことも言うまでもなく，円滑な訴訟進行への配慮からどの段階で合意形成に向けた努力を打ち切るのかが実際には重要な問題となろうが，これについては，*4*(2)参照。

9)　裁判所の契約加入の意義については，納税者や潜在的制度利用者の立場からの合意のチェックに加えて，当事者に対する後見的保護の要請もありうる（山田文「合意と民事訴訟」法セ501号（1997年）79頁は，前者を効率性による合意規制，後者をパターナリスティックな合意規制として区別する）。但し，後者のような配慮をどの程度認めるべきかについては議論がありえよう（この点については，山本克己・後掲注17）123頁以下の議論が詳細である。また，池田辰夫『新世代の民事裁判』（信山社出版，1996年）37頁も参照）。著者は，訴訟代理人の契約参加を前提にすれば，後者のようなチェックは極めて例外的な場合に限られるべきではないかと考えている。

化しておけば足りよう。また，本人訴訟においても審理契約を認めることは論理的には可能であるが，その意義について十分な理解を得ることは困難な場合が多いと見られるので，当面定型的に代理人が存在する場合に限って考えるのが穏当である点は，前述（(1)参照）のとおりである。

(5) 審理契約の効果

最後に，審理契約の効果であるが，それが「契約」として観念される以上，そこで定められた内容について各契約当事者がその遵守の義務を負うことが大原則となる。例えば，審理計画の合意であれば，計画で定められた期限を遵守する義務が当事者・裁判所に発生し，また争点決定の合意であれば当該争点と異なる争点を提示・顧慮しない義務がやはり当事者・裁判所に発生する。それに反した場合には，反した当事者・裁判所が義務の不履行の責任を負うこととなるが，審理契約は訴訟手続に関する契約であるので，その効果も原則として攻撃防御方法の却下や上訴審における取消し等訴訟上のものとなろう。ただ，契約対象である訴訟手続の動態性に鑑みると，比較的広い範囲で契約内容の変更は認められるべきであり，契約当事者全員の合意がある場合のほか，契約上の義務を履行できないことにつき合理的な理由がある場合にも，契約の変更が認められてよいと解される。

3 審理契約をめぐる議論

以上のような審理契約（以下では，より広い射程を有しうる三者合意も含む形でこの言葉を用いる）については，まだ十分に熟した議論が展開されているとは言い難い状況にある[10)]。ただ，それに対する肯定的評価がされる一方[11)]，他方

10） 例えば，鈴木正裕「新民事訴訟法における裁判所と当事者」竹下守夫＝今井功編『講座新民事訴訟法Ⅰ』（弘文堂，1998年）50頁注20は，訴訟進行に関する合意について「最近とみに学界の注目を浴びているが（……），まだ十分に熟した概念とはいいがたい」と評している。

11） 例えば，古閑・前掲注5）34頁以下参照。山田・前掲注9）79頁も「裁判所の合意により初めて三者間の審理契約が成立するといってもよい」として，同概念を肯定的に論じている。また，合意による手続規制について一般に肯定的に評価する見解としては，

では多くの批判も加えられている。それらの批判は，審理契約の意義，要件，手続，効果の各点に関わる網羅的なものであるが，以下では，その批判の内容を簡単に整理して紹介してみたい。

(1)　審理契約に対する批判（その1）——理論的問題

審理契約に対する根本的な批判としてまず，裁判所を契約の一方当事者とすることに係る理論的問題が指摘されている。竹下教授は，審理計画の策定に関連し，「裁判所と両当事者との三者間でなされる契約と解する見解があり，傾聴に値するが，裁判機関たる裁判所が当事者との間の契約主体になりうるかは，論者の理由づけにもかかわらず，なお疑問と思う」と評されている[12]。また，吉田教授が「裁判所が当事者と対等の契約主体となり得るかについては疑問がある」[13] と評されるのも同旨であろう。これらの見解は，裁判所が訴訟において国家権力を行使する優越的立場にあることから，対等な立場の者同士の法律行為であるところの「契約」には性質上馴染み難いと解しているものと思われる[14]。

(2)　審理契約に対する批判（その2）——合意調達の困難性

次に，審理契約における当事者の合意調達に係る要件面・手続面に関する批判がある。これには両方向からのものがあるが，まず合意調達の実際上の困難性を指摘する見解がある。すなわち，加藤判事は，「手続進行の上で，常に，あるいは相当の範囲で合意の調達を要するということになると，それが果たし

例えば，河野正憲「民事訴訟へのアクセスと審理の充実」民訴39号（1992年）105頁，萩原金美「民事訴訟法改正と争点等の整理手続」判タ12号（1993年）22頁，我妻学「攻撃防御方法の提出時期の規制」ジュリ1028号（1993年）85頁以下なども参照。

12)　竹下守夫「新民事訴訟法制定の意義と将来の課題」竹下＝今井編・前掲注10）29頁参照。

13)　吉田直弘「民事訴訟手続の進行に関する法的規整と当事者合意」法と政治50巻3＝4号（1999年）144〜145頁参照。

14)　ただ，竹下説と吉田説とでは若干ニュアンスを異にする部分があるようにも思われる。竹下説はどちらかと言えば，権力の行使主体という理論的・制度的・抽象的な裁判所の地位を問題とするように見えるのに対して，吉田説はむしろ実際に裁判所が個別訴訟の中で占める当事者に対する事実上の優越的地位を問題とするように思われ，その意味では，後述の「批判（その3)」と共通する趣旨を有しているように見える。

て可能か，可能であるとしてそのことだけのために時間を取られすぎはしないか」と批判される[15]。これは，訴訟の実践においては審理契約によって手続進行に係る相当範囲の事項を規律することは困難であり，仮にそれが可能であるとしても多くの時間を要し，コスト・ベネフィットの観点から相当ではないとする実務家の感覚を示されたものであろう[16]。

(3) 審理契約に対する批判（その3）――押付け的同意調達のおそれ

審理契約に係る合意の調達に関して「批判（その2)」とは対照的な観点からの批判として，押付け的な同意が調達されるおそれを指摘するものがある。例えば，山本克己教授は，「裁判官から押付け的な同意調達がなされる場合には，『三者合意』モデルは，制定法が予定している以上に裁判官の裁量によって規律される事項を事実上拡大させる危険をはらんでいます」という指摘をされる[17]。また，吉田教授が「裁判所と当事者とで契約違反の効果が異なるということは，その両者間に非対称的な法的地位の差異が認められると言うことであり，そもそも有効な契約が成立する前提条件を欠く」[18] と批判されるのも，裁判所の権力的な押付けを懸念される趣旨に読める。

このような批判は，「批判（その1)」の公権力行使の主体である裁判所の特別の地位に配慮する批判と連続し，更には次に述べる合意形成過程の不透明さ

15) 加藤新太郎「協働的訴訟運営とマネジメント」原井龍一郎先生古稀『改革期の民事手続法』（法律文化社，2000年）160頁以下参照。その具体例として，民訴43号（1997年）158頁〔加藤新太郎〕においては，①原告・裁判所が弁論併合相当と考えている場合に被告がそれに反する主張をして譲らないケース，②被告・裁判所が弁論再開相当と考えている場合に原告が不利になることを警戒して再開に反対するケースが例示されている。

16) その結果，加藤判事は，より柔軟な規律枠組みを提供しうる手続裁量論を審理規範の中核に据えられる（加藤新太郎『手続裁量論』（弘文堂，1996年）67頁以下参照）。著者自身も，審理契約が成立しなかった場合における手続裁量の必要性を否定するものではなく，その要因規範（要件効果という厳密な形ではなく，裁量判断をする場合に考慮すべき要因・考慮してはならない要因を規範目的の下に列挙する形で緩やかな裁量統制を目指す規範）による統制を必要と考えるものであるが，この問題について詳細は，本書第9章参照。

17) 山本克己「手続進行面におけるルール・裁量・合意」民訴43号（1997年）126頁以下参照。

18) 吉田・前掲注13）144頁以下参照。

に対する批判とも密接に関連したものと思われる。仮に当事者の同意が押付けにより調達されるとすれば，それは，同様の結果を裁判所の裁判（裁量）により達成するよりも，当事者の同意という正統化要素が正面に出される点で，結果に対する批判を回避する効果をもつことになり，欺瞞性を増すという趣旨であろう。

(4)　審理契約に対する批判（その4）——合意形成過程の不透明性

次に，契約締結の手続面から疑問を呈する見解として，合意形成過程の不透明性を指摘するものがある。例えば，稲葉元判事は，「審理契約は，合意の結果に着目したもので，裁判官が入った合意がどのようなメカニズムで成立するのかという点について述べるところは少ない。合意形成過程をブラックボックスとしたままで，成立した合意の内容をして当事者の手続面での主体性の達成と見ることはできない。合意形成過程を整序する手続規範（行為規範）規制についてスポットを当てる必要がある」と指摘されている[19)]。この点は「批判(その3)」とも密接に関連しており，裁判所・当事者間の合意に基づく審理規制という審理契約論の基本的前提を受け入れながら，その合意形成過程を透明化することで，締結される審理契約を相当なものとすべき旨の提言と位置付けることができよう。

(5)　審理契約に対する批判（その5）——手続の硬直化のおそれ

最後に，審理契約の効果に関する批判としては，その強い拘束力による手続の硬直化のおそれを指摘する見解が多い。例えば，山本克己教授は，「『審理契約』が撤回可能性と結び付けられない場合には，手続をすべてルールによって規律する場合と同様の手続の硬直化を免れない」と指摘されるし[20)]，伊藤眞教授も争点整理手続における争点の確認の法的性質に関連し，これを審理契約として理論構成する可能性はありうるとされながらも，「山本和彦さんのような考え方では拘束力がきつくなると思います」と評価される[21)]。更に，井上

19)　稲葉一人「審理手続における当事者と裁判所との役割分担」民商119巻4＝5号（1999年）223頁参照。

20)　山本・前掲注17）125頁参照。

教授も「『審理契約』論が，いまひとつ実践性に乏しく広い支持が得られないのも，関係者の一回的合意で不確定で流動的な将来の審理計画が決められる，しかもその合意にはかなり強い効力が与えられるという考え方が，現実の要請に耐えられないからではないか」と批判されている[22)][23)]。このような批判自体は，著者自身が当初からある程度予想していたところであり，また審理契約論の参考とされたフランスの手続契約に関しても同様の批判が加えられているところでもあり[24)]，十分にありうべき批判と考えられる。

4 審理契約再論
——批判に対する応答を兼ねて

以上のような批判は審理契約に対して考えうる批判をおおむね網羅し，またその多くは極めて正当な内容を含んでいるように見受けられる。ただ，それにもかかわらず，著者は現段階でも審理契約の考え方を原則としては維持できるものと考えている。以下では，その理由について，各批判に応答する形で述べてみたい。

(1) 審理契約に対する批判（その1）——理論的問題に対する応答

裁判所の権力的・優越的地位を重視して対等当事者間の法律関係である契約による規律を馴染み難いとする理論的批判は，確かにその前提を共有すれば，尤もな批判であると言える。しかし，この点に関する私見は別稿でも詳述したところであるが[25)]，著者はそのような前提に疑問を呈する余地があるのではないかと考えている。つまり，裁判所が最終的に裁判によって強制的に法律関

---

21) 竹下守夫ほか編『研究会・新民事訴訟法』（ジュリスト増刊，1999年）185頁以下〔伊藤眞〕参照。

22) 井上治典「『合意』から『かかわりのプロセス』へ」民訴43号（1997年）144頁参照。

23) 菅原郁夫「新民事訴訟法における審理の実像」加藤編・前掲注7）479頁が，審理契約について肯定的に評価しながら，「審理全体に及ぶ契約をすることは難しくとも，特定の訴訟行為に関する契約の余地は十分にある」とするのも，このような批判を前提としたものであろうか。

24) 山本『審理構造論』390頁参照。

25) 山本『審理構造論』400頁以下参照。

係を規律しうる権力を有するとしても，そのことはその前段階で合意による規律を図ることと当然に矛盾抵触するものとは思われない。最終的処分権限の存在はもちろん裁判所に大きなバーゲニングパワーを付与するが，裁判所がそれにもかかわらず，その他の要素（特に円滑な訴訟の運営等）に配慮して合意による解決を優先する余地は十分にありえ，そのことは強制権力を裁判所が有することと理論的に矛盾はしないと思われる。やはり強制権力を有する行政機関と私人との間にも一定の契約関係が成立しうるとすれば26)［補注2］，司法機関との間に合意を認めることはさほど異常なことではないと解されよう。公権力の主体が合意の主体たりうると解することは，理論的にも（フランスなどで裁判所を当事者とする手続契約が論じられているように）比較法的にも，十分に可能であると考えられる。

⑵　審理契約に対する批判（その2）――合意調達の困難性に対する応答

合意調達の実際上の困難については，実務経験を全く有しない著者が反論することは困難である。ただ，この実際上の困難性の程度については，実務家の間でも意見が分かれうるところかと思われる27)。加えて，著者の最も主張し

---

26)　ただ，租税法律関係については納税者との和解は許されないとされるように，法律による行政の原則に基づく制限はあるが，行政裁量が存する事項については被処分者との合意によって規律していく余地は十分ありえよう。審理契約が対象とするのも，あくまで裁判所の裁量による規律が可能とされる事項に限られている。なお，厳密に言えば，公権力を行使して行政処分を行い行政訴訟の対象となるのは行政庁であり，契約を締結して民事訴訟の対象となるのは国等公共団体であるという主体の相違はあるが，その区分は形式的なものであり，実質的に見れば権力行使主体に契約主体たる地位を認めるものと言ってよいであろう。

［補注2］　前注に示したような行政訴訟の構造は，司法制度改革審議会の意見書を受けた行政事件訴訟法の改正によって若干変容した。すなわち，現在では，行政訴訟の当事者になるのは（処分をした行政庁の所属する）「国又は公共団体」とされているので，契約当事者と訴訟当事者とは基本的に一致する構造となっている。ただいずれにしても，本文で述べたように，強制権力を有する主体と私人との間にも契約関係が成立しうることは，行政法学界においては一般的な理解になっているものと思われる。例えば，藤田宙靖『行政法総論』（青林書院，2013年）310頁は，狭義の行政契約，すなわち公法契約について，「わが国の法制の下でも，いわゆる公法契約が存在し得る，ということについては，学説上殆ど争いは無い」とする。

27)　前述のように，例えば古閑判事や稲葉元判事など実務家の間でも，合意による第1次的な審理規律が可能であることを前提に論じる論者は多い。また，加藤編・前掲注

たい点は，仮に合意により規律できる範囲が現段階では限定されているとしても，将来的にはそれを広げる方向で制度基盤を整えることを考えていくべきではないかという点にある[28]。もちろん，手続的事項の規律のために過度の審理時間を費やすことに対する批判は尤もであり，どの時点で合意調達に向けた努力を諦めるかは実務的には重要な問題であろうが，多くの事件で手続の選択について激しく争われてデッドロックに乗り上げるというようなことはないのではなかろうか。また，仮に合意調達が不調に終わったとしても，そのようなやり取りの中で示される当事者・裁判所の行為選択理由は，その後の裁量権行使やそれに対する当事者の批判の手掛かりとなりえ，全く無駄になるということもないのではなかろうか。例えば，加藤判事の挙げられる弁論再開の問題[29]でも，再開に反対する理由を原告に示させることは，裁判所による再開の判断に影響するであろうし，他方で裁判所が何故再開に傾いているのかを示して議論することは，将来の再開判断に関する事実上の理由開示の意味をもち，そこでの議論（それに伴う時間）はすべて無駄であったということにはならないようにも思われる（なお，この点は(4)の合意調達過程の問題にも関連する）。

(3) 審理契約に対する批判（その3）――押付け的同意調達のおそれに対する応答

次に，押付け的な同意調達がされるおそれがあるのではないかとの懸念は，確かに当たっている面が否めないと思われる。しばしば指摘されるように，当事者は「事件を人質にとられている」側面が否定できないわけであり，ある手続事項について裁判所から同意を求められれば，それに反対すると本案の判断に不利に作用するのではないかという点を懸念して当事者が同意してしまうと

7）95頁以下〔田尾桃二，本間通義〕も参照。

28） 制度基盤の整備としては，十分な情報開示等が必要となってこよう。また，期間に関する問題については，計画審理の浸透によって標準的期間というものが様々な事項について想定されるようになってくれば，それに反する主張をする当事者がいわば説得責任を負担することになり，無理な引き延し的主張は事実上しにくくなることが期待されよう。将来的には，そのような標準的期間をルール化（場合によっては，裁判所と弁護士会の協議等によるローカル・ルール化）していくことなども考えられる。

29） 注15）②参照。

いう事態はありえなくはない。そして，いったん同意してしまえば，後から当事者がその手続選択の結果を非難してみても，「あなたもあの時に同意したではないですか」という「合意による瑕疵の飲込論」[30] を援用して裁判所が責任回避を図るようなおそれもなくはない。

この点は，訴訟上の和解などと同様，合意による処理を民事訴訟の中で行う場合一般に生じうる問題ではあるが，著者は，そのような問題の解決は，合意による規律自体を否定してしまう方向ではなく，合意による規律は認めながら，そのような事態が発生しないような制度的・慣行的な基盤をいかに構築していくかという建設的な方向で考えていくべきものと解する[31]。一方では，合意調達には常にそのようなバイアスが掛かりうるという認識・自戒をもった裁判官の慎重な対応が必要であろうし，他方では「言うべきことは言う」という代理人である弁護士の毅然とした態度に期待すべきこととなろう[32]。そして，(4)でも述べるように，合意調達過程の規律を進めて，合意に至る議論が合理的なものとなるように基盤を整えていくことが重要であろう[33]。

(4)　審理契約に対する批判（その4）――合意形成過程の不透明性に対する応答

合意形成過程の透明化を説かれる稲葉元判事の議論は十分に説得力のあるものであり，著者も合意がすべてを正当化する結果になることは相当でないと考えている[34]。そして，そのような透明化の方策としては，当事者の判断の基礎となるべき事情に関する十分な情報の提供とそれに基づく相互の議論が必要

30）　これについては和解に関し，本書第13章*2*(2)参照。

31）　前述の山本克己教授の批判も，合意による規律自体を否定する趣旨ではなく，このような建設的方向の議論の一環であると見られる。

32）　このように，代理人弁護士の活動に期待すべきことから，本人訴訟に審理契約を認めることは現段階では適切と思われないことにつき，前述*2*(1)・(4)参照。

33）　このように，合意調達に向けた議論を合理化する前提としても，合意ができずに裁判所が裁量判断をする場合の裁量統制の基準を示していくことが重要であると思われ，裁量統制のための要因規範が審理契約の前提交渉において参照的機能を果たすことが望まれよう（要因規範については，本書第9章参照）。

34）　この点については，不完全ながら，本書第13章*4*において，「審理契約の強度をある程度維持しながら，情報提供を柱とした手続的規律により無制限なインフォーマル化を防止するという方向が志向されるべきように考えています」と述べているとおりである。

になると思われる。争点の決定についても審理計画についても，当事者が十分な材料を持たない場面で仮に合意がされても，それは錯誤に基づく合意となるおそれが大きい[35]。その意味で，十分な情報獲得手段の整備とその活用，更に率直な協議が審理契約の基礎となるべきものと解される。

ただ，他方では，手続問題について過度の議論を求め，過度の時間・手間を費やすことは相当でないし，また現実的でもないと考えられる。それを避けるためには，審理契約の対象となりうる事項について，一定の目安なりガイドラインなりを予め設けておき，それをいわば出発点として当事者が議論する（それにより議論のコストの節減を図る）ことが考えられよう。例えば，審理計画については，一種のモデル計画を予め設定しておき[36]，それを前提にしながら，それとは異なる計画を求める者がその理由を述べて他の契約当事者を説得するというようなイメージである。また，訴訟指揮に関わる裁量的問題に関しては，予め当該裁判・処分等をする際に裁判所が考慮すべき要因を列挙した規範を構成しておき[37]，個別事件における個々の要因に係る事情等を手掛かりに，合意に向けた議論・説得活動を行うことが考えられてよかろう。いずれにせよ，契約締結に向けた議論の過程を可視的なものにするということは極めて重要な課題であり，稲葉元判事の言われる裁判所の理由説明責任等の考え方には全面的に賛同するものである。

(5) 審理契約に対する批判（その5）――手続の硬直化のおそれに対する応答

山本克己教授が「『審理契約』が撤回可能性と結び付けられない場合には」と的確に仮定法を用いて論じているように，著者自身は，前述のように，審理

35）この問題については，加藤編・前掲注7）107頁〔伊藤眞〕参照。

36）そのようなモデル計画をどのレベルで定立するかは1つの問題である。全国一律に硬い規範として法律や最高裁判所規則に規定するか，各地の実情に応じて規範化するものとして各裁判所の規則等で規定するか，より緩やかな枠組みとして各裁判所と弁護士会等との取り決めで定めるか等が問題となろう。各地の悪しき馴合いに陥らないように，基本的な部分を全国レベルで規範化しながら，具体的な部分は各地の実情に応じた規律に委ねるといった辺りが穏当であろうか。

37）裁判所の手続裁量の行使については一般に，このような考慮すべき要因・考慮すべきでない要因を列挙した規範（要因規範）を定立して，規範的にチェックしうるような枠組み作りを図るべきであると考えるが，この点については，注16）参照。

契約の変更を比較的広く認める立場に立つ。繰り返しになるが，審理契約の規律対象である訴訟手続の動態性に鑑みれば，その拘束力を過剰に強く措定することは，契約内容の不合理性を高めるだけでなく，その拘束力を恐れて当事者が審理契約の締結を躊躇するという結果をもたらしてしまうであろう。したがって，審理契約における内容変更の主張は一般には広く認められるべきものであり，その意味では，前記の各論者が相当としてイメージする合意（例えば，井上教授の言われる「軽やかな了解」）との径庭は，実際にはそれほどないのではないかと思われる（この点は，「契約」という言葉のもつイメージがアプリオリに拘束力の強さを規定している印象を与えているものであろうか[38]）。ただ，逆にその拘束力を過度に弱めていくとすれば，それは結果として審理に対する見通しの低下を招き，相手方当事者等の予見可能性を害することも忘れてはならないと思われる。具体的事件におけるこの辺りのさじ加減は相当に実務的なものであり，結局は事情変更の合理性という一般的判断によらざるをえないであろう。しかし，そのような意味で射程の限定されたものではあっても，まず前提として合意による規律を可及的に目指すとする目的を掲げることはやはり必要であると思われる。その意味で，この批判も審理契約に対する否定を意味するものではなく，その効果に関する具体的な提言を示すものとして肯定的に受け止めるべきであろう。

5　21世紀の民事訴訟における審理契約の意義

(1)　現行民事訴訟法の規定と審理契約

以上のように，著者は，審理契約論に対する様々な観点からの批判にもかかわらず，なおこのような概念を維持できるのではないかと考えている。そして，

38)　その意味では，当初は問題提起の意味を含めて使用した「契約」という文言（加藤編・前掲注7）99頁〔山本和彦〕参照）は避けて，「合意」等のより中立的な文言に切り替えるべき時期が既に来ているのかもしれない。ただ，当面はなお，合意当事者の自立性・近代的関係定立への期待を含意するものとして，また裁判所が真の意味でのサービス機関として当事者と同じ目線に立つことを求めながら，日本の訴訟の現状に対する若干の批判も込めて，誤解を恐れながらも，なお「契約」の文言を使い続けることとしたい。

特に現行民事訴訟法下では，このような当事者と裁判所との合意による訴訟運営はより重要な実践的意義を有するように思われる。以下では，まず現行民事訴訟法の規定と審理契約の関係について概観してみる。

審理契約論の観点から，現行法の規定を見てみると，第1に注目すべきは，現行法には手続の選択について当事者の同意を必要とする規定が多く存在する点である。当事者の同意は積極的なものである場合も，消極的な同意，すなわち当事者に異論がないことを要件とする場合もあるが，いずれにせよいずれかの当事者が反対すれば，仮に裁判官がその手続を望ましいと考えていても，そのような手続によることができないような場面が存在する。例えば，当事者の積極的同意による場合として，裁判所等が定める和解条項（民訴265条），速記原本の引用添付（民訴規73条）などがあるし，当事者の消極的同意に係る事項として，書面尋問の可否（民訴205条），大規模訴訟における受命裁判官による証人等の尋問（民訴268条），第1回口頭弁論前に弁論準備期日に付する措置（民訴規60条），尋問に利用する書面等の閲覧機会の付与（民訴規116条）などがある。積極的であれ消極的であれ，当事者の同意に基づき裁判所が審理手続を選択するとすれば[39]，まさにそれは一種の審理契約を前提としたものと評価することができよう。

第2に，手続の選択について当事者の同意までは求められていないとしても，裁判所はその判断に際して当事者の意見を聴取すべき旨の規定[40]も多く存在する。例えば，弁論準備手続の選択（民訴168条），電話会議による弁論準備期日の開催（民訴170条3項），書面による準備手続の選択（民訴175条），尋問順序の変更（民訴202条2項），当事者尋問の先行（民訴207条2項），控訴審における攻撃防御方法提出等期間の裁定（民訴301条），裁量移送（民訴規8条），調書記載に代わる録音テープ等への記録（民訴規68条），電話会議による進行協議期日の開催（民訴規96条），傍聴人の退廷（民訴規121条），テレビ会議システ

39)　また，現行法が新設した少額訴訟制度は，原告に通常訴訟の選択権があり，被告には通常訴訟への移行申述権があり（民訴373条1項），更に少額訴訟による審判が相当でないと判断されるときには裁判所にも通常移行権を認める（同条3項）ところから，これは全体として審理契約による手続選択を認めた制度と理解することも可能であろう。

40)　このような規律を指して職権進行主義から「協同進行主義」への観念の展開を説かれる見解として，竹下・前掲注12）29頁参照。

ムによる尋問（民訴規123条），簡易裁判所における証人等の陳述の調書記載省略（民訴規170条）などの規定がある。このような規律は，審理契約そのものではないにしても，当事者の意見を聴取しながら裁判所がその意見に対して全く応えないということは通常考えにくく，実際には，当事者の意見表明を契機とした裁判所と当事者との議論の中で，緩やかなコンセンサスが形成されることを期待・促進するものと考えられよう41)。

以上のように，現行民事訴訟法は，手続の進行について当事者が同意や異議を述べたり意見を表明したりしながら，法が用意した多様な手続メニューの中から具体的手続が選択されるような進行モデルを広く想定しているように見受けられる42)。その意味で，審理契約の考え方は，現行法の中に多くの間接的な手掛かりをもっているものと言えよう。

⑵　現行民事訴訟法と争点決定合意

言うまでもなく現行民事訴訟法は争点中心審理を志しているものであるが，その点において，審理契約の1つの典型的適用場面（*2*⑶参照）である争点決定合意との関連性が注目される。この点に関しては，現行法が争点整理手続に関して，争点整理手続終了後に「その後の証拠調べにより証明すべき事実を当事者との間で確認する」ものと規定している点が重要である（準備的口頭弁論につき165条，弁論準備手続につき170条5項，書面による準備手続につき177条参照）。この確認の法的性質については議論のあるところであるが，通説はこれを観念の通知と解するようである43)。しかし，「確認」という文言からこれを観念の通知と解すべき必然性はなく，むしろ当事者がその確認に基づく法的効果を前提としながら，それを引き受けるということまで含んで確認しているとすれば，それは当事者の争点決定に係る意思の表示と理解する方が直截であり，また当

41）　著者はこれを緩和された形での審理契約と評価したことがある。すなわち，山本和彦「弁論準備手続」ジュリ1098号（1996年）57頁は「一般に新法によって多用されている意見聴取規定は，新たな緩やかな枠組みでの手続合意（審理契約）を含意するものと理解すべき」ものとする。

42）　この点については更に，竹下・前掲注12）28頁以下参照。

43）　例えば，竹下ほか編・前掲注21）185頁において，伊藤眞教授は，これを観念の通知と解している。

事者の通常の意識にも合致するように思われる。したがって，著者はこの確認を両当事者及び裁判所が当該訴訟における争点を決定する意思の合致として，争点の決定に関する審理契約と理解しうべきものと考える[44)]。その意味で，そのような明確な合意に反する攻撃防御方法の提出については，民訴法167条等の理由説明義務・157条の時機に後れた攻撃防御方法の却下を超えて，審理契約の効果として直ちに却下すべき余地があるものと考えられる[45)]。なお，争点決定の合意に反する法解釈・事実認定は釈明義務ないし法律問題指摘義務の違反となる場合が多かろうが[46)]，既に十分に議論された結果として争点から排除された論点に判決が基づいているような場合には，なお独自に審理契約違反を観念する余地が残ろう[補注3]。

(3)　現行民事訴訟法と審理計画

次に，審理契約による規律対象のもう1つの柱と考えられてきた審理計画との関係については，現行法の規定とともに，近時実務において計画審理の必要性が強く主張され，また司法制度改革の議論の中でもこの点が論じられているところであるので，最近の議論状況をやや詳しく見ておきたい。

まず，現行法は，大規模訴訟についての特則という形ではあるが，初めて審理計画について明示の規定を設けた（民訴規165条）[補注4]。そこでは，「裁判所及び当事者は，適正かつ迅速な審理の実現のために，進行協議期日その他の手

---

44)　伊藤教授も，注43）記載の叙述に続いて，「山本和彦助教授が言っておられるような，裁判所と当事者の間の審理契約というような形での理論構成が，今後なされていく可能性はあり得るかもしれません」と評されている。また，「当事者間の合意が成立した場合には，その合意の拘束力という議論はあり得る」とする高田裕成教授の発言（竹下ほか編・前掲注21）186頁）も参照。更に，菅原・前掲注23）480頁は，攻撃防御方法提出期間の合意について，「いかなる段階のいかなる場面において審理契約が成り立ちうるのか，理論的進展が期待される」と評している。

45)　山本・前掲注41）59頁参照。

46)　この点につき，加藤編・前掲注7）100頁以下参照。

[補注3]　争点決定合意を当事者の意思的なものとして捉える見解は，裁判上の自白についてもそれを観念の通知ではなく意思表示と把握するその後の著者の見解とも連続性をもつものである。これについては，本書第13章***3***参照。

[補注4]　本文の規則165条の規定は，その後，後述する計画審理の民事訴訟法における一般化（法147条の2及び147条の3）によって，それに吸収される形で削除されている（平成15年最高裁判所規則第19号）。

続を利用して審理の計画を定めるための協議をするものとする」とされる。すなわち，この規定は，審理計画についてのモデル規定であるというに止まらず，その審理計画が「裁判所及び当事者」の「協議」の下に策定されるべきものであるという点まで含意する規範として注目に値する[47)]。審理計画の定め方としては，法律等により事前にルールとして設定する方法や個々の事件について裁判所が裁量に基づき定める方法なども考えられるところであるが，このような規律は，裁判所・当事者の協議に基づく合意で設定されることを原則形態として前提とするものと見られる。その意味で，この規定は審理計画の合意による策定を前提とするものでもあり，審理計画が21世紀の民事司法にとって重要な役割を占めることや審理計画が審理契約論の大きな柱であることに鑑みれば，審理契約論にとっても極めて大きな意義をもつ規定と言えよう。

このように，現行法制定の際には，審理計画は大規模訴訟との関係でのみ明定されたが，そのことは決してその他の手続においては計画審理の必要性がないとする趣旨ではない。むしろ通常訴訟でも同様のことが妥当するものと解されていたが，いわば注意規定として前記条項が設けられたものと解される[48)]。そして，実際に，実務では通常訴訟においても計画審理の試みがなされており，その成果が既に様々な形で報じられているところである[49)]。更に，司法制度

47)　最高裁判所事務総局民事局監修『条解民事訴訟規則』（司法協会，1997年）348頁によれば，「本条の審理の計画は，裁判所が一方的に定めて当事者に従わせるというもの（借地非訟規21条参照。）ではなく，裁判所と当事者の協議を通じて，裁判所側はもちろん，当事者側においても実行できる現実的な内容の審理計画を想定している」とされる。

48)　司法制度改革審議会の中間報告（平成12年11月）46頁は「標準的事件（争点の数が2～3個，取調べ人証の数が2～3人程度）」においても「司法の利用者たる国民の期待する合理的期間内に終結させるためには，訴訟の早い段階から審理の終期を見通し，手続の進行過程を計画的に定めた計画審理を実施することが有効と考えられる。また，計画審理は，訴訟に要する費用の負担と時間の予測可能性を高め，裁判を分かりやすくするとの観点からも有益である」と整理しているが，これは既に大方の見方と言って差し支えないであろう。

49)　大阪地方裁判所における計画審理の試みを紹介する坂本倫城「大阪地裁における通常事件についての計画的審理」民訴47号（2001年）241頁以下は，毎期日，審理計画を当事者と協議することを原則とするもので，終局までの進行予定の協議，協議内容・結果の調書化等を論じられ，審理計画について，裁判所・当事者間には「当事者は合理的な理由なくして当初の予定を変更できないという，合意と信義則に基づいた事実上の拘束力（自己責任）が生まれる」（同246頁）とされる点で特に注目される。また，中

改革の論議の中でも，この問題は訴訟の迅速化の鍵点として重視されている[50]。すなわち，司法制度改革審議会においても，国民の期待に応える民事訴訟のための方策として計画審理の必要性が論じられてきたところ，その中間報告（2000年11月20日）においては，「4．制度的基盤の整備」の「(2) 国民の期待に応える民事司法の在り方」の「イ　民事訴訟の充実・迅速化」の中で「計画審理」が特に論じられている。そこでは，計画審理は，訴訟の迅速化に加えて，訴訟に要する費用や時間の予測可能性を高めて裁判を分かりやすくするとの観点からも有益であるとされ[51]，具体的には「運用として，標準的事件についても，手続の早い段階で，裁判所と両当事者との協議に基づき，審理の終期を見通した審理計画を定め，それに従って計画審理を実施するとの実務を定着させていく」こと，「標準的事件について法律又は規則により審理計画を定めるための協議をすべきこととしたり，訴え提起前を含め準備のための早期の証拠収集を可能とするための手段を拡充」することなどが提案されている。そして，ここでもやはり「裁判所と両当事者との協議に基づき」とか「審理計画を定めるための協議」などとして，裁判所と両当事者との合意に基づく計画が一次的に想定されていることに注意を要する。このような司法制度改革審議会の想定する改革が実現すれば[補注5]，前記のような審理契約に基づく規律は更に拡大されていくものと考えられよう[補注6]。

村隆次＝安村義弘「判決まで6ヶ月――大阪地方裁判所第12民事部（立会増強部）の審理の概要」判タ1028号（2000年）48頁以下も参照。

50）この点に関する私見につき，山本和彦「紛争処理の迅速化と費用の適正化」ジュリ1170号（2000年）110頁参照。そこでは，モデル審理計画を定めながら，それは「個々の事件の中で具体化し，場合によって事件の特性に応じて修正されることが当然の前提となり，具体的には早い段階で進行協議期日を開催し，審理計画を策定する」といった審理イメージを提示している。

51）注48）参照。

[補注5]　司法制度改革審議会の最終的な報告（意見書）（平成13年6月）においては，より簡潔に，「原則として全事件について審理計画を定めるための協議をすることを義務付け，……計画審理を一層推進すべきである」としている。そこでも，標準的事件についても審理計画の策定が前提とされ，また「裁判所と両当事者との協議に基づき」審理計画が定められることが前提とされている点が注目される。

[補注6]　司法制度改革審議会の議論を受ける形で，平成15年の民事訴訟法改正によって，計画審理に関する規定（民訴法第2編第2章「計画審理」）が導入された。ただ，最終的にでき上がった法律では，（同審議会意見書とは異なり）一般的な事件については

以上のように，計画審理に向けた要請に基づき審理契約の活躍の幅は広がってきているものと解されるが，更に合意による訴訟の進行については現代的ないし実際的な需要が広範に存するものと思われる。すなわち，企業など訴訟制度の利用者（特にリピート・プレイヤー）が自らの合意によって手続を規律することを望んでいるという現代的需要であり，一言で言えば，利用者のニーズに応じたオーダーメイドの訴訟手続を期待する声が存在するということである。その一例として，通産省の研究会は司法制度改革に関連して以下のような提言をしている[52)]。すなわち，審理計画によって審理を規律する必要があることを前提に，①法律・規則レベルの抽象的審理モデル，②裁判所・弁護士会間の協約による具体的審理モデル，③個別事件における取決めの3段階において審理計画を構成し，特に③について「当事者として裁判所も参画することとし，公益的な観点からのチェックを行う構造とすべき」ものとする。その結果，「当事者が合意により審理計画を作成し裁判所がこれに同意した場合，原則として，裁判所がこれに従うこととするよう民事訴訟法の見直しを含めて検討する必要がある」との提言がされている[53)]。

実際にも，このようなオーダーメイドの手続への需要として，例えば，知的財産権関係訴訟などで，一定期間（例えば6ヵ月）内の判決を求めるような審理契約が締結される可能性はあるように思われる。このような事件類型では，紛争解決の時間（迅速性）が何よりも重要な要素である場合が現実にあり，両当事者が短期審理に合意する可能性は十分にあると言われる。これは，直接には解明度を低くする合意（通常の意味で裁判に熟さなくとも判決を求める合意）であると解され，合意による民事訴訟法243条1項の規律内容の変更と整理する

「訴訟手続の計画的進行」のみが要求され（民訴147条の2），「審理すべき事項が多数であり又は錯そうしているなど事件が複雑であることその他の事情によりその適正かつ迅速な審理を行うため必要があると認められるとき」に限って，審理計画の対象になるとする（民訴147条の3第1項）。これが果たして司法制度改革の理念に照らして相当かどうかについてはなお疑問も残るところである。実際，改革後の実務では審理計画は余り活用されていないとされている。審理計画の活用の可能性については，本書第3章**4**(3)も参照。

52）　通商産業省「経済活動と司法制度に関する企業法制研究会報告書（2000年5月9日）」39頁以下参照。

53）　通商産業省・前掲注52）6頁以下。

ことができよう[54]。上記の規定は特に第三者の利益を保護するものではなく，また企業同士の合意である場合には当事者に対する後見的保護を施す必要もないことを考えれば，このような合意も有効と認める余地は十分にあるのではなかろうか[55]。けだし，そのような合意によって，他の利用者には制度利用の枠が空き，税金の支出も安くて済むとすれば，それによって損をする者はいないと思われるからである。もちろん第三者の利益が関わる場合や個人が当事者であるような場合についてはそのように単純ではないが，そのような場面においても，民事訴訟は基本的にはその利益保護を求める当事者のためのサービスであるという原点に立った判断が必要と思われ[56]，審理契約によるオーダーメイドの手続を可及的に広範に認めていく姿勢が一般的には必要ではなかろうか。

(4)　大規模訴訟と審理契約

最後に，現在の民事訴訟において，その取扱いが，専門訴訟とともに，大きな焦点となっている大規模訴訟[57]において合意による規範の定立の手法が特に注目されていることも，審理契約の今後の民事訴訟法理論における有用性を

---

54)　これを短期間の内に通常の解明度を求める合意であるとすれば，それは他の手続利用者や制度運営者に負担を課す合意ということになり（注1)・2) 参照)，裁判官は公益の立場から契約に参加すべきではないものと一般的には解されよう。

55)　そのような解明度の低い判決をすると，司法に対する国民の一般的信頼が害されるとの批判が考えられるが，そのような抽象的弊害を過度に重視すべきではないと思われる。それが「合意に基づくラフ・ジャスティス」であると理解できれば，合意をしない限り，自己が当事者になった場合に同様のラフ・ジャスティスを受けるおそれがないことは，潜在的制度利用者である国民にも容易に理解できるからである。なお，他にも，類似の合意として，保全処分の判断に既判力を認める合意（保全処分の判断で最終決着を図る合意）なども有効と認めてよいように思われる（これは不起訴合意の一種とも見られる)。

56)　この点において，井上治典『ケース演習民事訴訟法』（有斐閣，1996年）65頁は，法廷外での弁論期日の合意について第三者の傍聴権との関係で問題があると正当に指摘しながら，同69頁において当事者のみならず関係者もいいと言うのであれば（法廷外で弁論期日を行っても）よいとの結論に至っているのが注目される。

57)　司法制度改革審議会の中間報告46頁は「民事訴訟の審理期間は全体として短縮されてきているが，当事者が多数にわたる事件や専門性の高い事件などの中には，依然として長期間を要するものが見られる」と指摘している。なお，大規模訴訟は民事訴訟法によると，「当事者が著しく多数で，かつ，尋問すべき証人又は当事者本人が著しく多数である訴訟」と定義されている（法268条)。

示す重要な傍証として指摘できよう。前述のように，大規模訴訟における審理計画については既に民事訴訟規則に規定があるが，近時の議論では，当事者との協議・合意の対象は単なる計画を超えたものとなっているようである。すなわち，裁判官による司法研究[58]によれば，当事者との協議対象として「スケジュールの設定[59]」のほかに「審理ルールの確立」が必要であるとし，「期日の時期，書面の提出や証拠の申出についての時期，方法など，当該訴訟において取り決められる様々な了解事項」について「予想されるものはあらかじめ合意を取り付けておくと無用な紛争が避けられる」と指摘される。具体的には，第1回口頭弁論期日直後には，期日の確保，進行協議期日の確保，連絡担当者の確保及び送達場所の届出，準備書面の提出時期と直送依頼，フレキシブルディスク等の提出，書証番号の付け方，外国語文献の提出，書証の事前提出等について[60]，証拠調べに向けては人証の取調べの審理ルールとして，人証の申請時期，尋問事項書の内容・提出時期，弾劾証拠の取扱いを含む書証の事前開示，反対尋問の時期，陳述書の利用方法等が協議・合意の対象として列挙されている[61]。このように，訴訟のいわば細則的部分について，裁判所と両当事者との協議・合意に基づいて手続を運用していくことは，大規模訴訟についてのみならず，他の訴訟においても多かれ少なかれ実践されているものと思われ，弁護士の訴訟における役割が重要となっていく今後は，更にその必要性が高まっていくものと推測されよう[62]。

58）　司法研修所編『大規模訴訟の審理に関する研究』（法曹会，2000年）101頁以下参照。

59）　審理の長期的目標として，「主張整理に1年，総論立証に1年半，各論立証に半年」といった計画が想定され，更に「中期計画では各開廷日の進行予定まで（合意が）必要」であるとされている。

60）　司法研修所編・前掲注58）118頁以下参照。

61）　司法研修所編・前掲注58）163頁以下参照。

62）　将来的に，訴訟契約についても任意訴訟禁止の原則が再検討されてくれば（池田・前掲注9）37頁は，「何が強行法規かの個別的な棚卸し作業が不可欠」とする），訴訟契約の範囲を拡大していく中で，審理契約との融合が生じる可能性は多分にある。両者の違いは結局，契約内容の公益的見地からのチェックを裁判所が契約当事者として入るという形で行うのか，当事者間の契約を判断者の立場から外在的にチェックするのかの違いに過ぎないとも見られるからである。ただ，現在ではなお，訴訟手続の進行については当事者は単独行為では権限をもたないところ，それは当事者の契約の形でも不適法となるので，明文で認められない限り，すべて不適法とする見解（例えば，青山善充「訴訟法における契約」岩波講座『基本法学(4) 契約』（岩波書店，1983年）253頁など参

6 結びに代えて

最後に，以上に述べてきた審理契約を中核として構成される民事訴訟審理の在り方に関する著者の全体構想を提示して，本章を終えることとしたい。すなわち，審理プレイヤーの行為に関する望ましい規制方法としては，言うまでもないことであるが，第1次的には明確なルールを設定できる部分についてはルールを立法ないし解釈により設定することである。しかし，そのような事前のルール設定は常に可能・適切であるわけではなく，それが困難・不適切な部分では，第2次的に行為選択に関して，原則として当事者の意見を聴取すべきことになる。そして，両当事者の意思が合致した場合には，裁判所としては，潜在的制度利用者・制度費用負担者（公益）の観点から，当該合意が受入れ可能なものであるか否かを検討することになる。それが受入れ可能であると判断された場合には，裁判所が加わって審理契約を締結することになる。審理契約が締結されれば，それは訴訟関係者を原則として拘束することになるが，事情変更等によって契約内容を変更する余地は比較的緩やかに残される。他方，そもそも当事者間に意見の一致がない場合や合意があってもその合意が裁判所から見て上記の観点から受入れ不能であると考えられる場合には，裁判所の裁量判断に移ることになる。ただ，この手続裁量も全くの自由裁量ではなく，要因規範（考慮すべき要因等を列挙した規範）に基づく規範的統制を受けるべきものと解される。裁判官は，自ら裁量権を行使する前に要因規範に基づき自己チェックを行うべきであるし，当事者から裁量権の行使理由について説明要求があった場合には，要因規範に基づきその理由を開示すべき義務がある（場合によっては不服申立てが認められる）。

このような審理過程規律のスキームは，過度に硬直的なものにならず事案に応じた柔軟さを保ちながら，なお一定の規範的統制の実効性を確保する趣旨に出たものであり，要件効果型ルールによる完全な規制か，せいぜいガイドライ

照）が有力と見られるので，このような議論に応える目的で裁判所を契約当事者に入れた審理契約構成を維持すべきものと考えられる。

ンを伴うに過ぎないほぼ完全な手続裁量かという二者択一式のリジッドな規制方法の限界を打破することを目標としている。しかし，同時に本章の議論には多くの問題点があることも認識している。特に実践的な観点からは，何よりも，これらの議論は硬い規範によるのではなく当事者の同意ないし批判による柔軟な規制を目指しており，当事者に裁判所と対抗する十分な力量がなければ，結局，裁判所が強行法規を回避するための押付けの手段に過ぎなくなってしまうおそれが常にあることは，審理契約論に対する前述のような批判のとおりであろう。その意味で，当事者の十分な情報取得の保障に加えて，「ノーと言える訴訟代理人」を確保できることが規範の実効化には不可欠となろう[63]。また，本章は抽象的な議論に終始しており，その具体化は，特に実務家の方々から頂くご意見・ご批判を受けて，今後に残された課題である。以上のような多くの問題点を残しながらも，本章の議論が，改革された21世紀の司法制度の中での民事訴訟の在り方を考えるうえで，なにがしかの問題提起となることができれば幸いである。

（初出：法曹時報53巻5号（2001年）1頁以下）

［補論］　本章は，著者の前著『審理構造論』で論じた審理契約について，その後の議論や批判を踏まえて再論したものである。特に，この議論については，1996年の第66回日本民事訴訟法学会のシンポジウムのテーマとしても取り上げられ，様々な議論がされたところ（福永有利ほか「訴訟手続における合意」民訴43号（1997年）113頁以下参照），著者としても議論の再整理を図ったものである。

そこでは，民事司法を公的サービスと捉える観点から，できるだけユーザーのニーズに即したオーダーメイドの手続を構成していこうとする視点が強調されており，著者の民事訴訟法理論の中での位置付けが明確にされるとともに，争点整理及び計画審理という新たな民事訴訟法の枠組みを支える理論的基礎としても位置付けられている。なお，本章は，ほぼ同時期に執筆された要因規範論を展開する次章と併せて，著者の民事訴訟の審理に関する基本的理解を示すものでもあり（この点は，本章***6***も参照），このような理解は現在でも著者の中で基本的に維持されている。

63）　この問題に限らず，水平関係重視の民事訴訟手続の中では代理人の力量アップは避け難い課題となってくると考えられる。

第9章

民事訴訟における裁判所の行為統制

――「要因規範」による手続裁量の規制に向けて

1 問題の設定

本章は，民事訴訟における裁判所の裁量に対する規制の在り方についての検討をその目的とする。著者の見るところ，このような問題は優れて理論的な側面を有すると同時に，重要な実践的インプリケーションをもちうるものである。現行民事訴訟法制定や司法制度改革論議等の中で，裁判官の役割は重要性を増しつつあるところ，その行為規制の在り方が同時に重要な課題となっている。そのような規制方法として最も実効的かつ強力なものは，訴訟法において裁判官の行為を全面的に規律するやり方であることは言うまでもない。しかし，そのような方法は訴訟手続を硬直的で融通の利かない使い勝手の悪いものとしてしまうおそれが強い。むしろ今，民事訴訟をユーザーに利用しやすいものにするため，従来の硬直した既製品（プレタポルテ）のみの提供から，個々の事件の特性及び利用者のニーズに応じたオーダーメイドのサービスを提供していくことが司法にとっての不可欠の課題とされており，現に大企業等訴訟制度のリピートユーザーの側からはそのような要望が出されているところである[1)]。そ

1）　通商産業省「経済活動と司法制度に関する企業法制研究会報告書」（平成12年5月9日）26頁は「従来の訴訟手続においては，様々な種類の訴訟が画一的な手続によって処理される傾向が強い制度となっており，これが訴訟の非効率を生む原因の1つとなっていたことは否めないところである。この点，多様な審理手続を用意し，事案の性質に応じた審理手続を当事者が選択できるようにすることが必要であろうと考える」と指摘する。

のような観点から見ると，従来型（要件効果型）のルールの精緻化を図る方向だけに頼っていては，必ずしも適切かつ十分な裁判官の行為統制が可能になるとは思われない。むしろ，著者は，裁判官の手続裁量を正面から認め，オーダーメイドのサービスを可能とするような柔軟な枠組みを形成する一方，その裁量を有効に規律する実効的枠組みとして，従来型ルールに比べてより柔軟な新たな発想に基づくルールによる裁量統制を検討すべきものと考えている。本章はそのような問題関心に基づくものである。

このような問題関心自体は，著者がかねてから有していたものであり，10年余り前に提唱した審理契約の議論は，そのようなユーザーの需要に即した訴訟手続の構築を1つの目的としたものであった。この点は，学界において，より広い射程をもつ「三者合意論」に展開されていったところである[2)]。他方で，加藤新太郎判事を中心に実務家の側からは，その問題関心を完全に共通にするものではないが，やはり新たな裁判官の行動ルールの探求として手続裁量論の発展が見られた。この両者は，前者が当事者と裁判官との合意により裁判官の行為を束縛する方向の議論であり，後者は裁判官の訴訟運営における裁量を正面から承認するもので，正反対の方向を目指しているようにも見える。しかし，実際にはこの両論は必ずしも相互排斥的なものではない。すなわち，加藤判事も近時審理契約論を批判されながらも，結局，両者は実際上はそれほどの差異はないかもしれず，「理念のレベルの問題ないし説明の適否の問題」に過ぎないと評される[3)]し，著者も，もちろん手続裁量の存在を否定するものではな

2)　審理契約については，山本和彦『民事訴訟審理構造論』（信山社出版，1995年）335頁以下，本書第8章参照。ここでは，本章の議論の前提として，①審理契約論に対する様々な観点からの批判にもかかわらず，なおこのような概念を維持できるものと考えていること，②現行民事訴訟法は訴訟の進行に関して当事者の同意を要する事項や当事者の意見を聴取すべき事項を多く定めており，審理契約論の展開の可能性を広げていると考えられること，③審理契約の中心的な規律対象である争点決定合意及び審理計画に関して民事訴訟法は明文規定の手掛かりを与えていること，④近時，司法制度改革の議論とも関連して，制度利用者（ユーザー）のニーズに合致した手続を構成すべき点から，手続にユーザーの意思を反映すべき旨を説く議論が生じていること（前掲注1）も参照），⑤大規模訴訟の審理などを典型として，当事者との合意に基づく手続の運営が実務においても重視・実現され始めていることなどを指摘しておくにとどめる。

3)　加藤新太郎「協働的訴訟運営とマネジメント」原井龍一郎先生古稀『改革期の民事手続法』（法律文化社，2000年）168頁注41参照。

く，「契約締結に向けての努力にもかかわらず，審理契約が成立しなかった場合には，訴訟法の基本原則に戻って，その問題について決定権限を付与されている訴訟主体が当該事項を決定することにならざるを得」ず[4]，訴訟進行の問題については，職権進行主義の下では一般に裁判所が決定権限を有するので，（明確なルールが存しない場合には）裁判所の手続裁量を当然に前提とすることになる[5]。その意味で，合意が成立しなかった場合を含めて，裁判所の行為統制に関する総合的検討の必要は著者も従来から感じていたところであり，本章は不十分ながらその点の考察を試みたものである。

ここでは，本章における議論の前提として，著者の構想する裁判所の行為統制に関する全体の枠組みをまず簡単に示しておきたい。まず，裁判所の行為統制が第1次的にルールにより行われるべきことは当然である。訴訟における裁判官の行為は最終的には判決に帰結する権力行為と理解でき，それは原則として法律を中心とした予め設定されたルールによって規制されるべきであろう（その意味で，民事訴訟法は原則として公法と解される）。しかし，今日問題とされているのは，まさにそのような従来型（すなわち，要件効果型）のルールにより裁判官の行為を統制することには大きな限界があるという点である（詳しくは，*2*参照）。そこで，従来型のルールによる規制とは異なる行為統制の枠組みを探る必要があることになる[6]。

それでは，従来型のルールによっては規律されない裁判所の行為の可否について，どのように考えるべきであろうか。裁判官の行為を権力的なものと把握する理解を徹底する立場に立てば，その行為はすべて法律及び規則に留保されていると解され，法律等で許されていない行為は一律に禁止されているとの考え方もありえないではない。しかし，仮にそのような考え方を前提としても，

4）　山本・前掲注2）415頁参照。

5）　前稿では，その際の裁判所の判断基準としては「合理的な当事者であれば同意したであろう内容」によるものとしていた（山本・前掲注2）415頁参照）。ただ，そのような当事者の意思の推量は必ずしも容易なものではなく，結局，裁判所の全面裁量に陥るおそれもあることに鑑み，本章は裁判所の裁量権を正面から認めながら，その行使基準の新たな枠組みとして，より明確な制約規範の設定を模索しようとするものである。

6）　訴訟法学は一般にそのようなルールの整備に向けての解釈論・立法論を展開するものであるが，本章の主題はその意味ではメタレベルの議論と言え，伝統型ルールに代わる規律方法ないし新たな類型のルール（要因規範）を模索する試みである。

裁判所の行為の中には必ずしも権力性を有しないものもあり，これらは行政における行政指導とパラレルなものとして少なくとも全面的に禁止されるものではないと解されよう。また，実定法の解釈としても，多くの規定は「できる」とする部分を明示的には書いていないものの，それを前提としていると解さざるをえないとすれば[7]，上記のような厳格な考え方は解釈論としては成立し難いように思われる。したがって，ルールにおいて明示的に許可されていない行為がどのような場合には許され，どのような場合には許されないかが次に問題とならざるをえない。以下では，原告，被告，裁判所それぞれの当該行為についての評価を基に，3つのケースに区分して考えてみる。

まず，ケース(1)として，原告，被告，裁判所すべてが行為Aを望んでいる場合である。この場合には，原則としてAによるべきであることに異論は少ないであろう。この場合は，むしろルールで明示的に行為Bが規定されている場合にも，原則としてはなおAを選択すべきものと解されよう[8]。但し，仮に行為Bを定める規範が強行規定（公序規定）である場合には，そこで保護されるべき第三者の利益または一方当事者の利益（保護的公序の場合）については，裁判所が公益の代表として勘案すべきことになろう。これは審理契約論ないし三者合意論の取り扱う場面である。次に，ケース(2)として，原告・被告は行為Aを望んでいるが，裁判所は行為Bを望むという場合である。これは当事者間では合意ができているが，裁判所はそれを適当と考えないという場面であり，広い意味での訴訟契約の拘束力の問題と言える。従来，審理については原則として訴訟契約の効力は否定されてきた（いわゆる任意訴訟禁止の原則）。これは，審理手続の進行は原則として常に公益に関係するとの黙示の前提があったものと見られるが，審理の進め方についても必ずしも公益が関わらない場面は想定され，その場合には当事者の合意に拘束力を認めうる余地があると考えられよう。公益が関わる場合には，結局，裁判所の判断が優先することになり[9]，ケース(3)と同じ問題となろう。最後に，ケース(3)として，例えば，原

7)　後記*2*(3)において示した［①／b型］規範が民事訴訟法中に多く存在する事実は，このことを示していると言えよう。

8)　その意味で，この場合はルール乗越え型の合意を含むことになる。審理契約論においては，ルール乗越え型契約とルール補充型契約とを区別して論じる余地があろう。

告・裁判所が行為Aを，被告が行為Bを望んでいるという場合である[10]。ここでは，結局，誰の判断が最終的に優先するかという問題であり，訴訟進行については原則として裁判所の判断が優先すると考えてよいであろう（職権進行主義）。そして，この場合に，次に問題となるのが裁判所の判断の統制（コントロール）の問題，すなわち，手続裁量統制の問題ということになる。

以上のようなケース分類に基づき，著者は，第1次的にはなるべくケース(1)に誘導するような訴訟運営を行い，そのためのインフラを訴訟法規範の中で調えるのが相当であると考えている。これが審理契約を中心に訴訟過程の規律を構想するということの意味である。しかし，あらゆる場合に当事者・裁判所間で認識の一致が得られるとは思われず，審理契約の締結ができない場合には，ケース(3)として最終的には裁判所の判断に委ねざるをえない場面が（その頻度はともかく）生じることは間違いない[11][12]。そこでは裁判所の手続裁量が問題となるが，それを全くの自由裁量に委ねるのは相当と思われず，常に裁量統制の手法とセットで考える必要がある事柄と言うべきであろう[13]。

以上のような本章の問題意識に鑑み，以下ではまず訴訟進行過程の伝統的ルール化の限界について確認する（*2*）。そこでは，従来，抽象的または散発的な

---

9) なお，公益が関係する場合にも，裁判所が公益との齟齬の有無を判断して，その齟齬が小さい場合には個別に訴訟契約の効力を認めるという考え方もありうる。この点は審理契約と訴訟契約との役割分担の問題であるが，実質的に見れば，審理契約と訴訟契約＋裁判所による公序チェックのスキームとは等価性を有するものと言えよう。

10) 被告と裁判所とが一致している場合，更に原告，被告，裁判所のすべての見解が異なる場合も問題は同じである。

11) 訴訟契約による規律の可能性も別途考える必要はあるが，その際には結局審理に関するどの規定が公益性をもたないものか（その意味で任意規定であるか）を個別に洗い直す必要がある。著者はその作業を未だよくなしえておらず，今後の課題としたい。

12) その点で，本章の基本的な考え方は，古閑裕二「訴訟上の合意と訴訟運営」判タ969号（1998年）39頁にいう「合意形成と訴訟指揮による二段構え」論と同じことである。

13) 以上のような議論の枠組みは，山本克己「手続進行面におけるルール・裁量・合意」民訴43号（1997年）115頁以下のルール・裁量・合意三分論から大きな影響を受けている。山本克己論文の枠組みに基づいて言えば，本章の目的は，裁判官による理由開示強制及びそれに基づく議論を整序化するとともに，裁量判断を規範化して裁量行使の同時的・事後的コントロールをより実効的なものにしようとする試みとして整理することができよう。

形で指摘されてきた裁判所の裁量の不可避性について，より具体的かつ網羅的に確認するため，現行民事訴訟法が定める規定を類型化しながら，それら規定の多くについては裁判所の裁量的判断が最終的には不可避なものとして前提とされていることを確認しておきたい。そして次に，そのような意味で不可避的な手続裁量に対する裁量統制の在り方について，新たなより柔軟な規範の構成を模索してみたい（*3*）。そこでは，民法学等で近時論じられている動的システム論等を参考としながら，規範目的の明示と考慮（非考慮）要因の列挙とで構成される「要因規範」に基づく裁判所の新たな裁量統制の枠組みを検討すべきことを提言することとしたい。

2　規範による行為統制の在り方

(1)　手続的規範の分類

ここでは，手続裁量に係る裁判官の行為統制を考察する前提として，まず，最も原則的・基本的な行為統制の在り方である規範（ルール）による統制について，日本法の現状を確認し，その評価を図ることを目的とする[14)]。

手続的規範の在り方として，大きく分けて以下の３つの定め方があるのではないかと思われる。すなわち，①要件Ａが存する場合に，Ｂをしなければならないとする規範（義務規範），②要件Ａが存する場合に，Ｂをすることができるとする規範（効果裁量規範[15)]），③要件を前提とせず，または一般的要件に基づき，（裁判所が相当と認めるとき，適当と認めるとき，必要があると認めるとき等は）Ｂをすることができるとする規範（完全裁量規範）である。このうち，①及び②については，要件Ａが存しない場合の取扱いについて，更にａ（義務規範）・ｂ（裁量規範）の２類型に分類できる[16)]。すなわち，①の規範は，［①／ａ

14）　以下では，中心的な検討対象としては訴訟指揮に関する規範を取り上げるが，それ以外のすべての裁判所の行為に関する手続規範も一応ここでの検討対象となる。

15）　規定によっては，このような同じ定め方であっても，いわゆる権限規定と理解できるものも存在する。その場合には，更に，①の趣旨であるか②の趣旨であるか，は解釈によって決せられることとなろう。

16）　最終的には各規定の解釈の問題となるが，どちらを原則と理解するかという問題はある。①については全面的に規範の趣旨によると考えられるが，②の場合には，ｂの解

型］（要件Aが存しない場合に，Bをしてはならないとする規範：完全義務規範）と［①／b型］（要件Aが存しない場合には，Bをしてもしなくてもよいとする規範：積極的義務規範／消極的効果裁量規範）とに分けられ，②の規範は，［②／a型］（要件Aが存しない場合には，反対解釈としてBをしてはならないとする規範：積極的効果裁量規範／消極的義務規範）と［②／b型］（要件Aが存しない場合に，Bをしてもしなくてもよいとする規範：全面的効果裁量規範）とに分けられよう。以下，順次検討する。

(2) 完全義務規範

まず，［①／a型］の規範であるが，これは［A→B，not A→not B］という形で定めるものであり，裁判所の裁量を一切認めない最も厳格な規範類型と言える。実定法における例として，例えば，判決の時期を定める民事訴訟法（以下，単に「法」という）243条は「裁判所は，訴訟が裁判をするのに熟したときは，終局判決をする」と規定するが，これは「裁判に熟した」ときは「判決」をしなければならない一方，「裁判に熟していない」ときは「判決」をしてはならないところまで定めているものと解されよう[17]。仮に訴訟手続のすべての事項がこのような規範類型によって規律されているならば，裁判所の裁量の余地は一切ないことになり，必然的にここで論じる行為統制の問題も生じなくなる。しかしながら，このような規範類型に該当する規範は，手続進行規範においては相対的に少ないように見える[18]。これは，トポス的な性質が強く，また時間経過に伴う事情変更も大きいような手続進行規範に関しては，［①／a型］のような硬直的規律をすることは，適切な要件定立という点で極めて大きな困難があり，また多くの場合，それが適切でないためではないかと

釈によれば規範の存在意義がなくなるので（(6)参照），どちらかと言えば，aの方向で解釈するのが一般的には相当と言えようか。

17) 後者の規範内容との関係で，法244条のいわゆる審理の現状に基づく判決はその例外を構成する（裁判に熟していない場合にも判決ができる場合を定める）ものと理解するのが一般的であろう。

18) その他の例として，管轄違いの移送（法16条），除斥忌避申立てによる訴訟手続停止（法26条），担保提供命令（法75条），訴訟記録閲覧制限決定（法92条），訴状却下命令（法137条），陳述禁止命令（法155条），判決事項（法246条），破棄自判の要件（法326条），再度の考案（法333条）等の規定が挙げられよう。

見られる。そして，そのような硬直性を避けるべく，要件を一般条項的なものとすれば[19]，それは実質的には③の完全裁量規範に結果として近づき，いずれにせよ裁判所の要件裁量の問題はなお残ることになる[20]。

(3)　積極的義務規範／消極的効果裁量規範

次に，［①／b型］の規範であるが，これは表の規定ぶりは裁判所に義務を課すものであるが，その規定の裏ないし周辺に，なお裁量の余地を残す規範類型である。例えば，同時審判の申出がある共同訴訟について，共同被告に対する訴訟の目的が法律上併存しえない関係にあるという要件の下で，弁論の分離が禁止される（法41条）が，そのような要件がない場合も弁論を分離しないことはできる。その意味で，この条文の定める要件を欠くときは，なお裁判所に裁量の余地が残されていることになる。同様の規範が判例によって定立されている場合として，口頭弁論の再開に関する規律がある。これは条文上は何ら要件が定められておらず完全裁量規範の規定ぶりになっているが（法153条），判例はこれを限定解釈し，当事者に更に攻撃防御の機会を与えることが明らかに手続的正義の要求と認められる特段の事情があるときには，裁判所の弁論再開義務を認めている[21]。これにより，判例法上「攻撃防御機会付与の必要」という要件がある場合には弁論再開は義務的となり，そのような要件を欠く場合には弁論再開は裁量的となっている[22]。この型のルールの場合には，要件A

19）　前記法243条の「裁判に熟した」との要件も，相当程度一般条項的なものと評価できよう。

20）　例えば，期日の変更に関する法93条3項は安易な期日変更を防止するため，［①／a型］の規律を志向しているが，結局，その要件は「顕著な事由」という一般条項的なものにとどまっている。このことは，訴訟指揮に関わる裁判に関する［①／a型］の規律の困難性を端的に示す一例と言えようか。

21）　最判昭和56・9・24民集35巻6号1088頁参照。

22）　他に［①／b型］規範に該当すると見られる規定として，弁論準備手続の取消し（法172条），事件の差戻し（法307条）などがある。［①／a型］か［①／b型］かが解釈により異なりうる例として，釈明権（法149条）は，その条文の書き方は完全裁量的であるが，多数説は，一定の場合に義務，他の場合は裁量に委ねる［①／b型］規範と解するのに対し，私見は，一定の場合は義務，他の場合は権限行使を認めない［①／a型］規範と解する（山本和彦「釈明義務」三ケ月章＝青山善充編『民事訴訟法の争点〔新版〕』（ジュリスト増刊，1988年）232頁）。また，弁論準備手続における傍聴（法169条）の定めは，一般には要件のない場合にも裁判所は傍聴を認めうる（一般公開を

が満たされない場合について裁判所の裏の裁量が認められていることになり，その裁量行使に関する統制の方法を考えておく必要があることになる。

(4) 積極的効果裁量規範／消極的義務規範

次に，要件Aが存する場合には，Bをすることができるとする②型の規範であるが，その反対解釈として，要件Aが存しない場合にはBをしてはならないとする解釈が成立する［②／a型］規範を考えてみる。これは，要件Aが存しない場合の義務的禁止を背景に[23]，例外としての表の裁量（効果裁量）を正面から規定に書いているものと理解できる。例えば，証拠の採否について定める法181条は，「裁判所は，当事者が申し出た証拠で必要でないと認めるものは，取り調べることを要しない」と定めるが，この規定は反対解釈として，裁判所が必要と認める証拠については必ず取り調べなければならないことを定めるものと言える。その意味で，必要性という要件が存すれば取調べが義務的とされるが[24]，必要性が存しなければ取調べは裁判所の裁量に委ねられることになる。このような例は，民事訴訟法上相当に多いように見受けられる[25]。

可能とする）規定として［①／b型］規範と解されているようであるが，要件を欠く場合には傍聴を認めてはならないとする理解（竹下守夫ほか編『研究会・新民事訴訟法』（ジュリスト増刊，1999年）204頁〔伊藤眞〕など参照）によれば，［①／a型］規範という位置付けになろう。

23） これは，法律による許容規定がない限り，裁判所の行為Bは当然に禁止されているという権力的行為理解を前提にしていることになる。

24） ここでは，必要性という要件の抽象性に係る裁判所の要件裁量は問題としない。実際には，必要性の有無に関する判断のところで裁判所の裁量権が行使され，必要と認められれば当然に取り調べられ，必要と認められなければ取調べをしないという扱いとなろうが，本文における議論はあくまで規範構造に係る理論的なものである（その意味で，要件裁量も勘案すれば，実質的には完全裁量規範に近い面があろう）。

25） 要件に「限り」という限定文言が付いている場合には，［②／a型］の趣旨は文言上も明らかとなる（法93条2項〔期日の指定〕，法195条〔受命裁判官等による証人尋問〕など）。その他の場合でも，［②／a型］規範と解されるものとして，担保不提供による訴え却下（法78条），準備的口頭弁論の終了（法166条），証人の勾引（法194条），文書の一部提出命令（法223条1項），文書提出義務のインカメラ審理（法223条3項），一部判決（法243条2項），損害額の認定（法248条），裁判所が定める和解条項（法265条），受命裁判官による証人等の尋問（法268条），控訴裁判所による仮執行宣言の付与（法294条），控訴権濫用に対する制裁（法303条），抗告審における審尋（法335条）などの規定が挙げられよう。

この規範類型は，A を not A とすれば，［①／b 型］と論理的には等値の事柄を定めていることになるが，両者の違いは，規定がない場面で，裁判所の裁量が認められている（裁量が原則である）場合には［①／b 型］，逆に義務（禁止）が命じられている（裁量が例外である）場合には［②／a 型］になる。これは結局，法による各行為の性質理解に係る相違ということとなろう。換言すれば，［②／a 型］の規律の意義は，一般的な禁止規範を一定の要件が存在する場合に解除する点にあると言える。この場合にはもちろん，規定が正面から定めている場合に係る裁判所の裁量統制が問題となる。

⑸　全面的効果裁量規範

要件 A が存する場合には，B をすることができるとする規範のうち，要件 A が存しない場合には，B をしてもしなくてもよいと解される規範類型が［②／b 型］である。これは，結局，要件 A の有無に関係なく，B をしてもしなくてもよいとするものであり，全面的効果裁量規範と呼ぶことができる。その意味で，規定の法理的意義は認められず（いわゆる確認規定），次の完全裁量規範と理論的には同等である。つまり，要件が定められていても効果に差異はないので，論理的には要件の意味がないこととなるが，立法者があえてそのように意味のない要件を書くことは本来例外的と考えられ，実際にも民事訴訟法の中にこれに当たると明らかに言える規定は存しないように見える。解釈として疑わしい場合はなくはないが，その場合も可及的に［②／b 型］規範と解釈すべきものであろう[26)]。

⑹　完全裁量規範

最後に，民事訴訟法の規定の中にはそもそも一切要件を定めず，単に「裁判所は……をすることができる」と定める類型のものがある（③完全裁量規範）。これは，いかなる場合であっても，裁判所がそれをするかしないかを全く自由に定めうることを意味する（法理上の意味は［②／b 型］と同値である）。例えば，期日指定に関して「期日は，申立てにより又は職権で，裁判長が指定する」と

26）　注 16）参照。

定める規定（法93条1項）が典型的である。このような規律は訴訟指揮に関する規定に多く見受けられる[27]。また，規定が一応要件を定めているが，それが裁判官の行為統制の観点から見て実質的には無意味であるもの，例えば，裁判所が「必要と認めるとき」とか「相当と認めるとき」等に行為Bをできるとするような規定も，完全裁量規範に含めてよいであろう。具体例としては「裁判所は，相当と認めるときは，裁判所外において証拠調べをすることができる」と定める規定（法185条1項）などがこれに該当する[28]。

そして，以上のような規定の中で本章の観点から特に注目されるのは，裁量権を行使する際に裁判所が考慮すべき一定の要因を列挙している規定群である。例えば，典型的なものとして，遅滞を避ける等のための移送の規定（法17条）は，裁判所が「必要があると認めるとき」に移送を認めているが，その際に考慮すべき要因として「当事者及び尋問を受けるべき証人の住所，使用すべき検証物の所在地その他の事情」を挙げ，また裁量権行使の目的として「訴訟の著しい遅滞を避け」ること及び「当事者間の衡平を図る」ことを掲げている。このような規範（以下では「要因規範」と呼ぶ）として，他には，審理の現状に基づく判決について定める法244条[29]，少額訴訟における判決による支払猶予について定める法375条[30]などが近いものとしてある。このような規定は，

27) 訴訟指揮の裁判として，期間の伸縮（法96条），中断手続の続行命令（法129条），弁論の制限・分離・併合（法152条）等がこれに当たる（弁論の再開も条文上はそのように見えるが，判例は［①／b型］と解していることにつき，*2*(3)参照）。そのほか，管轄裁判所の指定（法10条），許可代理の許可（法54条），補佐人の許可（法60条），訴訟費用の負担（法62条～65条。なお，64条は明文で「裁量で」と定める），受命裁判官による審尋（法88条），和解の勧試（法89条），準備書面提出期間の裁定（法162条），仮執行宣言（法259条1項），控訴裁判所における攻撃防御方法の提出期間の裁定（法301条）などがこれに当たるものと解される。

28) 鑑定嘱託（法218条：必要があると認めるとき），文書留置（法227条：必要があると認めるとき），検証鑑定（法233条：必要があると認めるとき），簡易裁判所の書面尋問（法278条：相当と認めるとき），司法委員の立会い（法279条：必要があると認めるとき），少額訴訟における電話尋問（法372条3項：相当と認めるとき）などがある。そのほか，裁判所の裁量と当事者の異議権ないし当事者の意見聴取を組み合わせた規定として，書面尋問（法205条），当事者尋問の先行（法207条2項）などの規定がある。

29) 「相当と認めるとき」が要件であるが，考慮要因として「審理の現状及び当事者の訴訟追行の状況を考慮」するものとする。

30) 「特に必要があると認めるとき」が要件であるが，考慮要因として「被告の資力その他の事情を考慮」するものとする。

後述のように（*3*(3) 参照），新たなより柔軟な規範形態の在り方を示唆するものとして注目すべきものである。

(7)　選択・裁量の余地の必然性

さて，以上のような検討から，個々の訴訟手続において関係者の選択・裁量の余地を完全に封ずるためには，［①／a 型］の規範による必要があるということになる。しかし，とりわけ訴訟進行に関わる場面では，以下のような理由で，［①／a 型］によることは望ましくない場面が多いと思われ，結果として裁量に基づく規律の必然性が生じることになる。まず第1に，訴訟手続の多様性・流動性・予測困難性・状況依存性（トピック性）といったその特性が挙げられる。あらゆる場面や訴訟類型において，効果Bを認めるか認めないかを完全かつ適切に切り分けるような要件Aを設定することは，ほとんどの場合，不可能か極めて困難である。これを無理にやろうとすると，結果的に要件が一般条項的なものになってしまい，それによって効果裁量を統制できたとしても，引き換えに要件裁量の余地を大きく残してしまうこととなろう。第2に，訴訟における裁判所の行為の性質の問題がある。訴訟における行為の多くのものについては，「しなければならない」と「してはならない」の間に，「してもよい」や「しなくてもよい」という場面が広く残るのが一般的である[31)]。その点で，Bと not Bの中間に広がる広大な領域があり，そこでは正面から裁判官の裁量を前提にした議論をする必要があろう。換言すれば，要件効果型規範によれば違法と適法との間に残される当・不当の広大な領域を規律する必要性である。第3に，行為の程度についても段階性がある点が指摘できよう。例えば，期日を延期するとしても，いつまで延期するかは個々の事案により，事前に規範としてその基準を定めておくことは一般に極めて難しいであろう。

以上のような点を考慮すれば，裁判所の行為の可否については個々の事件・状況ごとに決定する必要性がほぼ常に残ることになる。その結果，訴訟進行の場面では［①／a 型］の規範による完全な統制が相当でない場合が多く，裁判

31)　福永有利ほか「ミニ・シンポジウム・訴訟手続における合意」民訴43号（1997年）164頁以下〔加藤新太郎〕参照。また，注44）も参照。

所の裁量は不可避的なものにならざるをえないと見られる[32]。ここでは以上の点を確認して，次節では不可避性が確認された裁判所の裁量に対する統制の方法に関する議論に移っていきたい。

3 手続裁量統制の在り方
――要因規範論

(1) 手続裁量論

手続裁量とは，手続の運営について裁判官に認められる裁量とされる[33]。すなわち，手続裁量が認められる根拠は，裁判官が手続運営を主宰する責任を委ねられていることに由来する。手続裁量は一般的に言えば，「裁判官が，訴訟における適正・迅速・公平・廉価の諸要素を満足させるため無駄を省いた効率的な審理を目標として，一方において，事件の性質・争点の内容・証拠との関連等を念頭に置きつつ，他方において，訴訟の進行状況，当事者の意向[34]，審理の便宜等を考慮し，当事者の手続保障の要請にも配慮したうえで，当該場面に最も相応しい合目的的かつ合理的な措置を講ずる際に発揮される裁量」である，と定義される。その例としては，①事件を早い段階で調停に付すか，訴訟手続で進行させるかの事件選別，②別訴を併合するか，別個に進行させるか，

32) 現行民事訴訟法は，このような手続裁量の範囲についてどのようなスタンスを採っているのであろうか。裁量を限定する方向での新たな規律も存在するが（例えば，弁論更新時の再度の証人尋問について必要的としたり，同時審判共同訴訟では弁論分離等に係る裁量を限定したりするなど），裁量を拡大する方向での規定例が多いように見受けられる（例えば，争点整理手続の選択，裁量移送，控訴審の攻撃防御方法提出期間の裁定，裁判所外の証拠調べ，尋問順序の変更，当事者尋問の順序，審理の現状に基づく判決，裁判所が定める和解条項等において，その行使要件を緩和して裁判所の裁量に委ねている）。従来は禁止されていたような行為について，新たな制度を作ってその適用を裁判所の判断に委ねる場合には，必然的に裁判所の裁量が拡大される結果となるであろう。その結果，現行法の下では，裁判官の手続裁量に対する統制の問題は，よりシリアスなものになっていると評価することができよう。

33) 以下の叙述については，加藤新太郎『手続裁量論』（弘文堂，1996 年）63 頁以下参照。

34) 加藤・前掲注 33）160 頁以下によれば，手続裁量論も当事者の意思・意向を織り込み済みであり，審理契約論に比べて「手続裁量による手続運営の方が柔軟で賢明な，かつ効率的な対応がより可能である」と論じられている。

③証拠申請の採否をどうするか，④和解を勧試するか，いつ勧試するかといった事項のように，訴訟手続法規に明定されているもの（本来的手続裁量）に加えて，訴訟追行目的等に照らして有用な事項に関して他の手続規制とのバランスを逸脱しない限りで行使できるようなもの（創設的手続裁量）も存在する，とされる。そして，手続裁量が制約される場合として，他の手続的価値の考慮から一定の行為が義務づけられる場合（唯一の証拠方法の法理，釈明義務，弁論再開義務等）があるとともに，手続裁量を発揮すべき特定場面におけるガイドラインないし裁判官の行為準則を策定する作業が課題になるものとされている。

以上のような手続裁量論は，**2**でも確認したように，伝統的ルールによって裁判所の行為を規制することには必然的な限界があり，また，現行法もそのような限界を前提としていると見られるところ，伝統的ルールによる規律の外の世界では「当該場面に最も相応しい合目的的かつ合理的な措置を講ずる際に発揮される裁量」が裁判所に認められていることを確認する点で，極めて正当な指摘であると思われる。そして，そこでの問題は結局，裁量統制の方法に帰着するものと見られる。加藤判事（当時）も，前記のように，裁判所の裁量を無制約なものと解されるわけではなく，裁量権の行使についてルールによる制限が加えられる場合を認められるほか，特定の場面におけるガイドラインや行為準則の策定を手続裁量論の課題として挙げられている[35]。確かに裁量権を認めるべき場面においては，通常の要件効果規範を妥当させることは適当ではないであろう（**3**(7)参照）。しかし，他方で，単なるガイドライン・行為準則しか存在しないとすれば，規範的には裁判官にフリーハンドを認めることになり，判決権力を行使する裁判官の行為規制として理論的には十分なものとは言えないように思われる。本章の問題意識は，実質論としては手続裁量論の説くところを生かしながら，規範論として，裁量統制の目的にとってより適した新たな形式の規範を構成し，それに基づいて（単なる運用論にとどまらず）法解釈論として従来は当・不当の領域とされていた部分にまで踏み込んだ裁量統制の規範的スキームを創設していくことにある。

35）　また，稲葉一人「審理手続における当事者と裁判所との役割分担」民商119巻4＝5号（1999年）726頁も，手続裁量について，「職務上裁判官が当然考慮しなければならないファクターやそれぞれの関係を明示化する必要がある」と論じる。

(2) 裁量統制の方法

以上のように，手続裁量において問題とされるべき点が規範的な裁量統制の在り方にあるとして，そのような統制はいかなる方法により行われるべきものであろうか。この点について正面から論じる見解は必ずしも多くないように見られる。裁判所の裁量について詳細に検討される斎藤教授も，裁量統制の具体的な方法について論じている部分は少なく，僅かに裁量濫用論及び裁量踰越論を示唆されるにとどまる[36]。しかし，これらが実践的な裁量行使の統制基準となりうるかは，やや疑わしいように思われる。行政庁の裁量行使においては，まさに「裁量権の範囲をこえ又はその濫用があった場合」が問題とされるが（行訴30条），そこでは，①本来の処分と関係のない目的や動機に基づき処分がされた場合，②考慮すべき事項を考慮せず考慮すべきでない事項を考慮した場合，③その判断が合理性をもつものとして許容される限度を超えた場合などが問題とされるにとどまる[37]。このうち，①は裁判所の判断の場合にはほとんど考えられないし，②・③は確かに基準として一定の有用性をもつと評価できるが，このままでは実際の基準として余りに抽象的に過ぎるように思われる。そこで，何が「考慮すべき事項」で何が「考慮すべきでない事項」であるのか，どのような場合に判断は合理的な許容限度を超えたと考えられるのか，などをより明確にするような判断スキームの必要性が否定できないように思われる。

以上のような一般論・演繹論的アプローチとは対照的に，具体論・帰納論から出発する考え方として類型論がありうる。すなわち，手続裁量が問題となる場面を類型化して，その場合の対応を個別具体的に明らかにしていこうという考え方である[38]。しかし，これも最終的には一種のルール化による規律を図るものであり，究極的には**2**で見たようなルールによる規律の限界が逃れ難いものとして屹立するように思われる。すなわち，類型化による事例群の形成自体，常に限界を伴い，手続裁量が問題となるすべての場面を予め網羅的に想

36） 斎藤哲「民事手続における裁判所（裁判官）の裁量について」民訴45号（1999年）200頁参照。

37） 最判昭和48・9・14民集27巻8号925頁など参照。

38） 山本敬三『公序良俗論の再構成』（有斐閣，2000年）106頁以下の定式化によれば，類型化（事例群の形成）とそれに対応した具体的基準の形成（ルール化）という手法に該当する。

定することはできない[39]。その意味で，類型論の有効性を否定するわけではないが，特に手続裁量のように，動態的で多様な手続場面における裁量が問題となるような局面では，現場における裁判所の健全な判断に委ねるべき部分は常に残さざるをえないように思われ，その場合にもなお裁量統制を図りうる一般的方策を探求する必要が残るであろう[40]。

以上のような裁量権行使の内容に関わる規制という考え方を採らず，むしろ手続的側面からの規制を論じる近時の注目すべき見解として，理由開示強制論がある。これは，裁量統制の方法として，裁判官に裁量権の行使に係る根拠・理由を説明・開示させ，それに対する当事者の批判の手掛かりを与えようとするものである。例えば，山田助教授（当時）は「裁量権の合理性を説明する理由を，当事者からの異議に応じて開示する義務を裁判所に認め」，それをメタ弁論の端緒とする構想を提示されている[41][42]。このような理由開示義務の導入は，裁量権の実効的統制を図りうる手段として，基本的に賛成すべきものと考える[43]。もちろん，当該処分に対する不服申立てが認められるか否かは別個の問題であるが，仮に不服申立てが認められない処分であったとしても，理由を開示させることは裁判官の裁量行使を慎重なものとする一種の予防的効果が期待できよう。ただ，残された問題は，そこで開示すべき理由の中身である[44]。この点が定まっていないと，せっかく理由が開示されても当事者がそ

39）　それが予想できるのであれば，論理的にはそもそも裁量を認める必要はないはずである。

40）　山本敬三・前掲注38）107頁も「さまざまな原理や価値が複雑にからみあうなかで，その時々の状況に応じて適切な決定をみちびく拠点をもうける」必要性を指摘する。

41）　山田文「合意と民事訴訟」法セ501号（1996年）79頁参照。

42）　同旨として，山本克己・前掲注13）125頁以下（福永ほか・前掲注31）166頁〔山本克己〕は，この考え方の「プライオリティ」は山田助教授にあるとする），稲葉・前掲注35）712頁以下（裁判所の協議義務及び選択理由開示・説明義務として位置付ける）など参照。

43）　なお，実定法的には，決定についても理由は原則として必要とされるが，訴訟指揮に関する裁判については理由を省略できるものと解されている（鈴木正裕＝青山善充編『注釈民事訴訟法(4)』（有斐閣，1997年）517頁〔西野喜一〕など参照）。しかし，裁量による裁判については，なお当事者の手続保障の要請から，（当事者の求めに応じて）理由の提示を義務づけることは，解釈論としても十分に考えられよう。

44）　福永ほか・前掲注31）164頁以下〔加藤〕の質問は，この点を問題にされるものとも解される。裁判官が具体的場面で全くどちらでもよいと考えるとしても，ある行為の

れをチェックする客観的基準がなく，また，裁判官も理由開示自体に拘泥する余り，簡単に形式的理由を示しうる処分を安易に選択したり，逆に理由の検討のために裁量処分が遅滞したりするおそれもなくはない。そこで，何らかの形で裁量権行使の内容についても一定の実体的判断基準を提示する必要性は，この理由開示強制論の下でもなお残っているのではないかと考えられる。

(3) 要因規範による統制

(2) で見たような検討の中で，理由開示強制論を前提としながらも，その理由についての規準を定め，また裁量権濫用論の中身を具体化するものとして，ここで著者が提示したい裁量統制の手法は，要因規範論と名付けられるべきものである。すなわち，裁量統制規範の在り方として，従来の要件効果方式の厳格な規律方法を放棄し，要因（ファクター）の列挙及び規範目的に基づくその重要性の明示等により構成されるような規範類型を新たに設定していくべきではないか，という問題意識である。これによって，要件効果論の抱える限界をクリアしながら，裁量権濫用の中身を具体的に規範化していくことができるのではないか，と考えられる。これは，実体法の議論として近時注目されている動的システム論の試みに示唆を受けたものである[45]。具体的には，当該規範によって達成すべき目的を判断の中核に据え，当該規範において考慮すべきものとされる要因をすべて考慮し，逆にそこで考慮すべきでないとされる要因をすべて判断から排除して，上記目的に基づく各要因の重要度等を検討し，それに従って最終的な裁量判断を下すことを求めるものであり，最終的な要因の衡量は裁判所の健全な判断に委ねるような規範形態がイメージされる。これは，判断を要する場面をすべて網羅して類型化することは不可能であるとしても

選択につき当事者間で争いがある以上，裁判所の判断は必要となり，一定の基準に基づき両行為の選択の当否を検討していく方が裁判所としても負担は軽いのではなかろうか。

45) 動的システム論については，山本敬三「民法における動的システム論の検討」論叢138巻1＝2＝3号（1995年）208頁以下参照。そこでは，「動的システム論」は，オーストリアのヴィルブルクによって提唱された考え方であり，「一定の法領域においてはたらきうる諸『要素』を特定し，それらの『要素の数と強さに応じた協働作用』から法規範あるいは法律効果を説明ないし正当化する」ものとして位置づけられている（同213頁参照）。

(類型化論の限界)，判断場面において考慮すべき要因を網羅することは，必ずしも不可能でないはずであるとの理解に基づいている。もちろん，要因の網羅的な列挙については常に見落としのおそれがありえようが，規範的側面・経験的側面から逐次ルールを整備していけば，それによって最終判断の結果まで異なることは滅多にないような，判断の安定性を確保しうる規範を形成することは十分に可能であると思われる。

現在の民事訴訟法の規定の中にも，不十分ながら要因規範として理解しうるものが存することは，**2**(6)でも見たとおりである。その典型例として，裁量移送の規定（法17条）があるが，そこでは判断に際して考慮すべき要因として「当事者及び尋問を受けるべき証人の住所，使用すべき検証物の所在地その他の事情」が挙げられ，規範の達成すべき目的として「訴訟の著しい遅滞を避け，又は当事者間の衡平を図る」ことが示される。要因間の重要度の設定や考慮要因の補充・網羅化（更に考慮排除要因の明確化）等が更に必要であるとは思われるが[46)]，それでもこの規定は，裁判例の積み重ねの中で，裁量統制の帰納的な安定を図る手掛かりとなりえているように思われる[47)]。そして，その他の訴訟指揮等の手続裁量判断についても，同様の規範化の可能性・必要性があるものと解される。例えば，弁論の分離について考えてみると[48)]，弁論分離の制度が達成すべき目的は，紛争の統一的な解決を害しない範囲で手続を簡易化し迅速な紛争処理を図ることにあると見られ，その判断に際して考慮すべき要

---

46)　著者はかつて，国際裁判管轄の「特段の事情」論に関連して，「裁判所の裁量判断を不可避とする問題領域では，必要的にリファーすべき要素を列挙し，裁判所は，これに対して漏れ無く検討を加え，必要があれば新たな要素を付加しながら，判決等の理由付けにより，最終的にはその裁量の当否が一般の批判に委ねられるという方向での裁量統制が相当であろう」と述べたことがある（山本和彦・判批・民商119巻2号（1998年）288頁参照）。本章はまさにそのような議論の一般化を試みたものである（同頁注31も参照）。

47)　法17条の移送において考慮されるべき要因として，法文に列挙されているもののほか，当事者の資力・健康，当事者双方の訴訟追行能力（知識・経験・経済力），訴訟代理人の選任の有無，当事者の出頭の難易，同種訴訟の係属・併合審理の利益，交通の便利，専門部の存在などが一般に挙げられている（新堂幸司＝小島武司編『注釈民事訴訟法(1)』（有斐閣，1991年）288頁〔花村治郎〕など参照）。

48)　竹下守夫＝伊藤眞編『注釈民事訴訟法(3)』（有斐閣，1993年）194頁以下〔加藤新太郎〕参照。

因としては，請求（当事者）相互間の関係（複数の請求が主要な争点を共通にするか，一方の請求が他方の請求の先決関係にあるか，当事者が主債務者と保証人の関係にあるかなど），共同被告の一方が期日に欠席したり原告の主張を実質的に争わない態度をとったりしているか，相手方の主張に対する答弁・認否が食い違っているか，上訴される可能性がどの程度あるかなどの点が挙げられよう。このような例からも明らかなとおり，要因規範を定立する作業は，一方では制度の趣旨目的を尋ねる理論的な作業であり，他方では考慮すべき具体的要因を探る，実務運用と密接に関連する実務的な作業であり，理論家と実務家との協力が不可欠なものであると言えよう[49)][補注1]。

このように，要因規範が裁量統制の手段となる手続ルールとして設定できるとすれば，その第1次的役割は，あくまで裁判官が裁量権を行使する際に自らの頭の中でその当否を検討するチェックリストという意味合いであろう。その意味で，要因規範は主としては裁判所の行為規範の役割を果たすべきことになる。もちろん，裁判官は裁量権を行使する場合には現在でも常にこのような作業を頭の中で行っているものと推測されるが，このような形で明確に規範化することにより，その作業を透明なものとしてチェックのし忘れをなくし統一的なチェックリストを形成するとともに，それを（単なるガイド・ラインを超えて）規範として裁判官が常に真剣に意識することが期待可能となる。それに加えて，要因規範は，当事者が裁判所の行おうとする行為の当否を検証する際のチェックリストとしての意味をももつものである。そして，当事者の求めがあれば，裁判官は要因規範に基づいて判断結果を正当化する理由開示義務を負い，更に不服申立てが認められる場合には評価規範としても機能する余地が認められよう[50)]。つまり，裁判官は採るべき裁量的措置について当事者間で争いがある

49） 移送の場合に比べて，訴訟指揮の裁判に関しては裁判例の形成が十分には期待できないと見られる。その意味で，訴訟指揮等の規範の一定部分が要因規範として構成されるべきであるものとすれば，今後の民事訴訟法学の在り方としても，理論家と実務家との協力は論理的に不可欠の課題ということになろう。近時，法曹養成の方法として議論がかまびすしい法科大学院がこのような作業の受け皿となりうるとすれば，それは民事訴訟法研究の観点からも望ましいものと評価できよう。

［補注1］ このような理論家と実務家との協働作業を目指した1つの試みが，後記［補論］に掲記した研究会である。

場合には（争いがない場合には審理契約等の問題となりうることにつき，*1* 参照），考慮すべき要因を（場合によっては達成すべき目的等をも）明示しながら，当事者に反論の機会を与えることが必要不可欠であると思われる[51]。以上が，本章の提言する要因規範による手続裁量の統制の概要的なイメージである。

4　結びに代えて

本章の主張を簡単にまとめると，以下のようになる。

裁判官の行為に関する望ましい規制方法として，第1次的には，明確なルールの定立できる部分ではルールを立法ないし解釈により設定していく必要がある。しかし，手続規範においてはルール設定が困難な部分が常に残り，そのような部分については第2次的に，行為選択に関して原則として当事者の意見を聴取することになる。そして，両当事者の意思が合致した場合には，裁判所としては潜在的利用者・納税者等の観点から当該合意が受容可能なものであるか否かを検討することになり，それが受容可能である場合には，審理契約を締結することになる。他方，そもそも当事者間に意見の一致がない場合や合意があってもその合意が受容不能である場合には，裁判所は裁量判断をすることになる。ただ，この手続裁量権の行使は自由裁量ではなく，要因規範に基づく規範的な制約を受けるものと解すべきである。裁判官は，裁量権を行使する前に，要因規範に基づき行為規範として自己チェックを行うべきであるし，当事者から裁量権の行使理由について説明要求があった場合には，要因規範に基づきその理由を開示すべき義務を負う。そして，当事者の述べた意見により当該行為を変更することはありえ，また，変更しない場合には当事者の不服申立てが認められる余地もあろう。

以上のような裁判官の行為統制のスキームは，過度に厳格な規律による審理

50)　斎藤・前掲注 36) 200 頁は，手続裁量に基づく訴訟指揮の裁判についても，原則として異議による争いを可能にすべき旨を提言している。

51)　裁判所の最終的な裁量が残るだけに，要件効果規範の場合以上に，当事者の手続保障が必要となるであろう。この点は，非訟事件や一般条項の場合の実体判断と同じことである。前者については，新堂幸司「訴訟と非訟」三ケ月＝青山編・前掲注 22) 18 頁，後者については，本書第 10 章 *6* 参照。

の硬直化を避け，事案に応じた審理運営の柔軟さを保ちながら，なお規範的統制の実効性を図る狙いに出たものである。少なくとも要件効果型ルールによる完全な規制か，せいぜいガイド・ラインを伴うに過ぎないほぼ完全な裁量か，という二者択一式のリジッドな規制方法の限界を打破することをその目標としている。現在の議論枠組みを維持していくと，訴訟手続規範の重要な部分はほとんど裁判所の手続裁量に委ねられる結果に陥り，その行為の当・不当が実務家の間で論じられるだけで，訴訟法理論による規範的統制（適法・違法）の問題領域が過度に狭められてしまうのではないか，という危機感が本章執筆の1つの動機となっている。他方で，要件効果型規範による解釈論をいかに精緻化しようと努力しても，審理の核となる部分では，要件が一般条項化していくか（結果として裁判所に要件裁量を認めるか），蟻地獄のような類型化を強制されるかして，学説として明確な展望は拓けないのではないかと恐れている。そのような袋小路を抜け出す1つの方法が現場での当事者と裁判所の合意による小文字の個別ルールの形成，すなわち審理契約論であったが，審理契約が締結できない場合の裁量統制規範の必要性はなお否定できないところ，以上のような問題をクリアできるのではないかと期待しているのが，本章の提示した要因規範の議論である。このような議論が今後の手続規範論への問題提起となれば幸甚である。

しかしながら，本章の議論に多くの問題点が残されていることも言うまでもない。理論的な観点からは，何よりも要件効果方式とは異なる規範類型を構想することは規範論一般に遡る大きな問題であり，手続規範にとどまらず，より根本的な法理学的検討が必要とされよう[補注2]。また，実践的観点からは，このような議論は（審理契約論と同様）究極的には当事者の批判能力に期待した裁量規制を目指すものであり，当事者（代理人）に裁判官と渡り合う十分な力量

［補注2］ その後，著者は，この要因規範の考え方を，家事事件における実体規範の在り方との関係でも，援用している。非訟事件については，多くの場合，実体規範についても要件効果型の規範を構成することは困難であり，裁判所の裁量に多くが委ねられるが，その場合に，裁量統制の手法としては，手続裁量の場合と同様の試みが可能と考えられるからである。このような議論の詳細については，山本和彦「家事事件における裁量とその統制のあり方雑考」伊藤滋夫編『家事事件の要件事実』（日本評論社，2013年）110頁以下，本書第14章**3**参照。

がなければ，裁判所の裁量が実質的には自由裁量と化していくおそれが常に残る。その意味では，当事者の十分な情報取得の保障に加えて，「ノーと言える弁護士」等代理人による担保が，緩やかな規範類型である要因規範の実効化には不可欠な前提条件となろう[52]。何よりも，本章は結局メタレベルの議論に終始しており，その具体化，特に具体的場面における要因規範の定立は，今後に残された著者の課題であると同時に，実務家と学者との共同研究が強く求められる部分であろう[53]。以上のような問題点を残しながらも，本章の主張が，司法制度改革の後に再出発する21世紀の新たな司法の中における民事訴訟の在り方を考えるうえで，なにがしかの問題提起となることができれば大変幸いと考える。

（初出：新堂幸司先生古稀祝賀『民事訴訟法理論の新たな構築 上巻』（有斐閣，2001年）341頁以下）

［補論］　本章は，新堂幸司教授の古稀祝賀論文集に献呈した論稿で，裁判所の手続裁量を統制する新たな手法として，要因規範論を提案したものである。このような場面では要件効果型の規範には限界がある一方，単なるガイドライン等に止まらない裁量統制を求めるべきという問題意識がある（このような問題意識は，本章執筆の相当以前から著者が有していたものである。例えば，本書第10章注6）など参照）。そこには，著者の研究の中心的テーマである審理の場面で，その中核的部分が手続裁量，すなわち当・不当という実務家の議論に委ねられることになり，適法・違法をめぐる研究者の規範的議論が空洞化してしまうという危機感があった（本章***4***参照）。

ただ，本章は，あくまでもメタレベルの議論に終始しており，具体的な規範

52）　この問題に限らず，水平関係重視の民事訴訟手続の中では代理人の力量アップは避け難い課題になると考えられる。この点は，将来の法曹養成制度等法律家の在り方を考えるうえで，常に考慮に入れておかなければならない課題であろう。

53）　稲葉・前掲注35）727頁が，訴訟法学が実務に十分な影響力をもちえなくなっている理由として，「学説が，手続規範の分析・適用場面を，最終で極限的な場面を念頭に置き，多様な個性を有する通常の事件について，実務家がもっとも必要とする，具体的，実践的，相互的，関係的な，行為規範の位置づけを重視せず，これらを実務家の裁量やプラクティスに委ねてきたこと」を指摘していることには，全く同感である。厳格な要件効果規範の精緻化が必要であることも確かであるが，それと並んでより実践的な要因規範の抽出に学界が目を向けることの重要性は，強調しても強調し過ぎることはないものと考える。

定立に向けたその展開が必要であるという課題を抱えていた。そこで，その後，著者は，問題意識を同じくする研究者・実務家とともに，「民事訴訟審理『理論と実践の架橋』研究会」を結成し，具体的な分野における手続裁量の在り方を検討し，要因規範（ないし行為準則・ガイドライン）の具体化の研究を実施した。それは，事件の振り分け基準，審理計画，17条移送，争点整理手続，釈明，口頭弁論の分離・併合，証拠の採否，証拠調べ，専門訴訟，和解の勧試，心証開示，口頭弁論の終結・再開，審理の現状に基づく判決といった審理の全体にわたる網羅的なものとなっている。その研究成果については，大江忠＝加藤新太郎＝山本和彦編『手続裁量とその規律――理論と実務の架橋をめざして』（有斐閣，2005年）参照。

第10章
狭義の一般条項と弁論主義の適用

1 問題の設定

民事訴訟における判決は，認定された事実を既存の法命題の要件にあてはめ，法命題に定められた法律効果を宣明するという法的三段論法の構造をとる。このような三段論法は，法的思考様式の重要な特徴とされ，法実証主義批判の後もなおその有効性は否定できないものと位置付けられている[1)]。しかし，法命題の規律対象である社会が複雑化し，単純な法命題（ないしはその組合せ）によっては適切な規制が図れなくなる一方，社会の発展スピードも飛躍的に速まり，その進展に応じた適切な立法的措置を講じることが極めて困難になりつつある[2)]。そして，法命題が十分な社会的妥当性を有しなくなると，それに基づく法的三段論法による解決もまた十分な正統性を保持しがたくなろう。このような状況の恒常化に対処する方策としては，一方で法的三段論法を必要とする判決による強制的解決を可及的に限定し，当事者の合意による解決を促進する政策がありうる。民事調停や訴訟上の和解の隆盛はこのような背景をも有するものと推測される[3)]。しかるに，もちろん当事者の合意による解決が常に可能な

1）田中成明『現代法理論』（有斐閣，1984年）235頁以下参照。

2）特に，日本のように，立法が極めて重厚な手続によるところでは，この点の問題が顕著になる。このような立法の慢性的遅滞現象は，（民事基本法に関する限り）法制審議会方式及び内閣法制局による詳細な審査によるところが大きいように思われる（後者の実情につき，山本庸幸「製造物責任法にみる内閣法制局の法案審査」NBL 574号・575号（1995年）など参照）。

わけではない。そこで，強制的解決による場合にもなお，法的三段論法の不都合を回避する方途として，裁判所の裁量を強化する選択肢が考えられる。

このように裁判所の裁量の拡大による対応は，更に大きく2つの方策に分類できる。まず，裁判所の手続的裁量を強化する非訟化の道である。非訟化は，多くの場合同時に適用法規の抽象化を伴い，その意味で次の実体的裁量による対応策と密接な関連を有するが，手続面でも事件の具体的な内容に応じた運営を可能にし，できるだけ社会的に受け入れられる解決策を模索するものと言えよう。これに対して，第2の方策として，裁判所の実体面での裁量を広げて対応するのが，一般条項[4]の活用である。すなわち，抽象的な法命題を定立することにより，立法者自らが具体的な事件における裁判所の裁量を一定程度許容し，またそれに期待するわけである。もちろん過度にこのような条項を用いることは法的思考の根幹を奪ってしまう結果になる[5]が，裁判所の裁量を様々な方法でコントロールしながら，なお一般条項を活用することは現代では不可欠な方策と言えよう[6][補注1]。そこで，問題は裁量のコントロールの手段

3)　この点で，判決による解決が当事者の納得する常識的な結果を生みだしえないところに和解による解決の重要な利点があるとし，このような和解を「判決乗越型」和解と称するものとして，草野芳郎「訴訟上の和解についての裁判官の和解観の変遷とあるべき和解運営の構築」判タ704号（1989年）28頁以下参照。

4)　以下では，「一般条項」とは，専らいわゆる狭義の一般条項（権利濫用，信義則違反，公序良俗違反）を指すものとして用いる（狭義・広義の区分については，山内・後掲注17）参照)。もちろん本文のような事情はその他の一般条項についても同様に妥当するが，以下で問題にするような弁論主義との拮抗関係は（少なくとも後述の第二期以降は）その他の一般条項には存在せず，その意味で手続保障及び当事者の意思尊重のいずれの面でも特段の論述を要しないからである。

5)　一般条項のコンセンサスによる枠付けを論じる興味深い見解として，田中成明『法的空間――強制と合意の狭間で』（東京大学出版会，1993年）192頁以下参照。

6)　その他の裁量付与方法として，要件効果方式の法規定を放棄し，一定の考慮要素（ファクター）を列挙し，裁判所にそれらを総合斟酌し，判断を求めるやり方もありうる。これは，英米法に顕著な規定方法であり，裁判所の裁量コントロールの点では一般条項方式よりも優れている場合もあろう。要件効果方式（すなわち三段論法方式）の思考を旨とする大陸法国では，直ちに採用は困難であるとしても，要件効果方式との併用や非訟事件（家庭事件・倒産事件など）においての採用はなお検討の余地があろう。

［補注1］　前注掲記のような考え方をその後展開したのが，本書第9章の要因規範論である。そして，非訟事件の1つである家事事件の規範の考え方として，要因規範論を提案するものとして，本書第14章 ***3*** 参照。

ということになるが，その検討の際に重要な視点となるのが，一方で当事者の手続保障であり，他方で当事者の意思の十分な尊重である。そして，そのいずれについてもその実定法的な手段として，弁論主義が極めて重要な位置を占めると思われる。

まず，手続保障の側面であるが，裁判所の実体的な裁量を強化する場合，その有効なコントロールの方法としては，当事者の手続的な権利の保障，異議申立てに期待せざるをえない7)［補注2］。ただ，非訟事件とは異なり，民事訴訟法の適用を受ける訴訟事件において一般条項が適用される場合には，当事者の手続権は既に十分保障されていると見る余地はある。実際，弁論主義が一般条項にも適用されるとすれば，当事者は十分な攻撃防御方法を提出でき，裁判所の裁量を事実資料の面からコントロールする余地が多分にあると言える。しかし，近時は弁論主義の一般条項への適用を否定し，結果として手続保障に消極的な有力説が生じている（詳細は，*2*参照）。このような見解は，一般条項の公益性を正面に打ち立てて論陣を張るが，著者にはそのような議論は裁判所の裁量に対するコントロールの問題の重要性を見失ったものと思われる（もちろん一般条項の公益性には十分配慮がされるべきではあるが，それはより細かな判断枠組みの中でなされるべきであり，「一般条項の一般論」は適切でない8)）。

次に，当事者の意思の尊重の側面であるが，民事訴訟は基本的には当事者の私益を保護することを主たる目的とする公的サービスである［補注3］。この点は，

---

7)　この点は，手続面でも裁判所の裁量を広く認める非訟化による対処の場合には，より重要になる。裁量を認めることは決して当事者の関与権を否定することと同義ではなく，裁量の肯定が具体的な事案に即した解決を志向するものであれば，具体的事案に関する需要を最も的確に把握できる立場にある当事者に手続関与を認めるのがむしろ相当であろう。その意味で，非訟事件についても当事者の手続権（弁論権）を観念される山木戸説は正当と言える。また，裁量と手続保障の関係については，新堂幸司「訴訟と非訟」三ケ月章＝青山善充編『民事訴訟法の争点〔新版〕』（ジュリスト増刊，1988年）16頁以下参照（この点を評価する山本和彦『民事訴訟審理構造論』（信山社出版，1995年）293頁注7及び高橋宏志『民事訴訟法講義ノート』（有斐閣，1993年）59頁注23も参照）。

［補注2］　手続裁量に対するコントロールという問題は，常に著者の問題関心となり続けているが，これについては，本書第9章*3*や第14章*3*なども参照。

8)　同様の関心は，借地事件の非訟化に関して著された広中教授の論文の中にも見いだされる（広中俊雄「新しい借地裁判手続」法時38巻10号（1966年）22頁以下参照）。

その争点の一部が公益的な性格を有する場合においても違いはない。そして，弁論主義はまさにそのような民事訴訟の基本的な性格を反映して，当事者の意思の尊重を制度化したものと評価できる[補注4]。すなわち，仮に当事者に意思決定のための十分な情報が供与されているとすれば，その意思決定がいかなる内容のものであれ，たとえその意思が客観的に見たときいかに不合理に見えようとも，原則としてそれを尊重するのが弁論主義の趣旨と考えられる。これこそが近代の私的自治あるいは資本主義の考え方の背後に通底する理念であり，これにより当事者を客体化せず主体的な存在として訴訟の中に位置付けることが初めて可能になろう[9)]。このような立場をとることにより，確かに短期的には（あるいは個々的な事件のレベルでは）解決の合理性・効率性が失われるように見えるかもしれないが，より長期的・包括的な視野に立てば，それにより最も効率的・合理的な社会が実現されるとの判断に基づくものである。

以上のような議論は，確かに公益が問題となる場面ではそのまま適用できないことはあろう。けだし，そのような場合にも当事者の不合理な意思を尊重することは，第三者の利益を害し，外部不経済をもたらし，社会の効率性を直接阻害する結果となりうるからである。ただ，その場合の「公益」の中味については，真に上記のような意味での非効率をもたらすものであるかを，民事訴訟は本来当事者（利用者）のものであるという基本的視点から，慎重に検討することが必要である。しかるに，近時狭義の一般条項に弁論主義の適用を否定する議論は，以上のような観点からは，やや安易に公益性を強調するものではないかとの疑念がある。特にこれらの一般条項についての近時の実体法の研究の進展（*4*・*5*参照）に鑑みれば，より細かな検討作業が訴訟法の側からも必要になってきていることは否定しがたい。本章は不十分ながら，そのような検討の手掛かりを模索するものである。

［補注3］　民事訴訟を利益保護を目的とする公的サービスとして捉える著者の基本的な考え方及びその具体論への展開については，本書第1章参照。

［補注4］　弁論主義の根拠に関する著者の基本的考え方については，山本和彦『民事訴訟法の基本問題』（判例タイムズ社，2002年）127頁以下参照。

9)　当事者の合理的な意思のみを尊重するのであれば，結局は当事者の意思をとおして客観的な「あるべき意思」を尊重するに止まり，個々の実在としての当事者は無視されると言えよう。

本章は，以上のような問題意識を前提として，狭義の一般条項についての弁論主義の適用の問題を検討する。その際，まず従来の議論を整理した後（*2*），この問題を論じるに当たって最低限必要な範囲で，弁論主義の意義について著者なりの見解を提示する（*3*）。そして，一般条項についても各論的な考察が不可欠である旨の認識に基づき，まず公序良俗違反について（*4*），次いで権利濫用及び信義則違反について（*5*），順次弁論主義の適用に関して検討する。そして，最後にまとめとして，本問題の一応の結論とともに，職権探知主義の意義について将来に向けた若干の新たな展望を試みたい（*6*）。

2　従来の議論

本章が対象とする問題点が意識的に論じられるようになったのは，昭和40年代からのようであり，論者の数もさほど多いものではない。ただ，それでも各論者の見解は複雑に入り組んでおり，その正確な理解は困難な作業である。以下では，おおむね年代に即して，4つの考え方に分けて議論を整理しておきたい[10]。その前提として，以下では，「権利濫用」「信義則違反」「公序良俗違反」といった一般条項に係る要件概念自体の主張を「要件主張」と呼び[11]，他方，各一般条項に該当する具体的な事実の主張（例えば，公序良俗に違反すると評価される契約目的たる賭博の具体的態様等の事実の主張）を「事実主張」と呼んで，区別することにする。

⑴　第一期説——要件主張を主要事実と理解し，弁論主義を適用する一方，事実主張は間接事実に過ぎず，弁論主義は適用されないと解する見解である。かつての通説とされた説は，一般条項一般についてこのような見解をとっていた[12]。法律要件自体を主要事実と捉えるものであり，従来はこのような理解

10）　なお，各説は大体の時期に対応しているが，当然前後はあるし，また後の説が前説を克服しているという趣旨でもない。

11）　これら法律要件は証明の対象となる意味での事実ではありえないので，あえて「事実」の語は避ける。もちろんそのような認識を留保しながら約束事として「要件事実」の用語を用いること（青山・後掲注20）397頁など参照）まで否定する趣旨ではない。

12）　兼子一『民事訴訟法体系』（酒井書店，1958年）199頁，三ケ月章『民事訴訟法』（有斐閣，1959年）159頁，小山昇『民事訴訟法〔4訂版〕』（青林書院新社，1984年）

はほとんど疑われなかったと言ってよい。ただ，これらの論者のほとんどは狭義の一般条項を特に問題とすることはなかったし，主として議論されたのは正当事由や過失であった。しかるに，具体的に狭義の一般条項が問題となった場合には，その点の主張を不要とする判例[13] とそれを支持する民法の有力説[14] が存在していた。更に，明示的に狭義の一般条項の問題を論じる村松判事も，要件主張を不要と解されていた[15]。結局，この第一期説は理念としては存在したものの，実際の学説として存在したかはかなり疑わしいと言えよう[16]。

⑵ 第二期説――①一般条項の主要事実は事実主張であり，要件主張は法的判断の結果であると理解し，②事実主張については弁論主義を適用するが，要件主張に関しては弁論主義は適用にならないとする見解である[17]。このうち，①の命題は一般条項一般について現在では広い支持を得ており，現段階では通説と評してよいと思われる。これに対して，②の命題は，次に述べるように，近時は反対説が多数説化している状況にあり，この説を明示的にとる論者は少ない。最近の第四期説との比較では，最も公序性が強い一般条項と見られる公

---

247 頁など参照。

13） 大判昭和 19・10・5 民集 23 巻 579 頁（夫婦間の契約の取消しが夫婦関係の破綻後には権利の濫用となりうるとの判断に際し，「取消が正当なる権利行使なりや又は其の濫用なりやは原審に於て当事者の主張を俟たずして自由に判断し得るは当然」とする），最判昭和 36・4・27 民集 15 巻 4 号 901 頁（公序良俗に関する）など参照。

14） 我妻栄・判批・判民昭和 19 年度（[44]）189 頁は，前掲注 13）の大審院判決を名判決と高く評価し，「権利濫用の判決には，当事者の主張を要しないということは，もとより正当であろう」とする（同旨，鍛冶良堅・判批・『家族法判例百選〔新版〕』（1973 年）49 頁）。

15） 村松説については，注 19）も参照。

16） 僅かに，村上博巳判事の見解がこれに分類される可能性がある（村上『証明責任の研究』（有斐閣，1975 年）91 頁以下，同「一般条項の証明責任」末川博先生追悼『法と権利 3 巻』（民商 78 巻臨増，1978 年）186 頁以下参照）。ただ，村上判事が要件事実として，要件主張を問題にするのか，事実主張を問題にするのかは，必ずしも明確ではなく（「権利濫用等を構成する事実」と「権利濫用等の事実」とが並行的に用いられている），後者とすれば，むしろ第二期説に分類されることになろう。

17） 代表的な論者として，山内敏彦「一般条項ないし抽象的概念と要件事実（主張立証責任）」判タ 210 号（1967 年）42 頁以下。最近の議論として，司法研修所民事裁判教官室『増補民事訴訟における要件事実 1 巻』（法曹会，1986 年）15 頁以下。また，公序良俗違反に関して，川島武宜編『注釈民法⑶』（有斐閣，1973 年）59 頁以下〔高津幸一〕参照。

序良俗違反の場合にもなお，弁論主義の適用を認める点に大きな特徴がある[18]。

⑶　第三期説――前記の①の命題は維持しながら[19]，狭義の一般条項は最高度の法理念を体現するもの（王者的条項）であり，当事者間の衡平や不意打ち防止といった弁論主義の理念に十分拮抗しうるものであるとし，事実主張についても弁論主義の適用を否定する見解である[20]。これらの見解がいずれも狭義の一般条項の公益性をその主要な（あるいは唯一の）根拠としていることは共通しているが，後期のものには，公序良俗違反など特に公益性の強いものと権利濫用や信義則違反などとを区別して論じる見解も生じており[21]，第四期説との近接がうかがえる。また，この見解も，当事者の不意打ち防止に全く意

18）　川島編・前掲注 17）〔高津〕，司法研修所民事裁判教官室・前掲注 17）参照。特に，後者はその論拠として，狭義の一般条項とはいっても，その公益的要請は強弱様々であり，その点は公序良俗違反についても同じであるから，弁論主義の適用の基準・限界が不明確なものとなるおそれがある点を，弁論主義の排除を肯定する第三期説の難点とするが，これは第四期説への批判としても妥当するものであろう。

19）　なお，村松俊夫判事は，要件主張を主要事実とする立場をとりながら，狭義の一般条項については法適用の問題として当事者の主張を不要とし，また事実主張のうち重要なものは間接事実でも例外的に主張を要するという一般論をとるが，更にその例外として，狭義の一般条項は職権調査事項であるとの理由で，主張を不要と解される（村松・後掲注 20）参照）。村松判事の学説は第三期説の初期の形成に重要な役割を果たしたと見られるが（谷口知平編『注釈民法⑴』（有斐閣，1964 年）105 頁〔植林弘〕，田尾・後掲注 20）はともに，村松判事の職権調査事項という説明をそのまま援用する），村松説が，要件主張を主要事実とする第一期説的理解を前提に，この問題を「例外の例外」という形で説明するものであったことは注意されてよい。

20）　村松俊夫「訴訟に現れた権利濫用」末川博先生古稀『権利の濫用中巻』（有斐閣，1962 年）296 頁以下，田尾桃二「主要事実と間接事実にかんする二，三の疑問」兼子一博士還暦『裁判法の諸問題中巻』（有斐閣，1969 年）278 頁以下（但し，明示的な結論は留保されている），倉田卓次「一般条項と証明責任」法教第 2 期 5 号（1974 年）69 頁以下，後藤勇「権利濫用の判断と主張の要否」判タ 367 号（1978 年）172 頁以下，篠田省二「権利濫用・公序良俗違反の主張の要否」『新・実務民事訴訟講座 2』（日本評論社，1981 年）49 頁以下，鈴木重勝「弁論主義」竹下守夫＝谷口安平編『民事訴訟法を学ぶ〔第 2 版〕』（有斐閣，1981 年）117 頁以下，青山善充「主要事実と間接事実の区別と主張責任」竹下守夫＝石川明編『講座民事訴訟 4 巻』（弘文堂，1985 年）403 頁など参照。

21）　後藤・前掲注 20）173 頁は，権利濫用や信義則も公序良俗という理念の具体的な適用にほかならないとする我妻説を援用して，これらの条項も「疑問はあるが，公序良俗違反の場合に準じて，当事者の主張がなくとも裁判所はとりあげて判断す」べきとする（同旨，篠田・前掲注 20）50 頁）。権利濫用・信義則と公序良俗との関係についての我妻説の近時の評価については，***5*** 参照。

を払っていないわけではなく，事実主張に関して当事者双方に主張立証の機会を与えることが妥当な措置であり，運用上望ましいとしている点にも注意されるべきである[22]。

⑷　第四期説――従来の議論が狭義の一般条項をおおむね一括して論じていたのに対し（但し，注21）参照），一般条項の種類で区別し，権利濫用及び信義則違反については弁論主義の適用を肯定し，当事者の事実主張を要求する一方，公序良俗違反については弁論主義の適用を否定し，事実主張を不要とする見解である[23]。公序良俗違反は特に強い高度の公益性が認められ，事実主張がなくとも法律効果を発生させる必要があるのに対し，権利濫用などは当事者間の関係に着目したもので，それほどの公益性はないとの判断に基づく。なお，この説でも，事実主張を不要とする公序良俗違反の場合には，当事者に主張立証の機会を付与して，弁論権を保障することが必要とされる[24]。

以上のような議論の展開を整理してみると，この問題を考えるに際しては，以下の2点の検討が重要であると思われる。まず第1に，狭義の一般条項の公益性と弁論主義の意義との関係をいかに評価するか，という点である。この点を検討するに際しては，まず弁論主義自体の意義をどのように捉えるかにより，その公益性をめぐるスタンスが変わってくる可能性があると思われる。よって，弁論主義の根拠論について一定の立場を前提とする必要があろう[25]（*3*参照）。

22）　既に，村松・前掲注20）298頁がこの趣旨を説いていた（同旨，後藤・前掲注20）173頁，篠田・前掲注20）53頁）。また，鈴木・前掲注20）118頁も，人事訴訟法14条を援用して，当事者の審尋を必要とされる。なお近時，高橋・前掲注7）83頁以下は，不意打ちを肯定する結果となる多数説は釈然としないとされながら，裁判所の法律問題指摘義務を肯定したうえで弁論主義を後退させるという解釈が座りのよいものとされる。第三期説を極限まで推し進めたものと評価でき，裁判所の法的指摘にもかかわらず当事者が事実主張を拒否するという極限的な場合にのみ，弁論主義適用を肯定する説との差が生じることになる（高橋説については，更に注25）も参照）。

23）　竹下守夫「弁論主義」小山昇ほか編『演習民事訴訟法』（青林書院，1987年）377頁，竹下守夫＝伊藤眞編『注釈民事訴訟法⑶』（有斐閣，1993年）66頁以下〔伊藤眞〕，伊藤眞『民事訴訟法Ⅰ』（有斐閣，1995年）251頁など参照。また，谷口安平『口述民事訴訟法』（成文堂，1987年）216頁は，通常訴訟でも公益に関する事項については弁論主義が排除されるとして，その例として公序良俗違反の場合のみを挙げている。

24）　竹下＝伊藤編・前掲注23）67頁〔伊藤〕参照。

次いで第2に，従来の議論の展開は，一般条項一般の議論から狭義の一般条項に特化した議論に転じ，更に第四期に至って狭義の一般条項内部で更に個々の条項に区分した議論を立てるというように，議論が徐々に肌理細かくなってきている。このような事態は，最近の実体法の研究が示すとおり，一般条項には様々な機能・内容が包含されていることに鑑みると，基本的に正当な方向であり，今後は更に個々の一般条項の内部でもその具体的な適用場面に応じた検討が不可欠になってくると思われる[26]（*4*，*5* 参照）。

3　弁論主義の意義

弁論主義が民事訴訟における基本的な原則として認められる理由として，いくつかの説が提唱されていることは周知のとおりである。そのうち，代表的なものは，私的自治説，真実発見説，不意打ち防止説であると思われる[27]。以下では，狭義の一般条項に対する弁論主義の適用の当否及び範囲を考える前提として，これらの見解について一応の検討を加えてみる。その議論の前提として，弁論主義に関して，それを「本来的弁論主義」と「機能的弁論主義」とに分けて考察する方法をとる[28]。前者は，これから資料を収集する際の裁判所と当事者との役割分担を問題とするのに対し，後者は，既に裁判所に訴訟資料が提出された又はされなかった後に，それを判決の資料として顧慮することの許容性の問題に関する（その意味で，前者は行為規範的側面，後者は評価規範的側面

25）　近時の有力説の中でも，伊藤・前掲注23）が私的自治説を前面に押し出して第四期説をとるのに対し，高橋・前掲注7）は弁論主義の現実の機能としての不意打ち防止を強調されながら，第三期説の枠内に留まられている点は注目に値する。

26）　もちろんこのような方向は個々の場面での弁論主義の適用の有無を曖昧にする面がないではなかろう（注18）参照）。しかし，この点は法律問題指摘義務を中心とした釈明義務の強化によって個別に対処が可能とするのが本章の立場である（弁論主義の適用を否定するときは，特に当事者の主張・立証が十分になるよう配慮を要しよう）。

27）　このほか，多元説がある（竹下・前掲注23）375頁，上田徹一郎『民事訴訟法』（法学書院，1988年）285頁など）。これは（後述のように，各説それぞれが弁論主義の機能の少なくとも一部を説明できる点で）正当性をもつが，著者は弁論主義の全内容を説明できる原理としては私的自治説を援用すれば必要十分と考えるので，他のものは補充的な説明という限りで賛成する。

28）　これは，小林秀之『民事裁判の審理』（有斐閣，1987年）27頁以下の分類による。

を対象にするものと言えよう)。このような分析により，それぞれの見解の問題点がより明確な形で浮彫りになると考えるからである。

そこでまず，真実発見説である[29]。この見解は，訴訟に最も利害関係を有する当事者に攻撃防御の支配権を与えることが，当事者の積極的な訴訟活動を促し，結果的に最も有効に真実に近づく途であることをその根拠とする。確かに弁論主義は，職権主義によって失敗したプロイセン訴訟法[30]の反省のうえに立つものとされ，歴史的なその発生を説明できる説であり，また弁論主義がそのような機能をもちうることは実際にもある程度論証されている[31]。そして，この見解によれば，狭義の一般条項に対する弁論主義の適用は広く認められるべきことになろう。なぜなら，これらの条項は一般に公益性が強く，その分真実発見が強く要請されることになると思われるからである。しかし，この見解は，特に「機能的弁論主義（評価規範)」の側面において，その正統化は困難と見られる。けだし，証拠資料に基づきある事実の心証を裁判所が十分にとれているのであれば，それを当事者の主張がない又は当事者の自白があるという理由のみで判決から排斥するのは明らかに真実発見に背く結果になるからである。この場合は，裁判所は当事者の不主張や自白にもかかわらず，その事実を認定してこそ真実に適う判決が達成できよう。そして，仮にこのような裁判所の権限を認めても，当事者がやる気を失い，主張立証の提出に消極的となるというような行為規範への副作用をもたらす懸念は余り存しないと思われる[32][補注5]。また，行為規範としても，当事者が自己に有利な主張立証を提出

29) 三ケ月・前掲注 12) 157 頁（但し，後に多元説に改説されたとみられる)，斎藤秀夫『民事訴訟法概論』(有斐閣，1969 年) 204 頁，奈良次郎「訴訟資料収集に関する裁判所の権限と責任」竹下 = 石川編・前掲注 20) 123 頁など参照。

30) プロイセンの一般裁判所法については，鈴木正裕「18 世紀のプロイセン民事訴訟法」神戸法学 23 巻 3 = 4 号，24 巻 2 号，同 4 号（1974~75 年）参照。

31) この点を法と経済学のモデルを駆使しながら論証するものとして，太田勝造「弁論主義の根拠についての一視角」三ケ月章先生古稀『民事手続法学の革新中巻』(有斐閣，1991 年) 339 頁以下参照。

32) なお，近時は職権探知主義が妥当する家事審判手続などにおいてもその「当事者主義的運用」が説かれているようであるが（佐上善和「訴訟と家事審判」竜嵜喜助先生還暦『紛争処理と正義』(有斐閣，1988 年) 448 頁以下など参照)，これは行為規範としての（真実発見のための）弁論主義の有用性を認めるものとも言える。しかし，この場合においてもなお，評価規範としては職権探知主義の適用は疑われていないようであり，

しない決意をあえてしている場合には，弁論主義ではその意思が尊重されることになるが，それでは真実に合致した判決という目的は達成できず，真実発見説の不適合は明らかである。以上のように，真実発見説を弁論主義の根拠とするのは正当とは解されない。

次に，不意打ち防止説である[33)]。この見解は，弁論主義は，当事者の事実主張や自白が裁判所を拘束することによって，当事者の主張しない事実や自白に反する事実が判決で用いられる可能性を封じ，当事者の手続権を保障し，不意打ちを防止する意義を有するものと解する。そして，狭義の一般条項について弁論主義の適用を否定する論者が主として問題にしているのは，弁論主義のこの側面であると思われる[34)]。しかし，これらの主張は正当であるとは思われず，不意打ち防止説によった場合も，なお一般条項に弁論主義の適用を認める帰結になると考えられる。けだし，たとえ実体的には公益事項であっても，手続的側面においてその問題に関して当事者に手続保障を与えるべきかというのは全く別問題だからである。仮に公序良俗違反の主張がされていても，当事者が十分な攻撃防御を図れば，実際には公序良俗違反に該当する事実がないことが明らかになることも十分想定される。それにもかかわらず，最初から（弁

「弁論主義」ではなく「当事者主義」という概念が用いられている点は示唆的である。

［補注5］　家事事件手続法においても，職権探知主義を維持しながら，前注で指摘した「当事者主義的運用」については積極的な評価がされた。それを示す規定として，「家庭裁判所は，職権で事実の調査をし，かつ，申立てにより又は職権で，必要と認める証拠調べをしなければならない」とする旧法以来の規律を維持しながら，「当事者は，適切かつ迅速な審理及び審判の実現のため，事実の調査及び証拠調べに協力するものとする」との責務規律が加えられた家事事件手続法56条の規定がある。

33)　田辺公二「反対論として」近藤完爾＝浅沼武編『民事法の諸問題Ⅰ』（判例タイムズ社，1968年）82頁，新堂幸司「共同訴訟人の孤立化に対する反省」法協88巻11＝12号（1971年）928頁など参照。なお，いわゆる「手続保障説」（小林・前掲注28）27頁以下など）も本文との関係では，不意打ち防止説と同様に扱うことができよう。

34)　例えば，倉田・前掲注20）71頁は「信義則とか公序良俗とかの最高度の法理念は，当事者間の衡平とか不意打ちの防止とかいう弁論主義の理念に十分拮抗しうるものであるから，ここである程度弁論主義の緩和が見られてもやむを得ない」とする（同旨，篠田・前掲注20）49頁，鈴木・前掲注20）117頁など。これに対して，青山・前掲注20）403頁は「きわめて公益性が強く，裁判所は不正を看過してはならないという要請の前には，私的自治の尊重や不意打ち防止という弁論主義の理念もその席を譲るべき」として，私的自治の尊重をも挙げる点が注目されるが，本文と同様の批判はこの見解に対しても妥当するであろう。

論主義を否定し）攻防の機会を否定するのは，たとえ「王者条項」であっても許されない。「王者条項」はそれに該当することが明らかになった段階の（実体法レベルの）話であり，不意打ち防止はそれ以前の（手続法レベルの）話である。その意味で，両者は本来次元を異にする問題であり，互いに「拮抗する」関係にはないと言うべきであろう[35]。

以上のように，不意打ち防止説をとった場合には，狭義の一般条項についても弁論主義の適用を認めるべき方向になろう。しかしながら，弁論主義の根拠として不意打ち防止を援用することは相当とは思われない。なぜなら，不意打ち防止の要請は確かに「機能的弁論主義（評価規範）」の側面をよく説明できるとしても[36]，「本来的弁論主義（行為規範）」の側面を正統化はできないと考えられるからである。攻撃防御方法の提出の段階において当事者が十分な手続保障を受けながら，なお一定の主張立証の提出を拒絶したり自白したりするとき，その当事者の選択を尊重すべき十分な説明はこの説では困難であろう。けだし，その主張立証が自己の請求の維持に不可欠であり，かつそれが認められる十分な蓋然性が存在する場合，当事者の不主張や自白は不合理な選択と見られ，不意打ち防止説によれば，このような不合理な選択は無視して，合理的な帰結のために裁判所が真実と考える事実を認定するという決断は十分にありうることであろう（少なくともそのような不合理な選択の尊重を不意打ちの防止によって説明することはできない）。しかし，そのような不合理な選択であっても（十分な情報が提供された後の決断である場合には）そのまま尊重するというのがまさに弁論主義の根幹をなす。また，そもそも不意打ち防止のみが目的であるならば，職権探知主義をとっても，同時に釈明義務など不意打ち防止のための別の措置をとれば十分ということになろう（人訴 20 条後段も参照）[37]。しかるに，弁論主義が

35） この点を明快に指摘するものとして，高橋・前掲注 7）84 頁参照。なお，篠田省二・判批・新堂幸司ほか編『民事訴訟法判例百選 I』（1992 年）197 頁及び山本・前掲注 7）219 頁補注 6 も参照。

36） 小林教授（注 28）参照）が，機能的弁論主義の側面において手続保障説を強調される点に注意すべきである。

37） 高橋・前掲注 7）85 頁は，狭義の一般条項への弁論主義の適用につき，結論として法律問題指摘義務の充実を条件に弁論主義を後退させるが，この点は本文の趣旨をよく示している。

とられるのは，やはり不意打ち防止だけでは説明できない意義がそこに認められるからであろう。よって，不意打ち防止説も弁論主義の根拠の説明としては相当とは考えられない。

本章は，弁論主義の根拠として，私的自治を援用する立場を正当と考える[38)][補注6]。けだし，まず民事訴訟は私人の私的利益の保護を目的とした公的サービスであると見られる[39)][補注7]。したがって，原則的には私益事項を規律する民事法の一般原則である私的自治がここでも妥当するはずである。もちろん税金で運営される公的サービスである以上，そこには一定の限界があるのは確かであり，他の制度利用者や制度設営負担者（納税者）に不当な負担をかけるような態様での私的自治は認められない。しかし，私的自治の限界は抽象的な「公益」によって画されるべきではなく，常に上記のような具体的な利益との衡量で決せられるべき性質の事柄である。したがって，上記のような制約利益が存しない限りでは，ある事実を主張立証しないという当事者の決断又はある事実を争わないという当事者の決断は，原則としてそのまま尊重されてよい。つまりは，弁論主義の原則性が認められることになる。そして，私的自治の根幹が，決断の内容にコミットせずに決断をそのまま尊重することにあるのと同様，弁論主義の核心も，いかに不合理に見える決断であっても当事者がその選択に固執する以上，その意思を尊重するという点にある[40)]。もちろん実体法

38)　近時この点を明確に指摘するものとして，伊藤・前掲注23）53頁以下参照。なお，私的自治は当事者間の合意を尊重するものだから，自白の拘束力はともかく，それ以外の弁論主義の内容とは関係しないという小林教授の批判（小林・前掲注28）5頁）があるが，合意は必ずしも私的自治の要件ではなく，一方的処分の尊重（例えば遺言の自由など）も私的自治に含まれると広く理解するのが通常であろう。この点は，高橋・前掲注7）40頁も参照。

[補注6]　このような理解について，山本・前掲［補注4］132頁以下参照。そこでは，判決段階における弁論主義の根拠と審理段階の根拠とを分別して論じているが（本章の「機能的弁論主義（評価規範）」と「本来的弁論主義（行為規範）」の区別にほぼ相当する），後者について手段説に傾聴すべき点が多いとしても，「判決段階における弁論主義のリジッドな規律は，国家の便宜という観点ではなく，当事者の拒否権という観点から説明せざるを得ない」とする（同134頁参照）。

39)　以下のような著者の民事訴訟目的論については，山本・前掲注7）7頁以下参照。

[補注7]　このような考え方については，本書第1章 ***1*** 参照。

40)　私的自治は，そのような短期的には非効率に見える選択であっても，結局長期的にはその尊重が効率的な社会・制度を実現するとの経験則に基づくと思われる。そして，

の分野でも最近問題にされているとおり[41)]，その決断は必ず十分な情報に基づくものでなければならず，この要請は特に国家が設営する公的制度である民事訴訟においては強く妥当すると思われる[42)]。したがって，釈明義務や法律問題指摘義務の重要性は十二分に認識されるべきではあるが，弁論主義の根拠自体はやはり私的自治に求められると解される。

以上のように，私的自治説により弁論主義を説明するとすれば，狭義の一般条項への弁論主義の適用の問題は，結局各条項について当事者の処分権が認められるか否かに帰着することになろう。この点は次節以下で検討するが，ここではその前提として更に，私法分野での私的自治と弁論主義の根拠となる訴訟上の私的自治とを同一のものと考えてよいか，について検討しておく必要がある。この点は，ドイツにおいても若干問題とされているところである[43)]。すなわち，実体法上問題となる処分と訴訟法で言われる処分とでは，以下のような点で質的な差異があるとされる[44)]。まず，①実体法上の無効（処分権の否定）が訴訟において問題となるときは，常に当事者間に無効について争いがあることとなるが，訴訟法上の無効は当事者間に何の争いもないときになおその処分権を否定すべきか，という形で問題が提起される。すなわち，当事者が主張をせず又は自白をして，そのことに特に不満も述べていないようなときに[45)]，

民事訴訟においても，当事者の不合理な選択も長期的には制度の実効化をもたらすとの認識が前提にあると解される（もちろん個々の決断が外部不経済をもたらすようなときには，当事者の意思の尊重が否定されるべき場合があることは，実体法の場合と同様であろう）。

41） 実体法上の情報提供義務や説明義務（インフォームドコンセント）などがこの問題に関係しよう。

42） 著者はこのような視点から法律問題指摘義務の重要性を説いたことがある。山本・前掲注 7）251 頁以下参照。

43） 以下については，Henckel, Prozeßrecht und materielles Recht（1969）, S. 134f.; A. Blomeyer, ZZP 75, S. 17f.; Stein = Jonas = Leipold, ZPO（20 Aufl.）, vor § 128 Am. 90.

44） 以下の理由のほか，訴訟法が明文で，財産訴訟には職権探知主義を規定していないことから，実体上の処分権の有無にかかわらず，当事者の処分を忍受したものと見る見解もある（Stein = Jonas = Leipold, a. a. O., Am. 90）。しかし，弁論主義自体が明示的に規定されていない中で，法文の有無を過剰に強調することには疑問があろう。

45） 当事者が事後的に主張を追完した場合や自白を撤回した場合は，それらの有効性の問題となり（攻撃防御方法の時期的規制や自白撤回要件の問題），弁論主義とは関係がなくなる。

あえて裁判所が当事者の処分権行使を否定することの当否が問題となるわけである。実際，実体法上無効な法律行為であっても，当事者が任意に債務を履行し，その効力を争わないときには，そのまま効力が認められる場合も多い。したがって，訴訟上の私的自治は実体法が通常想定している状況（事後的に争いが発生したときも，当初の処分を維持すべきか）とは現れる場面を異にすることになり，実体法上私的自治が認められないからといって，訴訟法上も直ちに私的自治を否定すべきかは疑問であり[46)]，訴訟法上の処分権を実体法のものと比較するときは，任意履行があったときもなお処分権が認められない場合と考えるべきかを更に検討しなければならない。

次に，②訴訟法上は原則として判決の効力が当事者間で相対的にしか認められない関係で[47)]，実体法上公益を保護するために処分権が否定されている場合であっても，訴訟法上はその行使を認めてもよいのではないか，との疑問も提示される[48)]。けだし，処分権行使を認めてもその結果は当該当事者間で認められるに止まり，第三者に効力が及ぶわけではないからである。しかし，このような議論の妥当性には疑問がある。なぜなら，当該行為の効力が当事者間で相対的にしか認められないのは訴訟に限ったことではなく，契約についても全く同様だからである。すなわち，私法における公益の実現とは，当事者間での相対的な効力を否定することによって，間接的に公益に資することを図るにすぎないと見られるのである。そうであれば，訴訟の場合にも，判決効が相対的であるとしても当事者の処分権を認めるとなお間接的な公益実現を害する可能性はあると言えよう。よって，判決効の相対性を根拠に実体法以上の処分権行使を認める考え方には賛同しがたい。

このほか，更に訴訟上の処分権と実体法上の処分権との差異として著者に思い浮かぶものとして，③情報・経済等の面での力の格差の問題がある。実体法が当事者の処分権を否定する場合に，当事者間の情報等の格差を問題としてい

---

46)　このような訴訟上の無効の特殊性について，Henckel, a. a. O. は，Pawlowski, Rechtsgeschäftliche Folgen nichtiger Willenserklärungen (1966), S. 101 f. を引用している。

47)　この点で，判決効が第三者に拡張される場合（人事訴訟など）は別段の考慮が必要とされる。

48)　Henckel, a. a. O., S. 138; Stein = Jonas = Leipold, a. a. O., Am. 90.

る場合も多い（消費者取引などに関する保護的公序が典型であろう）。しかし，訴訟においては，弁護士代理がある場合はもちろん，本人訴訟でも裁判所による一定の後見的監督が想定され，相当の情報提供が前提とされうるのに対し，取引の場面ではこのような格差是正は保障されていない[49]という違いがある。したがって，取引の場面では広く当事者を後見的に保護するために，実体法がその処分権を否定しているとしても，訴訟法上も同じ扱いをすべきかは更に検討が必要であると思われる。

最後に，④実体法における処分権の行使が通常は積極的な態様でなされるのに対し，訴訟においては消極的な形で行われることが多いことにも注意を要する[50]。この点では，自白と不主張との区分の必要の問題もさることながら，当事者の欠席による不主張や擬制自白の問題が重要である。特に自白は実体法上の契約に相当する処分行為であるが[51][補注8]，契約は通常両当事者の積極的な意思の合致によって初めて成立するものであり，一方の不作為にもかかわらず成立することは本来予定されていない。確かに呼出状の送達を現に受けながら（公示送達は擬制自白の前提となりえない），あえて弁論に出頭しない行為は黙示の意思表示（合意）と解されないではない。しかし，その処分性の薄さは明らかであり，積極的に相手方の言い分を認める自白と全く同じ効果（処分性）を認めることには躊躇を覚えざるをえない。このような観点からは，自白と擬制自白とを区別し，自白については当事者の処分権（弁論主義の適用）を認めながら，擬制自白に関しては同じ問題でも，弁論主義を否定し，裁判所の職権探知を一部認めるような措置も全く不当とは言えないかもしれない。また，同じ

49） もちろん，このような情報格差を是正するため，実体法も取引相手方に情報提供義務を課すなどの方途を用意しているが，その現実の保障は訴訟の場合とは比較にならないであろう。

50） ただ，実体法上も権利者が権利を行使しないという不作為の形で処分権を行使する場合はあるので，この点は必ずしも決定的な差異ではないと言えよう。

51） 自白のこのような契約性（合意性）は新たな争点整理手続の中ではより広く認められると思われるが，この点を「一方的観念表示型自白」から「双方的意思表示型自白」への展開と位置づけたものとして本書第13章 ***3***(1) 参照。なお，訴訟契約の一種としての自白契約については，高橋・前掲注7）67頁注9参照。

［補注8］ 本文のような自白の意思的な理解（争点排除の意思としての純化）を展開して，解釈論等にも及ぼす私見については，山本・前掲［補注4］158頁以下参照。

不主張でも，当事者が出席している場合と欠席している場合とで区別して扱う余地もありえよう。例えば，信義則違反や権利濫用を当事者が出頭して主張しない場合に弁論主義を適用するとしても，欠席した場合には裁判所がより立ち入った審理を行う余地を認めてよい場合もあるように思われる[52]。

以上を小括すると，原則として訴訟上の処分権は実体法上の処分権と一致し，実体法上当事者に処分権が認められている場合には弁論主義の適用を認めてよいが，なお例外的に，以下の点に留意する必要がある。①実体法上処分権が否定されていても，任意履行の余地が認められている場合には，訴訟上は弁論主義の適用を肯定しうる可能性がある。②情報・経済等の面での力の不均衡を理由とした処分権の排除の場合は，訴訟においてはその点が治癒されていないかを検討する必要がある。③訴訟における消極的な処分の態様（欠席による不主張・擬制自白等）については，実体法上処分権が認められ，積極的態様での訴訟上の処分が認められる場合であっても，なお別段の考慮が必要とされる。以上のような認識を前提として，以下では，公序良俗違反及び権利濫用・信義則違反の場合を個別的に検討したい。

4　公序良俗違反

公序良俗違反については，第三期説はもちろん，近時有力になっている第四期説も弁論主義の適用を排除する点で争いがない（*2*参照）。これは，公序良俗違反が高度の公益性に基づくものであり，当事者の実体上の処分権が排除されていることを根拠にするものと考えられる。その意味で，強行法規の問題と同列に論じられるわけである[53][補注9]。しかしながら，現在の公序良俗論の状況

52）　このような問題意識を不十分ながら示しているものとして，山本・前掲注7）219頁補注6参照。

53）　従来強行法規違反についても弁論主義の適用があるのかは必ずしも明らかでなかった（この点についての私見は，注66）参照）。なお，実体法において近時，公序良俗と強行法規の関係についての議論が盛んになっており，従来の二分説を排して一元的な理解を主張する見解も有力になっている（森田寛二「通説的民法91条論のなかの判例」広中俊雄教授還暦『法と法過程――社会諸科学からのアプローチ』（創文社，1986年），大村敦志「取引と公序」ジュリ1025号（1993年）72頁など参照）。このような前提に立てば，強行法規違反の場合をそもそも独立の類型として論じる必要はなく，公序良俗

の中でなおこのような単純な理解が維持できるかには疑問もなくはない。けだし，現代的公序良俗の最大の特徴は，（消費者取引など）取引問題を典型とする当事者の利害調整に関する分野への進出を中心としたその適用領域の多様化にあるとされるからである[54]。そこでは，旧来の公序良俗観は大きな変容を余儀なくされている[55]が，その典型は公序良俗違反の効果をめぐる議論である[56]。従来は公序良俗違反の場合は，その法律行為は当然かつ絶対的に無効とされた（ゼロ無効）。それに対して，最近の有力な見解は，公序良俗違反であっても無効が一部的・相対的である場合を容認する[57]。そこでは，公序良俗が当事者の利害を調整し，むしろ一方当事者を保護することに主眼を置いている場合もあることが前提とされており，公序良俗の高度の公益性はともかく，当事者の処分権の排除がなお当然に維持されるかには疑問を抱かせる。

このような観点から，弁論主義との関係において公序良俗違反を分類しようとするとき，注目に値するのが内田教授の分類である[58][補注10]。そこでは，公序良俗は大きく2つの類型，すなわち「当事者の不利益よりも社会規範への抵

違反の一場合として取り上げれば足りることとなろう。

［補注9］ 強行法規違反を公序良俗違反に統合しようとする見解（一元説）は，近時においては通説的な地位を占めつつあるものと理解される。そのような立場に立った際の民法90条と91条との関係については，山本敬三『公序良俗論の再構成』（有斐閣，2000年）82頁以下参照。

54） この点は，椿寿夫＝伊藤進編『公序良俗違反の研究』（日本評論社，1995年）において随所で論じられているが，とりあえず織田博子「戦前判例における公序良俗」同書52頁以下参照。

55） この観点から，公序良俗を「現代的公序良俗」「準現代的公序良俗」「古典的公序良俗」に分類するのは，米倉明「法律行為㉙公序良俗違反の法律行為」法教72号（1986年）60頁以下参照。

56） この点は，椿寿夫「公序良俗違反の諸相」椿＝伊藤編・前掲注54）26頁以下参照。

57） 特に，椿寿夫『民法総則講義（上）』（有斐閣，1991年）105頁が，「公益的無効」のみをゼロ否定の場合とし，「私益的無効」では柔軟な修正の余地を認める点が注目される。

58） 内田貴『民法Ⅰ総則・物権総論』（東京大学出版会，1994年）232頁以下。

［補注10］ 最近の注目すべき分類方法として，山本敬三・前掲［補注9］57頁以下の「政策実現型公序良俗」と「基本権保護型公序良俗」という分類がある。本文の内田教授の分類と，その視角において類似した部分があるが，なおズレが生じるところもあるようである。ただ，いずれにしても，本文で述べたように，公序良俗を十把一絡げにして弁論主義の妥当の有無を論じる論法は，もはや妥当しえないことが確認されよう。

触（反社会性）に着目する類型」と「一方当事者に生ずる被害や権利侵害を問題とする類型」とに分類される。そして，前者として，①犯罪に関わる行為，②取締規定に反する行為，③人倫に反する行為，④射倖行為，後者として，⑤自由を極度に制限する行為，⑥暴利行為又は不公正な取引行為，⑦男女平等に反するものが挙げられる[59]。もちろんこの両者の区分は相対的なものであるが，弁論主義の適用を考えるに際しては，なお基本的な枠組みとして利用できると思われる。すなわち，従来の弁論主義否定論は「公序良俗違反」というとき，主として前者の類型をイメージしてきたものと想像される[60]。そして，このような公益（社会一般の利益）を保護法益とする公序良俗違反の場合には，当事者に自由な処分権を付与して，事実主張の操作により公益に反する法状態を策出する結果を招くことは厳に否定する必要がある。したがって，弁論主義の適用を一般に否定すべきことには概ね異論はないものと思料される[61]。

これに対して，後者の類型は主として当事者の私益に関わる場合であり，果たして当事者の処分権を認めないことが相当であるかには，やや立ち入った検討が必要と思われる。内田教授が⑤～⑦として挙げられた例は特に最近増加し，現在では公序良俗違反を認めた裁判例の相当部分を占める問題とされる[62]。これらが基本的には当事者間の利害を調整する枠組みであるとすれば，弁論主義の適用を認める選択も十分にありうるように思われる。しかし，注意しなければならないのは，実体法がこれをあえて公序良俗違反の問題とすることにより，当事者が仮に真意で合意していても（錯誤・詐欺等がなくとも）なおその法律行為の効力を否定することで，当事者を後見的に保護していることの趣旨で

59）　同様に，社会の一般的秩序を保持する類型のほか，当事者の意思・利益を保護する類型を明示するものとして，遠藤浩ほか編『民法注解財産法第1巻』（青林書院，1989年）352頁以下〔山田幸二〕など参照。

60）　この点は，従来通説的な分類であった我妻説の類型が主として公益的なもの（内田教授の第一分類に属するもの）を中心としていたことにも影響を受けていたのではないかと推測される。我妻説については，椿久美子「我妻類型とその現代的変容」椿＝伊藤編・前掲注54）89頁以下参照。

61）　判決効は相対的であるので，訴訟上は弁論主義による処分権を認めても公益を害しないとの批判もありうるが，これについては，**3**参照。

62）　中舎寛樹「戦後判例における公序良俗」椿＝伊藤編・前掲注54）67頁の表によると，暴利行為に関する問題が全体の半数を占め，最近は消費者取引に関する新たな事例が増大している。

ある。その趣旨に鑑みれば，ここでも原則はやはり当事者の処分権の排除，すなわち弁論主義の適用否定であるべきである。ただ，更に検討を要するのは，**3**で述べた実体上の処分権と訴訟上の処分権との食い違いの可能性である。すなわち，当事者がその法律行為の有効性を争っている局面では，後見的保護が肯定されるとしても，任意履行をあえて欲しているときにまで，なおその処分権を否定すべきであろうか[63)]。加えて，特にこれらの類型の中でも消費者保護など当事者間の交渉力・経済力等の格差を根拠にするものについては，取引当時にはそのような格差は存在しても，訴訟の場面ではそれが相当程度治癒している場合も少なくないと考えられる。典型的には，弁護士代理が付き，そのような消費者被害の実状・問題商法の具体的手法などが明らかにされたところでは，情報格差等を前提とした処分権の排除（後見的保護）はその妥当性を失うように思われる。そのような場合には，むしろ訴訟においては私的自治の原則に戻って，当事者の処分権を認め，弁論主義の適用を肯定することは十分可能ではなかろうか。以上の検討から，公益に関する公序良俗については当然に弁論主義は排除すべきであり，当事者の保護を目的とした公序も原則は同様であるが，訴訟の具体的な状況に応じて弁論主義の適用を認めうべき場合もあるものと解される[64)]。

以上のように，公序良俗について原則として弁論主義の適用を否定すべきものとするとき，最後に注意しなければならないのは，その否定はあくまで公序良俗「違反」に反対するような処分権の否定であるということである。換言すれば，公序良俗違反を認める方向では弁論主義は維持されてよい。例えば，公序良俗違反の主張があったときに相手方がそれを認めるのは権利自白と扱ってよいし，公序良俗違反を否定するような事実が証拠調べから明らかになっても，当事者がそれを主張しない限り，裁判所はそれを職権で取り上げる必要はない。けだし，実体法上は，公序良俗違反の行為を違反としないとする方向の処分権

63)　これらの類型では，処分の効果を認めたとしても，第1類型のように第三者に外部不経済をもたらす場合ではないことに注意すべきである。

64)　その場合には，当該事件において具体的に弁論主義の適用の有無を明らかにしておかないと，当事者に不意打ちとなる可能性があるが（この点は，注18）も参照），当事者が職権探知主義によると考えて十分な攻撃防御を尽くさないにもかかわらず，弁論主義の適用を前提に判断した場合には，法律問題指摘義務違反となると解される。

が否定されているのであり，公序良俗に反しない行為をあえて違反とする方向の処分権まで否定されているわけではないと解されるからである。この意味で，離婚訴訟などにおける職権探知（人訴14条）と同じく[補注11]，この場合も片面的な職権探知主義が妥当すると評しうる[65)][66)]。

5　権利濫用・信義則違反

第三期説の論者が，権利濫用及び信義則違反の場合を弁論主義の適用対象から外すに当たって大きな影響を与えたのが，権利濫用・信義則違反の法的位置づけに関する我妻説であった[67)]。すなわち，我妻博士は，「すべての法律関係は，公序良俗によって支配されるべきであり，公序良俗は，法律の全体系を支配する理念と考えられる。すなわち，権利の行使と義務の履行が信義誠実の原則に従うべしというのも（中略），結局においては，公の秩序・善良の風俗という理念の具体的な適用に他ならない」とされる[68)]。そこで，論者は，権利濫用・信義則違反については疑問があるとしながらも[69)]，結論的には弁論主義の適用を否定したものである。しかるに，ここで我妻説が言うところの「公序良俗」が必ずしも直ちに民法90条の公序良俗を表すものではなく，むしろ

［補注11］　人事訴訟法の制定によってこの規定は改正され，現在では職権探知主義は両面的に適用されるものとされている（人訴20条前段参照）。

65）　従来も，「公序良俗違反」に弁論主義が適用されるかという形で問題を提起する学説が存在したが（例えば，青山・前掲注20），伊藤・前掲注23）など），それは，この点に配慮していたものであろう。

66）　強行法規違反の問題についても，基本的には公序良俗違反の場合と同様の考察が妥当するものと解される（注53）も参照）。一般公益を保護するための強行法規については常に弁論主義は排除されるが，当事者の後見的保護を目的とする強行法規についての弁論主義の排除は場合による。後者に分類されると見られる借地借家法や利息制限法などの場合には，当事者に十分な情報が付与されているかがキーポイントとなろう。また，処分性の強さも考慮すべきであり，例えば，一般に利息制限法違反について弁論主義の適用があるとしても，同法違反のおそれがある請求につき被告が欠席しているような事案では，職権探知主義が妥当して擬制自白を否定すべきものと解する余地がある。

67）　我妻説を明示的に論拠として引用するのは，後藤・前掲注20）173頁，篠田・前掲注20）50頁など参照。

68）　我妻栄『新訂民法総則』（岩波書店，1965年）270頁参照。

69）　注67）の文献参照。

それとは区別された「理念としての公序良俗」の概念であることは，近時の研究の示すところである[70)]。また，権利濫用及び信義則と公序良俗との関係について，最近の見解は相互の相違を当然の前提としながら，むしろその守備範囲の分担を論じている[71)]。よって，現在においては，もはや第三期説のような理由づけに基づいて権利濫用及び信義則の弁論主義からの排除を正当化することはできないと言ってよい。

そこで，この問題を改めて考察するに際して重要な手掛かりとなりうると思われるのは，これら一般条項の法的意義に関する広中教授の研究である[72)]。広中説は，権利濫用・信義則違反について，その機能を「本来的機能」と「欠缺補充機能」とに分けて論じる。前者は，それら一般条項がそれ自体裁判規準として個別事案に適用されることにより営む機能を指すのに対し，後者は，制定法に規定が欠けている事案類型についての裁判規準の構成のために利用される場合を指す。これらの一般条項に対する弁論主義の適用の当否を検討する際に，特に注目に値するのはこの後者の視点である。すなわち，この見解によると，権利濫用・信義則違反をひとまとめにして論じるのはほとんど意味がなく，常に補充の対象となった裁判規準の性質を考慮する必要があることが強く示唆される。その結果，補充される規準が純粋に私益に関するものであれば，弁論主義が適用され，逆に補充される規準が公益に強く関わるものである場合は，弁論主義の適用が排除されることになると思われるからである。

判例における権利濫用・信義則違反の適用は極めて多岐の事案にわたり，補充される規準も多様であり，ここでは網羅的な検討はもとより不可能であるが，若干の類型を概観してみる。まず，信義則違反に関連しては，時効完成後の承認や契約締結上の過失の問題などは当事者の私益のみに関し，当然に弁論主義の適用を認めてよいと考えられる一方，安全配慮義務は労働者保護・借地借家における信頼関係破壊理論は賃借人保護として保護的公序と同様の考慮が必要

70)　中舎寛樹「公序良俗と信義則」椿＝伊藤編・前掲注 54）266 頁以下参照。

71)　山本敬三「信義則，公序良俗」法教 144 号（1992 年）42 頁，橋本恭宏「公序良俗と権利濫用」椿＝伊藤編・前掲注 54）278 頁以下など参照。

72)　広中俊雄「民法第 1 条の機能」法教 109 号（1989 年）6 頁以下，同『民法綱要第 1 巻総論上』（創文社，1989 年）120 頁以下参照。

になると思われるし，有責配偶者の離婚請求否定は公益に関わる問題と位置づけられる可能性がある。また，権利濫用についてもやはり，手形上の権利の濫用など私益性の顕著な類型から，解雇権濫用など保護的公序の色彩が濃い類型，更には身分権（親権等）の濫用など公益保護的公序に近い類型まで，様々なものが混在している。加えて，広中教授のいわゆる本来的機能も，結局のところ，その目的とするところ（個々の事案で保護する法益）いかんによって同様の分類が可能であろう。

したがって，権利濫用・信義則違反といってもそれらを一律に論じることは適切ではなく，個別の事案に応じた検討が不可欠である[73]。そして，その際には，当事者に不意打ちとならないよう，法律問題の積極的な指摘が裁判所に義務づけられるものと解される[74]。

6 おわりに
――職権探知主義の新たな展望を兼ねて

以上のような本章の主張を簡単に要約すると，以下のようになる。

①　弁論主義の意義としては，私的自治説を正当と考える。したがって，基本的には，実体法上の処分権が当事者に認められる場合には，訴訟上の処分権も認められ，弁論主義が妥当するものと考えられる。

②　但し，一定の場合にはなお，実体法上の処分権と訴訟上の処分権が食い違う場合が考えられる。すなわち，(Ⅰ)争いがある場合に処分権が否定されていても，任意履行の余地が実体法上認められる場合には，訴訟上は弁論主義の適用を肯定しうる可能性がある。(Ⅱ)情報・経済等の面での力の不均衡を理由

---

73)　既に，篠田・前掲注20) 52頁注52は，「権利濫用・信義則違反の類型ごとに，公益性の程度と弁論主義の要請とを総合的に考察する必要がある」との極めて正当な指摘をしながら，結論的には「一般条項を発動すべきか否かの判断に帰着する」として，一律に弁論主義の適用を排除してしまっている。

74)　この点で，欠缺補充機能の場合は，事案の集積により弁論主義の適用の有無がある程度事前に予測可能となろうが（もちろんなお法律問題指摘義務の必要が完全になくなるわけではない），本来的機能の場合には，その性質上個別の事案ごとに適用の有無が決まってくるので，特に指摘義務に期待されるところが大きくなると言えよう。

とする実体的処分権の排除の場合は，訴訟上はその点の治癒の有無を検討する必要がある。(Ⅲ)訴訟における消極的な処分（欠席による不主張・擬制自白など）については，実体法上処分権が認められる場合であってもなお別段の考慮が必要とされうる。

③　公序良俗違反の問題に関しては，公益に関する公序良俗違反については当然に弁論主義を排除すべきである（片面的職権探知主義）。他方，当事者の保護を目的とした公序も原則は同様であるが，具体的状況に応じて例外的に弁論主義の適用を認めるべき場合がある。

④　権利濫用・信義則違反の問題に関しては，それを一律に論じることは適切でなく，個別の類型に応じた検討が不可欠である。具体的には，安全配慮義務や借地借家における信頼関係破壊理論，更に解雇権濫用などでは保護的公序と同様の考慮が必要と思われるし，有責配偶者の信義則違反による離婚請求否定や身分権（親権等）の濫用などの場合は公益に関わる問題と位置付けられる可能性がある。

以上のような議論は，第三期説に比べれば，一般に弁論主義の適用範囲を拡大するものと言えるが（公序良俗違反でも権利濫用・信義則違反でも弁論主義の適用される場合を認める），第四期説との関係では，対象をより細分化するため，適用範囲は場合によって異なりうる結果になる（公序良俗違反でも弁論主義の適用される場合を認める一方，権利濫用・信義則違反でも弁論主義の適用されない場合を認める）。

さて，最後に問題として残るのは，いずれにせよ弁論主義の適用が否定された場合に，その問題についていかなる手続によって審理するのか，という点である。従来は弁論主義の緩和又は不適用を指摘しながら，その結果としてどのように審理が進められるのかを明確にしない説が多かったが，明示的に職権探知主義の適用を主張する見解もあった[75]。そのような見解は果たして相当であろうか。また，そこでイメージされる「職権探知」とはどのようなものであろうか。以下では，本章のまとめとしてこのような問題を検討し，併せて職権

75）　後藤・前掲注 20）172 頁，谷口・前掲注 23）216 頁など参照。

探知主義の将来像を展望してみたい。

従来，弁論主義と職権探知主義は二者択一的な互いに対立する概念として理解されてきた[76]。しかしながら，弁論主義が，①当事者の主張しない事実は裁判所は考慮できない，②当事者の自白に反する事実は裁判所は考慮できない，③当事者の申し出ない証拠調べは裁判所は実施できない，という命題に分割できるとすれば，これらの否定形は，①当事者の主張しない事実も裁判所は考慮できる，②当事者の自白に反する事実も裁判所は考慮できる，③当事者の申し出ない証拠調べも裁判所は実施できる，となる。すなわち，いずれも裁判所の権限を認める（「できる」）にすぎず，裁判所の義務（「しなければならない」）までを意味するものではない。現にこの一般条項の問題について弁論主義の適用が否定される場合の審理方式として，裁判所の権限を認めるにすぎないと読める見解が多い[77]。しかし，これは事実を探知する義務（職責）まで認めてきた従来の職権探知主義の観念[78]に反するものであり，職権探知主義（あるいは弁論主義をも含めた審理方式全般）の再構成を要するものと思料される。

それでは，このような，より多様で緩やかな審理形式を構想するとして，いかなるものが考えられであろうか。まず，裁判所の権限及び義務の認め方として，(A)権限の否定（「できない」），(B)権限の肯定・義務の否定（「できる」又は「してもしなくてもよい」），(C)義務の肯定（「しなければならない」）の3通りの形態が考えられる。また，その行為の対象としては，弁論主義の内容として既に挙げられているように，(I)不主張事実の考慮，(II)自白の反対事実の考慮，(III)職権証拠調べの3つが問題となりうる。したがって，純粋理論的には，そ

---

76)　三ケ月・前掲注12）157頁，新堂幸司『民事訴訟法〔第2版補正版〕』（弘文堂，1990年）283頁など参照。

77)　竹下＝伊藤編・前掲注23）67頁〔伊藤〕は，「裁判所は，それに該当する主要事実の主張がない場合でも，それを認定しうるし，また自白の効力も排斥される。更に，必要な場合においては，職権証拠調べをなすことも可能である」とされ，いずれも「できる」の形で説明されている（同旨，竹下・前掲注23）377頁，篠田・前掲注20）50頁，後藤・前掲注20）173頁など）。従来の議論が，弁論主義の緩和ないし後退と表現されるのもこのような趣旨であろうか。

78)　ただ，三ケ月・前掲注12）166頁などは，職権探知主義につき一般には裁判所の探知義務を認めながら，その前にカッコつきで「理念的には」との文言を入れているし，谷口・前掲注23）203頁も，職権探知主義は「洗いざらい調べる責任を裁判所に負わせるものではありません」としていることには注意を要する。

こでは3の3乗で27通りの審理方式が考えられることになる[79]。ところが，従来の議論は原則として，(Ⅰ)〜(Ⅲ)すべてに(A)を適用する弁論主義か，同じく(Ⅰ)〜(Ⅲ)すべてに(C)を適用する職権探知主義の二者しか認めてこなかったと言える。このような態度は，一方では裁判所の権限・義務に関して，裁判所の裁量的な形態(B)をおよそ認めない点で，他方では弁論主義の三対象を常に一括して扱ってきた点で，極めて硬直的であったと考えられる。けだし，裁量的な審理形態の否定がアプリオリに正当化されるとは思われず[80]，また(Ⅰ)〜(Ⅲ)も（実体上の処分権に由来するものとして）原則としては共通に扱うとしても，常に共通に扱う必然性までは認めがたいからである。もちろん従来の議論の中にも，より柔軟な審理方式を模索する動きがあったことは事実である[81]が，今後は正面から（27通りの方式のいずれがその問題について妥当であるか）個別的に検討することが必要になると考える[82]。

以上のような前提の下で，本章の主題である一般条項の問題について考えてみると，公益的公序に関わる問題については，基本的には裁判所の義務を中核とする従来の職権探知主義のアプローチが妥当してもよい，と考えられる。他方，保護的公序の問題に関しては，（弁論主義が否定される場合でも）その究極的な私益性を考慮に入れれば，原則としてはむしろ裁判所の権限を認めれば足りるように思われる[83]。すなわち，裁判所は，当該事実について主張がないか

79)　このほか，行為規範と評価規範を分けて，評価規範においては職権による探知を認めても，行為規範としては裁判所はそこまでの介入はできないといった類型まで考えれば，更に相対化する可能性もある。

80)　むしろ手続裁量を強調する見解として，加藤新太郎「実質と形式の統合と手続裁量」「交渉と法」研究会編『裁判内交渉の論理』（商事法務研究会，1993年）127頁以下参照。

81)　特に訴訟要件に関する職権調査事項の意義をめぐる議論における，三ケ月博士の職権調査概念（三ケ月・前掲注12）167頁）や鈴木教授の「職権審査主義」の概念（鈴木正裕「訴訟要件の調査」鈴木正裕ほか編『演習民事訴訟法』（有斐閣，1982年）25頁）などは，審理方式の柔軟化の試みとして参考になろう。

82)　このほか，前述したように（***3***参照），欠席による不作為の処分権行使とより積極的な処分権行使とを分けて考えることも可能と思われる。欠席による不主張や擬制自白の場合は，裁判所が積極的な探知を図って当事者の処分性の薄さを補うという途も考えられてよいからである（例えば，被告が欠席する場合に，利息制限法違反に関する事実を職権で探知するなど）。

83)　但し，処分性の薄い欠席等の場合には別段の考慮が必要である。注82）も参照。

又は反対の自白がある場合には，積極的に事実探知の行動に出る必要はないが，当事者主導の証拠調べの結果，公序良俗違反の事実が認定できれば，その主張がなく又はそれに反する自白があっても，その事実を認定できるものと解される[84)]。このような審理方式は，必ずしも積極的な探知行動を必然としない審理方式として「職権顧慮主義」とも呼びうるものである。

以上のように，弁論主義及び職権探知主義を相対化し，より柔軟な審理方式を模索するとき，従来両者の境界線上に位置づけられてきた問題に新たな視点を提供することができるように思われる。例えば，従来弁論主義の一種として位置づけられながら，職権証拠調べの可能性が認められてきた行政事件訴訟については，(Ⅲ)についてのみ別段の扱いをする例として整理できる[85)]。このほか，近時議論の対象となっている訴訟要件の審理の問題（注81）参照）や外国法の審理の問題[86)][〔補注12〕]などについても，示唆を与えうる場面があると考えられる。いずれにせよ，従来は職権探知主義を常に義務的に構成しながら，それを担保する制度的な手当が極めて不十分に終わっていたため，その実効性が維持できなかったが，今後は，司法資源の適切な配分の問題として，（義務的な規範としての）職権探知主義の妥当範囲は必要最小限のものに限局して，その他の問題はむしろ権限的に構成するとともに，真に義務的な構成が必要な場面においては，それを実効的に担保できるような人的・物的な制度の充実が図られてしかるべきものと考える[87)][〔補注13〕]。

（初出：広中俊雄先生古稀祝賀論集『民事法秩序の生成と展開』
（創文社，1996年）67頁以下）

---

84)　また，既存の証拠調べから，そのような事実が存在する疑いが認められるのであれば，その点の更なる調査のため，職権証拠調べの権限も認められる。

85)　また，行政事件訴訟法24条は明らかに権限規定であるが，(B)の場合を定める実定法規と言えよう。

86)　三ケ月博士の提起された問題点がまさにこの問題に関わる（三ケ月章「外国法の適用と裁判所」同『民事訴訟法研究10巻』（有斐閣，1989年）53頁以下参照。特に，同79頁以下の職権調査概念の分析は本章との関係でも示唆に富む)。この問題に関する著者の見解については，斎藤秀夫ほか編『注解民事訴訟法(5)〔第2版〕』（第一法規出版，1991年）455頁以下〔山本和彦〕参照。最近の議論として，山本克己「準拠外国法不明の場合の処理」論叢134巻5＝6号（1994年）208頁以下参照。

〔補注12〕　外国法適用に関する職権探知主義に関する著者の近時の見解については，櫻田嘉章＝道垣内正人編『注釈国際私法第2巻』（有斐閣，2011年）352頁以下〔山本和

［補論］　本章は，広中俊雄教授の古稀祝賀論文集に献呈した論文で，狭義の一般条項（公序良俗，権利濫用，信義則）に対する弁論主義の適用の有無について論じたものである。弁論主義の根拠を私的自治に求め，当事者の処分権の有無によって定まることを前提としながら，そのような一般条項に関する民法学説の発展を踏まえて，一義的に適用の有無は定まらず，それぞれの適用場面ごとに検討する必要があることを説いたものである。このような理解について，例えば，伊藤眞『民事訴訟法〔第4版〕』（有斐閣，2011年）297頁注140では，著者の見解は「権利濫用および信義則についても，さらにその根拠にもとづく類型に応じた取扱いを主張するが，支持すべきものと考える」と評価されている。

また，本章は，その結びにおいて，職権探知主義の規律内容の相対化も試みている。職権探知主義における探知の在り方については，人事訴訟法の制定（2003年）等も契機として議論が深まっている。本章と同一の方向の議論として，山田教授は，職権探知を支える手続的価値（第三者に対する影響，当事者対等化の要請，弱者保護）に応じてその規律内容も多様化すべきであるとし，職権探知の範囲を合理的に限定し，当事者の役割分担を明確化するための規律を定立する必要があるとされる（山田文「職権探知主義における手続規律・序論」論叢157巻3号（2005年）1頁以下参照）。また，畑教授も，人事訴訟法は職権探知の限界について様々な解釈に開かれた立法であると評価されるが（畑瑞穂「人事訴訟における職権探知主義について」家月56巻3号（2004年）1頁以下参照），同様の趣旨と解される。近時の学説を整理する本間靖規「職権探知主義について――人事訴訟手続を中心に」井上治典先生追悼『民事紛争と手続

彦〕参照。

87)　人事訴訟の全体について，現在のような職権探知至上主義が相当かについてはかなり疑問があるが（特に人事訴訟法改正により第三者に対する通知の制度が導入された後はそうであろう），真に義務的な探知が必要と政策判断される分野に関しては，現在の裁判所の態勢が不十分なことは明らかであり，家庭裁判所調査官の人事訴訟における利用やそれに相当する裁判所職員の地方裁判所への導入など，抜本的な司法制度上の手当が要請されるところである。

［補注13］　前注記載の人事訴訟に関する状況については，司法制度改革に伴う人事訴訟の家庭裁判所移管及び人事訴訟法の制定によって大きく様変わりしている。ただ，依然として，真の意味での職権探知義務を伴う職権探知主義の貫徹のためには，人的・物的な制度の充実が不可欠である旨の本文の叙述は妥当する範囲が広い。近時の家庭裁判所の運用との関係でこの点を強調するものとして，山本和彦ほか「座談会・家事事件の新たな展開に向けて――最高裁・第6回迅速化検証報告書を受けて」論究ジュリスト15号（2015年）228頁〔山本〕参照。

理論の現在』（法律文化社，2008年）126頁以下は，著者のような見解を，職権探知主義の下における審理方式と弁論主義の下における審理方式とを相対的な違いと考える実務について「学説において，これを積極的に理論化する試み」として位置づけている。本章の投じた小さな一石は，大きな波紋を描くことになった。

これに対し，例えば，松本博之『人事訴訟法〔第3版〕』（弘文堂，2012年）63頁注37は，「『裁量的な形態の職権探知主義』というバリエーションを認めることはできない」とし，「弁論主義と対立するのでない職権探知主義ならば，裁判所の釈明権・釈明義務により対処することができるから，別に法律に規定するまでもないであろう」とする。しかし，人事訴訟の場合のように，真実解明による第三者利益の保護を目的とした職権探知の場合には，確かにそれを常に義務的と考えることに合理性はあるとしても，それ以外の目的の場合には，必ずしも職権探知を義務とする必然性はないことは本文で述べたとおりである。そして，そのような場合であってもなお，裁判の基礎となる事実関係を当事者の処分に委ねることが適当でない場合はあり，当事者の処分権の行使を促す釈明だけでは十分でないように思われる。その意味で，著者はなお本文の方向を相当と考えているが，そのような趣旨で興味深い題材として，非訟事件における職権探知の問題がある。これについては，本書第14章***2***も参照。

第 11 章

総合判断型一般条項と要件事実

──「準主要事実」概念の復権と再構成に向けて

1 問題意識

本章は，総合判断型の一般条項に関してその要件事実をどのように考えるかという問題について，弁論主義と証明責任の観点から簡単な検討を加えるものである。

一般条項についての要件事実については，現在，一般に以下のような考え方がとられている[1)]。すなわち，一般条項の要件自体は法的評価の問題であるとして，その要件に該当する事実について評価根拠事実と評価障害事実に分類し，一般条項に基づく効果を援用する当事者と相手方当事者のいずれが主張立証すべきかを明らかにするという考え方である。このような見解自体は，かつて一般条項の要件それ自体を主要事実とする見解が有力であったのに対し，それでは当事者に不意打ちが生じるなどの学説の批判を受けて，打ち出された考え方と言ってよい。その意味で，学説の多くもこのような見解を支持している[2)]。

しかし，このような考え方に対して疑問が全くないわけではない。その中でも，証明責任の観点からの賀集元判事の議論が注目に値する[3)]。そこでは，総

---

1) 代表的な見解として，司法研修所民事裁判教官室『増補民事訴訟における要件事実第1巻』（法曹会，1986 年）31 頁以下参照。

2) 例えば，新堂幸司『新民事訴訟法〔第 3 版補正版〕』（弘文堂，2005 年）401 頁以下，伊藤眞『民事訴訟法〔第 3 版再訂版〕』（有斐閣，2006 年）269 頁など参照。

3) 倉田卓次ほか「研究会・証明責任論とその周辺」判タ 350 号（1977 年）47 頁以下〔賀集唱〕（借地法上の正当事由について），賀集唱・判批・リマークス 5 号（1992 年）21

合型一般条項の主要事実について，証明責任を観念する必要はないとの考え方が提唱されている。例えば，借地法上の正当事由を構成する事実として，「長男が結婚するのでその借家に住みたいという主要事実が真偽不明であっても，それを真偽不明のままにしておいて正当事由成立・不成立の判断はできるというわけである。逆に，直ちに不存在と仮定してしまうのは法解釈として不当だ」と論じる。換言すれば，このような事実については，弁論主義の適用はあるとしても，証明責任を観念する必要はないという考え方である。賀集説については，高橋教授が「興味ある見解であり，従うべきであろう」と評価され[4)]，そのほか同旨の見解も多く提示されている[5)]。また，近時，司法研修所教官（当時）の見解として，村田判事が，一般条項に関する主要事実説の主な使命は，不意打ち防止等の観点から具体的事実に弁論主義の網を被せることにあり，「(したがって，上記のような具体的事実を「要件事実」＝「証明責任の対象となる事実」と考える必要はない)，これらの具体的事実は，基本的に（自由心証主義との関係からすると)，間接事実にとどまるものと考えてはどうかということであろう。今後の議論の発展に期待したい」として，賀集説を好意的に紹介されている点も注目される[6)]。

さて，以上のような一般条項をめぐる議論との関係で示唆的であるのは，間接反証の議論である。間接反証については，これを一般条項の問題と同視して概念自体の不要を説く見解も近時は有力である[7)]。確かに間接事実について証

頁（民法112条の善意無過失について）など参照。

4)　高橋宏志『重点講義民事訴訟法上』(有斐閣，2005年）463頁参照。

5)　例えば，松本博之「要件事実論と法学教育(2)」自由と正義2004年1月号67頁が「規範的法律要件要素についても，証明責任の対象事項は『評価根拠事実』や『評価障害事実』ではなく，規範的法律要件要素それ自体である」とするのも同旨と見られる。また既に，春日教授は「各個の準主要事実といわれるものについていくつかノン・リケットがあっても，それはそれで構わない。そしてそれを全部引っ括めたうえで法的評価をやるんだ，というふうな認識がすでに一般化していると思うのです」「ここでは，およそ客観的証明責任という観念を容れる余地はなく，各事実が『真偽不明』であってもそのままで正当事由の判断をすることになり，これはまさに法解釈の問題として位置づけられます」として（松本博之ほか「証明責任論の現状と課題」判タ679号（1988年）10頁，11頁〔春日偉知郎〕)，このような理解が当時一般的な支持を得ていた旨の評価を示されている。

6)　村田渉「要件事実論の課題」ジュリ1290号（2005年）43頁参照。

7)　例えば，伊藤・前掲注2）335頁注271，高橋・前掲注4）494頁など参照。

明責任を観念する考え方には疑問がある。しかし，因果関係（条件関係）や親子関係はやはりそれ自体は真理値を有する事実であり，例えば，血液型，顔や体型の類似，出産時の母の男性関係，出産後の状況等を総合考慮して親子関係を判断するとすれば[8]，そこで行われている作業は事実認定であろう[9]。ただ，それら個々の事実については，それらが要証事実と密接な関連性を有する以上，十分な攻撃防御の機会を与えるべきではないかと思われる。すなわち，ここにも証明責任の適用は相当ではないが，弁論主義の対象とすべき事実が存在することになる。一般条項とこの「間接反証」の問題を比べると，どの程度法的評価が加えられているか，どこまでが経験則の適用による認定の問題かが流動的・相対的な性格のものであるとすれば，この両者の扱いが余りに大きく異なってしまうのは正当ではないように思われる。

かつて一般条項について，倉田元判事によって「準主要事実」という考え方が提示されていた[10]。それによれば，準主要事実についても証明責任と弁論主義を観念するが，あてはめ（過失や正当事由）についても再度ノンリケットを肯定するものであり，二重の主要事実性を認められるものであった。しかし，このような考え方は，一般条項（過失や正当事由）自体を主要事実と見る点で誤りであるとして，現在では一顧だにされていない。確かに，この点に対する批判は正当なものと思われるが，証明責任の対象（主要事実）と弁論主義の対象（準主要事実）とを分離する道具概念として，このような考え方は今日再評価の余地があるのではないかというのが本章の問題意識である[11]。また，倉田元

8）但し，DNA 鑑定が発達してその訴訟における利用が確立すればこれらの間接事実は実際上意味を失い，直接証拠で事実認定が可能になることになろう。

9）因果関係も法的評価とする見解はあるが（例えば，土屋文昭「事実認定再考」自由と正義 1997 年 8 月号 80 頁），条件関係と相当因果関係を混合して論じられているようにも見受けられる。条件関係に限って考えれば，それは「あれなければこれなし」の関係であり，（仮に直接証拠による立証が不可能なものであったとしても）純粋に科学的立場からの真理値が存在する命題であり，事実問題と考えざるをえない（新堂・前掲注 2）524 頁，高橋・前掲注 4）494 頁はこれを法解釈の問題と位置づけるが，疑問である）。

10）倉田卓次「一般条項と証明責任」法教 2 期 5 号（1974 年）71 頁など参照。なお，田尾桃二「主要事実と間接事実にかんする二，三の疑問」兼子一博士還暦『裁判法の諸問題中巻』（有斐閣，1969 年）280 頁の「主要的間接事実」という概念なども，実質的に同旨のものかと思われる。

11）後述のように，総合判断型の事実的不特定概念の場合にも同様の考え方が可能では

判事自身も上記のような考え方に賛同されているとも見られる部分があるが[12]，必ずしも明確ではないところ，「準主要事実」概念の復権と再構成と呼称する所以である。

以上のような問題意識を受けて，以下ではまず本章の対象とする一般条項の類型について検討する（2）。そこでは，総合判断型の一般条項のみを本章の検討対象とすることを明らかにする。次に，証明責任の対象と弁論主義の対象とを検討し，それらが必ずしも一致する必要はないことを明らかにしたい（3）。その後，本章の中心的課題である総合判断型一般条項について，弁論主義との関係（4）及び証明責任との関係（5）について検討し，最後に一般条項の審理・判断の在り方についても具体的な提言を試みる（6）。

2　一般条項の類型

(1)　一般条項の定義・意義

本章においては，「一般条項」とは，抽象的要件[13]のうち，規範的要件の意

ないかと思われる。前述のように，この両者の取扱いが余りに異なることは相当でないとすれば，両者を「準主要事実」概念によって統一的に説明することが考えられてよかろう。

12)　例えば，倉田ほか・前掲注3）52頁〔倉田卓次〕では，「私は，やはり，それは全部合わせて考えるわけなのですよ。だから準主要事実にすぎないと言っているのです。最後にもう一ぺんやらなければいけないから，各下位要素は準主要事実だという議論をいつもしているのでね」「それを一応弁論に出さなければいけないという意味でも主要事実的だと思っているのです，ぼくは。（中略）ただ，最後に総合判断されて，その人の請求権があるかないかが決まるというときの要件事実は正当事由そのもので1つ1つの事実じゃない。その総合判断なのだといっているのです」（「総合判断という意味は，その1つ1つの準主要事実について，必要な心証度に達しなくとも相補い得るという意味なのですか」という問に対し）「そうなりますね」とする。同54頁も（「そうすると，準主要事実というのは何ですか」という問に対し）「つまり弁論に載せなければいけないという意味で主要事実に準ずると言っているのです。（中略）しかしそれはその1つ1つを今言った近く息子が結婚しますということがどうもハッキリしないからそれを完全にオミットして総合判断ということは難しいだろうと思います。やっぱり判断を留保されたままで正当事由を考える」とする。これらの発言は，倉田説が賀集説のような考え方を採用することをも視野に入れながら「準主要事実」概念を用いられている可能性を示唆するものと見られる。

13)　不特定概念と同義である。つまり，日常的な意味での事実とは言い難く，すべての

味で用いる。規範的要件とは，そこで示される命題が真理値を有していないものを指す。抽象的要件であっても真理値を有するものは事実的不特定概念と呼ぶ[14)]。換言すれば，一般条項においては事実からのあてはめは法の適用の作業であり，事実的不特定概念においては事実からのあてはめはあくまで経験則の適用の作業ということになる。もちろん一般条項と事実的不特定概念の相違が連続的・相対的なものに止まる場合はありうる（*1* 参照）。すなわち，規範と経験則の中間的なものはありえて，それに基づくあてはめの作業をする際に，そこに真理値が存在するかどうかは微妙な問題となりうる場合もあるからである[15)]。ただ，理論的に見れば，それは必ずいずれかに分別されうるのであり，それに従って一般条項と事実的不特定概念が分別されることになる。

一般条項は，立法府が事実のカテゴリーへのあてはめについて司法府の裁量的な判断に委ねることを可能にする点で意義があると考えられる。社会に生じうる多様な事象を立法府が事前に正確に予測することはできないが，予測可能な事象だけではなく予測できない事象をも含めて規律の対象に含めるべきものと立法府が判断する場合には，一般条項の形で抽象的要件を用いて規範を構成することになる。その意味で，一般条項の解釈適用の安定を図るためには，類型化（事例群の形成）の努力は必要であるとしても，それにはアプリオリな限界があることは否定できない[16)]。

人が当該概念について共通のイメージを持つことが困難であるもの，その結果として直接攻撃防御の対象とすることが適切ではないものを意味する（伊藤滋夫『事実認定の基礎』（有斐閣，1996 年）117 頁以下参照）。

14) 伊藤教授の使われる「価値的概念」（伊藤・前掲注 13）123 頁以下）がこれに相当するものではないかと思われる。これはあくまで経験則の適用によって判断するものである。

15) このような問題に関する詳細な理論的検討として，笠井正俊「不動産の所有権及び賃借権の時効取得の要件事実に関する一考察」判タ 912 号（1996 年）5 頁以下参照。

16) 山本敬三『公序良俗論の再構成』（有斐閣，2000 年）107 頁は，「あらゆる場合を想定して『事例群』を構成し，それに合わせて『ルール化』することは，実際上不可能である。そもそもそうしたことが可能なら，はじめから一般条項などを定める必要もない。むしろ，一般条項がわざわざ定められたのは，それでは割り切れないからであり，さまざまな原理や価値が複雑にからみあうなかで，その時々の状況に応じて適切な決定をみちびく拠点をもうけるためであったはずである」と正当に指摘する。

(2) 一般条項の分類

一般条項の分類として，ここでは選択型（横型）の一般条項と総合判断型（縦型）の一般条項を区別したい。前者は不法行為法上の「過失」のようなものであり，要件を満たす行為態様の多様性に着目して一般条項が構成されている類型である。これに対し，後者は借地借家法上の「正当事由」（借地借家6条・28条）のようなものであり，要件の考慮要素の多様性に着目して一般条項が構成されている類型である[17]。このような分類はこれまでも試みられており，倉田元判事の分類によれば，前者が多様性，後者が複合性の一般条項ということになるし[18]，山木戸教授の分類によれば，前者は「競合的類型」，後者は「総合的類型」とされるものにほぼ相当しよう[19]。

本章での問題意識は，総合判断型の一般条項については，その判断枠組みが通常の要件の場合とは異なるのではないかという点にある[20]。例えば，小粥教授は正当事由について，「実体法学者も『正当ノ事由』の判断構造が要件効果型思考にあてはまらないと考えているようである」とし，「『要件事実第1巻』の要件事実論は，一般条項を捌ききれないようにみえる」と論じられている[21]。要件事実の構成は，言うまでもなく要件効果型の規範類型をその前提

17）両者の折衷型も理論的には考えられる。すなわち，行為態様の多様性を前提にしながら，選択される各個の行為態様のそれぞれについての考慮要素にも多様性が認められるような場合である。

18）倉田・前掲注10）71頁参照。前者は類型の網羅的列挙に代えて不特定概念に頼るものとし，後者は原告被告双方の色々な事情を総合する必要があるものとする（更に，そこでは職権性の一般条項が挙げられるが，これは主にいわゆる狭義の一般条項に関係するので，ここでは捨象する）。

19）山木戸克己「自由心証と挙証責任」同『民事訴訟法論集』（有斐閣，1990年）37頁によれば，前者は多様な具体的事実の各個が要件該当を肯定しうべきもの（過失等）を指し，後者はすべての具体的事実の総合によってのみ要件該当を判断しうべきもの（正当事由等）を指すことになる。

20）これに対し，選択型一般条項については，想定される行為態様は多様であるとしても，1つ1つの行為態様それ自体を取り出せば一般の判断枠組み（要件効果型規範）に近いのではないかと考えられる。つまり，この場合は規律範囲を限定しさえすれば通常の要件と同様の処理をすることで問題は少ないと一応考えられるが，ここでは詳論しない。

21）小粥太郎「民法上の一般条項と要件事実論」大塚直ほか編『要件事実論と民法学との対話』（商事法務，2005年）114頁，115頁参照（また，「同様の指摘は，他の一般条項，たとえば民法110条の正当理由についても見いだすことができる」ともされる）。

としているが，総合判断型一般条項においてはそれとは異なる規範構造が想定されているのかもしれない。それが真に異なる類型であるかどうか22)[補注1]，またどのような規範がそのような意味での総合判断型に含まれるのか23)[補注2]，などの点はいずれも実体法プロパーの問題であるが，ここでは手続法上の問題として，そのような規範が存在する（そして正当事由は少なくともそれに含まれる）との認識を前提に，その手続上の取扱いを考えてみたい。

(3) 総合判断型一般条項の特殊性

総合判断型一般条項は，一種の非訟性を有する規範といえる。問題は，そこで考慮されるべき要素を特定すれば，通常の要件効果型規範として表現することができるかどうかという点である。例えば，当該一般条項にとって肯定的な要素となる事実（要件事実論で評価根拠事実と呼ばれるもの）がABCとあり，否定的な要素となる事実（同じく評価障害事実）がDEFとある場合，それぞれの事実の存否の組み合わせは，論理的には2の6乗＝64通りあることになる。そして，各組合せごとに法律効果の有無を規定していけば通常の要件効果型規

22) 総合判断型一般条項にはいわゆる「動的システム論」との類似性が認められるように思われる（動的システム論については，山本敬三「民法における動的システム論の検討」論叢138巻1～3号（1995年）208頁以下参照)。

[補注1] 前注に示したように，総合判断型一般条項は，その意味で，本書第9章において展開した要因規範とその実質を共通にするものと言えよう。本書第9章では，要因規範は手続裁量を統制するものとして手続規範に関する議論であったが，その後，本書第14章では，それは非訟事件の実体規範にも応用できる可能性を示している。まさに，総合判断型一般条項は，そのような実体規範としての要因規範の延長線上にあるものと言うこともできよう。

23) 表見代理における正当事由について一定の議論がある（倉田ほか・前掲注3）50頁以下の議論を参照。実体法上，一方の過失と同義のものとして捉えるか，双方の事情を総合的に判断する要素として捉えるかの違いであろう。注21）の小粥教授の見解も参照)。狭義の一般条項とされる信義誠実，権利濫用，公序良俗等は総合判断型に含まれよう（その意味で，後述の議論が妥当すれば，弁論主義の適用の有無にかかわらず，証明責任の適用はないと考えられようか)。他に，非訟事件に近い類型の事件として，賃料増減請求の要件（借地借家32条1項）や筆界確定訴訟（一般には要件事実は存在しないとされるが，証明責任はともかく，弁論主義の適用対象はあるのではなかろうか）なども問題となろう。

[補注2] 前注の議論のうち，筆界確定訴訟の位置付けについては，山本和彦『民事訴訟法の基本問題』（判例タイムズ社，2002年）63頁以下参照。

範として再構成できる可能性がある。例えば，正当事由について，その実質は「建物の賃貸人は，建物の使用を必要とする事実その他の事実によって正当の事由があるとの評価が根拠付けられる場合に限り，賃貸借契約の更新を拒み又は解約の申入れをすることができる。ただし，前記の場合においても，これと別個の事実によれば正当の事由があるとの評価が妨げられるときはこの限りではない」との規範であるとの見解[24]は（抽象的な形であるが）そのような再構成を試みるものといえよう。

しかし，私見はそのような形では，実体法の趣旨に従ってこの総合判断型一般条項を再構成することは困難なのではないかと見るものである。その理由として，第1に，考慮されるべき要素がより多くなれば現実にはその処理が不可能になる点がある[25]。例えば，要素が10個になれば考えられる組み合わせは1024通りになるなど実務的な処理に適合しえないおそれがある。第2に，個々の要素についても程度問題（例えば家屋を利用する必要性の程度等）が想定される場合には[26]，更に複雑な規範構造になってしまう。第3に，以上のような再構成はそもそも総合的評価という前記のような規範の本質を反映できていない可能性があり[27]，規範を実質的に変容させているおそれが払拭できない。このうち，後二者は根本的な問題を孕んでいるように思われる。正当事由などについて考えると，上記のような要件化は実際上不可能であり，また相当でもないのではなかろうか。

論理的に考えてみれば，すべての法規範における要件は法的なあてはめの余地を残しており，すべての規範が評価根拠事実と評価障害事実の問題であるという理解[28]が正当であろう。その意味で，すべては程度問題ということもで

24）　難波孝一「規範的要件・評価的要件」伊藤滋夫＝難波孝一編『民事要件事実講座(1)』（青林書院，2005年）221頁参照。

25）　例えば，難波・前掲注24）223頁以下で分析の対象とされている事件（東京高判平成10・9・30判時1677号71頁）では，9つの事実が問題とされている。この場合に考えられる事実の組み合わせは2の9乗＝512通りということになる。

26）　難波・前掲注24）223頁以下の例でも，①建替えの必要性，②土地の再開発の相当性，③Xの使用の必要性，⑤立退金の金額などはいずれも程度問題とみられる。

27）　例えば，ABD＝×，ABE＝○，ACD＝○，ACE＝×といった場合に（○×は法的効果の肯定・否定に対応），請求原因・抗弁といった構成はそもそも困難ではないかとも思われる。

きる。しかし，本章は，現実社会においては，総合判断型一般条項といわれる規範の要件の在り方は一般の要件効果型規範と量的に異なる問題をもち，それが（その法的取扱いにおいて）質的な差異をもたらすのではないかと見るものである。法哲学的な解答はともかく，実際上は法的思考の主体の情報処理能力の有限性を基礎に考える必要があるからである[29)]。

以上から，総合判断型の一般条項については，通常の規範とは異なる要素が存在することを前提に検討する必要があるものと考えられる。

3　弁論主義と証明責任の関係

(1)　弁論主義と証明責任の適用場面

弁論主義（主張責任）の適用場面と証明責任の適用場面について，両者が原則として一致し，主要事実をその対象として適用になるという理解が通説である[30)]。しかし，この点は必ずしもアプリオリの公理ではない。弁論主義が適用になる場面と証明責任が適用になる場面とは一致しないという理解も十分成立しうるものである[31)]。問題は，理論的に考えて，両者の根拠から両者が常

28)　笠井・前掲注 15）6 頁以下参照。ただ，通常は評価根拠事実しか存在しないとされる。

29)　このような認識を前提に法的思考の一般論を展開する見解として，大村敦志『典型契約と性質決定』（有斐閣，1997 年）349 頁参照。

30)　例えば，伊藤・前掲注 2）268 頁は「弁論主義の適用対象は，主要事実に限定される」とする一方，同 326 頁では「証明責任は，その定義上，法律効果の発生要件たる主要事実について成立するものであり，間接事実（中略）について証明責任を考える余地はない」とする。同旨として，新堂・前掲注 2）400 頁・512 頁など参照。但し，証明度については間接事実も対象となるとするのが通説とされ（注 48）参照），そこには必ずしも一貫性が認められないようにも思われる。

31)　なお，この問題はあくまで両者の適用場面に関する議論であり，両者が適用になることを前提に，主張責任の具体的な所在と証明責任の所在とが一致するかどうか（この点について要件事実論の中で激しい論争があることは周知のとおりである）とは別個の問題である。仮に両者の所在の一致に関する肯定説も，適用場面の相違は受容しながら「両者がともに適用になる場合には，両者の所在は一致する」との議論として理解することも可能だからである。但し，難波・前掲注 24）220 頁は，「そもそも，証明責任は負うが，主張責任はないという概念を作ることは，主張責任と立証責任との分離に繋がるように思え，にわかに賛成し難い」とし，両者の適用場面の一致をも視野に収めているように見受けられる。

にその適用場面を共通にすることを論証できるかどうかである。これが論証できなければ，理論的に見れば両者の適用場面の乖離はありえ，仮に現実にはそれが一致しているとしても，それは結果論ないし偶然の産物に過ぎないということになろう。

それでは，弁論主義と証明責任の制度的根拠は共通のものであろうか。これについては，後にそれぞれについて詳論するが，両者はその根拠を異にする原理であると考えられる。すなわち，弁論主義（主張責任）は，当該事実を訴訟手続に上程しない当事者の自由を保護するものである[32]。したがって，それをどの事実に適用するかは結局，どの単位でそのような当事者の自由を保護するのが適当かという点と訴訟手続の円滑な運営の点を衡量して決するべき問題ということになろう[33]。また，仮に弁論主義の根拠を不意打ち防止として捉えた場合には，結局どの範囲の事実について不意打ちを防止する必要があるかが決定的になろう[34]。これに対し，証明責任の存在理由は，対象事実が真偽不明の場合にもなお本案判決をするための道具概念ということになる。そうだとすれば，当該事実が真偽いずれかに定まらないと真に判決ができなくなるかどうかという点が適用範囲を決するメルクマールになるものと思われる。

(2)　適用場面の不一致

以上に見たような根拠に基づき定まる両者の原則の適用範囲は，通常，主要事実として一致することになる。つまり，主要事実は法規範の要件に該当する事実であるので，通常その存否が権利義務の存否に直結し，訴訟の勝敗を左右するが故に，当事者の処分の自由を強く認める必要があり，また不意打ちのおそれも定型的に肯定される。他方，それが認定できなければ法規範の適用の可

32）　山本和彦『民事訴訟法の基本問題』（判例タイムズ社，2002年）127頁以下参照。いわゆる本質説に基づく説明である。

33）　この点は弁論主義の根拠を政策説・手段説的に捉えた場合でも同様であろう。

34）　弁論主義の適用範囲を主要事実とする見解は通常，この不意打ちの有無の問題としてその理由を説明する。弁論主義の根拠については本質説が多数であることとこのような説明とがどのように理論的に整合するかは興味深い問題であるが，本質説等によっても（本文に述べたような衡量において）決定的な基準設定が困難であるため，補充的な要素である不意打ち防止の観点を重視するものとも思われる。

否が定まらないので，その事実の存否を決するために証明責任が不可欠になってくる。このように，それぞれの根拠から演繹して両者の適用範囲が一致するのが原則となるにしても，それは必ずしも論理的な必然ではない。

実際に，この両者の適用場面が一致しない場合が存在する。実定法がそれを認めるのは，職権探知主義が適用になる場面である。この場合は，当該事実について弁論主義は適用にならないが，証明責任は適用される。例えば，人事訴訟など弁論主義が適用にならない訴訟類型においては，それにもかかわらず証明責任の適用はあると理解されている。つまり，主要事実について真偽不明の場合に判決ができなければ困るという点はこれらの訴訟でも同様であるが，真実発見の要請から当事者に事実を隠す自由は認めないという考え方がとられ，主張責任は観念されないとされているわけである。その意味で，両者の適用範囲が例外なく一致するという立場は，そもそも実定法上採用できない点に注意を要する。

そのように考えてくれば，論理的には，弁論主義（主張責任）は適用になるが，証明責任は適用にならないという場面も存在してよいということになろう。そして，総合判断型の一般条項については，まさにそのように考えてよいのではないかというのがここでの仮説である。つまり，たとえ一般条項であっても当事者の隠す自由の範囲を変える必要性はないように思われるし，また不意打ち防止の必要性も同様に存在する[35)]。他方，この場合には，個々の事実の真偽を最終的に確定しなくても，後述のように，個々の事実の心証度を前提に総合判断により法規範を適用して，法的効果を導くことはできる。以上のように考えると，一般条項については，弁論主義の適用範囲と証明責任の適用範囲がずれることがありうる場面であるように思われる。

(3) 準主要事実概念の有用性

仮に以上のように考えることができるとすれば，このような適用範囲のズレを伴う特殊な場面で，通常の主要事実とは異なる概念を構成しておく方が混乱

35) 狭義の一般条項については，そこに含まれる公益性の故に問題は別論であるが，著者はこれらについても弁論主義の適用が肯定できる場合があると考えている。この点につき詳細は，本書第10章***4***・***5***参照。

を防止できるように思われる。すなわち，一般条項の要件に該当する具体的な事実について，主要事実でも間接事実でもない「準主要事実」として構成するのが概念の整理として有用ではなかろうか。そして，このほかにも，事実的不特定概念を構成する具体的事実についても，それを総合判断型で認定することが定型的に必要となるような場合[36]については，当該事実を準主要事実と考えるべきではなかろうか。すなわち，「準主要事実」の定義は，証明責任の問題にはならないが（つまり裁判所の心証度に応じて総合判断の材料に供されるに過ぎない），弁論主義の対象とはなる（その主張がなければ裁判所は総合判断の材料とはできず，また自白があれば当該事実が存在するものとして総合判断の前提としなければならない）ような取扱いを受ける事実群ということになる。これによって，弁論主義・証明責任双方の対象となる主要事実と，その双方の対象にならない間接事実との中間の概念を構成し，議論を明確にすることができるように思われるからである。

4　一般条項と弁論主義

(1)　弁論主義の根拠と適用範囲

まず，弁論主義についてより詳細に検討してみる。弁論主義の根拠は，前述のとおり，事実を弁論に上程しない当事者の自由の保護にあると考えられるので，弁論主義の適用範囲の問題は，どの範囲で当該事実を訴訟手続に上程しない自由を当事者に委ねるのかという問題に帰する。その意味で，当事者の「隠す自由」を尊重するのであれば，すべての事実を対象にすることも考えられるが，余りに細かい範囲まで当事者に委ねてしまうと，裁判所の事実認定が煩瑣になり，自由心証にそぐわないおそれが生じるので，両者の要請のバランスをとって考える必要があるということになる。つまり，当事者の「隠す自由」と裁判所の判断の自由との衡量の中で弁論主義を適用する範囲を決めていくべきということになる[37]。このような考慮の中で，（一定の）間接事実まで弁論主

36)　どのような場面がこれに該当するかについては，現段階では明確にする用意はない。今後の検討課題としたい。

義の適用対象にするという理解もありうるところであるが，ここでは通説的な見解（原則として主要事実についてのみ弁論主義を適用する見解）を一応の前提としておく。

なお，弁論主義の適用範囲について，不意打ち防止が必要となる事実の範囲によって説明する見解による場合も基本的には同様となろう。つまり，主要事実は原則として訴訟の勝敗を実際上決するポイントであり，当事者に攻撃防御の機会を十分に与える必要があり，当事者の主張なしに証拠調べの結果から裁判所が認定するのは相当ではないことになる。また，当事者が主要事実を自白している場合にも，それと異なる事実を証拠資料から認定するのは不意打ちとなり，やはり相当ではないと説明されることになろう。

(2)　総合判断型一般条項と弁論主義

以上のような弁論主義の根拠とその適用範囲を前提に，総合判断型一般条項の場合を考えてみよう。総合判断型一般条項において，規範的要件をA，それに該当する具体的事実をそれぞれabcとすると[38]，本来的な要件は（法律上特定されていないにしても）abcのレベルにあると考えられる。すなわち，当該事実（準主要事実）のレベルで当事者の上程しない自由を認めるべきであるし，不意打ち防止の観点からも，そのレベルで明示的な争点として当事者に攻撃防御を尽くさせる必要があるものと考えられよう。けだし，その点が最終的な裁判所の判断を「定型的に」左右するものだからである。

したがって，上記abcのレベルの事実について，主張責任も観念されることになると考えられる。主張責任の定義は「当事者がある事実を主張しない結果被る不利益」であり，両方の当事者がある事実の存否についてともに主張しない場合に，その事実の存在を前提にするか不存在を前提にするかによって結

---

37)　自白の適用範囲についても同旨が妥当するが，自白は訴訟における争点を限定する意思表示の側面を有しており（山本・前掲注32）151頁以下参照），当事者の争点決定の意思表示の自由をどこまで保護するかという問題ということになる。ここでも，裁判所の判断の自由（自由心証）等との関係で，当事者による証拠調べの排除権（争点限定権限）の範囲が定められるべきことになろう。

38)　例えば，Aを借地借家法上の正当事由とすると，建物の老朽化の状況，周辺地域の状況，借地人の建物利用の状況，立退料の金額などがabcの事実に相当することになる。

論が異なることを考えると，常に主張責任を観念しておく必要があろう。a 事実の主張がない場合に，その点を単に考慮しないという取扱いは，（a 事実の存在を前提にするという選択肢があるにもかかわらず）a 事実の不存在を前提とするという点で，既に一定の主張責任に関する判断が前提とされていることになるのである。例えば，当該建物を利用する正当事由について原告による他の不動産の所有が問題となるような場合において，原告に主張責任があるとすれば「原告が他の不動産を所有していないこと」が要件として観念されるし（双方の主張がなければ所有しているものとして判断される），逆に被告に主張責任があるとすれば「原告が他の不動産を所有していること」が要件として観念されることになる（双方の主張がなければ所有していないものとして判断される）。主張責任の分配をどのようにするかという問題は別途あるが[39]，準主要事実についても主張責任は考える必要がある。

以上の点は，総合判断型の事実的不特定概念についても妥当すると考えられる。この場合には，主要事実について弁論主義の対象になることは当然であるが，それとともにそれを推認させる個々の事実，すなわち準主要事実のレベルでも当事者の処分権（不意打ち防止）を認めるべきであると考えられよう。一般には，主要事実が間接事実から推認される場合に，直接証拠によって証明される場合も想定され，そのような場合にまで間接事実を処分権の対象にする必要はないが，直接証明の余地がおよそないような場合には当該事実が「定型的に」勝敗を左右することとなるので[40]，当事者の処分権を認め，また当事者にその範囲で攻撃防御の機会を与えないと不意打ちを招くおそれがあるからである[41]。したがって，このような事実は，準主要事実として弁論主義の適用対象とすべきものであろう[42]。

39）　この点は結論を留保したいが，正当事由の場合，結局，それぞれの側が自己の側の事由を主張すべきということになろうか。その意味で，通説が評価根拠事実と評価障害事実とを構成する場合の分別の基準と同様のものが観念されることになる可能性はある。

40）　この点で，難波・前掲注 24）215 頁は，主要事実と間接事実を分かつメルクマールとして「直接立証する方法があるかどうか」を重視されており，示唆的である。

41）　例えば，親子関係の認定について，血液型や体型の類似について当事者が中心的に攻撃防御をしていたのに，裁判所が出産直後の被告の言葉（証拠には出ているが弁論に顕出されていないような事実）を重視して親子関係を認める場合などには，やはり当事者に不意打ちが生じることになろう。

5　一般条項と証明責任

(1)　証明責任の根拠と適用範囲

証明責任の存在根拠は，当該事実の真偽を確定しないと，それに基づく法規の適用が不可能になり，訴訟の結論を導き出すことができなくなってしまう点にある。したがって，どの事実について真偽を確定しないと判決ができなくなってしまうかという点が証明責任の対象となる事実の範囲を定める基準ということになる。換言すれば，その事実についてあえて真偽を確定しないでも判決ができるような場合にまで証明責任を適用することは不当であるということである。なぜなら，証明責任というものは本来の裁判所の心証とは異なる前提に基づいて結論を導くものであり，そこには常に誤判のリスクを伴うからである[43]。その意味では，その適用が不可欠である場合にしか証明責任は適用すべきでないということができよう。

例えば，心証度が各事実について a 80%，b 50%，c 40% という場合に（仮に証明度を 80% と仮定して），a 100%，b 0%，C 0% としてそれらを総合判断して最終的な結論を導くことは誤った判断に至るおそれが大きくなると考えられる。確かに，通常の要件の場合には，要件事実の心証度が 80% の場合に，それを 100% とするか 0% とするかの選択しかないのであり[44]，その場合には当該事実を 100%（つまり存在する）と考える方が一般に誤判のリスクを軽減できる。これに対して，上記心証割合をそのまま反映させて判決ができるのであ

42)　従来の議論の中では，このような事実は重要な間接事実という位置づけがされ，弁論主義の適用の当否が議論されていたと思われる。そのような間接事実についてなお弁論主義を適用すべき場面があるかどうかについては結論を留保したいが，ここでの議論は，それに関わらず，本文で述べたような意味で準主要事実と観念されるべき事実については当然に弁論主義の対象とすべきであるとする主張である。

43)　言い換えれば，証明責任という制度は，避け難い誤判のリスクをいずれの当事者に分配するかを決定する手段であるということになる。この点の明快な説明として，河村浩「原因裁定・責任裁定手続と要件事実論」判タ 1240 号（2007 年）52 頁以下参照。

44)　割合的認定（倉田卓次『民事交通訴訟の課題』（日本評論社，1970 年）160 頁以下，小林秀之『新証拠法〔第 2 版〕』（弘文堂，2003 年）78 頁以下など参照）によることはできないという前提に立つ。

れば，それによる方が誤判のリスクを減らせるのである。例えば，上記のような例では，仮にabcそれぞれに証明責任を観念して判断するとすれば，正しい事実認定に至る確率は0.8×0.5×0.6＝0.24となってしまい，むしろ76%の確率で何らかの誤判のおそれが生じることになるのである。これは，要素の数が多くなればなるほど，また各要素の心証度が証明度に近づけば近づくほど誤判確率が増大することを意味する。証明責任という「劇薬」は，それが必要となる場面に限って服用しなければ，危険な「毒薬」と化してしまうおそれがあるということである[45]。

(2)　総合判断型一般条項と証明責任

証明責任の意義が以上のように観念されるとすれば，総合判断型一般条項については，必ずしも証明責任を適用する必要はないということになろう。すなわち，abcの各事実を総合して一般条項の適用を決めるということであれば，個々の事実の真偽をあえて確定しなくても，真偽が不明のものはそのままの心証度により総合判断の基礎として，規範を適用すれば足りると考えられるからである。そうだとすれば，ここでは証明責任を認める必要はなく，前記の検討からはむしろ認めるべきではないということになる[46]。

45)　同旨として，河村浩「原因裁定・責任裁定手続と事実認定論」判タ1242号（2007年）42頁注3は「そもそも，証明度と立証責任ルールは，法律効果が誤って認められ，又は，認められないことによって生ずる誤判のリスク配分の問題であるから，要件事実に適用すれば十分であり，かえって，間接事実（間接反証事実）に，証明度と立証責任ルールを適用して二者択一的に真偽の擬制を行うことは，心証の誤差を大きくするように思われるので，適用否定説が妥当である」と論じる。

46)　なお，総合判断それ自体についてノンリケットを認めるべきか，という別の問題がある。これについては，それが規範の適用（法的判断）という性質をもつことから，アプリオリに否定すべきであろう。ただ，規範の在り方（例えば民法709条と自動車損害賠償保障法の過失に関する規定の仕方）は，裁判所の法的判断に影響を与えると考えられる。すなわち，過失の有無の法的判断が微妙な場合には結論を分かつ可能性があろう。例えば，過失を構成する事実a及びbが認められ，cが認められないというときに，民法709条では過失ありという評価になるが，自動車損害賠償保障法では無過失の評価になるといったことは生じうる（というか，そのような趣旨でそのような立法がされているものと解される）。そして，これを事実認定の場合との類比で，「過失の証明責任の転換」という言い方をすることも不当とまでは言えないであろう（笠井・前掲注15）8頁が「認定された事実の下での『過失』の評価においては，自動車損害賠償保障法3条の

これに対し，伊藤滋夫教授はこのような考え方を否定されるように見える[47]。ただ，その実質的な理由は必ずしも明らかではない。これに対し，間接事実については，伊藤教授は明確に，立証責任は問題にならないとされる[48]。その結果，伊藤説は間接反証の考え方を否定され，「反対間接事実」の概念を導入されることになる[49]。間接事実について証明責任を否定する考え方は，伊藤教授のこのような明晰な分析を大きな支えにしているように思われる。特に伊藤教授による次の指摘は重要と考えられる。すなわち，「立証責任は，事実の存否不明の状況を解決するための考え方であるから，そうした状況にならない限り（又は，なる恐れのない限り），考える必要のないことである。常に，ある事実の立証責任が当事者のいずれにあるかを決定してからでないと，訴訟の審理判断ができないというものではない」というものである[50]。まさに至当な指摘であり，前述のように，証明責任というものが誤判のリスクの分配を定める制度であるとすれば，そのようなリスクを消去・低減できる手法が他にある場合にはむしろその適用を考えるべきではないということであろう。

適用があるときとないときとで，裁判所が依るべき判断の基準が異なる」とする論旨に賛成する）。

47）伊藤滋夫『要件事実の基礎』（有斐閣，2000年）128頁は，規範的要件における個々の要件事実（主要事実）について存否不明ということが起きた場合には，立証責任の考え方によって処理することになるとして，賀集元判事の見解を否定している。

48）伊藤・前掲注47）77頁，同・前掲注13）175頁以下など参照。証明責任は主要事実だけに認めれば足りるとする見解につき，注30）参照（他にも，谷口安平＝福永有利編『注釈民事訴訟法⑹』（有斐閣，1995年）37頁〔福永〕など参照）。しかし，他方では，間接事実について証明度の存在を認めるのが通説であるとされる（鈴木正裕＝青山善充編『注釈民事訴訟法⑷』（有斐閣，1997年）53頁〔加藤新太郎〕，門口正人ほか編『民事証拠法大系⑴』（青林書院，2007年）271頁〔石井俊和〕など参照）。この両命題の関係は必ずしも明確なものではない。整合的に捉えるとすれば，証明度を超えればその間接事実の存在が100％認められるが（その意味で証明度概念はあるが），証明度に達しなくても無視されるわけではない（その意味で証明責任概念はない）ということかもしれない。あるいは，単に証明責任は学者が主に論じてその存在を否定し，証明度は実務家が主に論じてその存在を肯定していただけであるとの可能性もある。いずれにせよこの点の評価は留保したい。

49）伊藤・前掲注13）118頁以下は，「種々の反対間接事実の存在すること，それらが存在する可能性が様々な確度であることといった諸般の状況が，その事実の性質に応じて，そのまま考慮に入れられるべきであろう」とされる。

50）伊藤・前掲注47）78頁参照。河村・前掲注45）も同旨。

そうであるとすれば，総合判断型の一般条項についても，このような原理を適用すべきではなかろうか。

また，賀集説に対する批判として，笠井教授の議論が注目に値する。それは，貸主が転勤から戻ってくるという事実（貸主の自己使用の必要を基礎づける事実）が真偽不明の場合に，その証明責任を考えずに心証度に応じて事実認定に反映すると考えなくても，「『貸主が転勤から戻ってくる可能性がある』という事実自体が評価根拠事実として主張立証の対象となると考えるのが妥当なのではなかろうか」とするものである[51)]。これにより，貸主が戻ってくるという事実まで証明されなくても，その可能性の証明により証明度をクリアし総合判断の基礎となるという理解である。しかし，同じ「可能性」といってもその度合いは千差万別（1% から 99% までの可能性）であることに注意を要する。そして，それぞれの度合いによって正当事由を基礎づける程度はやはり異なるであろう[52)]。そのように考えると，笠井説の反論は必ずしも正当ではなく，やはり率直に具体的事実の可能性（心証度）[53)] も含めて総合判断の基礎とせざるをえないのではないかと思われる。

なお，以上の点は，総合判断型の事実的不特定概念についても同様に妥当すると考えられる。けだし，このような概念においても，規範を適用するためそれを推認させる個々の事実について一々真偽を確定する必要はないからである。例えば，親子関係の確認の訴えでは，血液型の確率や出産後の個々の状況等の

---

51)　笠井・前掲注 15）10 頁注 16 参照。

52)　この点で，判例上認められている「生存していた相当程度の可能性」自体を損害として構成する場面（最判平成 12・9・22 民集 54 巻 7 号 2574 頁など）とは事情が異なるように思われる。この場合は，可能性の証明により不法行為の成立自体は認められ，その可能性の度合いは損害額（慰謝料）の算定において考慮されるが，正当事由の場合は，その可能性の度合いによって要件該当性自体が左右される可能性があるからである。

53)　但し，総合判断に組み入れるとしても一定の下限値（閾値）を超えている必要があるとの議論は十分考えられる（この点につき因果関係との関係についてであるが，河村・前掲注 43）77 頁参照）。1% でも可能性があれば総合判断においてその事実を考慮するかどうかという問題であり，確かに余りに可能性の低い事実は捨象してしまうということは認定の便宜上十分考えられる。可能性の低い事実について不存在を前提にしても誤判の可能性の増大は小さく，裁判所の負担を軽減できるからである（河村・同書 78 頁注 96 は 50% を閾値とされるが，50% を超えている必要まであるかどうかについては結論を留保したい）。

準主要事実を証拠で認定できる心証度によりそのまま総合判断の材料とすれば足りると考えられる。そして，最終的に親子関係の有無（主要事実）がノンリケットになった場合に限り，主要事実について証明責任が発動されることになる。最後の証明責任の場面を除き（一般条項については純粋の証明責任は観念されない。但し，注 46）参照），総合判断型一般条項と基本的に同様の枠組みで考えられよう。

(3)　総合判断型一般条項の要件事実

以上から，総合判断型一般条項においては，その判断要素となる事実については弁論主義の対象にはなるが，証明責任は観念しないのが相当であるということになる。そして，このように考えても，前述のように（*2* 参照），両者の妥当根拠は異なり，適用範囲も異なると考えられるので，特に問題はない。そして，前述のように，このような事実を「準主要事実」と位置づけるのが相当であると考える。準主要事実についても弁論主義の適用はあるので，主張責任は観念される[54]。しかし，それは通常の要件事実の場合とはかなり性質が異なるように思われる。そこでは，請求原因・抗弁・再抗弁といった分類は余り意味がないであろう[55]。結局，何が要件事実であるのか，そしていずれの当事者がそれを主張しなければ顧慮されないのかという点だけが重要であり[56]，当該要件事実の主張さえあれば，あとは両当事者によるその立証の度合いのままに総合判断の要素となろう。

---

54)　この場合，証明責任は観念されないので，主張責任の分配が独立に問題となるが，この点については，注 39）参照。

55)　賀集唱「要件事実の機能」司研 90 号（1994 年）46 頁以下が，総合判断型一般条項について評価根拠事実・評価障害事実といった形の要件事実を考えることに疑問を呈するのは，このような趣旨ではないかと思われる。

56)　そこでは，抗弁が証明されれば請求原因が意味を失うというような関係は一般に認められないのではなかろうか。

6　一般条項の審理・判断の在り方

(1)　総合判断型一般条項の審理の考え方

以上のような総合判断型一般条項の検討に基づき，最後にその審理の在り方を考えてみたい。個々の具体的な事件については，神の眼から見れば常に一般条項を構成する具体的事実は定まっているはずである（規範の事前性)。しかし，神ならぬ人間にとっては，①事件の多様性から事前にそのような事実を漏れなく確定することができないし，②個々の事件についても主張立証が展開される前の段階ではそれが十分に確定できないことになる。その結果，要件事実が審理の方向性を決定し，安定させるという機能は，一般条項においては余り期待できないことになろう。もちろん，総合判断型の一般条項であっても，ある事件類型で問題となる事実については事前に一定の類型化＝構造化を試みることが可能であり，また有用でもあると考えられる。しかし，前述のように（*2*(2)参照)，一般条項というものの本質上，それは常に不完全なものに止まらざるをえない。そこで，個々の訴訟手続の中でそれを補っていく必要が残ることになる。

(2)　総合判断型一般条項の審理の具体像

以下では，(1)で示した基本的考え方に基づき，手続のあるべき流れについてもう少し具体的に検討してみる[57)]。

まず，手続の当初においては，当事者の側から，事前の一定の類型化（(1)参照）に基づき，当該事件で問題となると考えられる一定の事実関係を主張することになる。しかし，前述のような類型化の本質的不完全性により，類型化から漏れている事実が存在する可能性は常にあるので，比較的緩やかに関連性のある事実の主張が当事者からされるべきである[58)]。けだし，当事者から主張

57)　これについては，小粥・前掲注21）117頁注50の示す望ましい手続の流れのイメージも参照。

58)　小粥・前掲注21）113頁注34は，これを「ある程度の遊びを持った事実主張を許容しておいて，手続の過程で当事者とのコミュニケーションを通じて要件事実を詰めてい

のない事実は考慮されない（主張責任の原則は妥当する）ので，当事者は敗訴を避けるため，関連性のありうる事実を手続の俎上に乗せておく必要があるからである。

次に，争点整理手続の中で，裁判所が以上のような当事者の主張を手掛かりとして，「隠れた準主要事実」を抽出し，明確化していく作業が行われる。これは釈明権の行使によることになる。すなわち，①当事者が準主要事実として明示的に意識していない事実も，それを準主要事実と構成すべき場合には，裁判所がその点を明確にして（当事者の主張がない場合〔書証等にのみ記載がある場合〕にはその主張をさせ），また相手方の自白の有無を確認する（弁論主義の適用により，自白があればその事実の存在が前提とされる），②各準主要事実の間の重要性（総合評価の際の重み）についても，裁判所は可能な範囲で当事者にそれを開示する，③以上の①及び②の点について，裁判所と当事者との間で議論（法的討論）を行う[59]といった作業が争点整理手続の枠内で行われることが望ましい。

最後に，そのような争点整理に基づき証拠調べが行われた後は，各準主要事実の認定結果については，個々的に証明責任を適用するのではなく，それぞれの事実についてあるがままの心証度に基づき各事実の間の重要性を踏まえて，裁判所が最終的に要件の有無を判断すべきことになる。要件の有無の判断が付かないという場合は論理的にはありえないことであり，最終的には裁判所の法適用の責任に帰着する[60]。例えば，いわゆる評価根拠事実の一部しか証明度に達しておらずそれだけでは正当事由を構成しないような場合であっても，直ちに請求を棄却するのではなく，当該事実が60％の心証度に達していれば，

く」と表現する。また，通説的立場も，このような一般条項については，いわゆるa＋bの議論が妥当しないことを認めている（吉川愼一「要件事実論序説」司研110号（2003年）166頁〔裁判所の総合的評価の対象となることをその根拠とする〕，難波・前掲注24）224頁〔必要十分性の判断の困難をその根拠とする〕など）のも，同趣旨であろう。

59）　このような一般条項の適用の場面は，法律問題指摘義務が問題となる1つの典型的な場面である。この点につき，山本和彦『民事訴訟審理構造論』（信山社出版，1995年）211頁以下参照。

60）　ただ，法の規定ぶりによって最終的な判断結果が異なってくる（準主要事実の重み付けに差異が生じる）こと自体はありうる。この点については，注46）参照。

そのような結果と他の事実（いわゆる評価障害事実）の立証の結果とを総合的に判断すべき余地があることになろう[61)]。

7 おわりに

本章の論旨を簡単にまとめると，以下のようになる。弁論主義と証明責任とはその妥当根拠を異にし，その結果として，弁論主義（主張責任）の適用対象範囲と証明責任の適用対象範囲とは一致しない可能性がある。総合判断型の一般条項においてそれを基礎づける事実については，当事者による処分の範囲又は不意打ち防止の必要性から，弁論主義の対象とすべきであるが，その真偽を確定しなくても法適用が可能であるので，証明責任の対象とする必要はない。このように，弁論主義（主張責任）の対象とはなるが，証明責任の対象とはならない事実を「準主要事実」と定義づけるとすれば，総合判断型一般条項を基礎づける事実は準主要事実になると解される。同様に，総合判断型の事実的不特定概念についても，不特定概念（主要事実）を定型的に推認させる事実が準主要事実になると考えられる。具体的な事件において，いかなる事実を準主要事実として観念するかについては，事前に明確に定めておくことはできず，当事者からの緩やかな事実主張を踏まえ，争点整理手続の中で法的討論を実施して当事者と裁判所の認識を調整していく必要があるが，事実認定の局面では，個々の準主要事実については証明責任を適用せず，各事実に関するあるがままの心証を前提に総合判断して要件該当性を判断すれば足りる。

（初出：伊藤滋夫先生喜寿記念『要件事実・事実認定論と基礎法学の新たな展開』（青林書院，2009年）65頁以下）

61）　なお，事実的不特定概念についても同様の審理の流れになるものと考えられる。すなわち，具体的な事実のどれが準主要事実に該当するかについて，争点整理手続の中で裁判所と当事者が十分に討論し，明確にしていく作業が必要不可欠となろう。そして，証明責任については主要事実についてのみ適用され，準主要事実はそれぞれの心証度に基づき総合判断の基礎とされるべきことになる。

［補論］ 本章は，伊藤滋夫先生の喜寿記念論文集に献呈された論稿を元にしており，伊藤先生の専門分野である要件事実について論じようとして，日ごろ疑問に思っていた正当事由などの総合判断型一般条項と要件事実の問題を考えてみたものである（なお，要件事実一般の意義に関する著者の簡単な見方については，山本和彦「民事訴訟における要件事実」判タ 1163 号（2005 年）15 頁以下参照）。間接事実の証明責任や間接反証理論に対する批判に関する伊藤説を支えにしながらも，その結論において伊藤説とは異なるものになっている。本章の元となった論稿に対する伊藤教授の再批判については，伊藤滋夫「家事事件と要件事実論との関係についての問題提起」同編『家事事件の要件事実』（日本評論社，2013 年）88 頁以下参照。特に，同 88 頁注 7 では，著者の見解について，「法的評価の直接の根拠として必要な性質の事実であるからこそ主張されなければならない，まさにその事実について，それが立証されなくても当該法的評価が発生するということになる――この点は，どこで線引きするかといった性質のことではないように思われる――が，そうした考え方は，私としては理解がしにくい」と評される（ただ，この点は実務家の間でも感触が分かれうるのではないかと思われる。例えば，「家事事件要件事実研究会議事録」伊藤編・前掲書 58 頁以下の議論を参照）。

なお，高橋宏志『重点講義民事訴訟法上〔第 2 版補訂版〕』（有斐閣，2013 年）525 頁注 9 は，原論稿を「賀集説を深化させて有益である」と評している。また，新堂幸司『新民事訴訟法〔第 5 版〕』（弘文堂，2011 年）607 頁注 5 は，総合判断型一般条項について，個々の評価根拠事実・評価障害事実については，「主張責任は認めるべきであるが，証明責任の適用は排除されるべきであるとの説が有力になりつつある」として，原論稿を代表的なものとして挙げ，「各事実の重要度の評価とそれぞれの心証度とを判断材料にして総合的に法的判断をする方が，実務における『総合的判断』の実態にも合致しており，より適正な判断が期待できる」として，本章と同一の方向性を示されている。

第 *12* 章

法律問題指摘義務違反による既判力の縮小
——最高裁平成 9 年 3 月 14 日判決（判タ 937 号 104 頁）を手掛かりとして

1 はじめに

既判力は訴訟物に関する裁判所の判断について生じるのが原則である。しかし，既判力＝訴訟物のテーゼが，いかなる場合にも例外なく妥当するかについては，既に多くの疑問が呈されている。既判力を訴訟物よりも拡大する方向（既判力>訴訟物）の議論については，民事訴訟の紛争解決機能の拡大を追求する中で，まず訴訟物自体を拡大してそれにより既判力の拡大を志向する議論が展開された（訴訟物論争）後，訴訟物とは離れて判決効を拡大する議論が，争点効理論を初めとして，近時の信義則に依拠する議論に至るまで，活発に行われてきた[1][補注1]。それに対して，既判力を訴訟物よりも縮小する方向（既判力<訴訟物）については，従来議論が必ずしも多いとは言えない状況にあった。その中で，最判平成 9・3・14（判タ 937 号 104 頁）は，このような方向での貴重な検討素材を提供するものと言えよう。

1）　なお，後述のとおり（*4*(1) 参照），著者は紛争解決機能拡大の方向に賛成し，新訴訟物論を支持する。特に現行民事訴訟法の下で争点整理・証拠調べなど充実した審理を展開するのであれば，その結果である判決効はそれに見合ったものでなければならないと考えている（また，司法の予算獲得の見地からもそのベネフィットは強調されてよい）。ただ，新訴訟物論という形で原則的に既判力を拡張するときに生じる不具合を修正する方途として，何らかの既判力縮小論は必要不可欠な道具立てであるというのが著者の認識である。

［補注 1］　このような判決効をめぐる学説の議論の展開の概要については，伊藤眞ほか『民事訴訟法の論争』（有斐閣，2007 年）65 頁以下など参照。

また，同判決は法律問題に関する裁判所と当事者との役割分担についても，検討の契機を与えるように思われる。法律問題については，かつては裁判所の専権とされ，当事者に関与の機会を与える必要性は一般にはないとされてきた。しかし，最近においては，最終的な判断権限は依然裁判所に留保しながらも，法律問題についてもその審理に当事者の関与の必要を認める見解が有力になってきている。著者はかつてそのような議論の一例として，一定の場合に法律問題指摘義務を裁判所に認めるべき旨を論じたが，そのような義務の1つの効果として，義務違反の場合の既判力縮小の可能性にも言及していた（*3*(2)(a)参照）。このような議論は，本件のような具体的場面にも妥当する可能性があるものと見られる。

本章においては，著者の既判力に関する将来の一般的考察の前提として，法律問題指摘義務違反が問題となる場合の既判力縮小について，前記判決を手掛かりに論じていきたい。具体的には，まず同判決の概要を示した後（*2*），既判力縮小論に関する従来の議論の整理及び私見の展開を行い（*3*），更にそれを著者の現段階での全体的な既判力理解の中で位置づけ（*4*），最後に本判決の論理及び結論を批判したい（*5*）。既判力の拡大に関しては，最判昭和51・9・30（民集30巻8号799頁）（以下単に「51年判決」という[2]）以来，既に相当数の裁判例・学説が展開し，十分な議論の基礎が調ってきたところに，本判決による既判力縮小否定論が出来したことは，ある意味で必然的な事態の展開を思わせる[3]。このような状況の下で，まさに今この点の議論を深めておく必要性が強いと考えられる。本章が今後の学界における議論の1つのきっかけとなれば幸いである。

---

2)　そして，そこで示された信義則によって後訴を遮断する効力を「51型遮断効」と称する。

3)　なお，それと踵を接して，有力説（後述の高橋説）がこの点につき消極的見解を公にしたこと（後述*3*(2)参照）も，著者が本章を公にする心理的契機となったものである。

2　本判決の概要

(1)　事実の概要

本件土地はAがBから賃借していたが，昭和30年BからAの次女Yに所有権移転登記がされた。Aは昭和37年死亡したが，昭和46年，Aの妻X_1はYに対し，同土地の所有権確認及び移転登記手続を求めて訴え（前訴）を提起し，所有権取得原因としてX_1のBからの買受け又は時効取得を主張した。これに対し，Yは，同土地はAがBから買い受け，Yに贈与したものと主張した。前訴判決は，本件土地の所有権の帰属につき，①本件土地をBから買い受けたのはAであること，②YがAから贈与を受けた事実は認められないことを認定し，X_1の請求を棄却した（上告審判決は昭和61年[4]）。

同判決の確定後，Aの遺産分割調停事件において，Yが本件土地の所有権を再び主張し，本件土地がAの遺産であることを争ったため，X_1及びX_2（Aの長女）は，平成元年，本訴を提起し，本件土地はAがBから買い受けたものであり，Aの遺産に属し，X_1及びX_2は相談によりそれぞれ同土地の3分の1の共有持分を取得したとして，本件土地がAの遺産であることの確認及び上記各共有持分に基づく所有権一部移転登記を請求した。これに対し，Yは，前訴同様，Aからの贈与を主張するとともに，X_1が相続による共有持分取得の事実を主張することは前訴判決の既判力に抵触して許されないと主張し，X_1に対して，X_1が相続による共有持分権を有しない旨の中間確認の反訴を提起した。

第1審は，X_1及びX_2の請求を全部認容し，Yの中間確認の反訴を却下した。Yは控訴するとともに，前記中間確認の反訴を通常の反訴に変更した。控訴審は，遺産確認の訴えにつき，前訴判決は「本件各土地がAの遺産であることを相続人全員の間において確定する効力を持つものではない。相続人全員の間で右遺産帰属性の合一的確定を図るためには，遺産であることを主張するX

4)　なお，Yが本件土地上の建物所有者Cに対して，土地所有権に基づき建物収去土地明渡しを請求し，併合審理されていたが，この点は（前記のように）Yに所有権は認められないとして，請求棄却の結論となっている。

らが原告となり，これを争うＹを被告として，遺産確認の訴えを提起する以外に適切な方法はない。前訴の判決の効力を受けることのないX_2の立場を考えれば，X_1に前記既判力が及ぶからといって，遺産確認の訴えにより遺産帰属性を合一的に確定することができなくなると解することは明らかに不当である」。「Ｘらが共同原告となって提起された本件遺産確認の訴えは法律上の利益を欠くものではなく，これを適法と解すべきであり，Ｙの主張する前訴の判決の既判力は，遺産確認の確定判決に従って将来行われる遺産分割の際に考慮されるべきものである」として控訴を棄却したが，X_1の所有権一部移転登記請求については，「X_1は，本件土地につき，その所有権取得原因の如何を問わず，また，所有権の全部かその一部かを問わず，前訴の口頭弁論終結前に生じた事由による所有権を主張することは前訴の判決の既判力に抵触して許されない」として原判決を取り消し，X_1の当該請求を棄却し，Ｙの反訴を認容した（東京高判平成4・12・17判時1453号132頁[5)]）。同判決についてはX_1及びＹが上告した（以下ではX_1の上告のみを取り上げる[6)]）。

(2) 多数意見及び補足意見

結論は上告棄却。「所有権確認請求訴訟において請求棄却の判決が確定したときは，原告が同訴訟の事実審口頭弁論終結の時点において目的物の所有権を有していない旨の判断につき既判力が生じるから，原告が右時点以前に生じた所有権の一部たる共有持分の取得原因事実を後の訴訟において主張することは，右確定判決の既判力に抵触するものと解される。

これを本件についてみると，前記事実関係によれば，X_1は，前訴において，本件土地につき売買及び取得時効による所有権の取得のみを主張し，事実審口

5) 同判決の評釈として，徳田和幸・判批・判時1476号（1994年）201頁以下，奈良次郎・判批・リマークス8号（1994年）144頁以下がある。また，同判決を契機として書かれた論文として，大津卓也「所有権取得原因事実の主張は攻撃防御方法か」判タ887号（1995年）4頁以下がある。

6) Ｙの上告については本判決と同日に判決があり，判タ937号113頁以下に掲載されている。本判決判示のように，既判力によりX_1がＹに対して土地の共有持分の取得を主張できなくなっても，なお遺産確認の訴えの原告適格は失わないとしたものである（〔後記〕に掲記の両評釈は同判決をも扱っている）。

頭弁論終結時以前に生じていたAの死亡による相続の事実を主張しないまま，X_1の所有権確認請求を棄却する旨の前訴判決が確定したというのであるから，X_1が本訴において相続による共有持分の取得を主張することは，前訴判決の既判力に抵触するものであり，前訴においてAの共同相続人であるX_1，Yの双方が本件土地の所有権の取得を主張して争っていたこと，前訴判決が，双方の所有権取得の主張をいずれも排斥し，本件土地がAの所有である旨判断したこと，前訴判決の確定後にYが本件土地の所有権を主張したため本訴の提起に至ったことなどの事情があるとしても，X_1の右主張は許されないものといわざるを得ない。」

根岸重治裁判官の補足意見。「確定判決の既判力（民訴法199条〔現行114条〕1項）とは，確定判決の内容について認められる拘束力であって，この既判力が生ずると，同一当事者間の後の訴訟において，裁判所は，前の訴訟の確定判決の主文に包含される判断（すなわち訴訟物に関する判断）と異なる判断をすることが許されないことになる（同法420条〔現行338条〕1項10号参照)。もし，確定判決にこのような効力があることを承認しないとすると，同一当事者間において同一の権利をめぐって訴訟が繰り返され，受訴裁判所ごとに相反する判断が下され得ることとなり，確定判決によっても紛争が最終的に解決されたことにはならず，国家が公権的法律判断を下して私人の紛争を強制的に解決するために設けた民事訴訟制度の目的に反することとなるのである。また，前の訴訟の確定判決に右のような効力を認めることは，その反面として，当事者が後の訴訟において当該確定判決の訴訟物に関する判断に反する主張をすることはでき得ないこととなるため，前の訴訟の原告としては，その訴訟においてこれと訴訟物を同じくする範囲では主張立証を尽くす必要を生じてくるのである。

ところで，既判力が及ぶ範囲を定めるものは訴訟物の概念であり，どの範囲で訴訟物の同一性を認めるべきかについては種々の議論があるにせよ，訴訟物の同一性がある範囲では既判力が及び，同一性がないものには及ばないと解すべきことについては，ほぼ異論がないところであろう。

したがって，X_1の売買又は取得時効による所有権の取得を主張する前訴請求と相続による共有持分の取得を主張する本訴請求との間に訴訟物の同一性があることを前提として，前訴判決の既判力が本訴におけるX_1の主張に及ぶことも認めながら，既判力に抵触する主張も例外的に許容されることもあるとする反対意見の見解は，民事訴訟制度の根幹にかかわる既判力の本質と相容れないものであって，到底容認することができない」。

⑶　反対意見

福田博裁判官の反対意見。「確定判決において示された既判力ある判断（訴訟物に関する判断）について，当事者が後の訴訟においてこれと矛盾抵触する主張をすることを許さないのは，1回の訴訟・判決によって紛争を解決し，当事者に同一の紛争の蒸し返しを許さないためにほかならない。しかし，訴訟・判決による紛争の解決は，既判力ある判断部分のみによってもたらされるのではなく，既判力を生じない判断部分も含め，判決によって示された判断が全体として紛争解決の機能を果たしていることは（中略）明らかであり，紛争の当事者も判決の右のような機能を前提とし，これに期待して訴訟制度を利用しているものと考えられる。そうであるとすれば，後の訴訟における当事者の主張が前の訴訟の判決との関係で許されるか否かを判断するに当たっては，既判力との抵触の有無だけでなく，当事者が一般的に期待する判決の紛争解決機能に照らし，当該主張が前の訴訟の判決によって解決されたはずの紛争を蒸し返すものか否かという観点からの検討も必要であり，前の訴訟における紛争の態様，当事者の主張及び判決の内容，判決後の当事者の対応及び後の訴訟が提起されるに至った経緯等の具体的事情によっては，既判力に抵触しない主張であっても信義則等に照らしてこれを制限すべき場合があり，また，その反面，既判力に抵触する主張であっても例外的にこれを許容すべき場合があり得ると考えられる。

このような観点から本件の事案を検討すると，（中略）Yが，遺産分割調停及び本訴において，前訴で排斥された所有権取得の主張を繰り返し，本件土地の遺産帰属性を争うことは，前訴判決によって決着したはずの紛争を蒸し返すものであり，信義則に反すると言わざるを得ない。他方，X_1は，前訴判決の判断に従い，本件土地がAの遺産であることを承認して遺産分割の手続を進めようとしたにもかかわらず，右のようなYの信義則に反する対応により，紛争の解決に対する合理的な期待を裏切られ，予期していなかった本件土地の遺産帰属性の争いを解決するために，本訴を提起することを余儀なくされたものということができる。前訴の段階では，X_1がYの右のような判決後の対応を予想することは困難であり，遺産帰属性をめぐる争いに備えて相続による共有持分の取得を主張することを要求するのは，酷に過ぎるものといわざるを得ない（中略）。

右のような諸事情が認められるにもかかわらず，本訴においてにX_1に相続による共有持分の取得の主張を許さないのは，条理に反するというべきであり，前訴判決の既判力に抵触するものであってもX_1の右主張は許容されるべきものと解するのが相当である。このように解しても，X_1に同一の紛争の蒸し返しを許すことにはならず，前訴判決との間で実質的な判断の矛盾抵触を来すことにもならないから，既判力制度の本来の趣旨・目的に反するものでもない。」

3　既判力縮小の可能性

従来，訴訟物を超えた判決効の拡大については，争点効理論を始めとした多くの議論があり，また判例も一定の場合に訴訟物を超えた事項についても信義則による主張の遮断を認めてきたことは周知のところである。これらの議論が，訴訟による紛争解決機能の拡大，紛争の一回的解決の思想（新訴訟物論にも通底する思想）を背景としていたことは確かであるが，争点効理論などに代表されるように，当事者間の公平をもその重要な論拠としていた。しかるに，当事者間の公平を問題とするならば，問題は判決効の拡大の場合に止まらず，その縮小を考慮すべき場面もあると思われる。ところが，従来は判決効縮小の問題については必ずしも十分な議論がなされてきたとは思われない。本判決は，そのような議論の動向に重大な反省を迫る契機となりうるものと言えよう。

そこで，以下では，本判決に対する評価を下す前提として，まず既判力縮小の可能性に関する従来の一般的な議論を整理し，この点に関する著者の見解を簡単に示した（(1)参照）後，本件と直接の関係があると思料される法律問題指摘義務違反が前訴判決にあった場合の既判力縮小に関する議論について検討していくことにする（(2)参照）。

(1) 判決効縮小に関する従来の議論

訴訟物＝既判力のテーゼが原則としてほぼ争いなく承認されていることは，補足意見の指摘のとおりである。ただ，これが全く例外のないものとして認められてきたかと言えば，決してそうではなく，むしろ期待可能性がなかった場合には既判力の縮小に賛成する見解が多く存在する。例えば，新堂幸司教授は「基準時までに存在したがその提出をおよそ期待できなかったような事由については，手続保障を欠くものとして，その後の提出を認める余地はある」とされるし[7)]，竹下守夫教授は「通常人が細心の注意を払っても，前訴において提出しておくことを期待しえず，その意味で，前訴で提出しておくべきであったとの規範的要求を認めえない場合には，遮断的作用の例外を承認すべきである」とされる[8)]。更に，高橋宏志教授は「前訴で主張することに期待可能性がなかった場合……には既判力を及ぼしえない」とされ，「期待可能性の内容〔は〕標準時後の新事由に準ずるものに限る〔べく〕，単にその事実を知らなかったというだけでは足りず，知らなかったことが無理もないというものでなければ既判力の遮断効を破ることはできない」と解される[9)]。

ただ，このように当事者の期待可能性（過失）を考慮して既判力の範囲を調整する見解に反対する学説も有力である。例えば，鈴木正裕教授は期待可能性による既判力の調整は，民訴法420条（現行338条）1項5号の再審事由に抵触し，実定法上取りえないとして[10)]，仮に新事実・新証拠の提出を許せば，それが頻発して裁判所が負担過重に悩まされる恐れがあると批判される[11)]。また，中野貞一郎教授も「例外を認めて救済しなければならない場合は実際上そ

7) 新堂幸司『民事訴訟法〔第2版補正版〕』（弘文堂，1990年）411頁。

8) 兼子一ほか『条解民事訴訟法』（弘文堂，1986年）636頁〔竹下守夫〕。

9) 高橋宏志「既判力について(2)」法教142号（1992年）80頁（同『重点講義民事訴訟法』（有斐閣，1997年）422頁）。

10) 鈴木正裕「既判力の遮断効（失権効）について」判タ674号（1988年）4頁以下。

11) これに対する反論として，高橋宏志「既判力と再訴」三ケ月章先生古稀『民事手続法学の革新中巻』（有斐閣，1991年）551頁注33は，問題を「再審事由から推及して既判力を及ぼすべきだという考察と，時的限界から推及して既判力を免れせしめるべきだという考察の調整調和」と捉え，「420条1項5号を，文理からは多少離れるが，提出は妨げられたとはいえ当該事実が存すること自体は当事者が認識していた場合，および認識すべきであった場合に限定し，その場合にのみ再審を経ることを要求」することで，なお期待可能性の有無による既判力調整の可能性を維持しているのが注目される。

れほどあるとは考えられない」ので,「例外を認めた場合の由々しい危険とを比較衡量すべきである」として,消極説に傾かれる[12]。

この点についての著者の立場は以下のとおりである。すなわち,争点に関する事実の認識が当事者にとって困難であった結果として当該争点が前訴に提出されなかった場合,事実の提出に責任を負う（主張証明責任を負う）当事者が仮に無過失であったとしても,他の主体（裁判所・相手方）も無過失であるときは,誰かが責任を負う必要があるのであり,結局は一種の危険負担の問題となろう。そして,証明できなかった場合の責任を（無過失責任として）既に負っている当事者に,この場合の責任をも負担させることにはそれなりの合理性があると思われる。ただ,当事者間の利益を比較衡量して[13]なお既判力の縮小が観念されうる場合はなくはなかろう。具体的には,以下のような場面が考えられうる。

まず,当該争点を本来持ち出すべき当事者にとって,その事実の認識が著しく困難であるのに対し,相手方当事者に何らかの（広い意味での）帰責性が認められる場合である。例えば,債務者に秘匿された第三者弁済の例では,債務者はその弁済の事実を知らず,弁済の事実の提出が著しく困難であるのに対し,債権者は自ら弁済を受けた事実を当然知っているのであり,このような場合には,弁済の争点について既判力の縮小を認めるべき余地があろう。また,建物収去とともに地代相当損害金が前訴で認められたが,収去執行の方がうまくいかず,事情の変更により損害金の増額を求めるような例では,そのような事情変更を前訴で主張するのが原告にとって著しく困難であった場合には,被告側には収去義務について執行を妨害している（少なくとも十分な協力をしていない）という要素があると考えられ,やはり既判力縮小の余地を観念できよう。

また,両当事者ともに当該争点を持ち出すことが著しく困難であるが,実体法の趣旨から原告側に無過失責任を課すことが相当とは思われない場合も考えられる。例えば,後遺症損害が前訴基準時後に発生したような場合には,現代医学の限界のため,そのような事実を前訴の時点で持ち出すことは期待できな

---

12)　中野貞一郎『民事訴訟法の論点Ⅰ』（判例タイムズ社,1994年）249頁。

13)　事実探知の困難を理由とした不提出については,職権探知主義をとらない限り,裁判所の責任を観念することはできないであろう。したがって,（法律問題の場合とは異なり）問題は純粋に当事者間の利益の衡量で決せられよう。

かったと言えよう。そして，実体法の被害者救済の趣旨に鑑みれば，このような場合に医学の限界のリスクを全面的に原告に負わせて，結果として救済を否定してしまうのは適当でない。よって，当該争点を既判力で遮断してしまうのは相当でなく，既判力を縮小して原告の再訴を認めるべきであろう[14]。

(2) 法律問題指摘義務違反による判決効の縮小

(a) 積 極 説

以上のように，事実の不提出の場合を中心に一般的な形で既判力の縮小を肯定する見解は多いが，法的観点（法律問題）に関する既判力の縮小について特定して議論されることは余り多くはない。この点を認めることに積極的な見解として，まず小室直人教授は，「訴訟対象と既判力対象が全く相蔽うものでなければならないという程，その建前は不動のものではない」との前提に立ち，「判決が既判力をもって確定的に捕えるものは，そのような抽象的実体権ではなく，理由づけのために提出された原因事実から抽出される法的観点によって把握された具体的な実体権そのものである。いうならば，既判力により実体権が『抽象』から『具体』に転化する」とされる[15]。このように，小室教授の所説は一般的な形で訴訟の対象（訴訟物）と既判力の対象とを分離するものである[16]。したがって，この説によれば，判断されなかった法的観点は一般に遮断されず，それが判断に至らなかった理由は問われないこととなろう。したがって，当事者又は裁判所による質的一部請求（判断）を容認する契機をもつ点で，法律問題指摘義務違反等の何らかの審理過程の問題を措定して遮断免脱

14） この点で，訴訟中に事実の証明が困難な場合の証明度の軽減に関して，兼子ほか・前掲注 8）508 頁〔竹下〕が「現在の科学技術の水準により，誰がやっても一定限度以上の確実性の心証を裁判官に得させることができない事実については，可能な限度に証明度を引き下げることもやむをえないと考える。これは，民事訴訟における事実の発見が，もともと実体法の適用を可能にし，実体法の趣旨を実現するためであるところから，証明度の要求も，当事者間の公平に道を譲らねばならないためである」とされる点に通底する。

15） 小室直人「訴訟対象と既判力対象」法学雑誌 9 巻 3 = 4 号（1963 年）359 頁以下参照。

16） この点で，酒井一「訴訟物における相対性」中野貞一郎先生古稀『判例民事訴訟法の理論（上）』（有斐閣，1995 年）165 頁以下で示されている，訴訟物を展望的なものと回顧的なものとに分別する見解とも，実質的な意味合いにおいて似通っているように見受けられる（更に，谷口安平『口述民事訴訟法』（成文堂，1987 年）336 頁なども参照）。

の範囲を限定する見解とはそのニュアンスを異にしよう（後述の高橋説のように，質的一部請求との対比からの既判力縮小に対する批判は，その意味で，このような説に対しては妥当する余地があろう）。

また，竹下守夫教授は，給付訴訟の請求棄却判決の既判力につき，「紛争解決への信頼の保護，法的安定確保の要請と，原告に対する既判力の正当性の保障とを調和させるには，訴訟物の範囲は，給付の同一性を基準として広く定めつつ，既判力の遮断的作用は，前訴の審理過程においてまったく問題とならず，また問題とすることを期待することもできなかったため，その観点からする請求の当否をめぐっては，当事者に手続権の保障がなかったと認められる法的観点には及ばないと解すべきである。具体的には，原告・被告のいずれからも主張されず，また裁判所も取上げなかった法的観点は，前訴では問題にならなかったものとして，遮断されないことになる」[17]。竹下説は，小室説とは異なり，訴訟物と既判力の分離を，前訴審理過程で「問題とすることを期待することもできなかった」場合，「当事者に手続権の保障がなかったと認められる」場合に限定されている点に特徴がある。ただ，具体的な適用場面においては，このような期待可能性を必ずしも問題とはせず，単に当事者が主張せず，裁判所も取り上げなかったような法的観点は，一般に遮断を免れるとも読める叙述となっている。

このような議論を受けて，裁判所の法律問題指摘義務違反と結び付けてこの点を論じたのが私見である[18]。そこでは，「前訴においてある法律構成が裁判所においても無視されていたような場合にまでその構成による後訴を遮断するのは適当ではなく，この場合にはむしろ判決効の範囲を訴訟物よりも縮小する方向で考えるべきであろう。そして，そのような裁判所による法律構成の無視を徴表しているのが指摘義務の不履行であるから，法律問題指摘義務違反は結果としてその法律問題に基づく後訴を許す効果をもつと解される」と論じた。ただ，そのような後訴の許容は相手方の応訴のコストを考慮すると無制限のものではありえず，評価規範としての配慮から，法律問題を前訴で提示しなかっ

17）　兼子ほか・前掲注8）606頁〔竹下〕参照。
18）　山本和彦『民事訴訟審理構造論』（信山社出版，1995年）325頁以下参照。

た当事者においてその問題の看過について過失がなく，かつ，その問題の指摘によって判決の結論に影響を及ぼす蓋然性があった場合に限って，法律問題指摘義務違反による判決効縮減の効果を認めるべきと解したものである。

更に，新堂幸司教授は「例外的に，前訴と後訴が同一の訴訟物であっても，訴訟物目一杯に遮断効を働かせることが一方当事者にとって酷な場合もあ」り，「それは，訴訟物の枠一杯の遮断効を期待する当事者をその期待通り保護したのでは，その相手方が後訴を遮断されることによって被る侵害が大きく，著しく公平を害するという事情が認められる場合」であるとされる。行為規範としては訴訟物の枠一杯の決着を図るべきだとしても，「前訴において主張立証することを期待することがおよそ無理であったという争点については……評価規範としては，訴訟物レベルに，正当な決着期待を求めることはできない」とされ[19]，既判力が訴訟物よりも縮小する場合をやはり正面から肯定される[20]。

また，加波真一教授も，後述（注 31）参照）のような私見に対する批判にもかかわらず，結論的には既判力が訴訟物よりも縮小する場合を肯定される[21]。すなわち，法的観点指摘義務の違反等により手続保障を欠く判決については，「裁判所の認定した事実によると，明らかに，裁判所が職権で取り上げて釈明し，争点とすべきであったのに，それをすることなく，それゆえ，その事項につき判断も下さなかったという場合（判断遺脱態様 β 型[22]）に当たる。再審事由という瑕疵が存在していたため，その瑕疵の及ぶ限りで，つまり裁判所が指摘を看過したその法的争点に関する事項の限りで，再審理が認められる」ものと解される。同教授は，独特の判決無効理論により，このような場合も判断遺脱の一態様として説明され，その区分には示唆を受ける点が多いが，実質的

19）新堂幸司「正当な決着期待争点」中野先生古稀・前掲注 16）6 頁参照。

20）なお，新堂幸司「判決の遮断効と信義則」三ケ月先生古稀・前掲注 11）515 頁では既に，審理後に正当な決着期待争点をどこに位置づけるかは，審理結果の見直し＝評価規範の問題としていたが，本文の見解はその趣旨を更に具体的に展開したものと言えよう。

21）加波真一「（民事）判決無効の法理」北九州法政論集 22 巻 2 号（1994 年）73 頁以下参照。

22）加波教授は，この場合を「現実に当事者により争点となり対論の対象となった事項につき判断を下さなかった場合＝判断遺脱 α 型」と区別されるが，結論としては同様に手続保障欠缺の瑕疵に基づく再審理を認められる（加波・前掲注 21）23 頁参照）。

には上述のような義務違反の場合の判決効縮小を容認するものと見られる。

(b)　消 極 説

これに対して，近時示された有力な消極的見解として，高橋宏志教授の説がある[23]。高橋教授は，以上のような積極説は「裁判所の釈明義務違反を既判力論に取り込む側面があり評価すべき点がある」としながらも，「前訴にも事実は出ていたのであるから，簡単に再審理を許すことには問題がある。しかも，この状況で再審理を許すことは，いわゆる質的一部請求の許容に通じ紛争解決の一回性の理念からも疑問であり，原則として，法的観点（法律構成）は遮断されると解すべきであろう」と結論づける。

すなわち，高橋説は，前述のように（(1)参照），事実問題については当事者に前訴への提出の期待可能性がなかった場合に既判力による遮断効の縮小を認められるが，それは単なる無過失では足りず，期待可能性の不存在と言えるほどのものでなければならないとする一方，法律問題については，（少なくとも前訴に法適用の基礎となる事実が出ている以上[24]）常に審理の期待可能性はあると解するものと見られる。また，質的一部請求との対比に関しては，高橋教授が一部請求について（新堂説と同様に）厳格な態度をとられている点に注意を要する[25]。特に，質的一部請求は実質的には新訴訟物論を骨抜きにするおそれがあるものであり，それを許容しがたいと解されることには十分な理由があろう。ただ，「簡単に」再審理は許されないとか，「原則として」法的観点は遮断されるとかの表現は，例外的にはなお遮断が排除される余地を認められるようにも読める。いかなる場合にこの例外が認められるかは上記論述からは必ずしも明らかでないが，事実問題の場合との対比からは，審理の期待可能性がおよそなかったような場合が考えられようか[26]。

23）　鈴木正裕＝青山善充編『注釈民事訴訟法(4)』（有斐閣，1997年）318頁〔高橋宏志〕参照。

24）　もちろん，法適用の基礎となる事実が出ていれば，法を適用するのは裁判所の職責と言え，それを懈怠した場合は違法であるが，その違法は上告理由とはなっても，再審事由とはなっておらず，再訴を許容するものではないとの趣旨と思われる。

25）　この点については，高橋・前掲注9）87頁以下参照。

26）　ただ，このような場合が実際に存するかは疑問もある（高橋説がこの点を明示していないのは，そのような場合は存在しないとの判断に基づくものとも見られる）。考えられる場合としては，判決後に最高裁判所等が予想もできなかったような新たな法解釈

(c) 消極説に対する反論

前記消極説の挙げられる理由は，以下の2点が中心とされている。すなわち，①前訴には法適用の基礎となる事実が出ており，それについての法律判断が懈怠されたに過ぎないこと，②再審理を許すことは質的一部請求の許容に通じ，紛争の一回的解決を阻害することである。また，その他の理由としては，③（判例による既判力拡大の場合と同様）信義則により問題処理を図るべきであり，既判力の縮小を認めることは相当でないとの議論もありえよう[27]。また，④再審事由としての判断遺脱（民訴420条〔現行民訴338条〕1項9号）との関係も問題となりえよう。以下では，これらの論点について，著者の立場からの反論を提示してみたい。

まず，①の点であるが，確かに前訴審理の場に事実が全く出ていない場合に比べて，事実が出ているのであればそれに対する適切な法的判断は期待可能であり，その遮断は当然であるとの考え方はありえよう。しかし，本件の事例が示すように，事実（Aによる買受け及びAの死亡）は弁論に出ていても，その法的な意味を関係者全員が見逃すことは決してありえないことではない。ここで問題にすべきは，そのような全員の法律問題看過が生じた場合の後始末の方法（評価規範）である。確かに一般に法的判断の誤りは上訴事由とはなっても再審事由とはならず，それにより既判力の縮小を認めることは原則としては許されない。しかし，法律問題の在否自体を看過した場合は，単なる法的判断の誤りとは同列には評価できない。法的判断の食違いは言わば制度がその存在を予定している（その場合は常に裁判所の判断が優先する）のに対し，法的判断の意義の看過は制度上そもそも予定されていない事態とも思われる。そして，「裁判所は法を知る」の原則からすると（著者のように，それを福祉主義的に理解する[28]場合はまして），その看過の責任は本来裁判所が負うべきものであり，負担を当事者に転嫁すべきではないことになろう。けだし，裁判所にはその法律問題に気づかなかったことに過失があるのが通例であろうし，仮に過失がなかったと

を展開したような場合がありえようか（ただ，このような事後的な判例創出・変更の場合に，確定判決の変更を認めること自体には当然批判もありえよう）。

27） 本件判決の福田反対意見も，あくまで信義則による処理を主張されるに止まる。

28） この点については，山本・前掲注18）96頁以下参照。

いう希有の場面であっても，裁判所の無過失責任を認めるべき場合と考えられるからである。このような責任の所在の点において，事実問題について資料が出て来なかった場合とはその前提を異にすると思われる。したがって，再訴の許容により，その法律問題に関して既判力を縮小することは，裁判所の責任の取り方として十分に考えられると解される[29)]。

次に，②の点であるが，確かに残部については後訴を留保した質的一部請求を無条件に認めることは，原告の恣意による紛争の分断を招き，妥当ではない。しかし，ここでの問題状況は，質的一部請求の場面とは相当に異なるように思われる。すなわち，第1に，質的一部請求は審理開始前になされるものであるのに対し，ここでは審理結果を後訴でいかに評価するかが問題となっている。つまり，前者は行為規範の問題であるのに対し，後者は評価規範の問題である。確かにこれから訴訟を始める段階で，その紛争解決機能を縮小する選択を認めることの当否には疑問があるにしても[30)]，訴訟終了後にその審理過程に問題があった場合に紛争解決機能を例外的に縮小させることは，質的一部請求との対比により当然に否定すべきものとは言えないであろう。第2に，（第1点とも関連するが）質的一部請求は原告の一方的意思による縮小であるのに対し，法律問題指摘義務の場合は前訴審理過程を客観的に評価した結果である点で両者は異なる。後者については，前者で問題となる一当事者の恣意による紛争分断という事態は懸念する必要がないことになるからである。したがって，質的一部請求との類比による既判力縮小否定論は十分な根拠がないと思われる。

---

29)　ただ，再訴を容認することは，同時に前訴相手方（勝訴者）の既存の地位を揺るがすことになり，その者の利益にも影響する。究極的には当事者間の利益調整の場である民事訴訟においては，この点は決して無視できない。しかし，裁判所に義務違反がある場合に反射的に相手方が負担を負う場面は稀ではないこと（裁判所の義務違反による破棄差戻しや再審においては常に同様の問題が発生する），既判力を認めた場合に敗訴者が蒙る不利益（実体権の消滅）に比べれば，勝訴者の損害は相対的に小さい（再度の審理を受ける負担に止まる）こと，敗訴者に過失があるような場合は，相手方との均衡から例外的に遮断を認めるべきことなどから，再訴許容の結論も受け入れうるものと解される（なお，現在の国家賠償訴訟の判例理論からは困難であるが，理論的には後訴の訴訟費用は〔弁護士費用も含め〕国の負担とする方向が相当であるとも思われる）。

30)　なお，著者は，審理開始前であれば，（原告の一方的意思ではなく）当事者間の合意に基づき既判力を縮小させることを一定の要件の下で認める立場をとっている。この点については，*4*(2)(b)参照。

また，③の点であるが，既判力拡大の場合にも，その根拠を信義則に求めるか，判決効（既判力又は争点効）の問題とするかにつき争いがあるのと共通する問題である。著者は，拡大・縮小を問わず，これを判決効（既判力）自体の問題として扱うべきものとする立場による[31)]。もちろん実際の結論が違わなければ，後は説明の問題とも言えるが，具体的に妥当な結論を導くに当たり，それが一般命題で説明できるのであれば，可能な限り，一般条項の利用は避けて一般命題の形で理論を立てるべきであると考えるからである[補注 2]。一般条項の利用は，具体的事件の中でどうしても一般的には説明できない形でそれを処理する必要がある場合に原則として限られるべきであり，一般化可能な場合には過渡的な説明の限度で例外的に一般条項を用いることはあっても，学説は一般的法命題の定立に努めるべき義務を負うことになろう[32)]。その意味で，信義則の多用は学説の自殺行為とすら言え，裁判官に過度の裁量を付与するおそれが常に残る点を顧慮すべきであろう[33)]。51 年判決以来の学説・判例の集積は，既に信義則に依拠することなく，既判力論の再構成による一般的法命題の定立を可能にしているというのが著者の現状認識である。

最後に，④の判断遺脱事由との関係の点であるが，この点は事実問題の遮断

31）　なお，加波・前掲注 21）94 頁は，「どのような論理で法的観点指摘義務違反が既判力の拘束力を正当化しえないだけの手続保障の欠缺といえることになるのかという点の説明が十分ではない」と著者の議論を批判し，制度的効力と考えれば「他の訴訟手続諸制度，とりわけ，再審等との整合性がより問題となる」と論じる。このうち，前者の点については，著者が制度的効力による立場をとることは，本章で明らかにしえたものと考える（再審との関係は，④に対する本文の反論を参照）。

［補注 2］　本文のように，一般命題により説明可能な部分においては（学説としては）可及的に信義則等の一般条項の援用を避けて説明を図るべきであるとするのが著者の基本的な考え方であり，その点は現在も変わっていない。その一例として，一部請求後の残部請求の遮断として，信義則ではなく「請求失権効」による説明を試みるものとして，山本和彦『民事訴訟法の基本問題』（判例タイムズ社，2002 年）117 頁以下参照。

32）　広中教授の信義則の分類によれば（広中俊雄『民法綱要第 1 巻総論上』（創文社，1989 年）120 頁以下），この場面での信義則の利用は，その本来的機能に関するものではなく，むしろ欠缺補充機能に関わるものと思われるが，そうであるとすれば，そこで妥当している裁判規準を抽出して，既存の一般法命題の例外という形で位置づけていく方向が適当と思われる。

33）　もちろん一般条項の適用に際して裁判所の裁量にコントロールを効かせることはこの問題と離れても重要な課題である。手続的方向からの著者の裁量統制論として，本書第 10 章参照。

に関する論争の中で，鈴木正裕教授の見解に対する高橋宏志教授の反論が参考になろう（前掲注11）参照)。民事訴訟法420条（現行民訴338条）1項9号の規定は，あくまで当事者に帰責事由がある場合について再審手続を経るべき旨を規定したものとの限定解釈が可能とすれば，そのような事由が存しない場合には（ここでは当事者に過失がない場合が前提である），再審を経ずに直接後訴で新たな法的問題を提起できると解しうることになろう。また，当事者が明示的に提示した問題の判断を裁判所が見落とした場合と，誰もその判断の遺脱に気づかなかった結果として判断の遺脱が生じた場合とでは，質的に差異があるのであり，前者は法的判断の誤りに類比しうる問題（注22）も参照）として再審手続の経由を要求するとしても，後者にはその必要はないとの議論は十分可能と思われる。その意味で，同じ手続保障の欠缺といっても，両者の性質は著しく異なるものと考えられる。そして，前述のような要件を設定する限り，以上のような議論によっても，既判力が骨抜きになるような事態には至らないと解されよう。

以上のような考察から，前記のような有力説の批判にもかかわらず，著者は，法律問題指摘義務が遵守されなかった場合には，既判力が縮小し，その点についての再訴が可能になる場合があるとの結論をなお維持したい。

4　既判力に関する若干の覚書

以上のように，前訴裁判所に法律問題指摘義務の違反が認められるときには，既判力が縮小する場合があるというのが著者の結論である。ただ，これだけでは既判力に関する著者の一般的理解の中での上記のような議論の位置づけが必ずしも明らかとはならないと思われるので，以下では，全くの試論でキメの粗いデッサンに止まるが，現段階での既判力に関する著者の全体的な見方を簡単に示して，一般のご批判を仰ぎたい。

(1)　既判力の一般的範囲

(a)　訴 訟 物

著者も既判力＝訴訟物という原則的テーゼを維持する。けだし，訴訟物として審理対象となる事項を超えて判決の効力を認めるのは当事者に不意打ちとなるし，他方で審理対象事項よりも判決の効力を狭めるのは判決のパフォーマンスが審理に要したコストを下回ることを意味し，制度費用負担者や他の制度利用者の理解を得られないからである。そして，既判力が及ぶ一般的範囲である訴訟物については，新訴訟物論を相当と考える[補注3]。著者は民事訴訟の目的を原告の法的利益の保護にあると考えるが[34]，その場合には訴訟における審判対象も原告の法的利益と考えるのが自然だからである。その意味で，法的構成の単複にかかわらず，問題となる法的利益が1個であれば訴訟物も1個となるべきである。また，実質的にも，争点を十分に整理して集中した証拠調べを行うことにより充実した審理の達成を企図した現行民事訴訟法下の実務を考えるとき，一定のルールの下で十分な審理がされたのであれば，その結果を関係者ができるだけ尊重する方向で制度を組み立てていくのが整合的ではなかろうか。審理を充実しながら，その効果は緩い（既判力の範囲が狭い）というのでは，審理の充実自体にも悪い影響を及ぼしかねないように思われる。このような観点から，原則としては既判力の範囲を広く取りながら，前訴過程に特に問題があるような場合には例外的に拘束を緩めるという方向を目指すべきものと解される[35]。

すなわち，本章の基本的立場は，原則としての遮断の範囲（「既判力の磁場」[36]）を強くとりながら，前訴における個別事情によりその縮小の余地を認

［補注3］　これについては，本書第2章 ***2*** 参照。また，本章の考え方を敷衍して，訴訟物の概念をデフォルト・ルールとして意義づけるものとして，山本・前掲［補注2］85頁以下参照。

34）　この点につき詳しくは，本書第1章及び第2章参照。特に，保護されるべき法的利益と新訴訟物論の関係については，第2章 ***3*** (1)参照。

35）　裁判例は，既判力の範囲を限定しながら，信義則を根拠に紛争の蒸し返しに当たる場合を遮断する方向をとっているが，これは，義務的に拘束される範囲を可及的に狭くとって，前訴裁判所の判断の妥当性を審査する裁量の余地を広く保とうとするものとも評価できる。その意味で，同僚裁判官の判断をアプリオリには信頼しない健全な司法の志向であり，また真実の発見・解決の妥当性を可及的に追求しようとする日本の裁判所の特質を示す一例とも言えよう。ただ，それを正面から認めることには疑問も多く，現行法下ではアプリオリな真実発見よりもルールに従った審理の方向への転換が図られていく可能性はあろう（この点で，争点整理後の説明義務や適時提出主義の運用は注目に値する）。また，この点については，新堂・前掲注19）31頁以下における池田辰夫教授に対する批判が興味深い。

めようとするものである。その意味で，判例や近時の有力説が志向する，原則的遮断の範囲を限定的にとりながら，信義則に基づき個別事情を勘案して遮断の範囲を拡張する考え方と，結論においては大きな差異はないとも言える。しかし，①原則を広い遮断とするのか，狭い遮断に止めるのか，②既判力自体の調節によるのか，既判力は硬いものにしてその外側の信義則等による調節に止めるのか，といった基本的方針の違いは残っている。著者自身は，広い遮断を原則にしながら，既判力自体の調整による方向が相当ではないかと考える。遮断の範囲を広くとることは，前述のように，訴訟の機能をより強化する（姿勢を示す）ことを意味し，乏しい司法基盤の拡大や審理の在り方に対してよりよい影響を及ぼしうる可能性を期待するからである。また，既判力自体の調整によるべきとするのは，判決効の重要部分が信義則により左右される結果となるのでは，既判力理論の存在意義を失わせ，当事者の予見可能性を害すると考えるからである[37)]。

(b)　形成権の遮断

以上のように，原告の法的利益の保護を民事訴訟の目的として措定するとき，自らの法的利益の保護のために，原告は訴訟で利用できるあらゆる方法を行使すべきものと考えられる[補注4]。逆に被告は，防御のために，やはりとりうるあらゆる方法を行使すべきであろう。つまり，訴訟において，当事者には「全力を尽くして攻撃防御を図る責任」が課されると考えられる（このことは，相手方との関係のみならず，民事訴訟制度が国民の税金に依存して設営される公的サービスである点からも認められよう）。そして，尽くすべき方法としては，訴訟上の主張・立証に限定されず，実体法上の権利行使も含まれると解される。けだし，自己の法的利益の保護について，実体法上の方法（形成権の行使等）と訴訟法上の方法（事実主張等）とを区別すべき理由はないからである。例えば，当事者は時効を用いたいのであれば，それを援用すべき責任を負い，援用しなかった

36)　この表現は，高橋・前掲注9）411頁による。

37)　もちろん信義則論も類型化による対処を説くが，類型化が相当程度可能なものであれば，むしろ一般条項に頼ることを可及的に避けるべきであろう。この点は，**3**(2)(c)も参照。

［補注4］　以下に述べる形成権行使と既判力の時的限界の関係の詳細については，山本・前掲［補注2］202頁以下参照。

ときには後訴で時効の主張が遮断されるが，このことは形成権についても同様と思われる。したがって，著者の立場は，前訴で行使しうる形成権は原則としてすべて遮断されるとするものである。

ただ，後訴における形成権の行使の許否については，更に形成権の発生原因を検討する必要がある。すなわち，問題となっている形成権の原因が一回的なものであるか，状態的ないし継続的なものであるかという点である。形成原因が一回的なものであれば，前訴でそれを行使しなかったときは，原則どおり遮断されるが，形成原因が状態的なものであるときは，確かに前訴基準時前の原因による形成権行使は遮断されるが，基準時後の新たな状態を捉えて，その点を根拠とする形成権行使は，基準時後の新たな事由の主張として既判力には抵触しないと思われる。その意味で，状態的・継続的な事由に基づく形成権は，後訴においても（当該状態が継続している限り）なお行使可能なものと解される。

具体的には，取消権は，意思表示の瑕疵（無能力・詐欺・強迫等）という過去の一回的事由を根拠としているので，前訴において当事者は形成権を行使する責任を負い，行使がなかった場合は遮断されよう。また，建物買取請求権も，借地権終了という，やはり過去の一回的事由を原因とするものであり，遮断される結果となろう（ただ，請求異議の形では遮断されても，別訴での売買代金請求は否定されず，借地人の投下資本の回収は図りうる）。他方，相殺権は，その発生原因が相殺適状という継続的状態にあると見られるので，仮に基準時前の相殺適状による相殺が遮断されるとしても，基準時後の新たな状態を根拠として，後訴（請求異議訴訟）で相殺権を行使することは許されよう[38]。また，解除権については，解除原因による区別が必要になる。すなわち，債務不履行による解除の場合，その不履行が一回的不履行であるか，継続的不履行であるかの区分である[39]。例えば，売買対象物の過去の引渡義務違反を理由に売買契約を解除する場合は前者に当たり，前訴で解除権を行使しなければ遮断されるが，賃料不

38) この点で，相殺も相殺適状の発生という過去の一回的事実を原因とするとの構成も論理的には不可能ではない。著者は，具体的な帰結としては，相殺を遮断することにも十分な理由があると考えている（相殺を遮断するとしても，その担保的機能を喪失させるだけであり，反対債権自体は残るとすれば，その影響は相対的に小さい）。しかし，実体法がこれを「適状」という状態に基づかせていると解される以上，それを前提に基準時後の適状を観念せざるをえないのではなかろうか。

払いによる賃貸借契約の解除の場合は後者に当たり，前訴で解除権を行使しなくとも，前訴基準時後の賃料不払いを理由に後訴で新たに解除権を行使できることになろう[40)][41)]。

(2) 既判力の合意による調整

著者は，原則的な既判力の範囲を当事者（又は裁判所）間の合意により，変更（拡大・縮小）する可能性を肯定する立場をとる。民事訴訟が当事者の法的利益の保護を目的とするとすれば，どの範囲の利益についてある訴訟で決着が付いたものとするかは，一義的には当事者の判断に委ねてよいと考えられるからである。もちろん，原告の一方的意思で既判力の範囲を変更することも，被告の一方的意思で既判力の範囲を変更することも妥当ではなく，両当事者の合意があることが必要である。また，そのような合意があったとしても，それが第三者（訴訟制度の他の利用者や訴訟制度の設営費用を負担している納税者等）の利益を害するような場合にも，その効力をそのまま認めることはできない。ただ，抽象的な利益侵害の可能性があるからといって，当事者による規律の余地を一律に否定してしまうのもまた行き過ぎである。したがって，具体的場面に応じて公益的考慮を導入するために，契約（合意）当事者に裁判所を取り込んで，これを審理契約と構成し，既判力範囲の変更の合意を肯定していくことが相当な場面もあると思われる[42)][〔補注5〕]。

---

39) 不動産賃貸借に関しては，解除原因を「信頼関係を破壊する事情」という一般条項的な事由と理解すると，それが一回的なものか状態的なものか判別が困難になる場合はありえよう。ただ，むしろ解除原因自体は債務不履行の具体的事由であり，信頼関係破壊はそのうち軽微な不履行を除外する事情に止まるのではなかろうか。この論点については，中田裕康教授（一橋大学・当時〔現東京大学〕）のご指摘に負う。

40) 後者の継続的不履行の例として，最判昭和59・1・19判タ519号136頁があり，新堂・前掲注19）24頁は，この点をこの事件が「蒸し返しと見られない決め手」と評価している。

41) なお，これにより，中野教授（中野・前掲注12）263頁注28参照）が従来問題とされてきた期間付約定解除権に関する遮断肯定説批判に対しても一定の回答が可能になると思われる。けだし，これは当事者間の契約により（2年の間はいつでも解除できるなどといった形で）一種の状態型の解除権を創設したものと理解され，前訴基準時後の状態を理由とした解除はなお肯定できると解されるからである。

42) 審理契約一般については，山本・前掲注18）399頁以下参照。この問題をめぐる最近の議論として，山本克己「手続進行面におけるルール・裁量・合意」民訴43号

(a) 既判力を拡大する合意

まず，既判力の範囲を通常の場合（訴訟物）よりも拡大する合意の効力は，原則としてそのまま認めてよいと思われる。例えば，同一当事者間で共通の争点が問題となる事件が複数ある場合に，ある事件のみを訴訟物としながら，その事件で当該争点について一定の判断が示されたときには，その判断について他の事件との関係でも効力を認める合意などがこれに当たろう。このような合意は訴訟による紛争解決範囲を拡大するものであり，訴訟制度のコストパフォーマンスを引き上げるものとして，また他の制度利用者の制度利用の機会を増大させるものとして，第三者には迷惑をかけないからである。

このような合意は，明示・黙示いずれのものも想定できる。黙示の合意は，前訴での当事者の行為態様等から訴訟物を超えた紛争解決の合意を措定するものである[43)]。ただ，そのような黙示の合意が認められる事案はごく例外的であろうし，少なくとも行為規範としては可及的に合意を明示しておくことが望ましい。そして，合意内容としては，まず審理契約として両当事者・裁判所間で争点決定合意により争点を定めるとともに，当該争点につき既判力を認める当事者間合意（訴訟契約）がなされれば（つまり，その問題はこれで打ち止めにしようと両者が合意すれば），それで効力が認められよう。仮に後訴で合意当事者が予測しえなかったような態様又は事件でその争点が問題になる場合には，錯誤又は事情変更の問題となり，場合によっては当該合意は無効と解されよう[44)]。

(b) 既判力を縮小する合意

これに対し，既判力の範囲を訴訟物より縮小する合意はこれを無条件に容認することはできない[45)]。なぜなら，これにより再訴の可能性が拡大し，制度

（1997年）115頁以下参照。

［補注5］ 審理契約については更に，本書第8章も参照。

43） この点で，いわゆる手続事実群による遮断効発生を当事者間の黙示の合意の観点から説明する新堂説が注目される。

44） ただ，実際にはこのような合意の調達は困難な場合が多いと思われるし，そのような広範な紛争解決を当事者が望むのであれば，訴えの併合・変更などにより訴訟物自体を拡張することが予想される。その意味で，このような合意を欠く場合にも，なお規範（ルール）として遮断効を認める余地（(3)参照）は認めるべきであろう。

費用負担者の負担を増加するとともに，潜在的な制度利用者の制度利用を阻害するおそれがあるからである[46]。そこで，このような合意がなされる時期に応じて，審理開始前の合意と審理開始後の合意とに分けて検討することとする[47]。

(i)　審理前の合意　　審理開始前になされる既判力縮小の合意の効力は認めうる余地がある。これは，言ってみれば，審理も既判力も狭める合意であり，狭い既判力に見合って審理範囲も狭く限定することができれば，制度のコストも低く抑えられる可能性があり，その場合には再訴拡大も必ずしも制度の負担になるとは言えないからである。しかし，実際に審理範囲の縮小が図られるかは事件の内容による。分割された請求について共通項が多い場合には，後訴の際に審理が重複するおそれが大きくなるからである。例えば，医療過誤訴訟において，仮に不法行為構成だけを切り離して審理しても，債務不履行の後訴が起こった場合，実際には多くの点で重複審理になってしまうであろう。したがって，このような合意が認められるのは，共通する争点が少なく，切離しが容易な請求の間に限定されるべきものと解される。実際には，まず審理契約としての争点決定合意を行い，更に審理契約として（つまり裁判所を加えて）既判力排除合意をなすことが必要と思われる。既判力縮小の合意にも裁判所の同意を要求することで，公益の視点からの裁判所によるチェックをかませる必要があると考えられるからである。

(ii)　審理後の合意　　これに対して，審理開始後に既判力を縮小する合意は原則として禁止される。そのような合意を許せば，審理は本来の訴訟物の範囲に対応して広くなされているのに対して，既判力だけは狭いものになってしまい，本来の広い既判力に見合った審理が無駄になってしまうからである。その

45)　但し，このような合意も，いわゆる既判力の職権性には反しないと考えられる。けだし，これは既判力発生前の合意の問題であり，その発生後に当事者による処分を許さないとすること（職権性）とは必ずしも抵触しないからである。

46)　このような考慮は，合意によらない判決効の縮小の場合にも同様に妥当する。ただ，合意による場合は，特段の合理的な要件を必要とせず，当事者の意思の合致のみで恣意的に判決効の範囲が左右されるおそれがあるので，問題はより大きい。

47)　どの段階を審理開始と措定するかは困難な問題であるが，とりあえずは実質審理＝人証調べの開始を一応の基準として考えることにする。

意味で，制度コストが判決のパフォーマンスを上回ってしまい，制度設営者・制度利用者の負担は一般に許容できないと思われる。

(3) 既判力の自己責任・期待可能性による調整

(a) 既判力の拡大

既判力の範囲が通常（訴訟物）よりも拡大される場合として，ある争点が前訴に提出され，審理・判断されているときに，同一争点が後訴で提出される類型（争点効型）と，前訴で当該争点は提出されていなかったが，それを提出すべきであり，実際にも提出できたという事情があるときに，後訴での遮断が問題となる類型（信義則型又は51型遮断効）とがある[48]。この両者はともに既判力を拡大するという点で共通の側面を有するが，前訴での争点提出の有無という点では決定的な相違があり，当然その要件が異なってくると見られる。そこで，以下では，この2つの場合を分けて，遮断の具体的要件を考えてみる。

(i) 争点を提出した場合の遮断（争点効）の要件　争点効の要件として通常挙げられるのは，(1)当該争点が前訴の主要な争点であったこと，(2)その争点について当事者が真剣に争ったこと，(3)その争点について裁判所が実質的な判断をしたこと，(4)前訴と後訴の係争利益が等価であることである。

以上の要件のうち，まず(1)については，当該争点が前訴でも争点であったことはまさにこのような遮断効の根底にある点であり，この点が前訴段階でも明確にされていること（その点についての十分な情報が付与されていること）が遮断にとって不可欠と見られる。他方，(2)は当事者の決断の問題，つまりその点を争点とする旨の情報に基づく決断（informed decision）の問題である。また，(3)の要件は(1)・(2)のいわば当然の結果であり，主要な争点を当事者が争っているにもかかわらず，裁判所が実質的判断をしていないとすれば判断遺脱の問題となるはずであり，この点は要件としては前二者に吸収されよう[49]。更に，

---

48) この両者は抽象的には截然と区別できるが，現実には争点の把握の仕方により区別が微妙な場合がありうる。すなわち，争点を抽象的に把握すれば，その争点は既に前訴で提出されていたとして争点効の問題となるが，争点をより具体的なレベルで把握すれば，その争点は未だ提出されておらず，信義則等の問題となるという場合もありうるからである。

(4)は当事者の予想しえなかった紛争についてまで遮断の効果を及ぼすのは当事者にとって不意打ちになるとして加えられた要件であり，正当な趣旨を有するが，問題とされるべきは必ずしも係争額だけではなく，紛争類型からの判断も必要と解される。

以上のような検討から，争点提出に基づく遮断効の要件としては，以下のものが挙げられよう。まず，①当該問題が前訴の主要な争点であったこと及び②その点を当事者が争ったことである。そして，これらの点は，裁判所と当事者との間の争点決定合意により，存在が容易に推定されるものと解される。今後，現行民事訴訟法下での審理の運用において十分な争点整理が尽くされ，その結果が（調書や争点整理案等の中で）目に見える形で残されていくとすれば，このような遮断効の主要な要件は極めて容易かつ明白に識別できることになろう。その意味で，今後は，争点効の範囲の不明確性という従来の批判は徐々に根拠を失っていく（また失うべき）ものと見られ，現行民事訴訟法の施行・定着は争点効理論に有利に作用し，その復活の契機，「追い風」となる可能性が多分にあると思われる[補注6]。また，③前訴と後訴の法的利益（訴訟物）の類似性がやはり要件となろう。前訴段階でおよそ想定できなかったような紛争類型にまで遮断の効力が及ぶことは当事者に不意打ちとなるからである。

(ii)　争点を提出しなかった場合の遮断（51型遮断効・信義則）の要件

これは，(i)の場合とは局面を異にし，前訴で当該争点が提出されなかった場合の遮断なので，争点を提出すべきであったか否か，つまり争点持出しの責任を当事者が負っていたかが問題となろう。この問題について，主に後訴の観点から信義則を問題にする見解（判例）や前訴の手続事実群の評価又は「正当な決着期待争点」の探求という問題設定をする見解（新堂説）があるが，著者は「争点持出責任」[50]という形での問題設定がむしろ妥当ではないかと考えてい

49)　裁判所が他の争点に基づき判決をし，その争点の判断を省略した場合は，結果としてその点は当該訴訟における主要な争点ではなかったものとして整理できよう。

［補注6］　争点効をめぐる学説の議論については，伊藤ほか・前掲［補注1］66頁以下参照。同書70頁以下の著者の発言においても，本文と同様に，現行法下の争点中心審理が争点効の考え方を蘇らせる側面があることが示唆されている。

50)　争点の変更に伴って訴えの変更が問題となる場合には，更に「訴え変更責任」も観念されようが，ここでは「争点持出責任」で代表させる。

る。それは，主に前訴固有の観点から，前訴における当事者又は裁判所の行為規範を考察していくことが必要と考えるからである。それによって，前訴段階での関係者のあるべき行為規範をより具体的に設定できることを期待するものである。そこで，主に判例が信義則による遮断をする際の事情として挙げてきた点について，いかなる場合に「争点持出責任」が認められるかという観点から評価し直してみたい。

判例が基準として挙げる要件は，⑴訴えにより得られる利益が同一であること（紛争の実質的蒸し返しであること），⑵前訴での請求に支障がなかったこと，⑶相手方の地位を不当に長く不安定にすることである。まず，⑴の点は，本章のように訴訟物を広く理解すると，多くの場合は法的利益に基づく訴訟物は同一となる。ただ，それでも占有利益・登記利益と所有権利益など訴訟物は異なるが，追求される利益が実質的に類似する場合は残る。そして，法的利益が実質的に異なる場合にも遮断効を認めるのは当事者の予測可能性を害し，不意打ちとなるので，このような要件の設定は正当と思われる（争点提出による遮断効の⑷の要件とパラレルなものである）。次に，⑵の要件はその争点が提出「できた（can）」ことを問題とする。この提出可能性は争点持出責任の当然の前提と思われるが，上記責任を肯定するには，更に提出「すべき（shall）」であったと言えることまで必要になろう。そこでは，単なる「できた」から「すべきであった」への跳躍が求められるのである。そのような跳躍を可能にするには，単純に提出可能であったに止まらず，提出が極めて容易であったことまで要求すべきであろう。最後に，⑶の要件は客観的に測定可能なものであり，裁判例や学説の中でも信義則による遮断の要件の中核をなすものとの理解もある。しかし，著者の見解のように，この遮断効を前訴における争点持出責任が果たされなかったことに基づかせるとすれば，前訴がどの程度の期間続いたか，また前訴と後訴との間にどの程度の期間が経過したかは，重要性をもたない事情に止まると言えよう。いかに期間が短くとも提出すべきであった争点は提出すべきものと評価されるからである[51]。

51） ただ，争点提出の容易性との関係で，訴訟係属期間が顧慮される余地がないわけではなかろう。訴訟が長期間係属していれば，それだけ争点を提出する機会は豊富にあると一般には言えると思われるからである。

以上のような検討から，争点持出責任の要件を簡単に整理してみる。まず，①当該争点を仮に前訴で提出していれば，それが主要な争点となっていたことが必要であろう（この点は争点提出時の遮断効の要件①に対応する）。そうでなければ，前訴での争点持出責任は認められないからである（主要な争点でもないものを提出すべきであったとは言えない）。次に，②提出の容易性がなければならない。これが争点持出責任の最も重要な要件であり，容易性の判断に際しては，当事者の法的知識，事実の認識の程度，証拠提出の容易性，訴訟係属の長短など様々な事情が考慮されよう。その意味で，この判断はケースバイケースにならざるをえないが，当事者の重過失に相当する要件として，なお一定の行為規範として機能することが期待されよう。最後に，③前訴と後訴の法的利益（訴訟物）の類似性が問題となる（これは争点提出時の遮断効の要件③に対応する）。前述のように，遮断の範囲の予測可能性を担保し，相手方を不意打ちから保護するために必要とされる要件である[52]。

(b)　既判力の縮小

既判力の範囲が通常の場合（訴訟物）よりも縮小するケースはまさに本章の主題であり，既に**3**において詳細に検討したので，ここでは簡単に論述するに止める。これは，前訴の訴訟物に含まれていた争点が提出されないまま終わった場合に，後訴において当該争点を提出して前訴の既判力を回避できるかという問題である。したがって，そこで決定的に重要となるのは，前訴で当該争点を提出できなかった理由の評価となる。けだし，争点を提出すべきであったことは，それが訴訟物に含まれる以上，当然の前提としてよいからである。そのような不提出の理由としては，①法律問題の見落しや裁判所の心証の誤解など訴訟における情報が不完全であったこと，②事実自体の認識が困難であったこと，③その他の理由，例えば当事者の戦略や怠慢などに分けられる。①の場合は，当事者は争点を基礎づける事実・証拠の存在は知っていたが，その訴訟におけるその事実・証拠の重要性を認識できなかったため，提出しなかったと

52)　なお，このような要件が認められれば，争点持出しについて裁判所の側に釈明義務が認められる可能性があり，仮に釈明義務が肯定されれば，遮断阻却事由となる可能性があるので，注意を要する（結局，評価規範としては，不提出当事者の過失が著しい場合に遮断は限定されることとなろうか）。

いうケースである。このような場合，果たして当事者に争点持出責任を問えるかは，そのような情報を訴訟に顕出する責任が誰にあったかに掛かってくると思われる。そのような責任は，それぞれの情報の性質や具体的な手続状況によって異なってくると見られるが，少なくとも一定の場合には裁判所に情報の顕出に向けた義務が認められよう（裁判所の訴訟における一種の「情報環境整備義務」[53)]）。そのような場合には，争点を提出しなかった責任を当事者に問うのは酷であり，後訴において新たに当該争点を提出する機会が与えられてもよかろう。なお，①については本章の主題として既に詳細に検討したところであるし[54)][補注 7]，②も *3*(1) で概観したので，ここでは詳細は省略する（なお，③が遮断を否定する理由とならないことは言うまでもない）。

5 本判決の評価

最後に，以上のような著者の基本的な立場を前提として，本判決についての評価を簡単に述べておく。まず，本判決において示されている理由（多数意見のほか，補足意見・反対意見を含む）を問題とした（(1)）後，その具体的な解決結果についても疑問があることを指摘する（(2)）。

53） この用語は，場面を全く異にするが，小粥太郎「説明義務違反による不法行為と民法理論（下）」ジュリ 1088 号（1996 年）92 頁以下による。

54） なお，裁判所の心証開示については，アプリオリに義務が認められるわけではなく，一般には当事者側に，裁判所の心証がどのようなものであっても対処できるよう，適切に行動すべき義務があるのが原則であろう。しかし，当事者から見れば裁判所の心証は通常ブラックボックスであり，それを予測しながら攻撃防御の方法を決めていっても，その予測が外れるケースは当然にありうる。そして，立証に関する釈明について，事実上裁判所の心証開示を求めるような判例も現れている（最判平成 8・2・22 判時 1559 号 46 頁など）。よって，問題は，いかなる例外的事由が存すれば，心証開示義務が認められるかであり，例えば事前に別個の心証を裁判所が開示していたなどの事情がある場合や 1 審判決の結論を控訴審が逆転する場合などにおいては，事前に心証を開示して当事者に攻撃防御を尽くさせる義務を観念する余地があろうか。

［補注 7］ 心証開示の在り方については，加藤新太郎「心証開示」大江忠ほか編『手続裁量とその規律』（有斐閣，2005 年）245 頁以下参照。同書 258 頁以下において，著者は，加藤論文に対するコメントの形で，心証開示の在り方について一般的な評価を述べている。

(1)　本判決の論理の問題

まず，注目すべきは，遮断肯定というその結論を共通としながら，既判力の本質に関する一般論を展開する補足意見に対し，多数意見は慎重に過度の一般論を避けている点である。多数意見は，A死亡による相続の事実の主張が前訴でなかったことを理由に，いくつかの他の事実の存在にもかかわらず，後訴での当該主張が許されないとだけ判示するに止め，詳細な法的根拠に踏み込むことを慎重に回避しているように見受けられる。その意味で，本件事例との関係では原審の結論を維持したものの（但し，この点に疑問があることは，(2)参照），補足意見のようなやや硬直的な既判力の理解を一般的な形で示すことには躊躇を覚えたものとも推測される。したがって，本件では容れられなかったものの，反対意見のような処理が他の事件との関係でもアプリオリに排除されるとまでは多数意見は言っておらず，その意味で問題はなお将来に開かれていると解する余地のあることを確認しておきたい。

次いで，補足意見の論理構成は，極めて一般的な既判力理解を前提に，その例外を一切認めないとの結論に至っている。しかし，前述のように，既判力＝訴訟物のテーゼに一定の例外を認めること自体は既に相当に有力な賛同を得ている見解であり，補足意見のように一蹴することは困難であると見られる。また，既判力の実質的な骨抜き（蒸し返し）を防止する要請は，結局既判力縮小の要件設定の問題に帰着しよう。

最後に，反対意見は，前訴訴訟物の範囲に含まれる問題であっても，一定の場合には後訴における審理可能性を認めるものであり，本章の立場からは高く評価できる。ただ，その正統化根拠として信義則によっていることにはなお疑問の余地がある。補足意見も批判するとおり，既判力という制度的効力を当事者間の関係という私的問題に関する信義則により左右するという法的構成は，解釈論としてやや困難なものを含んでいるように思われるからである[55)]。著者は，前述のとおり，これをむしろ既判力自体の範囲の問題と捉え，その縮小

---

55)　既判力拡大の場合は既判力本体には触れないでその周辺を信義則で覆うという構成なので，信義則構成にも相対的に無理は少ないが，既判力縮小問題では，既判力と信義則が直接対峙する格好になるので，無理が見えやすいとも言えよう（ただ，事柄の本質には変わりはないと思われる）。

の可能性を正面から認める手法を相当であると考える。

⑵ 本判決の具体的解決の問題

著者の見るところ，本事件においてはやはり前訴の審理過程に問題があったものと結論せざるをえない。前訴判決が本件土地も遺産に含まれることを前提に将来の遺産分割が行われることを期待していたことは容易に推測できよう[56)]。しかし，そうであれば，訴訟法的には，前訴裁判所はXの遺産（共有）持分権を確認する一部認容判決をしなければならなかったはずである[57)]。そして，Aによる買受け及びAの死亡の事実が弁論に出ていたとすれば（証拠資料中にのみ出ていたような場合でも釈明義務が認められよう），裁判所は，仮に遺産共有の法的主張がなくとも，そのような一部認容の判断はできたことになる[58)]。その意味で，前訴裁判所は法的な判断（A死亡による相続法規の適用）を怠ったことになるが，ここでは裁判所自身がそのような事柄の法的意味を看過した点にこそ重要性があると思われる。つまり，裁判所は，その問題を当事者に示し，訴訟の俎上に上らせて十分な議論をさせるため，法律問題指摘義務を負っていたと解される。しかるに，裁判所はその点を明確にしないまま（実際にはおそらく気づかないまま）判決をしてしまった点で，行為規範としての法律問題指摘義務違反が認められよう[59)]。

---

56) Yへの贈与を否定した判決理由からはもちろん，Yの建物収去の別訴請求を棄却していること（注4）参照）からも，Yの単独所有権を否定する裁判所の意図は明白に表明されているものと言えよう。

57) 一般（？）の所有権と遺産による共有持分権とを実体法上別個の権利と理解することも不可能ではない（このような見方は本件1審判決が採用したようであるし，徳田・前掲注5）203頁以下も示唆するところである）。しかし，このような解釈は，遺産共有を通常の共有と変わるところがない（ただ，分割の手続のみに相違がある）とする判例理論に抵触しよう。なお，〔後記〕も参照。

58) 著者の立場からは（そしておそらくは判例上も）何らの指摘もなく，そのような一部認容判決をすれば（Yとの関係で）釈明義務（法律問題指摘義務）違反になると思われるが（次注参照），そのことと裁判所の判断権の有無とは問題としては別個の事柄である。

59) 本判決後の裁判例として，本判決の前訴と同様の状況で釈明義務の違反を認めたものとして，最判平成9・7・17判タ950号113頁がある（なお，同判決のコメントには，同判決と本判決は「いわばワンセットのものであり，既判力，弁論主義等の民訴理論の中核にかかわる問題について，最高裁の見解を明らかにするものとして，議論の素材を

それでは，本判決後に遺産分割審判手続が係属するであろう家庭裁判所の処理はどのようになされるべきであろうか。前訴裁判所はおそらく，Yも判決理由中の判断に従い，当該不動産を遺産として分割に応じるものと判断したのではないかと推測される。しかるに，Yはそのような態度をとらず，なお自己の単独所有権を主張したわけであるが，このように主張されれば家裁としてはなす術がない。もちろんYの単独所有権を再度否定する旨の認定はなお可能であるが[60]，X_1との関係で，Yの持分を3分の1として分割することは（少なくとも本件不動産との関係では）できない。けだし，本件不動産についてX_1の共有持分権を一切否定した前訴判決が既にある以上，それを無視した持分割合を前提に分割をすることは（実体的権利義務の判断を訴訟手続によらせる）憲法32条に抵触するからである。したがって，仮に本件不動産だけしか遺産がないとすると[61]，X_1の持分を観念的に遺産に持ち戻して，Yがそれについての自己の持分割合（3分の1×2分の1）だけをとっていけることになり，結果的に，分割の基礎となる持分は，X_1 6分の1，X_2 3分の1，Y 2分の1（3分の1+6分の1）になるものと解される[62]。つまり，前訴判決の結果として，Xの持分割合のうち6分の1の部分は，家裁の判断とは無関係にYに移転せざるをえないのであり，その点を家裁の処理によって補うことは制度上不可能と思われる。

以上のような考察を前提にすると，本件においては法律問題の指摘の有無によりX_1の法的地位に大きな影響を与え，評価規範としても前訴での法律問題指摘義務違反を根拠に前訴判決の既判力を縮小して，遺産共有に関する主張を

提供するものであるといえよう」との注目すべき叙述が見られる）。

60）　Yは更に訴訟でその点の判断を争える。仮に前訴判決の争点効を認めれれば，その主張は当然に排斥される結果となろうが，本件前訴ではYは全面勝訴しており，控訴の利益はないので，争点効発生の余地もなかろう。

61）　他に遺産がある場合に，その分でYの不利益を補う可能性を認めるか，その場合でも他の遺産部分についてのみ平等となるか（本件不動産に係る不平等部分はそのまま残るか）は議論の余地があるところであろう。

62）　なぜなら，前訴に関与しなかったX_2との関係では，X_1に共有持分権は存在しないとの既判力は及ばないので，X_1の持分の存在を前提にした割合（3分の1）でしか分割は受けられないはずであるし，他方でX_1の持分をYが全部もっていくことは，前訴判決がYの所有権を認めたわけではないことを考えると相当でないからである（したがって，上告理由が前提とするように，X_1を0，Yを3分の2とする分割は妥当でなかろう）。

再度 X_1 にすることを認めるべき事案であったように思われる[63]。ここでは，更に X_1 の過失の有無が問題となるが，前訴の経過からも明らかなように，両当事者は遺産となることをいわば最低ラインとして攻防を繰り広げていたものと思われ，そこで遺産共有まで主張しておかなければ後にその主張が排斥されるということに，通常人が想到できるとは言い難いように思われる[64]。その意味で，X_1 に過失があったとは認められないのではなかろうか[65]。したがって，本件の共有持分権に基づく登記請求訴訟について，X_1 の請求も認めるべきであったと解される[66]。

以上，必ずしも自信のあるものではないが，従来著者が主張してきた議論を検証する格好の判例が登場したことに刺激され，著者の考え方を展開してみた[67]。大方のご教示・ご批判をいただければ幸いである。

---

63) 既判力を回避する他の法律構成としては，所有権確認訴訟において一般に所有権取得原因ごとに訴訟物を構成することが考えられる。いわゆる二分肢説をとれば，このような帰結となりうるし（木川統一郎『民事訴訟政策序説』（有斐閣，1968 年）324 頁以下など参照），日本民法の物権変動論の特色からこの点を導く見解もある（大津・前掲注 5）4 頁以下）。しかし，所有権確認訴訟の一般論としてそのように細かく訴訟物を分断することには到底賛成しがたい。

64) なお，本件判決で詳細な反対意見を書き，その中で本判決の処理は X にとって酷に過ぎると結論づけているのが，法曹の出身ではない（外交官出身の）福田裁判官であることは注目しておいてよいであろう。

65) なお，X がこの点を前訴の上告理由で主張しなかった点を過失と把握する見解もありえよう。しかし，下級審の判断に法令違反があれば，本来は上告審が職権で取り上げるべきところであり，それがなされなかったということは上告審すらこの法律問題に気づかなかった可能性が高いことを示しており，X の過失を認めるのはやはり困難と思われる。また，仮にその問題に気づかなかった故に上告しなかった場合でも，そのこと自体を過失と解するのは一般的には困難であろう（もちろん過失の判断は個別の事情により，判決に顕れた事情からだけでは断定はできない）。

66) また，本件では，Y は前訴判決で事実上敗訴しながら法律論を盾に抵抗しているという側面は否定し難く，信義則の方面からのアプローチもなお十分に成り立ちうる事案であったように思われる。

67) 本章の元原稿の作成に際しては，その一部分について東京民事訴訟法研究会で報告の機会を与えられ，伊藤滋夫教授（大東文化大学：当時）を始めとした多くの方々から貴重なご教示を得た。また，垣内秀介助手（東京大学：当時〔現教授〕）には原稿全般にわたり目を通していただき，多くの貴重なご指摘をいただいた。原稿の文責が著者にのみ帰することは言うまでもないが，ここに記して心よりお礼を申し上げておきたい。

〔後記〕本章の元となった原稿の脱稿後，本判決の評釈として，上田徹一郎・判批・民商法117巻6号（1998年）905頁以下，高見進・判批・リマークス16号（1998年）135頁以下，本判決を契機に書かれた論文として，高橋宏志「既判力補論――最判平成9年3月14日の検討」法教209号（1998年）82頁以下が公表されている。

まず，上田評釈は，既判力論で問題を処理するのは困難とし，申立事項ないし一部認容の問題とする。すなわち，「相続人間の単独所有権確認請求における申立事項は，通常は，遺産持分の一部認容は求めない趣旨と解すべき」であり，共有持分の問題は申立事項外で遮断は受けないとする。しかし，当事者の意思により一部認容を拒否できるとすることは，実質的には質的一部請求を許容するに等しく，妥当ではなかろう（この点につき，**3**(2)(c)参照）。また，仮に遺産紛争の場合にのみ特則を認めうるとされる趣旨とすれば，それは突き詰めれば遺産共有の特殊性に依拠するものと言え，従来の判例理論と整合がとれないのではなかろうか（なお，高橋・前掲87頁以下が引用する民法学者の見解，すなわち外部に対する所有権確認には遺産共有持分確認を含むが，相続人間では含まないとする見解は確かに魅力的であるが，やはりその限りで遺産共有の特殊性を前提にするものと思われるし，同じ「所有権」の意味内容を紛争相手方によって別意に捉えることには，相当の疑問を禁じえない）。

次に，高見評釈は，福田反対意見に基本的に賛成し，本件のような「限られた場合に，例外的な扱いをするとしても，既判力のもつ紛争解決機能一般をゆるがすという批判はあたらない」とするが，その根拠として特に，前訴で共有持分の釈明をしなかったことは「裁判所を含め，前訴関係者の間で，前訴判決の既判力がXの共有持分権の主張を排斥するものと考えていなかったことを示していよう。その意味で，前訴で共有持分権の主張を予備的にしておかなかったことを責めるのはXに酷である」とする点は同感である。ただ，著者の立場は，この問題を信義則論の中でアドホックに処理するのではなく，既判力論において正面から取り扱うべきとするものである。なお，本判決の遺産分割に対する効力として，高見教授は「厳密な意味での既判力の拘束はXY間にも及ばない」とされるが，本文掲記のとおり，憲法32条との関係で疑問がある（後述の高橋論文も既判力の拘束を当然の前提とするものと見られる）。

最後に，高橋論文は私見を引用しながら，「本件では相続という構成はYからの主張がある以上，X_1にとって十分に主張可能であり，山本説の枠組みでも『過失』ありとされるのではなかろうか」とし，既判力は回避できないと結論づける（高橋・前掲86頁）。しかし，確かにAの死亡の事実は顕出されていたかもしれないが（但し，本件判決は「Aの死亡による相続の事実を主張しな」かったと前訴の事実関係を整理している），問題はその法的な位置づけ（死亡→相続開始→共有持分権の発生→一部認容の必要）について看過があった点にある。そして，このような法的看過を裁判所自身も犯していたことからすると，1人 X_1 の見落としのみを責めることはできず，既判力による遮断を回避する意味での過失はなかったと見るべきように思われるのである（本文注65）も参照）。

また，私見（及び竹下説）の一般論についても，「事実は出ていたが法的観点は出されていなかった場合まで救う（中略）必要は」なく，「法律の解釈を間違えた判決も再審事由となっておらず通用するのが日本法である」と批判する（同86頁注3参照）。重要な指摘ではあるが，「事実は当事者，法は裁判所」という現行法の役割分担を前提とする限り，法的観点を当事者が出さなかったことを責めるのは（事実の場合以上に）相当でないと思われるし，争われた結果として裁判所が下した法解釈に対する不服を問題にすることの当否と，その法律問題自体に誰も気づかなかった場合の後始末に関する問題とは，やはり次元を異にするように思われる（この点は，**3**(2)(c)も参照）。同89頁注10の高橋教授の巧みな比喩を使わせていただければ，確かに入試で答案提出後に単にもっとよい答案が書けるからもう1度書かせて欲しいという受験者の要望は通らないが，模範解答（法的観点）を採点者（裁判所）すら気づかずに採点してしまい，後にその解答の存在に気づいたときは，試験をやり直すか採点を訂正すべきではないか，というのがここでの議論である。

（初出：判例タイムズ968号（1998年）78頁以下）

［補論］ 本章は，既判力について最高裁判所が一定の考え方を示す珍しい判例の出来を契機として，従来著者の展開してきた法律問題指摘義務の議論との関係で，著者の既判力に対する基本的な考え方を整理し，判例に対する若干のコメントを付したものである。なお，本件と同一の紛争において裁判所の釈明義務を認める判例として，最判平成9・7・17判時1614号72頁，最判平成12・4・7判時1713号50頁がある。

本判決については，その後の論稿として，更に，新堂幸司「既判力と訴訟物再論」原井龍一郎先生古稀『改革期の民事手続法』（法律文化社，2000年）247頁以下（同『権利実行法の基礎』（有斐閣，2001年）249頁以下所収）がある。福田反対意見を基本的に支持する立場から，本件はどちらが単独所有権をもつかの争いであり，「それがAの遺産に帰属するかどうかについては，そもそも主文で判断すべき対象になっていなかった」とみるもので（前掲・権利実行法の基礎260頁），上田評釈の見解に近い。

第 13 章

決定内容における合意の問題
——訴訟上の和解と裁判上の自白の手続的規制

1 決定過程の現在問題

本日は「決定内容における合意の問題」という題目でご報告させていただきます[補注 1]。私の報告は，山本克己会員の報告が審理過程という手続面における合意の問題を中心に扱われたのに対し[補注 2]，訴訟における内容面での合意を対象としております。具体的には訴訟上の和解と裁判上の自白とを採り上げたものです。

民事訴訟の内容的側面での決定については，一般に裁断型が原則とされます。このことは，当事者間に訴訟外で合意ができない場合には，国家が強制的な権力を用いて一方当事者の利益を守るという民事訴訟の目的からすれば，当然のことのように見えます。しかしながら，このような制度全体の目的は，必ずしも個々の訴訟手続における目的と常にオーバーラップするものではありません。むしろ個々の事件においては，合意型の決定を図ることが有益である場合も少なくないと思われます。なぜなら，法的三段論法に基づく裁断型決定が必ずし

[補注 1] 本章は，1996 年 5 月に開催された第 66 回民事訴訟法学会大会のミニ・シンポジウム「訴訟手続における合意」（司会・福永有利教授）における著者の報告である。また，同シンポジウムにおける著者の報告に対する質疑の内容については，民訴 43 号（1997 年）166 頁以下参照。

[補注 2] 山本克己「手続進行面におけるルール・裁量・合意——『三者合意』モデルの検討を中心に」民訴 43 号（1997 年）115 頁以下参照。この報告の取り扱う審理契約に関する著者のその後の見解については，本書第 8 章参照。

もうまく機能しない場面では，裁量的な処理（非訟化，一般条項の活用など）を最後の手段としながら，可及的に合意による処理を図ることが適切な場面は少なくないからです。また，訴訟を公的サービスの一種と理解する立場に立つ[補注 3]とき，そのサービス内容をできるだけ多様化するためにも，合意型決定のメニューを拡大することが妥当であると考えられます。裁判所の裁断により解決を求める当事者もあれば，全面的に合意で解決し，その結果に一定の効力の付与を目的とする当事者もあり，更に訴訟内容の一部のみを合意し，他の部分を裁断型で解決してもらうことを求める者もありましょう。このような利用者の多様なニーズに，できうる限り応えていくのが公的サービスたる訴訟制度としては望ましいと考えられます。もちろん，このような利用者の需要の尊重にも一定の限界はあり，その要求が他の制度利用者や制度設営負担者である納税者の利益に著しく反するときは，そのような合意は認められるべきではないでしょう。このような場合には，当事者の合意が，当事者間で内部化されない外部不経済をもたらし，制度全体の効率性を阻害する結果となるからです。

以上のように，合意型決定の有用性が一般的には認められるとしても，「合意」に一定の限界が潜んでいることも見逃してはなりません。これには，2 つの側面からの指摘が可能です。第 1 の考え方は，合意が常に当事者の真意を反映しているかが明らかでない点を問題とするものです。民事訴訟における合意は，その対象が動態的なものであり，また専門的な問題を含むので，当事者の真意性の検証が重要になります。特に，合意の基礎として十分な法律的・事実的情報が必要とされる場合において，情報の提供などその手続過程に問題があるときは，合意による決定は単なる裁断の隠れみのとなってしまうおそれなしとしないからです（そのうえ，更に合意による自己責任が当事者に問われるという弊害もあります）。これは，オーソドックスな「意思の合致による合意の拘束力」という理論的な前提をなお維持しながら，そこで生じる個別の問題に対応する立場であり，伝統理論の枠内にとどまった批判です。他方，第 2 の考え方として，合意自体の意義に対して疑問を投げかけ，ただ 1 回の意思表示がなされることによって，それまでの経緯やその後の事情などにかかわらず，合意後の法

［補注 3］　民事訴訟を公的サービスの一種と理解する立場については，本書第 1 章 *1* 参照。

律関係が全面的に規律されてしまうことの妥当性を正面から問題にする見解がありえましょう。これは，当事者に対する拘束力の契機として，意思表示とともに，その周辺にある関係的なもの（「かかわりあい」）が援用される必要があるとする点で，伝統理論の枠を超えるものであります。いずれの考え方も，訴訟上の合意に当てはめれば，その合意がなされた経緯＝手続を重視する方向性においては共通の志向を有しますが，「合意」の意義ないし内容の理解において差異を生じる可能性があります（具体的には，*2*(3)参照）。

以上のような点を考えれば，内容面に関する訴訟上の合意を考えるとき，まず総論的に以下の点が指摘できましょう。

① 合意自体の有益性は認められ，合意の対象となる事柄の範囲を拡大するとともに，（少なくとも当事者の選択により）その合意に強い効力を付与する可能性を認めるべきであります。「弱い合意」を両当事者があえて希望するならばともかく，一方当事者が強い拘束力を求めるときには，後述のような手続的規制をかけることを前提に，強い効果を承認するのが相当と思われます。

② 他方で，そのように強化された合意の規制が必要であり，その際には合意の内容面（実体面）に関する規制よりは，手続的・プロセス的なアプローチによる規制が相当と考えられます（ドイツなどでは，むしろ実体面での統制〔＝和解内容と実体法の一致の問題〕が中心的に意識されているようですが）。もちろん公序を始めとした最小限の内容的規制は存置すべきでありましょうが，内容にかかわりなく，手続のみをチェックしていく方が，合意的処理の根底にある私的自治の要請に，よりマッチすると言えましょう。その場合の手続的規制の柱となるのは，当事者に対する十分な情報の供与という点になると思われますが，それを支えるさまざまな手続的エレメントの保障も議論されるべきものと考えられます。

2 訴訟上の和解の問題

(1) 和解の効力

訴訟上の和解については，その対象範囲は一般に広く認められていますが，この点についてはここでは論じません。また，その効力について，既判力の有無が議論されていることは周知のとおりですが，私はこの点でいわゆる制限的既判力説を相当と考えています[補注4]。詳論は避けますが，以下に述べるような手続的規制の強化を前提に，和解の効力も強化すべきものと解する立場です。けだし，当事者が和解に執行力とともに既判力を求めることも十分に考えられ，その場合にはその要望に応じるべきものと考えるからです。実際，執行力・既判力をともに求めない当事者は訴え取下げ→裁判外の和解で足り，執行力のみを求める当事者は取下げ→公正証書の作成で対処できますが，両方のサービスを求める当事者の需要を満たす途（既判力という強い効果をともなう合意による紛争解決を求める途）を開いておくことが，ここでは重要と思われるからであります（ただ，両当事者が一致して既判力を不要とし，裁判所もそれに同意できるときは，三者合意による既判力回避の余地を認めてもよいと考えます）。このような観点からは，当事者の希望にかかわらず，つねに「弱い和解」を押し付ける議論は相当とは思われません。

(2)　手続的規制の必要性

訴訟上の和解について，現下の最大の課題はその手続的規制の充実にあると思われます。訴訟上の和解の有用性はすでに実務・学界両者において原則として広く承認され，和解を成立させるためには何をすればよいかという「和解技術論」の研究も進んでおります[補注5]。しかし，和解であっても，それが裁判制度という国家の権力装置の内部で行われる行為である以上，その権力的側面には常に配慮する必要があります。そのような観点からは，和解において（いかにそのことが和解成立に寄与するものであっても）何がなされてはならないかという「和解手続論」の構築が，公法としての民事訴訟法にとっては不可避の課題をなすものと考えられるのです。

［補注4］　訴訟上の和解の効力に関する著者の見解については，鈴木正裕＝青山善充編『注釈民事訴訟法(4)』（有斐閣，1997年）483頁以下〔山本和彦〕参照。

［補注5］「和解技術論」については，草野芳郎『和解技術論〔第2版〕』（信山社出版，2003年）参照。草野判事の著者の報告に対する直接のコメントについては，民訴43号（1997年）151頁以下参照。また，「和解技術論」と「和解手続論」の意義に対する評価につき，草野芳郎「和解技術論と和解手続論」新堂幸司先生古稀『民事訴訟法理論の新たな構築上』（有斐閣，2001年）491頁以下も参照。

以上のような基本的な問題意識の下に，訴訟上の和解については，そもそも和解（合意による解決）という場面において，手続的規制（手続保障）の出番があるのか否か自体をまず検証する必要があると思われます。手続的規制をアプリオリに否定する立場としては，以下の３つの根拠が一応考えられましょう。

まず第１に，「合意による瑕疵の飲込論」とも称すべき考え方です。すなわち，その手続過程がいかに不当なものであれ，最終的には両方の当事者がその結果に納得して合意しているのですから，瑕疵は治癒され，問題はないという議論であります。これは，民事訴訟の基本に存在する当事者の処分権を根拠にするもので，それなりの説得力はあると思われます。しかしながら，従来の議論においてもなお，当事者が必ずしも飲み込めないような種類の手続的瑕疵が存在することは認められてきました。例えば，再審事由に該当するような重大な瑕疵は，仮にそれにより当事者の意思表示の真意性が損なわれていなくても，なお当然に和解の無効または取消しをもたらすものと理解されてきたのです。更に，このような飲込論は究極的には，当事者に対して手続的瑕疵をすべて飲み込むか，一部の手続でも気に入らない点があれば和解自体を全体的に拒否してしまうか，の二者択一を迫るものと言えます。しかし，制度のクライアントたる当事者としては，「そのような手続は嫌だが，ちゃんとした手続にしてくれれば和解自体は継続したい」と考えることもあるでしょう。そのようなニーズを無視して，「この不十分な手続が嫌なら，和解を拒否して，すべて判決手続に来て下さい」と言い放つのは，いかにも硬直的な態度と思われます。むしろ一定の手続保障を規定して，手続に対する部分的な拒否権を当事者に付与しながら，和解自体の話合いは進めていくのがより柔軟な手法であり，公的サービスとしての民事訴訟にとって適合的な態度であると解されます。

第２に，和解の手続的規制がなくとも，事後的に錯誤無効などにより和解の効力を争う機会は与えられるので問題はない，という考え方もありえましょう。訴訟上の和解についての既判力否定説によればもちろん，いわゆる制限的肯定説でも，意思表示の瑕疵に基づく和解の無効・取消しを認めるからです。しかし，このような事後的な矯正の余地の存在は，それだけで直ちに事前の手続的規律を否定する根拠にはなりえないと思われます。なぜなら，まず，事後的に錯誤を主張することはもちろん理論的には常に可能ですが，実際にはその証明の困難さを考える必要があるからです。和解の手続過程は現状においては全く不透明なものであり，錯誤に陥った経過を当事者が明らかにすることは大変な困難を伴うと思われます。また，仮にそれが証明できたとしても，事後的に和解を覆すことは既存の法的状態を変動させ，法的安定性を損なうおそれがあることを考えれば，可能な限り，新たな法的状態が発生する前に，行為規範による対処を図るのがより望ましい規制方法でありましょう。更に，逆にそのような法的安定性を尊重するがゆえに，錯誤の非重大性や錯誤当事者の重過失の顧慮により，結果的に和解無効を認める場合が限定される可能性も生じ，錯誤当事者の救済としての十分性にも疑問が残るのです。したがって，錯誤無効という事後的な矯正手段の存在を根拠として，和解に対する事前の手続的規制を否定するのは相当ではないと考えられます。

最後に，実体上の和解契約については手続保障が不要なこととの均衡で，訴訟上の和解についてのみ手続保障を要求することは正当化できない，との議論もありえます。訴訟上の和解も実体上の和解の一種とする最近の有力な考え方によれば，このような特別扱いの相当性は特に問題となるでしょう。しかしながら，最近の実体法の議論によれば，実体上の契約についても手続的な観点が全く等閑視されているわけではなく，特に情報供与の側面から手続的配慮が加えられているように見受けられます（情報提供義務や説明義務の議論など）。加えて，仮に訴訟上の和解の実体契約性を前提とするにしても，やはりそこには通常の契約とは異なる特殊性があることは否定しがたいように思われます。すなわち，①訴訟上の和解は，判決という強制権力を行使しうる裁判所が仲介してなされるものであり，そこには制度必然的に当事者に対する間接的強制の契機が付着せざるをえません（また，弁護士による強制の契機も無視しえません）。そのため，判決と同等か否かは議論がありうるにせよ，少なくとも通常の実体的和解契約の場面とは異なる手続的配慮が不可欠となりましょう。②和解の結果である和解調書には，執行力（学説によっては更に既判力）という実体的和解契約には認められていない強い効力が承認されています。したがって，そこには当事者の意思の合致を超えた何ものかの存在が前提とされているのであり，それは合意の前提となるしっかりとした手続的保障の付与という点にあるのではないかと思われます。また，やや異なる観点ですが，③和解が失敗した場合の判決の可能性を念頭に置いて，和解手続の規律を考察する必要もあります。すなわち，和解裁判官を判決裁判官と分離しない限り（このような可能性は当面捨象して考えます），和解手続が判決に影響を与える事実上の可能性は常に残ると思われます。もちろん，和解手続において裁判官が心証を形成することは厳に否定しなければなりませんが，事実の問題としてはその可能性を正面から受け止める必要があるとすれば，和解手続はそれ自体完結したものとは考えられず，判決をも視野に入れた手続的規制が必要になってくると考えられます（ただし，このことは和解手続と判決手続との分離を可及的に追求することとは矛盾しないと思われます。著者は，弁論〔準備〕兼和解のように両者を一体化する方向には否定的であり，争点整理期日と和解期日とは必ず別個に指定し，〔両者の円滑な転換を前提としながら〕別個に実施することが必要と考えています）[補注6]。以上のような訴訟上の和解の特殊性を顧慮するとき，実体的和解との均衡論のみで，訴訟上の和解における手続的規制の必要性を否定するのは相当でないと考えられるのです。

(3) 手続的規制の意義

以上のように，訴訟上の和解についても一定の手続的規制が必要であると考えられるとして，次の問題はその規制の意義ないし位置づけです。和解が口頭弁論の枠内で行われる限り，相対的に問題は少ないと言えます（ただ，その場合でも，後述の内容的手続保障の問題はなお残ります）。主たる問題は，和解が和解期日といった独立した機会において行われる場合です。和解期日は，従来実定法に根拠をもたない慣習法上の期日とされていましたが，現行民事訴訟法は「和解の期日」という言葉を条文に用い（民訴261条3項参照），これは一応実定法上の根拠を有することになりました。しかし，その内容については依然として一切規定が置かれておらず，その実体的規律は放棄された一種の野放し状態となっています。

そこで，この和解期日の手続的規律がここでの主題となりますが，手続保障の意義に関しては，「合意」の問題性に対する理解の相違（*1*参照）に基づき，

［補注6］ 現行法の下での解釈論につき，賀集唱ほか編『基本法コンメンタール民事訴訟法2〔第3版追補版〕』（日本評論社，2012年）122頁〔山本和彦〕参照。

若干異なるアプローチが想定できます。まず，考えられるのは，和解を締結する当事者の意思表示の真正を担保するために手続的規律が要請されるとする立場です。これは，当事者の意思表示の合致という伝統的な和解の正統化根拠を維持しながら，その欠缺のおそれを手続保障により補充するというアプローチであります。その意味で，判決について「正しい法，正しい事実」をその正統化根拠として維持しながら，補充的な手続保障を求める立場とパラレルで，一種の「不完全手続的正義」を志向する考え方と言えましょうか。この考え方によれば，手続的規律の目的は当事者の意思表示の真正の担保という，判決の場合とは別のものとなりますので，手続保障の内容も判決手続における手続保障とは異なってくる余地が当然に認められましょう。他方，手続保障の付与自体が和解の目的であり，その正統化根拠であるとして，手続自体の価値を重視する立場が考えられます。これは，判決においても，和解においても，その正統化根拠を判決内容や当事者意思とは切り離して，手続保障の付与に求め，両者を統合的に把握するアプローチであります。その意味で，結果がどうであれ，手続の保障により正義が全うされるという「純粋手続的正義」を志向する立場と言えましょうか。この考え方によれば，おそらく判決の場合と和解の場合との手続的規律を区別する理論的根拠はさほどなく，両者の手続保障の内容は同一のものに収斂されていくことになりましょう（ただ，それは，その内容が既存の判決手続の手続保障の内容に統一されなければならないことを直ちには意味しません）。

以上のようなアプローチのうち，私は基本的に前者の立場を正当と考えています。和解について言えば，当事者の最終的な意思表示を無視し，正当な手続が行われればそれでよし（「合意すべきである」あるいは「合意したものとみなす」）とするのは，近代的な意思自治の原則からの完全な乖離であり，当事者の人格の無視と言わざるをえないからであります。当事者の意思が客観的に見ていかに不完全なものであれ，それをそれとして尊重することに，すべての近代法の原理が立脚しているのであり，その意思を合理的なものに近づける努力が必要なことは否定しませんが（手続的規律の充実もまたその一環です），仮に不合理な意思であっても，最終的に示された和解拒絶の当事者意思を，手続過程を根拠に否定してしまうことを容認する立場にはやはり賛同しがたいものがあります。

したがって，以下では，手続的規律の補充的導入という位置づけを前提として，その具体的な内容を考えていくことにします。

なお，このようなアプローチを前提とすれば，考えておかなければならない点として，和解が失敗して判決手続に戻った場合を視野に入れた手続的規律の問題があります（和解手続と判決手続とを一体的に把握する立場からは，この点は問題とはならないでしょう）。*1*でも述べましたように，和解手続の結果が判決手続に一切影響すべきでないというのが当為の立場でありますが，実際の影響の可能性が否定しがたいということもまた事実です。そうだとすれば，判決手続における手続的規律を完結させるためには，前段階の和解手続においても弁論における手続保障が投影せざるをえないでしょう。その意味で，これは，前述の「当事者意思補完的手続保障」とはその意義を異にし，「準弁論的手続保障」とでも名付けることができるものと思われます。ただ，このような影響が事実上のものであり，規範的には望ましくないものであることも考えますとき，手続保障の内容はやはり口頭弁論の場合と全く同一のものであるまでの必要はなく，その意味では，判決・和解両手続の手続的規律の分別論はなお維持できるのではないかと考えています。

⑷ 手続的規制の内容

以上のような手続保障の位置づけを前提として，和解手続の規律の具体的中身を考えていくことになりますが，問題の包括的な検討は不可能ですので，主要な論点に絞って概観的に考察するにとどめたいと思います。

第1に，手続保障の内容として，前述のように和解手続が実定的な規律を免れていることから，手続全体の枠組的な規制という観点が最初に必要になってきましょう（このような枠組的手続保障は，口頭弁論については当然に前提となっているものです）。まず，問題となりますのは，①対審の保障の点です。和解における手続保障の意義が十分な情報に基づく真正な合意の確保にあるとすれば，すべての手続過程に両当事者が関与する機会を与えることは不可欠であります。けだし，ある情報が一方当事者に全く伝えられないときはもちろん，事後的に裁判所を通して伝えられたとしても，そこには情報の歪みのおそれが常に残るからです。したがって，原則は両当事者の対席による手続であるべきで，当事者の立会権の明確化が必要と解されます。ただ，両当事者が対審を放棄して，交互面接による手続を望む場合には，そのような選択肢は認められてもよいでありましょう。私は，判決手続においてはこのような事前の対審の放棄は許されないと考えていますが，和解手続においては，手続自体が合意を目的にしているというその性質上，判決手続の場合よりも緩やかに審理契約の締結を認めてもよいと思われるからです[補注7]。しかし，両当事者の公平な取扱いの要請はなお残るべきであり，一方的な対審の放棄は，特段の事情がない限り，認めるべきではないでしょう（自分が裁判官と1対1で話せる限りで，相手にもその権利を認めるという限度にとどまると考えられます）。また，弁護士代理がある場合には，代理人と当事者との関係の中で微妙な問題が生じえます。例えば，対審を認めるとして，代理人のみの対席を認めるのか，常に当事者本人の立会いまで認める必要があるのかは1つの問題ですし，代理人が交互面接を求める一方，本人が対席を希望するときの扱いなども問題となりえましょう。和解における当事者本人の重要性を前提とすれば，本人の立会いを原則と考えるべきですが，代理行為の本質や和解の代理に特別授権が求められていることなどに鑑みれば，代理人が対席を不要としたり，自らの立会いのみで足りると主張したりするときは，最終的にはその意向を尊重せざるをえず，あとは弁護士・依頼人間の内部関係に委ねるべきでありましょうか。

次に，②公開の保障については，民事訴訟手続における公開主義の根拠を権力行使の統制にあると捉えれば，和解における権力性の相対的な弱さに鑑みるとき，非公開による和解期日を原則としてよいように思われます（その前提として，和解期日の公開には憲法上の保障は及ばず，法律の解釈の次元の問題と解されます）。ただ，両当事者が一致して公開による和解手続の進行を求めるという希有の場合には（現代型訴訟などの場合にはこのようなことも起こりえましょうが），公開手続が特に裁判所の負担となるような事情のない限り，公開を認めるべきですし，また相当と認める者の傍聴も許されてよいと思われます（弁論準備期日に関する民訴169条2項参照）。

［補注7］　審理契約については，山本和彦『民事訴訟審理構造論』（信山社出版，1995年）399頁以下及び本書第8章参照。

更に，③和解手続の開始・終了の時期に関しても，やはり明示の規定は存在しませんが，当事者の意思が十分に尊重されるべきでありましょう。一般に，和解の勧告は完全に裁判所の手続裁量に委ねられていますし（民訴89条），その終了に関しても（当事者が事実上和解期日に出頭しないときは，和解は打ち切らざるをえないでしょうが），なお原則として裁判所の訴訟指揮権に委ねられていることに変わりはありません。むしろ，弁論準備手続など争点整理手続に準じて，勧告に際して当事者の意見を聴いたり，当事者の申立てに基づく口頭弁論への移行を認めたりすべきように思われます。ただ，このような移行申立権に一定の要件を課すかは1つの問題であり，行政指導に関する判例などに準じて，当事者の明示的な和解拒否の意思表示や合理的な猶予期間の付与などの要件が検討に値しましょうか。

また，④和解手続における証拠法則の適用の問題もあります。和解においては事実認定は原則として問題になりませんが，紛争の背景事実などが和解の成否に影響するため，一定の事実調べが行われる可能性はあります。ただ，和解期日における第三者審尋や書類の提出については，何ら明示の規律は存在しません。和解が失敗に終わり，判決手続に移行する可能性を視野に入れるときはもちろん，和解自体の妥当性（意思決定における十分な情報の付与）を考えても，何らかの規律は必要でしょう。その場合には，第三者審尋の一定の者への限定（民保9条参照）や，審尋については常に対席審理を保障すること（民訴187条参照）などが問題となりえましょう。

最後に，⑤手続記録も当事者の手続保障の重要な要素の1つです。手続過程の記録化により，そのやり取りが客観化され，裁判所の恣意が抑制される可能性があるからです。その意味では，実務に時に見られますように，単に弁論（準備）調書を延期や続行にするような運用は最低限避けるべきでありましょう。むしろ一部実務が採用しているように，立会裁判官による手続経過表の作成を義務づけることが相当と思われます（この点は書記官の立会いをどう考えるかにかかってきますが，それを不要とすると，調書の作成は現実的ではないでしょう）。ただ，現在の経過表の記載内容は当事者の出席の有無など極めて形式的な事項にとどまり，実際の和解手続の進行過程はそこからは全く読み取れないようですが，それでは手続保障としての記録化の意味は少ないと思われます。もちろん和解交渉の微妙さに鑑みれば，すべてのやり取りを微細に録取することは現実的ではありませんが，将来発生しうる和解無効をめぐる紛争などにも対応できるように，和解条項が形成されていく経過が，ある程度そこから読み取れるような記載が今後工夫されるべきものと言えましょう。

以上のような枠組的な手続保障と並んで，それと同等ないしより重要な問題が，内容面での手続的規律の点であります。すなわち，和解における手続保障を必要とすることの意義が当事者の意思表示の真正担保にあるとすれば，それをより直截的に実現するのがこの内容的手続保障の側面だからであります。和解における当事者の決断が，多くの場合，和解結果と判決結果との内容的な比較を中心として，費用・時間面での比較をも加えた判断の結果に基づくとすれば，当事者の錯誤を防止するためには，これらの側面に関する十分な情報の提供が重要となります（逆に言えば，このような比較が可能である点に，和解手続のADRとしての特性があるとも言えます）。したがって，内容面での手続保障の中核は，具体的には法律面での情報供与と事実面での情報供与とにあり，法律面については，当該事件の本案において問題となりうる法律問題についての正確な情報が，事実面については，事件の争点に関する事実の心証が問題となりましょう（ただ，証拠調べ前の段階での和解では，この点は問題となりにくいですが，いわゆる筋や見通しの提示の問題は残りましょう）。心証開示による和解勧試には批判もありますが，これは，判決の場合との比較対照の便宜を当事者に提供するという手続保障・情報提供の観点から理解され，運用されるべきものと考えられます。そのほか，周辺的には，その事件が判決により確定するまでの時間・費用の予測も提供されるべき情報に含まれることになりましょう。確かに訴訟遅延や費用負担を梃子にした和解勧試は望ましいものではありませんが，事実として判決に時間・費用がかかるのであれば，やはり当事者にその点の十分な情報を付与して決断を迫るべきでありましょう。

3　裁判上の自白の問題

(1)　自白の意義

裁判上の自白を訴訟における決定内容の合意の問題と位置づけることは，若干奇異な感を抱かせるかもしれません。従来の自白のイメージ，すなわち相手方の主張する事実と自らが主張する事実とがたまたま一致するものとの理解を前提とすれば，そこには合意（意思）の要素は存在しないことになるからです。しかし，実際の自白，とりわけ新たな争点整理手続の中で行われるべき自白は，必ずしもこのようなイメージとは整合しないように見受けられます。そこでは，裁判所と両当事者との相互のやり取りの中から，ある事実については主張を取り下げ，また他の事実については相手方の主張を争わないといった形で，争点が整理されていく経過をたどるのであり，そこでの自白は，単なる事実主張の形式的合致というよりも，より積極的な「当該事実を争点としない」という意思表示の合致を示すものになっていると言えるのではないでしょうか。裁判上の自白の性質論については，ドイツ普通法時代の意思表示論から観念通知論への歴史的な展開があったとされますが[補注8]，最近の状況は意思表示論への再転換を要求しているようにも考えられます。もちろん当事者間でなされる自白の合意を自白契約として別途説明することも可能ですが，むしろ自白全体について，訴訟関係者の話合いの中から次第に争点の中身が決定されていくプロセスを重視して，その実質としては裁判所と両当事者との間の審理契約の一種である争点決定合意として位置づけていくべきではないでしょうか。そこでは，従来の「一方的観念表示型」自白は「双方的意思表示型」の自白へ，換言すれば「和解型」自白にイメージが転換してきていると評価できましょう。このような自白は，まさに合意による部分的な訴訟の内容決定と解され，決定内容における合意の問題範疇に含まれることになります。

以上のような裁判上の自白の性質についての基礎的な理解を前提とすれば，合意による決定の一般論として *1* で述べたことがここでも概ね妥当するものと言えます。すなわち，原則としては広く当事者の処分権を尊重し，自白の範囲・効力も広く認めていくが，それと引換えに自白の（内容よりも）形成手続に規制を加えていく，というアプローチが相当であると解されます。以下では，それぞれの問題にごく簡単に言及するに止めます。

［補注8］　自白の性質論に関する歴史的経緯等については，松本博之『民事自白法』（弘文堂，1994年）217頁以下など参照。

(2) 自白の対象

まず，自白の対象については，これを広く認め，間接事実や補助事実など主要事実以外の事実はもちろん，いわゆる権利自白，更にはそれ以外の法の解釈や当てはめなどについても自白の効力を認める余地があるものと思料されます。（公序違反など外部不経済が問題となるような場合を除き）当事者は訴訟の対象自体について処分権を有しているのですから，その一部について（事実問題であれ，法律問題であれ）処分を認めることはむしろ当然と思われます。確かに法の解釈・適用は裁判所の専権とされますが，その点は事実の認定についても同様であり，ここでの「専権」とは，当事者間にその問題について争いがある場合に，最終的に判断をする権限を意味するものでありましょう。事実については当事者間に争いがなければ裁判所は介入する権限も義務もないように，法律問題についても当事者間に争いがないにもかかわらず，あえて裁判所がそこに介入して，当事者の合意とは異なる判断をする必要はないように思われます。確かに裁判所は判決をするにあたって法律に拘束されますが，当事者に法律問題に関する合意がある場合を，この法律による裁判の原則の対象外と考えることは不当とは思われません。そもそも民事訴訟は当事者（利用者）のための制度であり，他の制度利用者や制度設営者に負担をかけない限りにおいては，利用者のニーズに最大限一致した制度の構築を図るべきものと考えられるからです。

(3) 自白の効果

自白の効果については，周知のとおり，自白がなされた後の撤回の可否および要件の問題として論じられています。しかるに，裁判上の自白を，前述のように，意思表示の合致と見る場合，その効力も基本的には合意の一般的効力と同視すべきものとなりましょう。その場合，合意が一方当事者の意思（心変わり）により撤回できるというのは，極めて異質な法律構成となることは否定できません。合意であるとすれば，それがいったんなされた以上，両当事者を拘束するのがむしろ当然の原則であります。もちろん訴訟における合意の特殊性，特にそれが訴訟というダイナミックな状況の下でされる専門的な問題に関する合意であることを考えれば，事情変更などの余地は比較的広く開かれてしかるべきでしょう（この点で，契約に関する近時のいわゆる「関係的契約論」[補注9]は，自白の効力を考える際にも参考となるところが大きいように思われます)。しかし，原則的な枠組みとしては，意思表示の効果の不発生は，意思の欠缺・瑕疵の場合に限定されるべきでありましょう。その意味で，既存の議論の枠組みとの関係では，まず自白の「撤回」という問題の立て方自体が疑問に思われます。一方的訴訟行為について撤回が論じられることはあってよいのでしょうが，合意としての自白には「無効」のみがあると考えるのが原則ではないでしょうか。

そして，以上のような前提をとれば，現在「撤回」の要件として論じられているもののうち，錯誤はともかく，「反真実」の要件の相当性は疑問となります。前述のように，争わない旨の意思の表示として自白を理解するとき，その自白が真実に反するという事実はさほどの法的意味をもたず，自白の効力を否定する材料とはならないのが原則のように思われます。また，反真実に基づき自白の効果の否定を認めれば，結局自白にもかかわらず常に相手方当事者はその事実の審理につき合わされる結果となり，自白を信頼して有力な証拠を処分してしまったような場合には，反証が不可能になるおそれすらあるのです。よって，反真実を自白「撤回」の要件とするのは相当と思われません。

もっとも真実に反するにもかかわらずあえて自己に不利な事実を認めるのは，錯誤に陥っていたことの証左であると見て，反真実を錯誤の推定の材料とすること（判例の立場）には一理ないとは言えません。ただ，その場合にも相手方当事者に発生する前記のような不利益を防止するため，むしろ錯誤を発生させないような手続構造を事前に確保しておくことが本来の対処の途と言うべきです。すなわち，当事者の真意を確保するための予防的な手続保障を確保し，他方で錯誤に陥った場合もその自白の過程がより明確となり，後の不要な紛議を防止できるような手続的配慮をすべきでありましょう。

(4) 自白の手続的規律

裁判上の自白における手続的規制については，訴訟上の和解とは異なり，枠組的な手続保障にはさほど問題がありません。けだし，自白は常に口頭弁論ま

［補注 9］「関係的契約理論」については，内田貴『契約の再生』（弘文堂，1990 年），同『契約の時代――日本社会と契約法』（岩波書店，2000 年）など参照。

たは争点整理手続の中でなされるものであり，それぞれの手続についてすでに枠組的な保障が講じられているからです。もちろん争点整理手続に関する手続的規制一般の問題はなお残っていますが，この点はここでは省略します（ただ，前述の自白過程の明確化との関係では，争点整理手続の記録化の問題が重要性を帯びてきましょう）。

他方で，和解の所でも論じた内容的手続保障の問題は，裁判上の自白についても同様の重要性を有します。ここでは合意による紛争解決（全部的であれ一部的であれ）の共通性がクローズアップされることになります。つまり，合意が尊重されるためには，その意思表示に際して当事者に十分な情報が提供されていることが不可欠の前提となると思われます。特に自己に不利益な処分行為をする当事者は，その行為がもつ法的意味を十全に知悉して処分したものでなければ，意思自治の正統化根拠は失われてしまいます。よって，自白を意思的なものと把握する限り，自白対象が当該訴訟においてもつ法的意味を常に当事者に認識させるような手続保障が不可欠となります。従来の議論においても，権利自白については，その有効性の要件として「法的な意味の認識（当事者の法的知識）」が定式化されていました。しかし，この点は事実の自白についても全く同様に妥当すると考えられます。けだし，ある事実が一定の法的立場をとれば余り重要ではなく，他の法的立場をとれば極めて重要になるような場合に，前者の立場を前提に当事者が自白しているとすれば，そこには重大な錯誤が潜んでいるからです。そのような事態を防止するため，裁判所は問題となる法律問題や経験則について十分な釈明を行う義務を負うと解されます。

なお，欠席による擬制自白は本来の自白とは相当に性格を異にし，自白の意思表示的な理解の立場からは，その位置づけの再検討が不可欠になると思われますが（消極的処分の特殊性の問題），そこでも（教示の問題など消費者保護的考慮も含めて）情報供与の在り方の重要性を強調すべきことについては，通常の自白の場合と同様であろうと思われます。

4　おわりに

以上，甚だ大ざっぱな議論にとどまりましたが，私なりに訴訟上の和解および裁判上の自白という訴訟の決定内容面における合意の問題について考えてみました。なお，山本克己会員が最後にご指摘になったように[補注10]，審理契約ないし三者合意についても，メタレベルで同様の問題があります。私自身は，審理契約の強度をある程度維持しながら，情報提供を柱とした手続的規律により無制限なインフォーマル化を防止するという方向が志向されるべきように考えています。ただ，以上のような方向性はあまりに従来の伝統的枠組みにとらわれたものであり，「合意」の本質を疑い，裁断と合意とを統合していく立場からの批判は当然にありえようかと思います。この点は，次の井上治典会員のご報告[補注11]で詳細に示されるものと思います。

（初出：民事訴訟雑誌43号（1997年）127頁以下）

［補論］ 本章は，訴訟手続における合意の意義を論じる学会シンポジウムにおいて，訴訟の内容面における合意という観点から，訴訟上の和解と裁判上の自白の在り方を論じたものである。

訴訟上の和解については，その手続的規制を中心に論じている。従来，和解について，学界においてはその法的性質や効力などが主たる関心事項であり，実務界においては「和解技術論」が主要テーマであったところ，その手続の在り方を論じたところが目新しい。草野・前掲［補注5］新堂先生古稀503頁は，「和解手続論というものについては，私を含め実務家がこれまで意識して来なかったものである」として，「太平の眠りを覚まされたという感じがする」と評価する（ただ，和解の手続的規制という表現は妥当でないとし「和解手続を勧めるための手続的配慮義務」と表現し，そのような手続的配慮の在り方について論じる。同505頁以下参照)。その後，本章の報告などをも契機に，和解の手続的規律の在り方をより展開した研究として，垣内秀介「裁判官による和解勧試の法的規律」民訴49号（2003年）232頁以下，同「裁判官による和解勧試の法的規律(3)」法協122巻7号（2005年）1頁以下，同「和解手続論」新堂幸司監修『実務民事訴訟講座〔第3期〕3巻』（日本評論社，2013年）175頁以下など，垣内教授による一連の重要な業績が現れている。

本章ではまた，訴訟における手続保障の在り方一般として，試論的に，枠組

［補注10］ 山本克己・前掲［補注2］127頁参照。

［補注11］ 井上治典「『合意』から『かかわりのプロセス』へ」民訴43号（1997年）142頁以下参照。

的手続保障と内容的手続保障という区別を前提に論じている。このような手続保障の区別及びその意義に関する関心は，（その内容について若干の変遷はあるものの）その後の著者の手続保障論に通底する問題意識となっている。これについては，本書第5章***2***及び第14章***4***のほか，山本和彦「民事訴訟における手続保障」伊藤眞＝山本和彦編『民事訴訟法の争点』（有斐閣，2009年）54頁以下参照（また，学生向けの解説として，山本和彦「手続保障」法教415号（2015年）35頁以下も参照）。

裁判上の自白については，本章で述べた「争点排除の意思としての自白」を徹底させ，自白の範囲・要件・効果等の解釈論を論じたものとして，山本和彦『民事訴訟法の基本問題』（判例タイムズ社，2002年）158頁以下がある。高橋宏志『重点講義民事訴訟法上〔第2版補訂版〕』（有斐閣，2013年）476頁注1は，私見を「意思的要素を強く打ち出す」見解と評している。

第 *14* 章

家事事件手続における職権主義，裁量統制，手続保障

1 問題意識

本章は，新たな家事事件手続法の下での家事事件手続[1]の在り方について，職権主義，裁量統制及び手続保障という観点から若干の理論的な検討を試みるものである。本誌〔判タ 1394 号〕掲載の他の論稿において示されているように，家事法研究会〔判タ 1237 号（2007 年）4 頁参照〕においては，新たな家事事件手続法下の手続の在り方について，立案担当者，裁判官及び弁護士の立場から検討が加えられたところ，著者[2]にとって，その内容は大変有益で，かつ，刺激的なものであった。そこで，本章では，家事法研究会における各報告でほぼ共通してテーマになった論点として，職権主義，裁量統制及び手続保障それぞれの問題を取り上げ，著者が立案段階から考えてきたこと，更に本研究会の議論を受けて考えたことについて論じたい[3]。ただ，本章の内容は未だ十分に練られたものではなく，また相互の関係も必ずしも体系的なものではないことを予めご寛恕いただきたい。

1） 以下では，主に家事審判の手続を対象として検討する。家事調停の手続にも妥当する部分もあると考えられるが，検討の主たる対象とはならない。

2） 著者は，同法の制定に法制審議会非訟事件手続法・家事事件手続法部会幹事として関与し，主として理論的な観点からこの問題を考えてきた者である。

3） このような機会を与えていただいた家事法研究会の皆様，特に幹事の松原正明判事（現・早稲田大学教授）及び道垣内弘人教授には心より御礼を申し上げる。

2　職権主義について

(1)　家事事件手続法における職権主義の維持

弁論主義・当事者主義が妥当する民事訴訟手続に対して，家事事件手続については，改正前から職権主義が妥当していたが，家事事件手続法はそのような手続の基本原則を維持した。すなわち，家事審判手続において，家庭裁判所は，職権で事実の調査をし，かつ，申立てにより又は職権で，必要と認める証拠調べをしなければならない（家事56条1項）。このような規律内容は，証拠調べについて当事者の申立権が新たに認められた点を除き，基本的に旧法と変化はない。他方，当事者の立場は，適切かつ迅速な審理及び裁判の実現のため，事実の調査及び証拠調べに協力するものとされ（同条2項），基本的に客体的なものとして位置づけられている[4)]。

以上のように，新たな法制は，後述のように，旧法に比して，当事者の手続権を尊重するものと評価されているが，手続の基本原則としてはなお職権主義を維持している。ここで問題とされるべき点は，そして本研究会でも1つの主要な論点とされた点は，このような職権主義の根拠は一体何であるのかということである。換言すれば，職権主義の根拠が「公益」であるとすれば，家事事件手続において保護されるべき「公益」とは具体的には一体何かという問題であった。

この点について，金子論文では，家事事件手続で保護されるべき公益の内容として，司法判断性，多数者への影響，判断対象の公益性，第三者への影響，保護利益の多様性（総合調整の要請）などが挙げられている[5)]。これは，従来実務上暗黙のうちに前提とされていた公益の中身を言語化しようとした試みとして大変貴重なものと評価することができる。ただ，このような内容を突き詰めて考えたとき，果たしてすべての家事事件について，このような要素が常に妥当すると言い切れるであろうか。本章でまず検討したいのは，家事事件におけ

4)　以上の趣旨は家事調停にも妥当する（家事258条1項による同56条の準用）。

5)　金子修「家事事件手続法下の家事審判事件における職権探知と手続保障」判タ1394号（2014年）8頁以下参照。

る職権主義を支える実質的な根拠という問題である[6]。

(2) 職権主義の正統性――第三者保護の視点

職権主義の正統化の根拠として，最も一般的であるものは，手続の当事者以外の第三者の利益を保護するという視点である。第三者の利益が問題となる手続では，当事者が勝手にその利益を処分することは許されず，その利益を保護するために裁判所が職権で介入すべき場面があることは容易に理解できる。ただ，第三者の利益が問題となる手続においても，当然に裁判所の職権による介入が正統化されるわけではない。この場合でも，第三者を利害関係人等として手続に参加させ，その利益を当事者主義的に保護反映する方法も論理的にはありうるからである。第三者の利益であっても，裁判所が職権で保護するよりもその者が自ら保護できる方途を付与する方が民事手続の理念にとってより適合的であろう。したがって，職権主義が正統性をもつのは，そのような方途が適切に構築できず，裁判所が後見的にその利益を手続に反映すべき場合ということになる。そのような場合としては，2点が考えられる。第1に，第三者が個別に特定できないような場合（狭義の公益に関わる場合）であり，第2に，第三者が手続に参加しても十分に自己の利益を保護できない場合である。

まず，前者は，第三者の利益と言っても，特定の者の利益ではなく，拡散した不特定の第三者の一般的利益が問題となる場合である。この場合には，利益主体の特定ができないので，当該第三者を手続に参加させてその利益を保護するという方途は性質上とれないことになる。人事訴訟などにおいては，身分関

6) そして，このような問題の存在は，家事事件に限らず，非訟事件一般に妥当しうる問いである。非訟事件には，商事非訟である株式価格算定申立事件なども含まれるが，一般に職権探知主義が採用される理由として，「非訟事件の手続においては，裁判所は公益性（中略）を考慮し，実体的真実に合致した判断をすることが求められます。そこで，後見的な立場から裁量権を行使して，必要と考える事実の調査や証拠調べをすることができます」という説明がされる（金子修編著『一問一答非訟事件手続法』（商事法務，2012年）83頁参照）。しかし，ここで言われる「公益性」とは一体何であろうか。例えば，株主と会社という私人間の純粋の経済取引をめぐる紛争において，一体どのような公益が問題となり，何故に後見的立場からの裁量権の行使や実体的真実の発見が必要となるのであろうか。以下の検討はこのような問いにも答える手がかりを得たいというものである。

係に関する不特定第三者の利益が問題となる場合が多いといえようが，家事手続においてはそのような場面は少ないかもしれない。

後者は，第三者が（仮に代理人を付したとしても）自己の利益を十分保護できないような場合である。失踪宣告のように第三者が所在不明の場合や，未成年の子や意思能力が十分でない者が事件本人や関係人となる場合などが想定される。このような場合には，意思表示ができない第三者について，その合理的意思を勘案しながら裁判所が職権主義的に介入することが正統化できる可能性があろう[7)]。

以上のように，なお留保が必要ではあるが，第三者の利益が家事事件の手続で問題となる場合のうち，一定の局面では，職権主義を採用することが正統化されるものと解される。しかし，家事事件においては，当事者以外の第三者の利益がおよそ問題にならない事件類型も存在する。例えば，財産分与や婚姻費用分担，遺産分割などの事件では，そのような意味での「公益」は見出し難いのではなかろうか[8)]。そうであるとすれば，現在の家事事件手続法の職権主義を正統化するためには，以上のような（伝統的な意味での）「公益」ではないものが職権主義を基礎づけることは果たして可能なのか，という問題に正面から対峙する必要があるように思われる。以下では，その点を考えてみたい。

(3)　職権主義の正統性――法規範の具体的創造という視点

そこで，家事事件における職権主義に期待されているものとして，伝統的な「公益」の保護以外のものが何か想定できるであろうか。ここで，著者が注目したいのは，家事事件（より一般的に言えば非訟事件）における規範の一般性

---

7)　ただ，このような場合であっても，当該第三者を代理する者を用意して，その者に第三者の利益を保護させるという選択肢はありうる。例えば，子の利益が問題になる手続で，職権主義による保護ではなく，子ども代理人のような制度に基づく保護を考えるものである。前述の議論からは，そのような制度構成が可能である範囲で，なお当事者主義的な保護のスキームが優先して検討されるべきであろうか。

8)　当事者自身が十分に自己の利益の保護を図れない場合に，裁判所が介入するという一種のパターナリスティックな公益（保護的公序）という考え方もありえないではない。しかし，その場合でも，通常は手続において少なくとも代理人がいるとすれば，その利益の保護は図りうるはずであり，それを超えて裁判所が職権主義的に介入することについては過度なパターナリズムとの批判が避け難いように思われる。

(裁量性) というものである。家事事件においては, 訴訟事件と異なり, 法規範の内容として要件・効果が一義的に対応するものになっておらず, 裁判所が具体的な事件の中で適切な裁量権を行使して正当な解決を見出すという作用が一般に期待されている[9)]。換言すれば, 家事事件手続で行われており, また行われることが期待されているのは, 個別事件の中で具体的な規範を発見し, 創造するという機能であろう。このような規範の在り方の特性の中に, 事実調査・探知において職権主義を要請するものがあるのではないか, という点がここでの問題意識である。

すなわち, 裁判所が裁量規範を前提にして個別事案における適切なルール・メイキングを図っていくためには, 職権で事実を探知する権限を認める必要があるのではなかろうか[10)]。このような場面での「事実」は一種の二重の機能を有しているように思われる。それは, 一面では, 訴訟における事実と同様に, 法律要件にあてはめて一定の法律効果を導くための事実 (いわゆる要件事実) であるが, 他面では, 当該法律要件自体が未確立のものであることから法律要件を確立する (すなわち法規範を定立する) ために参照される事実, つまり一種の立法事実としての性格を併せもっているように思われる[11)]。そして, 立法事実に係る審理方法については, 職権探知が妥当する旨の議論が確かに存在する。例えば, 故原竹裕助教授は, 立法事実 (法創造事実) について弁論主義を妥当させることの弊害として, 提出資料の過少性, 情報の偏在に基づく提出資料の一方性, 提出資料の両極分化, 法の恣意的操作のおそれなどを指摘され, 職権探知主義の適用を妥当と結論づけられる[12)]。そして, 同助教授の指摘される

9) なお, 家事事件における裁量とその統制の問題一般については, *3* 参照。

10) これは, 金子・前掲注 5) 9 頁で指摘されている「適切な法形成をするための職権探知」といわれるのとほぼ同旨のものではないかと思われる。

11) このような分析として, 垣内秀介「家事事件における要件事実の機能」伊藤滋夫編『家事事件の要件事実』(日本評論社, 2013 年) 129 頁は,「家事事件における要件事実のあり方の特殊性は, 家事審判・調停を『具体的立法』と見る視点からすれば, 家事事件における事実は, 司法事実と立法事実の両面を有するものであると表現することも可能であろう」とされる。

12) 原竹裕『裁判による法創造と事実審理』(弘文堂, 2000 年) 300 頁以下参照。本文掲記の点は (弁論主義のテーゼのうち) 主張責任テーゼとの関係での弊害の指摘であるが, 自白テーゼとの関係でも, 法の恣意的操作等の弊害があることが同様に指摘される。

懸念は，家事事件において具体的事案との関係で規範が定立されるような場合にも，やはり妥当しうるものと解される。例えば，提出されるべき事実が十分提出されなかったり，恣意的に資料が限定されたりすることで，その事案に本来適合的な規範が定立されないおそれが考えられる。その意味で，裁判所が自己に付与された裁量権を適切に行使し，具体的な事案の中で適切な法的ルールを定立するためには，規範定立において参照しうる事実を自由に収集・認定できる必要があり，そのことが，必ずしも第三者の利益（公益）が手続に関与しない事案との関係でも，なお職権探知主義の採用を肯定する理論的根拠となりうる可能性があろう。

(4)　職権探知主義の多様性

以上のように，一方では第三者の利益（公益）の存在，他方では裁量的規範における法規範の具体的創造のための必要から，家事事件における職権探知主義の採用を仮に肯定できるとしても，次の段階として，そこで認められる職権探知とはどのようなものかが問題となりうる。けだし，論理的には，職権探知主義は必ずしも一義的な性格のものではなく，多様な性質をもちうるものと考えられるからである。

仮に職権探知主義の意義として，それを弁論主義の完全な反対形相であると位置づければ，①当事者の主張しない事実も裁判所は考慮できる（弁論主義第1テーゼのウラ），②当事者が自白した事実と異なる事実も裁判所は認定できる（同第2テーゼのウラ），③当事者の申し出ない証拠も裁判所は取り調べることができる（同第3テーゼのウラ）ということになる。すなわち，これらはいずれも裁判所の権限規定（「できる」規定）の形をとるものになる。しかし，職権探知主義は，一般的には必ずしもそのようなものとは解されておらず，むしろ裁判所に事実の探知を義務づけるものとする理解が多い[13]。つまり，①当事者の主張しない事実であっても裁判所は考慮しなければならず，②当事者が自白した事実と異なる事実であっても裁判所は認定しなければならず，③当事者の申し出ない証拠であっても裁判所は取り調べなければならない，という裁判所の

13)　これについては，本書第10章***6***参照。

義務規定（「しなければならない」規定）が職権探知主義であるという位置づけである。

しかし，このような職権探知主義の理解はアプリオリに必然的なものではなかろう[14]。どのような審理方式によるかは，職権探知主義の採用の根拠に遡らなければ本来決まってこないはずの事柄である。例えば，弁論主義における当事者による事実の歪曲の排除が職権探知の採用目的であるとすれば，そのような歪曲が判明した場合の裁判所の認定権限を認めておけば（換言すれば「できる」規定としておけば），目的達成としては十分であるとも考えられる。そのような場合に探知義務の賦課（「しなければならない」規定とすること）は弁論主義の反対形相を超え，過剰な規律であるという評価も可能であろう。

そのような観点からは，職権探知主義の在り方についてはそれを採用する根拠が決定的な重要性を有する可能性があるが，仮にそれが公益＝第三者保護に基づくときは，確かに職権探知の義務化は必然的要請になると考えられる。当該手続で保護されるべき者を保護する役割が裁判所に付与され，そのために職権探知の権限が与えられているのであれば，それを行使することは裁判所の義務と解されるからである。しかし，前述のように，そのような公益とは関係しない場合にも職権探知が認められるとすれば，例えば，規範発見との関係で職権探知主義が要請されるような場合においても，常に義務的な位置づけが要請されるかは一考を要する問題であると思われる。これが前述のように，提出資料の両極分化や法の恣意的操作のおそれを回避するためのものであれば，裁判所に職権探知の権限を認めておけば足りるという理解もあながち不当なものではないように思われる。

以上のように考えてくると，人事訴訟のような場合の職権探知主義のルールが，家事手続においてもアプリオリに妥当すると考えてよいか，なお慎重な理論的検討を要するように思われる。人事訴訟のルールにおいては，身分関係における真実発見の絶対性が根拠とされており，それは義務規定（「しなければならない」規定）に直結する性質のものである。それに対して，非訟事件では，

---

14) 職権探知主義が常に探知義務まで行くべきかに疑問を呈し，職権探知主義の多様性につき問題提起をしたものとして，本書第10章***6***参照。

真実発見以外の要請もありうるとすれば，そこに異なる職権探知主義がありえてよいとも考えられよう[15]。その意味で，家事事件手続法は人事訴訟の場合と基本的に同じルールをもってきたものであるが，立法論としてはなお検討の余地がありえよう。実際，同じ家事関係の非訟事件であるハーグ条約実施法（国際的な子の奪取の民事上の側面に関する条約の実施に関する法律）における子の返還申立事件の手続では，やはり職権探知主義が基本的に妥当するものとしながら（同法77条），いわゆる真実擬制に係る民事訴訟法の規定（当事者尋問に関する208条，文書提出命令に関する224条，対照文字筆記命令に関する229条4項）は準用から排除されていない[16]。これは，同手続が当事者対立構造の手続であることを理由とするものと思われるが，この手続における職権探知が必ずしも真実発見を目的としたものではないことを示唆しているように見える。このようなきめ細かい規律の設定可能性は，本章の視点からは肯定的に評価されるべきものであり，そのような観点から非訟事件一般について今後更に検討が深められてよいであろう[17]。

(5)　職権主義を正統化するものとしての手続保障

以上のように，職権主義の一般的な必要性は肯定されるとしても，そこで更に考えられるべきは職権主義と手続保障の関係である。弁論主義はそれ自体の中に手続保障をビルトインしている手続であるが，職権探知主義においては必ずしもそのような関係にはない[18]。その意味で，手続保障が十分に付与されて初めて職権主義が正統化されると考えるべきではないか，というのがここで

15）　このような人事訴訟における職権探知と家事事件（非訟事件）における職権探知の根拠の差異とそれによる規律の相違の可能性については，平田厚「家事事件手続法における職権主義の消極性と積極性」判タ1394号（2014年）50頁以下の問題提起から示唆を得たものである。

16）　その結果，家事事件手続法64条3項から6項までの真実擬制に代わる制裁に係る規定が置かれていない。

17）　このような真実擬制の規律の適用可能性は，まさに平田・前掲注15）54頁以下において示唆された点である。会社非訟事件（株価算定事件等）では，実務上，過料の制裁は不十分であり，真実擬制の要請があることが示唆されている。大阪地方裁判所商事研究会「会社非訟事件と今後の展望」金法1971号（2013年）74頁など参照。

18）　高田裕成「家事審判手続における手続保障論の輪郭」判タ1237号（2007年）39頁において指摘されている「情報収集過程の透明化」の問題である。

の問題意識である。このような考え方は既に実定法にも表れており，人事訴訟法20条後段は，裁判所が職権で探知をしたときは，「裁判所は，その事実及び証拠調べの結果について当事者の意見を聴かなければならない」とするところである[19)]。これに対し，家事事件手続法においては，このような規律は採用されていないが（家事56条1項参照），その理由について，立案担当者は以下のように説明する。すなわち，人事訴訟が当事者の主体性を前提にしながら例外的・補充的に職権探知を行うものであるのに対し，家事事件手続では，むしろ本来職権探知により裁判資料が収集される手続であり，簡易迅速な処理の要請も強いことから，基本的には，記録の閲覧謄写の機会を与えたうえで，当事者の自主的手続追行を待てば足り，意見を聴取するかどうかは裁判所の適正な裁量に委ねたものとされる[20)]。

以上のような立案担当者の説明の趣旨は理解できる。ただ，家事事件手続においても，人事訴訟と同様に，当事者の主体性それ自体は無視されるべきものではない。特に家事審判の手続は，裁判所の裁判という国家権力作用によって当事者にとって不利な決定がされ，それが当事者を強制的に拘束する可能性があるのであるから，そのような拘束を受ける主体としての当事者の手続保障はやはり不可欠と思われる。職権主義はそれ自体が自己目的ではなく，一定の公益や適切な規範適用等を達成する手段的なものであり，その内容もその目的に応じて多様性をもちうる。そして，その根拠とされる公益等が当事者や関係人の主体性を無視することまで求めるものではない限り[21)]，裁判手続における当事者等の主体性はアプリオリな配慮を要するものと考えられる。ただ，上記立案担当者の指摘のとおり，手続保障の在り方は事件によって異なり，特に家事事件手続に必要な迅速性等の観点からすれば，確かに常に当事者の意見聴取を求めるような規律は重すぎるかもしれず，その態様を裁判所の適切な裁量に

19） また，原・前掲注12）303頁は，立法事実について職権探知主義が適用されることを前提としながら，当事者の不意打ち防止の必要性を強調する。

20） 金子修編著『一問一答家事事件手続法』（商事法務，2012年）116頁注4参照。

21） 職権主義による目的実現と手続保障とが正面から対立する場合にどうするかはなお問題であるが，その場合には別途の規律で対応すべきであり（現に迅速性や秘密性と手続保障とが両立しない場合に，様々な手続でそれに対する対応が図られている），両者のアプリオリな対立を前提にデフォルトルールが立てられるべきではない。

委ねることは否定されるべきではない。しかし，その裁量権行使の結果，現実に当事者の手続権が侵害されたと見られるときには，そのような裁判はやはり違法なものになりうると解される。その意味で，家事事件手続においても，当事者の手続保障は，職権主義を正統化する前提条件として位置づけられるべきものであろう（手続保障の在り方については，*4* 参照）。

3　裁量とその統制について

(1)　家事事件におけるルールの多様性と広範な裁量

本研究会においてやはり通奏低音のように問題とされていた点として，家事事件における裁判所の裁量の問題がある。そこで，以下では，裁量とその統制の問題について著者の考えたところを述べてみたい[22]。

まず，家事事件におけるルールの多様性が指摘できる。基本的には要件＝効果型の規定による民事ルール[23] に対して，家事事件に適用となるルールは，一般的に広く裁判所の裁量を認めるものが多い。例えば，財産分与について，民法768条3項は，「家庭裁判所は，当事者双方がその協力によって得た財産の額その他一切の事情を考慮して，分与をさせるべきかどうか並びに分与の額及び方法を定める」として，「一切の事情」の考慮による裁判所の裁量的判断を認める。そのほか，子の監護の事件なども，子の幸福・福祉という抽象的基準はあるが，具体的な判断はほぼ全面的に裁判所の裁量に委ねられる。

もちろん家事事件のルールの中にも，必ずしも裁判所の裁量が広いとは言えないものもある。例えば，後見開始審判の事件においては，「精神上の障害により事理を弁識する能力を欠く常況にある」かどうかが要件であり，この点には裁判所の裁量の余地はないと考えられる（他方，誰を後見人として選任するかは

22）　以下については，山本和彦「家事事件における裁量とその統制のあり方雑考」伊藤編・前掲注11）103頁以下において詳細な検討をしているものであり，本章はその内容を簡略に紹介するに止まる。詳細に関心がある方は，同論稿を参照いただければ幸いである。

23）　もちろん，民事ルールにおいても，いわゆる一般条項を典型として，裁判所の裁量の範囲を広く認める規範も例外的には存在する。その意味で，ここでの区分はあくまで相対的なものに止まる。

裁判所の広汎な裁量に委ねられる)。近時の例では，いわゆるハーグ条約実施法が例外的に裁量を限定するルールの一典型となる。そこでは，請求原因にあたる子の返還事由（同法27条）が定められ，それに対して抗弁にあたる子の返還拒否事由（同法28条1項本文）が定められ，更に，再抗弁にあたる例外的に子の返還を認める事由（同項但書）が定められている。ここでは極めて民事的な規範構造がとられており，その意味で特殊な非訟事件と考えられるが，それでもなお，最後の例外的返還事由（再抗弁事由）は，「一切の事情を考慮して常居所地国に子を返還することが子の利益に資すると認めるとき」として，裁判所の広い裁量を許容している点が注目される。その意味で，その範囲の広狭は事件類型によって差異があるものの，家事事件についてはその裁量性が大きな特徴といってなお誤りではなかろう[24]。

(2) 家事事件手続における裁量の必要性

それでは，家事事件手続においてこのような裁量を許容するルールの必要性はどこにあるのであろうか。これも，家事事件における事案の多様性に応じて，様々な必要性が認められよう。

まず，事実の多様性とそれに対する規範設定者の想像力の限界という点がある。家事事件においては，通常の民事事件と比較して，ルールの適用の基礎とすべき事実に多様性が認められる。すなわち，判断の当否を決すべき事実が十分に定型的なものではなく，事案ごとに千差万別な事実がありうる。家事事件が究極の目的とする事柄（例えば「子の幸福」）といったものが事案の状況（親や子の関係・性格・財産状態，生育環境，地域の状況，学校等の状況など）によって実に様々であり，予めすべての事態を規範設定者が想像して適切な要件化を図ることはおよそ不可能といえよう。そこで，規範設定者は，抽象的・一般的な基準ないし指針のみをルールとして設定し，その具体的な事案への適用，すなわち具体的ルール設定を裁判所の裁量に委ねざるをえない（それでなければ事案の適切な解決が図られない）としたものと考えられよう。

---

24)　そして，そのような規範における裁量性が家事事件における職権主義を支える1つの根拠となりうることは，前述のとおりである（*2*(3)参照）。

また，家事事件手続における裁判所の裁量をもたらす理由として，他に，事実の変動性という点も指摘される。家事事件においては，往々にして，民事訴訟のように過去の事実だけではなく，将来に向けた事実が重要な意味をもつことがある。そして，将来の事実は，その性質上，裁判の時点では予測の域を出ず，かつ，多様な展開がありうるところ，予め一定の事実のみの考慮を裁判所に求めることは，かえって裁判所の判断を硬直的で事案に適合しないものにするおそれが大きい。そこで，事実が将来変動する場合に備えて，裁判所がどのような事実を考慮して判断するのかという点について，裁判所に裁量権を与え，将来どのような形で事実が推移しても適切な解決結果が得られるように配慮するわけである。

以上のような家事事件の特徴は，あくまでも相対的なものであり，すべての家事事件に妥当するものではないし，他方で，民事事件であっても多かれ少なかれそのような特徴が妥当する事件類型がないわけではない。しかし，一般的に言えば，家事事件が上記のような特徴を有している場合が多く，そのような特徴を踏まえて立法者は規範を定立していると考えられる。その意味で，家事事件における裁判所の裁量はそれ自体合理的なものとして尊重されるべきであり，過度に裁量の範囲を狭めることは相当ではない。しかし，他方で，たとえ家事事件であっても，その判断（審判）によって当事者の法的地位が強制的に左右される以上，裁判所によって行使される裁量も全く無制限なものではありえず，その合理的なコントロールは不可欠になると解される。裁判所の恣意による誤った判断を防止するとともに，当事者に適切な攻撃防御の機会を付与するためには，適用されるルールを可及的に明確にし，当事者の攻撃防御の目標を明らかにする必要があるからである。裁判所の裁量統制の手法の議論が必要となる所以である。

⑶　規範の変遷――裁量の限定化

このような裁量統制の手法としてまず考えられるのは，規範自体を裁量が限定されたものに変容させていく方法がある。前述のように，裁判所に裁量権を付与する規範が合理性を有する場合にまで裁量権を限定することは相当でないが，その裁量の範囲を必要最小限のものにする努力は常に必要である。あるルールにおいて与えられている裁判所の裁量が，その範囲や程度において過剰なものである場合には，それを必要な範囲・程度に縮減していく形で，裁量を限定するように規範を変更することが望ましい。

実際に，家事事件関係の法律の中で，広く裁量権を付与していた規範について，緩やかな内容の補塡が行われて，裁量の範囲が限定されていく例が見受けられる。1つの典型的なものとして，財産分与の規律があるように思われる。財産分与について，前述のように，法は「家庭裁判所は，当事者双方がその協力によって得た財産の額その他一切の事情を考慮して，分与をさせるべきかどうか並びに分与の額及び方法を定める」と規定する（民768条3項）。これは結局，分与の有無・額・方法について全面的に裁判所の裁量に委ねたものである。実務上は，かつてはこの条文どおり，まさに一種の丼勘定のように，裁判所が財産清算的要素，慰謝料的要素，扶養的要素等を総合的に考慮して，それに関連する事実を適宜認定して分与額等を定めていたとされる。しかるに，学説等の議論も受けて，財産分与には上記のような3つの要素があることが明示的に意識されるようになり，3分類に応じて判断がされるようになっていった。そして，現在では，財産分与の中心を占める財産の清算について，従来の裁量による分割基準の設定から，原則として夫婦のそれぞれが2分の1の持分をもち，それから外れる例外的な要素がある場合には，その点の主張立証がされるという運用が確立しつつあるとされる[25)]。現在においては，実務の中で，「家庭裁判所は，夫婦の財産の2分の1に相当する額を分与する。但し，それを不相当とする特別の事情があるときは，この限りでない」といったルールが事実上設定され，裁判所の裁量の範囲は縮減されつつあるように見える。

以上のように，当初は無限定で設定されていた裁量の範囲について，実務の積み重ねの中でそれが限定化されていく状況は，他の分野においても見られるところである。これは，本来不要であった（あるいは時の推移によって不要になった）部分に関する裁量を削ぎ落とし，裁量の範囲を必要最小限の部分に限定していく手法ということができ，その意味で規範の進歩のプロセスと評価するこ

25） 以上のような実務の変遷については，杉井静子「当事者から見た家事事件における要件事実」伊藤編・前掲注11）145頁以下など参照。

とができよう。前述のように，裁量権付与の1つの理由が立法者の想像力の不足にあるとすれば，実例の積み重ねの中で，裁量の範囲が必要最小限の部分に絞られた新たなルールが形成されていくこと自体は望ましいものであり，また本来予定されているものともいえよう。

(4) 新たな規範構成の可能性――要因規範論

以上のように，規範が進歩して裁量を制限した要件効果型の規範に生まれ変わることは1つの望ましい方向であるが，それでも本来必要な裁量は常に残り，その場合においてもなお裁量を統制する手法は必要である。著者は，そのような手法として，規範構成それ自体の問題として論じる必要があると考えている。

そのような議論を展開する際に参考となるツールとして，行政裁量の統制をめぐる議論やいわゆる動的システム論の議論などがあると考えられる[26]。前者の行政裁量の局面[27]では，著者の見たところ，裁量統制の要諦として論じられているのは，考慮対象となる事実の限定（考慮しなければならない事実，考慮してはならない事実，考慮してもしなくてもよい事実の分別）及びそれに基づく合理的な判断（事実の重みづけに対する適切な考慮）であると思われる。後者の動的システム論は，「一定の法領域においてはたらきうる諸『要素』を特定し，それらの『要素の数と強さに応じた協働作用』から法規範あるいは法律効果を説明ないし正当化する」という考え方である[28]。このように，これら裁量統制をめぐる議論は，大枠でいえば，適切な考慮要素の特定とその重みづけによる合理化という点で一致しているように見受けられる。

そこで，このような考え方は，家事事件における裁量の統制にも応用することができるように思われる。つまり，要件効果型規範とは異なる規範構成の可能性，すなわち著者がかねて主張している要因規範論の考え方である[29]。す

26）　これらの議論の詳細については，山本・前掲注22）111頁以下参照。

27）　家事事件など非訟事件は，その本来の性質は行政的作用と考えられており（非訟事件について，「性質上は一種の民事行政に属する」とされるのは，兼子一＝竹下守夫『裁判法〔第4版〕』（有斐閣，1999年）337頁参照），そのような観点からも行政裁量の統制をめぐる議論は参考になろう。

28）　山本敬三「民法における動的システム論の検討」論叢138巻1～3号（1995年）208頁以下参照。

なわち，考慮すべき要因を列挙し，その間の重みづけを示すという緩やかな形でのルール化を志向し，それを逸脱していない（考慮の許される要因のみを許される重みづけの範囲内で考慮している）限りは，その判断は違法にはならないとする考え方である。要件（事実）と法的効果を1対1に対応させることができないという裁量の必要性を肯定しながらも，最低限考慮すべき事実（あるいは考慮してはならない事実）を明確にし，また事実の間の重みづけの程度も明らかにしていく中で，裁量の範囲を限定していこうとする試みといえる。これによって，例えば，子の監護の事件において，どのような事実を考慮すべきかを予め列挙し，どの事実をより重視して判断するかを予め明確にすることができれば，規範は透明性を増し，当事者の攻撃防御の目標も明らかになっていくであろう。

(5) 裁量統制の手法としての手続保障

以上のように，著者は，家事事件において，裁量的ルールを前提にしてもなお，事前の規範構成によって，一定の範囲で裁量統制を図ることができると考えている。しかし逆に，事前の規範構成だけで必要十分な裁量統制を実現することには限界があることも明らかであると思われる。裁量というものが常に個別の事件との関係で行使されるものである以上，それを事前に完全に規制することは自己矛盾である側面が常に残り，最終的には，事後的な手続過程において裁量統制の手法を生み出していくことは必要不可欠であると思われる。ここに，裁量統制の手法としての手続保障の重要性がある。

そこで，裁量統制という側面から手続保障を見ていくと，そのポイントは，具体的な事案の中で裁判所が適切な判断をしていく前提として，裁判所と当事者との間でそのような判断に必要とされる情報を共有する点にあると解される[30)]。その点で，具体的な事案におけるルールないし判断の在り方について，裁判所と当事者の間で実質的に議論していく必要があろう。これは，通常の民

29） 民事訴訟法における手続裁量統制の手法としての要因規範論の考え方については，本書第9章*3*，大江忠ほか編『手続裁量とその規律』（有斐閣，2005年）18頁以下〔山本和彦〕参照。

30） このような情報共有（手続の透明性）の重要性については，岩田淳之「東京家庭裁判所における家事事件手続法施行を契機とした運用について」判タ1394号（2014年）25頁以下から大きな示唆を得た。

事訴訟のように，法と事実とを截然と切り分け難い家事事件においては，釈明義務と法的観点指摘義務とが（訴訟事件以上に）融合すると考えられるからである。そこで，そのような情報共有措置によって，当事者にとって不意打ち的な規範創造ないし規範適用を回避する必要があろう。そのような試みは，適切なルール設定・事実認定を可能にして裁判結果を適切なものとするとともに，解決結果に対する当事者の納得性を高め，家事紛争において重要な意義をもつ自発的な義務履行を促す契機ともなりうると解される[31]。

4　手続保障について

以上において，家事事件手続についての特徴である職権主義及び裁判所の裁量という両面から考えてきたが，いずれについても，それを正統化し，補充する要素として，当事者の手続保障の重要性という観点が抽出できたのではないかと思われる。そこで，最後に，この手続保障の問題について考えてみる[32]。

(1)　家事事件手続法における手続保障の強化

今般の家事事件手続法の制定の最も重要な目的の1つが当事者の手続保障の強化にあったことについて異論はないであろう[33]。家事事件手続法における手続保障の強化に係る規定には様々なものがあるが，すべての事件類型に妥当する一般規定，別表第2事件（調停が可能である事件）にのみ妥当する規定，上

31）　民事訴訟利用者調査の成果は，和解における履行率が高いことを一貫して示しており（民事訴訟制度研究会『2011年民事訴訟利用者調査』（商事法務，2012年）149頁など参照），それは当事者が解決結果に納得すればするほど任意履行率を高めることを示唆しているように見える。この点は，家事事件の解決においても重要な意味を有すると解される（家事事件が「履行局面への配慮が非常に重要な事件類型」である旨の指摘として，伊藤編・前掲注11）34頁〔菅原郁夫〕参照）。

32）　非訟事件における手続保障に関する先駆的業績として，言うまでもなく，山木戸克己教授や鈴木忠一判事などの優れた業績がある。それらを含めた手続保障論の概観については，山本和彦「民事訴訟における手続保障」伊藤眞＝山本和彦編『民事訴訟法の争点』（ジュリスト増刊，2009年）54頁以下など参照。

33）　立案担当者の見解として，金子編著・前掲注20）25頁以下参照。私見については，山本和彦「非訟事件手続法・家事事件手続法の制定の理念と課題」法時83巻11号（2011年）4頁以下参照。

訴（即時抗告）の段階で妥当する規定に分けることができる[34]。

まず，すべての事件類型に適用される一般規定としては，期日調書を原則的に作成すべきとする規定（家事46条）や，一定の場合には事実の調査を通知すべきとする規定（家事63条）は，当事者が事件記録の閲覧謄写の許可を原則として求めることができるとする規定（家事47条3項・4項）と相俟って，当事者から見た審理の透明性を高め，裁判所の判断資料に関する情報共有を可能にしている。また，当事者には証拠調べの申立権も付与され（家事56条1項），裁判資料の形成に向けた主体性も認められた。

次に，別表第2事件（家事調停をすることができる事項についての家事審判の手続）においては，当事者間に対立構造が存在することを前提に，より厚い手続保障が図られている（これについては(5)も参照）。すなわち，家事審判の申立書の写しが原則として相手方に送付され（家事67条），当事者は審問期日における陳述の聴取を求めることができ（家事68条），当事者の陳述を聴取する審問期日について相手方の立会権を認め（家事69条），事実の調査の通知を原則化し（家事70条），裁判所は審理の終結日を定めなければならない（家事71条）とされる。これらの規定によって，当事者は相手方の主張を始めとした判断資料にアクセスすることが基本的に保障され，またそれに対する反論等自己の主張立証の機会が付与される仕組みとされている[35]。

最後に，不服申立ての手続の段階，つまり即時抗告審においても手続保障に独自の配慮がされている。すなわち，抗告状の写しは原則として相手方に送付されるものとされ（家事88条），原審判の取消決定の場合には当事者の必要的な陳述聴取がされる（家事89条）。抗告審は，別表第2事件以外でも通常は当事者対立的な構造になることを踏まえて，手続保障を加重したものである。

34） このほか，個別の事件類型にのみ適用される規定（家事事件手続法第2編第2章各節の規定）においても手続保障の観点から重要なものがあるが，本章では検討を省略する。

35） ただ，これらの規定のそれぞれにおいて例外的にそのような保障がされない場合が定められており，原則的な手続保障の確保とともに，事案に応じた柔軟な手続裁量の余地を残している点において規定の工夫がされている。この点については，山本・前掲注33）7頁参照。

(2)　手続保障の区分

家事事件手続法における手続保障の意義を考える前提として，民事訴訟も含めた手続保障に係る規律全体の中でのその位置づけを考えてみたい。著者は，手続保障規定の区分として，かつて，枠組的手続保障と内容的手続保障の区分，また形式的手続保障と実質的手続保障の区分というものを提案したことがある。

まず，枠組的手続保障と内容的手続保障は，手続全体の枠組的規制としての手続保障と審理の内容面での手続保障とを区分するものである[36)]。すなわち，枠組的手続保障としては，審理における対審（対席）の保障，公開の保障，攻撃防御の開始・終了の時期の明確化，証拠法則，手続の記録化等の規律である。他方，内容的手続保障としては，法律面での情報供与，事実面での情報供与等釈明義務を中心とした最終的判断に繋がる内容面での情報共有に係る規律が挙げられる。

次に，形式的手続保障と実質的手続保障は，当事者に対する形式的な攻撃防御の機会の保障に関する規律と実質的な攻撃防御の機会の保障に関する規律とを区分するものである[37)]。前者は，当事者が一定の攻撃防御方法を提出しようとするときにその提出を妨げられない権利であり，後者は，当事者が攻撃防御方法を実質的に提出できる環境を整備するため，必要な情報の取得や証拠の取得，討論の機会等を保障するような規定である。

以上のような区分を設けて議論をした著者の意図は，民事訴訟においては，従来は枠組的手続保障や形式的手続保障が手続保障として重視されていたところ，むしろ今後は内容的手続保障や実質的手続保障を重視する必要がある旨を論じる点にあった。そこでは，裁判所の釈明の問題や証拠の収集手続の拡充の問題を手続保障の中核にある問題として位置づけることに大きな関心があった。しかるに，非訟事件においては，状況が大きく異なる。むしろ，民事訴訟においては当然の前提となっている枠組的手続保障・形式的手続保障にこそ第1次的な重要性があるといえる[38)]。職権主義及び裁量を前提とする非定形的な手

---

36)　これについては，本書第13章 *2*(4) 参照。

37)　これについては，本書第5章 *2*(2) 参照。

38)　高田・前掲注18）45頁の指摘する「手続が一定の方式に従っていることが有する価値を大切にする視点」は，まさにこのような側面での手続保障を重視する観点と言うこ

続の仕組みの中で，いかに手続保障の枠組みないし形式を整備するかという観点である。そして，このような側面において，家事事件手続法は大きな前進を遂げたと評価することができよう。前述（(1)参照）のような規定群の整備の中で，枠組的手続保障・形式的手続保障は相当程度実現したといえる。その意味で，家事事件手続における「ポスト家事事件手続法」の手続保障の議論は，大きくその次元を変えていく可能性がある。そこでは，民事訴訟と同様に，前記の内容的手続保障・実質的手続保障を考えていく基盤が一定程度形成されたものと評価することができよう[39]。

(3) 手続保障の目的

家事事件手続における手続保障の在り方について考える前提として，手続保障の目的，すなわちなぜ手続保障は必要なのかという，やや根源的な問いについても，若干の検討をしておきたい。もちろん，このような問いは一手続法研究者の手には余る問題であるが，避けて通れない問題であることも間違いない。これが後述の手続保障のレベル感やメルクマールの議論に一定の影響を与える可能性があると考えられるからである。ここでは，裁判所が権力行使をする場合，すなわち当事者から見て自らの意思に反してある結果が強制される場合の手続保障に限定して議論する。換言すれば，家事審判の場合を念頭に置き，家事調停の場合にはふれない[40]。

この点について，大きく分ければ，2つの目的がありうると考えられる[41]。すなわち，第1に，正しい裁判，正しい結果を導くための手段としての手続保

とができよう。

39) もちろん，内容的手続保障・実質的手続保障と言っても，その内容は民事訴訟とは異なるものとなりうるのであり，そのような訴訟手続とのありうる相違を含めて，議論が深められていくことが期待されよう。

40) 著者は，権力行使に至らない場合，すなわち調停等 ADR における手続保障の必要性についても議論の余地があると考えている（訴訟上の和解との関係で，本書第 13 章 *2*(2) 参照）。その意味では，家事調停における手続保障についても検討の必要があると考えるが，その点について現在の著者には十分な議論の用意がない。

41) 以上のほか，考えうる目的として，当事者の納得調達があると考えられる。実践的には重要なもので，審判に対する当事者の任意履行を促す契機に繋がるものであるが（注 31）も参照），これは目的というよりは，本文で示した目的から帰結される手続保障の機能として把握されるべきものであろう。

障である（手段的手続保障論）。これは，裁判の結果に利害関係を有する当事者を手続に参加させ，十分な攻撃防御を尽くさせることによって，ありうべき裁判の誤りを正すことができ，それによって正しい法適用を実現するために，手続保障を行うという考え方である。これに対し，第2に，そのような裁判結果とは無関係に，当事者の主体的地位それ自体の尊重のために手続保障を行うとする考え方もありうる（根源的手続保障論）。これは，不利益な裁判に従わせる正統性を確保するためには，手続保障が不可欠と考えるものである。ただ，そのような主体性がどこから導かれるのかというと，まさに根源的な問題となるが，ドイツの審尋請求権の議論では「人間（人格）の尊厳」がその根拠とされているようである[42]。

両者の違いとして，理念的には，当該手続保障の措置をとったとしても結論に影響しないことが確実であるような場合に，なお当該措置をとるべきか，についての答えが違ってくることになる。手段的手続保障論によれば，そのような場合は手続保障は不要ということになるのに対し，根源的手続保障論では，そのような結果への影響にかかわらず，当事者の主体性を確保するために手続保障は必要ということになろう。この点で，家事事件における手続保障を考えると，訴訟事件の場合と比較して，相対的にその手段的な側面が強く出てくるように思われる。そこでは，手続の迅速性・効率性など他の価値との衡量の中で手続保障が後退しうる場面がより広く認められうると考えられるからである。例えば，審問期日の立会いについて事実の調査に支障を生じる場合は否定され（家事69条但書），申立てに理由がないことが明らかなときは審理の終結日を定めなくてもよいとされる（家事71条）。これらの規律は，手続保障の措置が真実発見の阻害事由になるときやそれが真実発見に無関係である場合には，それを行う必要がないとするものであり，その手段的性格を示唆しているように見受けられる。ただ，非訟事件においてもなお，根源的な性格をもつ手続保障措

42）ローゼンベルク＝シュバープの注釈書によれば，「人格の尊厳の尊重は，法的審尋を拒絶することによって，人間を手続の単なる客体にしてしまうことを禁止する」と説明されるとのことである（山本克己「当事者権——弁論権を中心に」鈴木正裕先生古稀『民事訴訟法の史的展開』（有斐閣，2002年）70頁参照）。その意味では，これは優れてカント的，あるいは哲学的な問題ということになる。

置がありえないかについては，更なる理論的検討を要しよう。

(4) 手続保障のレベル感

非訟事件における手続保障を考えるについて，一方ではもちろん訴訟事件における手続保障とのバランスを考える必要があるが，他方で，非訟事件は実質的な意味で行政的性質を有するとされること（注 27）も参照）との関係で，行政事件における手続保障とのバランスを考える必要もあるように思われる。後者は，かつては行政事件における手続保障という観念がほとんど存在しなかったため，従来やや議論の盲点になっていたように思われるところ，近時の行政手続法の整備など画期的な進展が認められる中で，真剣に検討する必要が生じているように思われる。

まず，別表第1の事件における手続保障の在り方である。この事件類型は，基本的に争訟性がないものであり，非訟事件の実質的行政事件性が最も表面に出る類型と考えられる。この場合，基本的には，行政手続法における手続保障＋αという手続保障のレベルが求められるのではなかろうか[43]。実質的に行政事件であるという性格を前提にすれば，行政事件における手続保障がベースラインを形成し，それを司法が行うことによる＋αをどこまでカウントすべきか，という問題設定になると考えられるからである。そこで，行政手続法における手続保障について，非訟事件に対応する不利益処分の場合[44]を検討してみると，そこでの手続の基本は，聴聞と弁明の機会の付与からなる。このうち，当事者の既存の地位や利益を奪う処分については聴聞によることになり，それ

43） ただ，家事事件における申立人の多様性には配慮が必要である。例えば，後見開始の審判の申立人には，自己の固有の利益を有する者から，単に公益を代表する者まで多様な類型がある。後者は処分の発動の契機を与えるものにすぎず，独自の手続保障は不要と考えられる余地があろう。

44） 行政手続法は，不利益処分のほか，申請に対する処分，行政指導等の手続も規定するが，裁判によって一方当事者等に不利益な処分を課する可能性のある非訟事件は，基本的に不利益処分に対応すると考えてよいであろう。ただ，申立ての却下の裁判には，当事者に不利益をもたらす場合と利益付与を拒否するにすぎない場合とがありえ，後者のようなものは，あるいはむしろ申請拒否処分とパラレルに捉えられるべきものかもしれない。その意味で，事件類型や申立人の類型（注 43）参照）等に応じたきめ細かい議論が今後必要となろう。

以外は弁明の機会の付与によることになる（行手13条参照）。

そして，聴聞の場合には，当事者の口頭陳述，聴聞通知（処分内容・原因の明示）（行手15条），代理人選任権（行手16条），文書等閲覧権（行手18条），期日における意見陳述・証拠書類等提出権（行手20条），聴聞終結（行手23条）等の手続保障が定められている。他方，弁明機会付与の場合には，書面提出権（行手29条），弁明機会付与の通知（処分内容・原因の明示）（行手30条），代理人選任権（行手31条・16条）等の手続保障が定められている。

以上のような規律に鑑みれば，少なくとも当事者の既存の権利を奪うような非訟事件の場合（後見開始〔事件本人について〕，親権喪失等の解任系の事件，扶養義務の設定など）については，上記の聴聞に相当する手続保障が必要になるものと解され，例えば審問（口頭の陳述の機会）を求める権利等の保障が必要になるのではないかと思われる[45]。それら以外の非訟事件において，弁明機会付与程度の手続に止めるか，聴聞のレベルまで認めるかは，前記＋αの部分をどれだけ重く見るかに係ってくるが，一般論としては，司法手続として，聴聞レベルの手続保障が付与されることが望ましいとは言えよう[46]。

次に，別表第2の事件における手続保障の在り方である。この事件類型は，当事者間に対立があって争訟性が認められるものであり，実質的には訴訟に近い位置づけになると考えられる。その意味では，基本的には，訴訟における手続保障－αという手続保障のレベル感になるように思われる。いわば訴訟手続からの引き算のイメージである。非訟事件の特質から手続保障の軽減は認められるが，個々の「引き算」の合理性の検証は常に必要となろう。一般論としては，迅速性・秘密保護性など非訟事件において保護されるべき対立利益の保障の観点からやむをえない「引き算」のみが認められるべきであり，個々の制度について，そのような観点からの検証が必要となろう。

最後に，不服申立て（即時抗告審）における手続保障の在り方である。これ

45）　このうち，親権喪失については，親権者の陳述聴取を審問期日で行うものとされているが（家事169条1項後段），扶養義務設定等の手続では，陳述聴取が義務づけられているものの，口頭によることまでは権利として認められていない。

46）　もちろん，非訟事件の場面では迅速性など他の要素との考慮で手続保障のレベルが引き下げられることはありうる（(3)参照）。しかし，そのような引き下げにあたっては，その必要性に対する慎重な検証が不可欠であろう。

についても，仮に当該裁判を行政処分として構成していればどうなるか，という観点が有用と思われる。その場合には，不服申立ては行政処分取消訴訟となり[47]，判決手続における手続保障が担保される。換言すれば，当該事件を非訟事件とすることで，それに対する不服申立ては即時抗告＝決定手続となり，行政処分という構成ではなく非訟事件化を図ることで，かえって当事者の手続保障のレベルが落ちるという問題がそこには存する。この点で，行政法の中川丈久教授は，この現象を（訴訟の非訟化に類比して）「行政処分の非訟化」と呼び，行政処分の非訟化の限界が観念されるべきとの問題提起をされている[48]。手続保障の強化の観点から（行政ではなく司法が取り扱う）非訟事件化を図っているつもりが，逆に当事者の手続保障を削減しているおそれがあるという指摘である。例えば，後見開始の審判を厚生労働大臣の行政処分でする場合と比較すれば，不服申立てまで考えると，むしろ行政処分の方が手続保障に厚くなるという可能性を秘めている。極めて興味深い問題提起であり，今後理論的検討を深めていく必要があろうが，少なくとも家事事件の抗告審手続における手続保障の問題については，別表第1の事件であっても，むしろ訴訟事件からの引き算のイメージが必要であることになろうか[49]。

(5) 手続保障のメルクマール

最後に，家事事件における手続保障の程度を段階的にする場合に，その区分のメルクマールが問題となる。理論的には，それは紛争性の強度によると一般に考えられていると思われる。しかるに，それは自明のことと言えるか，という点がここでの問題意識である。手続保障の目的について手段的な理解をすれば（(3)参照），紛争性が大きければ大きいほど，対立当事者にできる限りの攻撃防御の機会を保障することによって，より良く真実に近づける可能性があるという議論は確かにありうる。しかし，相対的な真実への接近の程度というこ

47） 行政不服審査（審査請求）の手続の前置等もありうるが，最終的にはすべての処分について行政訴訟によって争う機会が保障されている。

48） 中川丈久「行政上の義務の強制執行は，お嫌いですか？」論究ジュリスト3号（2012年）62頁以下参照。

49） 前述のような行政処分との類比を考慮すれば，「引き算」の合理性の検証に当たっては，相当に高いハードルが求められることになろうか。

とを考えれば，対立性がなくても，当事者に攻撃防御の機会を与える方がより真実に近づけるのではないかという疑問が生じる。他方，手続保障の目的について根源的な理解をすれば，当事者の主体性の観点から，紛争性が強い方が主体性を尊重すべきと言えるかが問題となるが，相手方がなくても，国家によって一方的に不利益な裁判（あるいは利益を拒否する裁判）を受ける当事者の主体性は尊重すべきものといえるようにも思われる。以上のように考えてくると，手続保障の目的からすれば，紛争性の強弱によりそのレベルに差異を設けることについては，（直観的には理解できるとしても）更に理論的検討が必要になるように思われる。

他方，実定法では，当事者の処分可能性（調停可能性）を手続保障の強弱のメルクマールにする構成が採用されている（家事第2編第1章第1節第6款参照）。これは，処分可能性を紛争性の近似値としてメルクマール化したものと言われている[50]。しかし，処分可能性と紛争性とは必ずしも直結しないように思われる。例えば，人事訴訟や行政事件訴訟などは当事者の処分可能性が小さくても，当事者間の紛争性は極めて大きなものになる場合があり，そのような事件類型は家事事件でも存在するのではないかと思われる。もちろん，立法としては紛争性を直接メルクマールとはできないため，近似値の使用には合理性があり，その意味で，立法論として，家事事件手続法の規律には合理性が認められる。しかし，現実の運用としては，そこにズレが生じていく可能性はあろう。そのような観点からは，事件に応じた裁判所の裁量判断による手続保障という議論は，面白い発想と思われる。そこでは，一般的に手続保障を付与するかどうかについて裁判所の裁量を認めながらも，極端な場合には裁判所の裁量権の濫用や裁量の範囲逸脱によって，具体的な事件で手続保障をしなかった場合を違法と判断する手掛かりが設けられることになる。そのような形で，上記のようなズレを実務的に是正していく可能性が生じ，具体的事件に応じた手続保障の柔軟性を確保することができる。このような意味でも，今後の家事事件手続の運用が注目されよう。

（初出：判例タイムズ1394号（2014年）60頁以下）

50）　金子編著・前掲注20）119頁参照。そのほか，調停可能性がある場合は公益性が高くなく，裁判所の職権による介入の余地が小さいことも根拠とされている。

［補論］ 本章は，家事事件手続法の制定を受けて開催された家事法研究会（判例タイムズ）における共同研究の1つとして，研究者の観点から家事事件手続の諸問題について論じたものである。

著者の観点からすれば，本章は，民事訴訟におけるこれまでの著者の研究成果を家事事件手続（非訟手続）に応用する側面を有する。すなわち，職権主義については，職権探知主義の多様性を論じる議論（本書第10章など），裁量統制については，手続裁量の統制について要因規範による統制を論じる議論（本書第9章など），手続保障については，枠組的手続保障と内容的手続保障や形式的手続保障と実質的手続保障の区別を論じる議論（本書第5章・第13章など）の応用問題の面をもつ。なお，本章で論じた家事事件における職権主義の採用の根拠をめぐる問題については，その後，非訟事件一般の関係で更に議論が展開されている（畑瑞穂ほか「研究会・非訟事件手続法」論究ジュリスト16号（2016年）172頁以下参照）。

また，著者は，法制審議会において，非訟事件手続法・家事審判法部会の幹事，ハーグ条約（子の返還手続関係）部会及び国際裁判管轄法制（人事訴訟事件及び家事事件関係）部会の委員を務め，最高裁判所の家庭規則制定諮問委員会の幹事を務め，約6年の間，非訟事件及び家事事件手続の問題に係る立法の立案過程に関与する機会を得た。その間に，著者自身は，様々な個別問題との関係で総論的な課題について考えてきたが，本章はそのような実務との交流の成果という側面も有する。

Ⅲ　情報・証拠の収集

第 15 章

民事訴訟における真実の発見

1　民事訴訟における真実発見の意義

(1)　真実発見論批判とそれに対する再批判

本章は，現行民事訴訟法の下での真実発見の実効化の必要性とその位置づけの検討を目的とするが，その前提として，当然のことながら，真実発見に対する積極的な評価にコミットしている。しかし，他方では，真実発見を民事訴訟の1つの目的として追求することそれ自体に対する否定的な評価もありうるので，まずはこの点について検討しておきたい。

このような批判としては，現在の訴訟（あるいは法制度全体）が前提とする包摂モデル（いわゆる法的三段論法を前提とした法適用モデル）自体に対する根本的な批判を淵源とするものがある。つまり，①訴訟において重要であるのは訴訟後の将来の関係の構築であり，過去の事実の詮索はあまり重視されるべきではない，②訴訟は手続過程の積み重ねであり，どの程度の真実発見が求められるかは一義的には決めることができず，各手続段階の当事者の行動等に掛かっている，③そもそも真実とは相対的なものであり，絶対的な真実等というのは仮想に過ぎない，といった批判が想定されるところである。

しかし，これらに対しては，以下のような反論が可能であろう。まず，①将来の関係の構築に際しても，多くの場合はまず過去の事実の認識が当事者間で一致することが必要になると思われる。両当事者が事実の認定はそれでよいと合意するのであればともかく（この場合は和解や自白の問題となろう），事実に争いのある場合には，その点を決着させておくことが将来の関係構築についても必要不可欠ではなかろうか。次いで，②著者は，大前提として，民事訴訟の正統化を完全に手続保障の問題に一元化することはできないと考えている。最終的にはそれが達成できないとしても，制度としてはあくまでも真実の発見と正しい法の適用をまず目指すべきものであろう[1)]。そのような目的が実現しなかった場合にあってもなお当事者を判決結果に拘束するためには，手続保障は不可欠の要請ではあるが，手続保障の要請が真実発見や正当な法適用の要請に完全に代替するものではあるまい。最後に，③人間の日常行動のレベルでは真実と言えるものはやはり存在すると思われる。もちろん量子論等のレベルでは因果関係も成立せず，概念上真実はなくなるのかもしれないが，訴訟では（少なくともニュートン力学のレベルの話で）そこまでの真実を求めているわけではない[2)]。真実が相対的に見えるのは，つきつめていけば，ある事実に対する評価の差異に起因するものと整理できよう[3)]。著者には，敗訴当事者を判決（国家権力の行使）に拘束することができる要素の一つとして，真実の発見はなお欠くことができないものであると思われ，少なくとも真実に一歩でも近づくという制度の姿勢は必要不可欠と考えられる[補注1]。

(2) 真実発見に対抗する利益

ただ，そうは言っても，いかなる場合においても，何を差し置いても，真実が探究されるべきであるというわけでは，もちろんない。手続の個別の場面で，真実の発見に拮抗する利益が存在する場合がありうる。しかし，これは，真実発見を訴訟の目的とすることそれ自体に対する反対ではなく，あくまで個別の場面において，真実発見目的を抑制し，それに対抗する要因の指摘に止まる。

1）山本和彦『民事訴訟審理構造論』（信山社出版，1995年）11頁，15頁注27参照。

2）事実認定に必要な証明度は一般に自然科学と同程度のものが要求されるのではなく，日常生活上の行動基準として十分なもので足りるとの理解が一般的である。新堂幸司『新民事訴訟法』（弘文堂，1998年）456頁など参照。

3）ある速度で手と顔が衝突したという物理的事実を，一方は「殴った」といい，他方は「触れた」というなど。この問題については，伊藤滋夫『事実認定の基礎』（有斐閣，1996年）11頁以下も参照。

［補注1］公的サービスとしての民事訴訟の質の保証の1つとして，真実の発見を中核とした「適正性」を位置づける考え方については，本書第1章*5*(4)参照。

その意味で，真実発見の目的を重視する考え方をとるとしても，常に訴訟における真実発見の利益とこれら対抗利益との比較衡量の問題には配慮が必要であろう。このような対抗利益としては，①当事者・第三者の実体的な利益[4)]，②訴訟の迅速な処理等の公益[5)] などが主なものとして考えられよう。

このような観点からすると，従来の実務は，特に②との関係でやや問題を含んでいたように見受けられる。すなわち，従来の運用は，一方で時機に後れた攻撃防御方法の提出の場合にもできるだけ却下はせずに真実発見を重視していくという側面と，他方で五月雨型審理等の結果，直接主義や口頭主義を無視して真実発見に無関心な側面とをもつ，アンビバレントなものであったように思われるのである。この点は，現行法においては，②の観点をも十分に考慮に入れ，ルールに従って出すべきものは早く出させていき，場合によっては，遅れたもの（ルールに反して提出されたもの）は，仮に真実を犠牲にすることになっても取り上げないと決断がされる一方，ルールに即して審理が行われる限り，集中証拠調べや文書提出義務の拡大その他証拠調べの段階で真実の発見を可及的に重視していく姿勢が看取される。もちろん実際の運用においては，そのような割り切りが難しい場合が多々生じてくることは予想されるが，「公益」といっても，それが最終的には他の制度利用者や制度設営者たる納税者全体の利益に影響するものである以上[補注2]，個別訴訟における利害に過度に目を奪われることなく，ルールの遵守と真実の発見に向けてめりはりを効かせていく方向が基本的に望ましいものと言えよう。

⑶　真実発見論の基礎

このように，ルールに従い，他の保護すべき利益と抵触しない限りにおいてではあるが，可及的な真実の発見を訴訟制度の目標として設定するについては，いかなる倫理的又は正義論的な基礎が認められるのであろうか。この点につい

---

4)　違法収集証拠，証言拒絶権，文書提出義務の除外事由などで主として問題となる。

5)　適時提出義務，時機に後れた攻撃防御方法の却下などで主として問題となる。

［補注2］「公益」をこのように制度設営者や他の制度利用者の利益に還元して，適正性等の利益と手続保障とを比較衡量していくという姿勢については，本書第7章**3**等も参照。

て既に，伊藤眞教授は，司法制度が納税者の負担により運営されるものであることを前提に，制度を背後から支える国民の司法への期待をより所として，より真実に近い事実認定が制度の正統化のために不可欠なものとされる6)。このような理解は基本的に相当なものであると思われるが7)［補注3］，これを著者流にパラフレーズしたのが，真実発見の倫理的・正義論的基礎として，maxi-min rule8)［補注4］を援用する考え方である（この点で，伊藤説とともに，真実発見目的の強調が，1933年改正の基礎になったとも言われる9)ドイツ法的な倫理観に基づくものでは決してないことを強調しておきたい）。

仮に真実発見の目的が否定されるとすると，真実が発見できない場合には，一方では虚偽の事実に基づいて勝訴できるという無権利者のベネフィットがあ

---

6)　伊藤眞「訴訟による紛争解決」井上治典ほか『これからの民事訴訟法』（日本評論社，1984年）369頁以下参照。

7)　ただし，伊藤説がここから更に証明度の引上げに向かう（このような点を特に示すものとして，伊藤眞「独占禁止法違反損害賠償訴訟」ジュリ963号54頁以下，965号53頁以下（1990年）参照）のは疑問に思われる。証明度は結局，敗訴危険の振分けの問題であり（この点については，加藤新太郎ほか「座談会・事実認定の客観化と合理化」判タ947号（1997年）4頁以下が明快である），証明度を引き上げることは，必ずしも真実の発見により近づくことを意味せず，証明不能の危険を立証負担者により多く配分することを意味するに止まる。真実の発見という視点からは，むしろ解明度の可及的な引上げを目標とする方向が相当であるように思われる。

［補注3］　なお，伊藤眞教授は，その後，民事訴訟における通常の証明度については，高度の蓋然性を必要とする実務の考え方に対して，証明度を軽減して優越的な蓋然性で足りるとする見解を提唱されるに至った（伊藤眞「証明，証明度および証明責任」法教254号（2001年）33頁参照）。著者も（前注に示唆するように）基本的にそのような考え方に親近感を有するが，その点も含めて，伊藤眞ほか『民事訴訟法の論争』（有斐閣，2007年）141頁以下参照。

8)　このようなmaxi-min ruleは，ジョン・ロールズの正義論から借用したものである（ジョン・ロールズ（矢島鈞次監訳）『正義論』（紀伊國屋書店，1979年）5頁以下参照）。そして，このような考え方は民事訴訟全体の目的を考察する際にも有用であることは，山本・前掲注1）8頁参照。

［補注4］　著者自身は，このようなmaxi-min ruleによるリスク回避の一般的性向によって司法制度を説明する枠組みは，相当の汎用性を持っているのではないかと感じている。倒産制度の意義についてこのような説明を援用したものとして，山本和彦『倒産処理法入門〔第4版〕』（有斐閣，2012年）1頁以下参照。

9)　このようなドイツ法的発想を相当でないとして，真実義務の議論に正面から反対する見解として，伊東乾「民事訴訟における真実義務」法学研究25巻6号（1952年）335頁以下参照。

るとしても，他方では常に，本当は権利がありながら敗訴する権利者のリスクが随伴することになる。maxi-min rule の下で，リスクを回避する人間性向を一般に前提にするとすれば，自分が（無権利者か権利者か）いずれの立場に立つか分からない制度創設者としては，後者のような権利者敗訴のリスクを最小限にする途，つまり真実の発見を可及的に推し進めるような制度設計を選び取ることが想定されよう[10)]。その意味で，仮にリスク回避志向が多数者の直感に適合するならば，真実発見の追求が正義に合致すると一応は言えるのではないかと思われる。加えて，一般的に言えば，十分な社会的資源を有しない当事者（いわゆる弱者）ほど，訴訟において十分な証拠を揃えられないリスクに晒されており，不当敗訴の危険が大きいのではないかと思われる。その点からも，maxi-min rule を根拠とした真実発見論は，弱者保護の（社会法論的）観点から真実発見の意義を見直すものとも言えよう。

⑷　真実発見と弁論主義・証明責任の関係

以上のように，民事訴訟において一般に真実発見は追求されるべき価値であるとしても，それが他の価値と対立する場合には，その無制限な追求が許されないことは言うまでもない。この点は⑵においても既に指摘したところであるが，そこで挙げられた利益のほかにも，しばしば民事訴訟における真実発見の追求は弁論主義と対立する旨の理解が示されることがあるので，ここで簡単に検討しておく。

結論的に言えば，著者はそのような理解はとらず，真実発見のために当事者に一定の義務ないし責任を課すような制度は，それだけでは直ちに弁論主義に反するとは言えないと解する。弁論主義は実体法上の私的自治（処分権）に由来しており，当事者にとって有利な（処分可能な）事実・証拠について，その事実・証拠の提出を支配し，それらを処分する自由に関するものであるので，本来不利な事実の扱いについてはその対象とするものではないと思われるからである[11)12)]。したがって，自己に不利な事実を開示することを当事者に求め

10)　逆に言えば，真実発見の度合いを低くする制度を選ぶのは，最善の場合の結果を最大にすることを望む（その代わり，最悪の場合に結果が最低になることも甘受する），リスクを好む性向の立法者ということになろう。

るような法制も，弁論主義に違反するものとは評価されない。

また，証明責任の制度も，事実発見のための行為を，当事者（証明責任を負わない当事者）に求める際の障害として言及されることが多い。しかし，この点は事案解明義務論との関係でも既に論じられているように[13]，やはり真実発見に関する一定の義務の設定を否定する決定的な根拠とは言えないと思われる。けだし，客観的証明責任は事実の解明がノン・リケットの状態に陥ったときにいずれの当事者が不利益を負うかを定めたルールにすぎず，証明責任を負わない当事者に事実の立証を求めてはならないというところまで意味するものではないからである。確かに主観的証明責任には，そこまでの意味が込められることはあるが，主観的証明責任が弁論主義の反映であるとすれば，それがやはり正統化し難いことについては，弁論主義に関する前述の理由と同様の議論が成立しよう。

結局，現行制度が当事者に対して自己に不利な事実を全面的に開示させるような義務を課していないのは，弁論主義や証明責任の反映なのではなく，むしろそのような義務が人間の本性（自己の利益を可及的に図りたいという本性）に反したものであり，そのような本性に反することを義務として設定するのは実効性を欠き，相当でないというプラグマティックな考慮に基づくものではなかろうか[14]。仮にそのような理解が正しいとすれば，そのような配慮をどの範囲

11）このような弁論主義の理解につき詳しくは，山本和彦『民事訴訟法の基本問題』（判例タイムズ社，2002 年）132 頁以下参照。

12）　その点で，ドイツ連邦通常裁判所（BGH）1990 年 6 月 18 日判決が「真実発見という課題も法治国家の原則も，民事訴訟を弁論主義の下に置くことは妨げることはできず，必要な事実の主張や証拠方法の提出を第一次的に当事者に委ねている」として，弁論主義を根拠に事案解明義務を否定したのは相当でないと思われる（春日偉知郎「民事裁判における事案解明（論）について」司研 95 号（1996 年）65 頁参照）。けだし，本文でも触れたとおり，弁論主義は不利益事実の隠匿については基本的に適用されるものでないと解されることのほか，それはあくまで当事者と裁判所の間の問題であり，事案解明義務が問題とする当事者間の規律にはやはり直接には関係しないと解されるからである。なお，同判決については，更に，松本幸一「真実発見をめぐる裁判官と当事者の役割の交錯」民訴 39 号（1993 年）134 頁以下も参照。

13）　春日・前掲注 12）76 頁以下など参照。

14）　この点で，真実義務を否定する根拠として，フランス法において，「何人も自己の不利に文書を発表することは強制されない（nemo tenetur edere contra se）」というローマ法諺が援用されていたとされる点（徳田和幸『フランス民事訴訟法の基礎理論』

で尊重すべきかは，個別の問題領域ごとに，開示義務の実効性如何に目配りしながら決めていけばよいということになろう。したがって，アプリオリに真実発見に協力する当事者の義務を否定すべきとの帰結にはならず，一定の実効性を確保できる見通しがある場合には，不利な事実を開示するなどの方法で真実発見に協力することを当事者に求める余地もあるであろう。

2　真実義務の意義

旧法時代は，現行民事訴訟法 230 条（旧法 331 条）にも規定されている，真実に反して文書の真正を争った当事者に対する過料の制裁[15]などを実定法上の手掛かりとして，真実義務の存在が解釈論として論じられ，概ね肯定されていた。また，実質論としては，真実義務は民事訴訟における信義誠実の原則の一表現であり[16]，弁論権の内在的な制約としても理解されていた[17]。その意味で，現行法でもやはり真実義務についての明示の規定は置かれなかったものの[18]，真実義務の実質的根拠とされてきた信義誠実の原則が 2 条で明文化されたことにより，解釈論としては肯定的な見解が更に強まることが予想されるところである[補注 5]。

さて，真実義務を認めるということは，本来真実発見の中心となるべき証拠のレベルとは別に，主張のレベルにおいても真実発見の確保を図ろうとする試

（信山社出版，1994 年）30 頁参照）は，興味深い。

15）　本文掲記の条項の趣旨として，なぜ過料が書証の認否の場合だけに限定されたのか，不当な事実否認の場合などには拡大されなかったのか，なお疑問は残っている。一般には，文書の真否は通常明白であり，その義務違反を論じやすい点が挙げられる。しかしながら，他の事実についても一見明白に虚偽であるという事態はありえなくはなく，他方で不当否認の故意の立証が困難である点は書証の場合でも同じであることを考えると，その立法論的な妥当性にはなお疑義もありえよう。

16）　中野貞一郎『過失の推認』（弘文堂，1978 年）164 頁参照。

17）　フランス法に関連して，徳田・前掲注 14）126 頁以下参照。

18）　この点で，義務の明文化を要求していた一部学説（例えば，加藤新太郎『弁護士役割論』（弘文堂，1992 年）267 頁注 49）の主張は容れられなかったことになる。

［補注 5］　真実義務を肯定する近時の見解として，例えば，伊藤眞『民事訴訟法〔第 4 版〕』（有斐閣，2011 年）294 頁，高橋宏志『重点講義民事訴訟法上〔第 2 版補訂版〕』（有斐閣，2013 年）469 頁以下など参照。

みを意味する。ただ，1つのありうる考え方としては，主張のレベルでは嘘のつき合いでも構わない，証拠のレベルで真実が発見されればそれでよいのだ（そもそも虚偽の事実を主張しても，それは立証できないはずだ），という理念を前提として，真実義務を認めないような制度構成も十分に想定できる。しかし，それにもかかわらず，主張のレベルでも真実義務という形での対処が要請されるのは，以下の二つの理由によるのではなかろうか。まず，①証拠のレベルでの真実発見メカニズムに必ずしも十分な信頼性がなく（「証人は偽証ばかりするではないか」など），証拠調べで真実が判明するとは限らないという疑念がある点である[19]。また，②仮に証拠調べで真実が判明するとしても，それならば，初めから当事者自身も真実とは思っていないような主張は，主張のレベルで既に排除しておくのが訴訟審理の迅速・効率に適う点も挙げられよう[20][21]。仮にこのような理由が妥当性をもつとすれば，上記のような「嘘つき容認論」をとるのは，やはり制度的合理性に乏しく，真実義務を正当化することができよう[22]。

19） 特に証拠の偏在問題について十分な対処が制度上なされていない場合には，そのような類型の訴訟では，証拠のレベルにそもそも過大な期待をかけることはできず，主張のレベルで規制をかける必要性がより大きくなろう。その意味で，中野・前掲注 16）173 頁が「現在の民事訴訟の実定的構成が真実発見のために十分でないことに対する認識こそ，他方の側において，当事者の真実義務という，自明的な，また，直接にはなんらの現実的効果と結びつかない純粋に観念的な法形象を，ことさらに強調し，理論的に顕揚せしめたものではなかったか」と指摘するように，証拠レベルの不十分さの負荷が主張レベルに掛かってくるという問題はあろう。やはり主張レベルと証拠レベルとが相携えて均衡のとれた真実発見を目指すことが不可欠な要請ではある。

20） つまり，証拠調べは本来，当事者の認識が相違する部分に限って行うべきものとする理解を前提とする。

21） この後者の点に関しては，アメリカ法の展開が注目される。アメリカのアドバーサリー・システムは（少なくとも表面的には）本来的には当事者間の嘘のつき合いを徹底的に容認しながら，証拠調べの中で当事者の対立から真実を発見していこうという，証拠のレベルを重視するシステムであったと思われる（discovery もそのような証拠のレベルでの真実発見重視の一環として位置づけられよう）。しかるに，それに要する手続コストの過大に鑑み，近時はむしろディスカバリーの濫用防止策とともに，弁護士の書面作成に際しての真実担保義務に関する rule 11 など，主張レベルでの規制を強化する方向に期待が強まっているように見受けられることは注目されてよかろう（rule 11 をめぐる最近の議論については，加藤新太郎ほか「座談会・ルール 11 と弁護士の役割」判タ 920 号（1996 年）23 頁以下参照）。

いずれにしても，真実義務は，その違反に対して制裁を設けることが難しい（というか不可能に近い）ため，それ単体ではほとんど意味がなく，「訴訟じたいのメカニズムによる真実義務の実効性の保障」[23]を常に必要とする。そのような観点から見ると，現行の民事訴訟法制定は，いわば外堀を埋めることによって，真実義務の実効性に向かって一歩を進めたものではないか（そして，当事者照会において問題となる真実回答義務なども，そのような全体像の中に位置づけることができるのではないか），というのが以下での問題意識である。そのような真実義務の実効化の思想は，①主張レベルの補充的な規制（*3* 参照），②弁護士倫理への期待（*4* 参照），③真実発見協力義務の承認による証拠調べの充実（*5* 参照）といった諸側面に現れているように思われる[24]。

3　主張される事実の豊富化

(1)　主張事実の豊富化の意義

主張のレベルからみるとき，真実義務の実効性を確保するための措置としてはまず，当事者（特に主張・証明責任を負わない当事者）の主張を豊富にしていくことが考えられる。一般に，事実の認定という行為が，その事件におけるいくつかの動かし難い事実を基礎として，それをより整合的に説明できるストーリーを探索することにあるとすれば[25]，当事者双方に対立するストーリーを提示させて，それを相互に比較し，より真実に近そうなストーリーを選び取ることが真実の発見には極めて有効な方法であるように思われる。そのためには，

22）　このほか，仮に虚偽の主張を認めるとすれば，それを立証するために必然的に証拠の偽造行為が連動するおそれが大きいので，それがなされれば再審に繋がるような証拠の偽造（民訴338条1項6号・7号）の防止のために，その前段階での虚偽主張を禁止するという政策判断もありうるかもしれない。

23）　中野・前掲注16）171頁参照。

24）　逆に，真実義務の容認が制度論の側面にフィードバックしていく可能性もある。中野教授による「真実義務の問題は，真実義務の存否の論証に尽きるものではなく，訴訟法の現在の基調を維持してゆくか，訴訟改革の道を積極的に指向するか，という，すぐれて実践的な問題がこれと不可分に結合している」との指摘（中野・前掲注16）173頁）は，その点をよく示しているように思われる。

25）　伊藤・前掲注3）64頁以下参照。

特に主張責任を負わない当事者に対しても，積極的な事実主張を求めていく（ストーリーを語らせる）ことが必要不可欠になる。つまり，このような発想は，概括的な事実であれば何とか嘘をつくことはできても，包括的な嘘のストーリーを矛盾なく構築することは極めて困難であるという経験則に則り，当事者に対して自己に不利な事実を無理やり言わせる（その意味で，人の本性に反する無理なことをやらせる）のではなく，自己に有利な事実をより多く創作させて，逆に嘘を見破るという戦略に出るものと理解できる。そして，そのような「虚構の城」を築いていくことが一般に難しいとすれば，結局は当事者が最初から諦めて自己の認識に即した主張をすること，つまりは真実義務の遵守の期待可能性が高まる結果になりえよう。

この点は，（証明責任の所在をあまり気に掛けずに）双方の当事者から陳述書の提出を求める運用[26]や，事案解明型準備書面や事案提示型陳述書などの活用を説く実務研究[27]など，最近の実務の方向に既によく現れていたものと言える。大きく見れば，争点整理手続それ自体やそこでの釈明などは，このような比較されるべき双方のストーリーの提示に大きな役割を果たすものであろう。また，証拠の偏在が認められる事件（その意味で，証拠のレベルに十分な真実発見の期待ができないような事件）では，最高裁判所の判例で，証明責任を負わない当事者にも一定の事実説明を求めたものが既にあることにも注意を要する。学説から事案解明義務を認めたものとも評される[28]，最判平成4年10月29日（民集46巻7号1174頁）は，原発の安全性に関して，主張・証明責任を負わない「被告行政庁の側において，まず，その依拠した前記の具体的審査基準並びに調査審議及び判断の過程等，被告行政庁の判断に不合理な点のないことを相当の根拠，資料に基づき主張，立証する必要が」あると判示した。これは，原

26）高橋教授は既に，陳述書のこの面での効果を指摘し，「詳しく丁寧に書くとなると，ごまかしも難しくなるから真実義務，完全陳述義務の要素も付帯する」と評されていた（高橋宏志「陳述書について」判タ919号（1996年）28頁参照）。

27）司法研修所編『民事訴訟の新しい審理方法に関する研究』（法曹会，1996年）75頁以下参照。

28）本判決のこのような位置づけに関しては特に，竹下守夫「伊方原発訴訟最高裁判決と事案解明義務」木川統一郎先生古稀『民事裁判の充実と促進（中）』（判例タイムズ社，1994年）1頁以下参照。

告側に反論の契機を提供して充実した攻撃防御を図りながら，双方の提示する「安全性ストーリー」の比較対照による真実発見を目的にしたものとも評しえよう[補注6]。

(2)　否認の理由付け義務の意義

現行民事訴訟法の関係で，この主張の豊富化という観点から特に注目される規律は，民事訴訟規則79条3項による相手方の主張を否認する際の理由記載義務[29]と，同145条による書証の成立を否認する際の理由明示義務である。前者を例にとれば，(あまりよい例ではないが) 事故の加害者であるとの主張に対して，今までは単に否認すると言うだけでよかったのが，その時間にその場所にいたが加害行為を行わなかったのか，行った行為が加害行為とは言えないというのか，そもそもその場所にはいなかったのか，という点まで主張する必要があることになるため，嘘をつきにくくなり，仮に嘘をついても反証が容易になるという効果が期待されるわけである[30]。これらの規定は一般には訓示規定と解されているが，その効果が必ずしも強いものではないだけにかえって広範囲に利用され，事実上強制されていく可能性があるのではなかろうか。けだし，否認の理由が言えないとすれば，その否認の信憑性は頭から疑問とされ，実質的には不知の陳述と同程度の扱いしか受けられない可能性もあるからである[31]。少なくとも，前記のような実務運用を推進する重要な手掛かりとはなりえよう[32]。

[補注6]　やはり事案解明義務を認めたとされる判例として，国籍訴訟に関する最判平成7・1・27民集49巻1号56頁（いわゆるアンデレちゃん事件）がある。ただ，これらが事案解明義務を認めたものと位置づけられるかどうかについて，現在でもなお議論が絶えない。最近の興味深い共同研究として，伊藤滋夫編『要件事実の機能と事案の解明』（日本評論社，2012年）参照。

29)　このような規律は，ドイツ民事訴訟法138条1項による完全義務，とりわけそれを否認に関して明示する138条2項の説明義務（Erklärungspflicht）を範としたものと理解される。

30)　民事訴訟規則145条の文書成立否認理由の明示についても，全く同様のことが言える。この規定により，書証の偽造が争点となるような訴訟では，やはり両当事者のストーリーの比較を可能にする効果をもつことになろう。

31) 場合によっては，否認された事実が弁論の全趣旨によって認定される余地もありえようか。

このような理由付け義務について，解釈論として問題となりうる点としては，まず要求される「理由」の範囲の問題がある。例えば，前述の例で，その時刻に事故現場にいなかったというアリバイを主張する場合，更にそれでは，そこではなくてどこにいたのか，という点まで否認の際に説明する必要があるのかといった問題である。規定は必ずしも明確ではないものの，運用としては，少なくとも事実上は裁判所の釈明等の結果，そこまで及ぶ可能性は十分にあろう[33)]。また，このような否認の理由付け義務の延長線上で，不知の主張についても一定の規制が加えられる余地があろう[34)]。既に，「不知の陳述以外の陳述をすることについての期待可能性が認められる場合には，調査義務の履行（中略）を不知の陳述の許容要件とする」という解釈論も展開されているところである[35)]。更に，問題点としては，理由付けが求められる場合と十分な否

32） 旧法時代，仮に真実義務を解釈論として認めるとしても，否認についてはその適用を否定する余地はなくはなかった。けだし，否認は，積極的な事実主張とは異なり，相手方に証明責任がある事実についての証拠調べ請求権の行使と把握する見方がありえたからである。これは自白について「証拠調べを要しない」とする当事者の意思表示と理解する考え方（本書第13章 ***3***(1) 参照）とパラレルに，否認の意思表示的側面を重視する（反対事実を単に主張することとは事情が異なるものと理解する）考え方と言えよう。しかし，司法制度にとっても相手方にとっても無駄な証拠調べを省略できる自白が弁論主義から全く問題なく許されるものと評価されるとしても，それとは反対方向の，証拠調べ（コスト）を拡大するベクトルである否認についても同様の理解が成立するかは，相当に疑わしいところであった。その意味で，現行法が否認に対してとった本文のような対処は，上記のような自白の意思表示的な理解からもなお十分整合的に正統化できるものと解される。

33） 「そこにはいませんでした」というところまで言いながら，「どこにいたかは言えません」という対応は，何らかの正当な理由を示さない限り，実際にはかなり困難であろう。

34） 周知のとおり，不知の陳述に対する規制は，ドイツ民事訴訟法138条4項に明文化されているところである。現行民事訴訟法制定に際しても，検討事項の段階では意見照会の対象となっていたが，結局は規則制定諮問委員会においては採用には至らなかった。ただ，福田判事は，「不知というものの中にはいろんな種類がある」ので，「不知は全く放置するということではなくて，訴訟のあり方としては，不知と言うだけではなく，どうもこういうところが疑わしいということを指摘して，争っていくという姿勢が，いいのではないか」と指摘されている（竹下守夫＝青山善充＝伊藤眞編『研究会・新民事訴訟法』（ジュリスト増刊，1999年）140頁〔福田剛久〕参照）。

35） 伊東俊明「不知の陳述の規制（2・完）」民商117巻6号（1997年）868頁参照。ただ，実際には，不知の場合は中心的な争点にはなりにくいと思われる（特に，書証の真正については弁論の全趣旨で認定されるのが通例であり，明確な認否すら不要とされて

認理由が言えない（期待可能性がない）場合とをどこで区別するか，という困難な問題も発生しよう。このような点は，（争点整理における詰問権に対する説明義務などと同様に）訴訟手続における一種のアカウンタビリティーの問題であるが，更に理論的な探究が望まれるところである。

4　弁護士の介入の強制

現行民事訴訟法においては，従来も当事者尋問で尋問されれば答えざるをえなかった事項について，その問題を主張等のレベルに前倒しすることを目的とする規定がいくつかあるように見受けられる。***3***で述べた否認の理由付け義務の問題も，仮に当事者が当事者尋問でその点を聞かれれば，従来から真実を答えるべき義務があったものであろう。また，当事者照会で問題とされるような事項にも，同様のことが言えよう[36]。例えば，製造物責任訴訟などで，同種の事故の存在などについて回答義務があるかが議論されるが，このような点は当事者尋問で聞かれれば，答えざるをえない事項かと思われる。このような規律の目的は，第一次的には，従来は証拠のレベルの問題であった事項を主張のレベルに前倒しすることによって，争点整理を円滑にし，審理の充実・促進を図る点にあるとされる。

この点は確かにそのとおりであるが，ただ，真実発見という観点からこれらの規律を見ると，そこにはもう少し別の意味ないし副次的な効果も存するように思われる。つまり，証拠のレベルから主張のレベルへの局面転換により，結果として弁護士の介入が事実上強制されるという契機に注目してみたいのである[37]。当事者尋問であれば，真実を答えなければならないとしても，質問に答えるのはあくまで本人であり，言わばすべての責任は本人が負う。これに対

いる）。とりわけ，自己の支配領域内にある事実については，不知の主張は説得力に著しく乏しく，主張を争う方法としては現実性を欠くように思われる（裁判所は，否認逃れの便法と見て，真剣な対応はしないのではなかろうか）。ただ，理論的には，伊東説などの説くとおり，主張段階での規律の必要性はなお否定できないところであろう。

36）　当事者照会の拒絶事由が証人尋問の場合と概ねパラレルに設定されている点（民訴163条参照）は，その間の事情を示しているものであろう。

37）　もちろん，この点は本人訴訟には妥当せず，弁護士訴訟だけに関する問題である。

して，準備書面で否認の理由を書いたり，当事者照会に回答したりするのは，事実上弁護士の役割となるであろう[38]。したがって，同じ事項が質問されても，回答する主体が事実上変わってくることになるのである。

ここで，真実義務の担保として従来，実際には弁護士の役割，弁護士倫理の問題が重要な位置を占める旨が論じられてきたこと[39]が想起される。例えば当事者照会に対する回答の有無・回答内容如何の決断に際しては，心ある弁護士は，常に弁護士倫理と正面から向き合うことを求められるのである。もちろん，当事者が虚偽である旨を隠して弁護士にある事実を示すときは，弁護士としてもいかんともしがたいが，当事者からの事情聴取の中でその事実が虚偽である旨が何らかの事情で判明したときは，弁護士が虚偽主張の防波堤となりえ，またそうなることが期待されてよかろう。準備書面や当事者照会の回答において虚偽の事実を記載することは，やはり弁護士倫理（7条・19条等〔現弁護士職務基本規程7条・75条等〕）に反するものと言わざるをえず[40]，弁護士の当事者に対する強い説得が期待され[41]，それが功を奏さない場合には，筋としては最終的に辞任の問題にまで至ることになろう[42][43]。このような方向は，弁護士と当事者本人との溝を深めるという別の困難な問題を抱える可能性はあるが，アメリカのいわゆるルール11などにも見られるように[44]，今後の真実義務の

38）　当事者照会は，代理人がいる場合には，必ず代理人宛にするものとされている点（民訴規84条1項）が注目される。

39）　加藤・前掲注18）261頁以下など参照。

40）　なお，文書提出命令違反の場合とパラレルに，当事者照会の真実回答義務違反の場合の倫理違反を否定する見解もありうるが，①文書提出命令は違反の場合の制裁があり，当事者照会の方が「真実発見をゆるがせにする」結果により繋がりやすいと思われること，②文書提出命令違反についても弁護士倫理規程（7条）違反とする見解が既に有力にあること（日本弁護士連合会弁護士倫理に関する委員会編『注釈弁護士倫理〔補訂版〕』（有斐閣，1996年）39頁参照）などからすると，やはり倫理違反は認められうるものと解される。

41）　その説得の方法は場合に応じ，また相手に応じ，様々でありえよう。この点で，「事情を聞いている中で，嘘とわかっても，直接，そう指摘するよりは，相手方だったらそれは嘘だという見方をするのも無理がないではないか」といった説得方法を示唆する実務家がいることは，注目されてよい（「家事事件審理改善に関するシンポジウム」判タ970号（1998年）28頁〔滝井繁男〕参照）。

42）　『注釈弁護士倫理』（前掲注40））82頁参照。

43）　この場合，逆に当事者の意に反して真実を主張することは，依頼者の信頼を害することになり，倫理上許されない（『注釈弁護士倫理』（前掲注40））39頁参照）。

向かうべき方向性の1つたりうることは確かであろう。

5　真実発見協力義務

最後に，証拠のレベルでの真実発見への努力は，集中証拠調べの原則化にも見られるように，現行民事訴訟法制定の主眼の1つであると言える[45]。ここで特に取り上げるのは，文書提出義務の一般義務化や当事者照会制度に代表される新たな制度枠組みの背景にあると考えられる新たな理念である。各所で既に指摘されているように，これらの制度を総合すると，証拠のレベルにおける当事者の行動規範は，やはり新法により大きく変容したものと解さざるをえない。直接には当事者照会に関してであるが，「敵に塩を送ることはない」という「自己に不利な手持証拠の秘匿の自由という既成観念に修正を迫るもの」という理解[46]に代表される見方である[47]。このような考え方は，その実定法的な根拠として，やはり信義則（民訴2条）が援用されることになるものと見られる。

このような「既成観念の修正」を実務の側から端的に示した裁判例として，稟議書について文書提出義務を認めた東京高決平成10年10月5日（金法1530号39頁）がある。この決定は，従来の文書提出義務の理解からは相当に踏み出した内容の判断となっている。すなわち，①法律関係の成立・効力について，適切な事実認定のために必要な文書は一般に法律関係文書と認められること，②組織内の意思決定手続の合理性を担保するための文書の作成を怠った者は，

44）　注21）参照。

45）　以下の規律以外の改正点としては，人証における公務員の証言拒絶権の限定や当事者尋問の補充性の緩和など，書証における宣誓認証私署証書制度の導入など，鑑定における鑑定人による質問権などの諸規定が真実発見との関係でも重要なものであろう。

46）　竹下＝青山＝伊藤編・前掲注34）177頁〔竹下守夫〕参照。

47）　また，高橋教授も同旨を繰り返し論じておられる。一例としては，やはり直接には当事者照会に関連してであるが，「情報を隠して勝つということは，今後は許されないのであると，いけないことなのであると，本案で勝つのではなくて，訴訟を技術的にテクニカルに勝つということはあまりいいことではないのだという思想」に言及されている（加藤新太郎ほか「座談会・新民事訴訟法の下における弁護士の活動」判タ953号（1997年）16頁〔高橋宏志〕参照）。

相応の不利益を受ける可能性があること，③内部文書であることは直ちに法律関係文書たることを否定する理由にはならないこと，④一般義務を定める4号との関係でも，稟議書は日記や手控えとは質的に異なり，安易に4号ハ〔現行：ニ〕の除外事由（自己利用文書）に該当するものと解すべきではないこと，といった点が説かれている。とりわけ，「民事訴訟法2条の趣旨に照らせば，本来，少なくとも当事者たる所持人は，このような文書を自発的積極的に提出すべきものであり，これを拒む者についてその提出義務を認めないことは，わが国の法律社会としての成熟を阻害することになる」とまで言い切っていることは，未だ一裁判例にすぎないものではあるが，新法の下での今後の実務の発想転換の方向性を示唆するものとして，極めて注目されよう[48)][補注7]。

ここでは，このような規定の背後にある新たな考え方を当事者の真実発見協力義務と呼ぶとすると，これは，当事者の側から積極的に自己に不利な証拠を出す義務ではないが，少なくとも相手方・裁判所からの申出・要請があればそれに応じなければいけないという義務である[49)]。このような義務を実定法で明示している例として，フランス民法10条の規定が注目される。これは，真実発見のために裁判所に協力する一般的な実体法上の義務をすべての人に課したものとされる。もちろん，これも無制限に認められるものではなく，「正当な理由」があれば免除されるし，相手方の求めがあることが前提となる。

日本法においても，現行法の文書提出一般義務を始めとした証拠調べに対する協力義務や当事者照会の際の回答義務等により，実質的な反対利益がない限

48） この決定の評価につき，更に詳しくは，山本和彦「稟議書に対する文書提出命令」NBL 661号・662号（1999年）参照。

［補注7］ 本決定は，現行法下で稟議書の提出命令に関する嚆矢となる裁判例であった。その後，この点をめぐる裁判例が多数出来し，最終的には，最決平成11・11・12民集53巻8号1787頁によって議論の収束が図られたことは周知のとおりである。稟議書との関係では，判例は提出義務否定の結論に至ったが，そこで示された（条文にはない）看過し難い不利益性を要件とする考え方のその後の展開や，4号ロやハに関する判例法理の動向に鑑みると，本文で述べたような「発想転換の方向性」は判例にも浸透していったものと評価することが可能かもしれない。なお，文書提出義務に関する判例法理の著者の視点からの整理としては，本書第18章及び山本和彦ほか編『文書提出命令の理論と実務』（民事法研究会，2010年）2頁以下参照。

49） なお，ここでの真実発見とは，証明度ないし心証度を引き上げることではなく，解明度の向上を目的としている。この点は，注7）参照。

り[50]，真実発見に協力する当事者の義務が普遍的に設定されたものと解される。証拠偏在の状況にあって証明責任を負う当事者が十分な証拠を有しておらず，逆に相手方の手元に証拠がある場合，相手方に証明責任を転換し，又はその事案解明義務を認めることで，相手方にとって有利な証拠は出させることができる。これに対して，相手方に不利な証拠まで出させるためには，文書提出命令等の強制手段を認め，かつ，その行使の前提として相手方に文書の存否・内容に関する情報を開示させる必要がある。現行法では包括的な disclosure 規定の導入には至らなかったが[51][補注8]，当事者照会の実効性を高める努力とともに，今後このような点についても更なる検討が必要になってこよう。また，文書提出義務の解釈論では，自己利用文書等に関連して実質的な保護法益の検討と当該法益と真実発見利益との比較衡量という方向が目指されることになろう[52]。いわゆる work product 法理などが仮に認められるとすれば，それは相手方のフリーライドへの感情的な批判というよりは，開示により当面の真実発見が仮に図られるとしても，長期的な視点で見たときに（弁護士等の活動が消極化することで）真実発見の程度が制度全体として減退することを避ける，という点が実質的な保護法益と理解されるべきではなかろうか。

（初出：東京弁護士会民事訴訟問題等特別委員会編著『当事者照会の理論と実務』（青林書院，2000年）131頁以下）

50)　前掲東京高決平成10年10月5日も，「適正な事実認定をすることによって得られる法益に優先する法益を保護することが必要な場合には」法律関係文書でも提出義務は認められないとし，「企業秘密その他の秘密やプライバシーに関わる事項」を対立利益として挙げている。この点の詳細は，本書第16章参照。

51)　立法過程で，そのようなディスクロージャー規定の必要性を強く説いていたものとして，伊藤眞「開示手続の理念と意義」判タ786号・787号（1992年）参照。

[補注8]　ディスクロージャー規定の導入については近時も議論がある。民事訴訟法改正を目指す共同研究の中で「早期開示制度」という形で具体的に制度導入の提案をするものとして，三木浩一＝山本和彦編『民事訴訟法の改正課題』（ジュリスト増刊，2012年）64頁以下参照。

52)　既に，そのような方向性に沿った議論を展開したものとして，伊藤眞「文書提出義務と自己使用文書の意義」法協114巻12号（1997年）1444頁以下参照。

［補論］ 本章は，現行民事訴訟法制定直後に行われた東京弁護士会の民事訴訟問題等特別委員会における当事者照会に関する共同研究の成果としての出版物の一部として，公にされたものである。著者も同委員会に出席し，新たに創設された当事者照会制度を活用していこうとする弁護士の皆さんの熱い議論に接し，それに触発されて理論的な観点からそのような運動をサポートしようと考えて執筆したことをよく記憶している。

しかし，民事訴訟法施行後20年近くを経過し，当事者照会は（死文化とは言わないまでも）極めて低調な推移をしていると評価せざるをえない現状にある。著者自身は，今でも当事者照会という制度の考え方は誤っていないし，その将来に向けた可能性を信じてはいる。ただ，その活性化に向けては，なお種々の工夫を要することは否定し難い。近時も，立法論として，その強化に向けた提案がされているが（学者グループのものとして，三木浩一＝山本和彦編『民事訴訟法の改正課題』（ジュリスト増刊，2012年）99頁以下参照。日本弁護士連合会も，2012年2月16日付で改正の要綱試案を取りまとめている），それに加えて，弁論主義や証明責任との関係も含めた理念の問題はなお繰り返し確認していく必要があると考えている。やや古い論稿であるが，本章を本書に収録した所以である。

著者個人の仕事としては，ここで述べたような総論的な考え方は，その後の文書提出義務を始めとする情報・証拠の開示をめぐる見解（本書第16章～第18章のほか，山本和彦ほか編『文書提出命令の理論と実務』（民事法研究会，2010年）2頁以下〔山本和彦〕など）の基礎をなし，一貫して維持されているものと考えている。本章を第Ⅲ部の冒頭に置いた所以である。

第16章
民事裁判における情報の開示・保護
——書証を中心に

1 問題の設定

私の報告は，民事訴訟における情報の開示と保護の問題について，書証の観点から検討するものです。最初に，問題の設定ということですが，ここでは，文書提出義務に関する立法・判例の到達点を確認し，秘密保護の要件・方法について検討することをその目的とします。そして，現行法の解釈論ではなく，立法論的な観点から，あるべき規律を検討したいと考えております。

ご承知のように，この問題については，民事訴訟法の平成8年改正及び公務文書についての平成13年同法改正，更にそれに関する多数の判例によって現在までに形成された判例準則があるわけですが，この段階で立法論が必要であると考えるのは，以下の3点の理由によります。第1に，民訴法220条4号ニの自己利用文書の解釈に表れているように，規定の文言と判例による解釈との間にズレが生じてきている局面があり，国民にわかりやすい民事訴訟法という観点からは，規定の改正が必要ではないかという認識があります。第2に，他の分野における秘密保護の制度を民事訴訟にも一般化できないかという問題意識があります。典型的には，先ほどの片山会員のご報告[補注1]にもあった知的財産法の分野における制度，とりわけ秘密保持命令の一般法化というような問

［補注1］ 片山英二「知財訴訟における情報の開示・保護に関する現状と課題」民訴54号（2008年）103頁以下参照。

題であります。第3に，現行規定を前提にした場合，判例等による解釈の努力ではなかなか限界のある部分も，なおあるのではないかという認識もあります。以上のような観点から，立法論的な検討をしていきたいということですが，当然のことながら，今までの議論をすべて白紙に戻して白地に絵を描くということではなくて，立法や判例の現状を踏まえて検討していくということになります。

2 立法・判例の到達点と残された課題

そこで，立法・判例の到達点というものをまず確認しておきたいと思います。立法においては，平成8年の民事訴訟法改正によって220条4号のいわゆる一般義務に関する規定が導入され，更に平成13年の同法改正によって公務文書についても同様の規律がされることになったわけであります。そこでの考え方は，一定の実質的利益を保護する除外事由が存在しない限りは，文書の提出義務が認められるというものでした。そして，現行法下の判例は，そのような立法趣旨を踏まえ，規定の文言や秘密の属性にかかわらず，実質的な保護利益の重視及び等質化の方向に向かっているように思われます。

すなわち第1に，4号ロの公務遂行の支障や4号ハの職業の秘密については，いずれも「著しい」支障や職業遂行の困難性の存在などを要求し，秘密が公的なものか私的なものかにかかわらず，その実質的な重要性を保護要件としているように見られます[補注2]。第2に，文言上はそのような実質的利益が読み取れない4号ニの自己利用文書についても，判例は「看過し難い不利益」という実質的な保護利益の存在を求めています[補注3]。旧法下の自己使用文書の概念とは対照的に，単なる文書の性質だけではなく，実質的な保護利益の存在を求める判例の姿勢は，現行法の理念を踏まえたものと言えるでしょう。第3に，

[補注2] 職業の秘密について，「当該職業に深刻な影響を与え以後その遂行が困難になるもの」に限って保護の対象とする判例として，最決平成12・3・10民集54巻3号1073頁など参照。

[補注3] この点のリーディングケースとして，最決平成11・11・12民集53巻8号1787頁参照。

やはり4号ニの関係で，判例は，業務に係る自由な意思形成の保護というものを独立の保護利益として観念しているように見られます[補注4]。そして，公務秘密文書との関係でもこの点を問題にしているように見える判例もあります[補注5]。このような保護利益は，旧法下では余り議論されなかったように思われるものですが，稟議書をめぐってクローズアップされてきた論点です。

以上のような立法・判例の到達点は，全体としては十分に評価できるものと思われます。このうち，第1点は以後の議論でも立論の前提にしたいと思います。他方，第2・第3の点は，自己利用文書概念と関係するところですが，そのような概念の解体・再編成の中で更に検討していきたいと思います。

さて，以上のように，立法・判例の現状は，おおむね肯定的に捉えることが可能であると考えますが，なお残された課題はいくつかあるように思われます。ここでは，ややランダムですが，5点を取り上げ，以下で議論の対象にしていきたいと思います。

第1に，秘密の内容に関する点ですが，私人の秘密，いわゆるプライバシーを直接の保護対象とすべきではないか，また保護対象とするとしてどのような範囲で保護すべきか，といった問題です。この点は現在，原則として自己利用文書の枠内で保護されているわけですが，秘密保護の実質的利益という観点からは，より正面から問題にすべきではないかという問題意識によります。第2に，やはり秘密の内容の問題ですが，判例法理の中で現れてきた自由な意思形成の利益というものをどのような範囲で保護するか，という問題があります。判例準則を立法論としてどのように評価すべきかという問題であります。第3に，秘密の主体の問題として，第三者に関する秘密を直接の保護対象とすべきか，という問題が考えられます。現在の立法・判例は基本的に文書の所持者の利益のみを問題としていますが，文書所持者と秘密の主体がずれる場合，つまり所持者以外の第三者の秘密が記載されている文書について，秘密保護の要件

［補注4］　前掲［補注3］最決平成11・11・12は，看過し難い不利益の内容として「個人ないし団体の自由な意思形成が阻害されたりする」ことを挙げている。

［補注5］　最決平成17・10・14民集59巻8号2265頁は，公務の遂行に著しい支障を生ずるおそれがある場合として，「行政の自由な意思決定が阻害され」る場合を挙げている。

をどのように構成していくべきかという問題です。第4に，保護法益と訴訟上の利益との利益衡量を認めるべきか，という問題があります。これは，現在の判例でも除外事由ごとに一定の判断がされているように見られるわけですが，学説の理解も相当に異なっており，立法論をするのであれば体系的に考えてみる必要がある問題と思われます。最後に，秘密保護の方法ですが，この点では，知的財産関係訴訟において導入された秘密保持命令の一般法化の可能性はないか，という点が大きな検討課題になるように思われます。

以下では，このような残された課題を中心として，秘密保護の要件と方法に分けて問題を検討していきたいと思います。

3　秘密保護の要件

(1)　基本的な考え方

そこでまず，秘密保護の要件についてですが，個別の論点に入る前に，この点に関する報告者の基本的な考え方を明らかにしておきたいと思います。

私は，この問題は，情報の支配権と訴訟における協力義務，言い換えれば真実発見の利益との比較衡量の問題であると考えています。すなわち，まず大前提として，情報の開示という問題は，裁判を受ける権利，つまり当事者の手続保障や司法の適正な運営に直結する重要な事項である点に留意すべきでありましょう[補注6]。民事訴訟においても，一方当事者が真実の発見を求める限り，それが他の法益と衝突しない範囲で，可及的に真実の発見を図るような制度が構成されるべきです。確かに民事訴訟では弁論主義が妥当しますが，それは当事者が一致して真実の解明を放棄する場合にはそれを認容するという意義を有するにすぎず，一方当事者が一方的に真実の解明を放棄ないし妨害することは許されないと考えられます。そして，そのような真実の解明においては，基本的に当事者も第三者と同等の協力義務を負うものと考えてよいと思います。他方で，情報の支配権は，人格権や財産権に基礎を有するものであり，そのよう

［補注6］　真実発見がこのような意味で重要な意義を有することについては，本書第1章 *5*(4)・第15章 *1* 等参照。

な利益を真実発見等の公的な利益を理由に侵害するためには充分な配慮が必要です。

そこで，問題は利益衡量のやり方となるわけですが，このような衡量は，原則として一般論のレベルで，重要な情報の支配権については協力義務を上回るものとして保護するが，それに及ばないものは開示させていくという方向で要件化を図るべきものであり，個別の事件における利益衡量は限定していくのが法的安定に適うものと考えます。

そして，以上のような利益衡量の枠組みは，人証と書証との間で基本的に差異はないものと考えられます。つまり，書証における情報の保護範囲は，証言の場合と基本的に一致すべきものと考えています。ある情報が人の脳に格納されているか，文書という形で保存されているかという，情報の格納の場所・形態によって秘密保護の範囲に差はないはずだからであります。この点，現行法は，特に自己利用文書においてそのような差異を認めていますが，その当否については後に，秘密の内容の問題に関して検討したいと思います。

更に，現行法はその規定の仕方において，220条4号の除外事由に該当したとしても，その文書が同条1号から3号までの文書に該当すれば提出義務を認めるという構造になっています。これは，結局，一定の保護利益があり，保護すべき秘密として確定されたものであっても，それを凌駕すべき場合を認めているということになりますが，そのような場合を立法論としても肯定すべきかどうかが問題となります。私は，そのような場合は基本的に不要であり，結局，4号に一本化する形で220条を整理することで問題はないのではないかと考えています[補注7]。ただし，そのためには，現在の判例が唯一，3号に存在価値を見出していると思われる刑事関係文書について，4号ホを削除するか，あるいは判例法理を明文化することが前提になります。それを前提として，現在の除外事由は提出拒絶事由として再構成し，証言拒絶事由とパラレルに，所持者の側にその該当性を立証する責任を課すということでよろしいのではないかと考えています[補注8]。

［補注7］　同旨の立法提案として，三木浩一＝山本和彦編『民事訴訟法の改正課題』（ジュリスト増刊，2012年）120頁以下参照。

［補注8］　同旨の立法提案として，三木＝山本編・前掲［補注7］119頁以下参照。

以上が秘密保護の要件についての私の基本的な考え方であります。

(2)　秘密の内容

次に，具体的な問題として，保護対象となる秘密の内容についてお話しします。

現行法は，秘密の主体として，公的機関の秘密，また私人の秘密でも職業活動に係る秘密は保護の対象としておりますが，私人の私的生活に係る秘密，いわゆるプライバシーについては，自己利用文書という形で保護するに止まっています。しかし，現代社会においてプライバシーというものが人格権を背後に重大な価値を有していると認識されているとすれば，それは証言拒絶権の場面も含めて，直接の保護対象とすべきものと考えられます。現在は196条で名誉を害すべき事項のみを保護の対象としていますが，例えば病気に関する情報などを考えてみれば，このような規律が狭すぎることは明らかであると思われます。

ただし，他方で，私生活の秘密を無制限に保護することには賛成できません。訴訟における真実発見の重要性に鑑みれば，保護の範囲は，他の秘密と同様に限定されてしかるべきであり，その秘密の重大性及び秘密の開示による実害の存在を保護の要件とすることが相当ではないかと思われます。その意味で，例えば，民訴法92条1項1号に倣って，私生活の「重大な」秘密で，開示によって社会生活上の「著しい」支障が発生するということを保護要件とする規律も考えられるのではないでしょうか[補注9]。それによって，著しい支障等が求められる公務秘密や，判例上職業活動の著しい困難等が求められる技術職業上の秘密などの場合と平仄が合うように思われます。

以上のように，プライバシーを独立の保護対象利益とすると，現在の自己利用文書概念は必然的に解体されることになります。判例準則上，自己利用文書として保護されるもう1つの主要な利益は，いわゆる自由な意思形成の利益であります。そこで，これをどのように考えるかが問題になりますが，仮にこの点を書証に独自の保護対象と理解するとすれば，その実質的な保護利益は，自由闊達な議論・意見表明・報告等の過程を書面化できるようにすることである

［補注9］　同旨の立法提案として，三木＝山本編・前掲［補注7］123頁以下参照。

と思われます。換言すれば，そのような文書の提出義務を認めれば，書面化すると形式的な意見しか出なくなり，実質的な意見を出そうとすると書面化が放棄されるという結果になるので，そのような状態を回避し，議論の過程を書面化させること，それにより意思決定の適正化・透明化を促すことに社会的な利益があると考えるわけであります。

しかし，このような考え方が解釈論としてはともかく，立法論としてどこまで説得的であるかについては疑問があります。同じことを証人尋問等で聞かれれば答えざるをえないわけでして，これはいわば書面化しないことによって証人等の自然な忘却を期待しているということになるからです。そのような事実上の忘却が仮にありうるとしても，それを制度構成の前提とすることには問題があるように思われます。やはり書証の場合だけを区別する合理的な理由は認め難く，判例準則の立法論としての正当化は困難と言わざるをえません。

ただ，この点を更に進めて，証言拒絶権を含めて，意思形成過程のやり取りについては文書提出拒絶権も証言拒絶権も認め，意思形成過程自体の保護を全面的に図るという方向は考えられないではありません。例えば，「当該やり取りの開示によって率直な意見表明がされることを妨げる現実のおそれがあり，かつ，そのような意見表明が妨げられれば業務・生活に著しい支障が生じる場合」に保護を認めるという考え方です。このような方向はなお検討に値するものと思いますが，私の意見としては，公務文書はもちろん，法人の文書についてもこのような形で，組織の中でのやり取りが外部に漏れることを恐れるという考え方は，コンプライアンスの充実を求める現在の社会の方向性と矛盾するものではないか，という印象は否めないようにも思われます。

(3)　秘密の主体

次の問題として，秘密の主体の問題，つまり他人の秘密が記載された文書の扱いの問題があります。現状では，この点について文書の所持者の利益の保護が中心となっており，他人の秘密はその反射として保護されるにすぎないのが原則であります。例外として，公務秘密の場合や197条1項2号の弁護士等の秘密があるに止まります。後者は，一般に，一定の職種について第三者である依頼者の秘密を直接の保護対象とするものと理解されております。そこで，立法論としては，197条1項2号の職種の範囲を拡大していくという方法も考えられます。実際，現行法制定時にも，新聞記者等への拡大が論じられたところです。しかし，この点をより巨視的に見れば，本来これは特定の職種の問題ではないのではないかとも思われます。従来はプライバシー概念が限定され，また秘密を取り扱う職種も限定されていたため，それを前提に，このような限定列挙の規定方式がとられたのではないかと思われますが，プライバシーや企業秘密が拡大また重要化し，秘密を取り扱う職種等も増大する中では，そのような規律方式を維持していくことは困難ではないかということです。そこに，このように秘密の主体の問題という形で，一般化した問題設定を試みた理由があります。

さて，そのように問題を設定してみますと，私は，従来の文書の所持者ないし所有権の保護という観念から，秘密の主体ないし「情報の支配権・コントロール権」の保護へと，基本的な観念の転換が必要になるのではないかと考えております。もちろん，両者が重複して保護される場合はありえます。例えば，弁護士の守秘義務は，依頼者のプライバシー保護と弁護士の職業の保護を同時に図るものです。そして，実際上は先般の取材源に関する判例[補注10]などが示すように，所持者の利益の保護によって，反射的に秘密主体も保護されるケースが多いでしょう。しかし，秘密の主体の情報支配権を直接の保護対象としなければ，充分な保護が図りえない場合もやはり残ると思われます。そこで，一般論としては，文書所持者が秘密主体との関係で，情報開示の権限を本来有していないような場合には，秘密主体の利益を訴訟上も直接考慮し，提出義務を否定すべきものと考えます。様々な場合がありえましょうが，例えば，情報を盗取された場合，行政庁が強制力で情報を取得した場合，事実上の強制に基づき情報を取得した場合（例えば企業の入社時の健康診断や賃金台帳等の情報）更に法令上・契約上の守秘義務を前提に情報を取得した場合などであります。このような場合は，個人情報保護法23条に典型的にあるように，文書所持者の任意による情報開示も本来許されない場合であって，所持者の利益だけを考慮して提出義務の存否を判断することは，制度として相当とは思われませ

［補注10］ 最決平成18・10・3民集60巻8号2647頁参照。

ん[補注11]。そこで，仮に第三者の秘密も保護する形で制度を仕組む場合，情報主体である第三者の利害関係を提出命令の判断過程に組み入れていく手続が必要になるように思われます。当該第三者の意見聴取の手続や提出命令に対する即時抗告権などです。このような手続面も考慮して更に検討していく必要がありましょう。

(4)　保護利益と訴訟上の利益の衡量の可能性

秘密保護の要件の問題として最後に，保護利益と訴訟上の利益との比較衡量の問題があります。この点は対立する利益の調整の問題となりますが，基本的な考え方として述べたように，私としては，問題は原則として，提出義務の要件の定立の中で調整すべきものであり，個別事件の中での利益衡量の余地は例外的なものであるべきである，というスタンスをとっています。換言すれば，利益衡量が可能となる外郭的範囲を立法論としてはできるだけ残さない方向で検討すべきであるということであります。ただ，そのような衡量を完全に排除した形で要件化を図れるかというと，秘密の重大性や情報開示による実害の重大性を客観的に測定するメルクマールはなく，やはり実際上一定の範囲で衡量の余地は残らざるをえないのではないかと思われます[補注12]。

そこで，衡量されるべき「訴訟上の利益」としてどのようなものが考えられるか，ということですが，大きく2つの類型に分かれるように思います。第1に，当該訴訟における証拠としての重要性，言い換えれば代替証拠の有無等の問題であります。これは，その書証が利用できなくなることによってその事件における真実の発見が困難になるという不利益を直接に問題とするものです。第2に，当該訴訟事件の性質があります。その訴訟における法益自体が生命・

［補注11］　本章の報告後，最決平成19・12・11民集61巻9号3364頁及び最決平成20・11・25民集62巻10号2507頁は，金融機関の守秘義務との関係で，秘密の主体である第三者が保護されるべき正当な利益を有しない場合には，文書提出義務が認められる旨の判断を示している。これは，文書所持者の利益だけを考慮するのではなく，秘密主体の利益をも考慮して提出義務の存否を判断するとの考え方に立つものであり，本章の考え方に近いものを感じさせる。

［補注12］　本章の報告後，そのような比較衡量を文書提出義務との関係でも明確に認めたものとして，最決平成19・8・23判時1985号63頁及び前掲［補注11］最決平成20・11・25がある。

身体等であるという重大性，あるいは事件の社会的な価値・意義・影響，言い換えれば「訴訟の外部効果」とでもいうものであります。これは，結局，その証拠が重要であるという第1点の判断を前提にして，その事件で真実の発見が困難になることによって当該事件の保護法益の保護が困難になるという不利益を問題とするものです。もちろん，このような外部効果をどのように評価するかというのは極めて困難な問題であることは確かです[補注13]。

私は，この問題について保護利益の対象が当事者である場合と訴外第三者である場合とを区別して考える必要があるのではないかと考えています。この点は，長沢調査官の解説（長沢幸男・解説・最判解民事平成12年度311頁参照）の中のお考えに賛同するものでありますが，まず秘密による保護の対象が当事者である場合には，前に述べた第1点である証拠の重要性についても比較衡量の余地が認められてよいと思われます。すなわち，提出拒絶事由が一応存在しても，証拠価値等その開示による訴訟上の利益が特に大きければ提出命令を可能とすべきでありましょう。保護の対象が訴訟法律関係の主体たる当事者である以上，その事件における真実発見のために秘密保護の範囲が限定されてもやむをえないと考えられるからであります。

これに対して，秘密による保護対象が訴外第三者である場合には，事情が異なるように思われます。この場合には，第1点の証拠の重要性は考慮の対象とはならないと考えられます。つまり，証拠が重要であるかどうかというのは基本的に第三者にとっては関係のない問題であって，それによって，例えば営業秘密が消滅してしまうという重大な損失を第三者に甘受させることはできないように思われるからです。しかし，第2の点についてはなお考慮の余地があるでしょう。情報公開法7条なども示すとおり，重大な公共の利益の前には人格権や財産権であっても立ち止まらざるをえない局面は，極めて例外的ではありますが，否定できないからです。ただ，この点は，山本弘会員からご教示をいただいたところですが，仮にそのような公共の利益のために人格権や財産権の制限を考えるという場合には，憲法29条2項・3項及びその類推適用の問題

［補注13］　このような衡量すべき利益の内容は，基本的に判例のそれと同等のものである。この点については，前掲［補注10］最決平成18・10・3参照。

が生じえます。つまり，これは一種の「情報の収用」とでもいうべき事態であり，その制限が一般的に当然受忍すべきものとされる制限の範囲を超え，権利者に特別の犠牲を課したものと言えるかどうか，仮に言えるとした場合に「正当な補償」が必要か，という問題であります。このような問題や，あるいは第三者といっても当事者との関係では濃淡があり，当事者に近い立場の第三者は当事者と同じ扱いにするかなど，なお立法論としては検討を要する問題が多くあります。

4　秘密保護の方法

本報告の最後として，秘密保護の方法の問題を考えてみます。現行法は，訴訟で提出された書証の記載内容について，訴訟の相手方以外の者に対する秘密保護の方法として，訴訟記録閲覧等の制限の制度を置いています。しかし，相手方から第三者に対する漏洩の禁止については明文の対応をしておらず，実体法上損害賠償義務等の解釈論があるに止まります[補注 14]。また，相手方に対する秘密保護については，提出義務の審理過程でのイン・カメラ手続はありますが，いったん提出が認められた場合には，保護の手続はもはやなく，結局その秘密が相手方との関係でも保護を要する場合には，無関係な秘密を保護する一部提出による保護ができなければ，提出義務自体を否定し，当該文書の提出の拒絶を認めるほかありません。

このような状況を打破する１つの手段として，特許法等が導入した秘密保持命令の制度があります。その詳細は，既に片山報告で論じられたところ[補注 15]ですので，ここでは繰り返しませんが，これが用いられる場面として２通りの場合が考えられます。１つは，文書所持者である訴訟当事者が自己に有利な書証の提出をする前提として，訴訟の相手方に対して秘密保持命令を申し立てる場合であります。もう１つは，訴訟当事者が自己に有利と思われる書証の提出を，文書所持者である相手方当事者又は第三者に求める前提として，自己に対

[補注 14]　この点の議論については，例えば，菊井維大＝村松俊夫原著『コンメンタール民事訴訟法Ⅱ〔第 2 版〕』（日本評論社，2006 年）235 頁以下参照。

[補注 15]　片山・前掲［補注 1］105 頁以下参照。

する秘密保持命令を申し立てる場合です。以下では，このうち第2の場面を対象として考えていきます。すなわち，そこでは本来提出義務のない文書について，その提出を命じながら，それによる情報の第三者への漏洩や実質的不利益を防止する方法として秘密保持命令を活用するものです。言い換えれば，文書の提出を前提とした一種の秘密保持契約の締結を相手方に強制しながら，訴訟に提出される文書の範囲を拡大し，訴訟における真実発見を可能にする方途を見出そうという問題意識であります。

さて，このような秘密保持命令が有効な場面としては，第1に，申立人以外の特定・不特定の第三者に情報を知られることを避けたいという場合があり，第2に，申立人に情報を知られることにより，その者の特定の行為によって秘密主体に財産的損害等を生じるおそれがある場合があると思われます。そして，命令の態様は，前者では申立人から第三者に対する開示の禁止となり，後者では申立人の行為による損害の防止，つまり当該情報の目的外利用の禁止ということになります。ただ，このような制度も万能なものではなく，申立人に知られること自体が損害を生じる場合や損害を生じる行為が特定困難な場合などは，このような制度は実効性を欠くのではないかと考えられます。また，その効果が刑罰による担保という強力なものである以上，例えば，申立人の目的外利用を禁止するという一般的な命令でよいのか，更なる禁止行為の特定を図るべきなのか，など考慮すべき点もあります。知的財産の場合のように，対象となる情報やその禁止の態様が比較的容易に特定できる場面に比べ，それを民事訴訟全体に一般化する場合には，その実効性や副作用である過剰な抑止効果についてなお慎重に検討すべきことは不可欠でありましょう[補注16]。

ただ，このような命令の可能性が文書の提出の範囲を拡大するについて役立つ場合があることもまた確かだと思われます。当該文書に提出拒絶事由となる秘密の記載があるにもかかわらず，秘密保持命令の発令を前提に提出を認めるということ，言い換えれば秘密保持命令の認容によって提出拒絶事由が阻却される可能性を認めるということであります。その場合には，第三者に情報が漏

[補注16] 民事訴訟法における秘密保持命令の立法論については，さらに，三木＝山本編・前掲［補注7］139頁以下も参照。

洩されないこと又は禁止された行為が申立人によりされないことを前提に，提出拒絶事由の存否が判断されるわけです。例えば，営業秘密が申立人以外には拡散しないとすれば，仮にその提出を命じても，それによる秘密主体の事業活動が困難にはならないといった判断が可能になる余地があるわけです。ただ，刑罰で担保されるとは言っても，その命令が常に遵守されることを前提としてよいかどうか，秘密保持が遵守されない可能性をも判断に当たって考慮すべきか，また遵守されない可能性が仮に小さいとしても，その場合の損失が回復不能なものであるような場合にはなお提出命令申立てを棄却すべきかなど，更に検討を要する点も多々あると思います。ただ，私としては，この制度は，文書提出義務における all or nothing の隘路を回避する1つの有力な手段となりうるものと考えており，今後の議論の展開に期待したいと思っております。

（初出：民事訴訟雑誌54号（2008年）110頁以下）

［補論］　本章は，日本民事訴訟法学会第77回大会（2007年度）におけるシンポジウム「民事裁判における情報の開示・保護」における著者の報告原稿に基づくものである。本章は，民事訴訟における真実発見に関する著者の基本的な考え方（これについては，本書第15章参照）を展開して，書証（文書提出命令）との関係で，どのような要件及び方法で秘密が保護されるべきかを立法論として検討したものである。

本章はあくまでも立法論であるが，本章で述べた考え方のうち，文書所持者の利益に比して，秘密主体の利益を重視すべき場合があるという考え方は，その後の判例において解釈論としても一部採用されたように見える（［補注11］も参照）。また，ここで展開した立法論のうち，文書提出義務の再構成や秘密保持命令の一般法化の提案は，その後，共同研究の中で更に展開され，より精緻な条文案の形で提示されている（［補注7］の文献参照）。ただ，現実の問題としては，この点の立法には進展は見られない（秘密保持命令については，平成23年特許法改正に際して，職務発明対価訴訟にも拡大されるべきかが議論されたが，最終的には実現に至っていない。この点については，中山信弘ほか「座談会・特許法改正の意義と課題」ジュリ1436号（2012年）36頁〔山本和彦〕参照）。

第 17 章
公務員の職務上の秘密と証拠調べ

1 はじめに

民事訴訟における証拠調べは，争われている事実について真実の発見を目的に行われるが，その証拠調べには，可能なすべての方法を用いることができるわけではない。真実発見の要請も他の優先する法益と衝突する場合には，一歩道を譲る場合がある[補注 1]。そのような法益の 1 つとして，公務員の守秘義務等によって保護される公益等の利益が存在する。本章では，公務員の職務上の秘密の対象となるような情報の証拠調べ手続での取扱いを検討する。この問題は，いわゆる現代型訴訟などで行政機関や国・地方公共団体が当事者になる場合はもちろん，私人間の訴訟でも第三者である行政機関等の情報が問題とされることが実際にも多くなっている。これは，福祉主義のもとでの国家の遍在性をあらわすものといえ，今後，規制緩和の潮流下で状況が若干変わる可能性はあるが，大局的には重要な問題であり続けることは確かであろう。

民事訴訟法（以下，「法」ないし「現行法」ということもある）は，職務上の秘密を保護する制度として，証人尋問について証言拒絶権の規定を有する（民訴 191 条・197 条 1 項 1 号，旧民訴 272 条〜274 条・281 条 1 項 1 号）。また，書証との関係では旧法には明文の規定がなく，後述のように，前述の証言拒絶権の規定が

［補注 1］ 民事訴訟における真実発見に関する著者の一般的な考え方については，本書第 15 章参照。

類推適用されるとの見解が有力であったところ，現行法の立法においては様々な経緯の末，とりあえず規定は見送られたものの，現在この点に関する改正法律案が国会で審議されているところである[補注2]。他方，その他の証拠調べ手続，すなわち当事者尋問1)[補注3]，鑑定2)[補注4]および検証3)[補注5]に関しては，秘密保護に関する明文の規定は存在しないので，以下では，証言義務および文書提出義務の局面を中心に検討する4)。

［補注2］ 本文に述べた法案は，平成13（2001）年7月国会で可決成立し，同年12月から施行されている。なお，法案は国会における審議の過程で修正等はされず，そのままの形で現行法になっている。立案担当者による改正法の解説として，深山卓也ほか「民事訴訟法の一部を改正する法律の概要（上）（下）」ジュリ1209号・1210号（2001年）参照。

1) 当事者尋問に関しては，解釈論として証人尋問の規定を準用する見解が有力である（菊井維大＝村松俊夫『全訂民事訴訟法Ⅱ』（日本評論社，1989年）474頁，井口牧郎「公務員の証言拒絶と国公法100条」鈴木忠一＝三ケ月章編『実務民事訴訟講座⑴』（日本評論社，1969年）303頁注1，小室直人ほか編『基本法コンメンタール新民事訴訟法⑵』（日本評論社，1998年）159頁〔三代川三千代〕など）。ただ，検証の場合と同様，これを法208条の出頭・陳述拒否の「正当な理由」の問題と解する余地もあろう（なお，現行法はこの問題の解釈に変更をもたらすものではないと思われる）。

［補注3］ 当事者尋問について法191条の類推適用を否定する見解として，菊井維大＝村松俊夫原著『コンメンタール民事訴訟法Ⅳ』（日本評論社，2010年）273頁参照。

2) 鑑定に関しては，証人尋問の規定が一般に準用されており（民訴216条），法191条等も除外されてはいない。ただ，法212条2項を「特別の定め」と解し，反対解釈として法191条は鑑定拒絶理由とならないとの解釈はありえようか（なお，ドイツ法は明文〔連邦公務員法62条2項等〕で鑑定拒絶事由としている）。

［補注4］ 鑑定について，専門的知見自体またはその適用結果である鑑定意見のいずれについても，法191条の手続がとられる可能性があるとする見解として，菊井＝村松・前掲［補注3］338頁参照。

3) 検証に関しては，書証の場合のように証言拒絶権の類推ではなく，検証物提示命令に従わない「正当な理由」の問題（民訴232条）として把握する裁判例がある（広島地決昭和56・12・10訟月28巻2号292頁）。ただ，これでは当事者間の問題には十分に対応できず，文書提出義務と同様に解する考え方もありえよう（刑事訴訟では，検証についても文書等の押収に関する刑事訴訟法103条の類推を説く見解が有力である（伊藤栄樹ほか編『注釈刑事訴訟法2巻〔新版〕』（立花書房，1997年）169頁〔藤永幸治〕参照））。

［補注5］ 検証について，改正後の法223条の準用規定の適用関係については，菊井＝村松・前掲［補注3］547頁以下参照。

4) なお，本章では，国務大臣および国会議員に関する問題は紙幅の関係で省略する。

2　旧法下の議論と実務

(1)　証言拒絶権

(a)　まず，旧法の立法経緯を見ると，旧々法（大正15年改正前旧法）の290条2項は，公務員の証言の監督官庁による許可の要件として，「許可は証言が国家の安寧を害する恐あるときに限り之を拒むことを得」としていた（以下，表記を新字体・平仮名に改める）。これは旧刑事訴訟法185条1項と同旨の規定であったが，この点は旧法の政府案では削除された。政府委員はこの点につき，「国家の安寧を害する虞ある時は拒むと云ふことは此趣旨から云ひまして当然であると云ふ所から之を規定しない」と説明していた[5)]。そして，刑事訴訟とは自ずから主義が違うとし，民事訴訟においては平易に規定した旨の説明がされた。また，「298条第1号の場合に於て為したる拒絶の当否に付ては所属庁又は最後の所属庁の裁定に任す」としていた旧々法301条1項但書の規定が政府案で削除されたこととの関係で，証言の許否の判断権者について刑事訴訟の場合と異なるか否かも議論され，結論として差異はないとされたが，松岡義正政府委員の説明には若干の揺れがあったように見受けられる[6)]。更に，民事では裁量をもって監督官庁に決めさせる方が妥当であり，事案の真相を得る必要も実際的見地からいうと刑事との間に多少の区別がある旨の発言もされている[7)]。

(b)　旧法の解釈上の主要な論点として，まず官吏・その他の公務員の意義については，官吏は国家公務員を意味し，その他の公務員としては地方公務員を含むことに争いはなかった。そのほか，日本銀行・日本輸出入銀行など特別法人，道路公団など公団・特殊法人の職員[8)]に関して，類推適用を認める見解[9)]

5)　民事訴訟法改正調査委員会速記録543頁参照。これに対して，原嘉道委員からは「あった方が宜からう」との意見が述べられていたことは注目される。また，長島毅＝森田豊次郎『改正民事訴訟法解釈』（清水書店，1930年）326頁は，その意義の不明確性とあまりに重大な要件と誤解されるおそれがある点を改正の理由とする。

6)　民事訴訟法改正調査委員会速記録546頁以下参照。

7)　民事訴訟法改正法律案委員会速記録467頁以下〔池田寅二郎〕参照。

8)　そのほか，職員に守秘義務が認められる特殊な法人（証券取引所，商品取引所等）に

と直接適用を肯定する見解[10)]があったが，いずれにせよ同様の規律が妥当するものと解されていた[11)]。

(c)　旧法272条の適用の前提になる職務上の秘密の意義については，まず形式秘・実質秘をめぐる議論があった。この点については，公務員法上の守秘義務違反の刑事罰をめぐる事件で最高裁判所が実質秘説を採用したことから，その後はほぼ争いなく実質秘説が前提とされてきた[12)]。

次に，旧法272条所定の「職務上の秘密」と国家公務員法100条・地方公務員法34条で守秘義務の対象となる「職務上知ることのできた（知り得た）秘密」との関係が問題となる。職務上の秘密の意義については，①職務上知得した事項で，その公表が公益を害するような性質のものとする見解が判例で示され（大判昭和10・9・4新聞3886号14頁。裁判所書記官の調停手続内容に関する証言で，公益を害するとはいえないとした），学説の支持も受けた[13)]。ただ，その後の下級審では，文書提出義務との関係であるが，②公表により国家利益または公共の福祉に重大な損失または不利益を及ぼすような秘密として，その範囲をより限定する見解が生じた[14)]。他方，最近の文書提出義務の裁判例では，特に青色申告決算書が問題となる事件につき，③職務上知りえた秘密と本条の職務上の

ついても同様の扱いと解されていた。

9)　菊井＝村松・前掲注1）475頁参照。

10)　兼子一ほか『条解民事訴訟法』（弘文堂，1986年）988頁〔松浦馨〕，斎藤秀夫ほか編著『注解民事訴訟法(7)〔第2版〕』（第一法規，1993年）401頁〔小室直人＝東孝行〕参照。公団につき反対，谷口安平＝福永有利編『注釈民事訴訟法(6)』（有斐閣，1995年）258頁〔藤原弘道〕参照。

11)　なお，外国の公務員については承認手続は不要であり，直接旧法283条で拒絶の当否を裁判すべきものとされたが（井口・前掲注1）309頁注9，兼子一『条解民事訴訟法（上）』（弘文堂，1951年）747頁），その秘密も証言拒絶理由にあたるものと解されていた（兼子ほか・前掲注10）989頁〔松浦〕）。

12)　菊井＝村松・前掲注1）470頁，斎藤ほか編著・前掲注10）402頁〔小室＝東〕参照。ただし，刑事訴訟法の学説には，公務員法は刑罰が科されるので厳格に解釈する必要があるが，刑事訴訟法103条の関係での秘密は公務員法上の秘密よりも限定されているとする解釈があることに注意を要する（伊藤ほか編・前掲注3）168頁〔藤永〕参照）。

13)　兼子ほか・前掲注10）988頁〔松浦〕，斎藤ほか編著・前掲注10）400頁〔小室＝東〕など参照。

14)　東京高決昭和44・10・15判時573号20頁参照。教科書検定における判定理由開示で，職務上の秘密に該当しないとした。同旨として，高松高決昭和50・7・17判時786号3頁（原子炉設置許可申請書等につき該当しないとする）参照。

秘密とを同視しているとみられる裁判例が多数輩出し[15]，それを支持する見解もある[16]。

また，職務上の秘密が同時に私人の秘密にあたる場合について，本人の同意を個別に要するとの見解[17]と，承認手続に吸収され，監督庁が私人の意向を確認すれば足りるとの見解[18]に分かれていた。

(d) 職務上の秘密にあたるか否かに関する判断権限についても，学説が分かれていた。①裁判所に判断権限を認める見解も存在したが[19]，多数説は，②監督庁の判断に委ねるとするものであった[20]。また，折衷的な見解として，③証人または所属官庁が秘密を申し立てたときは監督官庁の判断によるものの，当事者が秘密を申し立てたときは裁判所に判断権が残るとする見解もあった[21]。

(e) 承認権限を有する監督官庁の意義については，特に公務員に転任があった場合の前任庁の事務に関する秘密につき問題とされた。この点につき，学説の多数はその者の現在所属している官庁が承認権限を有するとする[22]。ただ，

15) 大阪高決平成 6・7・19 判タ 879 号 268 頁（義務否定），名古屋地決昭和 63・12・12 判タ 693 号 226 頁（義務否定），大阪高決昭和 63・1・22 判タ 675 号 205 頁（義務否定）など参照。

16) ただし，この見解もたまたま知りえた私人の秘密はその例外とする（刑事訴訟に関して，伊藤ほか編・前掲注 3）333 頁〔亀山継夫〕も同旨とみられる）。

17) 伊藤眞「証言拒絶権の研究(3)」ジュリ 1053 号（1994 年）60 頁は，私人がその秘密を放棄したとみなされる場合にのみ証言可能であり，監督官庁の承認によっては秘密保持を解除できないとする。同旨，谷口＝福永編・前掲注 10）266 頁〔藤原〕。

18) 菊井＝村松・前掲注 1）475 頁参照。なお，この場合も，その秘密が同時に旧法 281 条に該当するような場合には，同条の重畳適用を肯定するのが多数であった（兼子ほか・前掲注 10）989 頁〔松浦〕，菊井＝村松・前掲注 1）474 頁参照）。

19) 菊井＝村松・前掲注 1）472 頁（ただし，監督官庁の意見も十分聴く必要があるとする），谷口＝福永編・前掲注 10）312 頁〔坂田宏〕参照。

20) 井口・前掲注 1）306 頁（ただし，秘密性に関する疎明がないときは尋問を可能とする），兼子ほか・前掲注 10）989 頁〔松浦〕，斎藤ほか編著・前掲注 10）403 頁〔小室＝東〕，谷口＝福永編・前掲注 10）264 頁〔藤原〕，菊井＝村松・前掲注 1）474 頁など参照。

21) 田中和夫「証言拒絶権の行使」民商 18 巻 2 号（1943 年）25 頁参照。常に監督官庁の承認を要求するとすると，当事者による濫用的な申立てを招いて訴訟遅延のおそれがあることをその理由とする。

22) 井口・前掲注 1）308 頁，菊井＝村松・前掲注 1）474 頁，兼子ほか・前掲注 10）988 頁〔松浦〕，斎藤ほか編著・前掲注 10）402 頁〔小室＝東〕参照。ただし，判断においてより適任であるのは転任前の官庁であり，現官庁も前官庁と十分に協議すべき旨

秘密保持という職務自体について処分権を有する官庁として，身分上の監督官庁とは一致せず，前任庁が承認権をもつとする見解もある[23]。

(f)　証言の承認を拒絶する監督官庁の判断については，当該官庁の完全な自由裁量に任されるとの考え方もあるが，学説上は一定の拒絶事由がある場合に限る見解が有力である（立法時の議論については，(a)参照）。問題とされた事由は，①国家または公共の利益を害するおそれ，②個人の利益を著しく害するおそれ，③公務の遂行を不能または著しく困難にする事情等であった[24]。このように，学説は旧法による改正をあまり重視せず，実質的には旧々法の考え方を維持していたといえる。

(g)　承認取得の手続については，証言を求められた公務員が予め証言拒絶権を主張する場合または裁判所がそれに気づいた場合には[25]，証拠調べ期日前に，当該公務員が自ら承認を取得するか，裁判所から承認を求める手続がとられる（その手続終了前は，公務員は出頭義務を負わない）。また，証拠調べの最中に具体的な事項について証言拒絶権が申し立てられた場合または裁判所が職務上の秘密と関連すると判断した場合には，裁判所は，その他の尋問をとりあえず終えて，その後に承認取得のための手続をとって再尋問を行うことになる。

を説く見解が多い。

23)　谷口＝福永編・前掲注10）261頁〔藤原〕。伊藤ほか編・前掲注3）333頁〔亀山〕も参照。なお，行政委員会の委員については監督官庁が観念できないため，委員会を監督官庁と同視する説と本人自身が判断するとの説に分かれていた（谷口＝福永編・前掲注10）262頁〔藤原〕参照）。

24)　①菊井＝村松・前掲注1）474頁，井口・前掲注1）307頁，兼子ほか・前掲注10）988頁〔松浦〕，②菊井＝村松・前掲注1）474頁，③斎藤ほか編著・前掲注10）403頁〔小室＝東〕（本文①〜③に対応）。なお，刑事訴訟法の解釈としては，国の安全または外交上の利益に重大な支障が及ぶ可能性のある場合，公安の維持に重大な支障を生ずるおそれのある場合その他各種行政の運営上著しい支障を生ずるおそれのある場合を挙げる見解が有力である。

25)　秘密の存在に気づかず，結果的に秘密に関する証言がされてしまった場合については，証言自体は事実認定の資料とすることができ，後は公務員法上の罰則の問題となるにすぎないとする多数説（井口・前掲注1）306頁以下，古崎慶長「国家賠償事件の立証の制約」山木戸克己教授還暦『実体法と手続法の交錯（上）』（有斐閣，1978年）140頁，谷口＝福永編・前掲注10）266頁〔藤原〕，大判大正元・12・23刑録18輯1577頁〔刑事事件〕等）と，訴訟法規違反の証言として判決の基礎とはできないとする少数説（田中・前掲注21）25頁等）に分かれる。

(h)　最後に，監督官庁が承認を拒否した場合の争い方については，拒否の違法の問題は生じず，当不当の問題が発生するだけであるので，行政訴訟は許されないことに異論はない[26)]。他方，行政不服審査の可否については，その余地を肯定する見解も有力であったが[27)]，上級官庁に対する不服申立てもできないとして否定する説もある[28)]。

(2)　公文書提出命令

(a)　文書提出義務に関しては，公務員の職務上の秘密につき提出拒絶権を認める明文規定は存在しなかった。これは，提出義務自体が限定義務であったことから，秘密が記載されているような文書が旧法312条の各号に相当する場合は想定し難かったことによるものかとも思われる。しかし，文書提出義務の拡大解釈により，秘密記載文書が形式的には提出義務の範囲内に入る場合も増えてきた。そこで，証言拒絶権規定の類推適用の可否が論じられるに至った。この問題に関しては，否定説は古い裁判例のみで[29)]，大多数の学説[30)]・裁判例[31)]は肯定説に立っている。これらの見解の多くは，文書提出義務が証人義

26)　ただ，古崎・前掲注25）138頁以下は，訴訟上の信義則に基づき，証明妨害としての制裁を受ける可能性があることを示唆する。

27)　井口・前掲注1）309頁注8，兼子ほか・前掲注10）989頁〔松浦〕，谷口＝福永編・前掲注10）264頁〔藤原〕参照。

28)　斎藤ほか編著・前掲注10）403頁〔小室＝東〕参照。

29)　東京地決昭和43・9・14判時530号18頁（教科書検定事件）参照。なお，名古屋高決昭和52・2・3判時854号68頁は，引用文書につき，秘密保持の利益が放棄されているので，類推はされないとするが，肯定説を前提に利益放棄の可能性を論じているものとみられる。また，大阪高決昭和63・7・20判タ681号198頁は捜査報告書等に関し，証人に関するすべての規定が当然に類推適用されるものではなく，文書の性質等に鑑み，個々の規定の類推適用の可否についてはなお検討を要するとするが，個別の文書に応じた検討を要するとの見解（折衷説）と考えられようか。

30)　古崎・前掲注25）141頁以下，菊井＝村松・前掲注1）621頁，斎藤秀夫ほか編著『注解民事訴訟法(8)〔第2版〕』（第一法規，1993年）160頁〔遠藤功＝宮本聖司＝林屋礼二〕，兼子ほか・前掲注10）1056頁〔松浦〕など参照。

31)　名古屋地決昭和51・1・30判時822号44頁（法人税確定申告書），大阪地決昭和61・5・28判時1209号16頁（青色申告決算書），大阪高決昭和63・1・22判タ675号205頁（青色申告決算書），大阪高決平成6・7・19判タ879号266頁（青色申告決算書）など参照。なお，裁判例の詳細については，吉村徳重＝小島武司編『注釈民事訴訟法(7)』（有斐閣，1995年）84頁以下〔廣尾勝彰〕参照。

務と同様，国家に対する公法上の義務たる性質を有するため，同様の除外事由を有すべきことをその理論的根拠とする。

(b)　職務上の秘密の範囲については，証言拒絶権の項でみたとおりである（(1)(c)参照）。ただ，比較的緩やかに職務上の秘密を認めるこれらの例の多くが，推計課税の際に比較資料とされた他人の青色申告決算書等の税金関係文書に関するものである点には注意を要する。それ以外の文書についての裁判例は必ずしも多くはなく，むしろ秘密を限定的に捉える裁判例もある（教科書検定事件等）。その意味で，裁判例の一般的傾向を現段階で緩やかに守秘義務を認めるものとして一括するのは，やや危険であるといえようか。

(c)　実体的拒絶事由として証言拒絶権の規定を類推する見解が多数であるが，拒絶権の判断手続については異なる扱いがされてきた。まず，守秘義務の存否についての裁判所の判断権は，証言拒絶権では認めないのが通説であったが（(1)(d)参照），文書提出義務に関してはこの点の実体判断が一般になされている。例えば，東京高決昭和58年6月25日（判時1082号60頁）は，防衛上の機密に関するとされる文書につき，文書提出の場合に重大な国家利益を失うおそれがあるとする国の主張は抽象的であって，文書提出義務を免れさせる根拠としては不十分であるとし，国の側で秘密に該当することの具体的主張をすべき旨を示す。判断手続につき独自の扱いをする根拠は，裁判例・学説上必ずしも明らかにされていない[32]。

(d)　(c)の結果，証言拒絶権の場合とは異なり，裁判所が提出義務の存否を判断するため，秘密の存否を審査しなければならず，その審査手続が問題となる。旧法には現行法のイン・カメラ手続のような特別の規定は存在せず，両当事者の立会いのもとで通常の審理がされることになるので，秘密性への配慮から結局対象文書を見ずに判断されることとなり，諸々の間接事実から守秘義務の存否が推認されるという方法で審理がなされていたとされる[33]。

---

32)　既に，古崎・前掲注25) 142頁が審査権は裁判所にないとしていたが（ただし，証明妨害の可能性は認められる），伊藤・前掲注17) 63頁注47は，文書提出義務に関しても証言拒絶権審査の手続を類推し，監督官庁の承認手続を経るべき旨を主張する。

33)　この点を示す例として，大阪高判昭和48・10・11判時728号19頁参照。なお，刑事訴訟法においては，間接事実では判断が不能となる場合には，実体判断に至らず公訴を棄却すべき旨の議論があるようである（石村善治「公務員と秘密保持義務」雄川一郎

(e)　以上のように，公文書に関しては証言拒絶権の類推が問題とされたが，それとは別に文書提出義務独自の問題として内部文書（自己使用文書）の除外が問題とされた。これは主に法律関係文書として提出義務が問題となる文書につき，内部文書に相当する場合には法律関係が認められず，提出義務の対象とならないとする考え方である。このような論理で公文書の提出義務を否定した裁判例は多く，東京高決昭和43年11月29日（行集19巻11号1856頁〔教科書検定〕），東京高決昭和52年7月1日（判タ360号152頁〔人事院災害補償審査委員会の調書〕），東京高決昭和53年5月26日（判時894号66頁〔土地区画整理審議会の議事録〕）などがある[34]。

3　比較法的検討

以上が旧法下の議論状況の概観であるが，現行法の検討に入る前に，この問題に関する諸外国の状況を簡単に見ておきたい。以下では，ドイツ法およびフランス法について比較的詳しく取り上げ，アメリカ法・イギリス法については骨組みの紹介にとどめる[35]。

ほか編『現代行政法体系(9)』（有斐閣，1984年）205頁参照）。

34)　これに対し，内部文書性の否定例として，東京高決昭和44・10・15行集20巻10号1245頁（教科書検定），東京高決昭和53・11・21判時914号58頁（自衛隊航空機事故調査報告書）などがある。

35)　なお，以下の叙述のほとんどは，法務省文書提出命令制度研究会における外国制度の研究に負っている。（同研究会については，柳田幸三「倒産法制の見直しと民事手続法の今後の課題」NBL 608号（1997年）46頁参照）。そのうち，アメリカ法の部分は伊藤眞研究員の報告，イギリス法の部分は長谷部由起子研究員の報告にほぼ完全に依拠するし，ドイツ法についても同研究会での春日偉知郎教授の報告に多くを負う（また，フランス法に関しても同研究会での著者の報告に基づく）。なお，ドイツ法につき詳しくは，春日偉知郎「ドイツにおける行政庁の文書提出義務とその周辺問題」司研97号（1997年）414頁以下参照。また，古崎・前掲注25）130頁以下に，その当時のものであるが，ドイツ・イギリス・アメリカのほか，オーストラリアやスウェーデンを含む詳細な比較法的検討がある。

(1) ドイツ法

(a) 証言拒絶権

(i) 民事訴訟　ドイツ民事訴訟法376条1項は「裁判官，公務員その他の公的機関の者をその職務上の守秘義務に関する事実について証人としてする尋問及び証言の許可については，公務員法の特別の規定が適用される」として，全面的に公務員法に問題を委ねている。そして，連邦公務員法を例にとると，同法62条1項は「証人として証言することの許可は，当該証言が連邦または州の安寧（Wohle）に不利益をもたらすか，または公務の遂行を相当に脅かし，著しく困難にする場合に限り，拒絶できる」として，許可拒絶事由を定めている。拒絶事由の存否については，司法裁判所に判断権限はないとされるが，その当否については許可の拒絶処分に対する取消訴訟により行政裁判所で争うことを認めるのが判例である[36]。なお，取消訴訟の結論が出るまでは民事訴訟は中止される。この問題について1977年に公表された民事訴訟法委員会の改正試案363条では，拒絶要件の疎明があったか否かは裁判所が判断できる旨の規定が提案されたことは，（実現には至らなかったものの）近時のドイツ法の方向性を示唆するものとして注目されよう[37]。

(ii) 行政訴訟　次に，行政訴訟に関しては，行政裁判所法98条が民事訴訟法376条を準用しており，同等の要件で証言許可の拒絶が可能とされる。また，それが行政裁判所における不服申立てが可能な行政行為とされる点も同様に通説・判例である[38]。なお，1982年および1985年の行政訴訟法草案では，現在の公務文書に関する規律（(b)(ii)参照）を公務員の証言にも準用する方向の提案がされたが，実現していないという。

(b) 公文書提出命令

(i) 民事訴訟　民事訴訟法上の文書提出義務に関しては，422条・423条などの規定があるが，公務関係文書を直接対象とした規定は存しない。わずか

---

36) この点については，連邦行政裁判所（NJW 1971, 160）およびハンブルク上級地方裁判所（MDR 1977, 849）など確定判例といえるが，元来は刑事訴訟における同旨の判例の形成が先行したもののようである。なお，古崎・前掲注25）131頁注2も参照。

37) ドイツ法の改正の方向については，春日・前掲注35）430頁以下，438頁以下参照。

38) そのため，不服申立期間を付与した後，証拠排除決定をすべきものとされる。

に釈明処分を定めた273条2項2号が「官庁又は公職者に対して文書の提出又は職務上の情報の提供を求めること」ができる旨を規定するにとどまる（これは強制力がないと解されている）。ただ，前述の民事訴訟法委員会提案の422条では，最高監督官庁の文書提出拒否権を認めながら，363条で疎明の有無につき裁判所の判断権限を認めていた。そして，この場合の文書提出拒絶事由は「連邦または州の安寧に不利益をもたらし，または文書がその性質上秘密を保持すべきものである場合」としていた点は，公務員法の証言拒絶要件に立脚しながらも，行政裁判所法にならって書証に関する独自の要件を定めようとするものとして，注目される。

(ii)　行政訴訟　　最後に，行政訴訟における公文書提出義務については，行政裁判所法99条は民事訴訟法とは異なり，独自の規定を置く。同条1項によれば，「行政庁は文書又は記録を提出する義務及び情報を提供する義務を負う。これらの文書又は記録の内容及びこれらの情報の内容を公にすることが，連邦又は州の安寧に不利益をもたらすか，又は事実が法律によりもしくはその性質上秘密を保持すべきものである場合には，所管の最高行政庁は，文書又は記録の提出及び情報の提供を拒否できる」が，2項で「本案裁判所は，文書又は記録の提出の拒否及び情報の提供について法律の定める要件が存在することの疎明があったかについて決定で裁判する」として，疎明についての裁判所の審査権を認めている[39]。手続的には，最高行政庁を呼び出してその意見を聴取した後，決定をし，それに対しては抗告ができる。

(2)　フランス法

(a)　証言拒絶権

フランス民事訴訟法には，公務員の職務上の秘密に関する独立した条文はなく，206条で，「適法に要請された者はすべて証言をしなければならない。但し，正当な理由（motif légitime）により正当化した者は，その義務を免れることができる」とされる（行政訴訟に関する行政裁判所法R175条3項も同旨）。この

39）　この点につき，竹下守夫＝青山善充＝伊藤眞編『研究会・新民事訴訟法』（ジュリスト増刊，1999年）242頁参照。

「正当な理由」については，一般に文書提出拒絶事由たる「適法な支障」と同義とされるが，判例や詳しい学説は見当たらない。これは，フランスの訴訟が書証重視で，人証の役割が非常に小さいことに起因するものと推測される。

(b)　公文書提出命令

(i)　民事訴訟　　民事訴訟法は従来，文書提出命令を明文で定めていなかったが，1976年の新法典（およびそれに先行する民法10条）のもとで当事者および第三者の提出義務を広く認めた。ただ，民事訴訟法141条は「適法な支障（empêchement légitime）」を提出義務の障害事由として認めるため，公文書に関しても障害事由の存否が問題となる。最近，この点についての判例がいくつか出たが[40]，真実発見への協力義務は公法人にも一般には認められるが，法定の守秘義務がある場合には「適法な支障」による提出拒否を認めるべきものとされる[41]。

(ii)　行政訴訟　　行政訴訟に関しては，コンセイユデタの判例は古くから行政文書の提出可能性を認めていた[42]。ただ，その際には，原告側で自己の主張が真剣なものであることを推認させる一定の状況の主張立証が必要とされる。一般的な文書提出義務の阻却事由としては，国防関係情報，犯罪捜査関係情報および医療守秘義務[43]に関する情報等が問題とされる[44]。文書提出命令に行政庁が従わなかった場合は，裁判所は原告の主張が立証されたものと判断できるが，文書提出が行政庁の判断に委ねられている場合にも（(iii)参照），裁判所

---

40)　嚆矢となった判例として，① Civ. 1, 21 juillet 1987（Bull. n. 248）（夫の不貞行為を理由とする離婚訴訟で，妻が愛人の電話番号をもとにその住所・氏名を明らかにする文書の提出を郵便電話省に求めた事件：認容）参照。その後のものとして，② Civ. 1, 21 juin 1988（D. 1988. I. R. 198）（医師の懲戒処分に関連して，医師会の評議会の懲戒手続関連文書の提出が求められた事件：却下），③ Civ. 1, 20 déc. 1993（J.C.P. 1994. Ⅳ, 528）（社会衛生問題局による薬局の調査結果の提出が求められた事件：認容）参照。

41)　前掲注40）の②の事件は懲戒手続における法定の守秘義務が重視されたのに対して，①は当事者間の契約で電話番号等の守秘義務を設定しても提出義務は阻却されないとした事例と解されている（Perrot, observ., Rev. trim. dr. civ. 1989, 137）。

42)　代表例として，Conseil d'Etat, 1er mai 1936, Rec. 1936, 594。

43)　ただし，医療上の守秘義務は患者本人には対抗できず，患者が申立人である場合には提出命令が発令されている（Conseil d'Etat, 12 oct. 1969, Rec. 1969, 494）。

44)　一般論としては，文書の開示が法律によって排除されている場合とされ，前述の事項はいずれも法律による守秘義務が肯定されていたものである（国防秘密＝旧刑法78条，捜査秘密＝同79条6号，医療秘密＝同378条）。

はあらゆる釈明ができ，行政庁が応じないときは不利な判決ができるとされる[45)]。

(iii) 提出義務の審理手続　提出義務の存否については原則として裁判所が判断権を有するが，国防秘密や捜査秘密に関しては行政庁に判断権が認められている[46)]（ただし，提出拒絶の場合に不利益を被る可能性につき，(ii)参照)。イン・カメラ手続は，フランス訴訟法の対審主義尊重の伝統に反し，民事・行政訴訟を通じて一般には認められていない[47)]。唯一の例外は情報公開訴訟で，この類型の行政訴訟については，コンセイユデタは1988年以来，裁判所が当事者を排除して開示請求対象文書を閲読することを認めている[48)]。文書開示の当否そのものが訴訟物となる訴訟では，文書を見ないで判断することは困難であり，結局開示を否定する側に傾きやすく，対審主義の伝統を破っても守るべき利益がより大きいと解されるからである。

(3) アメリカ法

(a) 秘匿特権の範囲

アメリカでは，プリトライアル段階とトライアル段階とを問わず，また証言であるか書証であるかを問わず，重要な点は当該証拠が「秘匿特権（privilege)」の範囲に含まれるか否かという1点にかかっているという。そして，連邦民事訴訟手続では，秘匿特権の範囲は「理性と経験に照らして裁判所によって解釈されるコモン・ローの諸原則によって規律される」（連邦証拠規則501条）が，その具体的範囲は連邦最高裁判所準則（Supreme Court Standard）で定められる[49)]。同準則509条b項は，国家機密および公の情報（連邦政府の担当

---

45) 阻却事由が認められる場合にも行政庁を敗訴させるのは，万人のためになる公の秘密の利益のため，一個人に不利益を与えるのは不公平との判断に基づくようである。

46) 国防秘密につき，Conseil d'Etat, 11 mars 1955, Rec. 1955, 149，捜査秘密につき，Conseil d'Etat, 2 oct. 1963, Rec. 1963, 468参照。

47) ただ，租税関係訴訟では，比較対照のための個人識別情報について明文で，非公開法廷で当事者を排除して審理できるものと規定する（租税手続法L201条2項)。

48) 代表例として，Conseil d'Etat, 23 déc. 1988, D. 1989, SC. 375があり（国営銀行の労働組合が銀行の作成した報告書の開示を求めた事件)，その後の確定判例を形成する。

49) 同準則は統一証拠規則の定める類型をほぼそのまま採用しており，統一規則を採用している州法との差異は小さいという。

部局が保管または管理し，その開示が公益に反する[50]ような一定の情報[51]を含む文書）に基づく秘匿特権を規定し[52]，更に同502条が，公私の団体が法により提出を義務づけられた報告書等（義務報告書）の秘匿特権を認める。

(b)　秘匿特権の審査手続

秘匿特権の存否は裁判所の判断にかかるが，その審理については，国家機密の場合と公の情報の場合とで手続が区別されている（連邦最高裁準則509条c項）。いずれの手続も非公開で行うことはできるが，公の情報については当事者の代理人に審理立会権が認められるのに対し，国家機密では立会権もなく，裁判官のみによる審理（イン・カメラ手続）が可能とされる。ただ，公の情報に関しても，裁判所は例外的に文書の提出を求め，イン・カメラ手続で閲読ができるとされる[53]。なお，秘匿特権の主張がされるべき事情があるにもかかわらず，主張がされないときは，裁判所から行政庁側に通知をして，秘匿特権の主張を促す措置がとられる（前掲準則509条d項）。

(4)　イギリス法

(a)　秘匿特権の範囲

イギリスでも，アメリカ同様，証拠開示の範囲は秘匿特権の範囲によって決まり，その範囲はプリトライアル段階の文書開示とトライアル段階の証言拒否の場合とで同じとされる。この「公益を理由とする秘匿特権（public interest immunity)」は，文書の種類を理由とした主張（class claim）と，文書の情報内容を理由とした主張（contents claim）に分類される。前者の例として閣議議事録や在外公館との交信，後者の例として国防・外交関係情報などが挙げられる。両者ともに開示による公益侵害の要件が別途必要と解されているが，前者につ

50)　ここでいう公益侵害とは，訴訟における真実発見という訴訟上の公益を上回るような行政上の公益が存在する場合を指すものとされる。

51)　政策決定過程における政府部門間の意見交換，捜査上の資料，情報公開法の対象外の文書などが列挙されている。

52)　この場合，第三者所持の文書についても提出を拒絶させることができるようになっている点が注目される。

53)　陪審によらない場合は，判決裁判官の心証に影響しないよう，マスター（補助裁判官）に閲読させる措置をとりうるようである。

いては比較的広く秘匿特権の主張を認めるように見える判例もあり，また前者の適用範囲が拡大していくような傾向がみられたという。

(b) 秘匿特権の審査手続

国は自らが当事者となる訴訟で秘匿特権を主張できるのは当然であるが，私人が当事者の事件でも，上記特権の主張を私人に指示したり，法務総裁が特権を主張して訴訟に参加することも認められるという。秘匿特権の判断権限については，古い判例[54]は行政庁の判断権を認めるものもあったが，その後の判例[55]は裁判所の判断権を認める。秘匿特権の審理方法としてイン・カメラ審理は認められているが，実際の運用としては裁判所は文書閲覧について非常に消極的であるとされ，その前提として，開示申立人が開示を求める強い利益の存在を証明すべきものとされている。

(c) 近時の改革の動き

武器製造用資材の輸出禁止の法令に違反したとして起こされた刑事訴訟の中で，政府機関の保有する文書の公開の是非が問題となった事件（マトリックス・チャーチル事件）を契機に，公益を理由とした秘匿特権を見直し，限定する動きが生じた。その結果，スコット裁判官を委員長とする調査委員会が報告書を提出し，それに基づき，政府はclass claimの主張はしない立場を示し，また文書の開示が公益に対する真の損害（real damage）をもたらすかを基準とし，文書開示の公益が秘匿の公益を上回る場合には，政府は秘匿特権の主張をせずに自主的な開示に応じるとの方針を打ち出したという（これは政府文書の情報公開のガイドラインと足並みをそろえたものとされる）。

4 現行法の概要とその解釈

(1) 証言拒絶権

(a) 立法過程

公務員の職務上の秘密に基づく証言拒絶権に関して現行法の立法過程で議論

54) Duncan v. Cammell Laird & Co., Ltd (1942), 1 All. E. R. 587 HL.
55) Conway v. Rimmer (1968), 1 AII. E. R. 587 HL.

されたのは，監督官庁による承認というシステムは維持しながら，承認の要件を明示するか否かという点であった。前述のとおり（2(1)参照），この点は旧々法では規定があったところであるが，旧法においては削除されていたものを復活しようというものである。検討事項は，第5の2の2(1)において「公務員等又は公務員等であった者を証人として職務上の秘密について尋問をする場合の当該監督官庁等の承認に関し，当該監督官庁等は，国の重大な利益を害する場合を除いては，これを拒むことができない」とする考え方が示されていた。ところが，この点は要綱試案では後注に落とされ（第5二後注），「公務員等または公務員等であった者を証人として職務上の秘密について尋問をする場合における監督官庁等の承認の拒絶につき要件を設けるかどうかについて，なお検討する」と検討課題にとどめられた。しかし，最終的にはこれが採用され，現行法191条2項は「前項の承認は，公共の利益を害し，又は公務の遂行に著しい支障を生ずるおそれがある場合を除き，拒むことができない」と定めた。立案担当者は，本条項は国家公務員法100条等との関係で規定を整備し，現行の解釈を明文化し，監督官庁等が承認を拒絶できる場合についての要件を明確化したものと説明している[56]。

(b)　現行法の解釈

以上の結果，監督官庁の承認要件は明確になったが，その他の点は旧法時代の問題がそのまま残されているものとみられる。そこで，以下ではまず現行法191条2項の解釈を試みた後，従来から存した問題点にも簡単に言及したい。

(i)　まず，監督官庁の承認拒否事由として，現行法は，刑事訴訟法や検討事項のような「国の重大な利益を害する」というものではなく，「公共の利益を害し，又は公務の遂行に著しい支障を生ずるおそれ」という要件を立てた。これはいわゆる実質秘を定めたものであり，この要件を充たさないかぎり，秘密指定がされていても，承認拒絶対象とはならないことを明らかにした点でその意義は大きい。2つの要件のうち，「公共の利益を害するおそれ」は実体的要件で，個々人の利益ではない一般公益の侵害を問題にする点で刑事訴訟の場合

56)　法務省民事局参事官室編『一問一答新民事訴訟法』（商事法務研究会，1996年）228頁，竹下ほか編・前掲注39）238頁以下〔柳田幸三〕。

等と同様であるが，文言上は重大性を要せず，より緩やかな要件で承認拒否を認めたものである。外交防衛上の秘密や捜査上の秘密のほか，その開示により社会一般に損害をもたらすような場合も含まれる（この点で，文書公開条例等における同旨の文言の解釈が一応の参考になろう）。ただ，公務員のもっている情報は，多かれ少なかれ公益に関わるものではあるから，それを「害するおそれ」は相当蓋然性が高い実際的なものである必要があろう[補注6]。

他方，後者の「公務の遂行に著しい支障を生ずるおそれ」は，広義では公共の利益を害する場合の一種であるが，より手続的事由に焦点を合わせたものである。証言により私人の秘密が害される場合であっても，その結果として公務の遂行に著しい支障が生じれば，この要件に含まれる。例えば，税務署職員等が職務遂行の過程で知った秘密で，それを漏らせば今後の職務遂行に著しい支障が生じる場合には，承認を拒否できよう。ただ，公務遂行の支障は「著しい」ものである必要があり，実体的な侵害の場合よりも限定的に解すべきことが前提となっていると思われ，単なる職務繁忙などが著しい支障とならないことは当然である。いずれにせよ，要件該当性の判断については，訴訟における真実発見の要請との比較衡量が必要となろう57)[補注7]。

(ii)　次に，従来から解釈論上の問題とされてきた論点として，まず職務上の秘密の意義について，旧々法が，知りえた秘密ではなく，「官ノ機密」の概念を用いていた旧官吏服務紀律4条の規定を前提に立法されたことに鑑みると，現行国家公務員法100条1項の「職務上知ることのできた秘密」と同義に解することは可能のように思われる58)。すなわち，第1段階ではこのように広い範囲での秘密に該当するか否かを裁判所が審査し，それにあたるとすると，次に現行法191条2項による監督官庁の判断権の問題に移るものと解すべきであ

［補注6］　判例も，公務遂行の阻害について，単に抽象的なおそれがあるだけでは足りず，具体的なおそれの存在が認められる必要があるとする。最決平成17・10・14民集59巻8号2265頁参照。

57)　竹下ほか編・前掲注39）240頁〔秋山幹男〕，241頁〔竹下守夫〕参照。

［補注7］　このような考え方については，菊井＝村松原著・前掲［補注3］399頁参照。

58)　この点で，中村博『改訂国家公務員法』（第一法規出版，1986年）588頁は両者の範囲がほぼ一致するとし，職務上知りえた秘密は「職務の公務遂行上の観点から」，職務上の秘密は「当該行政庁全体の観点から」という把握の観点の相違にすぎないとするのが注目される。

る[59)]。

次に，職務上の秘密の判断権者については，旧法時代の多数説を前提としながら条文を変更しなかった点からも，また立法者の意思としても[60)]，監督官庁とする解釈が有力である[61)]。しかし，なお解釈論の余地がないわけではなく，刑事訴訟法103条の「本人又は当該公務所から職務上の秘密に関するものであることを申し立てたときは」という文言と対比して[62)]，民事訴訟法の条文は「職務上の秘密について尋問する場合には」とし，裁判所が秘密性の判断権を有すると解しうる構造になっている[63)]。また，公文書の提出命令に関する法案（後述**4**(2)）が「職務上の秘密に関する文書」という文言を使っていることとの対照でも，少なくとも秘密該当性について疎明を要するとの解釈は十分に成立しえよう[64)][補注8]。

承認拒絶の不当を理由として証拠決定に対する抗告をすることが認められない点は明らかであるが，行政庁の承認拒絶決定に対する不服申立て（不服審査，取消訴訟等[65)]）の可能性についても，前述のとおり，一般に否定されている。これに対し，現行法のもとで，有力説がその可能性を肯定していることが注目される[66)]。ドイツ法が公務員法における承認拒否事由の明確化を契機に肯定

---

59)　これに対し，「職務上の秘密」と2項の内容を同義とするものとして，竹下ほか編・前掲注39) 239頁〔柳田〕参照。

60)　中野貞一郎『解説新民事訴訟法』（有斐閣，1997年）220頁。

61)　なお，監督官庁としては公務員の職務上の監督権を有する官庁との理解が従来の通説であったが，公務秘密文書に関する現在の議論からすると，証言拒絶に関しても，むしろ問題となる秘密の監督官庁に帰属するとする見解をとるべきように思われる。

62)　刑事訴訟法103条では職務上の秘密にあたるかを申立公務員または公務所が判断することは明確であるが，その判断に根拠のないことが客観的に全く明白な場合には申立てが拒否されると解されているようである。

63)　また，刑事訴訟では，証言拒絶がされた場合，被告人が無罪となる可能性が指摘される点で事情が異なる。押収拒絶があったとき，無罪言渡しが可能とするものとして，新潟地判昭和50・2・22判時769号19頁（反戦自衛官事件）参照。

64)　伊藤眞『民事訴訟法』（有斐閣，1998年）326頁，谷口＝福永編・前掲注10) 312頁〔坂田〕など参照。

［補注8］　文書提出命令の際の判断構造との相違に鑑み，前掲［補注6］最決平成17・10・14における「実質秘説」の採用が実質的にはこの証言拒絶の場面において意味がある旨の指摘として，山本和彦・判批・民商134巻3号（2006年）464頁参照。

65)　なお，ドイツでは義務付け訴訟の可否も議論されているが，一般には承認拒絶処分の取消訴訟によるようであり，日本でもそれを前提にしてよいであろう。

説に転換したことに鑑みれば，現行法による191条2項の挿入に基づき日本でも同様の解釈が可能となる余地がある。ただ，ここでのネックは，抗告訴訟における原告適格の問題である[67]。行政訴訟における原告適格は，当該処分等により自己の権利もしくは法律上の利益を侵害され，または必然的に侵害されるおそれのある者にあるとする，いわゆる法律上保護された利益説がとられ，一般に制限的に解されている。ただ，最近は若干の緩和傾向もみられ，当該法規が全体的にみて当該個人の利益を公益に解消せず個々的に保護していると解されればよいとされる[68]。この点からすれば，民事訴訟法は証拠却下決定に対する不服申立てを認めるなど全体として証拠申出人の利益を個別的に保護する立場に立つとみられるので，監督官庁の承認拒絶を処分と解して不服申立てを認める余地は残るであろう[69]。

以上のような点もふまえ，立法論としては，公文書に対する提出命令の制度が創設された後には，公務員の証言拒絶に関しても，その規律に合わせる方向で改正がされるべきように思われる。すなわち，現行法191条2項該当性については裁判所に判断権を与えるとともに，監督官庁への意見照会制度などを設けることが相当と解される。この場合に，イン・カメラ審理に類似の手続（相手方の立会いなしに裁判所が証言内容を聴取したり，証言内容の陳述書の提示を受ける方法）の当否等も，更に検討を要しよう[70]。

(2) 公文書提出命令

(a) 立法過程

文書提出命令の改正については一般義務の採否が立法過程で問題となったことは周知のとおりであるが，公文書の問題はさほど大きく取り上げられていなかったようにみえる。しかるに，審議の最終段階に至り，この点が議論の俎上

66） 中野・前掲注60）45頁。
67） この点につき，竹下ほか編・前掲注39）246頁〔竹下〕参照。
68） 最判平成元・2・17民集43巻2号56頁など参照。
69） 竹下ほか編・前掲注39）246頁〔竹下〕参照。このように解すると，行政上の不服申立ての資料とするためにも，監督官庁は承認拒絶の理由を明示すべきことになろう（同旨，中野・前掲注60）45頁など参照）。
70） 谷口＝福永編・前掲注10）264頁〔藤原〕参照。

に上り，政府提出法案に反映された。すなわち，政府提出法案220条4号は公文書も一般義務の対象としながら，除外事由として「公務員の職務上の秘密に関する文書でその提出について当該監督官庁が承認をしないもの」を掲げた（同号ロ）。また，同法案222条は，公務員の職務上の秘密に関する文書につき220条4号に基づく提出命令の申立てがあった場合は，「裁判所は，（中略）必要があると認めるときは，同号ロの承認をするかどうかについての照会をしなければならない」とし，承認の要件については証言拒絶権に関する同法案191条2項の規定を準用するものとしていた（また，イン・カメラ手続の対象からも前述公文書は除外されていた）。

しかるに，この点が政府情報の公開の問題と関連して国会で大議論の対象となった結果，最終的な条文では公務文書が一般義務の対象から除外されることとなった。すなわち，制定直後の法220条4号は，一般義務の対象文書から「公務員又は公務員であった者がその職務に関し保管し，又は所持する文書」を除いていた[71]。ただ，この点につき，同法附則27条は，同法220条4号所定の「文書を対象とする文書提出命令の制度については，行政機関の保有する情報を公開するための制度に関して行われている検討と並行して，総合的な検討を加え，その結果に基づいて必要な措置を」「新法の公布後2年を目途として，講ずるものと」した。この結果，いわば仕切り直しの形で，情報公開法の制定作業と並行して再度この点の立法作業が行われるに至った[72]。

そこで，民事訴訟法の専門家以外の者にも開かれた形での検討を求める国会両院の付帯決議の趣旨に鑑み，法制審議会民事訴訟法部会での検討と並行して文書提出命令制度研究会が設けられ，外国法の調査，関係各界のヒアリング，論点整理等の調査審議が行われた[73]。その後，法制審議会民事訴訟法部会文書提出命令制度小委員会および同部会での審議を経て改正要綱がまとめられ，1998年4月「民事訴訟法の一部を改正する法律案」として国会に上程された

71）　その結果，従来の学説・判例が妥当するとされたことにつき，田原睦夫「文書提出義務の範囲と不提出の効果」ジュリ1098号（1996年）62頁参照。

72）　立法の経緯につき，竹下守夫「新民事訴訟法と証拠収集制度」法教196号（1997年）14頁以下，平山正剛「文書提出命令③」三宅省三ほか編『新民事訴訟法大系⑶』（青林書院，1997年）156頁以下など参照。

73）　同研究会については，前掲注35）参照。

(以下「法案」という)。この法案は現段階では未だ成立には至っていないが，近い将来，何らかの形でこの法案を反映した改正法が成立するものとみられるので，以下ではこの法案の内容を簡単に検討しておく74)[補注9]。

(b)　法案による新規定

法案は公文書について私文書とは別個の制度を設けるという形式はとらず，私文書と並列的に規定しながら，必要な部分に公文書のみに適用される特則規定を置くという形をとった。したがって，特段の規定が設けられていない部分は公私の文書に共通して適用になるが75)[補注10]，この点は私文書と可及的に同等の取扱いを公文書についてすべきとの配慮に基づくもので，相当である。特に，義務の存否に関する原則的判断権を裁判所に認めた点は，大きな前進といえよう。

(i)　文書の所持者　　法案においても，公文書の所持者は明示的には規定されていない。制定直後の法220条は「公務員又は公務員であった者が（中略）保管し，又は所持する文書」とし，少なくとも公務員個人が所持者である場合を明示する。しかし，この趣旨の文言は法案にはなく，公務員個人とともに国または地方公共団体も所持者であり，申立人はいずれかを選択して申し立てうるものと解されよう76)（なお，本条が行政訴訟に準用される場合は，行政庁が所持者と解される場合もあろう77)[補注11])。

---

74)　同法案については，裁時1217号（1998年）8頁以下参照。

[補注9]　前述のとおり（[補注2] 参照)，法案は修正なしに法律となったので，以下の叙述は基本的にそのまま現行法の解釈として妥当する。

75)　提出命令の効果等に関しても，私文書と同様の規律が妥当する。ただ，この点については，国が第三者たる所持者の場合，不提出の制裁は過料となるが，その妥当性には疑問もある（過料による債務は結局混同により消滅するのではないかとの疑問もあり，フランス法などの規定するように間接強制等のより実効的な措置が期待されよう)。

[補注10]　なお，過料の制裁の相当性に対し，将来の立法論としては，一般的に間接強制の可能性について検討の余地があるとする指摘として，菊井＝村松原著・前掲［補注3］486頁参照。

76)　公務員個人を所持者とすると，監督官庁が提出を認めない場合に，提出してしまうと公務員法上の制裁が科され，義務の衝突による板挟みに陥るおそれもあるが，裁判所の命令による提出の場合には，守秘義務違反の違法性は一般に阻却されるものと解されよう。

77)　旧法下の課税処分取消訴訟で，「文書の所持者とは，当該文書の保管の責に任じ，その閲覧の許否を決定する権限を有する行政庁」であるとするものとして，大阪地決昭和

(ii)　一般義務化と除外事由　　法案は，公務文書についても一般義務化した。これにより，220条1号から3号までの場合とともに，除外事由の存しない限り，公務文書についても一般的な提出義務が認められることになる。なお，私文書の場合と同様，1号から3号までの従来の解釈は変動するものではないと解され78)［補注12］，除外事由に関する立証責任も，私文書の場合と同様，原則として申立人側が負う79)［補注13］。除外事由として，公務文書について4号ロとホという独自の規定を設けるとともに，私文書と同様の除外事由も適用になる。ただ，ニ（自己利用文書）については，国または地方公共団体が所持する文書で，「公務員が組織的に用いるもの」には適用されない。公文書公開法制の趣旨に鑑みれば，国等が所持して公開の対象文書でありながら，もっぱら自己の利用に供するような文書の存在は認めがたく，このような自己利用文書の限定は相当なものである。

公文書独自の除外事由として，4号ロは「公務員の職務上の秘密に関する文書でその提出により公共の利益を害し，又は公務の遂行に著しい支障を生ずるおそれがあるもの」を挙げる（公務秘密文書といわれる)。公務秘密該当性は裁判所が判断するが，国や公務員以外の第三者が所持する文書にも適用され

61・5・28判時1209号16頁。なお，ドイツ行政訴訟法も同様の規定をもつ。

［補注11］　平成16年行政事件訴訟法改正により，行政訴訟においても行政庁は被告適格を有しないこととされたので，国等が当事者の場合であれ第三者の場合であれ，文書の所持者につき，原則として本来の権利主体である国または地方公共団体を相手方として文書提出命令を発するのが相当であるとするのは，菊井＝村松原著・前掲［補注3］429頁参照。

78)　特に法案220条4号ホ（刑事少年事件関係文書）によって不起訴記録等が除外されても，従来のように，捜査の違法を争うような場合には，3号文書として提出の対象になりうるものと解される。

［補注12］　前注のような解釈は，その後判例の採用するところとなっている。最決平成16・5・25民集58巻5号1135頁，最決平成17・7・22民集59巻6号1837頁，最決平成19・12・12民集61巻9号3400頁など参照。

79)　私文書についてもこのような立証責任分配には批判があるところであるが，実際にはイン・カメラ審理によりノンリケットの生じる場合はほとんどなくなると思われる（要件該当性に疑問の生じる場合はなおありえようが，それは事実の存否不明の問題ではない)。

［補注13］　立法論として，除外事由を提出拒絶事由に転化すべきとする見解として，本書第16章***3*** (1) 参照。また，三木浩一＝山本和彦編『民事訴訟法の改正課題』（ジュリスト増刊，2012年）119頁以下も参照。

る[80]。公共の利益の侵害および公務遂行の障害の概念は証言拒絶における法191条2項と同様である[81][補注14]（(1)(a)参照)。前者は法案223条4項所定の国家機密や公安関係情報を代表とするが，限定解釈を要する点は証言拒絶の場合と同様である。また，後者は「著しい」という文言により限定的運用が文言上も期待されているが，従来職務上の秘密が類推されてきた文書の多くは本事由でカヴァーされることが予想される[82][補注15]。なお，公務秘密文書は，情報公開法の不開示情報と完全に重なり合うわけではない[83]。

最後に，4号ホは刑事・少年保護事件関係の書類・記録・証拠物を掲げる。これらの文書については，刑事訴訟法47条（公判開廷前の訴訟書類），同53条および刑事確定訴訟記録法（事件確定後の訴訟記録），少年審判規則7条（少年保護事件の記録）等において独自の開示システムを有するので，全面的にその方法に委ねたものとされる。ただ，家事審判記録（家審規12条）や民事調停記録（民調規23条）など[補注16]，ほかにも独自のシステムを有する制度があるところ，

---

80) 公務員の相続人の所持する文書や第三者に渡した文書は，従来の公文書概念には含まれないが，本号の対象とはなり，監督官庁の意見表明の対象ともなる（その意味で，英米のように，第三者所持文書にも秘匿特権の主張を可能にする制度といえよう）。

81) なお，公益を検討する際には，当該訴訟で真実が明らかになるという公益との比較を行わざるをえず，立証の必要との比較衡量はやはり判断に不可欠であろう。

[補注14] 前注の叙述につき，[補注7] も参照。

82) 従来最も問題であった納税関係文書は法律上提出強制があり，開示後も提出は強制され，公務遂行障害が生じるかは微妙である。ただ，その円滑な提出が困難になることや内容の真実性に疑問が生じること等から，疑問はあるが，4号の除外事由を肯定する余地はあろう。

[補注15] 前掲 [補注6] 最決平成17・10・14は調査する側に強制権限があることを重視しているように見えるが（その評価につき，山本・前掲 [補注8] 472頁参照），その後の最決平成25・4・19判時2194号13頁などに鑑みると，対象文書の性質やそこに記載された情報によっては，強制調査権の有無は決定的な意味をもちえず，対象者の任意の協力が不可欠な公務（例えば，税務関係の公務もこれに該当する可能性があろう）においては，前注記載のとおり，強制調査権の存在は，公務遂行阻害性要件の否定材料とはいえない場合があろう。

83) 文書提出義務の範囲が情報公開よりも広い場合があることは，個人識別情報や法人情報に関して明らかに存在しよう。他方，情報公開の範囲が文書提出義務の範囲よりも広いケースがないと言い切れるかは判断が困難である。ただ，情報公開制度で出る文書はむしろ法220条2号の閲覧請求権のある文書として当然に提出が認められるべきであろうか。

[補注16] 非訟事件の記録については，その後法制が変わっているが，第三者との関係

なぜ刑事・少年事件のみを区別するのか根拠が必ずしも明らかではないうえ，捜査上の秘密等は4号ロで十分カヴァーできるとも解され，本号の立法論的当否にはなお議論がありえよう[84)][補注17]。

(iii)　監督官庁の意見照会　　公務秘密文書の提出に関しては，手続的にもいくつかの特則が設けられている。まず，法案223条3項により，裁判所は，問題となる秘密の所管官庁[85)]に意見を聴かなければならず，当該官庁が公務秘密性を主張するときは，その理由を示さなければならないとする。このような意見聴取制度の意義は，公益侵害・公務遂行障害の判断の便宜（判断材料の豊富化）とともに，監督官庁の秘密保持の利益の保護にあるとみられる[86)]。また，監督官庁の理由づけ義務は，次に述べる審理方法の観点からも重要な意味をもつことになる。

(iv)　一定の文書に対する司法審査の限定　　(iii)の監督官庁の意見の理由において，法案223条4項1号（国家機密）・2号（公安・秩序維持情報）に該当するとされた場合は，裁判所の提出義務判断の対象が法案220条4号ロの該当性それ自体から，上記意見の相当性に変わるものとした。これは「相当の理由」の判断という形で，実質上監督官庁の裁量権を尊重したものである。情報公開法案でも同旨の規律がされており[補注18]，政策的判断および専門・技術的判断

では基本的に同様の規律が維持され（家事47条5項・254条3項，民調12条の6参照），なお独自の開示システムを構成している点に変化はない。

84)　少なくとも解釈論としては，3号文書のカヴァーする範囲を拡大し，当事者が被疑者・被告人・被害者等であった事件の記録の開示を認めていく方向が相当であろう。

[補注17]　前述のとおり，この点はその後の判例によって採用されている（[補注12]参照）。この点に関する著者の評価等については，山本和彦ほか編『文書提出命令の理論と実務』（民事法研究会，2010年）35頁以下〔山本和彦〕参照。

85)　条文は「当該監督官庁」となっているが，国や第三者が所持者の場合を勘案すれば，秘密に関する所管官庁を指すものと解され，したがって現実に保管する公務員が他省庁に転出していても，元の官庁の秘密については元の官庁の意見の聴取が必要となろう（この点で，証人尋問に関しても従来の解釈が改められるべきことは，前掲注61）参照）。

86)　文書提出命令に対する監督官庁の不服申立権は一般にその当事者能力の欠如から認められないと解されるが，実質的な利害の帰属を考えれば，ドイツなどのように，その権限を認めていく余地はあろう（竹下ほか編・前掲注39）243頁〔福田剛久〕参照）。

[補注18]　その後，情報公開法も立法されている。ここで問題とされている条文については，同法5条3号・4号参照（いずれも，「おそれがあると行政機関の長が認めるこ

の要請という点は文書提出義務の審理にも同様に妥当するからである。ただ，情報公開訴訟の場合とは異なり，イン・カメラ審理を有する提出命令においては相当踏み込んだ審理が期待できるので，過度に行政庁の判断に依存しない運用が望まれる[補注19]。なお，意見の相当性については監督官庁の側に主張・立証責任がある[87]。

(v)　監督官庁による第三者の意見聴取　　法案223条5項は，(iii)に記載した意見を監督官庁が述べようとするときに，当該文書に所持者以外の第三者の技術・職業の秘密が記載されている場合には，監督官庁はあらかじめ当該第三者の意見を聴くものとする。本項の趣旨は，その提出が公益侵害・公務遂行障害になるか否かの監督官庁の判断がより適切になるよう（安易に大した秘密ではないと即断しないよう）担保する点にあり[88]，直接に第三者の秘密を守ることは目的としていない[89]。このような第三者の意見について直接裁判所から聴取する制度もありえたが，前述の趣旨から官庁の責任としたものである。効果としては，聴取しなかった場合の監督官庁の意見は不適法となるものではなく，訓示規定にとどまろう[90]。

(vi)　イン・カメラ手続　　最後に，いわゆるイン・カメラ審理を公務秘密文書にも認めることとした（法案223条6項）。前述のような除外事由の審理のためには，実際に文書を閲読することが有用である点は，私文書の場合と径庭がないからである。国家機密に相当するような文書（(iv)参照）にも，裁判所の閲

とにつき相当の理由がある情報」とされ，公務遂行障害等のおそれそれ自体ではなく「相当の理由」が開示義務を決する要件とされている）。

［補注19］　本文の見解を引用し，イン・カメラ審理の可能性に鑑み，「過度に行政機関の裁量判断に依存せず，裁判所が相当性判断による適切なチェックを行うことが期待されよう」とするものとして，菊井＝村松原著・前掲［補注3］460頁参照。

87）　この点は，除外事由の立証責任を一般に申立人に課す法220条4号の規制とは異なっている。例えば，国の安全に関するある事実が存否不明の場合は，法案223条との関係ではカウントされないが，法案220条4号ロとの関係では申立人側の不利益にカウントされる余地があることとなろう。

88）　そのような趣旨からは，問題となる事項は技術・職務の秘密には必ずしも限られず，プライヴァシー等にも類推され，円滑な公務執行の担保という観点からは広く捉えられるべきであろう。

89）　ただ，第三者からの国家賠償請求の事実上の手がかりになる可能性はあろう。

90）　前述のように，第三者の利益を直接保護する趣旨ではないので，意見の聴取がなかった場合にも，第三者からの不服申立権は認められない。

覧の機会が認められるものであり，大きな前進と評価できよう。ただ，4号ホ記載の文書を除外しているのは，文書の外形から当該事由該当性は明白であり，あえて内容を閲読する必要はないためとされる。

（初出：松本博之＝宮﨑公男編『講座新民事訴訟法Ⅱ』
（弘文堂，1999年）159頁以下）

［補論］　本章は，現行民事訴訟法制定時に積み残しの課題となり，その後，仕切り直しの議論に基づき立法された公務文書の提出命令に関連して，その立案作業に携わった際の研究成果を（証人尋問の際の証言拒絶事由の問題も含めて）まとめたものである。著者として，初めて法制審議会の審議に関与してでき上がった立法として，個人的には思い出深いものがある。そして，補注において引用した最高裁判所のいくつかの判例の中で，本章に述べた著者の見解のうち，受け入れられたものも受け入れられなかったものもあるが，判例準則の全体的な流れは，基本的には，当時著者が考えていた立法の趣旨に沿ったものになっていると思われる（判例準則に対する著者の全体的評価については，山本和彦ほか編『文書提出命令の理論と実務』（民事法研究会，2010年）2頁以下〔山本和彦〕参照）。

また，本章は，本書の中では，前章で示された情報の開示と秘密の保護の関係を具体的な問題について応用的に展開したものと位置づけられる（発表の時間的順序では，現実には前章が後に発表されたものであり，本章のような検討から演繹して前章のような一般論を抽出したことになる）。第15章に示したように，情報の可及的な開示による真実の発見は民事訴訟において不可欠なものであるところ（それを民事訴訟の目的論から明らかにしたものが本書第1章 **5**(4)である），そのためには対抗利益として保護される秘密の範囲を明確化することが必要となるが，本章はそのような作業の一環としての意味を有する。叙述は主として個々の条文の解釈論に関わるが，その背景には以上のような著者の基本的な理論的関心が垣間見える。

第18章 文書提出義務をめぐる最近の判例について

1 はじめに

本章は，文書提出義務をめぐる最近の判例について分析・検討することを目的とする。周知のように，現行民事訴訟法は，文書提出義務について，旧法の限定義務の考え方を改め，一般義務化を図ったものである。そして，現行法の解釈論としては，一般義務に対する除外事由の解釈が重要になったところ，現行法施行当初は，いわゆる貸出稟議書の提出義務をめぐって，下級審の裁判例が分裂し，学説においても盛んに議論がされたところである。周知のように，このような貸出稟議書に関する議論は，最決平成11年11月12日（民集53巻8号1787頁）によって一定の解決が図られ，その後の判例においてその射程が明確化されるに従って，おおむね収まっていったと言える（この点は，*4*(1)参照）。

しかし，言うまでもなく，文書提出義務が問題となるのは貸出稟議書の場合だけではないし，またそれが主に問題となる自己利用文書の点だけでもない。ただ，貸出稟議書や自己利用文書に関する議論を除いて，従来の学説のこの点に関する検討は必ずしも十分なものとは言い難かったと思われるところ，近時，最高裁判所は相次いでその他の文書や除外事由についても重要な判断を下している。それらの判決によって，それぞれの除外事由について相当に明確な基準が形成されつつあるように見受けられる。そこで，本章では，そのように形成されつつある判例準則について客観的に把握することを主たる目的としながら，若干の検討を加えることとしてみたい[1]。

検討の対象は，以上のような本章の趣旨から，主に最高裁判所の判例に限定し，その検討に必要となる限度において下級審裁判例や学説を取り上げるに止める。その意味で，文献の引用等は網羅的なものではないことを予めご了承いただきたい。以下では，除外事由ごとに，民訴法220条4号ロのいわゆる公務秘密文書（*2*参照），同号ハの秘密関係文書（*3*参照），同号ニのいわゆる自己利用文書[2]（*4*参照），同号ホに関係する刑事訴訟等関係文書（*5*参照）につき順次検討していく。なお，最後のものは，220条4号では全面的に提出義務が否定されているところ，判例は220条3号の解釈の中でその提出義務を判断しているので，厳密には3号に関係するものであるが，その実質に鑑みてここで扱いたい。

2　220条4号ロ
——公務秘密文書

(1)　現行法制定の経緯

第1に，民訴法220条4号ロが定める公務秘密文書である。この規定は，現行民訴法の原始規定には存在せず，平成13年改正によって導入されたものである。その簡単な経緯は以下のとおりである。

まず，平成8年の現行民訴法制定時には，原案（民事訴訟法案220条4号ロ）にあった「公務員の職務上の秘密に関する文書でその提出について当該監督官庁（中略）が承認をしないもの」との除外事由が国会審議で削除され，4号の適用対象から，「公務員又は公務員であった者がその職務に関し保管し，又は所持する文書」が包括的に除外された（4号かっこ書）。そして，このような文書の提出義務については，情報公開法の検討と並行して総合的な検討を加え，新法公布後2年を目途として必要な措置を講ずるものとされた（民訴附則27条）。

---

1)　同様の作業を試みるものとして，平成16年5月頃までの判例（自己利用文書に関するものを除く）については，中島弘雅「文書提出義務の一般義務化と除外文書」福永有利先生古稀『企業紛争と民事手続法理論』（商事法務，2005年）409頁以下参照。

2)　同号ニの文書の呼称については，「自己専利用文書」「自己使用文書」などがあるが，著者の用語の慣例として，本章では「自己利用文書」という呼称を用いる。

すなわち，原案の立場は，証人尋問の規律の枠内で公務文書についても一般義務化を図るものであったが，それが情報公開の流れにかえって逆行するものであり，行政側の情報隠しを助長するなどの批判がされたために，その結論を情報公開法の制定作業に合わせていわば先送りしたものであった[3]。

以上のような経緯を受けて，民訴法の専門家以外の者にも開かれた形での検討を求める国会両院の付帯決議の趣旨にも鑑み，法制審議会民事訴訟法部会の検討と並行して，文書提出命令制度研究会が法務省に設けられ，外国法の調査や関係各界の意見のヒアリング，論点整理等の審議が行われた。そのような検討を受けて，法制審議会民事訴訟法部会文書提出命令制度小委員会及び同部会での審議を経て，改正要綱がまとめられた。その結果，平成10年に現行法と同一の規律を定める「民事訴訟法の一部を改正する法律案」が国会に提出されたが[4]，平成12年に衆議院の解散によって一度廃案となった[5]。その後，平成13年に同一内容の改正案が再度国会に提出され，同年6月に法律として成立したものである[6][7]。

---

3)　この間の立法の経緯については，法務省民事局参事官室編『一問一答新民事訴訟法』（商事法務研究会，1995年）19頁以下参照。

4)　研究会・審議会から法案段階までの議論については，本書第17章参照。

5)　なお，「行政機関の保有する情報の公開に関する法律」（情報公開法）は，平成11年5月に成立し，平成13年4月から施行されていた。

6)　現行法の立法の経緯については，深山卓也ほか「民事訴訟法の一部を改正する法律の概要（上）」ジュリ1209号（2001年）102頁以下参照。

7)　その間に公務秘密文書の提出義務が問題となった判例として，最決平成12・3・10判時1711号55頁がある。これは，文部省教科用図書検定調査審議会が教科用図書の検定に当たり作成した審議結果を記載した書面等が民訴法220条3号後段の文書（法律関係文書）に当たるかが問題となった事案であるが，最高裁判所は，法律関係文書には，文書の所持者が専ら自己使用のために作成した内部文書は含まれないとの一般論を示し，文書の記載内容・性質・作成目的等から，本件文書は専ら文部省内部において使用されることを目的として作成された内部文書に該当するとした。本決定は，情報公開法施行前のものであり，現在では（3号との関係でも）その判例的価値には疑問があるが，3号に関する判例法上の「内部文書」概念と4号に関する実定法上の「自己利用文書」概念の相違を考えるうえでは，なお意味を有しうるものと思われる（また，本決定が貸出稟議書に関する前掲最決平成11・11・12より後のものであることにも注意を要する）。

⑵　近時の判例と判例準則

⒜　職務上の秘密

民訴法220条4号ロの除外事由に該当するには，まずそれが「公務員の職務上の秘密に関する文書」であることが必要となる。この点について最初に判断を示した【判例1】最決平成16年2月20日（判時1862号154頁）は，県（Y）と漁業協同組合（A）との間での漁業補償交渉においてY側の手持ち資料とされた文書について，漁業補償金等の支払を求めるX（Aの組合員）が提出命令を求めた事案において，「本件文書は，Yが，Aとの漁業補償交渉に臨む際の手持ち資料として作成した前記補償額算定調書の一部であり，交渉の対象となる上記の総額を積算する過程における種々のデータを基に算出された本件許可漁業に係る数値（補償見積額）が記載されたものである。したがって，本件文書は，民訴法220条4号ロ所定の『公務員の職務上の秘密に関する文書』に当たる」とした。これは事例的判断ではあるが，県の手持ち資料の一部であること及び補償見積額が記載されたものであることから，職務上の秘密の要件に該当するものとする。その判断過程は必ずしも明確ではないが，後記判例の準則からは，「公務員が職務上知り得た非公知の事項であって，実質的にもそれを秘密として保護するに値する」ものに該当し，公務員の所掌事務に関する事項であることから，当然に職務秘密性が認められたものと思われる。

なお，本決定には，滝井繁男裁判官の補足意見がある。そこでは，職務上の秘密に該当するには，公務員の保管する情報の公共性から，「当該情報を秘匿することに，上記民事訴訟の目的を犠牲にしてもなお守らなければならない社会的価値がある場合でなければならない」とし，具体的には，「当該情報が記載された文書が手持ち資料であるということだけから，当該情報が当然に職務上の秘密となるものではなく，職務上の秘密に当たる情報というためには，それを開示すれば，そのことがその後の公務の民主的能率的な運営を阻害すると考えられる実質的な内容を含むものでなければならない」とされた。そして，本件文書に「記載された数値は，個々の損失補償額についてのYの認識を示したものというよりは，交渉を成立させるために相当と考えたYの一定の評価，判断が加えられたものが含まれている」ことから，「このような一括損失補償の交渉のために作られた本件文書は，それが開示されれば今後のこの種の補償交渉の能率的運営を阻害することとなることは明らかであって,『公務員の職務上の秘密に関する文書』に該当する」とされた。このような滝井補足意見の理解[8]によれば,職務秘密性と公務遂行支障性とが連続的に把握される方向になり[9],必ずしも多数意見の全面的同意を得られたものとは思われないが,後記【判例2】にも部分的に大きな影響を与えたものと考えられる。

この点について初めて一般的な準則を提示した判例として,【判例2】最決平成17年10月14日(民集59巻8号2265頁)がある[10]。これは,労災事故に関する損害賠償請求において,事故の事実関係を具体的に明らかにするため,労災事故の災害調査復命書の提出が求められたものである。最高裁判所は,「民訴法220条4号ロにいう『公務員の職務上の秘密』とは,公務員が職務上知り得た非公知の事項であって,実質的にもそれを秘密として保護するに値すると認められるものをいうと解すべきである」として,「『公務員の職務上の秘密』には,公務員の所掌事務に属する秘密だけでなく,公務員が職務を遂行する上で知ることができた私人の秘密であって,それが本案事件において公にされることにより,私人との信頼関係が損なわれ,公務の公正かつ円滑な運営に支障を来すこととなるものも含まれると解すべきである」とした。そして,具体的には,「再発防止策,行政上の措置についての本件調査担当者の意見,署長判決及び意見等の行政内部の意思形成過程に関する情報」(〔1〕情報)は,公務員の所掌事務に属する秘密が記載されたものであるとし,「本件調査担当者が職務上知ることができた本件事業場の安全管理体制,本件労災事故の発生状況,発生原因等の被告会社にとっての私的な情報」(〔2〕情報)は,「公務員が職務を遂行する上で知ることができた私人の秘密が記載されたものであるが,これが本案事件において提出されることにより,調査に協力した関係者との信頼

---

8) なお,滝井裁判官は,最高裁判所判事に就かれる前から同旨の主張をされていたことにつき,滝井繁男=飯村佳夫「公務員の証言拒絶」判タ849号(1994年)36頁以下参照。

9) この点を指摘し,両者の判断が不可分になることはやむをえないとしつつも,職務秘密性の判断は,できる限り,文書の性格や記載内容の客観的評価が基本となるよう解釈・運用すべきとされるのは,林道晴・判批・NBL 816号(2005年)62頁参照。

10) 同決定に関する私見の詳細については,山本和彦・判批・民商134巻3号(2006年)449頁以下参照。

関係が損なわれ，公務の公正かつ円滑な運営に支障を来すこととなるということができる」として，いずれも職務秘密性を認めた。

本決定は，まず，職務秘密性についていわゆる実質秘説を採用することを明示し，刑事事件との関係で確立した判例準則を踏襲し，文書提出義務との関係でも多数の学説が主張していた理解を採用したものといえる。次に，職務秘密性について2種類のものがあることを明らかにしている。すなわち，①公務員の所掌事務に属する秘密については，原則として直ちに職務秘密性が認められるが，②公務員が職務を遂行する上で知ることができた私人の秘密については，それが公にされることにより，私人との信頼関係が損なわれ，公務の公正・円滑な運営に支障を来すことが必要とされた[11]。この範囲で，【判例1】で示された滝井補足意見の考え方が採用されたものと言えよう。すなわち，私人の秘密はそれだけでは職務上の秘密とは言えないが[12]，その開示によって公務の公正・円滑な運営に支障を来すような場合には実質的にそれを秘匿する利益が公務の側にもあるので，職務上の秘密になるということであろう。その結果，②の範疇の文書については，実質的に職務秘密性と公務遂行支障性の判断が連続することになるが，単純な支障すらない場合には職務秘密にも当たらないという形で，一種の前捌き的な判断要件となろう[13]（逆に支障が認められる場合には，それが著しいものであるか否かが公務遂行支障性の枠内で判断される）。

11）　立案者（深山ほか・前掲注6）104頁以下）は「私人の秘密であってもそれが公開されると私人との信頼関係が損なわれる結果，私人の協力を得ることができなくなり，結局，その公務の民主的・能率的運営に支障を生ずることになることから，『職務上知り得た秘密』と『職務上の秘密』の範囲とは，ほぼ一致するものと解されている」としていたが（なお，著者も同様の理解によっていた。本書第17章*4*(1)(b)参照），本決定は，すべての私人の秘密が職務秘密に該当するのではなく，そのような支障を実際に生ずるものに限って職務秘密性を認めるものと見られ，両者の見解にはやや差異があるようにも思われる。

12）　その結果，職務上の秘密には該当しないとされた場合にも，それが更に220条4号ハの事由に該当する場合（公務員である医師等の職務上知りえた秘密など）には除外事由が認められることがありうる。この点につき，伊藤眞「証言拒絶権の研究(2)」ジュリ1052号（1994年）95頁参照。また，深山ほか・前掲注6）107頁も参照。

13）　この判断は，証言拒絶権との関係でより大きな意義を持ちうる。すなわち，私人の秘密については，それが私人との信頼関係を損なわず，公務の公正・円滑な運営に支障を来さない場合には，監督官庁の承認（民訴191条1項）は不要となると解しうるからである。

(b) 公務遂行支障性

次に，やはり4号ロの除外事由に該当するには，「その提出により公共の利益を害し，又は公務の遂行に著しい支障を生ずるおそれがあるもの」である必要がある。このうち，前者の「公共の利益」に関する判例は未だ存しないが[14]，後者の公務の遂行の支障に関しては，まず前述の【判例1】が事例的判断を示している。すなわち，「本件文書が提出され，その内容が明らかになった場合には，Yが，各組合員に対する補償額の決定，配分についてはAの自主的な判断にゆだねることを前提とし，そのために，上記の交渉の際にも明らかにされなかった上記の総額を算出する過程の数値（個別の補償見積額）の一部が開示されることにより，本件漁業補償協定に係る上記の前提が崩れ，Aによる各組合員に対する補償額の決定，配分に著しい支障を生ずるおそれがあり，Aとの間の信頼関係が失われることとなり，今後，Yが他の漁業協同組合との間で，本件と同様の漁業補償交渉を円滑に進める際の著しい支障ともなり得ることが明らかである」とされた。このような判断は，そのような支障が生ずるおそれを具体的に認定したものと言うことができ[15]，後記の【判例2】の示した準則に繋がるものと評価することが可能であろう。

【判例2】は，この問題についても一般的準則を示している。すなわち，「『その提出により公共の利益を害し，又は公務の遂行に著しい支障を生ずるおそれがある』とは，単に文書の性格から公共の利益を害し，又は公務の遂行に著しい支障を生ずる抽象的なおそれがあることが認められるだけでは足りず，その文書の記載内容からみてそのおそれの存在することが具体的に認められることが必要である」とした。そして，そのあてはめとして，前記(a)の〔1〕情報については，「行政内部の意思形成過程に関する情報が記載されたものであり，その記載内容に照らして，これが本案事件において提出されると，行政の自由な意思決定が阻害され，公務の遂行に著しい支障を生ずるおそれが具体的に存在することが明らかである」としながら，〔2〕情報については，「(ア) 本件文書

14) 深山ほか・前掲注6) 105頁は，外交会談の具体的内容が記載された文書や自衛隊の航空機の性能が記載された文書などを具体例として挙げている。

15) ただし，中島・前掲注1) 422頁は，本決定で公務遂行支障性が「十分具体的に理由づけられているかどうかはきわめて疑わしい」と評価する。

には，被告会社の代表取締役や労働者らから聴取した内容がそのまま記載されたり，引用されたりしているわけではなく，本件調査担当者において，他の調査結果を総合し，その判断により上記聴取内容を取捨選択して，その分析評価と一体化させたものが記載されていること，(イ)　調査担当者には，事業場に立ち入り，関係者に質問し，帳簿，書類その他の物件を検査するなどの権限があり（労働安全衛生法91条，94条），労働基準監督署長等には，事業者，労働者等に対し，必要な事項を報告させ，又は出頭を命ずる権限があり（同法100条），これらに応じない者は罰金に処せられることとされていること（同法120条4号，5号）などにかんがみると，①〔(2)〕の情報に係る部分が本案事件において提出されても，関係者の信頼を著しく損なうことになるということはできないし，以後調査担当者が労働災害に関する調査を行うに当たって関係者の協力を得ることが著しく困難となるということもできない」として，具体的な支障のおそれを否定し，結論として除外事由該当性を否定したものである。

以上のような本決定の判断は，公務遂行支障性につき抽象的なおそれでは足りず，文書の記載内容に応じて具体的におそれがなければならない点を示した点で大きな意義がある。このような理解は既に立案段階で示されていたものであり[16)]，一般的な支持を得られるものであろう。更に，本件では，具体的事案との関係でも，〔2〕情報について公務遂行支障性が認められなかった点が注目される。本決定は，私人の秘密に係る情報が記載された文書につき，関係者の信頼を著しく害するか，将来の公務遂行を著しく困難にするかを基準としている[17)]。そして，それが私人から得た「直接情報」を記載したものではないことと強制的な情報取得が可能であることから，公務遂行支障性の否定を導き出している。したがって，例えば，納税関係文書など同様に提出強制の存する文書について判例準則の射程が注目されるところであるが，直接情報の記載さ

---

16)　深山ほか・前掲注6）105頁は「このような『おそれ』があるといえるためには，単に文書の性格から公共の利益を害し，又は公務の遂行に著しい支障を生ずる抽象的な可能性があることが認められるだけでは足りず，その文書の記載内容から具体的にその可能性が認められることが必要である」としていた。

17)　このような判断枠組みは，やはり私人の秘密情報が記載されていた【判例1】でも，事案との関係で示されていたものといえる。この点を的確に指摘するのは，斎藤哲・判批・判時1885号（2005年）207頁参照。

れた文書として私人との信頼関係を損ねるおそれがあること，円滑な任意提出に問題を生じうること[18]などを考えると，そこまで射程は及んでいないと解する余地も十分にあろう[19][補注1]。

(c)　監督官庁の意見

次に，法220条4号ロに属する文書のうち，一部の専門的・政策的判断を要する高度の公務秘密文書について，監督官庁の第一次的判断権を尊重することとしている法223条4項の適用に関する判例として，**【判例3】**最決平成17年7月22日（民集59巻6号1888頁）がある。同条項は，情報公開法の同趣旨の規定（同法5条3号・4号参照）に倣って設けられたものであり，本件のように，監督官庁が意見聴取（民訴223条3項）に基づき，他国との信頼関係が損なわれるおそれがあるなどの意見を述べたときは，裁判所は，直接公務遂行阻害性を判断するのではなく，その意見に相当の理由があるか否かのみを判断することにしたものである[20]。本件事案は，退去強制令書の発付処分等の取消訴訟において，Xがパキスタン国内における政治的活動を理由として警察に手配されたと主張し，パキスタン官憲の作成名義に係る本件逮捕状等の写しの原本の存在及び成立の真正等を立証するため，Y（国）らの所持する依頼文書，照会文書，回答文書等の写しの提出命令を申し立てた事件であるが，Yらはそれらの提出により他国との信頼関係が損なわれる旨の意見を述べた。最高裁判所は以下のように判示して，提出義務を認めた原決定を破棄したものである。

「(1)　Yらの主張によれば，本件依頼文書には，本件逮捕状等の写しの真偽の照会を依頼する旨の記載のほか，調査方法，調査条件，調査対象国の内政上

18)　特に納税の場合には，申告納税制度という任意的スキームに基礎を置く制度の円滑な執行という点も重要な考慮要素とされる可能性があろう。

19)　この点は，本書第17章注82）参照。なお，深山ほか・前掲注6）105頁も，公務遂行支障性のある文書として「私人の収支状況が記載されている納税申告書」を挙げる。

［補注1］　この点で，近時の最決平成25・4・19判時2194号13頁は，全国消費実態調査の調査票情報について，罰金刑等の制裁があるとしても，「その報告の内容を裏付ける客観的な資料を強制的に徴収することは現実には極めて困難である」ことから，「被調査者の任意の協力による真実に合致した正確な報告が行われることが極めて重要」としていることが示唆的である。

20)　その趣旨については，深山卓也ほか「民事訴訟法の一部を改正する法律の概要(下)」ジュリ1210号（2001年）177頁以下参照。

の諸問題，調査の際に特に留意すべき事項，調査に係る背景事情等に関する重要な情報が記載されており，その中にはパキスタン政府に知らせていない事項も含まれているというのである。そうであるとすれば，本件依頼文書には，本件各調査文書によって公にされていない事項が記載されており，その内容によっては，本件依頼文書の提出によりパキスタンとの間に外交上の問題が生ずることなどから他国との信頼関係が損なわれ，今後の難民に関する調査活動等の遂行に著しい支障を生ずるおそれがあるものと認める余地がある。

⑵　また，Yらの主張によれば，本件照会文書及び本件回答文書は，外交実務上『口上書』と称される外交文書の形式によるものであるところ，（中略）口上書は公開しないことが外交上の慣例とされているというのである。加えて，Yらの主張によれば，本件照会文書及び本件回答文書には，発出者ないし受領者により秘密の取扱いをすべきことを表記した上で，相手国に対する伝達事項等が記載されているというのである。そうであるとすれば，本件照会文書及び本件回答文書には，本件各調査文書によって公にされていない事項について，公開されないことを前提としてされた記載があり，その内容によっては，本件照会文書及び本件回答文書の提出により他国との信頼関係が損なわれ，我が国の情報収集活動等の遂行に著しい支障を生ずるおそれがあるものと認める余地がある。

⑶　したがって，本件各文書については，Yらの主張する記載の存否及び内容，本件照会文書及び本件回答文書については，加えて，これらが口上書の形式によるものであるとすればYらの主張する慣例の有無等について審理した上で，これらが提出された場合に我が国と他国との信頼関係に与える影響等について検討しなければ，民訴法223条4項1号に掲げるおそれがあることを理由として同法220条4号ロ所定の文書に該当する旨の当該監督官庁の意見に相当の理由があると認めるに足りない場合に当たるか否かについて，判断することはできないというべきである。」

なお，本決定については，滝井繁男裁判官の補足意見があり，今井功裁判官が同調している[21]。そこでは，監督官庁は，その意見を述べるに当たっては，

21）　加えて，福田博裁判官の意見があり，そこでは，口上書に関してはその公開に相手

単にその可能性があることを抽象的に述べるにとどまらず，その文書の内容に即して具体的に公共の利益を害したり公務の遂行に著しい支障を生じたりするおそれのあることについてその理由を述べることが求められているとし，本件における監督官庁の意見は「いずれも抽象的に所定のおそれの可能性があることを述べるものであって，必ずしも文書の内容に即して具体的なおそれの存在することを明確に述べたものといえるものではなく，原決定がＹらの主張を基礎付ける事実について具体的な指摘がされていないものと判断し，民訴法223条6項によって文書の提示を求めるまでもなく，同条4項所定の相当の理由があると認めるに足りないとして，文書の提出を命じたのも理解し得ないわけではない」としながら，「抗告理由の中で述べられたＹらの具体的な主張に照らせば，本件各文書の提出により公共の利益を害し，又は公務の遂行に著しい支障を生ずるおそれがあるものと認める余地があるが，民事訴訟において証拠として用いられるべき必要性が大きいと考えられる公文書が少なくない現状に照らし，監督官庁は，裁判所が民訴法の定めるところにより求めた意見の提出に当たっては，真実発見のために必要な証拠が可及的に多く提出されることが単に当事者にとってだけでなく司法制度に対して抱く国民の信頼を維持するためにも重要であるとの理解に立って，裁判所が的確な判断をなし得るよう当該文書に即してその理由を具体的に付して意見を述べるべきもの」とされた。

本決定において，最高裁判所は初めて法223条4項1号文書（国家機密関係文書）に係る提出義務について判断した。そして，外交関係文書には相手国に知らせていない情報を含むことや公開しない国際慣例が存することから，開示によって他国との信頼関係を害し，今後の外交活動に著しい支障を生ずるおそれがあると認める余地があるとしたものである。注目される点として，これらの文書についても具体的な公務遂行支障性を要求しており，抽象的な信頼関係の喪失等の主張では足りないことを明らかにした点がある。そして，本件では，法223条3項による意見聴取の段階では，監督官庁の意見は抽象的なものに止

国の同意を要するとの国際的慣行から，本件照会文書・回答文書については，それが口上書に該当するものであるとすれば，「文書提出命令による開示を可能にするためには，相手国による個別的，明示的な同意が必要である」という観点から，原決定の破棄を相当とされている。

まり，抗告審の段階で初めてより詳細な理由が示されたが，多数意見はその場合にも同条4項の適用を認めている。このような場合にはもはや同条の適用は否定し，220条4号ロの要件を直接審査するという考え方もあり得なくはなかったが，国家機密に関するという事柄の重要性と行政庁の裁量の尊重から，なお223条4項の判断枠組みを維持したものであろう。ただ，補足意見が的確に指摘するように，行政庁の今後の運用としては，当初の意見聴取の段階から具体的な支障を明確にすべきものであろう。そして，差戻審においては，イン・カメラ手続等によって文書の具体的記載内容が確認されることが前提とされているものと見られ22)［補注2］，国家機密関係文書についてなおこのような審理形態がとられるべきことを示した点でも，本決定は大きな意義を有する23)。

3　220条4号ハ
――秘密関係文書

(1)　技術・職業の秘密

民訴法220条4号ハは，同法197条1項2号に規定する事実又は同項3号に規定する事項で，黙秘の義務が免除されていないものが記載されている文書を挙げるが，まず後者では「技術又は職業の秘密に関する事項」が問題となる。この点については，【判例4】最決平成12年3月10日（民集54巻3号1073頁）がある。これは，電話機器類を購入・利用しているXが本件機器にしばしば通話不能になる瑕疵があるなどと主張し，Yに対し不法行為等に基づく損害賠償を請求する本案訴訟で，当該瑕疵を立証するため，Yの所持する本件機器の回路図及び信号流れ図の提出命令を申し立てた事件である。そこで，法220条

---

22)　本件解説・判タ1188号231頁参照。

［補注2］　本決定の差戻審である東京高決平成18・3・30判タ1254号312頁においては，実際にイン・カメラ審理がされたうえで，本件依頼文書について提出命令を発し，本件照会文書・回答文書については提出義務を否定したようである。

23)　著者はかつてこの点に関して，「情報公開訴訟の場合とは異なり，イン・カメラ審理を有する提出命令においては相当踏み込んだ審理が期待できるので，過度に行政庁の判断に依存しない運用が望まれる」としていたが（本書第17章*4*(2)(b)(iv)参照），そのような観点からも本決定は積極的に評価できる。

4号ハの除外事由が問題とされたが，裁判所は以下のように判示して，除外事由該当性を否定した[24]。すなわち，「民訴法197条1項3号所定の『技術又は職業の秘密』とは，その事項が公開されると，当該技術の有する社会的価値が下落しこれによる活動が困難になるもの又は当該職業に深刻な影響を与え以後その遂行が困難になるものをいう」とし，「本件文書に本件機器のメーカーが有する技術上の情報が記載されているとしても，Yは，情報の種類，性質及び開示することによる不利益の具体的内容を主張しておらず，原決定も，これらを具体的に認定していない。したがって，本件文書に右技術上の情報が記載されていることから直ちにこれが『技術又は職業の秘密』を記載した文書に当たるということはできない」とした。

本決定は，最高裁判所が証言拒絶権に関する旧法下の学説・裁判例の解釈を確認し，新法の下で初めて判例準則を示したものといえる[25)][補注3]。技術職業秘密性につき厳格な要件を課し，訴訟における真実の発見に重きを置いた判断と評価できよう。なお，本決定自体は，開示による不利益と不開示による不利益とを比較衡量することの当否[26] については判断していないと解されるが，少なくとも当事者の所持する文書については，開示により当該技術に基づく活動や当該職業の遂行が不可能又は著しく困難になる場合にはいかなる訴訟でも除外事由となるとしても，その影響がそこまで重大でない場合にはなお比較衡量を認める余地はあると思われる[補注4]。これに対し，第三者の所持する文書では，自己と無関係な当事者間の訴訟における必要性により開示範囲が影響を受けることを認める解釈は困難であり，技術に基づく活動や職業遂行の困難性

24） 併せて自己利用文書該当性も問題となったが，看過し難い不利益が生ずるおそれがあるかどうかについて具体的に判断していないとして，破棄事由としている（*4*(2)(a)参照）。

25） 本決定の意義については，長沢幸男・解説・最判解民事平成12年度295頁以下参照。

［補注3］ このような判例準則を具体的に適用したその後の例として，最決平成20・11・25民集62巻10号2507頁がある。

26） この問題の議論状況については，中島・前掲注1）428頁以下に的確なまとめがある。

［補注4］ その後の判例は，比較衡量の枠組みを前提にする判断（最決平成19・8・23判時1985号63頁）の後，「保護に値する秘密」という概念を用いながら，このような比較衡量を正面から認めるに至った（前掲［補注3］最決平成20・11・25など参照）。この点に関する著者の評価を含めて，山本和彦ほか編『文書提出命令の理論と実務』（民事法研究会，2010年）14頁以下〔山本〕参照。

があれば直ちに除外事由になると解すべきではなかろうか[27)]。

⑵　弁護士等の守秘義務

次に，民訴法197条1項2号に規定する事実，すなわち医師・弁護士等が職務上知りえた事実で黙秘すべきものが問題となる。この点について一般的な準則を示した判例として，【判例5】最決平成16年11月26日（民集58巻8号2393頁）がある。これは，経営破綻した保険会社Yの役員の責任を追及するため，金融監督庁長官（当時）から保険業法に基づき保険管理人が設置を命じられた調査委員会の調査報告書の提出が求められた事案である。本決定は，「民訴法197条1項2号所定の『黙秘すべきもの』とは，一般に知られていない事実のうち，弁護士等に事務を行うこと等を依頼した本人が，これを秘匿することについて，単に主観的利益だけではなく，客観的にみて保護に値するような利益を有するものをいう」とし，「本件文書は，法令上の根拠を有する命令に基づく調査の結果を記載した文書であり，Yの旧役員等の経営責任とは無関係なプライバシー等に関する事項が記載されるものではないこと，本件文書の作成を命じ，その提出を受けた本件保険管理人は公益のためにその職務を行い，本件文書を作成した本件調査委員会も公益のために調査を行うものであること，本件調査委員会に加わった弁護士及び公認会計士は，その委員として公益のための調査に加わったにすぎないことにかんがみると，本件文書に記載されている事実は，客観的にみてこれを秘匿することについて保護に値するような利益を有するものとはいえず，同号所定の『黙秘すべきもの』には当たらない」としたものである。

本決定の判断は，旧法以来の通説的立場を確認したものである。これにより，「黙秘すべきもの」には主観的秘密は含まれず，客観的に見ても保護に値するような実質的利益が必要になる。⑴の職務上の秘密等の場合と同様に，訴訟

27）　この点につき，長沢・前掲注25）311頁は，「文書提出命令により当該秘密が公開され，営業秘密に係る権利が消滅するという事態は，文書の所持者が訴訟当事者である場合にはやむを得ない面があるものの，当該訴訟と無関係の第三者である場合には，権利消滅による不利益を訴訟における必要性により説明することは困難ではあるまいか」とする。

における真実の発見に重きを置いた判断と評価できよう。本件での具体的な考慮要素としては，法令上の根拠，記載内容（プライバシー等の不記載），調査の公益性，弁護士等の役割の公益性等が指摘されている[28)]。本件で特に重要と思われるのは最後の点であり，本件では，通常の依頼人と代理人の関係とは異なり，公益を体現する法律専門家としての弁護士の活動が問題になっている点で，2号が典型的に想定する場面とはやや異なっている[29)]。逆に言えば，弁護士等を調査委員会の委員に加えさえすれば調査内容を秘匿できるとすることは，実質的に見て相当とはいえないであろう[30)]。その意味で，本決定の具体的な当てはめに関する判断は相当に例外的な場合に関するものであり，その射程は広くないものと捉えるべきであろう。

4　220条4号ニ
――自己利用文書

(1)　判例準則の定立――貸出稟議書との関係

自己利用文書については，現行法の施行当初，金融機関の貸出稟議書をめぐって激しい議論が交わされたところである。そして，最決平成11年11月12日（民集53巻8号1787頁）がこの点のリーディングケースとなった。そこでは，自己利用文書に関して，「ある文書が，その作成目的，記載内容，これを現在の所持者が所持するに至るまでの経緯，その他の事情から判断して，専ら内部

---

28)　なお，本件との関係でいわゆるワークプロダクトの法理が問題になりえた旨の指摘がされているが，仮に本件で損害賠償責任の追及を受けた取締役等が本件文書の提出を求めたような場合には，同法理が正面から議論の対象となりえたであろう。同法理との関係では，中村也寸志・解説・ジュリ1293号（2005年）110頁参照。

29)　上野泰男・判批・ジュリ1291号（2005年）131頁は，公表により会社の経済的信用が害される点から客観的利益は認めながら，むしろ主観的利益を放棄していたものと考えるべきであったとする。しかし，保険契約の移転によって会社は解散して清算されている（既に経済的信用は問題とならない）ことは措いても，契約者保護を主眼とする本件調査の性質上，そのような経済的利益は情報を秘匿する客観的利益とは認めないとの判断も十分成立しえよう。

30)　中村・前掲注28）111頁は，「このように解さないと，当該調査委員会に同号所定の弁護士等を委員に加えることによって容易に提出義務を免れることができることになり，極めて不当な結果をもたらすことになる」とする。

の者の利用に供する目的で作成され，外部の者に開示することが予定されていない文書であって，開示されると個人のプライバシーが侵害されたり個人ないし団体の自由な意思形成が阻害されたりするなど，開示によって所持者の側に看過し難い不利益が生ずるおそれがあると認められる場合には，特段の事情がない限り，当該文書は民訴法220条4号ハ〔現行ニ〕所定の『専ら文書の所持者の利用に供するための文書』に当たる」との一般論を示し，「貸出稟議書は，専ら銀行内部の利用に供する目的で作成され，外部に開示することが予定されていない文書であって，開示されると銀行内部における自由な意見の表明に支障を来し銀行の自由な意思形成が阻害されるおそれがあるものとして，特段の事情がない限り，『専ら文書の所持者の利用に供するための文書』に当たる」とされた。

その後の議論の中心は，本決定の示した特段の事情の判断いかんにあったが，最決平成12年12月14日（民集54巻9号2709頁）は，代表訴訟に関して特段の事情該当性を否定し，他方，最決平成13年12月7日（民集55巻7号1411頁）は，文書を作成した金融機関が経営破綻して文書を事業譲受人が所持しているような場合について特段の事情を肯定した。その結果，判例は，具体的事件での立証の必要性や立証の必要が定型的に大きな事件類型等によって区別することはなく，個別事件において「看過し難い不利益」が存しないと認められるような特殊事情のある場合に限って，極めて例外的に特段の事情を認める方向を示したものと理解される。以下では，自己利用文書に関する上記判例準則に対する評価はとりあえず措き[31)][補注5]，近時の判例における様々な文書に対するその当てはめから，判例の内在的意義を抽出したい。

(2)　近時の判例による判例準則の当てはめ

(a)　電話機器回路図等

まず，前出の【判例4】は，4号ニとの関係も判示している。そこでは，前

31)　この判例準則に対する著者の見解については，山本和彦「銀行の貸出稟議書に対する文書提出命令」NBL 679号（1999年）6頁以下，同・判批・金法1613号（2001年）4頁以下，同・判批・ジュリ1224号（2002年）124頁以下など参照。

［補注5］　この点については，本書第16章***3***(2)も参照。

述(1)の判例準則を示しながら，原決定は，本件文書が「その具体的内容に照らし，開示によって所持者の側に看過し難い不利益が生じるおそれがあるかどうかについて具体的に判断していない」として，違法としたものである。本決定は，稟議書以外の文書に判例準則を初めて適用し，かつ，不利益性要件が独立した実質的要件であること（それに基づき原決定を破棄しうること）を初めて例証したものということができる[補注6]。

(b) 保険管理人調査報告書

また，前出の【判例5】においても，前述のように，保険管理人に提出された調査報告書に関して，自己利用文書該当性が論じられた。そこでは，「本件文書は，本件調査委員会が上記調査の結果を記載して本件保険管理人に提出したものであり，法令上の根拠を有する命令に基づく調査の結果を記載した文書であって，専らYの内部で利用するために作成されたものではない。また，本件文書は，調査の目的からみて，Yの旧役員等の経営責任とは無関係な個人のプライバシー等に関する事項が記載されるものではない。」「保険管理人は，保険会社の業務若しくは財産の状況に照らしてその保険業の継続が困難であると認めるとき，又はその業務の運営が著しく不適切であり，その保険業の継続が保険契約者等の保護に欠ける事態を招くおそれがあると認めるときに，金融監督庁長官によって，保険会社の業務及び財産の管理を行う者として選任されるものであり（中略），保険管理人は，保険業の公共性にかんがみ，保険契約者等の保護という公益のためにその職務を行うものであるということができる。また，本件調査委員会は，本件保険管理人が，金融監督庁長官の上記命令に基づいて設置したものであり，保険契約者等の保護という公益のために調査を行うものということができる。以上の点に照らすと，本件文書は，民訴法220条4号ニ所定の『専ら文書の所持者の利用に供するための文書』には当たらない」とされた。

本決定は，法令上の根拠を理由に内部利用性を否定し，またプライバシー等の記載のないことから不利益性を否定するとともに，本件調査主体の公益性を

［補注6］ また，本件のような個別性の強い文書については，イン・カメラ審理を含めて個別的判断を要する旨を示唆した判断でもある。

強調して，総合的判断として自己利用文書性を否定したものと見ることができる32)[補注7]。その意味で，やや特殊な事案に関する判断である面を否定できないが，法令上の根拠の存在の有無のみでは自己利用文書性を判断しえない（この点については【判例6】に関する多数意見と反対意見も参照）ことを示唆するようにも読め，注目される[補注8]。ただ，結論は提出義務を肯定しており，その事案の特殊性からも判旨の射程の理解には慎重な留保を要するところであろう。

(c)　政務調査研究報告書

次に，【判例6】最決平成17年11月10日（民集59巻9号2503頁）は，住民訴訟における不当利得の存在の立証のため，県議会の会派が作成した政務調査研究報告書の提出義務が問題となったが，最高裁判所はそれを否定したものである。すなわち，「本件各文書は，本件要綱に基づいて作成され，各会派に提出された調査研究報告書及びその添付書類であるというのであるから，専ら，所持者であるＹら各自の内部の者の利用に供する目的で作成され，外部の者に開示することが予定されていない文書であると認められる。」「また，本件各文書が開示された場合には，所持者であるＹら及びそれに所属する議員の調査研究が執行機関，他の会派等の干渉等によって阻害されるおそれがあるものというべきである。加えて，前記のとおり，本件各文書には調査研究に協力す

32)　判旨後段はその位置づけがやや困難である。これを内部文書性の否定理由と捉える見解も有力であるが（例えば，上野泰男・判批・ジュリ1291号（2005年）130頁，林道晴・判批・NBL 802号（2005年）47頁など），前段で既に内部利用目的を否定する趣旨が示されており，そのように解しうるか，疑問も残る。あるいは，本件の特殊性（公益性）を強調し，その他の同種文書（例えば，医療事故調査報告書等）に対する判断を慎重に留保し，その射程を限定する意図が示されたものと読むこともできようか（中村・前掲注28）111頁も参照）。なお，事故調査関係の文書の提出に際しては，開示による事故の原因解明に対する影響（及びそれによる将来の事故防止の障害）といった点が重要な考慮ファクターになりえよう（医療事故調査報告書につき，東京高決平成15・7・15判タ1145号298頁など参照）。

[補注7]　前注の医療事故調査報告書に関する最近の裁判例として，東京高決平成23・5・17判時2141号36頁がある。これについての著者の評釈として，山本和彦・判批・判タ1386号（2013年）109頁以下参照。

[補注8]　近時，この点を明確にする裁判例として，東京高決平成26・8・8判時2252号46頁は，「当該文書の作成・保存や提出が法的に義務付けられているかという点は，外部に公開されることが予定されているか否かを判断する一資料となるにとどまり，それが不可欠の要件というわけではない」とする。

るなどした第三者の氏名，意見等が記載されている蓋然性があるというのであるから，これが開示されると，調査研究への協力が得られにくくなって以後の調査研究に支障が生ずるばかりか，その第三者のプライバシーが侵害されるなどのおそれもあるものというべきである。そうすると，本件各文書の開示によってＹら各自の側に看過し難い不利益が生ずるおそれがある」とされた。ただし，本決定には，横尾和子裁判官の反対意見が付され，調査報告書は，法令の定めにより作成が義務づけられた文書であり，県議会議長が政務調査費の使途の透明性を確保するため検査を行う権限を有するところから，専ら文書の所持者の利用に供する目的で作成され，外部の者に開示することが予定されていない文書には当たらないとされている。

本件文書は，議会の会派内部で作成されるものではあるが，横尾裁判官の反対意見が指摘するように，議会内の支出に関する公的な性格のものであり，そもそも客観的に見て内部利用目的が認められるか，疑問の大きなものであったように思われる。また，看過し難い不利益との関係では，(a) 将来の調査研究業務への支障（他会派等の干渉や第三者の協力の拒否等），(b) 第三者のプライバシーの侵害が問題とされている。ただ，第三者の意見等の記載については，その部分のみ開示を否定することで対処は可能と思われるし[33]，執行機関や他会派の干渉等のおそれは事実認定の問題に帰着するものの，そのようなおそれが相当の蓋然性をもって認められるかについてはかなり疑義もあるように思われ，どのような干渉が実際に生じうるのか等について，より具体的な認定が望ましかったように思われる[補注9]。

---

33) 第三者の氏名・意見記載の蓋然性のみで自己利用文書性を認めるが，これは対象文書を類型的に捉える稟議書関係の判例の流れの上にある。しかし，この点については具体的記載をイン・カメラ手続等で確認し，記載のある場合も当該部分を除いて提出を命じるべきものであろう。

［補注9］ 地方議会の政務調査費に係る報告書等の提出義務が問題になったその後の例として，最決平成22・4・12判時2078号3頁もやはり内部文書性を認めるが（ただし，須藤正彦裁判官の反対意見がある），近時の最決平成26・10・29判時2247号3頁は，条例が1万円を超える支出に限って領収書の写し等の添付を求めている事例において，1万円以下の支出に係る領収書等について，内部文書性を否定して提出義務を肯定した。過度の一般論は相当でなく，当該文書の保存・提出に係る個別の条例の趣旨いかんが重要という趣旨を示すものであろう。

(d)　銀行の社内通達文書

最後に，【判例7】最決平成18年2月17日（民集60巻2号496頁）がある。これは，融資一体型変額保険の勧誘を原告である銀行が保険会社と一体になって行っていた事実を証明するため，「一時払い終身保険に対する融資案件の推進について」等と題する銀行の社内通達文書の提出が求められた事案であるが，最高裁判所は，以下のような理由で，提出義務を肯定した。すなわち，「本件各文書は，基本的にはYの内部の者の利用に供する目的で作成されたものということができる。しかしながら，本件各文書は，Yの業務の執行に関する意思決定の内容等をその各営業店長等に周知伝達するために作成され，法人内部で組織的に用いられる社内通達文書であって，Yの内部の意思が形成される過程で作成される文書ではなく，その開示により直ちにYの自由な意思形成が阻害される性質のものではない。更に，本件各文書は，個人のプライバシーに関する情報やYの営業秘密に関する事項が記載されているものでもない。そうすると，本件各文書が開示されることにより個人のプライバシーが侵害されたりYの自由な意思形成が阻害されたりするなど，開示によってYに看過し難い不利益が生ずるおそれがあるということはできない」とされた。

本件判例は，「看過し難い不利益」要件について，初めて正面からその存在を否定したものと言える。そこで検討されている事項は，所持者の自由な意思形成の問題とプライバシー・営業秘密[34]の問題であり，特別の類型の文書を除き，概ねこのような実質的利益が保護法益とされることで判例は固まってきたということができよう[補注10]。企業（特に銀行のような公益的企業）においてその内部における自由な意思形成と裁判における真実の発見とをどのような形で比較衡量すべきかについてはなお議論がありうるところであるが[35]，実質

34)　営業秘密については，前述のとおり，4号ハの除外事由にも該当しうるが，そこでは厳格な解釈がされているところ，4号ニについては，内部文書性を前提に，それよりも緩やかな要件で（職業の遂行が困難にならなくても）除外事由を認めるものと理解できよう。

［補注10］　山本ほか編・前掲［補注4］27頁は，この決定を，不利益性要件について「ある程度『中間まとめ』的な性格を有する判例ではないか」と位置付けている。

35)　この問題に関する私見については，山本和彦「稟議書に対する文書提出命令（上）（下）」NBL 661号6頁以下・662号30頁以下（1999年）など参照。

的な保護利益が要件として定着しつつあることは評価に値し[36]，今後はそのような実質的利益の内容の精緻化に向けた議論が更に必要となろう。その点で，本決定が，自由な意思形成の問題に関連して，法人内部で組織的に用いられる文書であることを挙げている点が注目される。これは，公務文書において，「公務員が組織的に用いるもの」が自己利用文書から除かれていること（民訴220条4号ニ括弧書参照）に照応しているようにも見え[補注11]，今後この概念がどのような場合にどのような内実をもつものとして形成されていくか，興味深い[37][補注12]。

5　220条4号ホ
――刑事訴訟等関係文書

(1)　現行法制定の経緯

公務文書に関する提出義務をめぐる立法に際しては，刑事訴訟等関係文書の取扱いが特に問題とされたが，結論として，このような文書については全面的に除外事由を認めることとした。その理由としては，①刑事訴訟等関係文書が開示された場合，捜査や公判に不当な影響が生じたり，被告人・被害者等の名誉・プライバシー等に重大な侵害が及んだりして，将来の捜査・公判に国民の

36）　階猛「銀行本部担当部署から各営業店長等あての社内通達文書と文書提出命令」NBL 830号（2006年）23頁は，本決定により「従来よりも文書提出義務が認められる範囲が拡大された感がある」と評している。

［補注11］　なお，国立大学法人は民訴法220条4号ニ括弧書の「国又は地方公共団体」に準じるものとして，その役職員が組織的に用いる文書の提出命令の申立てにおいては，自己利用文書該当の主張はできないとする判例として，最決平成25・12・19民集67巻9号1938頁参照。

37）　特に，新会社法の重視する内部統制システムの構築との関係で，それに関連する文書等については「組織的に用いられるもの」と解される余地があろう。この問題については，階・前掲注36）27頁も参照。

［補注12］　その後の判例として，介護サービス事業者のサービス利用チェックリストについて内部文書性を否定して提出義務を認めた前掲［補注4］最決平成19・8・23，銀行の資産査定の前提として債務者区分を行うための資料についてやはり内部文書性を否定して提出義務を認めた最決平成19・11・30民集61巻8号3186頁，弁護士会の綱紀委員会の議事録について内部文書性及び不利益性を認めて提出義務を否定した最決平成23・10・11判時2136号9頁などがある。

協力を得ることが困難になるなどの弊害がありうること，②刑訴法・刑事確定訴訟記録法等は，刑事訴訟等関係文書の開示の要件・方法等について独自の規律を設けており[38)]，刑事裁判所等文書保管者が開示による弊害や利益等を衡量して一定の判断を示したにもかかわらず，民事裁判所にそれを覆す権限を認めることは制度の構成から疑問であることなどが重視されたものである[39)]。そこで，新法はこれらの文書の開示・不開示の規律を刑事手続・少年審判手続などの開示制度に委ねたものである。

以上のような取扱いについては，批判も大きかった。そこで，平成16年の民訴法改正に際して再びこの点が法制審議会でも議論された[40)]。しかし，現状では刑事関係法令に基づき開示が求められた場合にはその大部分が認められていること，更にその開示の範囲を運用上拡充することが検討されていること[41)]などを考慮し，結論としては，新たな措置は講じないこととされた。この結果，当面は，刑事訴訟等関係文書については，法220条4号による提出義務は存しないことになり，問題は同条3号の適用の可否ということになった。

(2)　近時の判例と判例準則

以上のように，平成16年改正でもこの点に関する改正は見送られ，判例による準則形成が注目されていた[42)]。この点に関するリーディングケースとし

---

38)　その開示制度の詳細については，深山ほか・前掲注20）180頁注21参照。

39)　このような事情については，深山ほか・前掲注20）174頁以下，加藤正男・解説・ジュリ1282号（2005年）181頁など参照。

40)　議論の経緯については，小野瀬厚＝原司編著『一問一答平成16年改正民事訴訟法・非訟事件手続法・民事執行法』（商事法務，2005年）40頁以下参照。この検討は，平成13年改正法の附則第3項による3年を目途とした検討の要請（深山ほか・前掲注20）180頁参照）に応えるものでもあった。

41)　具体的には，不起訴記録中の供述調書の開示に係る要件を明確化すること及び不起訴事件における重要な目撃者の特定に関する情報を一定の要件の下に調査嘱託に応じて回答することの2点を骨子とした指針が作成された（小野瀬＝原・前掲注40）45頁以下参照）。

42)　この点について下級審の判断は分かれていたが（この点は，加藤・前掲注39）182頁参照），最高裁判所では，最決平成12・12・21訟月47巻12号3627頁が不起訴記録について原審の却下決定を維持していた。また，最決平成13・7・13判例集未登載は，法律関係文書性を否定したようである（この決定については，町村泰貴「捜査関係書類の文書提出命令と実質的対等確保」南山法学27巻1号（2003年）40頁以下参照）。

て，【判例8】最決平成16年5月25日（民集58巻5号1135頁）がある。これは，保険会社から保険金を詐取したとされる者（X）に対する損害賠償請求訴訟において自己と共犯者との間の共謀の不存在を立証するため，共犯者らの供述調書の提出を民訴法220条3号後段によって求めた事案で，最高裁判所は提出義務を否定した。そこで，裁判所は，刑訴法47条所定の書類には捜査段階で作成された供述調書で公判に提出されなかったものも含まれるとし，「同条ただし書の規定による『訴訟に関する書類』を公にすることを相当と認めることができるか否かの判断は，当該『訴訟に関する書類』を公にする目的，必要性の有無，程度，公にすることによる被告人，被疑者及び関係者の名誉，プライバシーの侵害等の上記の弊害発生のおそれの有無等諸般の事情を総合的に考慮してされるべきものであり，当該『訴訟に関する書類』を保管する者の合理的な裁量にゆだねられている」とし，文書提出義務の判断においても「文書の保管者の上記裁量的判断は尊重されるべきであるが，当該文書が法律関係文書に該当する場合であって，その保管者が提出を拒否したことが，民事訴訟における当該文書を取り調べる必要性の有無，程度，当該文書が開示されることによる上記の弊害発生のおそれの有無等の諸般の事情に照らし，その裁量権の範囲を逸脱し，又は濫用するものであると認められるときは，裁判所は，当該文書の提出を命ずることができる」とした。そして，具体的な当てはめとしては，「Xが，その主張事実を立証するためには，本件各文書が提出されなくても，本件共犯者らの証人尋問の申出や，本件刑事公判において提出された証拠等を書証として提出すること等が可能であって，本件本案訴訟において本件各文書を証拠として取り調べることが，Xの主張事実の立証に必要不可欠なものとはいえない（中略）。また，本件各文書が開示されることによって，本件共犯者らや第三者の名誉，プライバシーが侵害されるおそれがないとはいえない」として，文書保管者の裁量権の逸脱・濫用を否定した。

更に，【判例9】最決平成17年7月22日（民集59巻6号1837頁）は，国家賠償請求訴訟において捜索差押許可状の請求・執行が違法であることを立証するため，捜索差押許可状等について提出が求められた事案において，一部文書の提出義務を肯定した。そこでは，このような許可状は，「Y（警視庁）所属の警察官にXらの住居等を捜索し，その所有物を差し押さえる権限を付与し，X

らにこれを受忍させるというＹとＸらとの間の法律関係を生じさせる文書であり，また，本件各請求書は，本件各許可状の発付を求めるために法律上作成を要することとされている文書である（中略）から，いずれも法律関係文書に該当する」とし，提出義務の存否については，【判例8】と同様の準則を述べ，その当てはめとして，本件許可状は，捜査の適法性に関する客観的な証拠であり，取調べの必要性が認められること，本件許可状には，第三者の名誉・プライバシーを侵害する記載があることはうかがわれず，本件各許可状は，本件各捜索差押えの執行に当たってＸらに呈示されており，Ｘらに対して秘匿されるべき性質のものではないことから，本件各許可状の開示によって今後の捜査・公判に悪影響が生ずるとは考え難く，提出拒否の判断は裁量権の逸脱又は濫用に当たるとした。他方，捜索差押令状請求書については，捜査の秘密にかかわる事項や第三者のプライバシーに属する事項が含まれていることが少なくなく，本件各請求書の開示によって今後の捜査・公判に悪影響が生じたり，関係者のプライバシーが侵害されたりする具体的なおそれが存するとして，裁量権の逸脱・濫用を否定した。

以上のような判例の判断枠組みは[補注13]，4号の下で包括的に提出義務が否定された刑事関係文書についても，3号の下で可及的に提出を認めようとするものであり，評価に値する[43]。その具体的な判断枠組みも，考慮すべき利益を列挙しながら，総合判断に係る所持者の裁量を尊重する一方，特に当該文書の民事訴訟における取調べの必要・程度に関する民事裁判所の専門的判断を考慮に入れ，裁量権の逸脱・濫用の有無を判断しようとするものであり，合理的なものと評価できる[44]。ただ，この判断が4号ではなく3号の枠内で行われ

［補注13］　その後の同様の判例として，最決平成19・12・12民集61巻9号3400頁がある。著者によるこの判例の評価については，山本和彦・判批・法研81巻11号（2008年）128頁以下参照。

43)　このような判断枠組みが下級審の裁判例の積み重ねの上にあることにつき，町村・前掲注42）45頁以下参照。なお，著者は立法当初から「3号文書のカヴァーする範囲を拡大し，当事者が被疑者・被告人・被害者等であった事件の記録の開示を認めていく方向が相当であろう」としていた（本書第17章注84）参照）。

44)　ただ，その判断は具体的にされる必要があるように思われる。例えば，プライバシーに属する事項については，両決定ともに（その部分を除いた）一部提出の可能性も踏まえてより具体的な判断が望ましかったように思われる。この点につき，町村泰貴・判

るため，いくつかの問題が生じるように思われる。例えば，(a)旧法下の議論であったように，適切な提出義務の範囲を画するため，3号の法律関係概念を拡張する必要が生じること[45]，(b)仮に捜査対象者の受忍義務について法律関係を認める形で拡張するとしても，被害者等第三者との関係で法律関係を認めることは困難なようにも思われること[46]，(c)4号の除外事由の判断のために認められたイン・カメラ手続の利用等が否定されることなどである。立法論としては，刑事関係文書の特性から4号ロに組み入れることが仮にできないとしても[47]，判例の示すような要件を組み入れる形で，4号ホを再構成していくことが相当ではないかと思われる。

6 おわりに

以上に示してきたような近時の判例の準則について，その全体を総括してみれば，以下のような指摘が可能ではないかと思われる。

第1に，訴訟における真実発見の重視，それに伴って除外事由としての実質的な利益の重視という傾向である。公務秘密文書について，実質秘のみを保護し，公務遂行阻害性についても具体的な「おそれ」を要求すること，技術・職業上の秘密についてもそれに基づく活動や職業遂行の困難さという実害を必要とすること，弁護士等の秘密について客観的に見ても保護に値する利益を必要とすること，自己利用文書について「看過し難い不利益」を要件とし，それを実質的に判断する傾向にあること，刑事訴訟等関係文書について民事訴訟における取調べの必要性等の関係で実質的な保護法益を検討すべきとしていることなどがそのような傾向を示している。このような方向性は，文書提出義務の一

批・ジュリ1291号（2005年）128頁参照。

45）【判例9】は，捜索差押許可状等につき，警察官に相手方の住居等を捜索し，その所有物を差し押さえる権限を付与し，相手方にこれを受忍させるという点に法律関係を認める。

46）また，前掲注42）最決平成13・7・13は，捜査対象者からの申立てでも，警察から検察への送致書等について法律関係文書性を否定しているとされる（町村・前掲注42）40頁以下参照）。

47）ただし，このような文書については，常に法223条4項2号に該当すると考えられるとすれば，そのような判断枠組みでもなお真に問題が生じるのか，更に検討を要しよう。

般義務化を支えた基本理念[48]と整合的なものと言うことができよう。

第2に，公務文書と私文書との実質的な連続性を認めていくという傾向である。公務文書については，220条4号ロを主たる除外事由とする一方，私文書について適用される同号ニ（自己利用文書）は「公務員が組織的に用いる」公務文書を除外するものとされている。しかし，4号ロも4号ニも，規定の仕方は全く異なるものの，判例上，その実質的な保護法益が組織内部の意思形成過程の自由とプライバシー（及び営業秘密）の保護に収斂していく中で，実質的な共通性が顕著になってきているように見受けられる。この点は，【判例2】や【判例7】の判断の中に看取でき，官民の役割分担が流動化しつつある現状の下では，正当な方向と評価することができよう。

第3に，除外事由の判断の方法として，個々の文書の記載内容ごとに判断するのか，文書の種類ごとに類型的判断をするのか，といった違いが除外事由ごとにあるように見受けられる点である。公務秘密文書や技術職業秘密文書については，イン・カメラ手続を含めた個別文書ごとの判断を判例が示唆するのに対し，自己利用文書では類型的な判断方法で一貫し，刑事訴訟等関係文書でも個別的判断をしないように見える[49]。しかし，このような区分の合理性には疑問もあるように思われる。特に，公私の文書に関する判断枠組みが共通化しつつあるように見える現状で，公務文書についてはその具体的な記載内容を問題にしながら，私文書についてそれを問題にしないとすれば，その帰結にはかえって疑問があろう。自己利用文書についても，より具体的な判断に向けて再検討すべきではなかろうか。

以上のように，著者は，判例の示す除外事由に関する準則については概ね賛成できるものであるが，なお検討を要する部分もあると考える。その際には，特に【判例1】において示された滝井裁判官の補足意見の指摘が重要であると思われる。すなわち，「実体的真実に基づいて適正な紛争の解決を図るという民事訴訟の目的に照らせば，『公務員の職務上の秘密に関する文書』として提

---

48)　このような理念，特に民事訴訟における真実発見の意義に関する私見については，本書第15章 *1* 参照。

49)　ただし，この点に関しては，3号の判断になるためにイン・カメラ手続が利用できないという制度的な問題が存する可能性がある。

出命令の対象から除外されるのは，当該情報を秘匿することに，上記民事訴訟の目的を犠牲にしてもなお守らなければならない社会的価値がある場合でなければならない」ということである。これはすべての除外事由に同様に妥当すべき命題であり，そのような観点から更なる解釈論・立法論の検討が進められることを期待したい[補注 14]。

（初出：法曹時報 58 巻 8 号（2006 年）1 頁以下）

［補論］ 本章は，現行法の制定に比較的近接した時期において多数出された，文書提出義務に関する最高裁判所の判例について，判例準則の内在的な理解を目的に執筆された論稿を元にしたものである。この論稿は約 10 年前のものであり，その後も多くの判例が出ているが（その一部については，各［補注］を参照），概ねこの時期及びその後の数年で判例準則は安定化し，現在は，その具体的な適用及び細部の明確化の時期に入っているように見受けられる。本章の後に判例も含めて，同様の作業を行った著者の論稿として，山本和彦ほか編『文書提出命令の理論と実務』（民事法研究会，2010 年）2 頁以下〔山本〕参照。

このように，本章自体は，判例準則の客観的な摘出を目的としたものであるが，随所に顕れている著者のその評価等については，本書に所収の他の論稿にある著者の基本的な考え方が背景にある（それが本章を本書に収録することにした理由である）。すなわち，真実の発見は公的サービスとしての民事訴訟の質に関する問題であり（本書第 1 章 ***5***(4)），それは他方では当事者の手続権（実質的手続保障）の問題であること（第 5 章 ***2***(3)・(4)）ことから，可及的に真実の発見が図られるべきである（第 15 章 ***1***）。ただ，その真実発見に際しては，他方で衡量されるべき利益として秘密保護があり（第 16 章），その保護要件は文書提出義務の範囲と直接に関係する。本章は，そのような著者の基本的認識に鑑み，これまで形成されてきた判例準則に大きな違和感は感じておらず，むしろ評価に値するものとの認識を示しつつ，なお残っているいくつかの問題点を指摘したものである。著者としては，判例法理の更なる展開を見守りつつ，条文とはかなりずれた状態になっている部分を含めて，将来の立法（その方向の一部については，第 16 章参照）も見据えていきたい。

［補注 14］ その他の問題として，（文書所持者ではなく）第三者の秘密が記載されている文書の保護及びその要件の問題がある。この点については，最決平成 19・12・11 民集 61 巻 9 号 3364 頁及び前掲［補注 3］最決平成 20・11・25 が出されているところであるが，著者の認識については，第 16 章 ***3***(3) 及び［補注 10］参照。

Ⅳ　集団的利益の保護

第19章
集団的消費者被害回復制度の理論的問題

1 本章の課題
——独創的な手続とその理論的正統性

本章は，いわゆる集団的消費者被害回復制度について取り扱うものである。集団的消費者被害回復制度は，今般ようやく法案の国会提出が見通される状況になったが[補注1]，その検討は古い歴史的経緯を有する[補注2]。元々は，1970年代に，アメリカ法の影響を受けたクラス・アクションの導入論に遡る。当時は，研究者からの改正提案や野党の立法提案など様々な動きがあったが，現実化には程遠い次元に終わった。その後，1991年の民事訴訟法改正時や1999年の司法制度改革時の議論においても，この点が再び問題とされたが，やはり実現はしなかった。ただ，司法制度改革審議会の意見書では，「団体訴権の導入（中略）等については，各分野ごとに，個別の実体法において，その法律の目的やその法律が保護しようとしている権利，利益等を考慮して検討されるべき

[補注1] 結局，2013年4月「消費者の財産的被害の集団的な回復のための民事の裁判手続の特例に関する法律案」として国会に提出され，同年12月に可決成立，公布された（平成25年法律第96号。以下単に「法」という）。その後，これを受けた最高裁判所規則（消費者の財産的被害の集団的な回復のための民事の裁判手続の特例に関する規則）も制定されている（平成27年最高裁判所規則第5号）。そして，これらの法・規則は，法の公布の日から起算して3年を超えない範囲内において政令で定める日から施行される（法附則1条）。実際には，2016年10月に施行されることになった。

[補注2] この制度の検討の歴史につき詳しくは，山本和彦『解説消費者裁判手続特例法』（弘文堂，2015年）12頁以下参照。

である」とされ，その点を受け，消費者関係の問題について動きがあり，2006年，消費者契約法の改正で消費者団体訴訟制度が導入された。ただ，この制度は，あくまでも将来の消費者被害を生じるおそれがある行為に対する適格消費者団体による差止請求に関するものであり，過去に生じた被害の回復は対象とされなかった。

しかし，将来の行為の差止めとともに，過去の損害の適切な賠償を図ることが，被害者の被害回復のためにはもちろん，業者の違法な行為の予防にとっても重要な意義を有することは言うまでもない。そこで，この点を直接の検討対象としてまず，2008年12月から2009年8月まで，内閣府に「集団的消費者被害回復制度等に関する研究会（座長：三木浩一教授）」が設置され，主に国内外の制度に関する基礎的な調査研究が行われた[1]。その後，2009年9月には，消費者庁が設置され，消費者庁及び消費者委員会設置法附則6項において，この問題について3年を目途に必要な措置を講じるものとされた。これを受け，2009年11月から2010年8月まで，消費者庁に「集団的消費者被害救済制度研究会（座長：三木浩一教授）」が設置され，主に新制度を創設するための論点整理や新制度のモデル作り等が行われた。以上のような準備作業を経て，2010年10月から2011年8月まで，消費者委員会に「集団的消費者被害救済制度専門調査会（座長：伊藤眞教授）」が設置され，最終的な制度の構想作りがされた。上記専門調査会の答申を受け，2011年12月，消費者庁から「集団的消費者被害回復に係る訴訟制度の骨子」が公表され，更に2012年8月にも，「集団的消費者被害回復に係る訴訟制度案」（以下単に「制度案」という）が公表され，ともにパブリック・コメントに付された。内容の重要性及び手続の独創性に鑑み，慎重な手続が採られたものと言えよう。以上のような経緯を経て，現在は法案協議中の段階にあり，2012年臨時国会ないし2013年通常国会への法案提出を目指して作業が進められているという[補注3]。以下では，制度案に示されたス

1) なお，同様の目的を有する研究者グループの私的研究会として，「集合的権利保護訴訟研究会（座長：三木浩一教授）」が活動し，その外国制度の研究の成果は順次NBL誌上において発表されている（これについては，集合的権利保護訴訟研究会「『外国法制調査研究』の連載にあたって」NBL 911号（2009年）32頁参照）。

［補注3］ 結局，2013年通常国会に提出され，継続審議を経て，2013年臨時国会において可決成立したものである。［補注1］も参照。

キームを検討の対象とする2)[補注4]。

従来の議論では，当初こそアメリカのクラス・アクションがその基本になってきたが，その後ヨーロッパを中心として，多くの国々は手続の濫用防止等に配慮して様々な制度的工夫を行うようになっていった。そのような諸外国の状況は，日本においても上記研究会を中心として研究が進められたが[補注5]，そのような研究の結果もあり，最終的には，後述のような2段階型の全く新たな構想の手続が採用されるに至っている3)。議論の結果としてそのような構成となったのは，実際上の理由が大きかったと思われる。詳細は後述するが，一方では実効的な消費者被害の救済の利益があり，他方では濫用を防止して事業者の正当な業務活動を保護する利益がある中で，ギリギリのバランスをとっていく工夫がこのような構成であったものと考えられる。その意味では，多くの制度がそうであるように，この新たな仕組みも絶妙の「妥協の産物」という側面がある。しかし，それが現実には「妥協の産物」であるとしても，制度となる以上，理論的に説明できるものでなければならないことは当然である。とりわけ，この新たな制度は様々な工夫の中で，従来の日本法の理論的伝統からすれば，かなり思い切った部分を有することは否定し難い。その「ハードル」を跳ばなければ，上記のようなバランスを図る（実効的かつ濫用防止に配慮した）手続ができなかったことは間違いないが，理論的にみて果たしてそれが跳ぶことのできる「ハードル」であるのか，という問いは問われなければならないであろう。本章は，制度の検討に参画した研究者として[補注6]，新たな制度につい

2)　なお，2011年11月以降，消費者庁に「消費者の財産被害に係る行政手法研究会（座長：小早川光郎教授）」が設置され，主にいわゆる悪質商法事業者などを対象にした財産保全・不当収益の剝奪に係る行政手続などの研究を行っている。このような悪質事業者対策は，後述のように，集団的被害回復手続と「車の両輪」となるべきものであり，その検討結果は集団的被害回復手続の在り方にも大きな影響を与えるものとして注目される。

[補注4]　以下の制度案の内容は，基本的にはそのまま法律として成立している。内容に変動のあった点については，原則として［補注］においてふれることとする。

[補注5]　この制度に関する外国法の状況につき詳しくは，山本・前掲［補注2］44頁以下参照。

3)　このような制度は，国際的にみれば，ブラジル法やフランス法案の制度に類似したものとなっているが，その細部においては多くの相違があり，日本の独創と言ってもよいものに仕上がっている。

て理論的説明の責務を負うことに鑑み，（十分にその責務を果たせるかは疑問であるが）制度の骨格につき理論的観点からの説明に最大限努力してみることをその目的とする。

以下では，現在構想されている制度の概要について，手続の基本構成，第1段階手続＝共通義務確認の訴え，第2段階手続＝簡易確定手続及び異議後の訴訟及び仮差押えについて順次紹介した（*2*）後，そこに含まれる理論的問題について，共通義務確認の訴え（*3*），個別請求権の簡易確定手続（*4*），保全処分と強制執行の手続（*5*）について，順次検討していきたい。

2　構想されている被害回復制度の概要
――2段階型訴訟制度の構想

(1)　手続の基本構成・全体像

まず，現在構想されている手続の基本的構成であるが，いわゆる2段階型の手続を採用している（以下では，いわゆる学納金訴訟を1つの材料として手続のイメージを示したい）。すなわち，第1段階には特定適格消費者団体による共通義務確認の訴えが置かれ，そこで対象消費者の全体に共通する争点（学納金の場合には，4月1日以前に入学を辞退した合格者との関係で，1年目の授業料を返還しない旨の合意が消費者契約法に反して無効であり，金銭の返還義務を負うかどうか等）について確認判決がされる。そして，その判決については，原告勝訴の場合は対象消費者に拡張の余地があるが，原告敗訴の場合は効力は拡張せず，対象消費者が個別訴訟の後訴を提起することは可能とされる。いわゆる片面的な既判力の拡張を認めるものである。

以上のような第1段階訴訟を前提に，原告が勝訴（あるいは和解等）した場合に，手続は第2段階に進む。第2段階は，個別請求権の簡易確定手続である。そこでは，第1段階において対象消費者に含まれていた個別消費者（学納金の場合は，授業料を納付しながら4月1日以前に入学を辞退した合格者）による債権届

［補注6］　著者は，この間の検討において，本文に挙げた各研究会及び専門委員会に委員等として参加した。また，その後，最高裁判所規則（［補注1］参照）の制定に際しても，最高裁判所民事規則制定諮問委員会幹事として，その審議に参画した。

出がされる。債権届出は，第1段階の原告適格団体によって集約される。そして，そのような届出に対して，被告による認否がされ，被告が認めた債権についてはそれによって確定する一方，被告が認めない債権については，簡易確定手続，すなわち決定手続による債権の確定が行われる。更に，そのような債権確定決定に対して不服のある当事者は異議申立てをすることができ，異議申立てによって通常訴訟に移行することになる。

以上が共通争点の確認及び個別請求権の確定という権利確定段階，すなわち判決手続の概要であるが，この制度には更に，保全・執行段階についても若干の特則が存在する。まず，保全処分，すなわち仮差押えについては，特定適格団体に特別の仮差押えの申立権限が付与されている。これは，本案を共通義務確認の訴えとするなどの特殊性が認められた，一種の集団的保全処分である。また，強制執行については法律上の特則は想定されていないが[4]，個別消費者から委任を受けた特定適格団体の権限がやはり前提とされており，本来の権利者による執行とは異なる枠組みが前提とされよう。

以下では，もう少し詳細にそれぞれの手続段階につき予定されている規律を紹介してみる。以下の紹介については，現段階では法案は国会に提出されていないので，最新の消費者庁の検討状況を示したものとしての制度案に従っている[5]。

(2)　第1段階手続：共通義務確認の訴え

(a)　共通義務確認の訴えの概要

まず，第1段階の手続として，共通義務確認の訴えがある。この訴えは「事業者が，相当多数の消費者に対し，これらの消費者に共通する事実上及び法律上の原因に基づき，個々の消費者の事情によりその金銭の支払請求に理由がない場合を除いて，金銭を支払う義務を負うべきことの確認を求める訴え」と定

4)　ただ，制度案によれば，共通義務確認訴訟手続，簡易確定手続，異議後の訴訟手続及び仮差押えの手続に加えて，「特定適格消費者団体が対象債権に関して取得した債務名義による民事執行の手続」を併せて，「被害回復裁判手続」と定義されている（制度案第1の11〔法2条9号〕参照）。

5)　以下の紹介における番号は，制度案の対応番号である〔その後条文となったものについては，読者の便宜のため，そのあとに法律の条文番号を適宜付すものとする〕。

義される（第1の4〔法2条4号〕）。この共通義務確認の訴えは通常訴訟であり，当然に民事訴訟法が適用されるが，制度案では特則が規定されている[補注7]。

この訴えの原告適格は，特定適格消費者団体にのみ認められる（第2の1(1)①〔法3条1項〕）。特定適格消費者団体は，消費者契約法上の適格消費者団体（差止請求権の付与される団体。消費契約13条以下参照）について，更に被害関係回復業務を行うのに必要な適格性を内閣総理大臣が認定した団体ということになる（第1の13〔法2条10号〕参照）[6)][補注8]。この訴えの対象事案は，「消費者契約に関する契約上の債務の履行の請求，不当利得に係る請求並びに契約上の債務の不履行による損害賠償，瑕疵担保責任に基づく損害賠償及び不法行為に基づく民法の規定による損害賠償」とされている（第2の1(1)①〔法3条1項各号参照〕）。いずれも消費者契約が前提となっているものであり（同②〔法3条1項本文〕参照），基本的にはいわゆる「契約モノ」に限定した制度設計となっている[7)]。更に，被告適格については，消費者契約の相手方事業者を基本とし[8)]（同③〔法3条3項1号〕），立案過程で議論のあった事業者の役員等は排除されている。

(b)　訴え提起の特則

共通義務確認の訴えの訴状の記載事項としては，対象債権及び対象消費者の範囲を記載して請求の趣旨・原因を特定しなければならないものとされる（第

［補注7］　これが通常の民事裁判に対する特則であることは，法律の名称（「特例に関する法律」）からも明らかであろう。

6)　制度案の第3において，「特定適格消費者団体」という項目の下に，その認定等（認定要件，業務規程，欠格事由等），被害回復関係業務等（責務，秘密保持義務，財産上の利益の受領の禁止等），監督等の独自の規律が設けられている〔法第3章参照〕。なお，手続中に特定認定が失効し又は取り消された場合の訴訟代理権の不消滅や他の特定適格団体等による受継の規律が設けられる（第2の4(1)(2)〔法60条・61条〕）。

［補注8］　特定適格消費者団体に関する規律の内容につき詳しくは，山本・前掲［補注2］111頁以下参照。

7)　拡大損害も排除する趣旨とみられる。なお，そのような対象事案に含まれていても，裁判所は，事案の性質や簡易確定手続で必要になる審理・立証の内容等を考慮して，共通義務確認の訴えを却下する余地が認められている（第2の1(1)④〔法3条4項〕）。個別争点が大きな比重を占めるような事件を裁判所の個別判断で適用範囲から排除する趣旨である。

8)　例外的に，不法行為関係では，消費者契約の締結につき勧誘した事業者等が含まれる〔法3条3項2号〕。

2の1(3)〔法5条〕)。ここで特定された対象消費者の範囲に含まれる消費者のみが第2段階への参加の適格を得ることになる。なお，共通義務確認の訴えの提起により，対象消費者の請求権については，(その消費者が後に債権届出をしたときは）時効中断の効果が認められる（第2の2(4)⑤〔法38条〕)。

また，管轄については，被告の普通裁判籍を基本としながら（第2の1(4)①〔法6条1項〕により民事訴訟法5条の特別裁判籍が排除されている[補注9])，義務履行地ないし不法行為地にも管轄を認め（同②〔法6条2項〕)，更に大規模事件（対象消費者の数が500人以上ないし1000人以上の事件）については管轄を拡大している（同③〔法6条3項・4項〕)。このような措置によって，共通義務確認の訴えを提起できる裁判所の範囲を拡大し，原告団体の利便を図っている[9])。ただ，同時に，広範な移送を認めることで（同④・⑤〔法6条5項・6項〕)，原告・被告間のバランスを図ろうとするものである。

(c)　審理の特則

同一の共通義務確認の訴えが複数係属するときは，弁論裁判の必要的併合の措置がとられる（第2の1(5)〔法7条〕)。移送の規律（第2の1(4)④・⑤〔法6条5項・6項〕）と連動する形で，複数の訴えにつき基本的には必ず統一した判断がされることを保障しようとする趣旨であろう。

また，対象消費者は共通義務確認の訴えに参加することが禁止される（第2の1(6)〔法8条〕)。対象消費者は，自己の権利の前提問題が審理されるのであるから，一般に補助参加の利益があると考えられるが，多数の消費者が参加してくれば，あえて共通義務確認訴訟によって手続を単純化したメリットが失われ，審理が錯綜することを防止するものである。

(d)　判決・和解の特則

共通義務確認訴訟の確定判決は，他の特定適格消費者団体及び第2段階の届出消費者に及ぶものとされる（第2の1(7)〔法9条〕)。換言すれば，原告団体が

〔補注9〕　ただし，事務所・営業所管轄（民訴5条5号）はここから除かれており，共通義務確認訴訟の管轄原因となりうる。

9)　同様に，この訴えの訴額について，非財産権訴訟とみなされるため（第2の1(2)〔法4条〕)，160万円となること（民訴費4条2項）も原告団体の提訴費用を軽減する趣旨とみられる。

敗訴判決を受けた場合に，その判決は対象消費者には拡張しないことになる[10)]。通常の民事訴訟の大原則とは異なる判決効の片面的拡張を認めたものである。なお，他の特定適格消費者団体には勝訴敗訴に関わらず判決効が拡張するが，詐害的な訴訟追行がされた場合には，詐害再審の規律[11)]が設けられる（第2の1(9)〔法11条〕)。

また，和解については，当該共通義務確認訴訟の目的である金銭の支払義務の存否について，訴訟上の和解ができることとされる[12)]（第2の1(8)〔法10条〕)。和解の対象を限定して，それに基づき簡易確定手続への移行を可能とする趣旨であろう（第2の2(1)〔法12条〕前段の括弧書参照)。

(3) 第2段階手続：簡易確定手続及び異議後の訴訟

(a) 簡易確定手続

第2段階の手続である簡易確定手続は，第1段階の共通義務確認訴訟の請求認容判決確定後[13)]に行われる，個々の消費者の権利を確定させ，債務名義を形成する手続である。原告・被告・管轄裁判所はすべて第1段階と同じである（第2の2(1)〔法12条〕参照)。この手続の目的は個々の消費者の権利確定であるが，手続の申立権は個別消費者には付与せず，第1段階の原告であった特定適格団体に限定している。それに応じて，当該特定適格団体には，この簡易確定手続開始の申立義務が課されるとともに（第2の2(2)①〔法14条〕)，当該申立てについて共通義務確認訴訟終了から1月以内という期間制限が課される（同②〔法15条〕)。これによって第1段階と第2段階との連続性を確保している[14)]。

---

10) また，原告団体が勝訴した場合にも，第2段階に参加しない消費者は別訴でその勝訴判決を援用することも認められないことを意味する。ただ，既に別訴を提起している対象消費者との関係では，関連する訴訟手続の中止の制度が設けられている（第2の4(3)〔法62条〕)。

11) その趣旨は，判決効が第三者に拡張される行政訴訟，会社訴訟，特許審判等と同じと考えられる（行訴34条，会社853条，特許172条など参照)。

12) 例えば，学納金訴訟のような場合に，授業料についてのみ支払義務を認め，入学金については認めない旨の和解などが考えうる。

13) 前述のように，訴訟上の和解が含まれるほか，請求の認諾の場合も対象となる。

14) 併せて特定適格団体による申立ての取下げも制限されることになるのではないかと思われる〔法18条参照〕。

簡易確定の手続は簡易迅速な決定手続とされ[15]，裁判所は，適法な申立てに基づき，簡易確定手続開始決定をする[16][補注10]（第2の2⑵③〔法19条1項〕）。開始決定の中では，対象債権の届出期間及びその届出に対する認否期間の定めがされ[17]（同③〔法21条〕），それらの事項は，対象債権・対象消費者の範囲等の情報とともに，官報公告がされる（同④〔法22条〕）。

(b)　申立団体による通知・公告

簡易確定手続が開始されたときは，申立団体は，知れている対象消費者に通知をするとともに（第2の2⑶①〔法25条〕），相当な方法によって公告をする（同②〔法26条〕）。開始決定の官報公告だけでは対象消費者が事件の係属を知り，債権届出をすることは通常期待できないので，申立団体によるこの個別通知・公告がこの手続の実効性を実質的に左右することになろう[18]。

そして，共通義務確認訴訟の勝訴判決等により相手方の金銭支払義務が確定していることに鑑み，この通知・公告には相手方の協力が求められる。まず，相手方は申立団体の求めに従い，インターネットや営業所等での掲示などで官報公告対象事項を公表しなければならない（第2の2⑶③〔法27条〕）。更に，申立団体の通知等の便宜のため，相手方は，対象消費者の氏名・住所等が記載された文書につき，原則として開示する義務を負う[19]（同④ア〔法28条1項〕）。そして，このような情報開示義務を実効化するため，申立団体は，裁判所に対し，情報開示命令の申立てをすることができる（同⑤〔法29条〕）。相手方が情

15）　なお，簡易確定手続の費用の負担については制度案には明記はないが，所要の規定が設けられるものとみられる〔法48条・49条参照〕。

16）　開始決定に対しては即時抗告が可能とされる。

［補注10］　最終的な法律では，申立てを却下する決定についてのみ即時抗告を認めている（法19条2項）。したがって，前注の記載は誤っており，開始決定に対する即時抗告は許されない。開始要件は明確なものであることから，争いは認めず，迅速な消費者救済を政策的に優先したものと見られる（これについては，山本・前掲［補注2］184頁参照）。

17）　必要に応じて，届出期間・認否期間については伸長が可能とされる（第2の2⑵⑤〔法24条〕）。

18）　この場合の費用につき被告に負担させるべきではないかとの議論もあったが，制度案は，特則を用意せず，原則どおり，原告である特定適格団体の負担に帰する趣旨と解される。

19）　ただし，個人情報保護のため，通知等に必要な氏名・住所等の部分以外は開示対象とはされない（第2の2⑶④イ〔法28条2項後段〕）。

報開示命令に従わないときは，過料の制裁が科される〔同条7項参照〕。

(c)　債権届出・調査・確定

簡易確定手続開始決定がされると，対象債権の届出がされることになるが，この届出は申立団体によって行われる（第2の2(4)①〔法30条1項〕）。届出を一本化して手続を円滑にするとともに，対象消費者の負担を軽減する趣旨と思われる[20]。ただ，このような届出は個別消費者の権利に関わるので，対象消費者の授権が必要である（同②〔法31条〕）。授権に際しては，申立団体は説明義務を負い（同③〔法32条〕），やむをえない理由があるときを除き，授権を拒絶してはならない（同④〔法33条〕）。一種の任意的訴訟担当が成立するものと理解されるが，対象消費者の裁判を受ける権利を保護するため，原則的な受任義務が申立団体に課される。

債権届出がされると，債権調査の手続に入るが，まず届出消費者表が作成され，届出債権の内容等が記載される（第2の2(4)⑥〔法41条〕）。届出債権に対しては，相手方は，認否期間内に認否をしなければならない（同⑦〔法42条〕）。相手方の認否がないとき又は認めたときは，届出債権は確定する。相手方が争ったときは，申立団体は，裁判所に対し，認否を争う旨の申出をすることができる[21]（同⑧〔法43条〕）。

認否を争う旨の申出があると，届出債権の確定手続に入るが，まず審理の特則として，証拠調べは書証に限られる（第2の2(4)⑨〔法45条〕）。決定手続における任意的口頭弁論（民訴87条1項但書）の適用と相俟って，完全な書面手続を可能にし，審理の迅速・簡易化を図るものである。他方，当事者の手続保障の観点から，簡易確定決定に際しては必ず両当事者の審尋が必要とされる（同⑩ア〔法44条2項〕）。そして，請求を認容する簡易確定決定については，必要に応じて，仮執行宣言が付される[22]（同⑩イ〔法44条4項〕）。

---

20)　申立団体の報酬の確保を容易にする効果もあろう。特定適格団体は，被害回復裁判手続の追行を授権した者との契約で報酬を受けることができる（第3の4(4)〔法76条〕）。弁護士法72条の例外規定である。

21)　この申出がないと，届出債権は認否の内容どおりに確定し，届出消費者表の記載はその範囲で確定判決と同一の効力を有することになる（第2の2(4)⑪〔法47条〕）。

22)　仮執行宣言付簡易確定決定については，異議申立てがあっても例外的に失効しない（第2の2(4)⑫イ〔法46条5項〕参照）。

(d) 異議申立てと異議後の訴訟手続

当事者は[23]，簡易確定決定書の送達から1月以内に，異議の申立てをすることができる[24]（第2の2(4)⑫ア〔法46条1項〕）。異議後の訴訟手続を許すことで，裁判を受ける権利（憲32条）の要請に応じたものである。そして，適法な異議申立てがあったときは，簡易確定決定は，仮執行宣言が付されたものを除き，効力を失う（第2の2(4)⑫イ〔法46条5項〕）。

適法な異議の申立てによって，対象債権については，債権届出時に，申立団体を原告として[25]訴えの提起があったものとみなされる[26]（第2の2(5)①〔法52条1項〕）。異議後の訴訟手続について，申立団体が訴訟追行をするには，届出消費者の授権が必要である（同②ア〔法53条1項〕）。申立団体は，授権前に説明義務を負い，正当な理由がある場合を除き[27]，授権を拒否できない（同②エ〔同条4項・8項〕）。異議後の判決について，仮執行宣言付届出債権支払命令と符合して原決定の内容を維持するときは認可判決がされ[28]，それ以外の場合には同支払命令の取消判決がされる[29]（同④〔法55条〕）。

(4) 仮差押え

以上のような裁判手続における消費者の被害回復を実効的に確保するためには，裁判手続に先行する民事保全が必要になる場合がある。以上のような裁判手続の確定には相当の時間を要するものとみられるが，被告事業者が責任財産

---

23) なお，届出消費者も異議申立権を有する（第2の2(4)⑫ア〔法46条2項〕参照）。

24) 適法な異議申立てがないときは，簡易確定決定は確定判決と同一の効力を有する（第2の2(4)⑫イ〔法46条6項〕参照）。

25) 届出消費者が異議申立てをしたときは，原告は届出消費者とみなされる。

26) 異議後の訴訟手続の管轄については，原則として簡易確定決定をした裁判所の専属管轄とされるが，著しい損害又は遅滞を避けるために，本来の管轄裁判所への移送が認められる（第2の2(5)①〔法52条2項・3項〕）。

27) 前述のように，債権届出を拒絶するには「やむを得ない理由」が必要であり，この場合の拒絶の要件は緩和されているが，債権届出は個別消費者はできないのに対し，異議申立ては届出消費者も可能であることの差異に由来する。

28) これは支払督促などと同様の扱いであり，特に仮執行宣言に基づく強制執行の効果を維持しうる効果を有するとみられる。

29) 仮執行宣言が付されているときは，前述のように，異議により原決定が失効しないことによる。それ以外の場合は原決定が失効しているので，判決では通常の請求棄却ないし認容の判断がされる。

を散逸隠匿等するおそれがあるような場合が典型的である。このような場合に，個別消費者が仮差押え等をして自己の権利を保全することは，訴訟提起同様，期待し難い。また，仮に個別消費者が申立てをしても保全の必要が認められるのはその消費者の債権額の範囲に限られ，実効的な財産保全にはなり難いと考えられる。

そこで，制度案は，特定適格消費者団体による特別の仮差押えの手続を認めた。これによって，対象消費者全体の実効的な権利保全を可能とする趣旨である。まず，この仮差押えの申立権は特定適格消費者団体にのみ認められ，その被保全権利は当該団体が「債務名義を取得することとなる対象債権」であり[補注11]，その金銭の支払義務について共通義務確認の訴えを提起できる場合に限り，申立てができるものとされる（第2の3(1)〔法56条1項・2項〕）。そして，この場合には，対象債権の範囲，対象消費者の範囲及び対象債権の総額を明らかにするものとされる〔同条3項〕。

特定適格団体は，当該仮差押えに基づき本執行をする場合や配当要求をする場合には，届出債権の平等取扱義務を負う（第2の3(2)〔法59条〕）。対象債権全体を保全するという本件仮差押えの特殊性を本執行段階にも反映した規律といえよう。なお，この仮差押えの管轄や保全取消しについては，所要の特例規定を設けるものとされる[30]（同(3)〔法58条〕）。

3 共通義務確認の訴え：第1段階の手続
――判決効の片面的拡張とその影響

(1) 判決効の片面的拡張

以上に述べてきた制度は，従来言われてきたいわゆるA案を採用したものである。消費者委員会集団的消費者被害救済制度専門調査会においては，A

［補注11］ 最終的な法律の条文では，「特定適格消費者団体が取得する可能性のある債務名義に係る対象債権」という表現になっている（法56条1項参照）。ただ，その実質に基本的な変更はないものと見られる。

30） 例えば，本案訴訟不提起による保全取消し（民保37条）の本案訴訟について，共通義務確認の訴えを本案訴訟とみなす旨の規律〔法58条1項〕などが設けられるものと推測される。

案からＤ案まで４つの制度が検討の対象とされたが[補注12]，このうち，Ｃ案（1段階クラス・アクション型）は対象消費者の手続保障や濫用のおそれに対する懸念などから，Ｄ案（オプト・イン型）は実効性への疑問などから，選択肢として十分なものと理解されなかった。これに対し，Ｂ案（2段階クラス・アクション型）については，真剣な選択肢となりうるものと考えられたが，なおいくつかの点が問題にされた。すなわち，やはり対象消費者の裁判を受ける権利という理論的課題を解決できなかったこと，また実際問題として，勝敗不明の第1段階で多額の費用をかけて通知公告を行わなければならず，その実効性に疑問が提起されたことが大きかったのではないかと思われる。この点，Ａ案では，第1段階の通知公告は不要であり，敗訴判決の効力は対象消費者に及ばないため，その手続保障も問題とならない。その意味で，Ａ案は実際上の観点から優れた選択肢と言えたが，Ａ案の最大の理論的課題は，既判力の片面的拡張を認めうるのか，という点にあった[補注13]。この点の克服がまさに本制度の採否を分けるものと言えよう。そこで，以下では，この問題についての私見を示してみたい。

民事訴訟一般について，既判力の片面的拡張については，当事者間の公平の観点から基本的に否定する見解が一般的である[31]。例えば，典型的な議論として，松本博之教授は，以下のように論じる[32]。すなわち，「第三者に有利にのみ一般的に既判力を認めることは，支持することができない。なぜなら，既判力が第三者の有利にのみ及ぶならば，第三者との法律関係について争いが生じうる（もとの）当事者は，勝訴のチャンスは1回だけであるのに，敗訴のリスクは倍加する。これは，敗訴当事者にとって極めて不公平であり，武器対等の原則に反する」というものである。そして，このような不公平は，判決効が

［補注12］　これらの案の詳細については，山本・前掲［補注2］28頁以下参照。

［補注13］　なお，これが厳密な意味での片面的既判力拡張と言えるのかについては，議論がありうる。正確には，「実質的な」片面的既判力拡張と呼ぶのが相当であるが，ここでの議論はいずれにしてもそのような実質的片面性の当否を論じるものである。このような議論につき詳細は，山本・前掲［補注2］163頁以下参照。

31）　この点に関する著者の従来の見解につき，山本和彦『民事訴訟法の基本問題』（判例タイムズ社，2002年）190頁以下参照。

32）　松本博之＝上野泰男『民事訴訟法〔第6版〕』（弘文堂，2010年）601頁参照。

片面的に拡張する当事者の数が多ければ多いほど深刻化することになる[33]。その意味で，本制度が前提とするような（多数被害者の）場面は，当事者間の不公平が深刻に懸念されるものといえよう[34]。

それでは，本制度のような制度が許容される根拠はどこにあるのであろうか。そこでは，上記原則に対する特別の例外を認めるため，必要性と許容性の両方の観点から検討が必要である。すなわち，一方では原告側（対象消費者）の権利救済のための本制度の必要性であり，他方では被告側（事業者）の手続保障の観点からの本制度の許容性である。まず，前者については，対象消費者の個別提訴の実際上の困難性が指摘できよう[35]。すなわち，それらの者の「裁判を受ける権利」が中核的な根拠と位置づけられよう。換言すれば，対象消費者の手続保障の観点であり，そこでは裁判を受ける権利ないし手続保障の実質的な把握が前提となる[36]。もちろん，その場合，具体的な制度構成としてクラス・アクション型も考えられるが，不作為が授権と同視される点において，やはり対象消費者の手続保障の問題を避け難い[37]。それに対して，有利な判決の効力のみが拡張するとすれば，対象消費者の側の手続保障には問題がないことになり，実質的にも形式的にもその手続保障が満足される。

他方，制度の許容性の観点からは，片面的拡張を許容する代償的措置，すなわち被告の手続保障への配慮が不可欠となる。制度案は，片面的拡張がそもそも被告の不利益をもたらす例外的制度であること[38]を前提に，それに対する様々な代償措置を規定する。その際に核となる考え方として，集団的紛争の判

33）　この点の分析は，山本・前掲注 31）192 頁注 30 参照。

34）　被告は共通義務確認訴訟に勝訴したとしても，論理的には，すべての対象消費者から個別訴訟を提起され，それに敗訴した場合には，上記訴訟は全く意味を失うことになる。これに対し，原告が共通義務確認訴訟に勝訴した場合において，すべての対象消費者が簡易確定手続に加入したときは，論理的には，被告はすべての対象消費者との関係で敗訴したのと同等の地位に立つ。このような帰結は明らかに均衡を欠くものといえよう。

35）　このような前提は，対象事件の範囲の問題等に影響することになる（(2)参照）。

36）　実質的手続保障の考え方については本書第 5 章 *2* 参照。

37）　この点は，公告による通知を認める場合にはなおさらであるが，完全な個別通知が実現するとしても，除外の意思表示をしないという不作為を加入の意思表示という作為と同視する点において，なお理論的には疑義が否定できない。

38）　この点は，被告適格の範囲等にも影響している（(3)参照）。

決効に関する高田裕成教授の以下のような理論的検討が重要である[39]。すなわち，このような判決効の拡張は，逆にみれば「一たび主張・立証の機会を与えられた被告が，当事者が代わることにより同一紛争あるいは同一争点につき再度争うこと（または再度の判断を得ること）が何故許されるのか」という問題である。そして，「紛争の没主体化」が図られるとすれば，そこでは誰と争ったかは重要でなく，当該争点を十分に争いえたかが根本的に重要であるという発想に繋がる。換言すれば，当該争点を十分に争いえたとすれば，別の当事者との関係でその点が再度争えなくなっても，手続保障上やむをえないという考え方である。

それでは，「十分に争いえた」と言える条件は何であろうか。高田教授によれば，それには「争う機会の供与と争うべき対象（遮断範囲）についての事前の警告」が決定的であるとされる[40]。すなわち，当事者は将来どの範囲で遮断が及ぶかを予め知り，その点につき争う機会が付与されることにより，そのような遮断を予見して争うべきであると考えることが可能になる[41]。換言すれば，判決効の片面的拡張を基礎づけるアプローチは，①集団という枠が有する警告機能に期待するとともに，②警告機能の対象を人から争点に移すことにあるとされる[42]。

これを本制度について考えてみると，そこでは，共通義務確認訴訟に内在する共通争点という警告機能が大前提となる。そのような共通争点が観念されることにより，どのような争点について事後的に争えなくなるかが被告にとって予見可能となる。また，集団＝対象債権・対象消費者の範囲が訴状において特定されることによっても被告の予見可能性の確保が可能になる。つまり，そのような範囲が特定されることで，その訴訟に係っている経済的利益（敗訴することにより失われる経済価値の総額）について予測が可能になることで，被告が

39）　高田裕成「集団的紛争における判決効」吉村徳重＝井上正三編『講座民事訴訟6巻』（弘文堂，1984年）208頁以下参照。

40）　高田・前掲注39）209頁参照。

41）　争うことが可能であり，かつ，争う機会が与えられた場合に，なぜ「争う義務」が発生するのかは当然1つの大きな問題である。このような義務の発生は，前述のような制度の必要性（相手方当事者の利益）に基礎づけられるというほかないであろうか。

42）　高田・前掲注39）210頁参照。

どのようなコストをかけて防御活動をするかを決定できることになり，そのような予測可能性が働く範囲で[43]判決効を及ぼしても，被告に酷とはいえないことになろう。

以上のように，原告側（個別消費者）の実効的な手続保障の確保のため，例外的に片面的な既判力拡張が不可欠であるところ，そのような制度を成立させるためには，被告側の手続保障，すなわちすべての対象権利との関係で十分に争うことができる権利を確保する仕組みが必要となる。このような制度的前提に基づき，共通義務確認の訴え（第1段階手続）の全体像が組み立てられているものと理解される。以下では，その具体的な制度的展開について，以上のような観点に基づいて概観する。

(2) 対象事件

以上のように，この制度が対象消費者の権利の実効的救済のために，被告に対して例外的な再訴の負担を課す制度であるとすれば，そのような被告の負担を軽減するため，被告勝訴の場合の再訴のおそれを可及的に減少させるような制度的枠組みの必要がある[44]。すなわち，第1に，対象消費者による個別後訴のおそれができるだけ少ない事件類型に制度の対象を限定する必要があろう[45]。第2に，やはり被告の手続保障の確保のためには，被告敗訴の場合の経済的不利益の予見可能性がある必要がある。それが防御活動の範囲を決するための手続保障の基本と考えられるからである[46]。第3に，そもそもこの例外的手続性から，そのような手続がどうしても必要な事案に適用対象を限定すべきことになる。すなわち，共通争点が大部分を占め，それを解決すれば事件の大半が解決されるような場合に適用は限定されよう[47]。以下，具体的な制

43) 逆にいえばこのような予測可能性が働く範囲でのみこの制度の対象に含めることが許されることになり，この点はやはり対象事件の範囲等に影響する（(2)参照）。

44) この点で，他の特定適格団体による再訴禁止（第2の1(7)〔法9条〕）は不可欠の前提となる。

45) そして，そのような個別訴訟の困難性という要素は，結果として，実際にこのような手続による救済が必要である理由と重なり合うことになる。

46) 金銭給付訴訟において原告が請求の趣旨において必ず請求額を記載しなければならないとされる理由は，まさにこの点にある。

47) 紛争の一部の解決でも対象にしてよいとの意見もあるが，手続の例外性に鑑みれば，

度への表現を概観する。

第1点について，個別訴訟のおそれを限定するため最も徹底した方途は，少額請求に対象を限定することである。しかし，このような方法は採用されなかった。その理由は，それでは救済が不十分になるおそれがある（消費者被害で相当の比重を占める投資関係事案などが対象外になってしまう）一方，対象金額を特定する技術的困難があったことによると思われる。結局，消費者事案については原則として再訴のおそれが定型的に小さいという前提に加えて，再訴の懸念については，共通義務確認訴訟の事実上の効力に期待する方向がとられたものと解される。すなわち，原告である特定適格団体の十分な訴訟追行能力（(4)参照）を前提に，共通争点に対する敗訴判決の事実上の効力によって個別訴訟は抑止されるという期待である。この点は，理論的にやや不徹底さは否定できないが，現実の制度構成としてはやむをえない帰結と思われる。

第2点について，被告の経済的不利益の予見可能性を確保するため，対象事案は損害額が明確となりうる場合に限定される。すなわち，契約関係事件が中心とされ，人身損害関係や拡大損害が問題となる事案は対象から排除されている。契約関係事件で，かつ拡大損害が発生しない場合には，不利益の上限はほぼ契約金額×契約数によって計算でき，それらは通常，被告内部で計算可能と考えられよう。逆に，拡大損害等の場合は，いかに契約情報が被告の手元にあっても，その不利益の額は算定困難であるとみられる。

第3点について，いわゆる「契約モノ」については，消費者契約の原則的な定型性に鑑み，（たとえ損害賠償に関する場合であっても）個別審理を要する争点は相対的に少ないと考えられる。したがって，それを制度対象とすることは原則として合理的である。他方，人身損害等の場合には，その損害の個別性に鑑みれば，通常は個別争点が重要となり，この制度で解決する実効性が得られない場合が多いとみられる。なお，契約関係事件でも，個別事案において，共通争点の解決に実効性を欠く場合はありえ，そのような場合には，事案の性質や個別審理の必要性等の事情を考慮して，例外的に訴えの却下を可能としていること（第2の1(1)④〔法3条4項〕）も，制度の実効性に配慮したものである。

この手続の特性を十分発揮でき，実効性が確保される場合に限定すべきと解されよう。

⑶　被告適格

前述のように，この制度の例外性は，被告適格の考え方にも影響する。このような例外的な不利益取扱いを受ける者としては，類型的にそのような不利益に耐えられる者，すなわち事業者に限定することとしている。立案過程では，事業者の役員等についても対象とすべきであるとの有力な議論も存在したが[48]，片面的判決効拡張という負担を個人に課すのは相当でないという配慮により被告適格を限定したものである[49]。そこで，原則として，被告は「消費者契約の相手方である事業者」に限定し，例外的に，勧誘関係事業者や債務の履行をする事業者を含めている（第2の1⑴③〔法3条3項〕）。

⑷　原告適格

次に，原告適格については，制度案は特定適格消費者団体のみに限定する（第2の1⑴①〔法3条1項〕）。立案過程で他に考えられた候補としては，個別対象消費者及び当該消費者の団体（グループ）がある。しかし，最終的にそれらの者に適格が認められなかったことは，やはり片面的判決効拡張というこの制度の例外性に由来すると解される。

すなわち，これは基本的には個別訴訟の可能性が極めて少ないことを前提として初めて正統化される手続である。したがって，対象消費者に対して敗訴の判決効は及ばないとしても，ここで原告が敗訴してしまうと，被害救済の可能性が事実上消滅することを前提とした制度になると考えられる（また，原告敗訴判決の事実上の効力については，⑵参照）。したがって，そのようないわばワンチャンスとしての訴訟の機会は，可及的に信頼できる原告に委ねられる必要があるといえよう。その意味で，まずこのような訴訟に特別に対応する団体で，かつ行政庁から認定を受ける特定適格団体には原告適格を認めてよいと考えられる[50]。

48）　とりわけいわゆる悪質商法事案では，法人を隠れ蓑にして実質的にはその役員等が主体として活動している事案が多く存在するといわれる。

49）　前述のように（注48）参照），悪質商法事案でそれが必要となる場合があるとしても，それに対しては，この制度ではなく，別途の方法を検討すべきものとされる（この点は，注2）も参照）。

50）　ただ，このような観点から，差止訴訟関係業務を行う適格団体の要件に加えて，追

問題は，消費者個人ないしそのグループであるが，仮にこのような者にこの訴訟の原告適格を認めるとすれば，それらの者の能力及び信頼性の確保の措置が重要となってくる。ワンチャンスを無駄にしない保障的措置である。考えられる措置としては，①裁判所による個別の能力チェック，②代理人による規制（弁護士代理強制，更には代理可能な弁護士の限定）などがありうる。しかし，まず①については，実質的な訴訟追行能力の判断は極めて困難であり，裁判所の負担も過重になろう。他方，②については，仮にこの場面についてだけ弁護士強制制度を採ることができるとしても[51]，どのような弁護士でもよいというわけではないが，代理可能な弁護士の範囲を限定するメルクマールも容易には見当たらない[52]。以上から，少なくとも当面は，特定適格団体に原告適格を限定する形とされたものである[53]。

(5) 和　　解

このような制度が機能するについては，実際には和解による解決が重要となる。アメリカのクラス・アクションについてはほとんどの事案は和解によって解決されているとされるし，ヨーロッパ等他の国においても状況は同様とされる。その意味で，日本でも，この制度が動き出せば，和解が重要になることにはコンセンサスがあると思われる。特に第1段階での和解が重要になるとみられることから，それをどのような手続として仕組むかが立案過程で問題とされた。考えられる手続として，①共通争点につき和解して直ちに簡易確定手続に進む方法，②申立団体に対して一定額の支払をする方法，③被告の支払義務を

加的な認定要件が設けられ，その能力に特別の配慮がされていることは，前述のとおりである（*2*(2)(a)参照）。

51）ただし，弁護士強制の問題は日本の民事訴訟制度全体の課題であり，なぜこの局面にだけそれを導入するのかという説明も実はそれほど容易ではないと思われる。

52）弁護士会からは，立案過程で，一定の研修や経験に基づき代理可能な弁護士を限定する旨の提案がされたが，現段階では現実的な提案とは見られなかった（ただし，将来的には，弁護士の専門認定制度が実現し，その一環として消費者訴訟に係る専門性が認められる弁護士の代理強制を前提とした原告適格の仕組みは不可能ではないであろう）。

53）ただし，特定適格団体が十分に機能するかという点は，立案段階でも大きな懸念事項とされた。それがうまく機能しなければ，原告適格の見直しの議論が再燃することは必至であり，被告となるべき事業者等の観点からも特定適格団体の機能については十分な配慮が期待されるところである。

認めて対象消費者に対する支払方法について合意する方法などがありうる。

制度案は，最終的に，①のみを認めている。これは実質的にみて認諾に近い和解のみを認めることになり，互譲の余地は少ないといえよう[54]。真に互譲に基づく和解とするためには，支払までするか（②の場合）義務の確認に止まるか（③の場合）はともかく，対象消費者の権利に係る義務の免除まで認める必要があることになるが，オプト・アウトの手続ではないので，残余部分を一般的に免除することはできない。そのため，対象消費者の個別の権利義務には立ち入らない形での和解のみを認めることにしたものである[55]。その結果として，被告側に和解に応じるインセンティブがどの程度あるのか，疑問であり，実効性に疑問が残ることは否めない。

将来的には，このような紛争については和解による解決が中核的であることを正面から認め，オランダ法[56]のように，和解に関するオプト・アウトの手続の導入が考えられよう。つまり，この制度の中に，和解に関してのみオプト・アウトの手続を組み込めないかという観点である。訴訟行為に比して法律行為の方が消極的同意の構成に馴染むという考え方を前提にすることになるが，そのような前提の当否を含め，検討すべき問題は山積している。

54)　被告の複数の行為が問題とされる場合には，一部の行為に基づく金銭支払義務のみを認め，残余は認めないという互譲が可能になるが（その例として，注12）参照），1個の行為のみを問題にする場合には，義務を認めるという和解しか訴訟上は許されないことになる。

55)　考えられる制度構成としては，和解に事後的に参加した消費者との関係でのみ，権利の一部免除を認めるという方法はありえたと思われる。ただ，このような和解が被告の立場から魅力的かという問題のほか，制度的には，それは，適格団体による無権代理に基づく免除の追認，あるいは，適格団体による第三者のためにする契約及び参加消費者によるその受益の意思表示という構成になると思われるが，それが可能かという問題もあろう。将来の課題である。

56)　オランダの制度については，長谷部由起子「オランダの集合的和解制度の概要（上）（下）」NBL 913号・914号（2009年）参照。

4 個別請求権の簡易確定手続：第2段階の手続
——簡易手続の理論的可能性

(1) 通知・公告

第2段階である個別請求権の簡易確定手続については，対象消費者の個別的な手続参加が不可欠の前提となっており，その意味ではオプト・イン型の手続になっている。そのような手続の実効性を確保するためには，実際に多くの対象消費者が手続に参加してくることが不可欠となる。そのためには，そもそもそのような手続が係属していることを各消費者が知る必要があり，通知・公告の手続が重要な意義をもつ[57)]。

制度案は，そのような理解の下，通知・公告を実効化するため，相手方の情報開示義務や情報開示命令の手続を構想している（第2の2(3)④⑤〔法28条・29条〕）。理論的には，原告となるべき者が特定できない場合に，相手方である被告からその情報を求めることはやや異例である[58)]。しかるに，このような情報開示を認めうる理論的根拠として，相手方が共通争点につき敗訴している点を指摘できよう。すなわち，既に部分的にであれ責任を負うべき立場にあることが判決で認められているので，そのような立場の被告には原告の権利救済についても一定の便宜を図るべき義務が課されてもやむをえないという考え方である。被告が金銭支払義務を負っていることは判決で確定しているのであるから，本来であれば事業者として，自ら対象消費者に連絡し，金銭を支払うべきものであり，それを自らしないとしても，原告団体に協力して必要な情報を開示することは当然に認められてよいと解される[59)]。

---

57)　ただし，このような通知・公告は，オプト・アウト型の場合とはその意義を異にすることにも注意を要する。オプト・アウト型においては，通知・公告は対象消費者の裁判を受ける権利を保障するための不可欠の前提となるが，本制度ではあくまで制度の実効性を確保するために有用な措置という位置づけに止まる。

58)　本案に関する問題であれば，当然文書提出命令の可能性などがあるが，この場合は，本来の原告を特定するための情報開示であり，そのような命令の対象にはなり難い。

59)　そのような趣旨からすれば，通知・公告に要する費用についても，被告の負担とするか，少なくとも裁判所の裁量に基づく負担の可能性を認めてよいようにも思われる。制度案は必ずしも明確ではないが，そのような可能性は認めていないようにみえる（注

(2) 簡易確定手続

本制度の新機軸であり，実際上全く新たな制度として構想されたのは，簡易確定手続である。民事裁判手続において簡易手続は，近時重要性を増している[補注14]。古くから存在する手形小切手訴訟や督促手続に加えて，平成8年民事訴訟法改正によって導入された少額訴訟は高い評価を受けているし，司法制度改革の中で導入された労働審判も大成功を収めたといってよい60)[補注15]。更に，倒産法抜本改正の中で，倒産法上の諸手続（否認請求，破産債権等査定，役員等の損害賠償責任査定）についても，決定と訴訟の2段階型の手続が導入されている。制度案で提言された簡易確定手続は，破産債権等査定の仕組みに最も近似しているように見られる。これは，この制度の対象債権が破産債権などと同様に集団性を持つとともに，その確定については簡易迅速性に特に配慮が必要であるという特性の類似によるものと解される。そこでは，実体的に権利を確定する以上，最終的に訴訟手続を用意することは憲法上不可欠の要請となるため，決定手続を前置してその後に訴訟手続によるとの発想になったものと考えられる。以下では，簡易確定手続の個別の制度につき，理論的観点から若干のコメントを加える。

まず，制度案においては，申立団体のみが対象消費者の授権に基づき対象債権の届出をすることができる構成をとる（第2の2(4)①②〔法30条・31条〕）。申立団体の任意的手続担当ということになるが，個別の届出が禁止されるため，「強制的な任意的担当」という，やや奇妙な手続になっている。このような担当強制をしたのは，事案に最も精通した主体＝申立団体に届出適格を集中して，手続関係の単純化及び権利保護の実効化を図るとともに，第1段階の費用の回

18）参照）。もちろん制度の原則は，原告となるべき者の自己責任ということであるが（申立団体は参加消費者に対して必要な費用を求償できると解される），将来的には，特定適格団体は適宜の公告等の措置をとって相手方にその費用を負担させる制度も考えられてよいように思われる。

［補注14］ このような簡易手続の可能性についての著者の一般的見解については，本書第4章***4***や第13章***3***など参照。

60） 更に，そのような手続の延長線上で，犯罪被害者保護の制度として損害賠償命令の手続も導入されている。

［補注15］ 労働審判の成果について，利用者調査の面から迫ったものとして，菅野和夫ほか編著『労働審判制度の利用者調査』（有斐閣，2013年）参照。

収を可能にするという実践的意図がある（注20）も参照)。理論的に見れば，このような形で担当が強制されるとしても，不満のある消費者は別途個別訴訟を提起できるので，問題はないと一応いえるが，本制度が個別提訴の困難な場合の救済方法を定めるものとの前述の理解を前提にすれば，それだけでは直ちに正統化できないであろう。そこで，制度案は，申立団体に担当契約の締結を原則として義務づけ，対象消費者の手続保障は図ったものといえよう。問題は締結を拒絶できる例外的事由であるが，それは「やむを得ない理由」(同④〔法33条〕）とされている。担当強制という本制度の特殊性に鑑みれば，この理由は限定的に理解されるべきであり，請求権の不存在が明白な場合に限って拒絶できると解することによって，担当を強制された者の実質的な手続保障を図るべきであろう。

次に，この段階での和解について，立案過程ではADR的な発想を取り入れることの重要性も指摘され，調停前置＋（民事調停法）17条決定のような構想も存在したところである。その意図は，大量の紛争を可及的に迅速かつ実効的に解決する点にあったものと考えられ，そのような観点からみれば，最終的に採用された債権届出＋認否の制度は実質的にそのような目的に適合したものといえよう。すなわち，被告が届出債権を認めれば，それはそのまま確定し，確定判決と同一の効力を有し，部分的にであれ争うのであれば，決定で簡易に解決しながら[61]，当事者の異議申立てによって訴訟手続に移行するというものである。その意味では，ADR的な発想も組み込まれた手続と評価することができよう。

そして，このような手続が実効的に機能するためには，可及的に決定手続の段階で紛争が解決すること，換言すれば，合理的な理由がない限り，訴訟手続に移行しないことが重要である。その意味で，濫用的な異議の防止の仕組みが重要性を有すると解される。その方法としては，①異議申立てにかかわらず，簡易確定決定に基づく仮執行を許容する方法，②異議申立てに基づき擬制される提訴の費用を申立人に負担させる方法などが考えられる[62]。この両者は理

61）　もちろん当該決定手続の中で和解による解決の可能性もある。

62）　損害賠償命令は前者の方法により（犯罪被害保護32条2項・33条4項参照），独立した訴訟の構成をとる倒産手続における各種訴訟（査定異議訴訟等）は後者の方法によ

論的には両立不可能ではないと解されるが，制度案では①のみが採用されている。その理由は明らかではないが[63]，①のみによっても，引き延ばし目的の異議によって強制執行を防ぐことはできないので，十分に紛争解決機能は維持できると判断されたものであろうか。

最後に，対象債権の届出によって，共通義務確認訴訟提起時に裁判上の請求を擬制し（第2の2⑷⑤〔法38条〕），時効中断効の遡及を認めている。このような遡及的時効中断は，2段階型の制度を採用する限り，個別債権の救済のためには不可欠の装置といえよう[64][補注16]。これは，理論的には，第1段階と第2段階の手続の連続性に鑑み，個別対象債権に係る裁判上の請求の先駆的手続として第1段階訴訟を位置づけ，中断時点を前倒ししたものといえよう[65]。ただ，そのような遡及については，相手方の保護との関係で，予見可能性が不可欠となる。本制度の場合は，共通義務確認訴訟の提起により，被告は対象債権の後日の参加を当然に予見でき，またどの範囲の権利が対象債権に該当するかについても，被告は判断可能であるので，必要に応じて証拠の保全等の対応を期待することは十分に可能であろう。

5 保全処分と強制執行
──「法定保全担当」と「任意的執行担当」

⑴ 保全処分──仮差押えの基本構造

制度案は，仮差押えについて，特定適格団体の申立てに係る特別の手続を認めている。これは，個別訴訟同様，個別仮差押えの申立てを期待できない対象

る。

63) 立案過程では，仮執行を維持しながら，異議について独立訴訟の構成をとる前例がない旨が指摘されていたところ，そのような法制上の問題があったのかもしれない。

64) フランスの法案もこのような時効中断を認めていたことにつき，山本和彦「フランスにおける消費者集団訴訟制度の概要（下）」NBL 943号（2010年）22頁参照。

［補注16］ フランス法は，最終的にも時効中断を認めるものとされたが，第2段階への参加の有無によって区別をしない点で日本法と異なる。この点につき，山本・前掲［補注2］72頁を参照。

65) 同様の考え方は，調停（民151条）や認証ADR（裁判外紛争解決25条）などでも認められている。

消費者との関係で，その権利保全に不可欠な制度として構想されているものである66)。以下では，このような制度に関する理論的問題を検討したい。

まず，このような仮差押えの被保全権利は何かという問題である。制度案は，「債務名義を取得することとなる対象債権の実現を保全するため」としており（第2の3(1)〔法56条1項〕[補注17]），被保全権利は対象消費者の有する対象債権と考えているのであろう。その意味で，特定適格団体は，他人の権利を自己の名で行使することになり，保全担当として手続を追行するものと理解できよう。そして，この段階では消費者からの授権は観念できないので，法定保全担当になると解される。それでは，何故にそのような法定保全担当が可能になるのであろうか。通常，法定訴訟担当の根拠として指摘される個々の権利に関する管理処分権について，特定適格団体が有するわけではない67)。しかし，保存行為の範囲内で，その権限が特定適格団体に認められると解する余地はあろう。けだし，この局面では，個々の消費者に保存行為が期待できない一方，保全の必要（財産の散逸のおそれ等）があるとすれば，対象消費者の権利保護の役割が委ねられている特定適格団体に対し，特別に保存行為の権限を認めることは十分考えられるからである。そして，保存行為を認めても，（処分行為などとは異なり）対象消費者が害されるおそれはないとすれば，理論的にも，このような法定保全担当は肯定されてよいと思われる。

次に，仮に被保全権利が対象債権であるとして，その特定をどのように図るかが問題となる。法定保全担当であるとしても，やはり担当される権利は個別に特定される必要があるとも思われるが，この段階では個々の対象権利が特定

---

66)　ただし，特定適格団体がこのような仮差押えの権限を実効的に行使できるかは，将来の課題となろう。特に，このような仮差押えが最も必要となる悪質商法事案との関係では，被告の財産の探索や担保の調達など実際上の問題が山積している。この点では，やはり行政が前面に出た財産保全措置の必要性はなお否定し難いようにも思われる（このような措置の検討については，注2）参照）。

［補注17］　法律の条文表現は若干異なるが，意味上の大きな変化はないと解されることにつき，［補注11］参照。

67)　もしそのような管理処分権が観念できるのであれば，本案においても法定訴訟担当は生じうることになるが，言うまでもなく，特定適格団体は対象権利の本案について法定担当の権限を有しない（簡易確定手続でも，前述のように，任意的手続担当ができるに止まる）。

できない場合も多く想定できよう。それでは，厳密に特定がされなければ，この仮差押えは発動できないのであろうか。そのように解すべきではなかろう。この点は，保全処分において被保全権利の特定が必要とされる理由に遡って考えるべきである。そのような理由としては，①相手方による防御の可能性，②本案請求との同一性の判断の必要が考えられる。この場合には，まず①に関しては，個々の対象消費者や対象債権が特定されていなくても，対象消費者の範囲及び対象債権総額が明らかになっていれば[68]，相手方の防御権を不当に害することはないと考えられる。そして，②についても，上記の情報が明らかにされれば，第２段階で届出がされる請求権との一致は十分に識別可能と解される。したがって，本制度の下では，個別的な特定は不要なものとして制度を仕組むことも理論的に正統化できるといえよう。

最後に，仮差押えに対する本案訴訟であるが，この点は制度案では所要の特例を設けることとされているが（第２の３⑶），おそらくは共通義務確認の訴えを本案とみなす旨の規律が設けられるものと思われる（注30）参照）。前述のように，被保全権利が対象債権であるとすれば，共通義務確認訴訟それ自体は対象債権に係る訴えではないが，当該確認訴訟は第２段階における対象債権の簡易確定手続に連続していくことが制度上予定されているものである。その意味で，簡易確定手続が本案に該当するとすれば，第１段階の確認訴訟の提起によって本案提起とみなし，保全取消しの対象としないことは理論的にも十分に合理的なものと評価できよう。

⑵　強制執行

制度案は，この手続における強制執行については，特に明文規定を設けていない。ただ，対象消費者は個別訴訟や個別仮差押えの能力がないことを前提とする以上，強制執行だけ個別にできると想定することは矛盾を孕む。制度案もそのような理解ではなく，やはり申立団体が強制執行まで担当することを想定しているのではないかと思われる。事実，仮差押えから強制執行への移行の局

68）　仮差押えの申立てに際してこれらが明らかにされることについては，第２の３⑴〔法56条３項〕参照。

面では，「特定適格消費者団体は（中略）強制執行の申立てをし」と定め（第2の3⑵〔法59条〕），申立団体を債権者とする強制執行を想定している。そうだとすれば，移行の場合以外でも，やはりそのような事態が前提になろう。そして，そのような申立団体の強制執行申立権を基礎づけるのは，対象消費者の授権になると考えられる[69]。この点の明文はないが，おそらく簡易確定手続追行の授権（第2の2⑷②〔法31条〕）の際に，将来の強制執行についても授権がされることが前提となっているものと解されよう。その意味で，ここでは任意的執行担当が前提になると考えられる[70]。ただ，簡易確定手続の場合とは異なり，任意的担当の強制はなく，対象消費者は自ら強制執行を申し立てることもできると解されよう[71]。

制度案が定める強制執行に関連した特則としては，特定適格団体による仮差押えから本執行への移行の局面がある。この場合の仮差押えは，前述のように，特定適格団体を名宛人とする債務名義に表示される個別請求権全体を被保全権利として保全するものであるので，本執行移行時にもすべての対象債権を平等に取り扱う必要があると解される。そこで，制度案は，特定適格団体の平等取扱義務を提案する（第2の3⑵〔法59条〕）。具体的には，一部の対象債権につき債務名義が取得され，その段階で本執行に移行する場合は，当該債務名義部分については配当がされ，残る対象債権については配当留保供託がされることになろう[72][補注18]。

69)　強制執行まで保存行為とは言い難く，法定執行担当を認める理由に乏しい。

70)　任意的執行担当については，中野貞一郎『民事執行法〔増補新訂6版〕』（青林書院，2010年）144頁以下参照。中野教授は，「第三者への執行授権について，これを認める合理的な必要がある場合には，第三者が違法あるいは不当な目的のために執行を担当するのでない限り，任意的執行担当を許してよい」とされるが，この場合はそのような要件を満たすことは明らかであろう（中野教授のいわれる「接続的執行担当」に該当する。中野・同書145頁参照）。そして，一般にこのような担当方法が許容されていると解されれば，法律にその根拠規定をあえて置く必要はないことになる。

71)　この場合，対象消費者は簡易確定決定等に承継執行文（中野説によれば交替執行文）を受ける必要があることになろうか（申立団体の場合は単純執行文の付与による）。

72)　供託の対象となった対象債権が確定した段階で配当が実施され，その不存在が確定されたときは他の債権に対する追加配当がされる。

〔補注18〕　この点に関連して，最高裁判所規則立案の過程等において問題となったのが，被保全債権を上回る額の債権届出があった場合の強制執行における債権の割付けの問題である。この点はいずれにしても解釈問題であるが（規則の規定も一定の立場を前提に

他方，仮差押えが前置されない単独の強制執行の局面では，特定適格団体には平等取扱義務は想定されていない。したがって，特定適格団体が債務名義を取得した対象債権に基づき強制執行をしたときは，届出債権者全員の債権確定を待って按分弁済する必要はなく，執行債権となった消費者に対して配当金を交付できることになる。しかし，被告について財産不足が生じている場合には，特定適格団体に一種の利害相反が生じる可能性は否定できないように思われる。未確定の債権者との関係でも特定適格団体は授権を受けているとすれば，その者に対して善管注意義務ないし公平誠実義務を負う可能性があろう[73)]。その意味で，特定適格団体としてはむしろ仮差押えをしておく必要があるのかもしれない。このような点は，制度案が実現した場合にも，なお理論的課題として残る可能性があろう[補注 19]。

（初出：松本恒雄先生還暦記念『民事法の現代的課題』
（商事法務，2012 年）85 頁以下）

［補論］ 本章は，近時新たに制定された消費者裁判手続特例法（「日本版クラス・アクション」などと呼ばれることもある）について，その制度の基礎にある理論的な考え方について探究したものである。この制度は，従来の日本の他の法制に類例をみないものであり，また国際的に見ても日本の独創性の強い性格のものであった。その結果，著者自身も制度の立案過程に参画する（［補注 6］参照）に際して，数多くの理論的な疑問に遭遇した。本章は，そのような理論的疑問を個々的に整理していくなかで，著者なりに到達した１つの帰結である。もちろん，このような整理は全く個人的なものであり，制度立案時に共有されたものでもないが，新たな制度に対する１つの見方を提示するものではあると思われる。そして，このような見方を展開して，より包括的にこの制度を解説する著者の著作として，山本和彦『解説消費者裁判手続特例法』（弘文堂，

するものではない），議論を要するところである。この点に関する私見については，山本・前掲［補注 2］267 頁参照。

73) 結果として当該消費者が配当を得られなくなった場合には，義務違反による損害賠償責任を追及されるおそれがないとは言えない。

［補注 19］ この点は，法律において，授権を受けた特定適格消費者団体の公平誠実義務の対象として，対象債権に関して取得した債務名義による民事執行の手続（法２条９号ロ）も含まれていること（法 34 条１項・53 条６項）からも補強されていると解される。山本・前掲［補注 2］270 頁参照。

2015年）がある（更に，施行に向けて，消費者庁のガイドライン等をも踏まえた実務対応の在り方につき著者も関与した座談会として，山本和彦ほか「消費者裁判手続特例法の実務対応（上）（下）」NBL 1064号・1066号（2015～2016年）参照）。

本書との関係でいえば，本章で示されている理論的検討は，本書の他の部分にある著者の基本的な考え方の応用問題という位置付けになろう。そもそもこのような弱い立場にある消費者を救済する司法制度の役割は，民事訴訟を公的サービスと位置づける著者の見方（本書第1章***1***参照）からは，必然的に整備を要する制度といえる。そして，これは，司法の実効性を確保する視点から，どこまでの手続保障が必要になるかという問題設定がされ，著者の実質的手続保障という考え方（本書第5章***2***参照）の試金石とも言えよう（本書第7章***3***(3)参照）。更に，簡易確定手続は，著者の重視する新たな簡易手続（本書第4章***4***(5)・第5章***3***参照）の更なる展開を示す一例ともなるものである。

本章は，著者個人にとっても大変思い入れの深いものである。30年余り前に著者が研究者として最初に公にした論稿は，まさにこの問題に関するカナダ・オンタリオ州の法改正論議の紹介であった（山本和彦「カナダ・オンタリオ州法からみたクラス・アクションの検討」ジュリ842号（1985年）156頁以下）。その頃には，まさか著者が研究者として活動している間に，日本でもこのような法律が制定されるとは想像すらしなかった。それが，法律の制定過程に参加し，その理論的検討を試みる論稿の発表の機会を得たことには感慨深いものがあった。

第20章

集団的利益の訴訟における保護

1 本章の問題意識
——民事訴訟法における「集団的利益」の位置づけと課題

(1) 原告適格の伝統的整理

民事訴訟法において「集団的利益[1]」が問題となる場面は，主として誰が原告として訴えることができるかという原告適格論が中心的なものとなる。そして，民事訴訟法における一般的な原告適格の理解は，個別的な法的利益（実体法上の請求権）を前提として，その帰属主体（より正確に言えば帰属主体であると主張する者）に原告適格を認めるというものである。したがって，実体法が集団的利益についても個人にしか請求権を認めていなければ，当事者となることができるのは各個人ということになる（あとは各人がそれぞれ原告となって共同で訴えを提起する通常共同訴訟の形態で，いわゆる「集団訴訟」を起こすことになる）。逆に言えば，実体法がある集団に集団的に帰属する請求権を認めるのであれば，それに応じて，当該集団に（当事者能力が認められる限りで）原告適格が認められることになる。例えば，入会権は，実体法上，入会集団（その構成員）に総有的に帰属する権利であるとされているので，その訴訟における主張については，入会集団の構成員全員が訴えなければ原告適格が認められないとして，い

1) 本章では（厳密な定義ではないが），相当数の人（自然人・法人）に共通する性質を有する内容の法的利益，換言すればその法的利益を基礎づける事実・法に一定の共通部分を有するものを広く意味するものとして用いる。

わゆる固有必要的共同訴訟になるものと理解されている[2)]。また，入会団体が団体として当事者適格を有する場合も認められている[3)]。このように，基本的に実体権の帰属態様によって誰が原告となるのかが定まるとするのが，民事訴訟法における伝統的見解である。

(2)　伝統的見解の問題点

以上のように，民事訴訟における原告適格の所在は，基本的に実体法によって定まるとする理解が一般的なものであるが，このような理解では現実に不都合な場面が生じることになる。環境紛争や消費者紛争などにおいては，原状回復等を求める利益が周辺住民や一般消費者について広範囲に薄く広がっている状況がまま生じる。いわゆる拡散的利益の保護の問題である。仮に上記のような一般的理解に従えば，この場合も個別的な利益に分解して訴訟における救済を図るほかないことになる。しかし，それは様々な不都合を生じる。

第1に，そもそも個別の法主体に請求権が認められていない場合の問題がある。例えば，消費者契約法に反した約款等を用いて勧誘行為を行っている事業者が存在する場合であっても，個々の消費者にはそのような勧誘行為を差し止める権利は与えられていない。もちろん，個々の消費者がその約款に基づく契約を締結した場合には，その契約は取消しの対象になるなどして有効性が認められないし，損害賠償等の可能性もあろうが，契約締結の前後を問わず，差止請求権が個別消費者に認められるわけではない。そうすると，そもそも訴訟でそのような差止めを求めうる原告が誰もいないという問題が生じる。

第2に，集団的な被害を総計した場合には大きな額となるが，個別の請求権は取るに足らない金額である場合に，原告適格が個別の法主体にしか認められ

---

2)　最判昭和41・11・25民集20巻9号1921頁など参照。ただし，入会権に基づく構成員個人の使用収益権を根拠として請求する場合には，それは個人に帰属する権利であるので，単独で行使可能であり，構成員個人が原告適格を有する。最判昭和57・7・1民集36巻6号891頁など参照。

3)　最判平成6・5・31民集48巻4号1065頁など参照。このような適格の帰属をどのような根拠で説明するのか（固有の適格が認められるのか，構成員集団からの訴訟担当〔法定訴訟担当，任意的訴訟担当〕であるのか等）については議論のあるところである。山本和彦・判批・高橋宏志ほか編『民事訴訟法判例百選〔第4版〕』（2010年）26頁参照。

ないため，個別提訴が現実には期待できないという問題がある。この問題は，原告が集団を構成して集団訴訟を提起すれば，確かに1人当たりのコストは低減され，提訴可能になるかもしれない。しかし，そのような集団訴訟が現実に可能になるためには，原告となりうる者たちの間に横の連絡があり，相互の信頼関係も必要になろう。もちろん，このような形でハードルをクリアして集団訴訟が提起されることも多いが，それと同じく，ハードルを越えられずに提訴が断念されているケースも多いと思われる。

第3に，被害救済について，ある事業等によって生じる利益とそれによって侵害される利益とを比較衡量する実体法上のアプローチがとられる場合には，個別法主体ごとの利益と全体の事業等による利益とが衡量されると，被害者側が実際には「勝てない」という問題がある。これは，基本的には実体法の問題であるが，そのような問題点を実際上クリアするためには，原告側が集団を形成してその利益を集積して相手方の利益に対抗できるようにしなければならないことになる。その場合に，原告適格を法主体ごとに認める伝統的な考え方に限界があることは否定できない。

最後に，個別法主体の利益に還元しきれないような利益が存在しうるという問題である。これは，以上のような問題と比べてより原理的な問題であるが，個別の法主体に法的利益を分析的に帰属させるという考え方では，そもそも当事者能力を認められていないような法主体に帰属するような利益は訴訟手続の中でカウントされなくなってしまうおそれがある。例えば，環境問題では，現在生きている世代を超えた将来の世代の環境利益が問題となることがありうるが[4)]，将来の人たちは，現在は当事者能力をもっておらず，当然原告となることはできない。仮に一定の集団に当事者適格を認めれば，当該集団はこのような利益をも保護対象として活動することが考えられよう。

4)　あるいは誰も周辺に住んでいない環境の利益については，当事者適格が認められる個人がいないという事態もありうる。このような場合に，その地域に棲息する動物等を原告として訴えを起こすという「動物訴訟」の発想が生じることになるが，そこには，現存する人間に帰属しない利益を訴訟の対象として問題とすることができないという伝統的な当事者適格論（更には実体法の請求権の考え方）に対するアンチテーゼがある。

(3) 新たな展開と本章の構成

以上のような様々な問題点を解決するため，伝統的な当事者適格論の枠組みを超えて，新たな理論的試みが学説上展開されるようになっている。そこでは，当初は米国のクラス・アクションやドイツの団体訴訟等をモデルに議論がされていたが，その後，解釈論や立法論の基礎となるような理論的根拠を析出する試みが展開されるようになっており，興味深いものがある。他方で，立法の進展も著しい。1970年代のクラス・アクション輸入の議論，1990年代の民事訴訟法改正時の議論，2000年代初めの司法制度改革時の議論はいずれも直接の成果を産み出さなかったが，2000年代後半以降，団体の提起する訴訟の許容について急速な展開が見られた。まず，消費者問題における対応として，消費者契約法改正による団体訴訟の導入（2006年），次いでその景品表示法・特定商取引法への拡大（2009年）があり，更に暴力団対策への応用（2012年）が見られ，近時消費者に係る個別損害賠償への拡大（2013年法案提出[補注1]）に至っている。以上のような理論・立法双方の展開の中で，なお残されている問題として，環境関係の集団的利益の保護の問題がある。この問題を解決するためには，これまでに展開されてきた理論的枠組みや立法的技術でどこまでが解決され，どこからは新たな議論が必要であるのかという論点整理がまず必要であると考えられる。本章は（到底解決策を示すまでには至らないが），一定の論点整理と著者なりの議論の方向感を示すことを目的とするものである。

そこで，以下では，民事訴訟手続における「集団的利益」保護の取組みとして，まず理論の展開（*2*参照），次いで立法の展開（*3*参照）について概観し，最後に「集団的利益」という観点から，環境関係の訴訟を中心として若干の覚書を示す（*4*参照）こととしたい。

［補注1］　同法案は，2013年12月に成立し，「消費者の財産的被害の集団的な回復のための民事の裁判手続の特例に関する法律」（平成25年法律第96号）となっている。同法全体の解説として，山本和彦『解説消費者裁判手続特例法』（弘文堂，2015年）参照。

2 理論における「集団的利益」保護の取組み

(1) 概説

まず,「集団的利益」の保護に係る理論の側の取組みの状況である。この点について,当初の学説の議論は,多分に外国法を前提にしたものであったといえる。この問題は主として消費者紛争及び環境紛争の分野で現れたところ,そのような紛争分野は経済・社会の発展の度合いに対応するものである。したがって,そのような問題意識自体,まず外国(先進国)において発生・検討され,日本の議論がそれを参考に展開されてきたことは自然なことと思われる。そこで主に検討の対象とされたのは,米国におけるクラス・アクションの議論であり,ドイツにおける団体訴訟の議論である[5]。

しかしながら,クラス・アクションとの関係では何故被害者のうちの1人が他の被害者の権利を行使することができるのか,団体訴訟との関係では何故団体が差止等の請求権をもちうるのか,という基本的な点において,日本では十分な議論の基礎が欠けていた。したがって,解釈論としてそのような外国法上の議論をそのまま日本法の中で適用することは極めて困難であったし,またそのような外国法上の制度をそのままの形で日本において立法することは遠い夢物語であり,そのような立法論の理論的根拠の検討が必要不可欠と感じられたところである。そこで,学説の関心は,解釈論であれ立法論であれ,まずはそのような集団的利益を訴訟に持ち出すについて,日本法の枠組みの中での理論的な根拠の探究に向かったものである。

(2) 伊藤眞教授の紛争管理権論

このような方向での最初の本格的な理論的取組みとして,伊藤眞教授の紛争管理権論を挙げるべきことに異論はないであろう。ただ,伊藤教授の紛争管理権の考え方は,理論的に見れば大きな変遷を遂げていることに注意を要する。

---

5) これらについては,例えば,上原敏夫『団体訴訟・クラスアクションの研究』(商事法務研究会,2001年)3頁以下参照。

まず，当初の紛争管理権の考え方である6)。この考え方は，簡単に言えば，訴訟提起前に重要な紛争解決行動をとった者について紛争管理権が発生し，それによって利益の帰属主体でない者にも当事者適格が認められるという考え方であった。この「紛争管理権」というものは，明らかに実体法上の権利とは異質な概念であり，この考え方の骨子は，実体法上の管理処分権と当事者適格とを不可分一体のものとして捉える伝統的な議論から離れ，両者を切断して考える点にあったということができよう。そして，実践的には，環境関係の紛争において環境団体等紛争解決に主導的な役割を果たす主体に原告適格を認める意図があったと考えられる。その意味で，この考え方は，管理処分権＝原告適格という枠組みは維持しながら，その管理権の対象が実体権ではなく，「紛争」でもよいという形で，手続化を図る巧妙な見解であったと評価することができよう。

しかし，このような伊藤説に対しては，まず理論的な観点から福永有利教授の批判があった7)。それは，紛争管理権と訴訟物との関係の不明確性を指摘するものであった。すなわち，仮に紛争管理権に基づき原告適格が認められたとしても，その者と権利帰属主体との間における実体法上の関係が明らかにされなければ，結局本案では請求は棄却されざるをえない。つまり，訴訟物である権利・法律関係の実体法的な内容，その要件・主体・性質等を明確にせず，そこを白紙のままに当事者適格や判決効の主観的範囲の問題を処理することはできないとするものであった。

更に，判例においても，伊藤説は正面から否定された。すなわち，いわゆる豊前火力発電所操業差止訴訟において，最判昭和60年12月20日（判時1181号77頁）は，「講学上，訴訟提起前の紛争の過程で相手方と交渉を行い，紛争原因の除去につき持続的に重要な役割を果たしている第三者は，訴訟物たる権利関係についての法的利益や管理処分権を有しない場合にも，いわゆる紛争管

6)　伊藤眞『民事訴訟の当事者』（弘文堂，1978年）112頁以下参照。

7)　福永有利「訴訟機能と当事者適格論」同『民事訴訟当事者論』（有斐閣，2004年）215頁以下（初出：民訴27号（1981年）），同「多数当事者紛争における利害関係者の訴訟上の地位」上田徹一郎＝福永有利編『講座民事訴訟3巻』（弘文堂，1984年）198頁以下など参照。

理権を取得し，当事者適格を有するに至るとの見解がみられるが，そもそも法律上の規定ないし当事者からの授権なくして右第三者が訴訟追行権を取得するとする根拠に乏しく，かかる見解は，採用の限りでない」と判示した。最高裁判所は，紛争管理権論に対して一種の「ゼロ回答」を示したものである。

以上のような学説・判例の批判を受けて，伊藤教授は改説し，新たな紛争管理権の概念を定立された。それは，任意的訴訟担当の基礎として紛争管理権を位置づける見解であった[8)]。すなわち，権利主体のための任意的訴訟担当については，弁護士代理の原則や訴訟信託の潜脱を防止するため，管理権に基づく現実の管理行為ないし訴訟物たる権利関係についての権利主体と同等の知識が要件になるとの見解[9)]を前提に，当該第三者についてこのような要件を満たす根拠として，紛争管理権を援用するものである。これによって，地域環境の保全活動をしている環境団体などは，その管理行為や専門知識に基づき任意的訴訟担当の基礎となる権限を取得できるとする。もちろん，任意的訴訟担当が成立するためには，別途利益帰属主体（周辺住民等）から紛争管理権者に対する授権が必要となるが，環境団体などの場合はその規約の中で構成員から環境保全の包括的授権を得ておくことによって適格の取得を可能とするものである。これは，上記のような批判に応えて，「本来の紛争管理権説自体からいえば一歩後退であるが，こうした考え方にもとづいて裁判所が，環境利益についての本案判断に入る道筋が開ければ，紛争管理権概念の役割も十分果たせる」という理解に基づくものとされる[10)][補注 2]。

---

8) 伊藤眞「紛争管理権再論」竜嵜喜助先生還暦『紛争処理と正義』（有斐閣，1988 年）220 頁以下参照。

9) 福永有利「任意的訴訟担当の許容性」同『民事訴訟当事者論』（有斐閣，2004 年）306 頁以下（初出：中田淳一先生還暦『民事訴訟の理論（上）』（有斐閣，1969 年））参照。

10) 伊藤・前掲注 8）224 頁参照。なお，伊藤教授は改説後も，問題は実体法上の請求権との関係にあり，行政訴訟＝抗告訴訟では行政処分の効力自体が問題であるので，「原告適格についての基準として紛争管理権の概念を基本的に維持し，ただ，紛争解決行動の内容として，訴訟前の行政手続への参加などを考慮することとすればよい」として（伊藤・同 211 頁参照），行政訴訟の特殊性を強調し，授権を不要と解されていることは，本章との関係でも興味深い。

[補注 2] なお，このような判例に対する伊藤説の対応と変容に関する興味深い分析として，加藤新太郎ほか「座談会・伊藤民事手続法学と判例・実務」判タ 1253 号（2008 年）

(3)　谷口安平教授の本質的集団訴訟論

以上のように，伊藤教授の注目すべき着目点は，紛争解決行動という実体的利益とは切り離された点を原告適格の要素として抽出し，それによって実践的に拡散的利益である環境利益を訴訟の場に持ち出すことを可能とし，本案審理に入る可能性を開こうとされた点にあるといえる。ただ，これに対しては，福永説の指摘するように，実体権との関係という観点からの批判があったところ，伊藤説はそれを任意的訴訟担当の要件とする方向で吸収することにより対応した。しかし，実体権との関係という問題を展開していくと，この環境関係の問題の本質は，むしろそこでの実体的利益の特殊性にあるのではないか，そちらの問題が本質ではないか，という見方が登場してくる可能性がある。

早い段階でこのような観点から試論を展開した見解として，谷口安平教授の本質的集団訴訟論がある[11)]。谷口教授は，この問題について訴えの利益論からアプローチされるが，「事の性質として多数人の利害に深く関わるはずの事項（たとえば空港騒音）」のようなものを「本質的集団訴訟」と位置づけ，このような訴訟については「多数者が一定の集団的利益を主張しているという事実が，その利益について裁判所の実体的判断を正当化する。換言すれば，集団的に主張されることによってはじめて訴えの利益が備わり，果たしてその主張が実体的に是認されるべきものか否かの判断を受ける資格が生じる」とし，「問題となる利益自体が，集団的に実現されてはじめて意味をもつものである場合には，その訴訟上の主張も，集団的になされなければ，訴えの利益が認められないと考えられる」と解される[12)]。これは，集団的利益の性格に着目し，ある種の集団的利益は多数者の主張によって初めて訴えの利益が認められ，本案審理の対象としての適格[13)]を取得するという見方である。

14頁以下参照。

11)　谷口安平「集団訴訟の諸問題」鈴木忠一＝三ケ月章監修『新・実務民事訴訟講座3』（日本評論社，1982年）157頁以下参照。

12)　谷口・前掲注11）174〜175頁参照。

13)　その意味で，これは（個別事案によって定まる）狭義の訴えの利益というよりは，将来給付の訴えにおいて，判例が問題とする「将来の給付の訴えにおける請求権としての適格」（最大判昭和56・12・16民集35巻10号1369頁など）と同旨の観念かもしれない。

これだけでは，必ずしも伊藤説に対する福永説の批判の文脈上に位置づけられる見解ではないが，ここで注目されるのは，この谷口説に対して高田裕成教授が施した一種の読み替えである[14]。高田教授は，谷口教授のこの本質的集団訴訟という考え方は，伝統的な訴えの利益の考え方[15]と連続性をもたせようとするならば，「ある種の請求権は，集団にのみ帰属しうるのであって個々人には帰属しないという議論として理解することも可能であろう」とされる。そのように解すると，この見解は，集団に対して一種の法人格を付与したのと同様の効果を導くもので，なぜ個々人の権利が想定できないのか（個人の権利行使が制限されるのか）という問題提起が可能である[16]。そして，それは谷口教授がそこで「個人の利益の総和を超えた（その意味でいわば公共的）利益の実現が問題となっている紛争を想定しておられる」からではないかと推測される。

このような谷口教授の見解と高田教授によるその読み替えの作業は，個々人では訴訟におよそ持ち出せないような紛争であっても本案審理に入りうる手掛かりを与えるという意味で，実践的な意義が大きい[17]。それでは，仮にそのような「本質的集団訴訟」と呼ばれるべき実態が存在するとして，次に問題となるのは，そのような訴訟において原告適格を有する者，つまり集団にのみ帰属する請求権を訴訟において誰が行使できるのか，という原告適格の問題ということになる。この問題については，谷口説は，原告が多数集まって集団訴訟を構成するという場合，すなわちおそらくは一種の固有必要的共同訴訟を想定

14） 高田裕成「訴えの利益・当事者適格」ジュリ 971 号（1991 年）213 頁以下参照。

15） それは「請求権の主体は，その侵害を主張すれば常に給付の訴えを提起しうるという一般的理解」であり，谷口説の訴えの利益に関する考え方がこのような伝統的理解と表面上抵触することは明らかであろう。この点は，前掲注 13）も参照。

16） 高田・前掲注 14）219 頁は，この点について，「方法論的個人主義のもとに組み立てられてきた 19 世紀以降の法理論，民事訴訟法理論に反省が迫られているともいえるのかも知れない」と評する。

17） その意味では，伊藤説とは問題の設定あるいは場面が異なっているようにも見える。伊藤教授は，あくまでも個々人が請求できる権利について，誰がそれをまとめて集団的な形で提訴できるかという問題を扱っているように見えるからである。それは，改説後の任意的訴訟担当の基礎としての紛争管理権説に顕著であるが（この場合には授権の主体がなければ議論は成立しない），そのような形に学説が進展したという事実は，伊藤説の元来の問題意識（改説前の紛争管理権論）もやはり個々人の請求権の存在を前提にしていたことを示唆するものであろう。

していたと見られるが，それ以上の展開には至っていない[18]。

(4) 福永有利教授の集団利益訴訟論

以上のような議論を受けて，実体的利益の観点から議論を集大成した見解として，福永有利教授の「集団利益訴訟論」がある[19]。福永教授は，「多数人による，それもときには，不特定の多数人による集団の固有の利益というものを訴訟によって保護・実現することの必要性と許容性を承認すべき」ものとし，そのような訴訟類型を「集団利益訴訟」と名付けられる[20]。そして，環境問題や消費者問題について，「集団自身がもつ集団固有の利益たる『集団利益』は，公の利益ではないから，私的な利益であるが，集団構成員の個人的利益の集合物ではない」として[21]，集団利益を公益と私益との中間領域のものとして位置づけられる。福永教授は，「このような集団利益を擁護することを目的とする訴訟というものを，原則的な『個人利益訴訟』とは異なる特別な訴訟類型として認識し，新しい訴訟類型として承認すべきである」とされる[22]。

以上のような集団利益訴訟を観念する場合，そのような訴訟の当事者適格を誰に認めるかが問題となる。前述のように，集団利益は集団構成員の個人的利益の集合物ではないと位置づける限り，集団構成員に原告適格を認めることは論理上できないということになろう[23]。他方，当該集団が民事訴訟法29条の要件を満たしていればともかく，そうでなければ集団には当事者能力自体が認められない。そこで，「実質的に集団を代表するであろうことが客観的に期待できるような者を代表者とする以外に，この種の訴訟を可能にする方法はない」と考えられる[24]。そのような実質的判断を可能にする基準として，伊藤

---

18)　この点は，谷口説が訴えの利益論から問題にアプローチしていることのいわば必然的な帰結であろう。

19)　福永有利「新訴訟類型としての『集団利益訴訟』の法理」同・前掲注7)『民事訴訟当事者論』219頁以下（初出：民訴40号（1994年））参照。

20)　福永・前掲注19) 220頁参照。

21)　福永・前掲注19) 232頁参照。

22)　福永・前掲注19) 233頁参照。

23)　また，任意的訴訟担当による場合も，構成員個人は利益の帰属主体ではないので，仮に構成員から授権を受けたとしても，原告適格が基礎づけられるものではないことになろう。

教授の紛争管理権が重要なものであることは福永教授も認められるが，紛争管理権だけでは基準として十分ではないとし，その他に，原告の紛争・訴訟に対する個人的利害，集団構成員の多数者の訴訟に対する支持[25]，情報収集力・資金力・組織性の強度など訴訟追行能力の程度等の諸要素を総合的に勘案して当事者適格の有無を判断すべきものとされる[26]。

以上のような福永説は，社会的実体として現に存在する集団利益というものを正面から訴訟手続に乗せようとする野心的な試みとして評価できよう[27]。従来の学説との関係で言えば，谷口説の提起した本質的集団訴訟論というものを，そこで問題となる利益の性質から実体法的に再構成するとともに，その当事者適格という観点から（全面的に依拠するわけではないが）１つの基準として伊藤説の提起した紛争管理権論を取り込もうとするもので，まさに従来の議論の集大成といえる厚みをもつ。このような議論の利点としては，①立法論の基礎となりうること，②取消訴訟では処分性や原告適格の関係で集団的利益を基準として判断できれば裁判所の門戸が開かれること，③民事訴訟でも差止訴訟等における有用性が認められることなどがあろう。ただ，前述の原告適格の基準にも表れているとおり，解釈論としての実用性という観点からは，（そもそも集団利益訴訟という特別の概念が容認されるかという問題に加えて）判断基準の曖昧さは否定できないように思われる。これに対し，立法論として団体訴訟等の議論が進められるにあたって，その理論的な基礎としては，この集団利益訴訟論の考え方は極めて示唆に富むものということができよう。

以上のように，差止訴訟や行政訴訟を中心とした問題については，その理論的な検討が大いに深められてきたが，損害賠償訴訟の問題については必ずしも十分な議論の展開はなく，クラス・アクションの議論がいわばそのままの形で

---

24)　福永・前掲注 19) 243 頁参照。

25)　このような局面で，福永教授は，谷口教授の本質的集団訴訟の観念の有用性を認められる。

26)　福永・前掲注 19) 243 頁参照。このような基準によると，同一の利益について複数の者が当事者適格を有する場合が生じうるが，その場合には判決効の調整が必要になるとして，その方途をも検討されている。

27)　福永教授は，同様の発想から，公益の保護を目的とした民事訴訟として，「公益訴訟」という訴訟類型も観念できるとされるが（福永・前掲注 19) 233 頁），その内容について詳論はされていない。

残っていたように思われる。近年における立法の作業は，以上のような理論的な展開の中で行われたところ，後述の消費者団体訴訟や暴力団団体訴訟については上記のような理論的検討を踏まえた立法作業であったように思われるが，集団的消費者被害回復訴訟についてはいわば手探りの中で立法作業が進められざるをえなかったものといえる。そこで，次に，立法における取組みについて概観する。

3　立法における「集団的利益」保護の取組み

(1)　立法論の展開の過程

集団的利益の民事訴訟における保護の問題について，最初に立法の問題として意識されたのは，1970年代の米国の議論を受けたクラス・アクションに関する法案をめぐってであったと思われる[補注3]。しかし，この時代の立法論は，1980年代にかけて，まさに「夢のまた夢」という状況であったように思われる[28)]。それは，この時期の高度経済成長社会においては，消費者の権利保護や環境利益の保護よりも経済成長が優先され，そのために企業の競争力を阻害するような法的措置について，経済界はもとより政治的社会的にコンセンサスが得られにくい状況にあったことが大きかったように思われる。そして，そのような状況は日本に特有のものではなく，米国以外の多くの国でみられた状況でもあったといえよう。その意味で，この時期の立法論はやや時期尚早であったことは否めない。

日本においては，その後も機会のあるごとに，この点の立法論が展開されてきた。1990年代初めには，民事訴訟法の抜本改正作業が行われたが，その際

［補注3］　以下に述べるような立法論の展開について更に詳しくは，山本・前掲［補注1］12頁以下参照。

28）　1985年に公表された著者の研究者としての最初の論稿（山本和彦「カナダ・オンタリオ州法からみたクラス・アクションの検討」ジュリ842号（1985年）156頁以下参照）において，著者は当時のオンタリオ州におけるクラス・アクションの立法論の状況を紹介しているが（ちなみにオンタリオ州でもこの時点の立法は成功せず，最終的に立法されたのは1992年になってからである），その最後に「『下火になった』と評されるクラス・アクションへの関心」という表現（同168頁参照）によって，当時の時代感覚を表している。

にもクラス・アクション制度の導入が1つの課題として提示されたものの，これは立法作業の比較的早い時期に断念された。また，2000年代初めには，今度は司法制度改革の議論が行われ，その中でもこの問題が取り上げられた。2002年の司法制度改革審議会意見書は，この問題について直ちに対応することはしなかったが，その中で重要な提言をしている。すなわち，同意見書は，「裁判所へのアクセスの拡充」の項目の中で，「被害救済の実効化」の一環として「少額多数被害への対応」と題して，「団体訴権の導入，導入する場合の適格団体の決め方等については，法分野ごとに，個別の実体法において，その法律の目的やその法律が保護しようとしている権利，利益等を考慮して検討されるべきである」として，団体訴訟制度について各分野において法整備が検討されるべき旨を提言した[29]。これによって，この問題については（民事訴訟法等において）統一的な規定を設けることはせず，関連各法律の中で個別的に規定を設けるべき旨の指針が示された。言い換えれば，法務省が制度整備を担当するのではなく，いわば各省庁にボールが投げられたことになる。

この司法制度改革審議会から投げられたボールにまず対応したのが消費者問題の分野であった。議論は紆余曲折を経たものの，ついに2006年，消費者契約法の改正によって団体訴訟制度が日本で初めて導入されるに至った（消費契約12条以下）。そして，その後は，この団体訴訟の適用範囲は急速な拡大を遂げていくことになる。すなわち，2009年には，基本的には同じ仕組みの団体訴訟が消費者契約法違反の行為だけではなく，景品表示法（10条）及び特定商取引法（58条の18以下）にも創設され，団体訴訟によって対応できる場面が大きく拡大された[補注4]。次に，この問題が展開されたのは従来ほとんど議論されていなかった分野，すなわち暴力団対策への応用であった。すなわち，2012年，暴力団対策法の改正によって，暴力追放運動センターによる差止請求が可能とされた（暴力団32条の4）。更に，これまでの展開は将来の違法行為に対す

29) これに対し，クラス・アクション制度については，「新民事訴訟法において，選定当事者の制度を拡充し，クラス・アクションに類似する機能を果たしうるように改めたところであり，選定当事者制度の運用状況を見定めつつ，将来の課題として引き続き検討すべきである」として，先送りにしている。

[補注4] その後，同様のスキームは，2013年制定の食品表示法においても採用されている（同法11条）。同法については，山本・前掲［補注1］24頁以下も参照。

る差止請求の問題であったが，2013年4月に国会に提出された法案においては，消費者の集団的被害の回復，すなわち過去の損害の賠償についてもその適用範囲の拡大が試みられている（2013年10月現在，衆議院において継続審議中）[補注5]。

以上のように，日本の立法においては，まずクラス・アクションに対する期待と批判から，この点についての議論が始まった（そのこと自体は多くの国で同様の経緯を経ているといってよい[30][補注6]）。とりわけ，それに対する批判は2つの方面からのものがあったように見受けられる。第1に，経済界を中心としたクラス・アクションの濫用に対する強い懸念である。それは，日本における企業の競争力を無用に阻害するという実際的な懸念といえる。第2に，学説上の手続保障や裁判を受ける権利の観点からの抵抗感である。クラス・アクションは，個別通知の実効性（場合によっては広告による代替）の問題，つまり権利者が知らないうちに自己の権利を処分されてしまうという問題に加えて，より根本的には何故自ら除外しない者を加入した者として扱ってよいのかという本質的な理論的疑問が提示されざるをえない。

以上のような批判を受けて，現実の立法過程は，クラス・アクションに比べて，より濫用のおそれが小さく，また当事者の手続保障の観点からも違和感が少ない制度として，日本法と親和性を有する大陸法（ドイツ法・フランス法等）で一般的に用いられている団体訴訟の系譜に属する制度の採用に踏み切っていくことになった。すなわち，集団的利益を保護することを目的とする団体に対する原告適格の付与という構成である[31]。このような構成自体は，後述のすべての制度に共通する要素であるが，その具体的な展開は，個々の制度が必要

［補注5］　同法律案が成立したことについては，［補注1］参照。法案と最終的な法律との間に，基本的に修正点はない（附則の追加については，山本・前掲［補注1］40頁以下参照）。

30）　諸外国における集団的な消費者利益の保護の手続制度については，集合的権利保護訴訟研究会「外国法調査研究」NBL 911号（2009年）以下の連載参照。

［補注6］　諸外国の法制について詳しくは，山本・前掲［補注1］43頁以下参照。

31）　司法制度改革審議会におけるこの分野の検討の理論的支柱であった竹下守夫教授は，前記意見書について，「団体に，消費者全体あるいは地域住民全体の集団的利益の代表者ないしその担い手として，訴えを起こす資格を認めようというのが，団体訴権の考え方です」として，「集団的利益」の用語を用いてその趣旨を説明されている点が注目される（佐藤幸治ほか『司法制度改革』（有斐閣，2002年）113頁〔竹下守夫〕参照）。

とされる局面や前提によって区々なものとなっている。以下では，集団的利益の保護のための手続構成の在り方という大局的な見地から（各制度の細かな法律構成には拘泥せず），大きな法的枠組みについてのみ概観し，その後の考察の手掛かりとしたい。

(2)　消費者契約法における団体訴訟

消費者契約法は，内閣総理大臣の認定を受けた消費者団体（適格消費者団体）が，消費者契約法に反するような一定の行為を現に行い又は行うおそれのある者に対して，当該行為の停止又は予防に必要な措置をとることを請求することができる旨を規定する（消費契約 12 条[32]）。これは，消費者団体の差止めの原告適格を認めるについて，当該団体に直接，実体法上の差止請求権を付与する構成を採用したものである。実体法的アプローチ＝固有権的構成の採用ということができる。実体法上自己の権利を有する者がその権利を訴訟で主張できることは当然であり，これは訴訟法上特段の例外を認めたものではなく，あくまでも問題を実体法の枠内で解決したものといえる。

消費者契約法がこのような法律構成を採用したことについては，以下のような説明が可能であると思われる。すなわち，代替的な法律構成としてありえたのは，訴訟担当構成であり，それを前提にする場合には，まず（被担当者である）各消費者個々人に約款条項の使用差止等の請求権を付与する必要があることになる。けだし，実体法上，消費者個人は（たとえその約款等で被害を受けた者であっても）当然にはそのような差止請求権を有するものではないと解されるからである（この点は，*1*(2)も参照）。しかし，そのような請求権の付与には様々な問題があったと考えられる。そもそもそのようなことが可能であるのか，大いに疑問がある。請求権を付与する者を当該約款が使用される可能性のある消費者に限定するとしても，現実には多くの場合，すべての消費者に対して潜在的には約款使用の可能性があり，結局，すべての自然人に請求権を認めることにならざるをえない。その結果，すべての者に原告適格を認めるとすれば，

32)　同様の規律は，前述のように，景品表示法（10 条）及び特定商取引法（58 条の 18 以下）にも拡大されている。

それは一種の民衆訴訟とならざるをえず，制度として相当性を欠くことは明らかであろう[33)]。他方，請求権は消費者個人にあるとしても，（法定訴訟担当等として）消費者団体に原告適格を集中するということも考えられるが，それは結局，いったん消費者に実体権を与えながら，返す刀でそれを訴訟上行使する権能（当事者適格）を取り上げることになり，制度としてはやはり極めて不合理なものになるように思われる。また，そのように構成する場合は，消費者団体の法定訴訟担当と解することになるが，当該団体の加入者ではない消費者との関係で，何故に当該団体に対して個別消費者の実体権を管理処分する権限が認められるのか，明らかではない[34)]。

以上のような点を考慮すると，結局，この場合は実体法的アプローチ＝固有権的構成しか現実の選択肢としてはなかったのではないかと思われる。ただ，理論的には，なぜ消費者団体にこのような実体権を付与することができるのか，という問題はなお残る。この点において，このような制度の背景には，福永説が指摘するような消費者全体の集団利益を観念できるという考え方があるのではないかと思われる[35)]。すなわち，このような差止請求権は本来，個々的に分解できない，一体としての消費者集団に帰属している権利であり[36)]，（当該約款等によって影響を受ける）全消費者の固有必要的共同訴訟の性格をもつものであるが[37)]，それでは実際の権利行使は不可能になるので，便宜上，当該集

33)　被告の立場からすれば，すべての者から差止訴訟を起こされるおそれが常にあり，その訴訟に全勝しなければ自己の権利が実質的に守られないという不当な結果になる（それを防ぎ，紛争の一回的解決を図るためには，地球上のすべての自然人に対して差止請求権不存在確認訴訟等を提起せざるをえないという帰結になる）。

34)　任意的訴訟担当の構成は，結局，担当を拒否する自由を認めることになり，その場合には個別消費者の原告適格を並列的に認めざるをえなくなると解されるが，それが前述のような問題（特に被告の防御の不利益）をもたらすことは明らかであろう。

35)　その意味で，このような差止訴訟は，谷口説がいわれる本質的集団訴訟という側面を有している。

36)　その意味では，入会団体に帰属する請求権と類似する性格をもつ。

37)　そのような消費者の範囲が極めて広汎に及ぶ場合には，実際上，それは公益とほぼ同旨のものになるであろう。ただ，やはり消費者という特別の属性をもった者の利益という意味では，純粋の公益というには落差があるように思われる。この点で，フランス法が，公益（intérêt public）はあくまでも私訴（action civile：私人の提起する刑事訴訟）で実現され，差止訴訟等は集合利益（intérêt collectif）の問題であると割り切っていることは1つの参考となろう。

団を代表できる地位にある適格消費者団体[38]に権利を付与したとみるものである。これによって，消費者個人が（たとえ被害者自身であっても）提起できないような訴訟につき適格消費者団体のみに適格を認めるという構成が採用されたと評価できる。

(3)　暴力団対策法における団体訴訟

暴力団対策法は，国家公安委員会の認定を受けた都道府県暴力追放運動センター（適格都道府県センター）が，当該都道府県の区域内にある指定暴力団等の事務所について，周辺住民等からの委託を前提に，当該委託をした者のために自己の名をもって，その使用及びそれに付随する行為の差止めの請求に係る一切の裁判上・裁判外の行為をする権限を有する旨を規定する（暴力団32条の4）。これは，適格都道府県センターの差止めの請求に係る原告適格を認めるについて，周辺住民からの授権を前提にして原告適格を付与する法律構成を採用したものである。訴訟法的アプローチ＝任意的訴訟担当構成の採用ということができる。その意味で，制度の実質ないし結果は消費者団体訴訟の場合と類似するが，その法律構成は大きく異なっていることになる。

このような構成が採用された理由について，その立案に関与された三木浩一教授は以下のように説明される[39]。三木教授は，どのような構成によって団体に原告適格を認めるかは基本的に立法機関による政策的裁量の問題であるとされるが，この場合に任意的訴訟担当の構成によった理由として，①人格権に基づく差止請求権の個人帰属性の高さ，②人格権についての権利主体の意思尊重の必要，③周辺住民の主体的な暴力団排除運動との連動可能性を列挙される。

---

38)　このような団体を限定するについて，消費者契約法は前述のように内閣総理大臣の認定というツールによるが，その要件として様々な要素を総合的に考慮するものとされている点でも，福永説と類似する。その中で，「消費者の被害の防止及び救済のための活動（中略）を行うことを主たる目的とし，現にその活動を相当期間にわたり継続して適正に行っている」こと（消費契約13条3項2号）は紛争管理権に近いものであろうし（ただし，具体的な事件との関係での活動まで求められているものではない），組織性（同項3号），専門性（同項5号），経理的基礎（同項6号）などが求められるものとされている。

39)　三木浩一「暴力団追放団体訴訟の立法における理論と展望」NBL 969号（2012年）24頁以下参照。

①及び②はここで問題となる実体権（人格権及びそれに基づく差止請求権）の特質を問題にするものであり，③は政策的な配慮を指摘するものであろう。

そこで，この場合を，前述の消費者団体訴訟の場合と比較すると，確かにいくつかの点で差異が認められる。第1に，消費者団体訴訟では個々の消費者に差止請求権は帰属しないことが前提であったのに対し，この場合は周辺住民の差止請求権が一定の要件の下で既に存在していることが前提となっている点である。既に多くの裁判例で認められているとおり，周辺住民は人格権に基づき暴力団事務所の使用差止め等の実体的請求権を有すると解されており，仮に固有権的構成を採用する場合，周辺住民の請求権との調整等が必要になる可能性があった。第2に，第1点とも関係するが，権利者の範囲について（緩やかではあっても）特定可能性がある点である。前述のように，消費者団体訴訟の場合には，関係する消費者の範囲を特定することは極めて困難であり，場合によっては民衆訴訟的にならざるをえないところ，暴力団関係の場合には請求権をもつ住民の範囲は限定される。そこで，当該住民からの授権，すなわち任意的訴訟担当という構成の可能性が生じることになる。

以上のような，消費者団体訴訟との相違から，任意的訴訟担当という構成は（③のような政策的配慮も踏まえれば）ある意味では自然な解決であったといえよう[40]。そして，その構成は，改説後の伊藤説の紛争管理権論を想起させる。実際，適格都道府県センターの業務として，「暴力団の事務所の使用により付近住民等（中略）の生活の平穏又は業務の遂行の平穏が害されることを防止すること」（暴力団32条の3第2項6号）が定められており，当該センターが紛争解決に向けた一定の行動を行うことが想定されている（ただし，法律上は，当該具体的な案件での紛争管理行動まで原告適格の前提として求められているものではない）。その意味で，一定の紛争管理行動を前提に，本来の権利者からの授権による当事者適格の取得という紛争管理権の考え方に整合的な制度といえよう。

40）　立案時の1つの争点としては，人格権の授権可能性という問題があったようである。行使上の一身専属権を第三者に授権することができるかという問題である。確かに債権者代位権などでは一身専属権の行使は否定されているが（民423条1項但書），この場合は権利者の自由意思に基づく授権であり，また代理による行使も当然認められることを考えれば，授権の対象が一身専属権であっても特に問題はないという立場がとられたものと解される。

しかし，政策判断を除いて純粋に理論的に問題を考えるとき，この場合もなお固有権的構成を採用することはありえたように思われる。すなわち，ここでも周辺住民の個々的な利害を超えた利益が認められ，それが一定の範囲の地域社会に帰属すると理解できる可能性はあったのではなかろうか。この点で，三木教授は，「市民が平穏な日常生活を営むことができる環境は，周辺住民等の私益に尽きるものではなく，地域社会や国家がその実現に向けた責務を負う公益でもある」との評価を示される[41]。例えば，単なる通行人等が暴力団抗争の際の流れ弾に当たらない利益等をも考えると，そこで問題となっているのは，（住民の利益だけには還元できない）地域社会全体の利益という評価も確かに可能であり[42]，その場合にはなお固有権としての差止請求権を観念するアプローチもありえたように思われる。この場合，確かに住民個々人が有する差止請求権との調整が問題となるが，いずれにせよ既に（周辺住民の数と同数の）多数の請求権が成立している以上，ここで団体に帰属する差止請求権が1個増えたとしても被告に与える打撃は小さく，相互の調整については特に考える必要はないという立場も十分成立しえたように思われる[43]。このように考えてくると，今回の任意的訴訟担当構成の採用は，暴力団排除について地域住民の主体性を活用するという政策的要請が大きな比重を占めており，その意味で必ずしも普遍性はないものと整理することも可能であろう[44]。

41） 三木・前掲注39）32頁参照。

42） 三木教授は「公益」という観念を用いられるが，その場合には，公益実現のため公的団体に固有の請求権を認める可能性もあったということになる。他方，個々的には分解できない，集団としての地域社会に帰属している権利とする理解も可能であり，その場合には，そのような集団利益を実現するために，地域社会の利益を代表する団体に請求権を認めるアプローチも可能であったといえよう。

43） 住民が有する差止請求権は相互に調整はされずに，住民Aの請求棄却後に住民Bが提訴可能であるのであれば，団体の請求棄却後に住民の提訴が可能であっても問題はないというように，制度として割り切る可能性もなくはなかろう。

44） 前述のように，今回の法律構成の採用については，人格権の特性も理由とされている。しかし，①や②の理由は法定訴訟担当を否定する根拠にはなるが，固有権的構成を否定する理由にはならないように思われる（①は団体の請求権の根拠を人格権とは異なるものと構成すれば理由にはならないし，②はこれを通常共同訴訟と理解する限り，現在でも自己が行使するかどうかは自らの判断によるが，他人の行使を妨げることはできない以上，やはり理由にはなり難いように思われる）。

(4) 消費者被害集団的回復裁判手続特例法における共通義務確認訴訟

最後に，現在法案が国会において継続審議になっている「消費者の財産的被害の集団的な回復のための民事の裁判手続の特例に関する法律案」（以下単に「法案」という）における集団的被害回復手続を検討する[補注7]。この手続は相当に複雑な内容をもったものであり，法案の全体像をここで紹介することはできないが[45]，その概要は以下のとおりである。この手続は，いわゆる2段階訴訟の構成をとっている。すなわち，第1段階では，各被害者が有する損害賠償請求権とは切り離す形で，特定適格消費者団体[46][補注8]によって違法な行為による金銭返還の共通義務を確認する（これを「共通義務確認訴訟」と呼ぶ)。次いで，第2段階において，簡易確定手続が行われ，各被害者がこの手続に加入して，特定適格団体に授権して債権届出が行われる。ここでは，一種の任意的訴訟担当として特定適格団体が権利をまとめて届け出て，簡易な手続で権利実現が図られる[47]。本章との関係で重要な点は，第1段階の判決の個別被害者に対する効力について，敗訴判決の効力は及ばないが，勝訴判決の効力はそれらの者にも及んで第2段階では（手続に加入した被害者に対して）加害者は共通義務の存在を争えないという，いわゆる既判力の片面的拡張の制度が採用されている点である。

以上のように，この制度は，現在の消費者団体訴訟における固有権的構成とも，暴力団対策法における訴訟担当構成とも異なる，極めてユニークな法律構成を採用している。このような構成がとられた理由としては，第1に，ここでは被害者の個別の請求権（金銭債権）が問題となっており，固有権的構成はそもそも不可能であったことがある。他方で，第2に，訴訟担当構成は，①法定

[補注7]　同法律案が基本的にそのままの形で成立したことについては，[補注1］及び[補注5］参照。

45)　その手続の詳細については，本書第19章，山本和彦「集団的消費者被害救済制度の概要」月刊監査役617号（2013年）2頁以下など参照。

46)　これは，消費者契約法の適格消費者団体の中で，特に被害回復関係業務を行うための内閣総理大臣の認定（特定認定）を受けた団体である（法案65条参照)。

[補注8]　特定適格消費者団体について詳しくは，山本・前掲［補注1］111頁以下参照。

47)　債権届出に対しては被告事業者による認否の手続が行われ，否認された債権の確定のために異議申立てによる簡易確定決定及び異議訴訟という手続が用意されている。手続の全体像は，破産手続における債権の届出・調査・確定の手続に類似している。

訴訟担当とするには各被害者と団体との間におよそ法律関係が存在せず，被害者の金銭債権を管理処分する法定の権利を団体に認める根拠に欠けること，②任意的訴訟担当とするには，既に選定当事者の制度（民訴 30 条）で問題となっているとおり，授権の調達が困難であることがあり[48]，更に，③法定訴訟担当とも任意的訴訟担当とも異なる独自の訴訟担当として一種のクラス・アクション的な仕組みを構成することは，濫用のおそれに対する懸念や被害者の手続保障に対する懸念に鑑み，現実的ではなかったこと[49]などから，全く独自の仕組みが考案されたものである[50)[補注 9]]。

本法案の制度は，理論的にみれば，請求権の中身を分断して，他の被害者と共通する権利として切り分けられる部分（いわゆる共通義務）を取り出し，その部分については一種の固有権として団体に確認訴権を認めたものということができる。換言すれば，個別請求権に内在する集団利益の側面を承認して，それについて独自の原告適格[51]を認めたものといえよう。ただ，そのままであれば，当事者を異にする共通義務確認の勝訴判決の既判力は被害者個々人に対して拡張しないことになるが[52]，制度としてその拡張を認める必要があり，そ

48） 前述のとおり（注 29）参照），司法制度改革審議会意見書では，民事訴訟法改正後のこの制度の活用に期待が寄せられていたが，現実には，消費者紛争等でのこの制度の活用は皆無に近い状況にあるようである。

49） この点については，本書第 19 章 ***1*** 参照。

50） 比較法的にみれば，最も近い制度としてフランスの消費者法典改正法案の制度がある（日本法も立案時にこれを 1 つのモデルとしている）。この法案（消費者法典の改正法案として，L423-1 条～18 条等を定めるものである）は，2013 年 5 月にフランス議会に提出されており，奇しくも日本の法案と全く同時期に議会の審議に付されることになった（同年 8 月現在，下院で可決されて上院で審議中のようである）。日本の法案と基本的に類似しながら，興味深い相違点を含むが，その詳細な検討は別稿に委ねる。

［補注 9］ フランスでも，日本に若干遅れたものの，2014 年 3 月に法律が成立した。同法の内容については，（前注の別稿として）山本和彦「フランスにおける消費者グループ訴訟」一橋法学 13 巻 3 号（2014 年）123 頁以下がある（法律の条文もそこに訳出されている）。また，フランスの従来の制度や日本の手続との類似点・相違点を含めて，その全体像につき，山本・前掲［補注 1］61 頁以下も参照。

51） 正確に言えば，法案で認められたのは，団体がそのような確認訴訟を提起した場合の適法性であり，確認の利益をも含めた適法性が認められているものといえよう（一般にいわれるように，確認訴訟では，当事者適格は確認の利益の問題に吸収されている）。

52） あくまでもそのような拡張がないことがデフォルトであり，既判力の拡張を前提にして，敗訴の場合に拡張を否定するという制度にはなっていない点に注意を要する（訴

こがこの制度の創設に際して最も腐心した点といえよう。その点は結局，拡張の必要性と許容性という両面から政策的な理由で説明しており，被害者による個別提訴の困難性及びその救済の必要性という勝訴判決の効果の拡張の必要性を前提に，被告の手続保障を図る様々な代替措置に基づく既判力拡張の許容性に基づいている[53)]。従来の理論的検討では，多くの場合，損害賠償請求権は（差止請求権などとは異なり）原理的に個々人に帰属する権利であることは明らかであるとして，集団的利益論の射程外に置かれてきたように思われる。しかるに，この新たな制度は，個別請求権の内実を切り分けることによって，従来の前提に対して本当にそうなのかを問い直し，損害賠償請求権をも従来の議論の射程に包含する理論的契機ともなりうる点で注目に値しよう[54)]。

4「集団的利益」の視点に基づく若干の考察
——環境問題訴訟を題材として

最後に，上記のような理論や立法の展開を前提として，学説においては中心的な検討領域とされながら，立法の分野では残された課題となっている環境関係の訴訟[55)]について検討してみたい[56)]。

訟担当構成をとりえない以上，一般的な既判力拡張はデフォルトになりえない)。

53)　詳細については，本書第19章 ***3***(1)参照。

54)　そのような観点からすれば，差止訴訟とは，全体が共通義務に関し，個別争点部分がゼロの特殊ケースという位置づけもできよう。それを一極端として，全体が個別争点で共通義務部分がゼロの請求権を他方の極端として，その中間部分をどのように処理するかという問題として，この制度を捉えることも可能である。そのような把握を前提にすれば，今回の法案の制度は相当に広い一般的射程を持ちうる普遍性を有する仕組みとの評価も可能であろう。

55)　ここでは民事訴訟を中心に検討する。環境訴訟においては，実際上行政訴訟の占める役割が大きいと考えられるが，現在の著者には行政訴訟まで射程に包含した議論を展開する用意がない。

56)　かつてフランス法を紹介しながら，環境訴訟における団体訴訟の可能性について検討したものとして，山本和彦「環境団体訴訟の可能性」福永有利先生古稀『企業紛争と民事手続法理論』（商事法務，2005年）175頁以下参照。

(1) 環境関係差止訴訟

まず，環境関係の差止訴訟について検討する。環境関係差止訴訟の特徴について，既存の立法がされている消費者関係差止訴訟（*3*(2)参照）や暴力団関係差止訴訟（*3*(3)参照）との比較でみると，第1に，周辺住民個々人について個別の差止請求権が存在しているという点で，消費者関係よりも暴力団関係に類似しているといえる。もちろん，実体法上どのような要件で差止めが認められるかについては様々な議論があるものの，一定の要件の下で個別住民の人格権に基づく差止めが認められること自体に争いはない[57)]。第2に，周辺住民（当事者適格者）の特定可能性という点でも，消費者関係よりも暴力団関係に類似しているといえる。消費者の場合のように，およそ無限定な民衆訴訟的な事態を生じることは環境関係においては考えにくく，いかに請求権者の範囲を広く捉えるとしても，そこには一定の限定がかかり，その範囲を個々の事件において特定することは不可能ではないことが前提になろう。以上のように考えると，環境関係の制度構成としては，暴力団関係に倣って，訴訟法的アプローチ＝任意的訴訟担当構成によることが考えられる。すなわち，差止請求権を有する周辺住民から環境団体が授権を受けて，差止訴訟を提起する適格を認め，その前提として，環境大臣等がそのような資格を有する環境団体（適格環境団体）を予め認定しておくという制度構成である。

しかし，著者は，それとは異なる制度構成も十分に可能であると考えている。既に暴力団関係について論じたように（*3*(3)参照），暴力団の場合でも固有権的構成を採用することは決して不可能ではなかったことに加えて，暴力団対策法の場合に比べて，（程度問題かもしれないが）環境関係では，請求権までは認められないけれども実質的に利害関係を有するような関係者の範囲は広いのではないかと思われるからである。特に環境紛争に係る将来世代の利益は，重要なものとして考慮される必要があろう[58)]。その意味で，福永説の言うところの

57）他方，学説が問題にするとおり，環境権という権利を認め，これが周辺住民等に集団的に帰属するという考え方もありえ，そのような考え方を前提にすれば，周辺住民個々人は権利を行使できず，問題はむしろ消費者関係の差止訴訟と類似することになる。

58）また，環境関係の利害の広がりは，（近時の原子力発電所事故の事案などもみれば明らかなように）暴力団関係の場合よりも，事案によっては格段に広範囲に及ぶ可能性があろう。

個別利益に還元できないような集団利益を構想する必要は，ここでは非常に大きいのではないかと思われる。他方で，暴力団関係において見られたように，周辺住民の主体性を重視する必要性は（ないとは言えないが），相対的にそれほど大きな政策的要請ではないようにも思われる。そうであるとすれば，ここでは実体法的アプローチ＝固有権的構成を採用することも十分に検討に値しよう。言い換えれば，適格環境団体に独自の差止請求権を付与する構成である。その結果，周辺住民が個々的に有する差止請求権とは別個の請求権を行使して，適格環境団体が差止訴訟を提起できるとするものである。

以上のような見解に対して予想される批判としては，以下のようなものがありうる。すなわち，住民の有する個々的な差止請求権は適格環境団体の有する差止請求権と完全に一致しないまでも，実質的にはそれに包含されているのではないか，という疑問である。それにもかかわらず，適格団体が敗訴した後に，個々の住民が再訴できるとするのは，被告との関係で不当ではないかという批判が考えられよう。仮にこの点を重視するとすれば，やはり任意的訴訟担当構成が適合的であるということになるかもしれない。しかし，著者は，以上のような批判は必ずしも妥当しないものと考えている。すなわち，第1に，前述のように，授権等をした住民の利益を超える利益を訴訟手続に反映させる必要がある（例えば，将来世代等の観点からも攻撃防御を尽くす必要がある）とすれば，訴訟担当を超えた独自の請求権を適格団体に認める必要性は大きいと考えられる。その意味で，訴訟担当構成では，そのような利益を十分掬いきれない。第2に，仮に固有権的構成をとったとしても，既に（要件を満たす住民の数だけ）多数の差止請求権が存在しており，被告は多数回の訴訟リスクに晒されているのであり[59)][補注10]，適格環境団体の請求権が人工的に1つ加わったとしても，その影

59)　もちろん，このこと自体が問題であるという批判は別途ありえよう。しかし，それは差止訴訟全体の制度構成の在り方に波及する大きな問題であり，ここで問題としている場面とは切り離して検討する必要があろう。例えば，固有必要的共同訴訟とすることが適切ではないとすれば，被告の側からの引込みの手続（民事執行法157条の参加命令に類似した手続）を構築することなども考慮に値しよう。

［補注10］　前注の問題に関して立法論として，裁定訴訟担当（授権決定）の制度の導入を提案するものとして，三木浩一＝山本和彦編『民事訴訟法の改正課題』（ジュリスト増刊，2012年）24頁以下参照。

響は大きくないとも考えられる。その意味では，仮に個々の住民の請求権との重複があることを前提に，その間の調整をしないとしたとしても，被告に与える不利益はそれほど問題にする必要はないように思われる。

以上のように考えれば，やはり個別住民の有する差止請求権とは別に適格環境団体の差止請求権を構成する必要性はあり，また被告との関係でその許容性も認められるのではないかと考えられ，著者としては，今のところ，そのような立法が望ましいと考えている。

(2)　環境関係損害賠償訴訟

次に，環境関係の損害賠償請求訴訟について考える。環境関係損害賠償訴訟の特徴について，既存の立法がされている消費者関係の損害賠償訴訟（*3*(4)参照）との比較でみると，まず損害賠償の重要性の二次的性格を指摘できよう。環境関係では，何よりも損害の発生を予防することに重点があり，またそれが可能であると考えられる。消費者関係の場合には，まず損害を発生させるような事態が生じ，その賠償と将来に向けた防止を並行的に考えていく必要がある状況が一般的であるが，環境関係では，一般的な危険を発生させる事態が生じるものの，未だ現実の損害が問題となる前の段階で予防的措置をとりうることが多い。その意味で，まずもって検討されるべきは，(1)で述べた差止訴訟の問題であるといえよう。ただ，環境関係でも現実に事故等が発生し，周辺住民に損害が生じることはもちろん想定できる。しかるに，そのような場合であっても，消費者関係とは異なり，環境関係では原告を糾合することが相対的に容易な類型であるということができよう。すなわち，環境事故等が発生したとしても，その影響する範囲は通常地理的に限定されており，損害を受けた者も特定可能であることが多い。その意味で，一般的な集団訴訟（通常共同訴訟）によって対応が可能である場合が多いといえよう。

以上のように考えると，環境関係においては，あえて損害賠償に関して特別の制度を設ける必要はないという考え方も可能ではある。しかし，近時の原子力損害賠償に係る事案は，そのような「常識」が通用し難い場面があることを示唆したといえよう。すなわち，福島第一原子力発電所の事故は，空前の環境事故ということができるが，その損害の範囲も極めて広範囲に及んでいる。もちろん原子力発電所に近接した地域に居住している住民やそこで活動している事業者等が様々な損害を被ったことは当然であるが，例えば，相当離れた地域の農産物・漁獲物等に風評被害を発生させたり，外国からの観光客の減少で京都など観光地のホテルや通訳業者等にも損害が生じたりしている。原子力損害賠償紛争解決センター（原発ADR[60)]）における2012年1年間の申立て（合計4,542件）のうち，福島県外からの申立ては，2,112件（46.5%）であり，半数近くを占めている[61)][補注11]。ここでは，消費者関係の損害賠償とほぼ同じ事態が生じているといっても過言ではない。仮にここまで大規模な環境事故ではなくても，相当の被害者を含む事故が発生した場合，被害者の間で共通する争点について統一的な解決をすべき必要性が認められる事案も十分ありうるように思われる。

以上のような点を考慮すれば，環境関係の損害賠償訴訟との関係でも，消費者関係と同様に，共通争点の切り分けを図る必要がある場合があるのではないかと思われる。例えば，今回の原子力発電所事故の事案においては，原子力損害賠償法上の免責事由[62)]について，加害事業者である東京電力は当初からそれを援用しない立場を宣明していた。しかし，仮にこの点が訴訟において問題になったとすれば，すべての被害者との関係で，まずその点を司法で決着させる必要があったように思われる。仮にそうしないと，ADRによる解決は停滞し，仮にADRで個別事件を解決したとしても，事後的に事業者の免責を認める判決等がされればすべて覆ってしまうおそれがあるし[63)]，それを個別の被

60）　なお，著者は同センターの総括委員の職にある。

61）　原子力損害賠償紛争解決センター「原子力損害賠償紛争解決センター活動状況報告書――平成24年における状況について」（2013年2月）（http://www.mext.go.jp/a_menu/genshi_baisho/jiko_baisho/detail/pdf/adr_003.pdf）8頁以下表参照。

［補注11］　その後，2014年の申立てにおいても，このような状況に大きな変動はなく，5,217件の申立てのうち，福島県外からの申立ては，2,120件（40.6%）に及んでいる（「原子力損害賠償紛争解決センター活動状況報告書――平成26年における状況について」参照）。

62）　同法3条1項本文は原子力事業者に対して原子力損害について無過失責任を課しているが，同項但書は「その損害が異常に巨大な天災地変又は社会的動乱によって生じたものであるときは，この限りでない」として，免責される場合があることを認めている。

63）　和解の効力は認められるが，重要な前提事実について錯誤があったとして，和解契約の無効が問題になる余地はあろう。

害者の訴訟で個々的に争うとすると，相互に矛盾した判断がされ，社会的に大きな混乱を生じる可能性があるからである。そのように考えると，環境関係の損害賠償訴訟においても，消費者関係の損害賠償訴訟における考え方は十分に援用可能であり，例えば，特定適格環境団体を認定し，当該団体に共通争点に係る確認訴訟を提起させ，第2段階で債権確定の手続を行うといったスキームはなお検討に値するであろう[64]。

(3) 補論（その1）――民事保全と民事執行

以上が環境関係の差止・損害賠償訴訟に関して考えられる法的スキームに関する著者の当面の見通しである。以下では，それに付随して若干の補論的な検討として，まず，権利の保全と実現，すなわち関連する民事保全と民事執行の問題について簡単に見てみたい。集団的利益を現実に実効的に保護するためには，（個別の権利の実現の場合と同様に）権利の保全とその執行が重要な意味をもつからである。

特に損害賠償との関係では，責任財産の保全（民事保全）と権利の実現（民事執行）は実際上重要な機能を有する。従来は集団的な救済固有の観点としては，この点はほとんど検討されてこなかったといえよう。しかるに，自ら訴えを提起できないような被害者を前提にするとき，民事保全や民事執行のみ自らの手で行いうるとする前提は明らかに非現実的なものである。その意味で，原告適格を有する団体による何らかの手続代行のスキームが，集団的利益の実効的な保護のため，ここでも不可欠になると考えられる。そして，今回の消費者被害救済手続の立法の際に，初めてこの点に視線が向けられたということができる。詳細については省略するが[65]，結果として，現在の法案では，保全（仮差押

64）この場合は，性質上，第2段階で問題となる損害の個別性が強く，この制度に馴染まないという考え方もありうる。しかし，第1段階で共通問題を統一的に決着させる必要が強いとすれば，共通争点部分を司法において解決し，第2段階＝個別論点については，現在の原子力損害賠償の仕組みのように，ADRによって解決するという変形バージョンも考えられようか。相手方が公益的な事業者で和解交渉が実効的に行われる可能性が高ければ，それによっても紛争解決の実効性は担保できよう（これに対し，一部の産業廃棄物処理事業者に見られるような，信頼性の低い者が相手方であるときは，ADRの実効性には疑義を生じ，やはり裁判手続を用意せざるをえないであろう）。

65）この点については，本書第19章 ***5*** 参照。

え）との関係では法定保全担当という構成がとられ，執行との関係では任意的執行担当という構成がとられていると解される。このような法律構成が採用された理由としては，以下のような点が指摘できよう。

まず，この局面では，被保全権利や執行債権は個々の被害者の権利であることは明らかであり，共通義務の切り出しという訴訟の場面での対応は困難といえる。その結果，正面から，特定適格団体が個別消費者の権利を行使するということになり，保全担当・執行担当を観念せざるをえないという前提で制度が組み立てられたように思われる。そのうち，執行担当については，訴訟手続の第2段階（簡易確定手続）において特定適格団体に対する強制執行の授権もされている前提で，当該団体による任意的執行担当として構成することは比較的容易であった。この点についての明文はないが，法案は簡易確定手続追行の授権の際に，将来の強制執行についても授権がされることが前提になっているものと解されよう。そして，一般にこのような担当方法が許容されていると解されれば[66]，法律にその根拠規定をあえて置く必要はないことになる。

問題は保全担当である。この段階（第1段階の提訴前の段階）で被害者から個別の授権を得ることが非現実的であることは明らかである。そのような授権を求めるとすれば，訴訟の第1段階を授権から切り離したことと矛盾してしまう。そこで，これを保全担当として処理するとすれば[67]，それは必然的に法定保全担当にならざるをえないことになる。しかるに，被害者と特定適格団体の間に特に法律関係がないとすれば，何故にそのような担当関係を認めうるかが問題となり，その理論的な正統化には極めて困難なものがあろう。そのような正統性について，著者の見るところ，現実の必要性を前提にして，その許容性としては，①保全は保存行為であり，その限りでの管理権を団体に認めることは

66)　任意的執行担当について，中野教授は，「第三者への執行授権について，これを認める合理的な必要がある場合には，第三者が違法あるいは不当な目的のために執行を担当するのでない限り，任意的執行担当を許してよい」とされるが（中野貞一郎『民事執行法〔増補新訂6版〕』（青林書院，2010年）144頁以下参照），特定適格消費者団体への授権の場合はそのような要件を満たすことは明らかといえよう。

67)　団体に固有の請求権を認めて，それを被保全権利とすることは考えられるが，法案の制度はあくまで被保全権利は個々の消費者の請求権とされており（法案56条1項参照），それは，団体に認められた権利が確認の利益という訴訟上の権利に止まる以上，必然的なものであったと思われる。

関係者の利益を害するものではないこと，②保全命令申立てが却下に終わったとしても既判力は生じず，被担当者に実質的な影響がないことを根拠とすべきことになろう[68]。

以上のような消費者関係の手続は，環境関係についても，損害賠償請求との関係では同様に妥当しうると解される。今回の原子力発電所事故の場合のように，加害者側の資力について問題はなく[69][補注12]，かつ，賠償義務が確定すれば任意に債務を履行することが想定されうる場合には，保全・執行は大きな問題とはならない。しかし，環境関係であっても，被告となる事業者について，財産の散逸・隠匿のおそれがあり，あるいは判決等が確定しても任意に義務を履行しないことが想定される場合もありえよう[70]。そのような点を考えれば，環境関係損害賠償訴訟制度を整備するのであれば，やはり同様に，その保全・執行の手続を整備しておく必要性はあるように思われる。

(4) 補論（その2）――民事訴訟目的論との関係

最後に，このような集団利益の保護のための民事訴訟手続の構成が民事訴訟の目的論との関係でどのような意味をもつのか，について考えてみたい。このような手続は，一方では個々の被害者等の利益を保護するという私権保護の側面をもつが，他方ではそのような権利保護を通してむしろ消費者法や環境法，暴力団対策法等の客観的法秩序の実現を目指している側面があることも否定し難い。見方によっては，後者の側面がより正面に出てくるかもしれない。そのような事態は，民事訴訟の目的論という観点からはどのように捉えられるか，というのがここでの問題意識である。

68）以上につき，詳細は本書第19章*5*参照。

69）もちろん，それは原子力損害賠償支援機構を始めとした公的な資金援助の仕組みが背後にあるためであり，東京電力単体で数兆円に及ぶとみられる賠償義務を果たす資力を有しているかは別問題であるが，いずれにしても保全の必要は認め難いであろう。

［補注12］今回の事故では東京電力に対して法的倒産手続による処理はされなかったが，そのような処理方法の問題点を指摘し，原発事故を起こした電力会社についても法的手続による処理の可能性を説くものとして，山本和彦「原子力発電所事故を起こした電力会社の会社更生手続試論」齊藤誠＝野田博編『非常時対応の社会科学』（有斐閣，2016年）283頁以下参照。

70）前掲注64）も参照。

この点で，従来の民事訴訟の目的論との関係では，権利保護説と私法秩序維持説との対立が想起される。ここで，本論において必要な限りで，民事訴訟の目的論をめぐる議論を概観しておくと，一応以下のように整理できる[71)][補注13]。すなわち，19世紀の訴権論から展開した権利保護説が一般的な支持を得ていたところ，20世紀前半にはドイツでも日本でも私法秩序維持説が多数説化していった。しかるに，戦後は，このような考え方はナチスドイツや軍国主義等の国家主義的な思潮を反映した誤った理論であったとして，全面的に否定され，その支持者は皆無に近い状態になっていく[72)]。ただ，近時は，新たな観点から法秩序維持という目的を考えていく議論が生じているように思われる。すなわち，それを国家主義的に捉えるのではなく，社会の基盤となる法の解釈を明確化し，それを時代に適合したものに展開させていく役割の一端を司法が担っているという捉え方である[73)]。そして，このような理解は，権利保護説[74)]と決して矛盾するものではない。民事訴訟は，一方では当事者の法的利益を守るという側面をもつが，他方ではそれによって法秩序が維持されるという付随的な効果をもつ。例えば，貸金の返還を命じる判決をすることで，直截的には債権者の法的利益（権利）が保護され，それが民事訴訟の直接の目的であることは間違いないが，そのような権利が保障されることによって，社会の中で「借りた金は必ず返す」という法秩序が確立していくこともまた事実であり，そのような法秩序の維持・確立が民事訴訟の付随的な目的に含まれるといえよう。

特に，今後の民事訴訟の役割を考えるに際しては，常にADRなど裁判外の紛争解決制度との役割分担が問題になる。そこでは一般論として，以下のような役割分担が考えられよう[75)][補注14]。すなわち，ルーティンな個別的紛争解決

---

71)　目的論の詳細及び著者の見解については，山本和彦『民事訴訟法の基本問題』（判例タイムズ社，2002年）1頁以下参照。

［補注13］　著者の民事訴訟目的論については，本書第1章・第2章も参照。

72)　なお，日本では戦後，権利保護説とも異なり，紛争解決説が多数説の地位を得ていくことになる。その経緯も興味深いものがあるが，ここでは立ち入る余裕はない。詳しくは，山本和彦『民事訴訟審理構造論』（信山社出版，1995年）1頁以下参照。

73)　ドイツにおいて，法の継続形成（Rechtsfortbildung）を民事訴訟の目的とする見解などは，このような側面からの法秩序維持の理解を示すものとも考えられよう。

74)　なお，著者自身はいわゆる新権利保護説（法的利益保護説）という考え方をとっている。これについては，山本・前掲注71）9頁以下，本書第2章***1***参照。

については可及的にADR等によって図っていく一方で，貴重な司法資源の投入としては，（ADR等では解決困難な紛争に加えて）社会の中で法的ルールを確立・展開していく必要があるような分野に対して重点的にそれを投入する配慮が必要になるように思われる。それによって法秩序の維持発展を図り，社会における紛争発生の予防や紛争の自主的解決に資する基盤を整備するという発想である。その意味で，そのような法的ルールの確立・展開に資する事件，それも社会の多くの人との関係での法的ルールに関わる事件を積極的に司法が取り上げていけるような手続の構築が重要になろう。

以上のような観点から，集団的利益の訴訟手続における実現の問題をみてみると，そこで問題となる消費者関係や環境関係という法分野は，多数の者との関係での法秩序が問題となる分野であり，また予防的な法秩序の確立や自主的な紛争の解決が極めて重要な分野であるということができる。その意味で，これらの分野における司法による法秩序の確立ないしルールの形成の意味は大変に大きなものがあり，このような法形成を積極的に行っていくに値する分野であると考えられる。そのためにも，集団的利益を訴訟に反映していくような法的仕組みが重要な意味をもとう。そのような観点からは，差止請求について，それを担うにふさわしい団体に実体権を付与するような試みとともに，過去の紛争についても，被害者の個別請求権から共通争点を切り出して，そこに集中的に司法資源を投入し，場合によっては個別争点をADR等司法外の解決に委ねるような試みは，理論的にも十分評価できるように思われる。

（初出：民商法雑誌148巻6号（2013年）606頁以下）

［補論］　本章は，集団的利益の訴訟における保護という論点について，従来の学説や最近の立法を手がかりに一定の視点を析出し，環境関係訴訟にそれを応用して，考えうる制度構成を試みに検討したものである。本章の元となる論稿は，2013年2月に神戸大学で開催された公開カンファレンスの成果に基づき，「公

75）　山本和彦＝山田文『ADR仲裁法』（日本評論社，2008年）80頁以下参照。このような見方については更に，最高裁判所事務総局「裁判の迅速化に係る検証に関する報告書（平成25年7月）」社会的要因編83頁以下参照。

［補注14］　以下のような訴訟とADRの役割分担論につき更に詳しくは，本書第1章***3***及び第7章***1***(2)参照。

法と私法における集団的・集合的利益論の可能性」と題した特集の一環として民商法雑誌に公表されたものである（特集の趣旨については，中川丈久「問題提起」民商148巻6号（2013年）492頁参照）。様々な法分野の研究者が集った研究会において，著者も大きな刺激を受けながら，やや大胆な議論を展開している。

著者自身は，前章においても述べたように，消費者被害の集団的救済手続の新規立法の立案過程に参画する中で，この集団的利益の問題に関心をもつに至った。前章では，消費者裁判手続特例法の規律に対する著者の理論的整理を明らかにしているが，本章は，その応用として，環境関係の集団的利益の保護の在り方を模索してみた（なお，かつて，フランスの環境団体訴訟の検討から，日本法への示唆を析出したものとして，山本和彦「環境団体訴訟の可能性」（注56）参照）がある）。現在，原子力損害賠償法の改正作業が進められているが，その中でこのような集団的利益の保護の面まで手が及ぶかは明らかでない。しかし近い将来，環境問題についても，何らかの手当てがされることが期待されるところ，その際に本章の叙述が何らかの参考になればと期待するものである。

V　弁護士費用と司法アクセス

第21章

弁護士費用の敗訴者負担制に関する覚書

1 はじめに

本章の目的は，弁護士費用の敗訴者負担制に関する主要な論点を整理し，それらの点についての著者の一応の試見を示すことにある。周知のとおり，この問題は終戦直後から繰り返し議論され，その度に論点整理が試みられてきた1)。その意味で，本章は屋上屋を架すおそれなしとしないが，この点の立法化が漸く近づいているとの現状認識[補注1]の下，最近の議論をもフォローした形で再度論点を整理し，それに対する私見を示しておく必要があると考えたものである。すなわち，「民訴費用制度等研究会」(座長：青山善充教授) が1997年1月に提出した報告書 (以下「費用研報告書」と呼ぶ)[補注2]は，この問題について「将来の重要課題として今後も検討を進めるべきであるとの点では意見が一致したので，弁護士人口の増加が進み，法律扶助制度の充実等関連諸制度の整備や新民訴法の施行による弁護士業務の変化がある程度収束した段階において，

---

1) 例えば，菊井維大「弁護士費用問題——論点の整理」ジュリ211号 (1960年) 6頁以下，椎木緑司「弁護士報酬の訴訟費用化に関する諸問題」ジュリ238号 (1961年) 14頁以下，山城崇夫「弁護士費用ファイナンスの微視的考察」山口経済37巻5=6号 (1988年) 395頁以下など参照。

[補注1] その後，この問題は司法制度改革の中で議論され，国会に法案が提出されたが，最終的には実現に至っていない。この間の経緯等については，本章末尾の [補論] を参照。

[補注2] なお，費用研報告書は，ジュリスト1112号 (1997年) 57頁以下に掲載されている。

弁護士費用の一部に関する敗訴者負担制度について，本格的検討が行われるべきである」との結論を示した。つまり，数年内に[2]この点の本格的検討が必要であることにつき，法曹三者が一致した認識に立ったものと言える。それを受けて，実務家を中心にこの点の議論が再び盛んになってきたところである[3]。本章はこのような機運を高く評価し，研究者側からも議論の手掛かりを増やそうとする趣旨に出る。

以上のような問題意識に基づき，以下の叙述は，原理的問題（*2*），政策的問題（*3*），技術的問題（*4*）に論点を整理し，それに対する著者の意見を簡潔に提示する形をとる。もちろん各論点は相互に密接に関連し，明確に区分できる性質のものでない場合も多く，適宜相互の関連にも言及したい。また，最後に，この問題との密接な関係が常に指摘されてきた法律扶助との関連についても簡単に概観する（*5*）。法律扶助についても[4]，「法律扶助制度研究会」（座長：竹下守夫教授）が3年以上に及ぶ議論を経て，1997年度中には報告書を提出する予定とされる[補注3]。費用研報告書でも本格的検討の前提として法律扶助制度の改革が挙げられているところであり，この点の再検討の必要は大きい[5]。

2 敗訴者負担制の原理的問題

従来，敗訴者負担制を肯定する原理的・理論的根拠として，以下のようなことが言われ[6]，この点については余り争いがない状況にあった。すなわち，仮

2） 高橋宏志ほか「座談会・民訴費用・弁護士報酬をめぐって」ジュリ1112号（1997年）20頁〔山本和彦〕で，著者は，本格的検討がなされるべき時期として，2001〜2年を予想している。

3） 費用研報告書提出後のものとして，杉井厳一「弁護士費用の敗訴者負担の問題点」ジュリ1112号（1997年）41頁以下，森脇純夫「報告書をめぐって――敗訴者負担積極論の立場から」同47頁以下，高中正義「弁護士費用の敗訴者負担の問題点（上）（下）」NBL 621号・622号（1997年）（いずれも執筆者は弁護士）などがある。

4） なお，法律扶助制度の在り方に関する著者の見解の一部については，山本和彦「フランス法律扶助見聞録（6・完）」判時1551号（1996年）11頁以下参照。

［補注3］ 1998年3月23日に報告書が提出されている。同報告書を受けて，2000年4月に民事法律扶助法（平成12年法律第55号）が制定された。

5） なお，以下における著者の見解の一部は既に，高橋ほか・前掲注2）13頁以下において示しているところである。

に勝訴当事者が弁護士費用を敗訴当事者から回収できないとすれば，実体法の与える権利内容が訴訟を通じて減殺・希釈される結果となり，不当であるとするものである。この考え方の根底には，実体法が定める権利は（その実現過程にかかわらず）同等の救済が保障されなければならないとの認識があると見られる。したがって，訴訟による権利救済の場合も，債務者による任意履行の場合と同等の結果が得られなければならず，そのためには訴訟に要したコストをどこからか回収できなければならないことになる。回収先として，通例は相手方（敗訴当事者）しか考えられず[7]，敗訴者負担制は権利救済のために必要不可欠な制度と解するものである。

これに対し，近時新たに有力な否定説が登場し，原理的観点から肯定説の前記論拠を批判するに至っている。まず，太田勝造教授は，裁判制度の権利実現モデルと紛争解決モデルを対置しながら，裁判官の心証や法的判断が必ずしも明確なものでないといった「不確実性が存在する以上，権利が，訴訟の前から観念的には既存であると言う前提を暗黙におく権利実現モデルは不適切であ」り，「このような不確実性が訴訟を通じて縮減すること自体，紛争当事者全員にとって裁判は利益をもたらしている」とされる。故に，「裁判による紛争解決という両訴訟当事者共同のプロジェクトのいわば共益費用として裁判費用を位置付けなければならない面があることを忘れてはならない。従って，弁護士費用敗訴者負担制度が裁判の権利実現モデルを暗黙に前提している限りでは，必ずしも妥当な制度であると評価することはできない」と論じられる[8]。

また，伊藤眞教授は訴訟費用一般に関し，「民事訴訟における裁判所の判断は，両当事者から提出された証拠を裁判所が自由心証にもとづいて総合的に評価し，最終的には証明責任の原則にもとづいてなされることを考慮すれば，結果としての判決における勝敗を根拠として敗訴者にすべての訴訟費用を負担させることが公平に合致するとは思われない」として，「訴訟費用の負担は，実

6）　中野貞一郎「弁護士費用の敗訴者負担」ジュリ388号（1968年）78頁以下など参照。
7）　ただし，住民訴訟や株主代表訴訟においては別段の解決策がありうる。
8）　太田勝造「裁判手数料と弁護士費用について」名法147号（1993年）632頁，622頁参照。ただ，最近の太田勝造「弁護士報酬をめぐって」ジュリ1112号（1997年）36頁以下では，弁護士費用の一部敗訴者負担制につき必ずしも否定的でないニュアンスも見受けられる。

体権そのものにかかわるものではなく，むしろそれをめぐる紛争解決の費用として位置づけられるべきものである。そのように考えれば，紛争解決という点では，勝訴・敗訴の両当事者が等しく利益を受けるというのが原則であり，訴訟費用もそれぞれが負担するというのが，公平にも合致し，また実質的公平に沿う」ので，「訴訟の類型を問わず，また，原告被告の立場を問わず，弁護士費用の一定額を敗訴者負担とすることは，かえって民事司法制度の健全な発展を妨げる」と批判される[9]。

そこで，これら見解の指摘する点を再度検討してみる必要があると思われる。以下では，新否定説の批判の論拠を権利既存説批判と共益費用論とに分けて，順次検討する[10][11]。

(1) 権利既存説批判

前述のように，この点は近時の有力説が強く主張するところであるが，古くから意識されてきた論点ではある。例えば，既にいわゆる田中＝岩田論争の中で，岩田宙造弁護士は「複雑なる事実関係は到底当事者一方の片言のみによりては，何人と雖も或る程度の見透しをつけ得るに止まり，決して勝敗を確言し得るものではない，最初から勝敗の明かな争は特別なる事情のない限り，裁判所に提訴されないのが普通である」と論じられていた[12]。また，権利既存説への批判自体も，兼子一教授の紛争解決説に遡る古い歴史をもつ。ただ，従来は権利既存説批判と敗訴者負担制とは必ずしも関連して意識されてこなかったと言える[13]。その意味で，近時の議論は，権利既存説批判と敗訴者負担制批

9） 伊藤眞「訴訟費用の負担と弁護士費用の賠償」中野貞一郎先生古稀『判例民事訴訟法の理論下巻』（有斐閣，1995年）91頁以下参照。伊藤教授は結論として，弁護士費用の損害賠償を認める判例の進展を見守るべき旨を説かれている。

10） この点については既に，森脇・前掲注3）48頁以下に優れた検討があるので，併せて参照頂きたい。

11） なお，これらの見解は弁護士費用以外の訴訟費用についても敗訴者負担を否定する方向にあるので，現行法上の訴訟費用敗訴者負担制とのバランス論は批判になりえないであろう。

12） 岩田宙造「裁判所の門を廣くあけよう」自正5巻3号（1954年）3頁参照。なお，これに対立する考え方として，田中耕太郎「上訴権の濫用とその対策」曹時6巻1号（1954年）1頁以下参照。

判を意図的に結び付けた点に意義を有する。

しかし，権利既存説の否定がアプリオリに敗訴者負担制の否定を導くものではないと思われる。権利既存説の否定に基づく敗訴当事者の帰責性の否定は，過失責任に基づく敗訴者負担を否定するに止まる[14]。逆に言えば，権利既存説否定論を認めるとしても，そこにはなお「無過失責任論による敗訴者負担制」という選択肢は残っていると解される。つまり，応訴強制により訴訟が被告にとって強制的なものであることは当然であるが，自力救済禁止原則の下では，訴訟は原告にとってもまた強制されたものなのである。被告が任意に債務を履行しない場合，原告には訴え提起以外に選択肢はない。このように応訴・提訴を強制された当事者が勝訴した場合に，その強制された訴訟に要した費用をどう負担するかがここでの問題である。ここに一種の危険責任論を持ち込む余地があるように思われる。当事者は，訴訟という社会的に危険を孕んだ制度への応答又は利用を相手方に強制する限りにおいて，その危険が顕在化した場合の責任を負担するのが正義・公平にかなっているとの理解である[15]。弁護士費用の敗訴者負担制は，根拠が怪しい場合に「提訴するな」あるいは「提訴に追い込むな」と言うのではなく，事後的に提訴理由・応訴理由がないことが判明すれば当然に賠償義務を負うとするに止まる[16]。以上の点から，仮に権利既存説を否定したとしても，それにより当然に敗訴者負担制まで否定されるものではないと解される（ただ，無過失責任の妥当範囲を費用の一部に限定し，残部

13）　例えば，紛争解決説の有力な主張者であった三ケ月章博士が，他方では敗訴者負担制の主唱者でもあった。

14）　なお，過失責任主義の下でも敗訴者負担制が維持できないかは必ずしも明らかでない。例えば，遅延損害金につき，実体法は，債務不履行時又は不法行為時から当然に発生することを前提とする。つまり，仮に不法行為の存否に合理的な理由のある争いがあった場合でも，なお争ったことの損害は債務者に負担させるのである。遅延損害金も広い意味での争訟コストであるとすれば，弁護士費用についても同様の考え方による余地はあろう。

15）　訴訟費用の敗訴者負担につき従来，結果責任を敗訴者に負わせることが政策的考慮として妥当とされてきた（上田徹一郎＝井上治典編『注釈民事訴訟法⑵』（有斐閣，1992年）434頁〔奈良次郎〕など）のも同旨であろう。

16）　森脇・前掲注3）49頁が「当事者に訴訟で争う手続的保障がなされなければならないということと，対等に主張立証を尽くした後，実体法的な理非に従ってなされた判決の勝敗の結果に基づいて，勝訴者の要した弁護士費用の一部を敗訴者に負担させるのが公平であるということとは矛盾しない」とする点に全く同感である。

を過失責任に止めることは政策的に十分ありえよう。*3* 参照)。

(2) 共益費用論

この考え方は従来の見解が権利保護説的発想を暗黙の前提としていたことを鋭く批判し，民事訴訟の目的論に関する多数説が紛争解決説によることに鑑み，この場合も紛争解決目的から問題を捉え直そうとするものと評価できる。すなわち，弁護士費用は勝訴者の権利保護のための費用ではなく，勝訴者・敗訴者を通した紛争解決のための費用である。したがって，勝訴者の費用のみならず，敗訴者の負担した費用も紛争解決には寄与しているのであり，その意味では相互に自己の費用を負担するのがむしろ正義にかなうとするわけである[17)]。

しかしながら，このような理解に対しては，紛争解決説自体に対する疑問に加えて[18)][補注 4]，この場面に紛争解決説的発想を適用することに大きな疑問が感じられる。すなわち，紛争を解決することが両当事者にとってメリットになるという理解が前提とされるが，果たして敗訴当事者にとっても紛争解決は真にメリットとなっているのであろうか。多くの敗訴者は，負けるくらいならば紛争が解決せず，継続していた方がむしろましだと考えるのではなかろうか。著者は，訴訟費用負担の根拠をこのように受益者負担に求めるよりも，損失者負担による方が当事者の意識により合致すると考えている[19)]。すなわち，敗訴当事者が争ったことにより制度又は相手方に加えた損失を負担するという理解である。このような考え方に立てば，弁護士費用を共益費用と見る余地はないことになろう。

また，仮に紛争解決が敗訴者にとってもメリットだとしても，そのことは当然にその費用を共同負担とする帰結を導くものではない。実体法も契約関係費用の負担につき一定の規律を設けているが[20)]，常に契約当事者の共同負担と

17) 厳密には，両者の費用を合計してそれを折半するのが，より合理的であろうか。

18) 著者自身の民事訴訟目的論については，山本和彦『民事訴訟審理構造論』(信山社出版，1995 年) 1 頁以下参照 (法的利益救済説を採用するとともに，サービスの質の充実を主張している)。

[補注 4] 著者の民事訴訟目的論については更に，本書第 1 章及び第 2 章も参照。

19) 裁判費用との関係で著者のこの点の理解をやや詳しく述べているものとして，高橋ほか・前掲注 2) 8 頁以下〔山本〕参照。

しているわけではない。例えば，売買費用は契約者の平等負担を原則とするが（民558条），弁済費用は一般に債務者負担とする（民485条）。弁済の利益を享受するのは債権者であるが，その費用負担者は債務者とするのである。ここでは，利益享受者と費用負担者が同一である必要はない点が示されるとともに，債権者の権利を可及的に無傷で保障しようとする実体法の姿勢が感じられる。また，学説には，民法485条を類推し，債権回収費用も債務者負担と解する見解もある[21]。これらの点を見ると，紛争解決費用を敗訴者負担とすることは必ずしも不当とは言えないと思われる。

3　敗訴者負担制の政策的問題

訴訟に要するコストが当事者の訴訟提起行動及び訴訟解決行動に大きな影響を及ぼすことは，近時の株主代表訴訟の動向を見るまでもなく，自明のことと言える。逆に言うと，手続コストを左右することによって訴訟に関する一定の政策を実現することが可能になるわけである[22]。そして，訴訟に要するコストの中では弁護士費用の占める割合が格段に大きいので，弁護士費用の負担をいかに分配するかは訴訟利用政策に大きく関わることになる。この点については，アメリカでは法と経済学の視点を中心に議論が進んでいるようである。著者には残念ながらそのような議論を十分に理解する能力はないが，以下では，最も単純なモデルを前提にしながら，この点についての考え方を示したい[23][24]。

20）　なお，これらは任意規定であり，異なる負担の合意の余地があることは言うまでもない。弁護士費用についても事前に契約等で負担を決めておくことはできる。ただし，債権者勝訴の場合は敗訴債務者負担，債務者勝訴の場合は自己負担とするような規定については，公序違反の問題が生じよう（敗訴者負担制採用前のフランスではこのような特約が消費貸借契約等で結ばれることが多かったようであるが，その公序適合性が議論されていた）。

21）　磯村哲編『注釈民法⑿』（有斐閣，1970年）197頁以下〔北川善太郎〕，東京地判昭和41・2・26判タ190号185頁など参照。

22）　この点をめぐる費用研報告書の議論につき，高橋ほか・前掲注2）5頁以下参照。

23）　費用問題に係る法と経済学的分析の紹介の嚆矢として，小林秀之「民事訴訟の経済分析（上）」判タ501号（1983年）10頁以下，より高度な分析として，太田・前掲注8）名法615頁以下参照。なお，以下の叙述は，Thomas D. Rowe, Predicting the Effects

(1) 訴訟提起行動への影響

仮に原告の主観的勝訴確率をp，訴額をX，自己の弁護士費用をA，敗訴時に負担する相手方の弁護士費用をBとすると，原告の訴訟における期待収益は，

自己負担時：$p(X-A)-(1-p)A$

敗訴者負担時：$pX-(1-p)(A+B)$

となり，（後者－前者）がゼロより大のときは，敗訴者負担制に提訴促進効が認められる。すなわち，$pA-(1-p)B>0$，結局は$p>B/A+B$を満たす場合には提訴促進効があることになる（逆の場合には提訴抑止効が働く）。仮に$A=B$とすると，$p>0.5$の場合，つまり原告の主観的勝訴確率が0.5以上であれば，提訴は促進されることになる。

ただ，このほかに当事者のリスクに対する性向の要素を考慮する必要がある。仮にリスクを勝訴時の収益と敗訴時の損失との差異に置くとすると，自己負担制のリスクはXであるのに対し，敗訴者負担制のリスクは$X+A+B$になる。特に敗訴時のリスクはAから$A+B$となり，仮に$A=B$（原被告の弁護士費用が同額）を前提すると，2倍になる。このようなリスクの増大は，リスク非中立性向を有する当事者の提訴行動に影響を与えよう。

すなわち，リスク回避性向を有する原告は訴えを控える傾向になるのに対し，リスクを選好する原告は提訴により積極的になろう。限界効用逓減の法則を前提とすると，リスク要素は資産の少ない貧困層・中間層により大きな影響を与

---

of Attorney Fee Shifting, Law and Contemporary Problems, Vol. 47, p. 139 f(1984)に多くを負っている。

24） なお，異なる側面の政策論として，弁護士代理の促進という観点が挙げられる（中野・前掲注6）79頁は，国民の権利意識の向上の阻害を除去することで，弁護士が付く誘い水としうるとし，この点を強調していた）。この点は，本人訴訟の場合の費用負担にも関係するが，それをゼロ又は（弁護士訴訟の場合より）低額に設定する限り，弁護士代理の側にバイアスがかかりやすくなると見られる。すなわち，原告側の収益期待値は，本人訴訟の場合の勝訴確率をq，本人訴訟の場合の費用回収額をa$(a<A)$とすると（その他の符号については，本文と同一），

本人訴訟による場合：$q(X+a)-(1-q)B$

弁護士訴訟による場合：$pX-(1-p)(A+B)$

となる。したがって，$p>q(X+a+B)+A/X+A+B$であれば，弁護士訴訟が優位となる。仮に$A=B$，$a=0.5A$，$X=10A$（弁護士報酬が訴額の10%）と前提すると，$q=0.5$の場合，$p>0.5625$のときは，弁護士代理が優位となる。

えることになるし，訴訟をしばしば利用するリピートプレーヤーはリスクを分散できるためリスク中立的なのに対し，一回的プレーヤーはリスク回避的なのが一般的であろう。

したがって，貧困層・中間層や訴訟の利用機会の少い者の提訴は，勝訴確率が0.5以上の場合であっても，敗訴者負担制の採用により抑制される可能性があることは否定できない。

(a)　勝訴確率の高い訴訟の提訴促進効

敗訴者負担制は，前述のとおり，一般に主観的勝訴確率の高い訴訟につき提訴促進効をもつ。しかし，訴額の高い事件は，自己負担制によっても，勝訴確率が高いと原告が判断すれば提訴されると見られるので，結局提訴促進効があるのは，訴訟費用が訴額を上回るようなケースなど訴額の低い事件に限られよう。ただ，少額請求の提訴促進方法に関しては，敗訴者負担により弁護士を付する方途によるのか，訴訟手続の簡易化により本人訴訟を可能にして費用自体を低廉化する途をとるのか，政策として意見の分かれるところであろう。現行民事訴訟法による少額訴訟制度の創設は後者を模索するものと言え，前者のような形で提訴促進効を更に追求することに制度として疑問がなくはない。その意味で，この点の政策的重要性には疑問が残ろう。

(b)　勝訴確率の低い訴訟の提訴抑制効

主観的勝訴確率が50％未満の事件では，一般に敗訴者負担制は提訴抑制効をもつ。この点は従来敗訴者負担制の濫訴防止機能と評されてきたところである。勝ち目が少ないと原告自身が考える訴訟を濫訴と呼ぶならば，敗訴者負担制は確かに濫訴を抑制すると言える。しかし，原告が勝訴の確信をもっていない訴訟が常に濫訴とは言いえないことは明らかである。特に，事実関係が複雑となり，適用法規の解釈も予測困難なことの多い現代社会では，勝訴の確信はもてないものの，正当な理由のある訴訟は少なくないと見られる（いわゆる政策形成訴訟については，後述(c)参照）。このような訴訟提起が抑制されることは，司法制度にとって決して望ましいとは言えない。また，人格訴訟といわれるような経済的利害を度外視した訴訟では，弁護士費用の負担により提訴行為に影響を与えることは余り期待できない。その意味で，提訴抑制効の消極的側面が政策的にはむしろ重要であり，このような効果を緩和する措置が必要と思われる。

さて，以上のような提訴抑制効を緩和する手段として，費用の一部負担制の導入は何らかの意味をもつであろうか。以下では，一部負担制を前提に検討をしてみる。

一部負担は前述の算式におけるBを引き下げる意味をもつことになる。例えば，後述のように（*4*(1)参照）有力な一部負担方式である着手金負担制によると，前述の算式は以下のようになる（近似値として，着手金をA，成功報酬を2A，敗訴負担額もAとする）。

自己負担時の期待収益：p(X－3A)－(1－p)A

敗訴者負担時の期待収益：p(X－2A)－(1－p)2A

この場合，やはりp<0.5の場合に提訴抑制効が働くことになる。ただ，問題は効果の働き方，つまりリスク性向との関係である。敗訴時の費用負担は，全部負担制では4A（自己着手金A＋相手方分3A）であるのに対し，一部（着手金）負担制では2A（自己着手金A＋相手方分A）に止まる。これにより，敗訴時に負うべきリスクが相当軽減される。自己負担制でもA＝自己着手金分の負担は残ることからすると，一部負担制ではA→2Aに変化するに過ぎず，全部負担制のA→4Aとはそのリスク効果が大きく異なろう。したがって，リスク回避性向を有する原告であっても，敗訴時のリスクを恐れて提訴を見送る可能性はかなり減少することが期待される[25)]。

(c) 公益的訴訟の提訴抑制の防止

(b)の一亜型であるが，実際上重要な意味をもつのは，原告が自己の利益保護に加えて，新たな社会経済政策などの達成をも目的とする政策形成訴訟と呼ばれるような訴訟類型の問題である。そこでは，訴訟提起が功を奏すれば一種の外部効果（外部経済）を有することになり，その意味で公益性をもつと言える。ただ，これらの訴訟は，その提訴時には必ずしも勝訴の見込みが確実にあるわけでないことが多く，むしろある程度敗訴を覚悟しながら，社会的な問題提起の意味をも込めて訴えを起こすこともあるとされる。しかるに，敗訴者負

25) ただし，他方では，敗訴者負担制の利点もこれによりダイリュートされるわけで，主観的勝訴確率の高い当事者の提訴促進効も減少する結果となろう。

担制により，このような訴訟の提起が抑制される結果が生じることは政策的に相当でないと言えよう[26]。そこで，この点について一定の対処が必要になると思われる[27]。

理論的観点からは，これは敗訴者負担制の射程を超えて，より広い視野からの解決策が求められていると解される。訴訟外の社会・第三者のフリーライドに問題があるとすれば，敗訴者負担制の特則等当事者間で内部的に問題を解決するのはむしろ妥当でないことになろう。訴訟の結果として社会に発生する利益（公益）の内部化の問題と捉え，抜本的解決策としては社会（税金等）の側からの訴訟費用補助又は利益を受ける社会集団による保険的処理が考えられよう。つまり，公益的訴訟の提起について弁護士費用を含めた訴訟費用を援助する制度（一部地方公共団体は消費者訴訟についてこのような枠組みをもつという[28]）や公益的訴訟に関与する弁護士事務所に直接補助金を出す制度（アメリカにはこのような制度があるという[29]），更に法律扶助による対応も考慮されよう（この点は，**5**(2)参照）。規制緩和・行政改革の中で公益性の保護が司法制度にもより強く期待されるとすれば，公的セクターの側の責任で資金的基盤を整備することは当然の義務と言わねばなるまい[補注5]。

ただ，このような解決策が実際的見地から直ちには困難であるとすれば，やむをえず敗訴者負担制内部で問題を処理する必要は残ることになろう。その場合には，いくつかの訴訟類型につき定型的に敗訴者負担制の適用を排除すると

26）この点は社会的効率の観点からも正当化できる。例えば，その訴訟により原告が得る私的利益がX，社会的利益がYであるとすると，$pX-(1-p)(A+B)<0$ の場合に提訴は見送られるが，社会的効率の観点からはむしろ，$p(X+Y)-(1-p)(A+B)>0$ の場合には提訴されるべきなのである。その意味で，外部経済を反映できないことによる社会的非効率の発生という問題自体は現行制度の下でも発生しているのであり，敗訴者負担制がそれをより顕著に発現するに過ぎないと言える。

27）一部負担制の採用による対処はある程度有効であるが，更なる対応も検討の必要があろう。

28）ただ，これらの制度は財源の制約もあり，現在必ずしも活用されているとは言い難いようである。国の主導でより実効的なシステムが構築されることが期待される。

29）このような事務所はまた，成功報酬で事件を受任することにより，敗訴リスクを分散でき，リスク回避志向による提訴抑制効を相対的に緩和する効果もあろう。

［補注5］規制緩和・行政改革の中で，司法により大きな資源を投じるべきとの著者の見解については，市川正人ほか『現代の裁判〔第6版〕』（有斐閣，2013年）21頁以下〔山本和彦〕参照。

ともに，他の場合についても裁判所の裁量による排除の可能性を認めるのが相当と思われる[30]。適用を排除する具体的な訴訟類型としては，国を相手方とする訴訟（行政事件訴訟・国家賠償訴訟等）[31]のほか，独占禁止法訴訟や消費者取引関係訴訟などが考えられよう[32]。これらの訴訟類型においては，原告勝訴の場合に限って敗訴者負担とする一方的負担のシステムも考えられないわけではないが，平等主義の要請からその正当化は相当に困難と見られ，とりあえずは両当事者とも回収できないとする no-way rule が穏当であろうか。

(2) 訴訟解決行動（和解）への影響

弁護士費用の配分は，以上のように訴訟開始の行動パターンに影響するのみならず，その終結の在り方にも影響する。訴訟上又は訴訟外の和解の可能性である。ただ，著者は，日本の裁判制度の現状を前提とする限り，訴訟の増加は一般に望ましい方向（達成すべき政策課題）と考えているものの，訴訟を和解で終結することが，判決よりも相当で望ましい方向とは必ずしも考えていない。したがって，敗訴者負担制の採用が和解の成否にいかに影響するかは，著者の観点からは政策的にはさほど重要な問題ではないと解される。ただ，和解について異なる前提もありうると思われるので，簡単に敗訴者負担制の和解への影響を概観する。

この場合の前提は，原告の見積もる判決価値と被告の見積もるそれとの間に重なり（和解可能領域）がある場合に和解の可能性があるとするもので，以下のような結果が導かれる。まず，弁護士費用自己負担制では，原告の判決での期待収益をA，被告の期待損失をB，原告の弁護士費用をW，被告のそれをZ，和解額をXとすると，$A-W<X<B+Z$ を満たすXが存在する場合，つまり

30） この点で，高中・前掲注3)（下）51頁以下に賛成する。
31） 実際上はこれらの訴訟では国側は指定代理人による場合が多いであろうから，敗訴者負担制を仮に適用しても，国側からの求償は否定されるとも見られる。
32） 政策形成訴訟において多く見られる差止訴訟との関係では，これらの訴訟の敗訴者負担の基準額の設定次第で，敗訴者負担制の影響を相当程度緩和することが可能であろう。仮に日本弁護士連合会報酬等基準規程（16条1項）に準拠して，この場合の利益額を800万円とすると，着手金は49万円となり，敗訴者負担の影響は大きく抑制されよう。

$A-B<W+Z$ の場合に和解の余地があることになる。他方，敗訴者負担制では，原告の主観的勝訴確率を p，被告のそれを q とすると，上記不等式は，$A-(1-p)(W+Z)<X<B+(1-q)(W+Z)$ となり，$A-B<\{2-(p+q)\}(W+Z)$ の場合に和解が成立しうることになる。結局，$(p+q)$ が1を超えるとき（両者の見込みが強気な方向に齟齬するとき）和解可能領域は狭まり，逆に1を下回るとき（両者の見込みが弱気な方向に齟齬するとき）は当該領域が広がることになる（この点は一部負担制でも同様である）。ただ，リスク回避の影響を勘案した場合の和解案の内容も問題となる。一般に敗訴時の負担過重を恐れる当事者が相対的に不利な和解案を受け入れやすくなる傾向は認められよう（そして，この影響は限界効用の高い貧困層・中間層等に大きく現れる）。その意味で，敗訴者負担制は弱者を望まぬ和解に追い込むとの批判は一面の真理を含むが，このリスク回避の問題は一部負担制の採用によってやはり相当程度緩和できるものと見られる。

4　敗訴者負担制の技術的問題

以上のように，原理的・政策的な観点から敗訴者負担制の当否が検討され，仮にそれが採用すべきものと判断された場合，次に技術的に解決すべき問題点を検討する必要がある。上記の検討に際して，採用すべき技術的枠組みに既に一定の制約が課されていることがあるが（例えば，政策的に提訴抑制効を緩和するため，一部負担制を採用するなど），これら技術的課題は敗訴者負担制の採用が決定された後に克服すべき課題であり，その克服の困難を理由に敗訴者負担制の採用自体を否定すべきものではない。特に，敗訴者負担の範囲の決定の困難を理由に敗訴者負担制に否定的な見解も存するが，妥当でないと思われる[33)]。

---

33)　なお，その他の技術的問題として本人訴訟の取扱いがある。弁護士代理を間接的に強制するため（注24）も参照）本人訴訟の勝訴者には一切求償を認めない考え方がある一方で（この場合，資力のない当事者に弁護士を確保する必要性が高まる），本人訴訟にも配慮して一定の償還を認める制度もありえよう。その他，弁護士が複数選任された場合の問題，審級・地域の限定の問題等につき，費用研報告書第6の5の⑵，高中・前掲注3）（下）52頁参照。

(1) 敗訴者負担の範囲

3でも延べたように，敗訴者負担制の提訴抑制効を限定するため，費用の全部負担制ではなく，一部負担制を採用すべきものと解される。この点は，不法行為の賠償対象として認められる損害（例えば，通院費・葬式費用等）が実際に費消された額ではなく，そのうち社会的に相当と認められる金額に限定される点などからも正当化されよう。更に，弁護士界の一部にある弁護士報酬の低額化への懸念[34)]についても，負担が一部であると明示することで応えることができよう。

一部負担制が相当として，次の問題はその一部の範囲・決定の方式である[35)]。この点は従来多く議論され，また費用研報告書でも詳細な検討がされているところである。同報告書でも示されているとおり，現実的提案としては，弁護士会報酬規程に依拠し，その一部（例えば着手金部分）を負担対象とすることが考えられよう。しかし，長期的に見ると，同規程に準拠することは問題を孕むように思われる。けだし，現在のように，報酬規程を金額ベースで定めることは独占禁止法に違反するおそれがあり[36)]，独占禁止法執行が強化される将来にはその効力を否定される懸念すらあるからである[補注6]。しかし，他方で，弁護士会の関与がない場で（例えば省令等の形で），一方的に額が定められることが弁護士自治の観点から望ましくないことも明らかである。そこで，社会的に納得が得られ，かつ，弁護士の十分な関与が保証される決定形態として，法律扶助の報酬決定基準に準拠する方法が考えられる。現在，上記基準は法律扶助協会で決定されているが，法律扶助の抜本改革が成った暁には，利用者代表等を含めた機関で定められることになると見られるので[37)][補注7]，その準拠

34）森脇・前掲注3）47頁，高中・前掲注3）（上）37頁など参照。

35）なお，前提として，原告被告の負担額の基準は，公平上，常に同額とすべきものと考える。

36）近時，この点を詳細に検討するものとして，三宅伸吾『弁護士カルテル』（信山社出版，1995年）7頁以下参照。

［補注6］弁護士会の報酬規程は，本文記載のような事情もあり，2004年3月に廃止されている。現在は，各弁護士が自らの報酬基準を作成し，事務所に備え置かなければならないとされている（弁護士職務基本規程24条参照）。

37）扶助報酬基準は，税金支出の基準となることや弁護士には様々な規制のため競争原理が十分働いていないことなどから，公共料金同様，適正費用・適正利潤を積算して決

には十分な合理性があると思われる。ただ，具体的な事件進行との関係で，なお一定の増減の裁量の余地は残されるべきであろう。

(2) 敗訴者負担の手続

敗訴者負担の手続として，弁護士費用を訴訟費用とするか，訴訟費用とは別に主文で額を決めて負担させるかという技術的問題がある。負担額に裁量の余地を残すとすれば，確定処分において書記官に判断させるのは（第一次的であるとしても）適当でないこと，裁量行使に最も適当なのは実際に審理を行い判決をする裁判所であること[38)]，主文に掲げて即時に執行できるようにした方が当事者にとっても便宜であること等から，訴訟費用とはせず主文で判断する方法が相当である[39)]。

5　法律扶助と敗訴者負担制の関係

*1*でも見たとおり，近い将来，法律扶助制度の抜本的改革が実現する予定である。その中身は現段階では必ずしも明らかではないが，少なくとも国庫からの負担が飛躍的に拡充し，法律扶助制度のスケールが現在とは比較にならない大きさになることは確かであろう。その場合，現在は殆どネグリジャブルである法律扶助の影響を，制度としてもカウントする必要があることになり，弁護

定する必要があろう。ただ，法律扶助・弁護士の公共性を根拠にその基準を市場ベースより安価に止めるべきとの議論には賛同し難い。公共性は，弁護士の受任義務を肯定する根拠にはなっても，報酬額には影響しないと考えられる（道路建築にたとえ公共性があるとしても，その請負は市場価格でなされるのと同断である）。当該基準がそのような観点で決定されるとき，それに準拠しても，敗訴者負担制が弁護士報酬の低額化をもたらす恐れはないと言えよう。

［補注7］　現在の総合法律支援法の下での法律扶助の弁護士報酬基準については，日本司法支援センター（法テラス）の業務方法書によるものとされている（総合法律支援法34条2項1号）。そして，当該基準については，「民事法律扶助事業が（中略）国民等を広く援助するものであることを考慮した相当な額でなければならない」とされ，法務大臣の認可（同条1項）に際し，有識者等から構成される日本司法支援センター評価委員会の意見を聴くものとされる（同条3項）。

38)　確定処分の異議裁判所が判決裁判所と実際に同一になる保証はない。

39)　この問題については，高中・前掲注3)（下）52頁を支持したい。

士費用の問題との関係でもしかりである。そこで，以下では，法律扶助制度の充実が敗訴者負担制度に与える影響について簡単に検討したい[補注8]。

(1) 訴訟提起抑制効の緩和要素

前述のとおり，敗訴者負担制の採用は，一定の訴訟に関して提訴抑制の効果をもつが（*3*(1)(b)参照），法律扶助制度の拡充は，このような提訴抑制作用を緩和する要素となりうる。すなわち，十分な資産を有しないため敗訴者負担のリスク回避性向を最も有する貧困層について，法律扶助が付与される可能性があるからである[40)]。ただ，このような緩和効は，法律扶助につき給付制が取られる場合に限り認められる。償還制がとられれば，いずれにせよ敗訴者の負担には変わりがないため，法律扶助の緩和効果は機能しなくなろう[41)][補注9]。

(2) 政策形成訴訟への対処

いわゆる政策形成訴訟に係る敗訴者負担制の提訴抑止効（*3*(1)(c)参照）を防止する一つの方策として，法律扶助の活用が検討に値する。つまり，このような訴訟について，法律扶助の受給に通常要求される「勝訴の見込み」を不要ないし緩和することにより，富裕層のみならず，貧困層にも裁判による法形成に参加する機会が実効的に保障され，司法の場での法・政策の発展が均等化する（貧困者に有利な形にも法発展が展開する）途が開かれることになろう。しかしながら，政策形成訴訟について社会の側からの援助が要求されるのは，本質的にはこの訴訟類型のもつ外部効果に起因するとすれば，訴訟を起動する者の資産状態等個人的要素は重要でなく，等しく公的セクターからの援助が検討されるべきものであろう。その意味ではむしろ，公益訴訟に対する一般的な公的援助

［補注8］ 法律扶助制度と弁護士報酬の関係について詳細は，本書第22章も参照。

40） ただ，敗訴時の相手方の弁護士費用の負担を考えると，なお影響は残る。敗訴時の相手方費用まで法律扶助で賄うシステムをとる場合に初めて（フランスなどではこのような可能性を認めるようである），敗訴者負担制による影響はゼロとなる。

41） ただし，免除制度が活用されれば，免除対象者（生活保護受給者等）についてはなお一定の効果が期待しうる。

［補注9］ 現在の法律扶助制度でもなお償還制は維持されている。その問題点も含めて，本書第23章*5*(2)参照。

制度の採用が抜本的対策と言えよう。

⑶　扶助財源との関係

敗訴者負担制の採用は扶助制度の財政基盤にも影響を与えうる。扶助受給者勝訴の場合に，扶助主体は扶助報酬を相手方から取り立てることが可能となるためである。給付制を取る場合，受給者が勝訴により経済的利益を得たときは報酬を償還することとなろうが，敗訴者負担制によれば，受給者に実際の利益がなくとも敗訴者からの取立てが可能となり，扶助財政に有利となろう[42)][43)]。その意味で，給付制への転換に要する財政負担の一部を敗訴者負担制により吸収する余地がありえよう[44)]。

6　おわりに

本章で述べた主な趣旨を簡単にまとめると，以下のとおりである。

①敗訴者負担制は，勝訴者の権利を完全に保障するという点で一般に正統化できる。紛争解決モデルを前提としても，敗訴者の無過失責任は訴訟制度利用の危険責任として正統化の余地があるし，共益費用論は敗訴者との関係で十分な納得を得られないと考えられる。

②敗訴者負担制は勝訴見込みの高い少額請求の提訴を促進する可能性があるが，勝訴見込みの低い訴訟を逆に抑制するおそれがある。ただ，この点は一部負担制により相当程度回避可能であり，また公益訴訟については別途公的セクターによる負担を考慮すべきである。

---

42)　ただ，敗訴者からの取立ては，その意に反した強制的な取立てとなるため，取立コストが大きくなることも事実である。

43)　償還制を採用すれば，取立相手方が受給者から敗訴者に変わるだけで，取立コストを勘案すると，得失は判定し難い。

44)　ただ，将来の回収を念頭に勝訴要件の判定が厳格となり，かえって利用者に不利となる恐れもなくはない。また，離婚訴訟等勝訴しても経済的利益がない事件や被告側の事件で，従来は受任弁護士が見出せずに扶助に来ていた事件も，敗訴者負担制が採用されれば，勝訴時の相手方からの回収に期待して受任がされ，扶助制度の全体的負担が軽減される余地もあろう。

③敗訴者負担制における負担額は弁護士費用の一部とすべきであるが，その決定に際しては法律扶助のために作成される報酬基準に準拠するのが相当である。

④敗訴者負担制と法律扶助制度は，給付制をとるなど法律扶助の充実により提訴抑制効が部分的に軽減され，また法律扶助の財源確保に資する可能性を有するという関係に立つ。

40年近く前，三ケ月博士は次のように述べられた[45)]。「法律扶助の制度が合理的に構想されうる前提として……訴訟費用に関するあいまいな態度がはっきりと除去されねばならぬ……。勝訴者はすべての訴訟費用（弁護士報酬も含めて）の償還を相手方から求めうるとの基本原則が確立した上ではじめて法律扶助の方法も限界も正しく論議されうるのであって，その問題をとびこして一挙に法律扶助の理想のみを追おうとすることは感傷に堕するか，或いは却って制度の欠陥を隠蔽することに終るおそれがあることを銘記すべきである」。三ケ月博士の提唱される順序とは逆の結果となったが，法律扶助制度の抜本改革が目睫の間に迫る現在，次なる改革が弁護士費用の問題に向けられるべきことは必至であろう。利用者の意識調査や外国の実情研究等学界としても今後緊急に取り組むべき課題は多いと思われるが，本章が今後の議論の一端緒となれば幸甚である。

（初出：リーガル・エイド研究2号（1997年）25頁以下）

［補論］ 本章は，著者の民事司法制度に関する研究として，弁護士費用の問題を扱ったものである。著者は，かねてより民事訴訟を公的サービスとして捉える観点から，司法制度全体の中で民事訴訟を位置づけ，その機能を考えていくことを必要と感じ，司法制度の全体像を研究対象としてきた（比較司法制度の観点からフランス法を研究するものとして，山本和彦『フランスの司法』（有斐閣，1995年）参照）。この弁護士費用の問題について著者が考える直接の契機となったのは，本文でもしばしば引用したように，1995年から1997年まで「民訴費用制度等研究会」に委員として参加した経験である。そして，そこで最大の

45）三ケ月章『民事訴訟法』（有斐閣，1959年）360頁参照。

問題となったのが本章で取り上げた弁護士費用の敗訴者負担制度であった。

本章は，敗訴者負担制を肯定する立場から，その原理的問題，政策的問題及び技術的問題を検討するもので，上記研究会に際して著者が考えたことをまとめた内容となっている。その後，まさに本章が予想した時期（注2）参照）である21世紀初頭に司法制度改革の中で，この点が大きな争点とされた。司法制度改革審議会の意見書では，「勝訴しても弁護士報酬を相手方から回収できないため訴訟を回避せざるを得なかった当事者にも，その負担の公平化を図って訴訟を利用しやすくする見地から，一定の要件の下に弁護士報酬の一部を訴訟に必要な費用と認めて敗訴者に負担させることができる制度を導入すべきである」と提言されたが，他方で，「敗訴者負担制度が不当に訴えの提起を萎縮させるおそれのある場合には，このような敗訴者負担を適用すべきではないと考えられる。このような見地から，このような敗訴者負担を導入しない訴訟の範囲及びその取扱いの在り方，敗訴者に負担させる場合に負担させるべき額の定め方等について検討すべきである」としていた。

このような提言を受けて，司法制度改革推進本部において新法の検討がされたが，最終的には，当事者双方が訴訟代理人を選任している訴訟において，当事者の双方共同の申立てがあるときは，訴訟代理人の報酬に係る費用の一部を訴訟費用とするものとして，敗訴者負担制度の導入を図る民事訴訟費用等に関する法律の改正案が2004年国会に上程された（第159回国会提出閣法第65号）。しかし，同法案は，弁護士会等の強い反対を受け，最終的に2004年12月，廃案になったものである（同法案の内容及び検討の経緯については，小林久起＝近藤昌昭編著『司法制度改革概説8 民訴費用法・仲裁法』（商事法務，2005年）参照）。

敗訴者負担制についての著者の見方については更に，山本和彦「弁護士費用敗訴者負担制度について」二弁フロンティア20号（2003年）14頁以下も参照。また，本章***5***で論じている法律扶助制度との関係で，より詳細な検討をしているものとして，山本和彦「弁護士費用敗訴者負担制度と法律扶助制度」財団法人法律扶助協会編『日本の法律扶助』（法律扶助協会，2002年）279頁以下参照。

第22章
弁護士報酬と民事法律扶助サービス

1 はじめに

民事法律扶助サービスの在り方を考えるについては，そのサービスを中心的に担う弁護士の報酬が重要な問題となる。けだし，その報酬の負担者及び水準の在り方は，当然に提供されるサービスの質及び量の両面にわたって大きな影響を与えることになるからである。そこで，考えられる問題としては，⑴最終的な弁護士費用の負担者の問題と，⑵弁護士の報酬額の水準の問題とに一応分けることができる。後述のように，両者は相互に密接な関連性を有すると考えられるが，以下では，問題点の明確化のため，この両者を分けて検討していくこととする。

そして，この点について論理的に想定される制度として，まず⑴については，被扶助者が勝訴する場合と敗訴する場合とを分ける必要があるが，敗訴の場合には，被扶助者の負担とするかサービス主体の負担とするかの選択がありうるし，被扶助者勝訴の場合には，被扶助者又はサービス主体の負担のほか，訴訟の相手方の負担とする選択肢も論理的にはありうる。⑵については，市場価格を基準とする考え方，市場価格から割り引いた価格とする考え方，無償とする考え方がありえよう[1)]。そして，この両者の問題は一応切り離して検討できる

1)　論理的には，市場価格よりも高い価格とする考え方もありえないではないが，そのような施策を合理的に説明することは困難であろう。

ものの，相互に関連性を有する。とりわけ，報酬水準を市場価格ないしそれに近接するものとする場合には，それを誰が負担するかが重要な問題となる[2]。例えば，市場価格たる報酬額をサービス主体（納税者[3]）に全面負担させる制度は，予算制約上の問題を生じる一方[4]，それを被扶助者が負担する場合は，制度の利用が抑制されることになろう。

本章では，この両者の問題について順次検討していきたい[5]。以下ではまず，現在のシステムを確認した（*2*）後，今後の向かうべき方向についての私見を述べる（*3*）。そして最後に，そのような方向性の問題点及びそれを克服するための前提条件を考えてみたい（*4*）。

2　現在のシステム

ここでは，民事法律扶助における弁護士報酬の問題に係る現在のシステムとして，まず従来の民事法律扶助法を検討し，次いで現行法である総合法律支援法を検討する。

(1)　費用の最終負担＝償還制

まず，平成12年に制定された民事法律扶助法は，(1)の問題について，原則として扶助対象者の負担とする。すなわち，「民事法律扶助事業」の内容として，民事裁判等手続の準備及び追行のため「代理人に支払うべき報酬及びその代理人が行う事務の処理に必要な実費の立替えをすること」が挙げられる（法律扶助2条1号）。そして，業務を担当する指定法人の業務規程には，「立替えに係る報酬及び実費の基準並びにそれらの償還に関する事項」を記載しなけれ

2）　それに対し，報酬を無償とする場合はもちろん，それに近い水準に設定する場合には，負担者の問題は相対的に重要性を失うことになる。

3）　以下では，法律扶助のサービス提供主体が扶助費用の全部又は重要な部分を国庫から給付されるという制度を前提にする。

4）　加えて，被扶助者勝訴の場合には，相手方に負担させないことへの理解が得られにくくなるという問題も生じる。

5）　なお，著者は現在〔本章原論稿執筆当時〕，法務省に設置された日本司法支援センター評価委員会の委員長の職にあるが，本章において述べたことは同委員会とは一切関係なく，全くの個人的見解であることは言うまでもない。

ばならないものとされていた（法律扶助7条2項前段）。以上のように，民事法律扶助法は，扶助対象者の最終負担＝償還制を前提とするものであったが，その例外として，①法律相談については償還制を採用しないこと[6]，②被扶助者の資力が不十分な場合には，例外的に償還の猶予・免除等の可能性が認められることとされていた。

民事法律扶助法の制定の際には，法務省に「法律扶助制度研究会」（座長：竹下守夫教授）（以下「研究会」という）が設置され，詳細な議論がされたが，そこではこの費用負担者の問題も1つの中心的な論点とされた[7]。そして，最終的には，償還制の維持を支持する見解と新たに負担金制[8]の採用を支持する見解が両論併記とされている。後者の論拠としては，償還制は実質的に貸付制に過ぎず，資力の乏しい者の制度利用を阻害し，裁判を受ける権利の実質的保障の制度としては不十分である旨が指摘されている。他方，前者の論拠としては，①弁護士費用敗訴者負担制度が採られていない現状では，扶助対象者勝訴の場合にも費用を納税者が負担することになり，一般国民の公平感から問題があること，②償還制ではいったん投入された資金が回収され，他の事件に活用されることから，資金の効率的利用と財政負担の軽減に繋がること，③償還制の下でも，償還猶予や償還免除の運用によって利用者の負担軽減が可能であることが指摘されている。ただ，研究会において一致した点として，「生活保護受給者に一律に費用負担を求めること，特に原則として進行中償還を求める運用が行われている現状には，生活保護制度の趣旨に照らして問題があり，原則としては費用負担を求めない方策を検討すること」とされた。以上のような議論を受けて，最終的には前述のように，償還制が維持されたものであるところ，その実質的根拠は上記に挙げたような点にあるものと推測される。

司法制度改革の議論の中では，民事法律扶助制度の在り方についても議論がされた。司法制度改革審議会意見書では，「民事法律扶助の拡充」という項目

6）　民事法律扶助法2条3号は，単に法律相談の実施を民事法律扶助事業の内容とする。

7）　以下については，「法律扶助制度研究会報告書（平成10年3月23日）」ジュリ1137号（1998年）69頁以下による。

8）　そこでは，「給付を基本とし，利用者の資力に応じて一定の負担金を支払うこととする制度」を負担金制度と呼び，「全世帯の下から約2割の所得層については給付，3割層ないし4割層については負担金を課す」といった制度が例示されている。

で，「民事法律扶助制度については，対象事件・対象者の範囲，利用者負担の在り方，運営主体の在り方等について更に総合的・体系的な検討を加えた上で，一層充実すべきである」との提言がされた[9]。それを受けて，この点は司法制度改革推進本部司法アクセス検討会において議論がされたが，最終的には，制度を担う主体として，新たに日本司法支援センター（以下「支援センター」という）の設置が決まった[10]だけで，それ以外の部分，とりわけ意見書で例示されていた「利用者負担の在り方」に関する制度の抜本的見直しはされなかった。その結果，総合法律支援法は，この点において原則として民事法律扶助法のシステムをそのまま維持するものになっている[11]。具体的には，同法30条1項2号は，支援センターの業務として，民事法律扶助法の規定をほぼそのまま受け継ぎ，報酬の立替えを中心に規定している。そして，支援センターの業務方法書においては，それを前提に，事件進行中の立替金の償還及び猶予（同32条），援助終結後の償還方法（同59条），償還猶予（同60条），償還免除（同65条），償還請求権のみなし消滅（同68条）などが定められている。特に，償還免除の要件としては，生活保護法の適用を受けているか，それに準ずる程度に生計が困難であり，かつ，将来にわたって資力回復の見込みに乏しいと認められることが必要とされる（同65条1項）。

⑵　弁護士の報酬水準＝廉価基準制

次に，⑵の問題について，民事法律扶助法は直接に規定を置いてはいなかった。ただ，立替えに係る報酬について，同法7条2項後段は，「当該報酬は，民事法律扶助事業が同条（2条：著者注）に規定する国民等を広く援助するものであることを考慮した相当な額でなければならない」としていた。これは，扶助の予算が一定であるとすれば，報酬額が高くなればその分扶助件数が少なく

9）「司法制度改革審議会意見書―― 21世紀の日本を支える司法制度」（平成13年6月12日）30頁参照。

10）日本司法支援センターの任務等については，古口章『司法制度改革概説⑤総合法律支援法／法曹養成関連法』（商事法務，2005年）40頁以下，「特集・総合法律支援構想の実現に向けて」ジュリ1305号（2006年）など参照。

11）この点を問題にする近時の文献として，大石哲夫「立替金償還制度をめぐって」判タ1186号（2005年）75頁以下参照。

ならざるをえず，また償還制を前提にすれば，報酬額は最終的には資力の十分でない扶助対象者の負担に帰することに鑑み，市場価格に比べれば廉価なものとして設定されることが前提にされていたものと見られる[12)]。ただ，その具体的な金額の設定は法律扶助協会の業務基準に委ねられていた。

研究会においても，この点は相当に議論がされた。結論として，弁護士の費用は「弁護士の職務の公共性及び法律扶助の趣旨にふさわしいものとすべきであるとともに，法律扶助制度を充実・発展させるためには，弁護士による適正な法的サービスの提供を確保し得る水準とすることが望まれる」という，やや抽象的な取りまとめになっている。そして，具体的な基準の内容については，「原則として日弁連報酬等基準規程に準拠すること（中略）の是非などを含め，今後の検討課題とされた」。これは，研究会内部において，原則として報酬規程に準拠すべしとする意見と弁護士の職務の公共性を重視した費用基準の設定があるべしとする意見とが対峙し，結論を見出せなかったことによるとされる[13)]。最終的な立法は，どちらかといえば，後者を重視したものであるように見受けられる[14)]。

民事法律扶助法に代わるものとして制定された総合法律支援法も，この点について，基本的に上記のようなシステムを維持するものである。すなわち，総合法律支援法34条2項1号は，支援センターの業務方法書の記載内容を定めるが，同号後段で，前述の民事法律扶助法7条2項後段と全く同じ文言の規定を設けているからである。そして，実際に策定された支援センターの業務方法書においては，立替基準として，①被援助者に著しい負担となるようなものでないこと，②適正な法律事務の提供を確保することが困難となるようなものでないこと，③援助案件の特性や難易を考慮したものであることが定められてい

---

12)　この点につき，山本和彦「民事法律扶助法について」判タ1039号（2000年）25頁参照。

13)　伊藤眞ほか「法律扶助制度研究会報告書をめぐって」ジュリ1137号（1998年）23頁〔酒井邦彦〕参照。そこでは，「アカデミックな研究会の性格上」具体的な基準についてはそれ以上そこでは議論せず，その後の検討に委ねられたとされる。

14)　ただし，「国民等を広く援助する」ためには，できるだけ多くの弁護士の協力が不可欠であり，その面では報酬額を市場価額に近づけるという方向にも働きうる文言ではある。

る（12条）。そして，具体的な基準が業務方法書の別表2〔現行：別表3〕で定められているが，試みにこれを（旧）日本弁護士連合会報酬等基準（平成13年改正後のもの）と比較すると，1,000万円の通常の金銭請求で，着手金は，扶助基準では22万円，報酬基準では59万円となり，全部勝訴の場合の成功報酬は，扶助基準では100万円，報酬基準では118万円となり，合計額は，扶助基準が122万円，報酬基準が177万円となる。敗訴のリスクも加味して考えると，仮に報酬基準が弁護士の通常の報酬価格であるとすれば[15]，扶助の基準は相当廉価なものになっていると言えよう。

3　向かうべき将来の方向

ここでは，民事法律扶助における弁護士報酬の問題に係るシステムについて，その向かうべき将来の方向についての私見を提示してみる。

(1)　費用の最終負担＝負担金制

著者は，民事法律扶助における弁護士報酬の最終的な負担形態については，いわゆる給付制を原則としながら，利用者の負担能力に応じて負担金を徴収するという負担金制が相当であると思料する[16]。償還制をとりながら柔軟に償還免除を運用することと，給付制を前提としながら上記のように応能負担を課すことは，実際上は相当に近接しうる。しかし，それでも制度の原則をどこに置くかは重要な問題であり，制度の運用にも大きく影響すると考えられる。その点で，既に各所で指摘されているように，民事法律扶助制度が資力の不十分な者を対象とし，その者の裁判を受ける権利を保障するための制度であるにもかかわらず，その資金の返済を前提とすることには一種の自己矛盾を孕むことは否定し難いように思われる。それは結局，無利息の政策金融の制度として民事法律扶助を把握するに等しくなるが[17]，償還金の回収には大きな労苦が伴

15)　ただし，報酬基準の定める水準は，下限ではなくむしろ上限として機能しているという評価もあったところであり，このような仮定が成立するかは明確ではない。

16)　著者が民事法律扶助法制定当初から，将来的な方向としてはそのような見解であったことは，山本・前掲注12）28頁参照。

い，それが実施主体の労力の相当部分を費やす結果になる[18]。そのような事態は，制度の在り方として望ましいものとは考えられない。

更に，実際上の扱いとして両者が大きく異なることが予想される点として，予測可能性の問題がある。すなわち，無資力者については，確かに償還制の下でも免除が可能とされるが，それはあくまでサービス主体の裁量にかかっており，利用者から見た場合の予測可能性がない。そうすると，真面目な当事者ほど将来の返済のリスクを恐れて制度の利用を躊躇するおそれがあると言えよう。このような事態は，やはり裁判を受ける権利の保障というこの制度の目的からすれば，相当なものではなかろう。

以上のような点を考えれば，弁護士報酬の最終的な負担者という論点については，原則は給付制としながら，対象者の資力に応じて一部負担を求めるのが制度の向かうべき将来の方向ではないかと考えられる。

⑵　弁護士の報酬水準＝市場価格制

次に，弁護士の報酬水準であるが，この問題については，市場報酬額を基準とする制度が相当であり，今後向かうべき方向なのではないかと考える。この点で，市場報酬額とは異なる基準（それよりも廉価な基準）を設定することを支持する理由としては，①弁護士業務の公共性，及び，②利用者の負担の問題が挙げられる。

まず，①弁護士業務の公共性について言えば，その点は確かに法律扶助サービスに対して弁護士の協力義務を導出する根拠となるものである。弁護士は，法律事務について業務独占が認められており，他の者がそのようなサービスを代替して提供することができない以上，公共的な観点からその労力の拠出が求められるとすれば，弁護士業界全体としてその要請に応じる義務があることになり，弁護士の協力を義務化する根拠にはなろう[19]。しかし，そのサービス

17)　確かに裁判費用調達のための当座の資金繰りの困難の解消を法律扶助制度の1つの目的とすることは考えられないではないが（太田勝造「法律扶助の存在理由への一視覚（下）」判タ 1177 号（2005 年）55 頁注 17 参照），本来は，その点は一般的な消費者信用の拡充や訴訟費用保険の充実によって解決されるべき問題であり，少なくとも法律扶助制度の主要な目的と考えるべきではなかろう。

18)　実施主体の負担に係る現状については，大石・前掲注 11）76 頁以下など参照。

自体が公共的なものであっても，そのことからその対価を低廉にすることは直ちには正当化できない。公共事業の例を見ても分かるとおり，そこで提供されるサービスが公共的な性質を有するものであっても，サービスの提供者は適正な対価を収受することが一般的である。そして，実際的な観点からも，多数の優秀な弁護士の法律扶助サービスへの参加を求めるためには，対価ができるだけ市場価格に近いものである必要があると考えられる。もちろん資力の乏しい利用者のために弁護士がボランティア精神をもって低廉な費用でサービスを提供することはそれ自体望ましいことではあるが，これを，裁判を受ける権利を保障するための一国の制度として位置づける限り，そのようなボランティア精神を制度の前提にすることは相当ではなかろう。

次に，②利用者の負担の点であるが，これは確かに償還制を前提にすれば，弁護士報酬が高くなるほど，将来の償還の負担を恐れて利用者が制度の利用に消極的になるという事態は生じうる。その点で，これは(1)の費用の最終負担者の問題と密接に関連している。著者は，前述のとおり（(1)参照），この点についての将来の方向としては，負担金制を採用すべきものと考えているので，それを前提にすれば，この点の論拠は成立しない。もちろん財政上の負担の問題はあるが（この点は，*4*(1)参照），弁護士の報酬の水準は，原則として利用者の負担，そして利用の水準には影響しないものと考えてよかろう。

以上のような点を考えれば，弁護士報酬の水準という問題点については，可及的に市場価格の水準に一致させていくのが制度の向かうべき将来の方向ではないかと考えられる。

4　問題点と前提条件

以上のような制度が仮に将来の民事法律扶助制度の向かうべき方向であるとして，現在，そのような制度が実現されていないことには相応の理由があると考えられる。そこで，以下では，*3*で見たような制度が現段階で実現していな

19)　ただ，これはあくまで弁護士職の全体として必要なサービスを提供することを義務として求めるものであり，個々の弁護士に対して直接民事法律扶助サービスの提供を義務化するという趣旨ではない。

い理由を検討し，それを将来において克服し，あるべき方向に向かうことを可能とする前提条件を考えてみたい。

⑴ 財政負担の問題

まず，弁護士報酬の負担者の問題に係る負担金制及びそれを前提とした弁護士報酬の水準の問題に係る市場価格基準のいずれについても，その大きな制約要因となるのが国庫の財政負担の問題であることは言うまでもない。すなわち，⑴負担金制の採用によって，民事法律扶助に要する弁護士の費用をサービス主体（国庫）が最終的に負担する場面が増加し，それは当然に財政負担の増大をもたらすことになるし，⑵市場価格制の採用により，国庫の負担額が市場価格となれば単価も増大し，財政負担の更なる増大を招く結果となるからである。このことが上記のような制度を構築する際に実際上大きな問題点となることは明らかであろう。

このような財政負担の問題については，決定的な解決策はないと思われる。この点は，上記のような制度を採用することの必然的な帰結であり，他の様々な制度構成や運用による工夫の余地はあるかもしれないが[20]，財政負担の増大それ自体は避け難いものと考えざるをえない。したがって，このような制度が採用できるかどうかは，そのような財政負担を甘受することを財政当局，政治家，更には国民（納税者）が納得するかどうかに係っているということになろう。著者は，公的サービスとしての民事訴訟の重要性[21)［補注1］]，更に今般の司法制度改革によるその重要性の更なる増大，すなわち従来行政の果たしてきた役割を相当程度司法が代替していくために司法の機能を飛躍的に拡充させなければならないという状況などを考えれば，行政改革による財政負担の減少分の一部を司法機能の充実に割くことには十分な合理性があると考える[［補注2］]。

20） 例えば，弁護士費用保険を普及させることなどによって，法律扶助の適用される場面を可及的に限定することなどは考えられてよい。

21） 民事訴訟制度のこのような位置づけについては，山本和彦『民事訴訟法の基本問題』（判例タイムズ社，2002年）9頁以下参照。

［補注1］ 公的サービスとして民事訴訟を把握すること及びその帰結等については更に，本書第1章*1*参照。

［補注2］ このような行政国家から司法国家への転換，それに伴う大きな司法への転換に

そして，民事法律扶助制度は，経済的に必ずしもめぐまれない市民にも裁判を受ける権利を保障するという，広い意味でのセーフティ・ネットの一環であり，自由競争を前提とした再チャレンジの機会の保障という，現在日本社会が向かっている方向の観点からも極めて重要な制度であろう。結局，以上のような点を地道に，かつ，一般国民にも分かりやすく説得していくしか方途はなく，支援センター，更に法曹三者などそれを支える主体の努力に期待されるところである[22)]。

⑵　負担金制採用の問題点

次に，負担金制採用に係る固有の問題点を考えてみる。前述のように，この点について法律扶助制度研究会などでも取り上げられた1つの論点として，弁護士費用敗訴者負担制度との関係がある[23)][補注3]。著者は，前述の研究会報告書にもあるとおり，やはりこの点は相互に関連する問題であり，弁護士費用敗訴者負担制度の不存在が負担金制を採用する障害となるものと考える。すなわち，弁護士費用の各自負担制度の下では，仮に扶助対象者が勝訴した場合であっても，その弁護士費用を相手方当事者（敗訴者）に償還請求することができず，結局，国庫（納税者）が最終的負担者となる。しかし，当該弁護士費用の発生に実質的に責任があると考えられる相手方を差し置いて，それとは何の関係もない納税者が費用を負担すべきことを納税者に説得することは不可能に近いと思われ，理論的にも認め難いように思われる。また，扶助対象者の勝敗にかかわらず，すべて国庫負担とすれば，⑴で見た財政負担の問題が余りに大きくなる結果になろう[24)]。以上の点を考慮すれば，負担金制採用の前提条件

ついては更に，市川正人ほか『現代の裁判〔第6版〕』（有斐閣，2013年）21頁以下〔山本和彦〕参照。

22）　その意味で，一般的な法教育，その中での支援センターの役割も重要である。この点につき，山本和彦「総合法律支援の理念」ジュリ1305号（2006年）14頁など参照。

23）　以下の点は，山本和彦「弁護士費用敗訴者負担制度と法律扶助制度」財団法人法律扶助協会編『日本の法律扶助── 50年の歴史と課題』（法律扶助協会，2002年）286頁以下において論じたところと基本的に重複する。

［補注3］　敗訴者負担制一般に関する著者の考え方については，本書第21章参照。特に法律扶助との関係については，同章5参照。

24）　また，敗訴者負担制度の採否は負担金の水準にも影響しうることについては，山

として，敗訴者負担制度を合理的な範囲で採用する必要があるように思われる[25)]。

また，もう1つの問題点として，弁護士を付さない当事者との公平感の問題が指摘できよう。もちろん民事法律扶助が資力の不十分な当事者について弁護士サービスを享受させる制度である以上，その者を他の当事者から優遇する側面をもつことは必然であり，この議論もそれを批判するものではなかろう。問題は，そのような当事者が何の自己負担もなく税金からサービスを享受できる制度が極めて異例である点にあるものと考えられる。確かに，現在の社会保障制度の中では，そのような対価のない給付制は生活保護に見られる程度であり，生活保護の受給水準を上回る資力のある者にもなお給付制を採用することに対する疑問には一定の合理性がある。ただ，それは（資力のある者には一定の負担を求めることを前提とする）負担金制に対する批判にはならないし[26)]，仮に生活保護の受給水準を超えて負担金をゼロにするとしても，裁判を受ける権利の保障にとって弁護士サービスの受給が不可欠であるとすれば[27)]，このような局所的な部分について，政策的に利用者の負担を求めずに国庫から給付する制度を構築する余地はなおあろう[28)][補注4]。

本・前掲注23）287頁以下参照。

25）ただ，現実的には，平成16年の国会において敗訴者負担制度の限定的な採用に係る法案が廃案になったことにより（その間の経緯については，小林久起＝近藤昌昭『司法制度改革概説⑧民訴費用法・仲裁法』（商事法務，2005年）21頁以下参照），当面この点の改革は見込めない状況にあり，その結果，著者の理解によれば，負担金制も現実の日程には上らないものとなったと言えよう。なお，より限定的に，控訴審に限った敗訴者負担制の採用を説く近時の注目すべき見解として，瀬木比呂志『民事訴訟実務と制度の焦点』（判例タイムズ社，2006年）404頁以下参照。

26）結局，どの水準の資力から負担金を求めないかという制度設計の問題であり，それを生活保護の水準に設定することも十分に考えられる。

27）なお，このような前提的な認識は，敗訴者負担制の採否の問題とも関連する。結局，敗訴者負担の採用に反対する議論は，弁護士サービスの民事訴訟における不可欠性を否定し，同時に負担金制（給付制）の足元を掘り崩すものであることに注意を要する。

28）以上のような認識を前提とするのであれば，将来的には弁護士強制の方向を真剣に検討していく必要があることになろう。なお近時，豊富な実務経験から本人訴訟の問題点を鋭く指摘し，本人訴訟に関する特別手続の構築の必要性を説得的に展開するものとして，瀬木・前掲注25）680頁以下参照。

［補注4］弁護士強制に向けた検討の必要性は，この問題に限らず，当事者主義的訴訟運営等の観点からも認められる。この点については，本書第3章*4*(4)及び第4章*4*(3)も

(3) 市場価格基準の問題点

次に，報酬水準に係る固有の問題点としては，特にそこで基準とされるべき「市場価格」の把握の困難性という問題が考えられる[29]。平成15年の弁護士法の改正に伴い日本弁護士連合会の報酬等基準規程は既に廃止されており[30]，またもしそのような規程が仮に現存するとしても，本件のような国庫＝納税者の負担水準を定めるについて，同業者団体の定めた報酬基準を根拠にすることには根本的な疑問がある。また，弁護士の報酬基準について一定の信頼できる調査が仮に行われたとしても，弁護士サービス市場が十分に競争市場とは言い難い現状を前提にすれば，現在実際に通用している価額が相当な市場価格である保障もないと言えよう[31]。

そこで，このような基準が国庫の負担を決定するものであることを考えると，基本的には公共料金の決定と同様な発想によることが望ましいと考えられる。すなわち，弁護士サービスの時間当たりの単価に各事件類型の平均的所要時間を乗じて基準額を定めるものとし，時間当たり単価の決定については，事務所維持・事件処理に要する適正コスト[32]を積み上げ，それに適正利潤を上乗せするという考え方[33]である[34]。このような方法で定められた基準について，

参照。

29) 以下の点については，山本・前掲注12）25頁，山本・前掲注23）291頁以下も参照。

30) この点については，高中正彦『弁護士法概説〔第3版〕』（三省堂，2006年）49頁以下参照。

31) 将来的に，弁護士サービス市場が完全市場に近接していけば，そのような純粋の市場価格を国庫負担の根拠にできる余地も生じよう。

32) このコストについては，公共料金の議論にもあるように，効率的な業務運営を図っている事務所の努力を正当に反映できるものである必要があろう。その点で，業務効率化に成功している事務所の平均費用を基準とする方式（一種のヤードスティック方式）なども考慮に値しよう。

33) フランスでは，1991年の法律扶助制度の改革の際にこのような方式で扶助報酬基準を定めようとしたが，財政当局との折衝の中でそれが歪曲されることになった。この点については，山本和彦「フランス法律扶助見聞録(1)」判時1545号（1995年）4頁注4参照。

34) なお，これによれば，弁護士報酬を定める際に現在中心的な基準とされている訴額は余り問題とならないことになる。ただ，訴額も，弁護過誤等のあった場合に弁護士の負担するリスクの大きさを反映するものとして，時間当たり単価を引き上げる要因として考慮することは考えられよう。

場合によって個別事件の難易を勘案した調整を行うことで，法律扶助の標準着手金[35]を定めることが相当と考えられよう。そこで，将来の弁護士報酬水準を定めるためには，上記のような適正コスト・適正利潤を算定する際の基礎的な信頼できるデータを収集することが大前提の作業になろう。

5 おわりに

以上のような本章の検討によれば，負担金制・市場価格制が民事法律扶助の将来の向かうべき方向である（*3* 参照）としても，それを採用する前提条件は現段階では欠けていると評価せざるをえない（*4* 参照）。その意味で，現在の制度（*2* 参照）を採用していることには，十分な合理性があると評価できる。しかし，将来にわたってそのままでよいかといえば，それはやはり疑問である。今我々にできることは，地道に理想に向かう前提条件を調えていくことであり，将来的に望ましい方向を目指していくという努力の姿勢が必要であろう。

民事法律扶助の根拠法が民事法律扶助法から総合法律支援法に変わり，制度の総合性が強まり，また民事法律扶助サービスの運営主体が指定法人（民間法人）から独立行政法人に準じた法人に移管され，制度の行政職務性（公益性）が強まったことは，将来の方向性を打ち出していくのに望ましい機会であったと思われるが，残念ながら，現段階ではそのような前提条件は未だ調っていないように見受けられる。民事法律扶助制度に関係する法曹三者の努力，とりわけ弁護士会の認識・役割がこの問題の進展にとって特に重要であるように思われる。今まさに法律扶助協会は50年を超えるその歴史的使命を終えようとしているところ，日本司法支援センターがそれを適切に継承し，民事法律扶助事業が利用者・国民のために更に発展することを期待し，その前提条件を調えていくについて，本章がなにがしかの寄与となることができれば望外の幸いである。

（初出：財団法人法律扶助協会編『市民と司法』――総合法律支援の意義と課題（法律扶助協会，2007年）335頁以下）

35）なお，成功報酬については，この着手金を前提に別途定められることになろう。法律扶助に関与する弁護士のインセンティブを高めるという観点からは，成功報酬については，一般の市場価格を基本とする余地もあるように思われる。

［補論］　本章は，総合法律支援法の制定に伴い，財団法人法律扶助協会が50年余の活動を終え，日本司法支援センター（法テラス）に発展的に解消する直前に，同協会の編集による書籍において，今後の民事法律扶助サービスの在り方について，特に弁護士報酬の観点から私見を述べたものである。費用の最終負担の在り方について，現在の償還制に対して負担金制の採用を，扶助担当弁護士の報酬基準の在り方について，現在の廉価基準制に対して市場価格制の採用を説き，その前提条件を検討したものである。

著者が民事法律扶助の問題について考える契機となったのは，1994年から1998年まで，本章でもしばしば引用している「法律扶助制度研究会」の幹事として，民事法律扶助法の立案作業に関与したことである。その過程では，フランスの法律扶助制度について実情調査なども行っている（その成果の一端につき，山本和彦「フランス法律扶助の現状」自正46巻6号（1995年）53頁以下，同「フランス法律扶助見聞録⑴～⑹」判時1544～1551号（1995～96年）参照）。また，成立した民事法律扶助法の成果や問題点についても論じる機会を得た（山本和彦「民事法律扶助法の評価と今後の課題」ひろば53巻8号（2000年）45頁以下，同「民事法律扶助法について」判タ1039号（2000年）18頁以下参照）。その後，同法は総合法律支援法に発展的に解消したが，民事法律扶助の在り方は基本的に維持され，本章で指摘した問題点はなお将来の課題として残されている。財政負担を伴う困難な問題であるが，なお検討を続ける必要があろう。

第 *23* 章

総合法律支援の現状と課題
——民事司法の観点から

1 はじめに

本章は，総合法律支援の現状と課題につき私見を述べるものである[1]。総合法律支援とは，「裁判その他の法による紛争の解決のための制度の利用をより容易にするとともに弁護士及び弁護士法人並びに司法書士その他の隣接法律専門職者（中略）のサービスをより身近に受けられるようにするための総合的な支援」を意味する（法律支援1条）。このような概念は，司法制度改革の中で初めて日本において明確に位置づけられたものといえる。以下では，前提としてまず総合法律支援法の成立の経緯についてふれた（*2* 参照）後，総合法律支援の意義について一般的に確認し（*3* 参照），総合法律支援の現状（*4* 参照）及びその課題と期待（*5* 参照）につき検討する。

なお，本章の射程は，著者の専門分野との関係で，基本的に民事司法の分野に限定される。したがって，刑事の被告人・被疑者の国選弁護や犯罪被害者の援助等の問題については原則として言及しない。その結果，本章の対象としては，法テラスの業務との関係では，民事法律扶助，司法過疎対策，情報提供，法律関係者・ADR 等の連携の確保・強化といった点を中心として論じることになる[2]。

1） 著者は，2006 年 4 月以降，法務省に設置された日本司法支援センター評価委員会委員長の任にあるが，本章の内容は当該職務とは関係なく，すべて研究者としての個人的な見解である。

2　総合法律支援法成立の経緯

(1)　法律扶助の発展

総合法律支援という概念が登場する前にも，司法アクセスの改善のため様々な試みがされてきたことは言うまでもない。本章においてそのような試みのすべてに言及することはできないが，総合法律支援の先駆として最も重要なものとして，法律扶助に関して簡単に述べておく。

日本の民事法律扶助制度は，1952年の財団法人日本法律扶助協会の設立に遡る[3)]。当初は弁護士会や有志の寄付を財源としていたが，1957年から法務省の補助金による援助がされるようになった。ただ，その規模は到底十分なものとはいえなかった。例えば，裁判援助決定件数は，1960年314件，1965年1,375件，1970年2,417件，1975年2,169件，1980年2,423件，1985年2,927件，1990年4,072件，1995年5,929件と徐々に増加はしていたが，基本的にその水準は低位に止まっていた。

そのような状況を大きく変えたのが，平成12（2000）年の民事法律扶助法の制定であった[4)]。この法律は，法律扶助制度研究会における長期の検討に基づき，以下のような内容を有するものであった。すなわち，①民事法律扶助事業の内容を明確に規定し，②事業の統一的運営体制の整備及び全国的に均質な遂行を国の責務とし，③事業の適正な運営及び健全な発展の責務を弁護士会に課し，必要な協力の責務を個別弁護士に課し，④事業を担う主体として指定法人を定め，⑤指定法人に対する国の補助金の根拠を定めた。このような法律は，法律扶助制度に対する国の責任を明定するとともに，運営主体として国の監督

2)　以下の叙述についてはまた，山本和彦「総合法律支援の理念」ジュリ1305号（2006年）8頁以下，同「民事司法における法テラスの役割」ジュリ1360号（2008年）60頁以下も参照。

3)　法律扶助制度の歴史については，兼子一＝竹下守夫『裁判法〔第4版〕』（有斐閣，1999年）248頁以下など参照。

4)　同法の制定については，山本和彦「民事法律扶助法の評価と今後の課題」ひろば53巻8号（2000年）45頁以下，同「民事法律扶助法について」判タ1039号（2000年）18頁以下など参照。

を受ける指定法人を定め，責任の所在を明確にする点で，画期的な意義を有していた。

同法制定後，法律扶助制度は，その予算規模においても対象件数においても，飛躍的な拡大をみた。そして，指定法人として指定を受けた法律扶助協会は，後述の法テラスの母体となったという点でも，まさに同法は総合法律支援法の先駆と言うに相応しいものであった。ただ，司法アクセスの障害となるものは必ずしも費用だけではなく，また費用に起因するアクセス障害の打破という点だけを見ても，同法は完全なものとはいえなかった。そこで，司法制度改革の中で登場したのが司法ネットの構想であった。

(2)　司法ネットの構想

今般の総合法律支援法制定の直接の契機は司法制度改革にあった。2001年6月に公表された司法制度改革審議会意見書においては，司法制度改革の3つの柱の中で「国民の期待に応える司法制度の構築」が挙げられ，そこでは「国民にとって，より利用しやすく，分かりやすく，頼りがいのある司法とするため，国民の司法へのアクセスを拡充するとともに，より公正で，適正かつ迅速な審理を行い，実効的な事件の解決を可能とする制度を構築する」として，司法アクセスの拡充が最重要目的の1つに掲げられていた。そして，個別の項目の中でも，司法アクセスの拡大に関するものとして，（裁判所へのアクセスの拡充に関連して）民事法律扶助の拡充，（裁判所の利便性の向上に関連して）司法の利用相談窓口・情報提供，（弁護士へのアクセスの拡充に関連して）法律相談活動の充実，被疑者・被告人の公的弁護制度の整備などが挙げられていた。

以上のような提言を受けて，内閣司法制度改革推進本部に設けられた司法アクセス検討会及び公的弁護制度検討会で並行してこの点が議論された。そして，その議論の中で，いわゆる司法ネット構想が論じられることになる[5)]。すなわち，「民事・刑事を問わず，国民が全国どこでも法律上のトラブルの解決に必要な情報やサービスの提供が受けられるような仕組み」のことを司法ネットと

5)　その経緯については，古口章『総合法律支援法・法曹養成関連法』（商事法務，2005年）8頁以下参照。

呼び，その実現のために解決すべき課題として，相談窓口（アクセスポイント）の整備，民事法律扶助，公的刑事弁護，いわゆる司法過疎対策，犯罪被害者支援等が論じられたものである[6)]。

このような構想は，2003年2月の司法制度改革推進本部顧問会議における小泉純一郎本部長（内閣総理大臣）の発言に基づくものとされる。すなわち，「司法は『高嶺の花』にとどまらないで，誰にとっても『手を伸ばせば届く』存在にならなければならない。そこで，（中略）全国どの街でもあまねく市民が法的な救済を受けられるような司法ネットの整備を進める必要がある」とされたものである。これによって，上記意見書で述べられたような各種の課題が司法ネット構想として，総合的な制度を目指す方向性の中で示されたものということができる[7)]。

⑶　総合法律支援法の成立

以上のような司法ネット構想を前提にして，最終的にとりまとめられたのが総合法律支援法である[8)]。そこでは，中核となる運営主体として日本司法支援センター（以下では「法テラス」と呼ぶ）を新たに設けることとされた。そして，法テラスが，情報提供業務，民事法律扶助業務，国選弁護士人選任業務，司法過疎地域法律業務，犯罪被害者支援業務等を一体的に行うものとされた。更に，法テラスは，その業務の推進に際して，既存の各種相談窓口や弁護士会，隣接法律専門職種団体，ADR機関等と連携・協力することとし，いわばそのような既存の司法ネットを統括する役割を担うものとされた。

2004年3月，総合法律支援法案が国会に提出され，同年5月26日に可決成立し，6月2日に公布された。総合法律支援法は，まずその基本理念を掲げる（法律支援2条～7条）とともに，総合法律支援の実施・体制の整備に関する国，

6)　古口章「司法ネット構想について」ジュリ1262号（2004年）45頁参照。

7)　司法ネット構想の理念・課題・期待等につき多様な関係者が論じたものとして，伊藤眞ほか「座談会・司法ネット構想の課題」ジュリ1262号（2004年）6頁以下参照。

8)　司法制度改革推進本部におけるとりまとめに際しては，「司法ネット（仮称）に関する有識者懇談会」が設置され，諸外国の状況の検討，関係機関（弁護士会，地方公共団体，隣接法律職種団体等）へのヒアリング等の検討作業が行われた。古口・前掲注5）30頁以下参照。

地方公共団体，日本弁護士連合会等の責務を明らかにする（法律支援8条～10条）。そして，同法の眼目として，新たに設置される法テラスの目的，組織，業務，監督等について詳細な定めが置かれている。このような法律に基づき，2006年4月に法テラスが設立され，同年10月からその業務を開始した。2012年1月現在，業務開始から5年余りを経過したことになる。

3　総合法律支援の意義

(1)　総論的意義

総合法律支援とは，前述のように，「裁判その他の法による紛争の解決のための制度の利用をより容易にするとともに弁護士及び弁護士法人並びに司法書士その他の隣接法律専門職者（中略）のサービスをより身近に受けられるようにするための総合的な支援」を意味する（法律支援1条）。つまり，総合法律支援とは，紛争解決制度及び法律専門職サービスに対するアクセス，すなわち広義の民事司法制度に対するアクセスの改善のための総合的措置ということになる。そこで，総合法律支援の意義を論じる前提として，まず民事司法制度の目的を確認しておく必要がある。

著者は，民事司法の目的は，市民の法的な利益の保護にあると考えている[9)][補注1]。狭義の民事司法，すなわち裁判制度の目的は市民の法的利益をその侵害から保護することにあると考えられるが[10)]，それを取り巻く広義の民事司法，すなわちADRや法律専門職のサービスも同様の目的に向けられたものということができる。そのような法的利益の保護が真に図られるような正義の総合システム，すなわち社会における法・正義の総量の拡大が必要とされ

9)　このような考え方については，山本和彦『民事訴訟法の基本問題』（判例タイムズ社，2002年）1頁以下参照。このような考え方は，「新権利保護説」とも呼ばれる。竹下守夫「民事訴訟の目的」青山善充＝伊藤眞編『民事訴訟法の争点〔第3版〕』（ジュリスト増刊，1998年）4頁以下参照。

［補注1］　このような考え方については更に，本書第1章及び第2章も参照。

10)　その意味で，まさに民事司法制度は社会のインフラストラクチャーを構成するものである。このような司法の位置づけにつき地方自治の立場から，伊藤ほか・前掲注7) 18頁以下〔片山善博〕参照。

る[11]。

さて，上記のような民事司法の目的を達成するためには，民事司法制度（裁判制度，弁護士制度，ADR制度等）を創設維持するだけでは足りず，利用者がその利用を決断した場合にその使い勝手がよいものであること，そのため利用者が実際に制度を利用できる基盤を整備することが必要である。ここに，総合法律支援の意義がある。すなわち，総合法律支援によって，様々なレベルで現実に存在する民事司法へのアクセス障害を打破し，実質的な意味で民事司法へのアクセスを改善する必要がある。その意味で，総合法律支援は，国民の裁判を受ける権利を実質的に保障する基盤を提供するものと評価できる[12]。

ただ，もちろん従来もこのようなアクセス障害の打破の試みがなかったわけではなく，裁判所制度，訴訟制度，法律家制度等様々な場面で，司法へのアクセスを拡充するため様々な努力が行われてきたところである。そのような従前の試みに比べ，総合法律支援が注目される点は，まさにその構想の「総合性」にあると考えられる。法律支援について1つの法律の中に包括的に規定し，組織としてもその中核となる法テラスを設置している。そして，法テラスは，いわばコーディネータとなって様々な法律支援の仕組みを調整し，総合的にそれらを機能させるという考え方である。このような総合化によって，従来各制度の孤立や重複によって十分力が発揮できなかった（1+1が2にならなかった）ところが，無駄を排して仕組みを効率化するとともに，相互の連携によってパワーを増す（1+1が3や4になる）ことを可能にしている。

⑵　各論的意義

以上が総合法律支援の総論的意義であるが，以下では，より具体的にその各論的な意義について考える。総合法律支援が，前述のように，広義の民事司法へのアクセス障害の打破にあるとすれば，まず問題となるのは，具体的なアクセス障害がどこにあるのかという点である。現在の日本においては，それは，

11）　正義の総合システムについては，小島武司『裁判外紛争処理と法の支配』（有斐閣，2000年）6頁以下など参照。

12）　既に民事法律扶助との関係でこのような側面が論じられていたが，それについては，山本・前掲注4）判タ1039号19頁参照。

距離のバリア，費用のバリア，情報のバリア，心理的バリアであると考えられる。

(a)　距離のバリア

日本は一般に中央集権性の強い国であり，東京その他の大都市から離れれば離れるほど様々なサービスの享受に困難を来すことになる。司法サービスもその例外ではない。それでも裁判所等純粋に公的なサービスについては，税金を投じて比較的均等にサービスを提供することが可能であるが，民間ベースとなる弁護士等の法律家のサービスについては特に地方での享受が困難となりやすい。いわゆる司法過疎の問題である。周知のように，この問題については，日本弁護士連合会等の努力によって，法律相談センターや公設事務所など注目すべき努力が重ねられているが13)［補注2］，未だ問題の完全な解決には至っていない。その意味で，距離のバリアを打破し，司法アクセスの改善を図る必要は大きい。

(b)　費用のバリア

民事司法を利用するためには，様々な面で費用を要する。裁判所利用の費用（裁判費用），ADR 利用の費用，弁護士等法的サービス提供者の費用などである。十分な資力を有する者はともかく，資力の乏しい者にとっては，このような費用の負担は，民事司法への大きな，時には乗り越え難い障害となる。この点を打破するために従来から様々な努力がされてきた。民事法律扶助制度がその中核にある（同制度の発展については，*2*(1) 参照）。しかし，日本においては，そのような発展は未だ途上にあり，質量ともに満足のいくレベルには程遠い。その意味で，なお費用のバリアを打破し，司法アクセスの改善を図る必要は大きい。

(c)　情報のバリア

現状では，前述のような距離や費用の障害が相対的に低い都市の中間所得者層等にとっても，民事司法は決してアクセスが容易とは言い難い状況にある。

---

13)　2010 年 10 月現在，日弁連ひまわり基金による公設事務所（過疎地型公設事務所）は全国に 72 か所あるとされる。日本弁護士連合会編著『弁護士白書 2010 年版』277 頁参照。

［補注 2］　2015 年 10 月現在では，過疎地型公設事務所は 59 か所とされる（日本弁護士連合会編著『弁護士白書 2015 年版』218 頁参照)。所長弁護士の退任後の定着（54 か所）や目的終了に伴い廃止されている事務所（2 か所）も多いとされる。

その大きな原因はこの情報のバリアにあると思われる。具体的紛争に直面したとき，当事者は，どのような紛争解決のシステムがあるのか，どこに行けばどのようなサービスを受けることができ，どのような費用がかかり，どのような結果が得られるのか等について，必ずしも容易に情報を得られる環境にはない。この点は，インターネットの発達等によって相当に改善されつつあるとの見方も可能であるが，インターネット等による情報が玉石混交であることは周知のとおりであり，そこで示唆された紛争解決方法が当該具体的な紛争や当事者にとって最適のものである保障はない。

ただ，このような点についても従来から解決に向けた努力はされてきた。例えば，種々の法律相談機関が開設され，活動してきた[14)][補注3]。しかし，そのような個別の活動を総合する仕組みはなく，各制度がバラバラに存在し，利用者から見ると，なお情報のバリアは高く聳えている状況にあった。その意味で，情報のバリアを打破し，司法アクセスの改善を図る必要が大きい。

(d)　心理的なバリア

上記のような距離的・費用的・情報的バリアを乗り越えた者がいわば最後に直面するのが，この心理的なバリアである。かつてはもちろん現在の日本においても，裁判所や弁護士事務所は依然として近寄り難い場所であり，可能であれば訴訟や法による紛争解決手続を回避したいという思いは一般に強いものがあると思われる[15)]。したがって，司法へのアクセスを改善していくためには，このような心理的障害を引き下げていく必要があろう。司法を真に国民に身近なものとするためには，国民の意識の中で，法への関わりが当然のこととして

14)　消費者関係では消費生活センターや国民生活センターが中核的地位を占めるし，一般的には地方公共団体で多くの法律相談が行われている。また弁護士会による法律相談も極めて多数行われている（日本弁護士連合会編著・前掲注13）273頁の表によれば，2009年度で有料法律相談13万570件，無料法律相談53万7,826件が実施されている）。

［補注3］　法律相談の件数は近時減少傾向であり，2014年は，有料法律相談7万4,323件，無料法律相談54万4,574件となっている（日本弁護士連合会編著・前掲［補注2］260頁参照）。

15)　このようなバリアが日本に固有のものであるかどうかについては議論のありうるところである。近時の広範な国際比較調査については，ジュリスト1297号（2005年）掲載の諸論稿及び大村敦志＝山本和彦「契約観・訴訟観・法意識の国際比較」私法68号（2006年）99頁以下参照。

受け止められるものとなる必要があると考えられる[16]。司法や法に関する情報の普及を図れば，訴訟や法の利用を避けるという心理も変わっていくことが期待できるが，なお独自の取組みも必要と思われる。この点は，司法制度改革の議論の中では必ずしも正面から取り上げられているものではないが，総合法律支援の1つの課題として位置づけられるべきものと解される。

4 総合法律支援の現状

以上のような総合法律支援の意義を達成するため，司法制度改革の中で具体化されたものが法テラスである。そこで，上記のような各論的意義との関係での法テラスの活動の現状について，まず確認してみることとする。

(1) 距離のバリアの除去

まず，距離のバリア，いわゆる司法過疎地問題である。総合法律支援法は，その基本理念として，「あまねく全国において，法による紛争の解決に必要な情報やサービスの提供が受けられる社会を実現すること」を挙げており（同法2条），具体的には，弁護士等が「その地域にいないことその他の事情によりこれらの者に対して法律事務の取扱いを依頼することに困難がある地域において」法律事務を取り扱わせることを法テラスの任務としている（同法30条1項4号）。これにより，法テラスは，いわゆる司法過疎地域事務所を設置するとともに，そこに常勤弁護士を配置することにより，距離のバリアの克服を図るものとされている[17]。

以上のような法の趣旨に従い，法テラスは地域事務所の設置及び常勤弁護士の配置に積極的に取り組んでいる[18]。まず，司法過疎地域事務所については，

16) 土井真一「求められる法教育のすがた――司法ネットとの連携」ひろば57巻6号（2004年）38頁参照。

17) 他に司法過疎地対策としては，常勤弁護士が勤務事務所に近接する司法過疎地域を巡回して法律扶助事件等を取り扱う方策も採られている。例えば，島根地方事務所の常勤弁護士が松江地裁西郷支部区域を，旭川地方事務所の常勤弁護士が旭川地裁稚内・名寄・留萌・紋別・天塩各支部区域を巡回する活動等をしているという（日本司法支援センター編著『法テラス統計年報平成22年度版』（以下「統計年報」という）56頁参照）。

法テラス設置当初は全国で6事務所に過ぎなかったが，その後，2007年度15事務所，2008年度22事務所，2009年度26事務所と増加し，2010年度には29事務所となっている[補注4]。また，常勤弁護士の数についても，法テラス設置当初の24人から，2007年度96人，2008年度151人，2009年度200人と増加し，2010年度には217人となっている[19][補注5]。そして，2011年3月末現在，このうち182名は法テラス法律事務所に配置されており，すべての司法過疎地域事務所に常勤弁護士が1人ないし複数人配置されている状況にある。

以上のような法テラスの取組みは，司法アクセスに対する距離的バリアの打破に向けて大きな成果を挙げていると考えられる。著者はかつて新潟県の佐渡地域事務所の実情を視察させて頂く機会を得たが，そこでは常勤弁護士の方の様々な努力の下で，同地域で過払金返還事件を中心に訴訟事件が大幅に増加したとされ，他の地域事務所でも同様の成果が出ているようである。その意味で，常勤弁護士が当該地域に常在していること自体が距離のバリアを引き下げ[20]，司法アクセスの改善に繋がることは明らかであり，法テラスが今後とも様々な需要を見極めながら，必要な地域事務所を積極的に開設していくことが期待される。

(2)　費用のバリアの除去

第2に，費用のバリアの問題，すなわち民事法律扶助の問題がある。総合法律支援法は，その基本的な考え方として，「資力の乏しい者にも」民事裁判手続の「利用をより容易にする民事法律扶助事業が公共性の高いものであることにかんがみ，その適切な整備及び発展が図られなければならない」とする（同法4条）。そして，「民事裁判等手続において自己の権利を実現するための準備

18)　なお，情報提供におけるコールセンターによる電話及びメールによる相談も，距離のバリアの低減に大きな役割を果たしていると考えられるが，この点については，(3)参照。

［補注4］　司法過疎地域事務所は，2014年度には34事務所まで増えている。

19)　統計年報54頁資料4-2及び55頁資料4-3参照。

［補注5］　常勤弁護士の数は，2014年度には252人まで増えている。

20)　地域事務所設置前に佐渡に定期的に法律相談に訪れていた新潟弁護士会の方々のお話によると，佐渡にそれほど多くの訴訟事件が潜在しているとは想定できなかったという。

及び追行に必要な費用を支払う資力がない国民」等及び「その支払により生活に著しい支障を生ずる国民等」を援助するための代理援助業務，書類作成援助業務及び法律相談援助業務を法テラスの事務としている（同法30条1項2号）。このように，法テラスは法律扶助制度を実施運営する役割を担っているものであり，費用のバリアの除去についても中心的地位にある21)[補注6]。

以上のような趣旨に従い，民事法律扶助は法テラスの下で飛躍的に発展している。まず，取扱件数については，法律相談援助が，2007年度14.7万件から，2008年度18.0万件，2009年度23.7万件と増加し，2010年度には25.7万件となっている。また，代理援助は，同じく2007年度6万8,910件から，2008年度8万442件，2009年度10万1,222件と増加し，2010年度には11万217件に至っている22)。最後に，書類作成援助も，2007年度4,197件から，2008年度5,101件，2009年度6,769件，2010年度7,366件と絶対数は少ないものの，着実に増加している[補注7]。更に，金額ベースで見ても，最も重要な代理援助の立替金については，実費・着手金・報酬等の総額は，2007年度106.8億円から，2008年度121.6億円，2009年度148.0億円，そして2010年度には162.0億円まで増大している[補注8]。次に，法律扶助の対象とされている事件の類型であるが，これも代理援助の事件類型で見てみると，自己破産43.7%，多重債務事件等23.7%，離婚等14.3%などとなっている。すなわち，3分の2以上が消費

---

21)　このほか，消費者訴訟など特定の分野で費用のバリアを打破する試みとして，集団的消費者被害が生じた場合に，それらの権利の集合的行使を認めることによって費用を拡散して権利行使を可能にする試みがあるが，その関係では，2012年通常国会に提出が予定されている集団的消費者被害回復に係る訴訟制度が注目される。この点は，注40）も参照。

[補注6]　2013年12月，「消費者の財産的被害の集団的な回復のための民事の裁判手続の特例に関する法律」（平成25年法律第96号）が成立し，2016年10月に施行の予定である。この制度については，本書第18章参照。

22)　2010年度の件数は，1990年の法律扶助協会の裁判援助件数4,072件と比較すると，20年間で実に27倍の水準にある。

[補注7]　代理援助件数は，2014年度において10万3,214件である。2010年度をピークに，近年は件数が伸び悩んでいる（日本司法支援センター編著『法テラス白書平成26年度版』62頁参照）。

[補注8]　代理援助における立替金の総額は，2014年度において150.2億円である。これも2010年度をピークに，減少傾向にある（日本司法支援センター編著・前掲［補注7］69頁資料2-15参照）。

者金融関係の事件であり，離婚を含めると8割以上を占めており[23]，事件類型の多様性に乏しい現状が認められる[補注9]。

以上のような法テラスの取組みは画期的なものであり，法律扶助の事件数・金額のいずれにおいても，法テラス創設前の水準と比較すれば，飛躍的な増大と評価できるものである。また，制度的な面で見ても，民事法律扶助法の時代には実現できなかったスタッフ制が実現されたこと（法30条1項2号ロ・ニ参照）にも大きな意味がある。更には，狭義の民事手続ではないが，日本弁護士連合会からの受託業務（法30条2項）として，犯罪被害者，難民，外国人，子供，精神障害者，高齢者など特別に法的救済を必要とする対象者に対する援助が実施されている点も，個別の状況に応じたアクセス障害の除去の試みとして注目に値する[24][補注10]。

⑶　情報のバリアの除去

第3に，情報のバリアの問題，すなわち訴訟の潜在的当事者が十分な法情報にアクセスできず，結果として民事司法の門前に辿り着かないという問題がある。この点の打破には，法テラスの法情報提供業務が重要な役割を果たすことが期待されている。総合法律支援法によれば，「裁判その他の法による紛争の解決のための制度を有効に利用するための情報及び資料」や，弁護士，弁護士会，隣接法律専門職者団体の活動に関する情報・資料が提供される態勢の充実強化を図るものとされる（同法3条）。そして，以上のような情報・資料を収集

23）　また，書類作成援助では92.1％が自己破産事件であり，多重債務事件等の3.2％を加えると，実に95％以上が消費者金融関係事件ということになる。

［補注9］　2014年度では，自己破産33.5％，多重債務等13.6％と減少し，離婚等が22.5％と増大している。その他の事件類型の割合が増大しており，消費者金融関係事件の減少に伴い，事件類型の多様化が進んでいると評価できる（日本司法支援センター編著・前掲［補注7］68頁資料2-14参照）。

24）　このようなものの中には，将来的に国が費用を負担する本来業務に転換すべきものもあろう。なお，2010年度実績で，犯罪被害者628件，難民570件，外国人1026件，子供151件，精神障害者等418件，高齢者等1371件の利用があるとされる（統計年報78頁資料6-2参照）。

［補注10］　2014年度実績では，犯罪被害者1,305件，難民979件，外国人1,772件，子供231件，精神障害者等881件，高齢者等1,544件となっており（日本司法支援センター編著・前掲［補注7］143頁資料7-2参照），全体的に利用が増えている。

整理し，「情報通信の技術を利用する方法その他の方法により，一般の利用に供し，又は個別の依頼に応じて提供すること」を法テラスの業務としている(同法30条1項1号)。以上のような法情報提供業務は，民事訴訟の観点から特に重要な意義をもつ。現在の民事訴訟の問題点として，被告が弁護士にアクセスする時期が遅いという点がある。最近の実態調査によれば，約52%の被告は訴状送達後に弁護士に相談しているとされる[25)]。しかるに，近時の訴訟手続は迅速化・計画化が進んでおり，初動段階で出遅れるとそれが致命傷になりかねない。原告・被告の真の対等性を確保するには，被告の弁護士へのアクセスを改善することは重要な課題であり，そのために法テラスに期待されるところは極めて大きい[26)]。

法テラスは，そのような期待に相当応えていると思われる。情報提供業務は，コールセンターや各事務所で実施されているが，まずコールセンターへの問い合わせ件数は，電話・メールを合わせて，2007年度22.1万件，2008年度28.8万件，2009年度40.2万件，2010年度37.0万件と着実な増加傾向にあり[27)]，定着を見せている。更に，地方事務所の問い合わせ件数も，2008年度18.9万件，2009年度24.7万件，2010年度23.5万件と，やはり2010年度に若干の減少を見ているが，全体として相当の利用に上っている[28)][補注11]。ただ，これで日本社会に存在する法情報提供のニーズに十分応えているといえるかには，な

---

25)　民事訴訟制度研究会編『2006年民事訴訟利用者調査』（商事法務，2007年）34頁参照。このような傾向は，2011年調査でも（若干の改善をみながらも）基本的には維持されている。例えば，個人の被告では，弁護士への相談時期が，提訴後最初の審理前の割合が35.7%，最初の審理後の割合が10.7%に及び，依然として半数近くは訴訟開始後に弁護士にアプローチしている。

26)　また，司法ニーズの把握との関係での法テラスへの期待についても，山本和彦ほか「特別座談会・2006年民事訴訟利用者調査の分析」ジュリ1348号（2008年）224頁〔山本〕参照。

27)　統計年報4頁資料1-3参照。ただ，2009年度から2010年度にかけての若干の減少は気になる点である。その原因の探求も含め，今後の動向をなお慎重に見極める必要があろう。

28)　統計年報5頁資料1-5参照。

［補注11］　2014年度は，コールセンター（サポートダイヤル）への問い合わせは33.1万件，地方事務所への問い合わせは19.9万件となっており，いずれも利用件数が頭打ちの傾向にある（日本司法支援センター編著・前掲［補注7］48頁・49頁資料1-2・1-4参照）。

お疑問もある。そのような改善余地を示唆するデータとして，法テラスの認知状況に関する調査がある。それによれば，法テラスの認知度は，2007年度22.6%，2008年度24.3%，2009年度37.3%，2010年度38.7%と着実に増加しているが，なお低位の水準に止まる[29)][補注12]。

以上のような法テラスによる情報提供は，大変大きな成果を挙げていることは間違いない。コールセンターと地方事務所を合わせて年間60万件を超える情報提供がされていることは，司法へのアクセスの観点からは画期的なことと言えよう。そして，このような相談から弁護士事務所等の紹介に進むことも多いとされることから，従来は泣き寝入り等に終わっていた紛争の解決に大きな寄与がされているものと思われる。このような恒常的な法情報提供は日本社会で初めての試みであっただけに，法テラスの業務の定着は情報バリアの打破に向けて大きな一歩を刻したものと言って過言ではない。

(4)　心理的バリアの除去

以上の(1)から(3)までの試みに比して，心理的バリアの打破という問題は必ずしも法テラスの業務として正面から位置づけられているものではない。もちろん上記のような障害の克服が結果として利用者の心理的障害をも除去していく面があることは確かである。以上のような試みによって司法が少しでも国民に身近なものとなり，自分の周囲でその利用が広がっていけば，従来司法に対して感じていた漠然とした縁遠さも少しずつ解消していく可能性があるからである。しかし，日本においては，依然としてこのような心理的なアクセス障害は重要な比重を占めると思われ，正面からこの点のバリアを克服していく試みが必要であろう。

そのような試みとして注目されるものとして，前述のように，法教育の問題がある。この点は，法律上明確な形で法テラスの業務とはされていないが，広

---

29)　統計年報88頁資料7-2-1参照。特に，認知しているとする者の中でも，実際に利用したことがあるか業務内容までである程度分かるとする人の割合は，2010年度でも合計6.3%に止まっており，多くは単に名前を知っているに止まる。

［補注12］　2014年度には，認知度は更に55.8%まで高まっている（日本司法支援センター編著・前掲［補注7］149頁資料8-3参照）。ただ，依然として，業務内容等まで理解しているのは，13.3%に止まっている点は課題であろう。

い意味での情報提供業務に含まれるものと解される。そして，実際，法テラスではこの点の取組みが行われている。例えば，2010 年度の法テラスの年度計画では，「情報提供の一環として，支援センターとしての中・長期的な法教育への関与の在り方を検討・企画するとともに，関係機関・団体と連携し，地域社会での法教育の取組に参加し，地域における法教育において適切な役割を担うための取組を進める」とされている。その結果，同年度は，5 地方事務所で法教育をテーマに地方協議会[30]を開催し，また 38 地方事務所で講演や出前授業への職員の派遣等の活動を実施したとされる[31]。

5　総合法律支援の課題と期待

以上のように，総合法律支援法の制定及び法テラスによるその運用によって，日本における総合法律支援が大きく前進したことは間違いない。しかし，それによってすべての課題が解決されたわけではない。以下では，総合法律支援の現状における課題と，そのような課題の解決に向けた著者の期待を簡単に示して本章を終えることにしたい。

(1)　距離のバリアに関する課題

まず，距離のバリアとの関係では，司法過疎地域事務所の質量両面での充実がなお大きな課題と考えられる。まず，量的な面では，やはり地域事務所の数を更に増設する必要があると思われるし，常勤弁護士の人数についても更に拡大していくことが望ましい。確かに法テラスの活動等によっていわゆるゼロワン地区は解消されたとされるが，なお実働弁護士や交通アクセス等を考慮に入れた実質的ゼロワン地区は残存しているとされる[32]。加えて，地域事務所の

30)　地方協議会とは，関係機関・団体との連携の強化を目的に全国の地方事務所で行われている会合であり，関係機関・団体の代表者の参加により，法テラスの業務に関する具体的情報を周知するとともに，法テラスの利用者等のニーズを把握する目的を有する。

31)　実施件数は合計 283 件とされ，学校を対象としたものが 37 件，学校以外の社会人を主な対象としたものが 246 件とされる。更に，法教育関係者を集めたシンポジウムなども開催されているようである。

32)　加えて，前述のような広範な役割（例えば法教育への寄与等）が法テラスに期待さ

地域的偏在の問題も指摘できよう。例えば，東日本大震災において大きな被害を受けた東北地方の沿岸地域においては，従来は地域事務所が少なく，僅かに宮古・八戸に設置されていたに止まり，宮城県や福島県には存在しなかった。震災後出張所が設置されたようであるが[33)][補注13]，明らかに恒常的な活動が必要な地域であろう[34)][補注14]。また，常勤弁護士の人員の面でも，200人余という規模の相当性も問題である。複数の弁護士が配置されている事務所も増加しているが，様々な業務や地域ごとの新たな試みを創意工夫に基づき進めるためには，できれば各事務所に複数の弁護士が配置されることが望ましく，また前述のような新規事務所の要請も含めれば，なお相当数の増員が必要と思われる[補注15]。

更に，常勤弁護士の数という量の面のみならず，その質の面についても十分な配慮が必要であろう。法テラスの常勤弁護士，とりわけ司法過疎地域事務所におけるそれは，公的な任務を帯びて様々な業務に携わることが想定されるものであるとすれば，やはり一定の業務経験を有している者が望ましい。しかるに，現在の常勤弁護士は，そのリクルートの困難さから，比較的経験の浅い弁護士に集中している傾向にある。もちろん，これら弁護士に対してかなり濃密な研修がされ，また常勤弁護士間でIT等を利用した相互援助の仕組みなどが設けられているようではあるが，なお完全なものではなかろう。処遇の面等で困難があることは容易に想像できるが，相当の経験のある弁護士を常勤弁護士に採用するための様々な工夫がなお期待される[35)]。

れているとすれば，単に弁護士が当該地域に2人以上いれば法テラスの活動が不要になるというものでもなかろう。

33)　2011年9月から2012年1月にかけて，宮城県の南三陸町，東松島市及び山元町に開設されたようである。ただ，原子力発電所事故及びそれに基づく損害賠償が大きな法律問題となっている福島県での法テラスの活動はなお十分とは言い難い。

[補注13]　その後，福島県にも2か所（二本松，ふたば）の出張所が開設されている。

34)　そのほか，北海道も現在，地方事務所3か所のほか，地域事務所としては江差事務所しかない。その広範な地域を考慮すれば，なお追加的な事務所の設置が望まれる。

[補注14]　北海道では，その後，八雲司法過疎地域事務所が開設されている。

[補注15]　常勤弁護士の増加については，[補注5]参照。ただ，なお増員の必要はあるように思われる。

35)　理想的には，各事務所には，十分な経験のある弁護士と創意工夫に富んだ若手弁護士とがペアになって配置されることが望ましいのではなかろうか。

(2) 費用のバリアに関する課題

次に，費用のバリアに関する点である。前述のとおり，法律扶助の発展には刮目すべきものがあるものの，なお問題は残されている36)。第1次的な課題として考えられるのは，事件の多様化の工夫であろう。前述のとおり，代理援助では7割近く，書類作成援助では9割以上が消費者金融事件となっている。もちろん多重債務者の救済は重要な課題であり，自己破産や過払金問題の急増がこのような結果をもたらしている面はあるが，法律扶助に基づく法的救済を必要としている分野がそれに止まるものではないことは当然である。実際，法律相談援助の局面では自己破産・多重債務者等は45.5%に止まり，他の事件類型も相当の割合を占めている。このような事件を代理援助等に繋げていく工夫が期待されよう[補注16]。

ただ，法律扶助の問題については，制度的な縛りが厳格であり，その課題の多くは法テラスの運用よりはむしろ制度の側面（つまり総合法律支援法の規定自体）に存するように思われる37)。例えば，制度の対象事件や対象者の範囲の問題がある。対象事件としては，ADRを法律扶助の対象とすることが課題となろう。この点は，ADR法制定時にも議論されたところで，様々な理由で見送られたが，ADRが訴訟に代わる適切な紛争解決方法であるとすれば，そのような解決ルートを資力の有無にかかわらず保障することもまた国の責務である38)[補注17]。実際に東日本大震災の関係で一定のADRが正面から適用対象に

---

36) 日本社会におけるいわゆる「格差問題」の深刻化は，費用バリアの問題をより先鋭にするおそれがあろう。

［補注16］ 2014年度の法律相談援助では，自己破産・多重債務関係は32.9%まで減少し，離婚その他の家事事件が32.8%，損害賠償その他の金銭事件が20.1%を占めるに至っている（日本司法支援センター編著・前掲［補注7］67頁資料2-12参照）。このように法律相談事件の更なる多様化が進んでおり，これを代理援助等に繋げる必要は高まっている。

37) 民事訴訟を当事者主義的なものとするという観点からこの問題につき論じたものとして，本書第4章*4*(3)参照。

38) この点は，施行5年後に行われるADR法の見直しに際して再検討が不可欠であり，それが実現すれば，法律扶助業務実施の過程で法テラスとADR機関の関係も強化されよう。

［補注17］ その後，ADR法の見直しの作業が行われたが，「ADR法に関する検討会報告書」（2014年3月）14頁では，「認証ADRにおける和解の仲介においても，代理人が選任されることが望ましいと考えられる事案があり，このような事案について，必要な

明示されており[39]，その一般化が期待される。また，対象者の面では，非営利法人の取扱いは１つの課題であろう。例えば，現在，集団的消費者被害救済のための訴訟制度が検討されているが[40][補注18]，そこで制度を担う消費者団体などを法律扶助の対象とすることは考えられよう。このような団体の訴訟活動は，明らかに個別消費者の司法へのアクセスを改善する効果を有し，法律扶助の制度目的に合致するからである。

このほか，法律扶助の制度をめぐっては細かい問題点が多くあると思われるが，最大の問題点はやはり償還制であろう。そもそも資力の乏しい当事者に対して，その償還を前提に費用を立て替えることは，必然的に制度の利用を躊躇させる要因になる。もちろん当該利用者が勝訴して一定の経済的利益を獲得する場合にはその利益の一部を償還させることには合理性があるし，またある程度の資力がある当事者には部分的に費用を負担させることにも合理性がある。しかし，資力がなく，訴訟の結果により経済的利益を得られないような当事者についてまで，償還を前提にした制度を仕組むことには疑問が否めない。それは，他方で償還事務に係る大きな負担を法テラスにも課す結果になっている[41]。現在でも償還免除の制度があるが，むしろ原則と例外を逆転し，給付制を前提にしながら一定の場合に利用者に負担を求める制度への転換が考慮に値しよう。もちろんこのような制度の採用には解決すべき様々な課題や前提条件が考えられるところであるが[42]，法律扶助の更なる発展に向けて真剣な議

場合に法律扶助が十分活用できるよう，法改正の検討も視野に入れつつ，日本司法支援センター（法テラス）における運用改善をはじめとする積極的な検討が行われることを期待する」ものとされ，当面，運用に期待するものとされた。

39）　被災地に住所・事務所等を有する者から，原子力損害賠償紛争解決センターの和解仲介手続やいわゆる個人版私的整理ガイドラインに基づく債務整理手続の申立てがあったときは，代理援助の対象となるものとされる。

40）　これについては，2011年8月の消費者委員会集団的消費者被害救済制度専門調査会の報告書及び同年12月に消費者庁消費者制度課から公表された「集団的消費者被害回復に係る訴訟制度の骨子」参照。

［補注18］　同制度のその後については，［補注6］参照。

41）　現行制度を前提にすれば，立替金償還に努力することが法テラスに強く要請され，督促など様々な努力が現にされているところである。しかし，そもそも法テラスに対して，このような任務を課すこと自体の制度的相当性については再検討が必要であろう。

42）　とりわけ弁護士費用の敗訴者負担制度との関係が重要と思われる。この問題については，第22章参照。

論が必要であると思われる。

(3) 情報のバリアに関する課題

次に，情報のバリアに関する点であるが，前述のとおり，この点における法テラスの存在感は大きさを増している。しかし，やはり前述のように，現状でニーズに十分対応できているかといえば，疑問も否めないところである。この点では，やはり法テラスの知名度を向上させ，アクセス数を更に拡大していくことが何と言っても必要であろう。前述のように，その認知度は現在 40% 近くまで高まっているところではあるが，更なる工夫が必要であろう。例えば，認知媒体として，2010 年度の調査では，関係機関 28.5%，広報 41.7%（そのうちホームページ 28.7%），報道 4.0%，その他 25.8% となっているが[43]，関係機関との連携に基づくその更なる活用に期待されるところである。加えて，地方事務所の利用者の地域ごとの分布にも相当の差がある。人口 1 万人あたりの全国平均件数（18.4 件）の倍以上の利用がある県として山梨県や福井県などがあるが[44]，そのような地域では自主的取組みがされている可能性があり，そのノウハウの普遍化なども期待されよう。更に，「待ち」の情報提供から，より積極的な情報提供を展開していく姿勢も重要ではないかと思われる。例えば，学校問題・高齢者問題・障害者問題など対象事項を絞って，学校や病院，老人ホームなどで情報提供業務を積極的に展開し，隠れたニーズを掘り起こしていくことなども有用であろう。

以上のように，情報提供自体の積極化に加えて，提供される情報の内容の問題も重要と思われる[45]。現在のところ，法テラスからの直接の法律情報の提供は制限されており，一定の段階になると弁護士等関係機関に繋いでいく必要があるところ，最大の問題は，それによる依頼者の「たらい回し感」を防止することにあろう。その意味で，関係機関との連携の質を高める努力が重要と思われる。そのためには，受けた電話等を可及的にそのまま転送できるような態

43) 統計年報 10 頁資料 1-15 参照。

44) 統計年報 12 頁資料 1-19 参照。

45) ADR に関する情報提供の活性化も重要な課題であると思われる。この点の詳細については，山本・前掲注 2）ジュリ 1360 号 61 頁以下参照。

勢や，利用者が同じ話を二重にしなくても済むような態勢を整備していく工夫が望まれる。更に将来的には，弁護士等の数の増加に伴い，その質に関する情報提供も総合法律支援の重要な役割となるように思われる。ややラディカルかもしれないが，サービス利用者の視点に立てば，弁護士会等が責任ある立場で弁護士の専門性等を評価・認定し[補注19]，そのような認定等に係る情報を法テラスが提供できるような仕組みが望まれるのではなかろうか。

(4)　心理的バリアに関する課題

最後に，心理的バリアに関する点であるが，この点は，既に述べたように，一定の施策によって一朝一夕に解決できるような課題ではない。様々な面での地道な努力が必要であると思われるが[46]，法教育の重要性は疑いなく，この点について法テラスが引き続き積極的にコミットすることが期待される。特に法教育活動に熱心に取り組んでいる各地域の教師，弁護士，司法書士等の連携を図っていく活動拠点として，法テラスの活用が注目される[47]。

更に，刑事裁判で行われている裁判員裁判は，広い意味で，市民の法に対する見方を変えていく大きな原動力になりうるものと思われる。民事と刑事の差はあるとしても，一般国民の多数が現実の裁判に関与する機会があるということはそれ自体重要な意味をもち，民事裁判の在り方にも変革をもたらす可能性があるように思われる[48]。その意味では，各地域において，裁判員裁判の経験者を中心としながら，裁判の在り方を考え，裁判所に対する「しきい」を低くしていくような試みなどもあってよいように思われる。

［補注19］　このような弁護士の専門認定の制度の必要については，本書第4章 ***4***(3) も参照。

46)　そのような心理的バリアがどのあたりにあるかを学界と共同して探求していくような作業も重要ではないかと思われる。例えば，訴訟制度の実際の利用者が現在の訴訟のどの点に不満を感じているかなどを調査研究することは，訴訟の利用に対する国民の心理的バリアを除去していく活動に寄与しうるのではなかろうか（訴訟利用者調査については，民事訴訟制度研究会編・前掲注25）参照）。

47)　地域において法教育推進協議会等の事務局的な役割を法テラスが果たすこともあるとされる。更に，先般，法と教育学会が創設されたが，このような学会と法テラスの連携も期待されよう。

48)　このような認識につき，山本和彦『ブリッジブック民事訴訟法入門』（信山社出版，2011年）238頁以下参照。

6 おわりに

総合法律支援の試みは，ある意味で，日本社会の成り立ちを変えていこうとする試みでもある。今までは上から押し付けられ，いやいや従うものであった法や裁判を，自らの紛争を解決するために積極的に利用していくものにする，その基盤を整備することが総合法律支援である。法が社会の中で真に生きたものとなるためには，法律という「人形」に「魂」を入れていく作業が不可欠であり，それこそが総合法律支援の営みである。法テラスの設立は，そのような営みを画期的に前進させるものであった。法テラスの設立及び運営にあたってこられた関係各位の労苦に心より敬意を表したい。ただ，法テラスが創立5年余を経て挙げてきたその成果の下で，総合法律支援の残された課題が徐々に明らかになってきているように思われる。総合法律支援が日本社会に定着し，更に発展していくためには，立法的課題も含め，そのような残された課題を地道に克服していく必要がある。本章がそのような作業の一助になることを祈念したい。

（初出：総合法律支援論叢1号（2012年）1頁以下）

［補論］ 本章の元となる論稿は，日本司法支援センター（法テラス）が総合法律支援に係る議論を深めていく趣旨で刊行した雑誌である「総合法律支援論叢」の第1号の巻頭論文として掲載されたものである。本章は，総合法律支援の必要性に関して，司法へのアクセス障害を，距離のバリア，費用のバリア，情報のバリア，心理的バリアに分類し，それぞれの打破に向けた取組みの現状と課題について論じたものである。司法アクセスの問題についての著者の従来の見解を，法テラスの当時の状況を踏まえて展開したものといえる。

著者は，司法制度改革の当時からいわゆる司法ネットの問題に関心をもってきたが（著者が参加した司法ネットに関する座談会として，伊藤眞ほか「司法ネット構想の課題」ジュリ1262号（2004年）6頁以下参照），それは，民事司法を公的サービスと把握する著者の基本的な理論的関心からは，国民の司法あるいは法に対するアクセスが極めて重要な課題であると考えられたことによる。その後，実際に発足した法テラスについて，法務省に設置された日本司法支援センター評価委員会の初代委員長として関与したこと（2006年4月～2012年3月）が総合法律支援に対する著者の関心を高めた。同委員会において，毎年の法テラスの業務実績について検討し，また各地の現場で活動している常勤弁護士等の話を聞くことは，この制度の重要性と様々な課題について，研究者としての著者にとっても大きな刺激となった（そのような経験に基づく検討として，山本和彦「総合法律支援の理念」ジュリ1305号（2006年）8頁以下，同「民事司法における法テラスの役割」ジュリ1360号（2008年）60頁以下参照）。本章はその集大成の意味ももつ。著者としては，引き続き研究の対象として，総合法律支援の在り方を見つめ続けていきたいと考えている。

初出一覧

第1章　「民事訴訟の位置づけ」新堂幸司監修『実務民事訴訟講座〔第3期〕第1巻』（日本評論社，2014年）257～287頁

第2章　「民事訴訟における法的利益の保護――法的利益を中心とした民事訴訟法理論の再構成に向けた覚書」一橋論叢117巻1号（1997年）64～78頁

第3章　「民事訴訟法10年――その成果と課題」判例タイムズ1261号（2008年）90～100頁

第4章　「当事者主義的訴訟運営の在り方とその基盤整備について」民事訴訟雑誌55号（2009年）60～93頁

第5章　「手続保障再考――実質的手続保障と迅速訴訟手続」井上治典先生追悼論文集『民事紛争と手続理論の現在』（法律文化社，2008年）146～166頁

第6章　「民事救済システム」岩波講座『現代の法5 現代社会と司法システム』（岩波書店，1997年）209～239頁

第7章　「法の実現と司法手続」岩波講座『現代法の動態2 法の実現手法』（岩波書店，2014年）299～323頁

第8章　「審理契約再論――合意に基づく訴訟運営の可能性を求めて」法曹時報53巻5号（2001年）1～29頁

第9章　「民事訴訟における裁判所の行為統制――『要因規範』による手続裁量の規制に向けて」新堂幸司先生古稀祝賀『民事訴訟法理論の新たな構築 上巻』（有斐閣，2001年）341～366頁

第10章　「狭義の一般条項と弁論主義の適用」広中俊雄先生古稀祝賀論集『民事法秩序の生成と展開』（創文社，1996年）67～99頁

第11章　「総合判断型一般条項と要件事実――『準主要事実』概念の復権と再構成に向けて」伊藤滋夫先生喜寿記念『要件事実・事実認定論と基礎法学の新たな展開』（青林書院，2009年）65～87頁

第12章　「法律問題指摘義務違反による既判力の縮小――最判平成9年3月14日（判タ937号104頁）を手掛かりとして」判例タイムズ968号（1998年）78～92頁

第13章　「決定内容における合意の問題――訴訟上の和解と裁判上の自白の手続的規制」民事訴訟雑誌43号（1997年）127～142頁

第14章　「家事事件手続における職権主義，裁量統制，手続保障」判例タイムズ1394

号（2014 年）60～71 頁

第 15 章　「新民事訴訟法と真実の発見」東京弁護士会民事訴訟問題等特別委員会編著『当事者照会の理論と実務』（青林書院，2000 年）131～147 頁

第 16 章　「民事裁判における情報の開示・保護――Ⅳ各論 2 書証を中心に」民事訴訟雑誌 54 号（2008 年）110～120 頁

第 17 章　「公務員の職務上の秘密と証拠調べ」松本博之＝宮崎公男編『講座新民事訴訟法Ⅱ』（弘文堂，1999 年）159～188 頁

第 18 章　「文書提出義務をめぐる最近の判例について」法曹時報 58 巻 8 号（2006 年）1～30 頁

第 19 章　「集団的消費者被害回復制度の理論的問題」松本恒雄先生還暦記念『民事法の現代的課題』（商事法務，2012 年）85～111 頁

第 20 章　「集団的利益の訴訟における保護」民商法雑誌 148 巻 6 号（2013 年）606～639 頁

第 21 章　「弁護士費用の敗訴者負担制に関する覚書」リーガル・エイド研究 2 号（1997 年）25～44 頁

第 22 章　「弁護士報酬と民事法律扶助サービス」財団法人法律扶助協会編『市民と司法――総合法律支援の意義と課題』（法律扶助協会，2007 年）335～352 頁

第 23 章　「総合法律支援の現状と課題――民事司法の観点から」総合法律支援論叢 1 号（2012 年）1～23 頁

索　引

あ　行

か　行

さ　行

た　行

な 行

は 行

ま　行

や　行

ら　行

わ　行

民事訴訟法の現代的課題　民事手続法研究Ⅰ

2016年4月30日　初版第1刷発行

著　者　山　本　和　彦

発行者　江　草　貞　治

発行所　株式会社　有　斐　閣

郵便番号 101-0051
東京都千代田区神田神保町2－17
電話(03) 3264-1314〔編集〕
(03) 3265-6811〔営業〕
http://www.yuhikaku.co.jp/

印刷・大日本法令印刷株式会社／製本・牧製本印刷株式会社

ISBN 978-4-641-13726-4